MÉMOIRES DE L'ACADÉMIE DE VAUCLUSE

Documents inédits pour servir a l'histoire du département de Vaucluse.

I.

CARTULAIRE

DE LA

COMMANDERIE DE RICHERENCHES

DE L'ORDRE DU TEMPLE

(1136-1214)

PUBLIÉ ET ANNOTÉ PAR

Le Mis DE RIPERT-MONCLAR

ARCHIVISTE-PALÉOGRAPHE,
MINISTRE PLÉNIPOTENTIAIRE DE FRANCE EN RETRAITE.

AVIGNON
Fr. SEGUIN, IMPRIMEUR
13, rue Bouquerie, 13

PARIS
H. CHAMPION, ÉDITEUR
5, quai Malaquais, 5

1907

Académie de Vaucluse

DOCUMENTS INÉDITS

POUR SERVIR A L'HISTOIRE

DU DÉPARTEMENT DE

VAUCLUSE

I

MÉMOIRES DE L'ACADÉMIE DE VAUCLUSE

Documents inédits pour servir a l'histoire
du département de Vaucluse.

I.

CARTULAIRE

DE LA

COMMANDERIE DE RICHERENCHES
DE L'ORDRE DU TEMPLE

(1136-1214)

PUBLIÉ ET ANNOTÉ PAR

Le Mis DE RIPERT-MONCLAR

ARCHIVISTE-PALÉOGRAPHE,
MINISTRE PLÉNIPOTENTIAIRE DE FRANCE EN RETRAITE.

AVIGNON
Fr. Seguin, imprimeur
13, rue Bouquerie, 13

PARIS
H. Champion, éditeur
5, quai Malaquais, 5

1907

Qu'il me soit permis de consigner en tête de ce travail l'expression de ma reconnaissance pour mes savants confrères et bien chers amis, Messieurs Labande, secrétaire général de l'Académie de Vaucluse, récemment encore conservateur de la Bibliothèque et du Musée-Calvet, et Duhamel, archiviste de la Préfecture de Vaucluse.

Gardiens des deux fragments du Cartulaire de Richerenches, ils ont apporté à les faire mettre à ma disposition une obligeance dont je garde le plus précieux souvenir, car il m'eût été impossible de séjourner assez longtemps auprès de leurs dépôts pour prendre copie d'un manuscrit aussi étendu sans déplacement.

Monsieur Labande a eu en plus la patience et la bonté de collationner, avant le bon à tirer, les épreuves avec les originaux revenus à Avignon, donnant ainsi à l'œuvre, quoique préparée à distance, le maximum de garantie d'exactitude pour le texte des chartes.

Leurs bons offices, la précieuse amitié qu'ils veulent bien tous deux me garder, ainsi que l'intérêt qu'ils ont attaché à la mise au jour d'un recueil aussi important pour l'histoire des deux départements de Vaucluse et de la Drôme, ont levé tous les obstacles que ma résidence éloignée d'Avignon opposait à sa publication. Ma vive gratitude me fait un devoir de le faire paraître sous leur égide.

Allemagne (Basses-Alpes), décembre 1906.

MONCLAR.

ADDENDA ET ERRRATA

Pages.

XLVI. Chapitre V, ligne 8. Au lieu de *trente mille francs*, lire : *six mille francs*.

XLVIII. Lignes 17 et 18 : *constamment*. Ce mot est trop absolu. Le titre de comte d'Orange est donné à Rambaud II par les chroniqueurs de la première croisade, et a passé ainsi dans l'usage général. Mais nous ne connaissons aucun diplôme de lui relatif au diocèse ou comté d'Orange, et ne devons dès lors pas affirmer qu'il en ait lui-même fait usage. Les chartes de lui qui nous ont servi concernent ses domaines des diocèses de Nice et de Fréjus, et dans ceux-ci il n'est pas qualifié comte. A cette époque, les documents ne mentionnent pas, en général, les titres étrangers aux localités qu'ils concernent. On ne peut donc, croyons-nous, se prononcer dans la question sur le vu de ceux-ci seuls. (Cf. la note 3 de la page CXLI.)

CXXI. Ajouter à la notice sur Visan que Pierre de Visan, chevalier de Saint-Jean de Jérusalem, se trouvait en 1220 présent à la commanderie de l'Hôpital à Avignon. (Archives des Bouches-du-Rhône, Cartulaire des Hospitaliers d'Avignon, XIIIᵉ siècle, fol. 31 et 36.)

CLVII. 1ʳᵉ ligne, *Rostan de Conis*, lire : *de Coms*.
3ᵉ ligne : *Raimond Segnis*, lire : *Raimond Seguier*.
Voir pour ces rectifications les « errata » des pages 237 à 241, ci-dessous. Elles permettent de constater que le premier de ces commandeurs appartenait à la famille dauphinoise des seigneurs de Comps (canton de Dieulefit, Drôme), dont un membre, Bertrand, peut-être frère de Rostan, a été, de 1236 à 1241, grand-maitre de l'ordre de Saint-Jean de Jérusalem, et le second, à la famille des Séguier de Nimes, illustrée plus tard par le célèbre chancelier de France Pierre Séguier.

CLVIII. Ligne 15 : ajouter au chevalier *Bernardus Rollandi*, comme date extrême : *1143*.

CLIX. Ajouter à l'année 1147 le chevalier *Wilelmus Aldeberti*. (V p. CLXIII : Noms omis à leur date.)

CLIX et CLX. Supprimer le chevalier *Peire de Trevas* de l'année 1156, et le reporter à la page suivante à l'année 1158, sans deuxième date à la seconde colonne. Les dates 1156-1176 s'appliquent en effet à un homonyme de nom et prénom qui n'appartenait pas à l'ordre.

CLX. Ajouter à cette même année 1158 le chevalier *Raimundus de Ponteves*. (V. p. CLXIII : Noms omis à leur date.)

ADDENDA ET ERRATA

Pages.
CLXIII. Corriger les noms de chevaliers ci-après :

Année 1232.	Au lieu de :	Conis,	lire :	Coms.
	—	Oliverii,	—	Olerii.
	—	Vinaris,	—	Vivares.
	—	Bobris,	—	Bobus.
	—	Brun,	—	Bruni.
	—	Solunibris,	—	Solumbrier.
Année 1244.	—	Segnis,	—	Seguier.

4. 1ʳᵉ et 2ᵉ avant-dernières lignes, en fin de ligne, au lieu de e- et e, lire : et.
13. 1ʳᵉ ligne du n° 10, Domine, lire : domina.
28. 2ᵉ ligne du n° 27, effacer la répétition des mots : e [t] Pᵘˢ.
   4ᵉ ligne du n° 27, l'appel de note (3) doit suivre la virgule et non la précéder.
36. Ligne 6 de la note (a¹⁷), au lieu de M.C.XV.VIII, lire : M.C.XL.VIII.
43. Ligne 5 du n° 41, effacer la virgule placée après le mot meorum, et la reporter après les mots : et laudamento.
47. Ligne 15 du n° 45, au lieu de Templ, lire : Templi.
62. Ligne 25, supprimer la virgule entre les noms Wilelmus Dodo et de Valriaco.
63. Ligne 17, supprimer la virgule entre les noms Petrus Dodo et de Valriaco.
76. Ligne 25 du texte, au lieu de equitarius, lire : Equitarius.
80. Ligne 19, miles, lire : Miles (traduction latine du nom propre Cavaller).
82. Ligne 12 du n° 80, Delmas, lire : del Mas.
87. Ligne 1, Douas, lire : Douza.
102. Rectifier la note du n° 100 en : Avril 1163, les synchronismes fournis par le n° 179 permettant de la dater exactement. (Cf. note (1) de la page CLVI.)
103. Ligne 27, IIᵉ, lire : II°.
114. Note (2) du n° 118, rectifier la date en : 5 mai 1171, et lire à la 2ᵉ ligne de la même note : que les nᵒˢ 103 et 105.
120. Ajouter à la note (1) du n° 126 : ou plus probablement samedi 31 mars 1173. Il y a dans les deux cas erreur d'un jour sur la lune.
122. Note (1), deuxième avant-dernière ligne, au lieu de : (chap. II.), lire : (chap. X.).
125. N° 131, (Fol. 48.), lire : (Fol. 88.).
126. N° 132, lignes 12 et 13, au lieu de Narmans, lire : n'Armans.
154. N° 175, note (1), après la date, ajouter : ou plus probablement 6 avril 1162.
155. Même note, avant-dernière ligne, après le nom de Bertrand de Visan, ajouter : lui-même témoin de la pièce.
158. N° 181, note (1), 1ʳᵉ ligne, au lieu de : 1135 et 1149, lire : 1145 et 1149.
166. N° 187, note (2), 1ʳᵉ ligne, au lieu de (n° 64), lire : (n° 195). — 3ᵉ ligne, après les mots de la même année, ajouter (n° 64).
167, 168. Les appels de note (2) et (3) ayant été intervertis, il en a été de même des notes. Le mot : occurrerunt à suppléer doit être placé dans le texte après les mots et Bertranno, degano. La note (2) concerne Bernardus Richer.

ADDENDA ET ERRATA

Pages.
171. Ligne 27, supprimer la virgule entre les noms *Peiro Guilelme* et *de Grillo*.
177. Ligne 10, au lieu de *Mollerias*, lire : *mollerias*.
178. N° 200 ; lire : *Répétition du n° 66*.
184-186. L'impression du volume était presque terminée lorsque notre confrère M. de Manteyer a constaté l'existence, aux Archives départementales des Bouches-du-Rhône (H. Temple, liasse 115), de l'original, sur une même peau de parchemin, des deux pièces portées au Cartulaire sous les n°ˢ 207 et 208.

La collation, à part quelques variantes orthographiques insignifiantes et n'altérant en rien le sens des textes, donne lieu aux corrections suivantes :

N° 207. Ligne 2, supprimer les mots : *Sancte Marie*.
— 5, *ac* à remplacer par : *et*.
— 7, *id est* à remplacer par : *scilicet*.
— 11, après les mots *aliam medietatem*, ajouter : *dictarum condaminarum*.
— 14, supprimer les mots *et* avant *abbatis*, et *ac* avant *R. Truc*.
— 15, au lieu de *Petri Chavin*, lire : *Peire Chavis*.
— 20, lire : *Peiralapta*, et : *Mallenz*.
— 21, lire : *Remusaz*.
— 25, au lieu de *Nicolaii*, lire : *Nicolai bajuli*.

N° 208. Ligne 2, au lieu de *Marescotus frater meus*, lire : *Marescots mos fraire*.
— 5 et 6, supprimer les mots : *in illis condaminis*.
— 8, supprimer le mot *etiam*.
— 10, au lieu de *Folcone*, lire : *Folco*.
— 15, au lieu de *Rostagno*, lire : *Rostan*.
— 17 et 18, au lieu de *Petro*, lire : *Peire*.

Corriger la note (1) en ce point que le mot *Etiam*, par lequel commence la pièce, renvoie au n° 207, et non au n° 97.

189. Ligne 3, ajouter en note au mot *occidente* : La situation géographique exige que ce mot soit corrigé en « *oriente* », l'Olière se trouvant à l'orient du Plan Long, et le Lez en effet à l'occident, comme il est dit deux lignes plus loin.
194. Note au n° 217, supprimer les mots : *jeudi 11 février*.
196. En place de la note (1) du n° 219, lire : *5 avril 1176, avec erreur d'un jour sur la lune*.
235. Ligne 11, au lieu de *Raimond Segnis*, lire : *Raimond Seguier*.
236. Lignes 5 et 12, au lieu de *Rostaing de Conis*, lire : *Rostaing de Coms* (Comps).
237 et suiv. L'importante pièce reproduite p. 237 à 241 a été publiée, ainsi qu'il est dit dans le préambule de l'appendice II, d'après une copie figurant dans les manuscrits de Peyresc à la Bibliothèque d'Inguimbert. Une simple lecture de ce document suffit à constater que cette copie est défectueuse. Nous l'avions accueilli tel quel cependant, vu le grand intérêt qu'il offre pour la commanderie de Richerenches, et pour plusieurs autres chronologies religieuses de la région.

ADDENDA ET ERRATA

Pages.
L'impression du volume était terminée jusqu'à la table onomastique inclusivement, lorsque M. Labande a découvert l'original aux Archives départementales des Bouches-du-Rhône (B. 338). La collation a fourni de nombreuses et importantes corrections à apporter au texte imprimé, tant pour certains noms propres que pour le sens de quelques phrases. Nous les donnons ici, telles que M. le Secrétaire général de l'Académie a bien voulu les relever pour nous :

Page.	Ligne du texte.	Au lieu de :	Lire :
237	4	mea	mera
	5	corroboramus	coroboramus
	6	Segnis	Seguier
	7	praedicte	predicte
	8	fratrum	factam
	9	Colonzelle	Collonzellis
	14	Pontium	Poncium
	15	et decanum	et... decanum
238	1	et preceptorem	et... preceptorem
	7	partium	parcium
	9	alphabetum	alfabetum
	17	sine	enim
	29	extant	erunt
	31-32	messionibus	messoribus
	38	Colonzellis	Colunzellis
	39-40	inferrant	inferant
	41	deffendat	defendat
239	4	servitium	servicium
	7	a luco	alveo
	9	sicut	. Item
	11	quator	quatuor
	14	episcopali, in	episcopali, videlicet in
	15	episcopus, sacrista	episcopus; P., sacrista
	16	Raymundus	Raimundus
	»	Pontius	Poncius
	18	militie	milicie
	»	Rogerie	Rozeriis
	20	ducentisimo	ducentesimo
	25	priorem	patrem
	27	et (5)	esse
	28	Collunzellis	Colunzellis.
	32	Bertrandi de Merviels	Bernardi de Vermels
	34	approbamus	aprobamus
	38	paliamur	paciamur
240	3	firmam	et firmam
		R. de Vaqueria	P. de Vaqueriis
		pactis	peractis
		Conis	Coms
	»	militie	milicie
	13	Collunzellis	Colunzellis

ADDENDA ET ERRATA VII

Page	Ligne du texte.	Au lieu de :	Lire :
	14	*priorem*	*patrem*
	19-20	*Oliverii* (?)	*Olerii*
	20	*Vinaris* (?)	*Vivares*
	22	*Bobris* (?)	*Bobus*
	»	*Brun*	*Bruni*
	25	*cappellani*	*capellani*
	»	*Solunibris* (?)	*Solumbrier*
	29	*paliamur*	*paciamur*
	32	*Collomzellis*	*Colunzellis*
	33	*de monasterio*	*et monasterio*
241	1	*confirmare*	*confirmari*
	2	*Cons*	*Coms*.
	3	*volumus*	*voluimus*
	8	*transcribi*	*transscribi*
	10	*in perpetuum*	*inperpetuum*
	15	*Audeberti*	*Audebrandi*
	»	*Tricastinensis* (?)	*Tricastrinus*
	16	*Stephani*	*Stefani*
	17	*Deuslogare*	*Deuslogart*
	18	*Stephani*	*Stefani*
	19	*Pontius*	*Poncius*
	»	*Anno*	*Aimo*
	22	*in perpetuum*	*inperpetuum*
	23	*Grainiani*	*de Grainiano*.

Original scellé : 1° à gauche : du sceau triangulaire en cire jaune d'Adhémar de Grignan, sur fils de chanvre bleu et blanc (publié par Blancard, *Iconographie des sceaux et bulles des Archives des Bouches-du-Rhône*, p. 47, pl. 21 *bis*, n° 5) ; 2° à droite : de la bulle, disparue aujourd'hui, de l'évêque de Saint-Paul-Trois-Châteaux, sur mêmes fils encore adhérents.

250. 1151, 9 janvier, pièce n° 69, *Pierre* Enguerrand, lire : *Pons* Enguerrand.

253. 1158, n° 139, *Eudia*, lire : *Endia*.

259. 1171, 5 mai, ajouter à la suite des pièces 103 et 105 l'analyse de la pièce 118, donnée p. 265 à la fin de la table, comme omise à sa date.

286. 2° colonne, après la rubrique *Lanberti*, ajouter l'article suivant : LANBERTUS, 170.

INTRODUCTION.

CHAPITRE I.

DESCRIPTION DU MANUSCRIT. — INTÉRÊT QU'IL PRÉSENTE.

Le Cartulaire de la commanderie du Temple de Richerenches formait à l'origine un manuscrit grand in-4°, relié d'une peau de parchemin neuve qui le recouvre encore. La hauteur des pages est en moyenne de vingt-huit centimètres et la largeur de vingt. Il se composait de trois feuillets préliminaires, cent-cinquante-neuf feuillets utilisés et trois feuillets laissés en blanc à la fin. Un des feuillets utiles a été enlevé avec soin, en laissant subsister un onglet, à une époque antérieure à la numération moderne de ceux-ci, que la forme des chiffres assigne à l'époque de Louis XIV. A la suite de l'arrachement des deux derniers cahiers, dont nous parlerons tout-à-l'heure, chacun d'eux a été dépouillé de sa première peau, ce qui a causé la perte de deux feuillets utiles du premier de ces cahiers, d'un feuillet utile et d'un feuillet blanc du second. Par suite de ces mutilations, nous avons à déplorer la perte d'un feuillet non compté dans la numération moderne, qui figurait entre les numéros 88 et 89 de celle-ci, du feuillet 144, et des deux feuillets 151 et 152. Les feuillets préliminaires et ceux qui ont été laissés en blanc à la fin n'ont pas reçu de pagination.

A une époque impossible à préciser, mais sans doute voisine de la Révolution, les deux derniers cahiers furent arrachés, peut-être pour les produire plus commodément au cours d'un procès. Pithon-Curt avait été admis à consulter le Cartulaire aux archives de la Chambre Apostolique avant l'impression du premier volume de son *Nobiliaire du Comté Venaissin* paru en 1743, dans lequel il le cite à plusieurs reprises. La mutilation est postérieure à cette date. Le corps du manuscrit, encarté dans sa reliure originale, est conservé dans la Bibliothèque Calvet à Avignon, où il est porté comme provenant du fonds Chambaud. Il est catalogué sous le n° 2488 (1). Quant aux deux derniers cahiers, ils se sont retrouvés, dépouillés chacun de leur première peau, dans les Archives départementales de Vaucluse, sans que l'on puisse retracer la voie par laquelle ils y sont parvenus. Il nous a donc été possible, sauf les regrettables lacunes signalées plus haut, de reconstituer l'ensemble du manuscrit.

---

(1) Catalogue des manuscrits de la Bibliothèque d'Avignon, par M. Labande, T. II, p. 489 (T. XXVIII de la collection ministérielle).

Tel qu'il est, il contient deux cent soixante-deux chartes relatives à Richerenches, et dix chartes concernant la commanderie de Roaix, occupant les feuillets 49 à 55. Par suite des mutilations, quatre pièces demeurent incomplètes ; l'enregistrement d'une cinquième a été interrompu après les premières lignes ; enfin certaines pièces ont été répétées une fois, et quelques-unes deux fois. Ces répétitions, au nombre de dix-huit, ne sont pas toujours inutiles, et fournissent parfois des variantes importantes ; d'autres ne peuvent se justifier que par une inadvertance. Il faut donc défalquer vingt-trois pièces du chiffre total, en sorte que le nombre de chartes bien complètes concernant la commanderie de Richerenches est de deux cent trente-neuf (1). Toutes sont inédites jusqu'à ce jour, et le manuscrit parait même être resté à peu près inconnu. Pithon-Curt, et le P. Boyer de Sainte-Marthe dans un supplément de son *Histoire de l'église de Saint-Paul-Trois-Châteaux* aujourd'hui rarissime, sont, à notre connaissance, les seuls auteurs qui y aient puisé quelques notes, au reste fort succinctes. L'auteur de l'*Histoire apologétique de l'ordre des Templiers* (2), a cité deux des chartes qui y figurent ; mais il a dû consulter les originaux, car elles l'ont conduit à des conclusions erronées, qu'il aurait modifiées s'il avait connu notre manuscrit, et par lui la véritable charte de fondation de la commanderie, qui ouvre la série.

Le plan primitif d'après lequel le Cartulaire était conçu, comportait trois sections : la première destinée à l'enregistrement, à la suite de la charte de fondation, des pièces relatives aux acquisitions contiguës à Richerenches ; la seconde, à celui des pièces relatives à la seigneurie de Bourbouton ; enfin la troisième devait réunir celles qui concernaient les domaines donnés à l'ordre à Roaix et aux environs. Le premier scribe chargé du travail l'avait fait avec un soin extrême, et même un certain luxe. Les pièces, soigneusement trancrites et revues, sont précédées d'un sommaire étendu, parfois inexact, malheureusement. Les trois feuillets préliminaires étaient réservés à la table des chartes enregistrées (3) ; au verso du premier, il l'a commencée sur deux colonnes et y a recopié les cotes qu'il avait inscrites en tête des quarante-deux pièces de sa main occupant dans le manuscrit les feuillets 1 à 26. Une large déchirure au bas du feuillet en a enlevé une bonne partie, et comme elle fait double emploi avec l'intitulé des pièces elles-mêmes, nous avons jugé inutile de la reproduire. D'ailleurs l'intercalation postérieure de deux pièces originales, et la transcription sur les marges d'actes supplémentaires, en a rendu la numération fautive, ainsi qu'on pourra le vérifier dans notre publication, où sont indiquées avec soin les positions relatives occupées par les documents transcrits.

Le second feuillet préliminaire et le recto du troisième destinés à la suite de cette table, sont restés blancs, les scribes subséquents ne l'ayant pas continuée. Au verso de ce dernier est celle des chartes relatives à Bourbouton, occupant les feuillets 31 à 37 du manuscrit.

---

(1) La table analytique comprend deux cent quarante-deux pièces, trois des chartes mutilées, les n°⁵ 132, 236 et 237 ayant pu nonobstant être l'objet d'une analyse et placées à leur rang.

(2) R. P. M. J. (Le Jeune), Prieur de l'abbaye d'Etival. Paris, 2 vol. in-4°, 1789.

(3) Sur le recto du premier on remarque cette mention : « *Donaciones facte Templariis de Richarensis, quibus Camera succedit* », apposée lors de la prise de possession des biens des Templiers dans le Comtat Venaissin par la Chambre Apostolique, vers 1320.

Les dix pièces relatives à Roaix, inscrites aux folios 49 à 55, n'ont pas fait l'objet d'un commencement de table. Disons de suite que sur ces dix pièces, huit figurent dans la portion du cartulaire de Roaix publiée par M. le chanoine Ulysse Chevalier. On trouvera le texte des deux autres dans notre appendice nº 1.

Le travail de ce premier scribe ne contient aucune pièce postérieure à 1148. Nous pouvons donc faire honneur à Hugues de Bourbouton, commandeur de 1145 à 1151, du soin qui nous a conservé ce précieux ensemble de documents.

Le plan topographique excluait par lui-même l'ordre chronologique. Il n'en était déjà pas tenu compte par le premier scribe ; ses nombreux successeurs l'ont observé bien moins encore, et comme ils ont cessé de s'astreindre à observer la répartition topographique des titres, ceux-ci se suivent pour la plupart sans aucun ordre apparent. Tout au plus peut-on reconnaître la préoccupation, çà et là, de grouper ceux qui ont trait à une même affaire. Un certain nombre de pièces appartenant à la période embrassée par nos chartes doit avoir été négligé. Ces lacunes semblent résulter du fait que des enregistrements omis ont été insérés à la suite de faits ramenant l'attention sur la question qu'ils concernent. C'est ainsi que la donation au Temple du palais Saint-Jean, à Saint-Paul-Trois-Châteaux, du 19 mars 1136, n'a été enregistrée que sous le nº 128, lorsque l'évêque, en contestant à l'ordre les droits seigneuriaux rattachés à ce palais dans la ville de Saint-Paul, a motivé la déclaration des donateurs survivants du 21 avril 1172, insérée sous le nº 122.

Les parties du manuscrit dues aux successeurs évidemment nombreux du premier scribe, sont infiniment moins élégantes et moins soignées, sauf quelques pages où des caractères superbes de grandeur et de régularité et l'absence presque complète d'abréviations décèlent la main de reproducteurs d'antiphonaires et de missels. Nombre d'entre eux ont apporté beaucoup de négligence à leur travail, se bornant pour tout intitulé au nom du contractant, lorsqu'il n'est point laissé en blanc, de même que la première lettre de la pièce. Celle-ci, ainsi que l'intitulé, devaient être rubriqués, et l'on a trop souvent oublié de reprendre cette partie de l'œuvre.

Entre 1136 et 1183, il est peu d'années qui ne soient représentées par une ou plusieurs pièces. La lacune la plus longue se place entre 1152 et 1155. Après 1183 aucun enregistrement n'a eu lieu pendant dix-sept années, après lesquelles figurent cinq pièces datées de 1200 à 1214, se reliant très directement à des affaires ou à des personnages figurant fréquemment dans le Cartulaire avant 1183. Ce fait ferait supposer que les derniers feuillets blancs avaient été réservés pour l'enregistrement de chartes complémentaires, tandis qu'un deuxième volume aurait été consacré aux questions postérieures à 1183. Hâtons-nous d'ajouter que rien n'est venu appuyer l'exactitude de cette conjecture, et que, si notre Cartulaire a été continué, les tomes subséquents non-seulement sont perdus, mais n'ont été, à notre connaissance, cités par aucun historien ou généalogiste.

La plupart des pièces sont datées. En dehors de l'année, du mois, du jour de la férie et de celui de la lune, l'emploi d'autres données chronologiques est peu usité. Celles-ci même sont assez rarement réunies toutes quatre, et, lorsqu'elles le sont, ne concordent pas toujours. Les erreurs sur le calcul de la lune sont particulièrement fréquentes. Aussi l'emploi de la férie étant d'un usage journalier, surtout dans une maison religieuse, nous lui avons toujours donné la prépondérance, en cas de doute, pour attribuer la pièce au jour de la semaine le plus voisin de celui de la lune, lorsqu'il y a discordance entre les deux.

Il nous a été impossible de déterminer exactement à quel jour les divers scribes marquaient le commencement de l'année. L'usage le plus fréquent est évidemment de le faire débuter soit à l'Annonciation, soit à Pâques. Par contre l'emploi du calcul pisan est aussi fréquent que celui du calcul français ; certains documents placés entre Noël et Pâques pourraient aussi être invoqués comme indiquant le commencement de l'année à Noël. Il résulte de ces divergences, et des erreurs fréquentes portant sur toutes les données chronologiques, une presque constante incertitude sur le jour exact du plus grand nombre des pièces datées.

Ces dates plus ou moins certaines nous ont permis, toutefois, de dresser des tables chronologiques des commandeurs, des chevaliers, et de quelques personnages voisins ou familiers de la maison de Richerenches, avec une approximation suffisante pour assigner à la plupart des pièces non datées, une époque, sinon une date, qui doit être très voisine de la vérité. Nous reproduirons les chronologies des membres de l'ordre à la suite des renseignements sur l'histoire de la commanderie, ce qui permettra au lecteur de contrôler la classification que nous avons adoptée dans la table chronologique, dressée d'ailleurs sous toutes réserves, et seulement pour faciliter autant qu'il est en nous l'étude du Cartulaire.

Nous nous sommes attaché à respecter autant que possible son aspect et sa disposition. La numération, de 1 à 262, comprend, par suite, non seulement les pièces complètes, mais celles qui ont souffert des mutilations du volume, et celles qui sont des répétitions de textes déjà reproduits, en renvoyant, pour celles-ci, au premier enregistrement, à la suite duquel sont données les variantes. Elles gagnent en effet à être rapprochées du premier texte. Elles montrent l'incroyable liberté avec laquelle les scribes transcrivaient les originaux ; souvent elles les complètent, lorsque la première copie n'a pas été collationnée, ce qui paraît avoir été fréquemment le cas. Aussi est-il bon, pour l'étude des actes, de tenir compte de ces notes (1).

Comme la plupart des Cartulaires de commanderies occidentales de Templiers ou d'Hospitaliers, celui de Richerenches ne reproduit point les documents ayant le caractère de privilèges généraux pour l'ordre tout entier, tels que les bulles des papes, ou les constitutions des grands-maîtres et des chapitres. Il est exclusivement consacré aux titres de propriété de la commanderie et des domaines qui dépendent d'elle. Et lorsque ces derniers en sont distraits pour être érigés en commanderies distinctes, ainsi qu'il en a été pour Orange, Saint-Paul-Trois-Châteaux et Roaix, les pièces les concernant ont cessé d'y être reproduites. Il ne faut donc point y chercher de lumières nouvelles sur l'histoire générale de l'ordre ou sur les expéditions d'outremer. En revanche il constitue, pour l'éclaircissement de l'histoire du marquisat de Provence pendant le XIIe siècle, un document de premier ordre. Embrassant l'époque même où les noms patronymiques deviennent héréditaires et définitifs, il nous révèle la communauté d'origine de familles féodales que les différences de noms semblaient devoir faire regarder comme distinctes, et par là nous donne la solution de problèmes restés obscurs jusqu'à présent. Nous nous sommes efforcé de faire ressortir

---

(1) Toutefois lorsqu'elles ne portent que sur de simples différences d'orthographe et ne peuvent modifier le sens ou laisser de doute sur l'identité d'un personnage, nous avons cru pouvoir les négliger.

quelques-uns de ces résultats au cours de cette introduction ; mais il en est un grand nombre pour lesquelles un travail du même genre pourra conduire encore à des données d'autant plus utiles à l'histoire des communes de la région, confondue à cette époque avec celle des familles qui en avaient la seigneurie, que les documents précis sont plus rares. Les localités modestes du nord du département de Vaucluse et du sud de celui de la Drôme, auront presque toutes intérêt à le consulter pour l'éclaircissement de leurs origines. Enfin il fait ressortir d'une façon saisissante l'état de confusion de la propriété, et de décadence des familles de tout rang, amené par l'abus des partages successoraux alors si généralement pratiqué. Toute pacifique qu'elle ait été, ce qui l'a voilée aux yeux de la plupart des chercheurs, une révolution profonde est résultée de cette législation, tout au moins dans la population de nos pays, soumise à la loi Gombette, ou négligeant la pratique du testament pour laisser libre cours aux dispositions du droit romain sur la succession ab intestat, révolution contre laquelle se produit aux environs de l'an 1200 une réaction due au retour des pères de famille à l'usage des testaments dans toutes les classes de la société, et des substitutions dans celles des familles de haut rang dont l'appauvrissement n'était point irrémédiable déjà. Nous nous sommes attaché à suivre l'effet de ces coutumes pour quelques familles de la région dont le nom revient souvent dans nos chartes, et nous espérons que ces notes sur l'état social de notre pays, au moment où cette crise de morcellement de la propriété sévissait avec le plus d'intensité, seront lues avec intérêt.

Les mentions des prélats et grands seigneurs voisins, en s'ajoutant à des renseignements déjà connus, nous ont permis d'élucider certains points obscurs de notre histoire régionale, telle que la chronologie des évêques de Saint-Paul Trois-Châteaux au XIIe siècle, l'origine de la maison de Poitiers et son accession au comté de Valentinois, la succession des souverains d'Orange et de Montélimar au XIIe siècle, la transmission d'une partie du pays des Baronnies à la maison de Montauban et l'extinction de celle-ci dans celle de Montdragon, qui reconstitue la dynastie, etc. Certaines de nos conclusions pourront être discutées ; nous en serons heureux d'ailleurs, car la vérité historique ne peut être recherchée autrement. Ce qui ne peut l'être, croyons-nous, c'est l'importance pour les études historiques de notre région, du recueil resté si longtemps ignoré dans les archives de la Chambre Apostolique à Carpentras, et qui aurait fourni aux grands historiens de la Provence, du Comtat Venaissin et du Dauphiné, aux XVIIe et XVIIIe siècles, la clef de bien des problèmes dont ils n'ont pu trouver la solution.

C'est après avoir exposé ces résultats historiques que nous résumerons le peu que l'ensemble de nos chartes nous offre sur la condition des personnes et des terres et la vie économique au XIIe siècle dans le marquisat de Provence. Les conclusions que nous aurons à présenter ressortiront plus nettement en n'étant formulées qu'à la suite des faits dont elles découlent. Enfin les éclaircissements qui peuvent être déduits de notre Cartulaire sur l'organisation intérieure de l'ordre du Temple, encore peu connue, et sur l'histoire de la commanderie de Richerenches en particulier, termineront ces notes préliminaires.

CHAPITRE II.

DIGNITAIRES ECCLÉSIASTIQUES.

I. ÉVÊQUES DE SAINT-PAUL-TROIS-CHATEAUX. — II. EVÊQUES D'ORANGE.
— III. ÉVÊQUES DE VAISON. — IV. ABBÉS D'AIGUEBELLE.

I. — ÉVÊQUES DE SAINT-PAUL-TROIS-CHATEAUX.

Le Cartulaire de Richerenches est tout particulièrement important pour l'établissement de la chronologie des évêques de Saint-Paul-Trois-Châteaux de 1136 à la fin du XIIe siècle, si défectueuse encore aujourd'hui.

Pons de Grillon. — Nous ne nous étendrons pas ici sur la faveur qu'il a montrée à l'ordre du Temple, représenté par Arnaud de Bedos et ses compagnons. Nous donnerons d'amples détails sur son rôle bienfaisant dans le chapitre consacré plus loin à l'ordre et à la commanderie de Richerenches. Il survécut à peine deux ans aux fondations des maisons templières de Saint-Paul-Trois-Châteaux et de Richerenches. Son successeur, en effet, était déjà en possession de l'évêché le 16 juin 1138, jour de la profession d'Hugues de Bourbouton dans l'ordre (n° 3). D'autre part, sa mort devait être fort récente : en effet, nous savons par Nicolas de Bourbouton qu'il avait décidé son père à entrer en religion (n° 7), en sorte que Géraud, seul nommé dans la charte du 16 juin 1138, ne l'est que comme évêque régnant et ayant appuyé et approuvé en cela les conseils de son prédécesseur. Deux autres pièces postérieures à celle-ci, car Hugues de Bourbouton y est qualifié « frère », mentionnent même encore sa présence aux donations qu'elles relatent, les n°s 33 et 47. Il n'y a là rien de surprenant, car à cette époque la déclaration devant les témoins constitue essentiellement le contrat ; la charte n'est que le procès-verbal du fait accompli, dressé souvent après coup, et relatant simplement les clauses et le nom de ceux auxquels on peut faire appel au besoin pour le certifier juridiquement (1). Mais ces deux pièces nous donnent la preuve morale que la mort de Pons de Grillon était encore récente, et que l'interrègne qui le sépare de son successeur avait été très court.

---

(1) La liberté avec laquelle celle-ci est dressée, facile à constater dans les répétitions en double et parfois en triple de certaines de nos pièces, en est la preuve péremptoire, comme aussi divers plaids où nous voyons le commandeur de Richerenches citer les témoins sans produire les actes ni même faire aucune mention de leur existence, prouvée cependant par notre Cartulaire.

Géraud. — Si la biographie de l'évêque Pons est mal connue (1), son successeur, dont le règne a cependant été assez long, est resté absolument ignoré des historiens de l'église de Saint-Paul (2). Nous venons de voir que son élection était antérieure au 16 juin 1138. Peu après, il juge le procès intenté par Pierre du Bois à l'encontre de la donation de Hugues de Montségur et autres à la commanderie de Richerenches (n° 48).

Il ne semble pas s'être intéressé à l'ordre du Temple aussi chaudement que son prédécesseur ; en effet, nous ne le retrouvons que le 11 septembre 1147, président avec l'évêque de Vaison, Bérenger, à une donation et règlement d'affaires entre le Temple et les familles de Bellon, de Falcon et de Roussas (n° 60) ; l'importance exceptionnelle attribuée à cette transaction est attestée par la haute qualité des garants fort nombreux donnés au Temple, aussi bien que des négociateurs et des témoins, faisant de cette pièce une des plus curieuses de notre recueil.

Il vécut certainement encore après cette date, car son successeur, qui paraît au contraire avoir accordé au Temple une très constante protection, n'apparaît dans nos chartes que plus tard. Nous n'avons trouvé aucun renseignement sur la famille dont Géraud était issu.

Guillaume Hugues. — La *Gallia christiana* reproche au P. Boyer de Sainte-Marthe d'avoir fait remonter cet évêque à l'année 1142, et d'avoir scindé son épiscopat en trois évêques différents, dont deux appelés Guillaume et un autre Hugues. Nous venons de voir en effet que son prédécesseur vivait encore le 11 septembre 1147, et la plus ancienne mention que nous ayons de Guillaume Hugues est dans un plaid non daté, que les synchronismes placent entre 1150 et 1155 (n° 156). En 1154 il obtint de l'empereur Frédéric Ier une bulle confirmative des droits régaliens de son église et peut fort bien avoir été retenu loin de son diocèse assez longtemps pour parvenir à s'assurer cet avantage, en sorte qu'il n'est point surprenant de ne rencontrer son nom que cette fois-là seulement dans les premières années de son épiscopat. Sur le second point également, notre Cartulaire donne pleinement raison aux Bénédictins. Guillaume Hugues apparaît dans onze de nos chartes, s'étendant de cette pièce non datée, mais antérieure à la première ayant date certaine, 1158 (n° 188), jusqu'au 5 août 1175 (n° 215). Il est nommé dans ces pièces *Guilelmus Hugo* ou *Hugonis,* ce qui prouve que ce dernier est un nom de filiation, et dans trois seulement simplement *Guilelmus*.

---

(1) On ne sait, en effet, s'il n'est pas le même qu'un autre Pons, déjà évêque de Saint-Paul en 1095 ; l'existence d'un nommé Aimar, qui remplirait la longue période pendant laquelle les documents font défaut, n'est rien moins que prouvée.

(2) Chose singulière, le P. Anselme Boyer de Sainte-Marthe, qui n'avait pas connu le Cartulaire de Richerenches lorsqu'il publia son *Histoire de l'église de Saint-Paul,* l'a ensuite utilisé dans un supplément d'une insigne rareté intitulé *Additions à l'histoire de l'église cathédrale de Saint-Paul-Trois-Châteaux, avec une chronologie réformée de tous les évêques qui l'ont gouvernée,* Avignon, in-4°, 1731. Il y a relevé des mentions de Pons de Grillon jusqu'en 1138, ainsi que la donation de l'église et du quartier Saint-Jean de la ville de Saint-Paul, en citant le manuscrit, alors aux archives de la Chambre Apostolique de Carpentras, et n'a pas aperçu le nom de l'évêque Géraud. Il ne semble pas d'ailleurs avoir poussé cette étude bien avant, car il maintient la division qu'il avait faite du règne de Guillaume Hugues en trois évêques différents, qu'il nomme Guillaume II, Hugues Ier et Guillaume III.

Aucune de nos chartes ne nomme un évêque de Saint-Paul appelé Hugo de son prénom entre la dernière charte de Géraud et la première de Bertrand de Pierrelatte. Il s'agit donc toujours du même personnage, et la succession établie par le P. Boyer pour remplir ce laps de temps, Guillaume II, Hugues Ier, Guillaume III, est certainement erronée.

Nous n'énumérerons pas les nombreux textes nommant Guillaume Hugues. Disons seulement que la faveur qu'il accorde à la commanderie de Richerenches pourrait fort bien être la contrepartie de la lutte qu'il soutenait contre l'ordre dans sa ville épiscopale même, afin de ne pas mécontenter ses ouailles, très enthousiastes des « pauvres chevaliers du Christ ». A la suite du privilège impérial de 1154, il se montra fort jaloux de son autorité à Saint-Paul, et commença un long procès pour dépouiller la maison templière dite le Palais Saint-Jean des droits seigneuriaux qu'elle avait dans la ville aux termes de la donation du vendredi-saint 1136 (n° 128). A ce procès se rapporte le témoignage du 21 avril 1172 (n° 122) délivré à l'ordre par les survivants des donateurs de 1136. Il se prolongea bien au-delà de la mort de Guillaume Hugues, et paraît ne s'être terminé que par la transaction de 1203, consentie à son successeur (1). Nous reviendrons sur ce sujet en parlant des coseigneurs de la ville de Saint-Paul.

Le nom de filiation *Hugonis* ne nous donne aucun renseignement précis sur son origine. Il est porté dans nos textes mêmes par les rejetons de plusieurs familles illustres, Adhémar, Montdragon, Valréas, etc., avec lesquelles l'évêque figure, sans que ces pièces nous fournissent le moindre indice sur sa parenté.

La dernière mention que nous ayons de lui est de 1175. Il assista ensuite au couronnement de l'empereur Frédéric Ier à Arles en 1178, et au concile de Latran l'année suivante ; et il est vraisemblable qu'il mourut cette année-là. A l'encontre de l'opinion du P. Boyer, suivie par les auteurs les plus modernes, nous pouvons établir qu'il n'a pas occupé son siège au-delà de 1180, et que, s'il a vécu jusqu'en 1193, il avait dû le résigner.

BERTRAND DE PIERRELATTE. — Il figure auprès de son prédécesseur sans titre dans une charte de 1174 (n° 206), et ensuite avec celui d'archidiacre de Saint-Paul dans la dernière mentionnant Guillaume Hugues du 5 août 1175 (n° 215) ; enfin avec celui d'évêque dans une pièce non datée qui pourrait être de 1179 (n° 250) et dans une seconde datée de 1180 (n° 227). Il est nommé encore comme évêque de Saint-Paul dans le n° 240 de 1181. Il est donc hors de doute qu'élu peut-être dès 1179, il l'a été au plus tard en 1180, alors que le comte de Mas-Latrie, résumant tous les auteurs les plus modernes, ne fait dater son épiscopat que de 1189 (2).

Il est regrettable, pour l'histoire de ce prélat, que l'enregistrement régulier des chartes de Richerenches ait cessé dès 1183, car il a certainement été pour l'ordre du Temple un protecteur constant. Il ne faisait en cela que suivre la tradition de la puissante famille à laquelle il appartenait. Dès le vendredi-saint 1136, Guillaume et Jourdain de Pierrelatte sont nommés les premiers parmi les personnages qui voulurent, le jour même où l'évêque Pons de Grillon et divers coseigneurs de la ville de Saint-Paul donnèrent à l'ordre le Palais Saint-Jean,

---

(1) *Gallia christiana*, t. I, col. 714, C.
(2) *Trésor de chronologie*, col. 1482.

son église et le quartier environnant, s'associer à cette fondation par un don de terres (n° 27). Plusieurs autres rejetons de cette tige, dont on retrouve les alliances dans l'histoire des races les plus illustres du marquisat de Provence, mais qui paraît s'être éteinte dès le XIVe siècle, sont également nommés dans nos textes, entre autres Arnoul de Pierrelatte, donat du Temple à Richerenches en 1212 (n° 261).

ÉVÊCHÉ D'ORANGE

ODALRIC. — Nous relèverons, en nous occupant de l'histoire de la seigneurie de Bourbouton, une pièce dont les coordonnées chronologiques ne se rencontrent que le 5 septembre 1009 ou le 21 septembre 1013. Rappelons-la ici, l'épiscopat de cet évêque n'étant connu des historiens du siège qu'à partir de l'an 1020.

GUILLAUME. — Il fut présent, le 26 septembre 1138, au don du château des Arènes d'Orange au Temple (n° 41). Cette pièce est intéressante parce qu'elle marque la fondation de la commanderie d'Orange qui eut une assez grande importance malgré la situation singulière qui dût lui être faite ultérieurement par la donation de parts de la souveraineté de la ville et de la principauté à l'ordre de l'Hôpital. Mais elle n'ajoute rien au peu que nous savons sur les évêques d'Orange à cette époque.

Sous l'épiscopat de ce prélat, et de son successeur qui n'apparaît point dans nos textes, nous devons une mention spéciale au sacristain du chapitre de l'église d'Orange, qui fut un des soutiens les plus déterminés de l'ordre du Temple dans notre région, Arnaud, promu à l'évêché de Nice en 1151. Un très grand nombre de chartes des commanderies de Richerenches et de Roaix sont rédigées par lui et prouvent qu'il aimait à y résider et à encourager leurs progrès. Notre Cartulaire en offre une quinzaine, pour la plupart dressées à Richerenches et les autres à Orange. La date de son transfert au siège épiscopal de Nice est précisée par la pièce n° 27 du *Cartulaire de l'ancienne cathédrale de Nice* (1), ainsi datée : « Anno ab Incarnato Domino M.C.L.I., eodem ipso anno assumpto Arnaldo Aurasicensi sacrista in episcopatu Niciensi ». Par la pièce 57 du même recueil, datée du 2 avril 1151, il engage les chanoines de son église à vivre en communauté, ainsi qu'il l'avait pratiqué « avec ses frères » à Orange. Les dernières pièces de Richerenches où il apparaît étant des 2, 9 et 18 janvier 1151, car il semble qu'il se soit hâté de faire conclure, avant de s'éloigner, diverses donations sans doute déterminées par ses bons offices, sa prise de possession du siège de Nice peut ainsi être datée presque exactement.

Le même Cartulaire contient deux pièces qui pourraient fort bien se rapporter aussi au sacristain Arnaud. Dans les chartes n°s 34 et 52, respectivement de 1135 et 1141, apparaît un « légat » nommé Arnaud, lequel n'est ni cardinal, ni prélat de haut rang, car il ne prend que cette simple qualité de « *Legatus* », et qui sollicite des dons pour l'Hôpital Saint-Jean de Jérusalem. Il devait être un simple envoyé du grand-maître de l'Hôpital, dont il aurait accepté la mission de quêter des subsides et des dons en Occident. L'ardente charité montrée par Arnaud pour les Templiers, ce qui revient à dire pour la défense des Lieux Saints, pour-

---

(1) Publié par le comte Cais de Pierlas, Turin, 1888.

rait fort bien l'avoir porté à se charger de cette mission, d'autant qu'aucune rivalité entre les deux ordres ne s'était encore élevée à cette époque, et que tous deux travaillaient de concert et de leur mieux à seconder les croisés. Il devait dès lors s'intéresser également aux deux. Dans la seconde de ces pièces nous voyons auprès de lui deux témoins, évidemment originaires de la région de Richerenches, Hugues Adémar et Raimond de Bollène, qui tous deux ne tardent pas à être faits chanoines de Nice, et l'étaient encore lorsque Arnaud devient leur évêque. Notre Cartulaire nous montre deux des gendres de Pierre Hugues de Visan et de Brunissende, nommés Hugues Adémar et Bérenger de Bollène. Le premier n'est certainement pas le chanoine de Nice, mais pourrait fort bien être de la même souche, qui nous parait différente de celle des Adhémar de Monteil. L'époux d'Anne de Visan n'apparait en effet dans nos textes que de 1160 à 1175 environ, tandis que le chanoine, nommé pour la première fois dans le Cartulaire de Nice par la charte de 1141 auprès d'Arnaud, disparaît après 1159. Bérenger de Bollène, époux de Rixende de Visan, devait aussi être neveu du chanoine Raimond de Bollène d'après les dates. Ce dernier cesse de paraître en qualité de chanoine de Nice le 20 septembre 1151, pour se retrouver une dizaine d'années plus tard sur le siège archiépiscopal d'Arles, et couronner en 1178 l'empereur Frédéric Ier roi de Provence et de Bourgogne.

Ces rapprochements, en contribuant à établir l'identité du légat-quêteur de l'ordre de Saint-Jean avec notre sacristain d'Orange, peuvent aussi mettre sur la voie de découvertes intéressantes pour l'histoire ecclésiastique provençale. Ils acquièrent une valeur singulière depuis que le comte Cais de Pierlas a établi l'identité de la dynastie d'Orange avec une branche de la maison de Nice dans son remarquable travail sur *Le XIe siècle dans les Alpes Maritimes* (1).

ÉVÊCHÉ DE VAISON

L'*Histoire de l'église cathédrale de Vaison*, du Père Anselme Boyer de Sainte-Marthe (2) est très supérieure à son histoire de celle de Saint-Paul-Trois-Châteaux. Aussi n'avons-nous pas ici de rectifications à faire ; et d'ailleurs, sauf Bérenger de Mornas dont l'épiscopat remplit la plus grande partie du XIIe siècle, les évêques de Vaison restent étrangers à notre Cartulaire ; mais il ajoutera des renseignements assez nombreux et intéressants à la biographie de ce grand prélat.

Remarquons seulement qu'il apporte la preuve de sa très grande influence sur toute la haute noblesse du marquisat de Provence. Les chartes où il figure sont au nombre des plus importantes de notre publication, et sont dues aux personnages les plus relevés entre ceux qui nous les ont léguées. La première est le n° 60, de 1147, où les plus grands seigneurs de la région sont constitués garants des donateurs. Nous le voyons ensuite auprès d'Armand de Bourdeaux en 1157, de Guillaume de Bérenger, un de ses chanoines, beau-frère de Douce d'Orange, en 1161, de Roger de Clérieu en 1168, de Géraud Adhémar de Monteil en 1174, etc.

Bérenger de Mornas a d'ailleurs beaucoup favorisé l'ordre du Temple. Il est

---

(1) Turin, 1889, extr. it des *Memorie della reale Accademia delle scienze*.
(2) Avignon, in-4°, 1731.

un des donateurs de la charte de février 1137, qui a fondé la maison du Temple, depuis commanderie, de Roaix, et le 26 du même mois, d'accord avec ses chanoines, il y ajouta le don d'une condamine (1) ; on trouve ensuite les preuves répétées de sa sollicitude pour la fondation à laquelle il avait pris une grande part.

Ne quittons pas l'évêché de Vaison et la maison Templière de Roaix sans appeler l'attention sur les fragments de chartes portant les n°ˢ 150 et 151 du Cartulaire de celle-ci. Datés de août et septembre 1202, ils mentionnent comme évêque de Vaison un R. de Mévouillon dont le nom n'a été catalogué à notre connaissance par aucun historien, et soulève un curieux problème. Il couperait en effet en deux parties l'épiscopat de Rambaud de Flotte, dont la durée, remontant à 1193 tout au moins et s'étendant jusqu'à 1212, est une des mieux établies par l'enquête faite à cette dernière date sur les dommages causés à l'évêché par ordre du comte de Toulouse. Serait-ce un « anti-évêque » suscité par le comte ou ses représentants ?

ABBAYE D'AIGUEBELLE

La charte de Richerenches n° 7, du 3 décembre 1145, relatant la profession dans l'ordre du Temple de Nicolas de Bourbouton, fils et héritier du fondateur de notre commanderie, fournit à la chronologie des abbés d'Aiguebelle une importante contribution. D'après l'annaliste moderne de l'abbaye (2), la fondation de Gontard Loup, seigneur de Rochefort, aurait eu pour premier abbé Guillaume, dont le gouvernement s'étendrait de 1137 à 1160. Or, parmi les témoins de la pièce ci-dessus désignée figure Leuzon, abbé d'Aiguebelle, et après lui W. moine, Arnaud, chapelain, et d'autres qui semblent bien être de sa suite. L'abbatiat attribué à Guillaume Iᵉʳ doit donc être réduit à une durée de sept ou huit ans au plus.

Peut-être même faudrait-il aller plus loin, et mettre Leuzon en tête de la chronologie des abbés. En effet l'annaliste ne cite aucune pièce ayant date certaine dans laquelle figure l'abbé Guillaume, antérieure aux années 1148 et 1149 (3), et il semble que s'il a fait remonter son abbatiat à l'année de la fondation, c'est uniquement parce qu'il est le plus ancien dont il a trouvé la mention dans les documents dont il disposait.

Il n'est pas surprenant que Leuzon soit venu honorer de sa présence la prise d'habit de Nicolas de Bourbouton, car de nombreux liens de parenté existaient entre la famille de Gontard Loup, fondateur d'Aiguebelle, et le groupe de familles qui a fondé Richerenches, parmi lesquelles les Bourbouton tiennent le premier rang. Nous revenons plus loin sur cette famille qui a tenu une grande place dans le marquisat de Provence sous les noms de Dalmas et Rochefort.

Leuzon ne survécut pas longtemps à ce pélerinage à Richerenches, son successeur Guillaume étant déjà en fonctions en 1148, année où il assista à un chapitre général de l'ordre de Citeaux présidé par le pape Eugène III en per-

---

(1) U. Chevalier, *Cartulaire de la commanderie de Roaix*, n°ˢ 103 et 104.
(2) *Annales de l'Abbaye d'Aiguebelle*, par un religieux de ce monastère, Valence, 1853, 2 vol. in-8°.
(3) P. 105 et 115.

sonne (1). Nous apprenons par notre charte n° 52 du 2 janvier 1148, que l'abbaye était gouvernée par le prieur Arnoul en son absence.

La chronologie des abbés donnée par la *Gallia christiana* (2) commence à Albéric qu'elle fait vivre jusqu'en 1190. L'annaliste d'Aiguebelle le fait mourir au contraire en 1173, afin de céder la place à un Aimar Adhémar, pour l'existence duquel il ne cite d'autre autorité que la généalogie des Adhémar de Monteil de M. de Courcelles (3), copie elle-même de celle que Pithon-Curt (4) avait échafaudée sur les documents fabuleux de l'abbé Durand-Arnaud. Il n'apporte d'ailleurs aucun document ou aucun argument pour étayer cette date de 1173, et la durée, de 1173 à 1190, qu'il donne à son abbatiat, en sorte qu'il catalogue une seconde fois Albéric en 1190, en lui donnant le chiffre II.

Notre Cartulaire offre deux chartes de 1175, auxquelles l'abbé Albéric était présent (5). Elles infirment dans tous les cas, la date donnée par l'annaliste à l'abbatiat d'Aimar ; et vu la fragilité des autorités sur lesquelles il s'appuie, nous croyons qu'elles doivent faire revenir à l'opinion des auteurs de la *Gallia christiana*.

CHAPITRE III.

LES SUZERAINS.

EMPEREURS D'ALLEMAGNE EN QUALITÉ DE ROIS D'ARLES. — MAISON DE TOULOUSE.

Bien que Richerenches et la totalité des terres acquises par la commanderie pendant l'époque embrassée par notre Cartulaire soient situés sur la rive gauche du Rhône, la mention du règne des rois d'Arles comme donnée chronologique ne se rencontre que dans une seule pièce, passée il est vrai à Vaison, le n° 190 ; ce silence contraste avec les habitudes de chancellerie de la commanderie de Roaix, où cette mention est assez fréquente à partir du règne de Conrad de Franconie (1138-1152), car l'empereur Lothaire n'appartenant pas aux familles ayant recueilli l'héritage du dernier roi d'Arles et de Bourgogne Rodolphe III, ses velléités de vouloir se faire reconnaître dans le royaume également, en

---

(1) P. 105 et 115.
(2) T. I, col. 737.
(3) *Histoire des Pairs de France*, etc., t. III, p. 15.
(4) T. IV. L'Abbé Aimar figure p. 42.
(5) N°⁸ 205 et 257.

vertu de son élection à l'Empire, avaient rencontré la plus vive et constante opposition.

La mention unique du règne de Frédéric Ier dans notre Cartulaire, celles du règne de Conrad III, consignée dans une des chartes inédites de la commanderie de Roaix que nous publions en appendice, et du règne de Frédéric Ier, fréquente dans la portion du Cartulaire de cette dernière commanderie qui a été publiée, provoquent même une observation curieuse : c'est qu'elles emploient de préférence la forme « *regnante... rege* », et non « *imperatore* ». Il n'est rien là de surprenant pour Conrad de Franconie, qui n'a jamais été couronné à Rome. Mais Frédéric Ier l'avait été en 1155. Or, notre charte n° 190, quoique de 1161, lui conserve le titre de roi, et sur quatre pièces du Cartulaire de Roaix (1), remontant aux années 1164 et 1165, une seulement porte « *regnante Federico imperatore* » et les trois autres disent « *rege* ». Il semble bien que cette persistance dans l'emploi du titre de roi soit un reste de l'opposition qu'avaient soulevée les prétentions de Lothaire de considérer le royaume d'Arles et de Bourgogne comme incorporé à l'Empire allemand. En continuant l'étude des chartes de Roaix, ce n'est qu'en 1175 et 1176 que nous trouvons des pièces portant « *imperatore* », sans doute par suite de l'accoutumance à ce titre et de l'assoupissement des souvenirs du règne de Lothaire.

La mention du règne du comte de Toulouse, marquis de Provence sous la mouvance des rois d'Arles, fréquente aussi dans le Cartulaire de Roaix, est complètement absente de celui de Richerenches. Il s'agit donc bien d'une différence de style entre les deux diocèses de Vaison et de Saint-Paul-Trois-Châteaux, l'usage étant évidemment dans ce dernier de ne point dater du règne des suzerains.

La donation de Silvion de Clérieu du 15 octobre 1141 (n° 30) nous fait connaître la présence sur la rive gauche du Rhône à cette date du jeune Raimond de Toulouse, qui fut depuis le grand comte Raimond V. Né en 1134, d'après l'*Art de vérifier les dates*, il avait donc sept ans et avait dû être confié à Rostan de Sabran pour être conduit dans cette partie des États de son père. La liste des témoins de la pièce commence ainsi en effet : « *Rostagnus de Sabran ; ....*(2), *filius ejus ; et Raimundus, filius comitis de Tolosa.* » Son très jeune âge explique qu'il ne soit nommé qu'après celui qui apparaît comme son Mentor.

Raimond V revint plusieurs fois dans le marquisat de Provence au cours de son long règne, et les actes qui le concernent, non seulement relatifs à cette partie de ses États mais à toutes ses possessions et à toutes les époques de sa vie, nous montrent auprès de lui un assez grand nombre de personnages originaires de nos régions. Ses souvenirs du jeune âge furent peut-être, autant qu'une sage politique, parmi les motifs de la faveur qu'il semble avoir témoignée à ses vassaux de la rive gauche du Rhône.

On remarquera le nom de Guillaume de Toulouse dans la liste des chevaliers du Temple de Richerenches. De 1168 à 1174, il apparaît dans six chartes différentes et, dans toutes, il est nommé immédiatement après le commandeur, sauf dans les deux du même jour, 6 août 1169, où après celui-ci figure d'abord le chevalier Foulques de Bras, qui fut son successeur immédiat et qui a marqué dans les dignitaires de l'ordre. Les préséances ne sont pas toujours observées

---

(1) Nos 129, 131, 133 et 136.
(2) Le nom du fils de Rostan de Sabran est laissé en blanc.

dans la liste des témoins ; mais, en règle générale, les chevaliers de très grande naissance ou de très haut renom sont ainsi placés, et il n'en est aucun pour lequel cette règle de courtoisie semble avoir été observée aussi scrupuleusement ; de plus, son témoignage semble requis de préférence lorsque le donateur est de haute qualité, tels Géraud Adhémar de Monteil ou Armand de Bourdeaux.

Il serait donc fort possible que ce chevalier fût un rejeton de la maison de Toulouse et l'élucidation de ce problème présenterait un vif intérêt.

CHAPITRE IV.

COMTÉ DE VALENTINOIS.

EXTINCTION DE LA PREMIÈRE DYNASTIE DES COMTES. — ORIGINE ET AVÈNEMENT DE LA MAISON DE POITIERS.

Le Cartulaire de Richerenches ne nous offre que deux pièces intéressant l'histoire du comté et des comtes de Valentinois, les n°ˢ 23 et 52. Nous reviendrons sur la seconde lorsque nous serons arrivé, dans la présente étude, à la période de la vie de Guillaume de Poitiers où elle se place. Mais la première nous révèle un fait d'une importance capitale. Dans cette charte, de mars 1138, Guillaume, prévôt du chapitre de Valence, se désiste en faveur des Templiers des poursuites qu'il exerçait en paiement de cens et autres droits contre Ripert de Charols, serf de Hugues d'Allan, à ce que nous apprend la charte suivante par laquelle celui-ci le donne à la commanderie de Richerenches. Ce désistement est confirmé par le comte Eustache, *frère* dudit prévôt Guillaume.

Le comte Eustache n'est autre que le célèbre comte-évêque de Valence, déposé peu d'années auparavant de son siège épiscopal « *propter incontinentiam in qua tanquam brutum jumentum ad senium computuerat* » (1). Son frère, Guillaume, prévôt de Valence, fut ensuite évêque de Viviers, siège qu'il occupa jusqu'à sa mort, survenue en 1154 ou 1155. Il suit de là que le comte Eustache a dû lui survivre, sans quoi Guillaume eût été comte-évêque à son tour.

D'autre part, les donations de Guillaume de Poitiers et de son frère Eustache, prévôt de Valence, à l'ordre de Saint-Jean de Jérusalem, nous donnent la preuve qu'ils étaient neveux du prévôt Guillaume, évêque de Viviers. Elles sont au nombre de deux : par la première, datée de 1164, « *ego Wilelmus Pictaviensis, et ego Eustachius, frater Wilelmi, donavimus, et laudavimus et concessimus et*

---

(1) *Monumenta Germaniae historica. Constitutiones*, t. I, p. 578.

confirmavimus hoc quod patruus noster Wilelmus, Vivariensis episcopus et prepositus Valentinus, in extremis positus, donavit..... Deo et fratribus hospitalis Iherusalem, videlicet Clivium cum mandamento. » La charte est approuvée et scellée par Odon, évêque de Valence, et passée en présence de très nombreux témoins (1).

Il semble résulter de cette pièce qu'en 1164 Eustache de Poitiers n'était point encore prévôt du chapitre de Valence. Elle contenait de plus une erreur, l'emploi du mot « *patruus* », oncle paternel, et une omission : les donateurs ne faisaient que confirmer le don de leur oncle, et aucune mention n'était faite d'améliorations que Eustache avait faites à ses frais aux bâtiments et terres de la donation. Un deuxième acte fut dressé en conséquence, où cette fois le donateur est qualifié « *avunculus* », oncle maternel ; l'acte précédent y est visé : « *quam donationem similiter ratam et firmam postea habuerunt Wilelmus Pictaviensis et frater suus* » ; et Eustache, qualifié ici prévôt de Valence, renouvelant sa confirmation de la donation de son oncle Guillaume, y ajoute expressément l'abandon de ses améliorations, « *totam meliorationem quam feci post predictam donationem, in predicta villa de Cleus, tam in fossatis quam in muris, vel in aliis emendamentis, et quicquid mobile ibi expendi* ». L'acte est passé à Crest, mais non daté (2).

Ces deux pièces précisent donc d'une façon absolue la parenté qui unissait Guillaume de Poitiers aux deux derniers membres de la dynastie qui venait de s'éteindre. L'évêque de Viviers n'était point son oncle paternel, frère de son père Adémar, mais son oncle maternel, frère de sa mère, nommée Rixende, ainsi que nous le verrons plus loin, et aussi du comte-évêque Eustache, ainsi que l'établit la charte n° 23 de notre Cartulaire, qui nous donne dès lors la clef de cette question de la succession du comté de Valentinois, advenue à Guillaume de Poitiers, que tous les historiens dauphinois ont cherché sans succès à élucider jusqu'à présent.

Il reste à éclaircir une seconde obscurité, celle de l'origine des Poitiers. Tous les historiens dauphinois ont regardé Guillaume comme étranger au Valentinois avant son avènement. Le seul renseignement qu'ils possèdent sur le fondement de ses droits à cette succession était fourni par une gracieuse légende sur laquelle nous reviendrons plus bas, et d'après laquelle ils lui venaient en effet de l'héritière du comté. Le nom de son père, Adémar, nous est fourni sans plus par un document catégorique. Tout ce qui a été écrit sur celui-ci, notamment la conjecture qui le fait régner comme comte de Valentinois avant Guillaume, est mis à néant par la combinaison des chartes de Richerenches et de l'Hôpital de Saint-Jean de Jérusalem que nous venons d'analyser.

Mais à ces hypothèses peut-on substituer un système sur l'origine de Guillaume de Poitiers d'une plus grande probabilité ? Les nombreuses publications récentes de pièces originales, éclairant et complétant des documents anciennement mis au jour, nous permettent aujourd'hui, croyons-nous, de serrer de beaucoup plus près la vérité. Qu'il nous soit permis, bien que les pages qui suivent puissent paraître un peu longues, de grouper ici la succession de faits et de dates nous amenant à l'avènement de Guillaume de Poitiers au comté

---

(1) Archives d'État de Turin, *Ordini militari*. Texte complet publié par le comte Cais de Pierlas, *Revue historique de Provence*, t. I, p. 144.
(2) U. Chevalier, *Cartulaire de Saint-Chaffre*, n° 445 (appendice, p. 185).

de Valentinois; cette petite dissertation est nécessaire pour élucider ce point si intéressant de l'histoire du marquisat de Provence; nous aurons d'ailleurs à l'utiliser encore en faisant ressortir dans la suite de cette Introduction de nouveaux résultats de même nature que les pièces de notre Cartulaire nous permettront de dégager pour d'autres maisons féodales, notamment les princes d'Orange, les Mévouillon, les Montauban, etc.

LA MAISON DE MIRABEL-MISON.

La charte de Cluny, n° 2779, du 22 mai 1023, donnée en concile à Saint-Privat, territoire de Sarrians (1), a révélé que huit frères, dont plusieurs sont connus dans l'histoire comme personnages isolés, représentaient au début du XIe siècle l'une des branches d'une famille vraisemblablement portée à une haute fortune par la reprise du pays sur les Sarrazins, et dont les immenses domaines s'étendaient sur les diocèses de Gap, Die, Vaison, Orange et Saint-Paul-Trois-Châteaux. Pour la commodité du lecteur nous appellerons cette branche du nom de l'un de ses fiefs, Mirabel, ce nom ayant été porté par l'un des frères, Pierre, évêque de Vaison, ainsi que le rapporte le Père Boyer de Sainte-Marthe, dans la notice étendue et très documentée qu'il lui consacre (2). Par cet acte, deux des frères, Laugier et Pons, ayant déterminé de se faire moines à Cluny, donnent à cette abbaye la moitié du *Castrum* d'Auton, dont l'autre avait été précédemment offerte à Saint-Pierre de Cluny par leur père. Cette libéralité est faite sur le conseil et le consentement de leurs frères, auxquels ils délaissent le reste de leur héritage; ces six frères sont : Féraud, évêque (de Gap); Pierre, évêque (de Vaison); Arnoul; Gérard; Raoul; et Rambaud.

Les biens attribués à ceux-ci sont constitués par des parts plus ou moins considérables dans les domaines de la famille désignés par les châteaux ou localités formant chefs-lieux des régions ou mandements auxquelles ils commandaient, suivant l'usage du temps. Ces « chefs-lieux » que nous allons tenter d'identifier, en partie du moins, sont :

Altonum, donné en entier à Cluny : Sainte-Marie d'Auton, commune de Beaurières (Drôme), siège d'un prieuré de Saint-Pierre, dépendant de l'abbaye de Cluny.

Castrum Bar : probablement Barry, montagne située entre Saint-Paul-Trois-Châteaux et Bollène, position stratégique dont le plateau et la forteresse ont été occupés à ce titre depuis les temps préhistoriques jusqu'à l'époque moderne; ou peut-être le château de Barry, commune de Mornans (Drôme) (3).

Castrum Clarenciagias : Clansayes, commune voisine de Saint-Paul-Trois-Châteaux, ou peut-être localité de la commune de Séderon que nous verrons plus loin possédée par les Mévouillon, vraisemblablement par héritage des Mirabel.

---

(1) Vaucluse, anciennement paroisse du diocèse d'Orange.
(2) Boyer de Sainte-Marthe, *Histoire de l'église de Vaison*, p. 81 et suiv.
(3) Il faut toutefois remarquer qu'il a existé un « *pagus* » dont le nom commence par « Bar », révélé par des inscriptions et qui se placerait aux environs de Sainte-Jalle, au cœur du pays des Baronnies. (P. Arnaud, *Essais sur l'histoire et la géographie des contrées de la Gaule dont a été formé l'ancien Dauphiné*, p. 160.)

Castrum et villa Guarnum : Les Guards, forteresse voisine de Nyons, et qui commandait à cette ville.

Castrum Pictavis : Peytieux (1), montagne sur le territoire de Châteauneuf-de-Bordette (Drôme) (2).

Villa Pupiana : La Popie, ruines sur la commune de Saint-Julien-en-Quint, près Die.

Villa Fexiana, peut-être les Faysses, commune de Montauban (Drôme) (3) ou les Faysses, commune de Châteauneuf-de-Chabres, canton de Ribiers (Hautes-Alpes).

Montilium : Montili, d'après le Père Boyer, relatant plusieurs donations des évêques Almerade et Pierre à leur église et au chapitre dans ce lieu et dans celui de Morganna, tous deux « situés au-delà du Lauzon », par rapport à Vaison. Morganna, aujourd'hui les Morjeannes, est le quartier le plus sud de la commune de Saint-Romain-en-Viennois (Vaucluse), contigu à celle de Saint-Marcellin ; et sur celle-ci, à un kilomètre environ au midi des Morjeannes, sont les ruines d'un château important que les indications fournies par les donations des évêques permettent d'identifier sûrement avec Montilium (4).

Frontiniacum, dont nous n'avons pu retrouver trace.

Lachias : Lesches, commune voisine de Luc-en-Diois (Drôme).

Enfin, *Castrum Mirabellum* : Mirabel-aux-Baronnies, près Nyons.

Dans la pièce de 1023, non seulement les évêques, mais les frères laïques aussi, sont titrés « *domnus,* » et ils désignent leurs parents et amis en les qualifiant de «*nobiles viri.* » Il est donc certain qu'ils sont du plus haut rang et que les lieux énumérés sont les centres de possessions très étendues.

---

(1) Peitieu, aujourd'hui Peytieux, est la forme méridionale du nom qui, dans les langues du nord de la France, a donné Poitiers. Guillaume de Poitiers ne s'est jamais qualifié que « de Peitieu » dans les pièces où son nom a été inscrit en langue vulgaire. Dans ce travail nous maintiendrons la forme « Poitiers » pour ne pas modifier un usage général et très ancien, puisque les derniers comtes souverains de Valentinois l'ont eux-mêmes employée dans leurs actes rédigés en français ; mais cette observation était nécessaire pour prémunir le lecteur contre toute équivoque.

(2) Lacroix, *L'arrondissement de Nyons*, t. I, p. 214 ; Brun-Durand, *Dictionnaire topographique de la Drôme*, v° Peytieux. — Ce lieudit est situé au sud-est du hameau des Bayles, à quatorze cents mètres environ sur une ligne tirée des Bayles à la chapelle Saint-Jean d'Ollon, points figurant sur la carte de l'état-major, où Peytieux n'a point été marqué. C'est un contrefort dominant la profonde vallée de la Bordette, et l'on voit encore, près du sommet, des débris importants de maçonnerie et de profondes tranchées ou fossés à peu près comblés. Un château-fort paraissant plus récent, le Châtelas, situé à cinq cents mètres environ au nord des Bayles, semble avoir remplacé plus tard Peytieux, ruiné sans doute de très bonne heure. Nous devons ces renseignements précis à l'obligeance de M. Cordonnery, secrétaire de la mairie de Châteauneuf-de-Bordette.

(3) M. le chanoine J. Chevalier a imprimé Texiana (*Mémoires pour servir à l'histoire des comtés de Valentinois et de Diois*, t. I, p. 178), au lieu de Fexiana. Montauban est une corruption de Mons Albionis, et dérive d'un « *pagus* » s'étendant jusqu'aux départements de Vaucluse et des Basses-Alpes, où l'on retrouve, sur les limites de la Drôme, les communes de Saint-Christol-d'Albion et de Revest-du-Bion, qui gardent également la trace de son nom. Ribiers semble de même être advenu aux Mévouillon par les Mirabel.

(4) Fonzes, géomètre en chef du cadastre, *Carte du canton de Vaison au 40 millième*, 1837.

La donation à l'abbaye de Cluny de la moitié d'Auton par le père des huit frères du partage de 1023 ne nous a pas été conservée, et cette dernière pièce se borne à la viser, sans rappeler le nom du donateur. Mais le recueil des chartes de Cluny contient, sous les n°s 1784 et 2529, deux donations du 19 avril 988 et des environs de l'an 1000, par un seigneur nommé Richaud, qui semble bien appartenir à la même tige. Dans la première, alors engagé dans la cléricature, « *omnium clericorum infimus Jesu Christi servus* », il donne à l'abbaye de Cluny l'église de Saint-André de Rosans et des terres considérables alentour, ainsi que la moitié de l'église de Saint-Erige, la moitié de la « ville » de Rosans et la moitié de plusieurs autres « villes » au diocèse de Gap. Plus, au diocèse de Vaison, six manses au terroir du « castrum » de Malaucène. Enfin, après son décès, la moitié du château de Mison et d'autres propriétés encore au « *pagus* » de Rosans.

Lors de sa donation subséquente, une douzaine d'années plus tard, Richaud est rentré dans la vie séculière, mais conserve les mêmes sentiments d'humilité chrétienne ; et, se qualifiant « *omnium laicorum infimus Jesu Christi servus* », il donne à l'abbaye de Cluny trois manses au diocèse de Vaison et, au diocèse de Gap, la moitié du Revest et autres biens, dont l'autre moitié a été donnée par lui à son oncle Rotlannus et aux fils de celui-ci.

La situation des biens donnés dans ces deux actes rentre dans les grandes lignes du territoire sur lequel s'étendent les possessions de la maison de Mirabel ; avec elles nous retrouverons les localités citées ici dans les possessions des ayant cause des Mirabel. Richaud est seigneur de Mison ; or, c'est l'évêque Féraud de Gap, le premier nommé des Mirabel dans l'acte de 1023, qui a inféodé à la maison de Mison la vicomté de Gap et le fief si important de Dromon, sur lequel nous aurons à revenir en étudiant l'origine des Mévouillon. Nous ne croyons donc pas excéder les bornes des inductions permises en émettant comme probable l'identité de ce Roland, auquel Richaud donne des parts considérables de ses biens, et des fils de Roland auxquels il réserve après lui ses maisons et ses châteaux, avec le premier donateur d'Auton, et ses huit fils qui, en 1023, complètent cette donation à Cluny. D'autres indices viendront, dans la suite, appuyer encore cette probabilité.

Trois des frères de l'acte de 1023 sont bien connus dans l'histoire :

1° Féraud, évêque de Gap, a occupé ce siège de 1000 à 1040 environ.

2° Pierre II, évêque de Vaison, avait été tout d'abord abbé de Saint-Florent d'Orange, ce qui viendrait encore à l'appui de la haute situation de sa famille dans le diocèse d'Orange particulièrement. Il fut élu évêque de Vaison vers 1009 ou 1010 (1), et a été un prélat remarquablement généreux et bienfaisant. Le P. Boyer a fait de son épiscopat une étude fort détaillée à laquelle nous renvoyons. Remarquons seulement qu'il se qualifiait « de Mirabel », qu'il y possédait de grands biens de même qu'à « Montilium », ce qui ne laisse aucun doute sur son identité. Relevons cependant une erreur de cet historien : il lui attribue la donation de 1059 à l'abbaye de Saint-Victor de Marseille de la petite abbaye du Groseau, près Malaucène, et par suite dit que le père de Pierre II

---

(1) *Gallia christiana* et Boyer de Sainte-Marthe, *op. cit.*, p. 81 et s. — Les auteurs de la *Gallia christiana* ont systématiquement passé sous silence non seulement le nom du Père Boyer, mais même les précieux cartulaires qu'il avait pu utiliser, au grand détriment de leur œuvre.

s'appelait Rambaud. Cette donation est due à son successeur Pierre III, effectivement fils de Rambaud de Nice.

Pierre II dut mourir entre le 4 mai 1055, date d'une donation faite par lui à son chapitre d'une condamine près de Vaison, sous la condition que les chanoines vivraient en commun, ce qu'il n'avait cessé de recommander et de faciliter par ses dons et ses soins, en sorte qu'elle porte, pour ainsi dire, sa marque personnelle, et l'élection de Pierre III, antérieure à 1059. Entre ces deux dates se place peut-être même le très court règne d'un évêque nommé Benoit, dont l'existence n'est pas prouvée.

3° Laugier, moine à Cluny, reparaît comme ayant construit à Sarrians une église dédiée aux saints apôtres Pierre et Paul, vocable sous lequel est encore l'église paroissiale de cette petite ville, dont certaines parties sont très anciennes. Cette donation se place entre 1031 et 1048 (1). Il la dota d'un manse, le jour de sa consécration par l'archevêque d'Arles Rambaud.

4° Pons, également moine à Cluny, n'a laissé d'autre souvenir que le partage de 1023.

5° et 7° Arnoul et Raoul, d'après M. Em. Pilot de Thorey, cité par M. le chanoine J. Chevalier (2), seraient les deux personnages puissamment possessionnés dans le diocèse de Grenoble dont la descendance a formé les maisons de Domène, de Monteynard et autres tiges célèbres dans l'histoire du Graisivaudan. Cette opinion est également adoptée par M. G. de Manteyer (3).

Nous ne ferons qu'indiquer cette question étrangère à notre travail. Remarquons toutefois que s'il en est ainsi, la succession des huit frères de Mirabel qui s'est certainement transmise à trois héritières au moins, ayant porté à peu près toutes les possessions que nous leur connaissons aux Poitiers, aux Orange et aux Mévouillon, l'aurait été tout entière par les filles du seul Rambaud. En effet, quatre des frères ont été d'église, et la postérité de Géraud est connue. Il faut observer aussi que la descendance des deux personnages du Graisivaudan nommés Arnoul et Raoul est complètement élucidée ; or, parmi les fiefs qu'ont possédés les différents rameaux issus d'eux, on ne retrouve aucune trace des châteaux mentionnés dans le partage de 1023.

Nous croyons, de plus, que MM. de Thorey et J. Chevalier sont dans l'erreur en identifiant les frères de Mirabel avec la postérité de Laugier, seigneur de Vence, et d'Odila, vicomtesse de Nice. Les dates s'y opposent absolument. Le mariage de ces deux époux ne remonte au plus tôt qu'à l'an 1000 environ ; les Mirabel, dont les deux aînés étaient certainement évêques, le premier dès cette époque et le second dès 1010, appartenaient plutôt à la génération de Laugier de Vence et d'Odila qu'à celle de leurs enfants ; de plus, Laugier vivait encore en 1032, et le père des Mirabel était prédécédé en 1023 ; enfin, le partage dit

---

(1) *Chartes de Cluny*, n° 2866.
(2) *Op. cit.*, p. 177 et s.
(3) M. de Manteyer, qui a déjà donné la mesure de la profonde érudition qu'il apporte à l'étude de ces questions par ses beaux travaux sur les origines de la maison de Savoie, poursuit depuis plusieurs années des recherches sur les races féodales du haut moyen âge dans le royaume d'Arles, dont la publication jettera un grand jour sur l'époque la moins connue de notre histoire. Dans un esprit de confraternité aussi généreux qu'amical, il a bien voulu nous communiquer plusieurs des documents qu'il a rassemblés, ou nous en indiquer de précieux pour notre travail. Qu'il nous soit permis de consigner ici notre très vive et très affectueuse gratitude.

formellement que *tous* les frères y sont nommés ; or, aucun d'entre eux ne s'appelle Rostan, et Rostan de Nice, dit le jeune, dont nous aurons à parler plus bas, né bien avant 1023, n'y est point nommé. Par contre, les pièces assez nombreuses où Laugier et Odila énumèrent leurs enfants ne mentionnent aucun d'entre eux nommés Féraud, Laugier, Pons, Arnoul, Géraud et Raoul (1).

6° Géraud, d'après les recherches de M. de Manteyer, aurait été la tige des seigneurs féodaux de Pernes au Comtat-Venaissin et autres.

8° Rambaud, sur lequel nous n'avons aucun autre document que le partage de 1023.

D'après ce qui précède, et en laissant de côté la branche de Mison, principalement possessionnée dans l'évêché de Gap, que nous retrouverons en traitant des origines de la maison de Mévouillon-Montauban, la branche de Mirabel possédait des fiefs immenses dont nous connaissons les principaux, ceux qui étaient pour elle les chefs-lieux de mandements. A défaut de pièces formelles de filiation, la transmission des fiefs est un guide relativement sûr à cette époque où les familles ne les aliénaient guère. Elle l'est plus encore lorsqu'il s'agit de puissants dynastes, et que des parts importantes de leurs domaines se retrouvent réunies peu après dans un nombre limité de mains. Et lorsque celles-ci appartiennent à une maison différente, on peut conclure avec sécurité à une alliance qui a opéré la transmission.

Or, nous allons retrouver, dans la seconde moitié du XI° siècle et au XII°, le nom de Peitieu, de grands domaines à Vaison et alentour et le pays de Quint autour de la Popie, dans la descendance d'un fils de Laugier de Vence et d'Odila de Nice ; des domaines dans les évêchés de Vaison, d'Orange et de Gap qui semblent aussi ne pouvoir provenir que de la maison de Mirabel, dans la descendance d'un autre fils des mêmes ; il semble donc nécessaire que ces deux jeunes princes aient épousé des filles de la maison de Mirabel ; enfin, une part plus considérable encore des possessions des Mirabel telles que nous les connaissons, advient à une grande dame nommée Percipia, déjà âgée l'an 1060, et certainement héritière de la part principale des possessions de sa famille, ce qui prouve qu'elle devait être fille aussi de l'un des frères du partage de 1023. Après elle, cette part prépondérante passe à ses fils, lesquels sont incontestablement les auteurs de la puissante maison de Mévouillon.

Nous aurons à déduire plus loin les suites de ce qui précède pour les dynasties d'Orange et de Mévouillon, et nous n'avons plus ici à nous occuper que des origines de la maison de Poitiers.

BRANCHE DE LA MAISON DE NICE DITE DE POITIERS

Les fils de Laugier de Vence et d'Odila (2) sont :

1° Rambaud, qui fut marié trois fois ; son fils du troisième lit fut la tige des princes d'Orange, détenteurs d'une partie de l'héritage de la maison de Mirabel.

2° Pierre, évêque de Sisteron.

3° Rostan le jeune, qui fut avoué de l'évêché de Vaison et la tige, croyons-

---

(1) *Le XI° siècle dans les Alpes-Maritimes*, par le comte Cais de Pierlas. Turin, in-4°, 1889. Nous aurons souvent à nous référer à ce savant ouvrage dans la suite.

(2) *Ibidem* pl. II.

nous, de la maison de Poitiers. Il est nécessaire, pour qu'il se soit trouvé subitement au faîte de la puissance et de la richesse dans un diocèse éloigné de ses origines et dans lequel il n'avait aucune attache, qu'il se soit, lui aussi, marié dans la maison de Mirabel.

Pierre II de Mirabel était alors évêque de Vaison, et il est très probable que c'est lui qui a conféré à Rostan l'avouerie, ou comme le dit la charte qui l'établit, le « fief » de son église. Ce fief est défini dans une bulle du pape Pascal II à l'évêque Rostan, en date de 1108 (1), constatant que la moitié de la cité de Vaison avait appartenu très anciennement à l'évêché, et que l'autre moitié lui avait été donnée par les comtes Geoffroi et Bertrand (de Provence). Or, ceux-ci n'ayant régné ensemble que pendant le long épiscopat de Pierre de Mirabel, ce don n'a pu être fait qu'à lui, et il est vraisemblable qu'il conféra l'avouerie ou la vicomté de son diocèse à Rostan de Nice, lorsque celui-ci fut devenu son neveu par alliance, si toutefois il ne l'avait pas recueillie dans l'héritage même de sa femme.

Nous devons cependant reconnaître qu'elle a pu ne lui être inféodée que par l'évêque Pierre III, son propre neveu, fils de son frère aîné Rambaud, attendu que celui-ci est devenu évêque de Vaison peu avant 1059, et que Rostan de Nice a certainement vécu jusqu'en 1067 au moins. Mais nous avons dans l'élection même de Pierre III la preuve de la prépondérance acquise par sa famille dans le diocèse de Vaison dès le temps de Pierre de Mirabel.

Rambaud de Nice avait, entre autres, un fils, Pierre, pour lequel il avait acheté, dès l'enfance, la succession du siège de Sisteron après son frère Pierre de Nice. Ce scandale donna lieu à de nombreuses péripéties pendant lesquelles l'évêché de Sisteron resta vacant un grand nombre d'années, et ne se dénoua, sur l'ordre positif du Saint-Siège, que par l'élection en place du prélat simoniaque d'un saint moine nommé Géraud (2).

Or le jeune Pierre de Nice, évincé du siège de Sisteron, fut élu évêque de Vaison avant l'année 1059. Cette élection, que le Saint-Siège ne favorisait certainement pas alors, n'eût pas été possible si la famille de Nice, sans liens dans la région peu d'années auparavant, n'y fût pas devenue toute puissante par la succession de celle de Mirabel dans les deux diocèses de Vaison et d'Orange, et sans l'appui du saint évêque Pierre II (3).

Nous pouvons donc affirmer que l'établissement de la maison de Nice dans les deux évêchés de Vaison et d'Orange s'est réalisée du vivant de l'évêque Pierre II de Mirabel, et avec sa protection que seules des alliances récentes peuvent justifier.

L'avouerie du diocèse de Vaison fut exercée par Rostan de Nice, son fils Laugier *Rostagni* et son petit-fils Bertrand *Leodegarii*. Cette filiation donnée par

---

(1) Citée par la *Gallia christiana* et reproduite en traduction intégrale, par le P. Boyer, *op. cit.*, p. 94.

(2) La vicomté de Sisteron était alors aux mains d'un fils d'Odila et de son premier époux Miron, nommé Miron comme son père. Celui-ci, frère utérin de Rambaud, ne permit pas à Géraud l'entrée de sa ville épiscopale et il dut s'établir à Forcalquier, où il érigea une cathédrale et un chapitre. C'est de cet incident que date la « concathédralité » de Forcalquier et de Sisteron dans le diocèse.

(3) Voir sur l'achat du diocèse de Sisteron pour Pierre III, et sur son élection ensuite à Vaison, la *Gallia christiana*, les histoires des deux villes et des deux églises, Cais de Pierlas, *op. cit.*, etc.

le titre qui nous a été conservé par le P. Boyer (1) et que nous allons reproduire vu son importance et sa brièveté, coïncide exactement avec celle que nous a donnée le comte Cais de Pierlas en utilisant uniquement les documents provenant du Cartulaire de Nice et d'autres pièces de la région méditerranéenne ; il n'a certainement pas, en effet, consulté l'histoire de l'église de Vaison qui lui aurait fourni de nouveaux documents et épargné des erreurs. Cette précieuse charte est ainsi conçue (2) :

« *Notum sit omnibus presentibus atque futuris : quod ego, Bertrannus, Leodegarii Rostagni filius, fedium Sanctae Mariae Vasensis ecclesiae, quod Rostagnus, avus meus, et Leodegarius, pater meus habuerat, reddo, dono, promitto, concedo, laudo in dono et in servitio Sanctae Mariae Vasensis ecclesiae, et episcopo praesenti Rayambaldo, et canonicis praesentibus et futuris.*

Raimbaldus episcopus, cui fedium redditur, testis; Pontius Balda, testis; Guigo Gralla, testis; Lauzolenus, testis; Wilelmus Bertrannus, testis; Bertrannus Cotaronus, testis : Anno ab Incarnatione Domini millesimo centesimo tertio (3). »

Rambaud eut pour successeur au siège de Vaison, dès avant l'année 1108, Rostan, qui reçut à cette date la bulle de Pascal II citée ci-dessus. Celui-ci, comme l'avait fait Pierre II de Mirabel, donna tous ses soins à la reconstitution du temporel de son église, pour laquelle il fit de nombreuses acquisitions. Il vécut jusqu'après juin 1117, d'après une charte du Cartulaire de Saint-Victor de Marseille (4), mais avait eu dans les dernières années de sa prélature un coadjuteur, Bérenger de Mornas, dont le long épiscopat remplit la plus grande partie du XIIe siècle. Après sa mort, Bérenger voulant perpétuer le souvenir des bienfaits de son prédécesseur, en fit dresser la récapitulation que nous avons souvent l'occasion de citer dans le présent travail, et que le P. Boyer a publiée *in extenso* (5). Le premier article de ce document est ainsi conçu : « *Condaminam illam episcopalem, quæ juxta cimeterium sancti Quinidii ab oriente sita est, a Pictaviensibus militibus sexaginta solidis redemit.* »

Nous venons de voir la partie principale du domaine épiscopal aux mains des descendants de Laugier et d'Odila, et tout récemment restituée par Ber-

---

(1) P. 93.

(2) Le P. Boyer a imprimé ainsi les premiers mots : « *Bertrannus Leodegarius Rostagni filius fedium...* » La rectification de la ponctuation et la substitution du génitif *Leodegarii* au nominatif sont justifiées par le contexte même. M. de Pierlas cite plusieurs actes où Laugier, fils de Rostan, se qualifie lui-même « Leodegarius Rostagni ».

(3) Cette donation est sans nom de lieu, mais a certainement été faite à Nice ou aux environs. Les noms des témoins ne peuvent laisser de doute à cet égard. Sauf le patronyme Bertrannus qui peut se rencontrer partout, et surtout dans la maison de Nice elle-même où il est fréquent, les autres ont une physionomie essentiellement méridionale, et complètement étrangère à nos régions. Baldus ou Baldo, Cota, Cotaronus, figurent dans les Cartulaires de Nice et de Lérins ; Lauzolenus est l'adjectif de noms de lieux de la même région, Lendola, dans la vallée de la Tinée, Lausa, près de Roquebrussane, la Lausade, commune du Luc ; un Petrus Gralla est témoin d'une charte de Brignoles (*Cartulaire de Saint-Victor*, n° 281).

On ne connaît pas la famille de laquelle sortait l'évêque Rambaud. Il ne serait pas surprenant qu'il appartînt, lui aussi, à la maison de Nice.

(4) N° 1013.

(5) P. 97 et suiv.

trand, leur arrière-petit-fils. Cette condamine était également du domaine épiscopal, puisque la pièce emploie pour désigner son rachat le mot « *redemit* », par opposition aux expressions « *solidos... dedit* » ou « *acquisivit* » employées lorsqu'il est question d'une propriété nouvelle ; contiguë à Saint-Quenin, c'est-à-dire voisine de la cathédrale Sainte-Marie, elle devait être aux mêmes mains, et nous en trouvons les détenteurs désignés précisément par le nom, sous la forme adjective, d'un des *castra* énumérés dans la charte de Cluny n° 2779, nom et forme adjective que Guillaume de Poitiers, « *Guilelmus Pictaviensis* », premier comte de Valentinois de sa race, conservera avec constance pendant tout le XII° siècle.

Le nom est au pluriel, désignant sans doute Bertrand, lequel a vécu tout au moins jusque vers 1109 (1), et ses descendants immédiats. Quels sont ceux-ci ?

Ainsi que nous l'avons dit plus haut, le nom du père de Guillaume de Poitiers est Adémar. Il nous est donné par la charte VIII du Cartulaire de Léoncel, par laquelle Guillaume de Poitiers donne à ses châtelains, bailes et vassaux de tout rang l'ordre de protéger l'abbaye, molestée par : « *quidam pestilentes, et etiam de terra mea et patris mei domini Aidemari.* » Et il prescrit en particulier de respecter les serviteurs et les mulets de l'abbaye dans les défilés des montagnes. Il ressort de ces détails que les terres de Guillaume voisines de Léoncel sont essentiellement de son héritage paternel, et non du comté de Valentinois, auquel il venait de succéder, déjà assez avancé en âge, lequel n'avait jamais appartenu à son père. En outre, il faut chercher ces terres patrimoniales auprès de Léoncel, et dans une région très montagneuse. Or, nous savons par le partage de 1023 que la maison de Mirabel avait autour de la Popie de grandes possessions dans la vallée de Quint, et celle-ci, très voisine de Léoncel, en est séparée par une chaîne de montagnes fort abrupte, qu'il faut traverser pour se rendre de Léoncel à Die, métropole diocésaine, et où le brigandage pouvait facilement s'exercer. Les termes de la charte s'expliquent donc parfaitement.

Le caractère patrimonial de la vallée de Quint pour la maison de Poitiers ressort aussi des pièces XIII et I des *Tituli Dienses* (2). La première de ces pièces, de 1163, est la reprise en fief de l'évêque de Die, par Guillaume de Poitiers, se qualifiant « *officio vero Valentinus comes* » de ce qu'il possède dans le diocèse, en faisant une réserve pour ce qu'il tient d'une autre main. Il nomme Sauzet et Gigors, probablement à lui advenus récemment avec le comté de Valentinois, et tout ce qu'il a ou pourra acquérir dans le diocèse de Die, sauf les biens qu'il place sous la réserve ci-dessus.

Il possède donc des biens de trois natures différentes : 1° ceux qu'il vient de recevoir avec le comté ; 2° des domaines qu'il possédait antérieurement, patrimoniaux par conséquent, déjà soumis à la mouvance de l'évêché ; 3° enfin, des fiefs qu'il tient d'une autre puissance, laquelle ne peut être que le comte de Toulouse en qualité de marquis de Provence, ou l'empereur lui-même en qualité de roi d'Arles. Or, la désignation de ces deux dernières catégories ressort du diplôme accordé en 1178 par l'empereur Frédéric I°° à l'évêque de Die (3), lui soumettant, entre autres domaines, parmi lesquels figure une moitié de Crest et de son mandement, reconnue à l'évêque en 1145 par Arnaud

---

(1) Cais de Pierlas, *op. cit.*, p. 67. — *Cartulaire de l'église cathédrale de Nice*, n° 44.
(2) U. Chevalier, *Documents inédits relatifs au Dauphiné*, t. II.
(3) *Tituli Dienses*, I.

de Crest (1), « *quicquid Wilelmus de Pictavis habet in episcopatu Diensi, excepto castro quod dicitur Quintum.* » Outre les fiefs qu'il avait reçus avec le comté, la première partie de cette phrase comprend les anciens domaines patrimoniaux que Guillaume avait reconnus à l'évêque en même temps en 1163, et la seconde la vallée de Quint qu'il avait exceptée sans la nommer, parce qu'elle était tenue directement d'un seigneur supérieur aussi bien à l'évêque qu'à Guillaume lui-même.

Nous pouvons donc tirer de tout ce qui précède les conclusions suivantes :

Deux des mandements mentionnés dans le partage de 1023 entre les frères de Mirabel, à savoir Peytieux et la vallée de Quint, sont advenus, par mariage probablement, à Rostan de Nice, fils de Laugier de Vence et d'Odila de Nice, investi aussi de l'avouerie du diocèse de Vaison.

Sa descendance restitue cette avouerie à l'évêque Rambaud en 1103, mais conserve Peytieux, nom sous lequel elle est désignée à Vaison, les « Milites Pictavienses », et d'autres possessions dans le diocèse, dont elle vend une partie à l'évêque Rostan, et dont des bribes restent entre ses mains jusqu'à la fin du XIIe siècle, ainsi que nous le verrons plus bas ; enfin, elle demeure souveraine de la vallée de Quint, qui se retrouve dans la seconde moitié du XIIe siècle en qualité de bien paternel et patrimonial aux mains de « *Wilelmus Pictaviensis* », lorsqu'en 1163 il est mis en possession du comté de Valentinois.

A défaut de pièces de filiation, la transmission de ces considérables possessions des Mirabel et de Rostan de Nice à Guillaume de Poitiers établit qu'il descend d'eux.

Il reste maintenant à examiner comment son droit à l'héritage des anciens comtes bénéficiaires de Valentinois lui est échu.

Bertrand *Laugerii*, le dernier avoué de Vaison, fils de Laugier *Rostagni* et de Calamite sa première femme, est connu par des pièces s'étendant de 1070 à 1109 (2). Nous avons vu plus haut que le comte-évêque de Valence Eustache doit avoir survécu à son frère, le prévôt de Valence Guillaume, évêque de Viviers, mort après 1154. Et c'est en 1163, après de nombreuses démarches que nous pressentirons plus bas, que Guillaume de Poitiers fut autorisé à prendre possession à titre précaire, *officio*, du comté de Valentinois. Les dates ne s'opposent donc pas à ce que le fils de Bertrand ait été le beau-frère du comte Eustache.

Aucune charte ne fait mention de cette alliance ; mais la tradition populaire, de nombreux indices tirés des pièces qui nous donneront une biographie assez détaillée de Guillaume de Poitiers, les prénoms de Guillaume et de son frère Eustache, prévôt du chapitre de Valence après l'évêque Guillaume de Viviers, reproduisant ceux du comte-évêque de Valence et de ce dernier, la succession de cette prévôté revenant à Eustache de Poitiers, enfin la preuve que Guillaume et Eustache de Poitiers étaient neveux par leur mère du prévôt Guillaume, évêque de Viviers, et par conséquent du comte-évêque Eustache, nous permettent, croyons-nous, d'affirmer que Adémar, père de Guillaume et d'Eustache de Poitiers, n'a pu épouser que la sœur du dernier comte de Valence de la maison des comtes bénéficiaires. Un acte de Guillaume de Poitiers nous donne son nom, Rixende.

---

(1) *Ibidem,*, XII.
(2) Cais de Pierlas, p. 65 et 67.

Ces preuves ressortiront une à une de ce qui suit.

Nous plaçons en première ligne la tradition populaire. Elle est aussi gracieuse que formelle, se ressentant d'ailleurs de la vogue des romans de chevalerie. Elle nous a été conservée dans tout son charme par une enquête faite à Romans en 1421 (1), et sous une forme un peu moins savoureuse par Aimar du Rivail (2). Une femme, héritière des comtés de Valentinois et de Diois, d'après cet historien, ou du comté de Marsanne (si tant est qu'il en ait existé un), d'après la version populaire, était en butte à « forte guerre » de la part des évêques de Valence et de Die. Elle demanda secours « à un surnommé seigneur de Poitiers », qui passait par Montélimar, lequel battit ses ennemis. En récompense elle lui offrit la moitié de sa terre, « ou qu'il luy pleut la prendre toute en prenant aussy à femme une jeune fille qu'elle avoit seulement. »

Les analogies de cette légende avec la réalité sont patentes. Les seigneurs de Peytieux, avoués de Vaison, résidaient beaucoup plus dans leurs domaines de la basse Provence, d'où proviennent presque toutes les chartes qui nous les font connaître, qu'à Vaison, à Peytieux ou au château de Quint. Peu connus dès lors du populaire, ils étaient véritablement pour le Valentinois des étrangers. Le comte Eustache, évêque de Valence, il faut le faire remarquer « débauché jusque dans la vieillesse », avait pu être aussi mauvais fils et frère que mauvais prêtre, et disputer à sa sœur sa part d'héritage. Adémar l'aura-t-il secourue ? On peut le croire, d'autant que la visite des domaines de son père à Quint pouvait fort bien lui fournir l'occasion de passer par Montélimar. Le mariage se sera fait dans tous les cas dans des circonstances de nature à ne laisser subsister entre lui et ses beaux-frères aucune intimité.

Adémar a dû, au reste, emmener la jeune princesse dans le comté de Nice où résidait toute sa famille ; avec deux beaux-frères encore jeunes, tout au plus dans la force de l'âge, il ne pouvait espérer la succession du comté, et on ne dut songer à cet héritage que beaucoup plus tard, lorsqu'il devint évident que le comte Eustache et son frère, tous deux d'église, ne laisseraient point de postérité légitime. Il n'est donc pas surprenant que l'histoire du Valentinois soit resté muette sur ces deux époux.

Le mariage doit se placer vers l'an 1100, ou bien peu d'années après. Ce qui fortifie singulièrement les conjectures que nous venons d'exposer, c'est que le seul acte de la jeunesse de Guillaume de Poitiers qui nous soit connu, concerne Palayson (3), seigneurie de la maison de Vence, et par conséquent de la descendance de Laugier et d'Odila de Nice. Le 1ᵉʳ juillet 1124 (4), « *Wilelmus Pictaviensis* », au nom de tous les chevaliers du Temple, remet à Bérenger, évêque de Fréjus, et à ses chanoines, l'église Saint-Barthélemy de la Motte-Palayson, avec les biens qui en dépendaient, pour être unie à l'église Sainte-Marie de

---

(1) J. Chevalier, *op. cit.*, p. 172, d'après Du Chesne, *Histoire généalogique des comtes de Valentinois et de Diois*. Paris, 1628, pr. p. 5.

(2) Édition Terrebasse, p. 418.

(3) Commune de Roquebrune, canton de Fréjus, Var.

(4) *Cartulaire de Saint-Victor*, n° 1102. — La pièce est datée des calendes de juillet, férie 3, lune 16, sous le règne de Bérenger, évêque de Fréjus (1090 à 1131). Pendant ce long règne les données chronologiques ne concordent entre elles que le 1ᵉʳ juillet 1124. Le *Cartulaire de Saint-Victor* porte en marge 11 juillet. La faute d'impression est évidente.

Palayson et à l'abbaye de Saint-Victor, sous la condition d'un cens annuel de huit setiers de froment, mesure marchande de Roquebrune, au profit des chevaliers (1).

Une mission de ce genre ne pouvait être donnée qu'à un membre de la maison seigneuriale ; mais rien ne s'oppose à ce qu'il fût très jeune encore, surtout, ainsi que le choix fait de lui pour la remplir semble l'indiquer, s'il était fils ou parent du donateur.

Les noms des premiers témoins de cette charte sont significatifs : « *Unde testes sunt ipse Guilelmus, et Petrus Bertrannus, Guilelmus Bertrannus, Fulco Bertrannus, Petrus Lupus et Petrus Arnaldus, Ugo Faraldus*, etc. » Après Guillaume de Poitiers, viennent trois personnages portant le nom de filiation Bertrannus (2) ; c'est le nom de son grand-père, d'ailleurs très répandu dans toute la lignée de Nice ; aussi, nommés immédiatement après lui, ils sont peut-être ses oncles, mais certainement de ses parents, l'assistant sans doute dans une transaction importante, à cause de sa grande jeunesse. Puis viennent deux noms du marquisat de Provence, Petrus Lupus et Petrus Arnaldus. La famille qui a porté les noms de Loup, Dalmas et Rochefort, appartient au sud du Valentinois, et ses domaines se localisaient entre le Jabron et Aiguebelle, où Gontard Loup, seigneur de Rochefort, fonda l'abbaye de ce nom ; nous lui consacrons plus loin quelques mots, nombre de ses membres apparaissant dans notre Cartulaire, entre autres « Petrus Dalmacius, filius Gontardi Lupi » (3), lequel pourrait fort bien être le même personnage que notre témoin ; un intervalle de quarante-quatre années n'excède point les possibilités matérielles, et le changement de patronyme n'a rien de surprenant à cette époque où les titres nous montrent souvent le même individu se qualifiant différemment au cours de sa vie. Les Arnaud, co-seigneurs de Crest avec les Poitiers, sont considérés par plusieurs historiens comme ayant une origine commune avec eux : et ce fait serait d'autant plus possible que les localités auxquelles ils ont laissé leur nom, Crest des Arnauds, La Roche des Arnauds, la Baume des Arnauds, coïncident à peu près avec le périmètre où les chartes des Mirabel-Mison nous montrent épars leurs domaines. Enfin, Hugues Féraud, issu des comtes de Thorame et de Glandèves (4), nous donne par son importance la mesure de la haute situation sociale des témoins nommés avant lui (5).

---

(1) Notons l'intérêt de cette pièce pour l'histoire de l'ordre du Temple. Postérieure de six ans seulement à sa fondation, antérieure de quatre ans au concile de 1128, duquel date son extension prodigieuse, elle prouve que Hugues de Payen et ses huit compagnons avaient acquis assez de renom pour être l'objet de libéralités en Occident. Sans doute embarrassés pour faire desservir l'église qui leur avait été donnée, ils assurent l'exercice du culte par une combinaison qui met leur conscience à l'abri, tout en leur conservant une part dans le revenu des biens.

(2) Un « *Witelmus Bertrannus* » est témoin de la restitution de l'avouerie de Vaison à l'évêque en 1103 ; c'est probablement le même personnage que nous retrouvons ici.

(3) N° 119, de 1168.

(4) Cais de Pierlas, *op. cit.*, p. 15, 30 et suiv. — *Cartulaire de Saint-Victor*, n° 972, du 18 décembre 1122.

(5) Deux chartes du *Cartulaire de Lérins* (nos 115 et 116), relatent des ventes de vignes sises à Mougins (canton de Cannes), à un Michel Pictavini, ou Pictavensi, le 2 mai 1091 et en 1094. Nous ne savons si on peut rattacher aussi ce personnage à la lignée dont nous suivons la filiation ; mais ces ventes, rappelées dans le n° 127 du

À la suite du document de 1124, un silence de près de vingt années se fait sur Guillaume de Poitiers dans les renseignements que nous avons pu recueillir. Il n'est rien là qui doive surprendre. Les jeunes chevaliers employaient plusieurs années à se perfectionner dans l'art de la guerre et à se former en servant les grands seigneurs auxquels ils étaient apparentés, ou unis par les liens de la féodalité. Les croisades, à cette époque, étaient pour eux le grand attrait, et peut-être serait-ce en Terre-Sainte qu'il y aurait le plus de chance de retrouver sa trace pendant cette période. De plus, il faut remarquer que la maison de Nice perdait à chaque génération en importance et en puissance ce qu'elle gagnait en nombre de rejetons par le jeu naturel des lois de succession, et ses membres descendaient pour la plupart du rang quasi souverain des vicomtes et avoués du XIe siècle à celui de la haute noblesse terrienne. C'est à cet échelon que nous devons chercher les Poitiers jusqu'au moment où la succession du comte-évêque Eustache fait remonter Guillaume au premier rang, à une époque où la branche des comtes d'Orange, la seule qui l'eût conservé, prenait fin par la mort de la célèbre Tiburge, fille unique du grand comte Rambaud.

A partir de 1143 apparaissent en Languedoc deux membres d'une famille portant le nom de Poitiers *(de Pictavis, de Peiteus)*, pourvus de fiefs considérables dans le Narbonnais et l'Agenais, jouant auprès des Aton, vicomtes de Béziers, de Carcassonne, de Nimes, d'Albi, de Razez, etc., et auprès de leur proche parente la vicomtesse Hermengarde de Narbonne, un rôle très important. Ils s'appellent Guillaume et Bernard.

Les auteurs de l'*Histoire de Languedoc*, Dom de Vic et Dom Vaissette, affirment à plusieurs reprises leur conviction que Guillaume n'est pas différent de celui qui devint plus tard le comte de Valentinois; mais n'ayant point recherché son origine, supposent qu'il pourrait être un fils naturel d'un comte du Poitou, pour expliquer son apparition subite dans l'histoire du Languedoc, sans aucun précédent antérieur (1). Mais ils semblent n'avoir pas remarqué la présence de Bernard dans une seule circonstance où il joue un rôle semblable comme liens féodaux et sans doute de famille, à celui que Guillaume remplit pendant de longues années. Il eût donc fallu écrire « deux fils naturels » au lieu d'un. Et aucun indice ne rattache ces personnages au Poitou; il en est au contraire de nombreux pour les relier, par les uns au Valentinois, par d'autres au diocèse de Fréjus, auquel appartenait Palayson, et à la Basse Provence.

Une première considération, que M. le chanoine Jules Chevalier a d'ailleurs indiquée, pressentant ainsi certains des arguments de notre travail, est tirée des rapports, sans doute de parenté, des Aton avec le comte-évêque Eustache, et de leur parenté historiquement constatée avec les Clérieu (2). Il faut y ajouter les Adhémar, qui sont dans le même cas; il est établi aujourd'hui par les belles recherches de M. Lacroix et de MM. Chevalier, qu'ils sont issus des anciens

---

Cartulaire, au cours du XIIe siècle, semblent donner plutôt à ce Michel l'aspect d'un simple laboureur. Peut-être était-ce un serviteur du château de Peytieux, amené dans le pays par la famille de Nice.

(1) Édit. Privat, t. III, p. 800; t. VI, p. 76, etc. Dans les notes qui suivent, nous citerons toujours cette édition sans renouveler l'indication.

(2) *Mémoires pour servir à l'histoire des comtés de Valentinois et de Diois*, p. 176.

comtes de Valentinois. De même que ceux de l'évêque de Valence, leurs liens de parenté sont donc communs à Guillaume de Poitiers du chef de sa mère.

En 1118, l'évêque de Valence est nommé le premier parmi les témoins d'un plaid de Bernard Aton, vicomte de Carcassonne, Cécile (de Provence) sa femme et leurs enfants, contre la maison du Cailar, tenu à Carcassonne en 1118 (1). A cette date, le comte Eustache est en effet évêque de Valence.

Le fondateur des Adhémar est Guillaume Hugues, frère de l'évêque du Puy, Adhémar, promoteur de la première croisade ; tous deux sont fils d'Hugues (de Valence) et petits-fils d'Adhémar, comte de Valence au commencement du XI° siècle ; notre Cartulaire nous démontre de plus que le fils et successeur de Guillaume Hugues, mort vers 1157, portait les mêmes noms (2). Le 15 août 1110, nous voyons un « *Guilelmus Ugo* » témoin de l'hommage de Bernard Aton, vicomte de Carcassonne, à l'abbé de la Grasse. Il est nommé le second après les fils du vicomte, Roger et Trencavel, avec quelques autres, tous qualifiés « *nobiles*. » On sait qu'à cette époque ce titre est l'indice d'une grande puissance territoriale ; ce ne peut être qu'un de ces deux seigneurs de Montélimar, le père ou le fils (3). En 1130, « *Guilelmus Ugo de Montilio* » est présent, avec, entre autres, Hugues des Baux, Rostan de Sabran, Raimond de Mévouillon, etc, au serment fait par le comte de Toulouse aux fils de Bernard Aton, mort l'année précédente (4). Ainsi donc, dans la première moitié du XII° siècle, le comte-évêque Eustache et les Adhémar se rencontrent à plusieurs reprises auprès des Aton, et ces rapports suivis, à une distance qui exclut une alliance politique, ne peuvent guère se concevoir s'il n'y a pas proche parenté.

Remarquons aussi que Mételine, fille de Bernard Aton, mariée vers 1105 à Guillaume Arnaud de Béziers, avait donné une de ses filles, nommée comme elle Mételine, à Silvion, seigneur de Clérieu en Viennois, dont les immenses possessions non seulement autour de Romans, mais en Valentinois et en Vivarais, s'entremêlaient avec celles des comtes de Valence, tandis que notre Cartulaire nous montre Silvion et Mételine parmi les plus grands seigneurs des diocèses de Saint-Paul-Trois-Châteaux et de Vaison, et les principaux bienfaiteurs de Richerenches, avoisinant par conséquent les domaines des lignes de Vaison et d'Orange de la maison de Nice (5).

Par contre, un indice analogue visant le côté paternel de Guillaume de Poitiers, nous est fourni par une charte de 1153 (6). Hermengarde, vicomtesse de Narbonne, ayant à régler à l'encontre de Guillaume de Durban, co-seigneur de Sijean avec Guillaume de Poitiers, un différend au sujet du château de Montseret, l'accord est conclu en présence de Pierre, évêque de Fréjus, et de Guillaume de Poitiers. Or, cet évêque Pierre, dans le diocèse duquel nous avons vu apparaître pour la première fois Guillaume et où la maison de Nice avait

---

(1) Teulet, *Layettes du Trésor des chartes*, n° 45 ; — *Histoire de Languedoc*, t. V, col. 854.

(2) Voir plus bas la notice relative aux Adhémar.

(3) *Histoire de Languedoc*, t. V, col. 811 à 814.

(4) *Ibidem*, col. 963.

(5) *Ibidem*, t. III, p. 787, et t. V, col. 1147 à 1149. — De Gallier, *Essai historique sur la baronnie de Clérieu*, dans le *Bulletin de la Société d'archéologie et de statistique de la Drôme*, t. II, p. 20 et 253. — J. Chevalier, op. cit., p 176.

(6) *Histoire de Languedoc*, t. V, col. 1152.

de grands domaines, était en faveur particulière, d'après sa biographie, auprès de Raimond-Bérenger, comte de Barcelone et régent de Provence, cousin germain d'Hermengarde, auprès duquel nous verrons également Guillaume de Poitiers en assez haute estime pour cautionner la puissante vicomtesse dans un des actes les plus graves de sa vie, la soumission de ses états au comte de Barcelone.

Nous avons qualifié ces faits d'indices. Ce ne sont point des preuves, évidemment ; mais l'accumulation de ces liens d'intimité établit du moins, à défaut de preuves proprement dites, la possibilité, nous oserons même dire la très-grande probabilité du rattachement à bon droit des chartes languedociennes à la biographie de Guillaume de Poitiers, soutenue par dom de Vic et dom Vaissette, alors même qu'ils n'avaient pas pour l'affirmer, les nombreux renseignements dont nous disposons.

Ajoutons-y, avant de passer à l'examen de ces chartes, la seule mention de Bernard de Poitiers donnée par elles. Roger, vicomte de Carcassonne et d'Albi, fils aîné de Bernard Aton, étant mort sans enfants à Fanjaux le 12 août 1150, avait laissé tous ses domaines à son frère Raimond Trencavel, au préjudice du plus jeune, Bernard, qui n'est même pas nommé dans ce testament (1). Il ne pouvait surgir de difficultés entre les deux frères à l'endroit des fiefs ; mais il s'en produisit de graves pour le règlement de dettes, de châteaux réclamés, sous la mouvance de l'un ou de l'autre, du droit d'en construire dans les mêmes conditions, notamment dans le diocèse d'Agde, etc. ; et désirant maintenir la paix entre eux, ils eurent recours à un arbitrage. Les arbitres nommés furent l'évêque d'Albi, Bernard de Canet, Bernard de Poitiers et Pons Raynard de Bernis, qui prononcèrent leur sentence le 13 novembre 1150 (2).

Guillaume de Poitiers n'est pas présent à cet acte, ce qui permet de supposer qu'il n'était pas alors en Languedoc, car une partie de ses possessions étant en Albigeois, ce changement de suzerain était important pour lui. Mais nous le voyons ici représenté en quelque sorte par un seigneur de son nom, son frère vraisemblablement, et la seule mention que nous possédions de lui, à cette époque, nous montre cet autre Poitiers membre d'une sorte de véritable conseil ou tribunal de famille des Aton. Cette circonstance nous semble, elle aussi, venir singulièrement à l'appui de notre thèse.

Nous connaissons par les pièces justificatives de l'*Histoire de Languedoc*, deux des fiefs de Guillaume de Poitiers. L'un, Sijean (3), dont il était co-seigneur, dans la vicomté de Narbonne (4), et l'autre, Vintrons (5), dans la vicomté d'Albi. Guillaume de Poitiers prêta hommage et serment de fidélité à Roger Aton le 17 mai 1149 (6) pour le château de Vintrons et les forteresses « *quae modo*

---

(1) *Histoire de Languedoc*, t. V, col. 1118 à 1121.

(2) *Ibidem*, col. 1122. — Bernard de Canet est à cette époque un des plus grands seigneurs du Languedoc. Pons Raynard appartient à une famille que Dom de Vic et Dom Vaissette regardent comme très probablement une branche de la maison des Aton ; nous verrons plus bas que Guillaume de Poitiers était marié en secondes noces à une sœur de Pierre Raynard de Béziers.

(3) Aude, arrondissement de Narbonne.

(4) *Histoire de Languedoc*, t. V, col. 184 et 85. Plaid tenu à Sijean en 1143.

(5) Tarn, arrondissement de Castres.

(6) *Histoire de Languedoc*, t. V, col. 1104. — Dom de Vic et Dom Vaissette avaient imprimé Peirons au lieu de Peiteus. L'erreur de lecture est facile à commettre. Les

ibi sunt. » L'intérêt capital de cette pièce, c'est qu'en regard de son suzerain qui se dit « *filius Caeciliae mulieris,* » Guillaume se qualifie « *filius Rixendis foeminae,* » en sorte que cette pièce nous donne le nom de la sœur du comte-évêque Eustache de Valence, l'héroïne de la légende valentinoise.

Un siècle plus tôt, nous n'aurions pas hésité à regarder cette mention de sa mère comme la preuve que les domaines du Languedoc étaient advenus par elle à la maison de Poitiers. Mais au XIIe, et surtout dans les cours si policées et si chevaleresques de cette région, le nom de la mère est si souvent invoqué dans les actes, peut-être par un sentiment d'hommage envers la femme, que cette preuve ne peut être regardée comme concluante. Toutefois, nous croyons qu'il en est ainsi. Les rapports intimes qui existent entre les Aton et les Poitiers, existent aussi, nous l'avons vu, avec la famille comtale de Valence, et les Adhémar rejetons de la même tige. Le frère de Rixende aura sans doute préféré lui désamparer des fiefs très éloignés plutôt que de démembrer un peu plus le comté de Valentinois. Ne pourrait-on pas croire aussi, vu ce que nous savons du comte-évêque, qu'il s'était longtemps refusé à doter sa sœur, et que ce ne dût être qu'après de longues réclamations qu'il aurait consenti à lui délaisser quelques possessions très éloignées de Valence. Ainsi s'expliquerait le silence complet de l'histoire de Languedoc sur les Poitiers jusqu'à l'année 1143. C'est, en effet, à cette date que nous voyons pour la première fois Guillaume de Poitiers apparaître comme témoin au traité de paix entre Alphonse, comte de Toulouse, et Roger, vicomte de Carcassonne (1). Après la mort de celui-ci, c'est auprès de Raimond Trencavel, devenu vicomte d'Albi, que nous le retrouvons (2); mais il remplit un rôle peut-être plus important auprès de la vicomtesse Hermengarde de Narbonne. Il se trouve avec elle en Roussillon le 14 novembre 1155, où dans un traité passé entre l'évêque d'Elne et un grand seigneur voisin au sujet de la justice de la ville épiscopale, il signe comme témoin avant elle (3). En 1157, le comte de Barcelone fit un voyage à Narbonne, où se trouvèrent Guillaume de Poitiers et Raimond Trencavel. Le comte et Guillaume sont au nombre des témoins de l'accord qui fut passé alors, entre l'archevêque de Narbonne et Raimond Trencavel, le 31 janvier 1157. Au départ du comte, l'archevêque qui était son oncle, et la vicomtesse Hermengarde, sa cousine germaine, l'accompagnèrent jusqu'à Perpignan, où au mois de février suivant, Hermengarde fit hommage au comte de Barcelone de tout ce qu'elle avait reçu en héritage de son père le vicomte Aymeri, et lui donna comme otages et garants de sa soumission « deux de ses principaux barons, Guillaume de Peitieu et Armengaud de Leucate, avec les châteaux qu'ils tenaient d'elle » (4).

---

nouveaux éditeurs ont respecté cette lecture, mais n'ont pas hésité à restituer cette pièce à « *Guillermus de Peiteus* », notamment à la table onomastique où ils ont inscrit Peirens avec les autres formes du nom, Peiteus, Pictavis, etc.

(1) Vers 1143. *Ibidem*, col. 1069

(2) *Ibidem*, 20 juillet 1151, traité entre Hermengarde, vicomtesse de Narbonne et Raimond Trencavel. 31 janvier 1157, serments réciproques de Bérenger, archevêque de Narbonne et Raimond Trencavel, etc.

(3) *Ibidem*, col. 1184.

(4) F^{co} Diago, *Historia de los condes de Barcelona*, in-fol., 1603, fol. 249 : « ... dandole en rehenes dos barones de su tierra, llamados Guillen de Piteus y Armengol de Leocata, con los castillos que tenian por ella. »

A partir de l'année 1158, les preuves de l'*Histoire du Languedoc* sont muettes snr le sort de Guillaume de Poitiers jusqu'ou début de l'année 1163. Or, c'est précisément à cette année 1158 que Guy Allard fait remonter le début de son règne comme comte de Valentinois (1). Nous avons dit que le comte-évêque Eustache devait avoir survécu à son frère, mort vers 1154 ou 1155. Ne serait-ce pas la date de sa mort ? Nos devanciers ont eu à leur disposition beaucoup de documents perdus ou détruits depuis eux, et leurs assertions doivent toujours être prises en considération jusqu'à preuve du contraire.

S'il en est ainsi, la lacune que nous constatons de 1158 à 1163 s'explique d'elle-même. Héritier présomptif d'un comté auquel les événements l'avaient maintenu totalement étranger, Guillaume dut tout d'abord se rendre sur la rive gauche du Rhône pour s'efforcer de faire valoir des droits que les seigneurs locaux, ses futurs vassaux, ne devaient pas demander mieux que de contester, de combattre même, dans l'intérêt de leur propre indépendance.

D'autre part, les circonstances étaient, en Languedoc, essentiellement défavorables à sa cause. Le comte de Toulouse était le suzerain des comtes de Valentinois pour tous leurs domaines de la rive droite du Rhône et du Diois, si toutefois le Valentinois proprement dit n'était pas, lui aussi, tout au moins au sud de l'Isère, soumis au marquis de Provence, aux termes du partage de 1125 ; n'ayant sans doute pas les moyens et l'influence nécessaires pour s'adresser directement à l'empereur, roi d'Arles, en négligeant le comte de Toulouse, Guillaume devait forcément avoir recours à lui. Or, ses protecteurs naturels et constants étaient alors en guerre ouverte avec Raimond V. Raimond Trencavel avait soumis à son préjudice la vicomté de Carcassonne au comte de Barcelone ; il en était résulté un état de guerre dont les péripéties ne sont pas de notre sujet, mais qui subsistait encore. Nous venons de voir qu'Hermengarde avait agi de même pour sa vicomté de Narbonne, en donnant Guillaume de Poitiers lui-même au comte de Barcelone, pour garant de sa fidélité. Cet état de choses, désastreux pour Guillaume, dura jusqu'au moment où le roi de France s'interposa pour amener entre Raimond V et Raimond Trencavel la paix de juin 1163.

Guillaume était certainement tenu au courant des négociations qui aboutirent à cette réconciliation. La vicomtesse Hermengarde n'avait pas persisté dans son hostilité envers le comte de Toulouse, et son oncle, le comte de Barcelone, la réconcilia tout d'abord avec Raimond Trencavel par le traité du 31 janvier 1163 (2). C'est la première des pièces où Guillaume de Poitiers reparaît, après un silence de cinq ans. Il avait dû se rendre auprès de la vicomtesse aussitôt que le rétablissement de la paix générale était en voie d'aboutir. Elle fut définitivement conclue dans une entrevue solennelle du comte de Toulouse et de Raimond Trencavel, à Ulmos, dans le comté de Foix, au mois de juin suivant (3). Cette entrevue dura certainement plusieurs jours et réunit auprès des

---

(1) *Dictionnaire du Dauphiné*, v° Valentinois, t. II, col. 723.

(2) *Histoire de Languedoc*, t. V, col. 1264. — Le commencement de l'année variait beaucoup en Languedoc à cette époque, et ce traité qui semblerait dans le royaume d'Arles devoir être reporté au début de l'année 1164, peut fort bien avoir été ainsi daté par un scribe commençant l'année à Noël. Nous suivons l'ordre dans lequel l'*Histoire de Languedoc* a classé les faits, justifié par les événements subséquents que nous avons à relater au cours de cette même année 1163.

(3) *Ibidim*, col. 1266 à 1271.

parties principales nombre de grands personnages, le comte de Foix, la vicomtesse Hermengarde, Hugues des Baux, Bermond d'Uzès, Guillaume de Sabran, Pierre de Minerve, etc. Tout d'abord, sous les dates des 8 et 9 juin, furent conclus trois protocoles réglant les conditions principales de la paix; dans ceux-ci, les témoins sont identiques ; un acte additionnel, daté du mois seulement, sans indication du quantième, semble postérieur de quelques jours, car les témoins sont ici différents; le comte de Foix notamment n'y figure plus. C'est dans ce dernier que Guillaume de Poitiers est nommé parmi les témoins. Il semble que ce soit au cours de cette entrevue que Raimond Trencavel et Hermengarde aient profité des bonnes dispositions du comte de Toulouse dues à la conclusion d'une paix avantageuse, pour préparer les voies en faveur de Guillaume et l'appeler à Ulmos aussitôt qu'il serait assuré d'un bon accueil ; et c'est sans doute alors que le comte dut lui conférer sa reconnaissance comme comte de Valentinois « en titre d'office », c'est-à-dire dans la mesure où il pouvait la lui donner, en attendant la décision suprême de l'empereur Frédéric Ier comme roi d'Arles (1).

Guillaume demeura auprès d'Hermengarde jusqu'au 2 octobre de la même année (2). Ce délai s'explique de lui-même, si la décision favorable du comte de Toulouse a suivi de près la paix d'Ulmos, pour la faire régulariser par sa chancellerie et la notifier en Valentinois, en Vivarais et en Diois. D'octobre à la fin du millésime 1163, c'est-à-dire à l'Annonciation ou à Pâques de l'année 1164, suivant l'usage le plus répandu dans le marquisat de Provence, Guillaume a eu amplement le temps d'effectuer son retour, son intronisation à Valence et son hommage à l'évêque de Die de 1163, première pièce datée où apparaît son nouveau titre, « W. Pictaviensis cognomine, officio vero Valentinus comes »(3).

L'évêque de Die était le plus puissant des vassaux du comte de Toulouse dans le marquisat de Provence; il est fort possible que le comte eût prescrit cette démarche immédiate, et d'autre part Guillaume était trop avisé pour ne pas s'assurer, dès l'abord, la faveur du redoutable prélat.

Cette pièce appelle plusieurs observations. Elle est certainement des premiers temps de sa domination, car il n'a point encore de sceau et se voit forcé de prier l'évêque de l'authentiquer du sien. Il n'attendait cependant pas la confirmation impériale qu'il reçut plus tard pour le faire graver, car dans la sauvegarde qu'il accorde à l'abbaye de Léoncel, non datée, il est vrai, mais précédée d'un préambule où il expose trop correctement les devoirs d'une haute dignité pour ne pas faire songer involontairement à un début de règne, et dans laquelle il se qualifie comme dans celle de l'évêché de Die, il est déjà muni d'un sceau comtal (4).

---

(1) Le comte de Toulouse dut, en cette circonstance, lui montrer une grande bonté et un entier oubli de ses attaches antérieures avec ses ennemis le comte de Barcelone, régent de Provence, la vicomtesse Hermengarde et Raimond Trencavel, car, depuis cette époque, et malgré ces antécédents, Guillaume lui fut profondément attaché et transmit à ses descendants cet esprit de dévouement à la maison de Toulouse, laquelle n'eut pas de plus fidèles partisans que les Poitiers.

(2) *Ibidem*, col. 1273.

(3) U. Chevalier, *Tituli Diensas*, n° XIII.

(4) Sans rappeler ici les actes assez nombreux de Guillaume postérieurs à 1163, dans lesquels il ne prend pas la qualité de comte de Valentinois, citons seulement la charte n° 52 de notre Cartulaire, datée de 1179, alors que l'empereur Frédéric Ier

Nous avons relevé plus haut les termes du contexte de la pièce de 1163, en constatant la transmission de la vallée de Quint, ancien domaine des Mirabel, à Adémar et Guillaume de Poitiers, et n'y reviendrons pas ici ; mais les noms des témoins pris dans la suite de Guillaume de Poitiers et qu'il donne à l'évêque comme ôtages et garants de sa fidélité, « *obsides et fidejussores* », sont significatifs dans le sens de notre thèse. L'un est son jeune fils, « Ademarulus ». Parmi les neuf autres, deux seulement sont des personnages importants de son nouveau comté, A. Corneillan et Guillaume d'Étoile. La garantie des sept

---

lui avait donné dans son diplôme de l'année précédente, et qu'il ne pouvait plus, dès lors, être regardé comme précaire. Il ne le prend pas non plus dans les actes passés en Languedoc dont nous avons encore à parler. La coutume qu'il a suivie dans l'usage du titre comtal est par contre utile à connaître pour établir approximativement à quelle époque de sa vie se rapportent certaines pièces non datées. Il a délivré deux sauvegardes à l'abbaye de Léoncel, toutes deux sans date. Mais celle que nous rappelons ici, placée sous le n° XVIII dans le *Cartulaire de Léoncel*, reproduit la formule dont il a fait usage en rendant hommage à l'évêque de Die, « *officio vero Valentinus comes* » ; elle appartient dès lors à la première époque de son règne, celle où il n'est encore investi qu'en titre d'office. La seconde, placée dans le Cartulaire sous le n° VIII, dont nous avons fait usage précédemment pour établir son ascendance, car c'est le seul document où soit nommé son père Adémar, ne remonte certainement qu'à la seconde partie de son règne, celle où l'empereur Frédéric I" l'a définitivement investi et confirmé, car il s'y qualifie, ainsi que l'a fait Frédéric I" lui-même dans son diplôme de 1178, « *comes Valentinus* », sans la restriction « *officio.* »

L'erreur de chronologie commise par le savant éditeur du *Cartulaire de Léoncel*, a sa source dans le fait qu'il a attribué à Adémar, père de Guillaume de Poitiers, une troisième sauvegarde donnée à l'abbaye de Léoncel par le comte Aimar de Valentinois, fils de Guillaume, ce qui l'a induit en une double erreur. Sur la base de cette attribution erronée, il a présenté Adémar comme ayant été comte de Valentinois avant son fils Guillaume, de 1125 à 1158 (note 1 de la pièce n° III). Les documents que nous a fournis le Cartulaire de Richerenches, ont détruit ce système. En second lieu, dans cette même note à la pièce cotée III, M. le chanoine Chevalier ajoute : « Voir la charte VIII, qui permet de le supposer encore vivant. » Des termes de la charte VIII, on peut, en effet, déduire peut-être cette conséquence en les prenant isolément : « *De terra mea, et patris mei domini Aidemari.* » Mais rapprochés des constatations que nous avons relevées sur la nature et l'origine des différents domaines alors réunis entre les mains de Guillaume de Poitiers, on reconnaîtra qu'à la différence des termes généraux par lesquels il a exprimé dans la charte XVIII que la sauvegarde et l'exemption de tous péages concédées à l'abbaye, ne souffraient aucune exception dans ses possessions, quelle que fût leur origine, la sauvegarde de caractère tout spécial accordée par la charte VIII se localise sur des terres exclusivement patrimoniales, ce qu'il a précisé par l'emploi de cette double désignation « *terra mea* », terre aujourd'hui à lui, mais qu'il a eue de son père « *et patris mei* », par opposition à ses terres comtales qui ne lui sont pas advenues par Adémar.

En résumé, la différence de titulature permet de rétablir l'ordre chronologique de ces deux pièces, et les faits viennent corroborer cette conséquence, en dévoilant les raisons de l'emploi de termes différents dans les deux. D'autre part la sauvegarde considérée comme la première de toutes en date par M. le chanoine Chevalier, ne pouvant être attribuée à Adémar, qui n'a jamais été comte de Valentinois, doit être reportée de la première moitié du XII° siècle à la fin, le comte Aimar, fils de Guillaume, n'ayant succédé à son père que vers 1188 ou 1189.

autres ne s'expliquerait pas si Guillaume n'était point réellement issu de la souche à laquelle nous le rattachons. U. de Quint ne peut être qu'un vassal ou un coseigneur de ses domaines patrimoniaux de la vallée de Quint, et G. de Vérone porte le nom d'un fief très voisin. P. de Grane vient de Crest, autre possession personnelle de Guillaume. Les quatre autres nous sont parfaitement connus par notre Cartulaire même, et leurs domaines sont dans les évêchés de Saint-Paul-Trois-Châteaux et de Vaison. Guillaume Artaud, fils de Guillaume d'Allan, qui fut toute sa vie attaché à Guillaume de Poitiers, et Pierre Ripert, fils de Hugues d'Allan, sans doute cousins germains, sortent d'une famille dont les biens étaient les uns de la mouvance des Adhémar ou des évêques de Saint-Paul, les autres dans le diocèse de Vaison. Lambert de la Roche a fini par se faire templier à Richerenches ; il apparaît fréquemment dans nos chartes ainsi que d'autres membres de sa famille. Il en est de même de Rambaud de Rochefort, issu de la puissante famille des Dalmas, alias Loup, seigneurs de Rochefort et fondateurs de l'abbaye d'Aiguebelle (1). Ainsi donc, tous quatre appartiennent à des familles de la région où se trouve Peytieux.

Ce petit nombre de seigneurs issus du Valentinois, et cette majorité de fidèles de la première heure due évidemment aux attaches que la maison de Nice devait à l'héritage antérieur des Mirabel, justifie notre conjecture de l'opposition que Guillaume avait dû rencontrer après la mort de son oncle le vieux comte Eustache, aussi longtemps qu'il n'eût pas obtenu l'appui du comte de Toulouse, et dont il dut avoir longtemps encore à tenir compte. Il nous semble voir dans cette affirmation énergique et quelque peu altière de son origine « *cognomine Pictaviensis* », et dans l'habitude qu'il conserva toute sa vie de se qualifier le plus souvent « *Guilelmus Pictaviensis* », sans y ajouter son nouveau titre, une réponse aux railleries qui devaient avoir cours en Valentinois pendant cette période pénible de son existence, de 1158 à 1163, où il s'efforçait évidemment de faire valoir ses droits, sans autre appui que la chevalerie de ses domaines patrimoniaux. Le nom de ce prétendant, emprunté à un nid d'aigle des bords de l'Ouvèze affligé d'une homonymie rappelant un puissant dynaste du royaume de France, devait jouer un grand rôle dans ces sarcasmes. Chose singulière, le souvenir s'en retrouve encore dans les termes consignés en 1421, au procès-verbal de l'enquête sur l'origine de la maison de Poitiers, où il est désigné par cette expression méprisante, « un surnommé seigneur de Poitiers. »

Nous renvoyons, pour le rôle de Guillaume de Poitiers en Valentinois après 1163, à l'étude si consciencieuse qu'en a faite M. le chanoine J. Chevalier (2). Mais nous avons à rappeler les rapports qu'il conserva avec le Languedoc.

En 1167, il alla visiter le comte de Toulouse et la vicomtesse Hermengarde ; il est présent auprès d'eux, en effet, à l'hommage prêté en mai de cette année à Hauterive, par le comte de Foix au comte de Toulouse, pour le château de Saverdun (3).

L'année 1171 est marquée par un événement important pour les Aton. Le

---

(1) Voir ci-après les notices consacrées aux familles d'Allan et Dalmas, et la table onomastique.
(2) *Op. cit.*, p. 185 et suiv.
(3) *Histoire de Languedoc*, t. VIII, col. 270.

comte de Toulouse donne sa fille Adélaïde en mariage à Roger, vicomte de Béziers, fils de Raimond Trencavel. Guillaume de Poitiers n'a garde de manquer à s'y trouver. Il est présent, comme aussi la vicomtesse Hermengarde, au contrat des jeunes époux ; il faut noter que parmi les dons somptueux « *propter nuptias* » offerts par le jeune Roger à sa fiancée, figure la vallée de Vintrons, dont Guillaume tenait le principal château, celui qui donnait son nom à la région, de la mouvance de Raimond Trencavel (1). Au cours de ce voyage, il fut aussi présent, le 3o décembre, à un accord conclu entre la vicomtesse Hermengarde et le même Roger, vicomte de Béziers (2). L'acte est passé à Lézignan, dans la vicomté de Narbonne.

En 1173, Guillaume perdit son beau-frère : « Pierre Raynard de Béziers, l'un des principaux seigneurs de la province, » dit l'*Histoire de Languedoc* (3), « mourut aussi en 1173... Il partagea ses biens à ses sœurs au cas qu'il n'eût pas d'enfants de sa femme.... Il donna à une quatrième, femme de Guillaume de Poitiers, tout le domaine qu'il avait dans la ville de Béziers, au château de Villeneuve, etc.... Pierre Raynard avait pris le surnom de Béziers, soit parce qu'il descendait des anciens vicomtes de cette ville, soit parce qu'il en possédait une partie du domaine. »

Nous ignorons s'il ne naquit pas un posthume ; cela paraît probable, car cette maison ne s'est pas éteinte avec Pierre Raynard, et nous ne connaissons aucun texte mentionnant que les Poitiers aient conservé des droits sur Béziers. Il est vrai que Guillaume et ses successeurs ayant consacré tous leurs efforts à faire du comté de Valentinois un état puissant et compact, ils durent plutôt vendre ces fiefs lointains dans les moments de besoin que leur politique constante a souvent fait naître. Il n'apparaît pas, en effet, dans la suite de l'histoire du Languedoc, qu'ils y aient conservé des domaines. Elle est aussi muette sur les Poitiers après qu'avant Guillaume, sauf les mentions de ses descendants comme vassaux des comtes de Toulouse dans le marquisat de Provence et en Vivarais.

Sa présence est encore signalée à Narbonne le 2 mai 1177, dans une donation à l'abbaye de Fontfroide, à laquelle fut présente aussi la vicomtesse Hermengarde (4). C'est la dernière mention que nous ayons rencontrée de lui dans cette région. Mais il est certain que la faveur du comte de Toulouse lui demeura fidèle jusqu'à sa mort, vers 1188, car celui-ci conféra, dès l'année suivante, au jeune comte Aimar, son fils, tous ses droits sur le comté de Diois (5). C'était faire de lui le suzerain de toute la noblesse du diocèse de Die non soumise à l'évêque par le diplôme de l'empereur Frédéric Ier de 1178 (6). On a beaucoup disserté sur l'origine du titre du comte de Diois que les Poitiers ont joint plus tard à celui de comte de Valentinois. D'après un texte fort ancien plusieurs fois reproduit, Guillaume de Poitiers avait été marié à la célèbre poétesse appelée dans l'histoire de la littérature provençale « la comtesse

---

(1) *Histoire du Languedoc*, t. VIII, col. 278.
(2) *Ibidem*, col. 281.
(3) T. VI, p. 57.
(4) *Ibidem*, p. 76.
(5) *Ibidem*, t. VIII, col. 395.
(6) U. Chevalier, *Tituli Dienses*, n° I.

de Die ». Mais les synchronismes reportent ce mariage, semble-t-il, à une date bien antérieure à l'accession de Guillaume au comté de Valentinois, et nous venons de voir que toutes les terres possédées par lui en Diois auparavant étaient patrimoniales. D'autre part, son fils, qualifié « Ademarulus », en 1163, et encore fort jeune lorsqu'il lui succéda, ne peut être né que de sa seconde femme, la sœur de Pierre Raynard de Béziers, encore vivante en 1173. Il est donc certain que le titre de comte de Diois n'a pu advenir du chef de la comtesse. Il n'a pas été relevé non plus par les gendres historiquement connus du dernier comte de Die Isoard, Hugues d'Aix (Artaud), époux de Roais, et Raymond d'Agoult, seigneur de Sault, époux d'Isoarde, ni par leur postérité. Il nous paraît donc positif que c'est à ce diplôme donné par le comte de Toulouse au jeune comte Aimar, qu'il faut faire remonter le principe du titre de comtes de Diois qu'ont pris ses descendants, lorsque la politique constante de la dynastie leur a permis de se considérer comme assez puissants dans le diocèse pour oser l'assumer.

Guillaume de Poitiers put assurer à son frère Eustache la riche prévôté du chapitre de Valence, traditionnellement dévolue à un membre de la maison comtale ; mais il ne paraît pas avoir attiré en Valentinois les autres membres de la branche de Nice ayant gardé le nom de Poitiers, et qui ne semblent pas avoir fait souche. Ceux qui nous sont encore connus sont :

Bernard de Poitiers, que nous avons vu plus haut auprès des Aton dans la même situation d'intimité que Guillaume ; il vivait encore en 1174, année où il se porta garant d'une vente de droits dans la vigne comtale d'Arles à l'ordre de l'Hôpital Saint-Jean de Jérusalem. Cette vente, faite par Pons Astaldi et ses deux filles, du consentement de ses beaux-frères, Jean et Guillaume de Pierre, fut reçue par un Guillaume de Poitiers, chevalier de Saint-Jean, et peut-être commandeur, tout au moins par intérim, de l'Hôpital de Saint-Gilles (1). C'est sans doute cette circonstance à laquelle fut due la garantie de Bernard, car ce Guillaume devait être son fils ou l'un de ses neveux ; il faut remarquer aussi que c'est vers cette époque que la famille de Pierre acquit par mariage la seigneurie de Bernis, laquelle était encore, en 1150, nous l'avons vu plus haut, propriété de Pons Raynard de Bernis, arbitre avec Bernard de Poitiers de la transaction conclue entre Raimond Trencavel et Bernard Aton son frère, et proche parent de la deuxième femme du comte Guillaume de Poitiers. La vente de 1174 se rattache donc au groupe de familles qui touchaient de près à ce dernier.

Enfin, un Pons de Poitiers (*Pontius de Peiteus*), est témoin d'une donation faite au lieu de Buisson, en faveur de la commanderie de Roaix (2). La pièce

---

(1) *Analyse de l'Authentique de Saint-Gilles*, n° 183, dans la *Revue historique de Provence*, t. I, p. 61. — Le nom du vendeur se traduit en langue romane par « Pons Astoaud ». Ne serait-ce pas là l'origine, inconnue jusqu'à présent, du célèbre chancelier du comte Raimond VII de Toulouse, dont le rôle a été si important et si bienfaisant pour le Comtat Venaissin, Pons Astoaud. Nous retrouvons ici, en effet, son nom et son prénom à une date qui exclut l'identité de personne, et dans une situation sociale suffisante pour qu'un membre de cette souche soit parvenu au plus haut rang.

(2) U. Chevalier, *Cartulaire de Roaix*, n° 121. — Buisson, commune du départ. de Vaucluse, canton de Vaison.

n'est pas datée ; mais elle est reçue par le commandeur Étienne de Johannaz, dont le préceptorat débute vers 1155, et elle semble appartenir aux toutes premières années de son entrée en fonctions.

Notons enfin que le comte Guillaume conserva toute sa vie des propriétés auprès de Vaison. La preuve nous en est donnée par une charte du Cartulaire de la commanderie de Roaix (1), relatant une transaction passée en mai 1200 au sujet d'une terre que Guillaume de Poitiers avait donnée en gage a un personnage nommé Banartinus, lequel, étant entré dans l'ordre du Temple, la lui avait cédée. Il est vraisemblable que Guillaume avait utilisé les restes des domaines de sa famille au diocèse de Vaison, comme nous le supposons pour ceux qu'il avait eus en Languedoc, à se procurer des ressources en cas de besoin. Il avait dû en être ainsi même du château de Peytieux, car en 1207, la seigneurie de Châteauneuf-de-Bordette, avec Peytieux sans doute qui semble n'en pouvoir être séparé, avait passé à la maison de Valréas (2).

CONCLUSION.

Arrivés au terme de cette notice, dans laquelle, à défaut de pièces de filiation faisant ressortir brutalement, si l'on peut ainsi parler, les relations de famille des personnages mis en scène, nous avons dû parfois reconstituer le milieu où ils ont vécu, ont évolué ; entrer par conséquent dans de nombreux détails engendrant dans l'esprit du lecteur peut-être quelque confusion, il est nécessaire de dresser ici, comme fil conducteur des pages qui précèdent, une récapitulation des faits constatés.

Une des familles féodales les plus puissantes au Xe siècle dans le marquisat de Provence, est, aux environs de l'an 1000, divisée en deux branches, auxquelles nous avons donné les noms de leurs rejetons les mieux connus historiquement, la branche de Mison à l'est, et celle de Mirabel à l'ouest.

En 1023, la branche de Mirabel est représentée par huit frères, dont quatre sont d'église ; les quatre autres n'ayant pas tous eu postérité masculine, une partie de leurs biens passe à des filles, parmi lesquelles deux se marient dans la maison de Nice ; l'une d'elles porte à son mari, entre autres, Peytieux et la vallée de Quint. C'est de celle-ci qu'est sortie la famille de Poitiers dont nous avons établi ainsi l'ascendance :

I. Laugier de Vence, marié vers 1004 à Odila, vicomtesse de Nice.

II. Rostan, leur plus jeune fils, épouse, vers le milieu du XIIe siècle, l'héritière de Peytieux et de la vallée de Quint. Il hérite par elle, ou reçoit de l'évêque de Vaison Pierre de Mirabel, oncle de sa femme, l'avouerie du diocèse de Vaison. Il est père de

III. Laugier *Rostagni*, avoué de Vaison, père de

IV. Bertrand *Laugerii*, qui restitue, en 1103, l'avouerie à l'évêque de Vaison.

---

(1) N° 145.
(2) U. Chevalier, *Inventaire des archives des Dauphins de Viennois en 1346*, n° 1325. — Le 5 des nones de mars 1207, Hugues de Valréas prête hommage pour Châteauneuf-de-Bordette aux Montauban. Guillaume de Poitiers avait donc dû aliéner à ceux-ci le haut domaine de la terre patrimoniale dont il conservait le nom.

Lui et les siens sont désignés dans le marquisat de Provence sous le
« *cognomen* » de « *milites Pictavienses* ».

V. Son fils Adémar, auquel sont sans doute attribués dans les partages les
biens du marquisat de Provence, épouse, au cours de péripéties dont la
légende a gardé le souvenir, Rixende, sœur du comte-évêque de Valence
Eustache, et de Guillaume, prévôt de Valence et évêque de Viviers, mort vers
1155. Elle apporte à ses enfants des fiefs importants en Languedoc, notamment
dans les vicomtés de Narbonne et d'Albi, par suite de quelque alliance antérieure et non connue, mais dont le souvenir se retrouve dans les liens unissant
le comte-évêque Eustache et ses agnats les Adhémar et autres avec les Aton et
les Narbonne. Ces fiefs passent à l'un de ses fils, Guillaume de Poitiers, dont
elle a sans doute fait son héritier.

VI. Guillaume de Poitiers, élevé en basse Provence, passe ensuite une
grande partie de sa vie en Languedoc. Le comte-évêque Eustache étant mort
vers 1158, il est appelé à sa succession du chef de sa mère, et parvient, avec l'appui du comte de Toulouse, en 1163, à faire valoir ses droits au comté de Valentinois. Son frère Eustache obtient la succession de leur oncle Guillaume à la
prévôté du chapitre de Valence. Sans enfants de sa première femme, la poétesse
appelée dans l'histoire littéraire « la comtesse de Die », il épouse en secondes
noces une sœur de Pierre Raynard de Béziers, dont est né :

VII. Aimar, second comte de Valentinois de son nom, qui continue la
dynastie.

Divers membres de la même famille apparaissent en Provence, en Languedoc et à Vaison, portant également le nom de « *Peiteus* » ou Poitiers, et
sont très probablement frères et neveux du comte Guillaume et du prévôt
Eustache. Ils ne semblent point avoir laissé de descendance, tout au moins
ayant continué à porter le nom de Poitiers.

CHAPITRE V.

COMTES D'ORANGE DE LA MAISON DE NICE.

Parmi les grands personnages qui se sont intéressés à l'établissement des
Templiers dans notre région, Tiburge, la fille et héritière du grand comte
d'Orange Rambaud II, a droit au premier rang. Dès le 7 novembre 1136, elle
donne à Arnaud de Bedos des cens dans sa ville capitale, un serf avec sa
maison, ses possessions, tènements et toute sa descendance, et des vignes au
Clos Comtal. Enfin, elle ajoute à ce bienfait immédiat, un legs après sa mort
d'une somme de mille sous, ce qui devait à cette époque représenter une
valeur équivalente au moins à trente mille francs de nos jours.

A la suite de ce premier bienfait, elle ne cesse de prodiguer à la commanderie les preuves de sa sollicitude. Une moitié de la seigneurie de Bourbouton

semble avoir été de sa souveraineté. Cette moitié était partagée entre de nombreux coseigneurs, sur lesquels Hugues de Bourbouton avait moins d'action que sur ses proches parents, détenteurs avec lui de l'autre moitié. Tiburge se fait son alliée fidèle, négocie la cession au Temple de toutes les parts détenues par ses vassaux, intervient dans les actes et en garantit l'exécution. Et si Hugues a pu voir avant sa mort la réalisation du rêve qu'il avait conçu de constituer la commanderie dont il a été le principal fondateur, seule maîtresse en alleu franc de la seigneurie de Bourbouton, c'est à son appui constant qu'il l'a dû.

L'histoire de la maison d'Orange antérieurement à l'avènement de la dynastie des Baux, était restée jusqu'à nos jours très obscure. Le comte Cais de Pierlas, par la publication du Cartulaire de l'église cathédrale de Nice en 1888, et du magistral mémoire dont il l'a fait suivre l'année suivante, *Le XIe siècle dans les Alpes-Maritimes*, a fait faire à la question un pas immense. Il a définitivement établi que Rambaud Ier était un des fils de Laugier, coseigneur de la vicomté de Vence, et d'Odila, vicomtesse de Nice, et que la dynastie dont Tiburge a été la dernière, était dès lors une branche de cette souche féconde en lignes puissantes, à laquelle nous avons démontré autant que faire se peut, croyons-nous, que se relie aussi la maison de Poitiers par les avoués de Vaison. Les possessions de la maison d'Orange dans le comté de Nice sont par là même expliquées : elles provenaient de la part d'enfant reçue dans la succession de Rambaud Ier par son fils Bertrand Rambaud. Rambaud II, comte d'Orange, fils de Bertrand, exerce encore, après son retour de la croisade où il s'était acquis un si haut renom, sa part d'autorité dans la vicomté de Nice en 1108 (1), et sa fille Tiburge les mentionne dans son testament (2).

Rambaud Ier avait épousé une première femme nommée Accelena. C'est avec elle que nous le voyons, le 21 mars 1046, dater de Courthézon une donation à l'abbaye de Saint-Pons de Nice (3). Son nom, suivi dans plusieurs autres chartes du surnom « *de Nicia* », l'est ici du mot « *Auldeperus* » que les savants éditeurs du Cartulaire de Saint-Pons soupçonnent pouvoir être une mauvaise transcription du mot « *Aurasicensis* ». S'il en était ainsi, il se présenterait une difficulté : Rambaud s'est marié trois fois ; après Accelena, sa seconde femme a été Belieldis, et la troisième, Adélaïde (4). Il faut qu'il ait été attiré dans le diocèse d'Orange par son mariage avec Accelena, puisque c'est avec elle que nous le voyons à Courthézon, tandis qu'aucune des pièces antérieures, assez nombreuses, relatives à la famille de Laugier et d'Odila, ne nous les montre en possession de domaines aussi septentrionaux. Or, celui de ses nombreux en-

---

(1) Sous le titre de podestat, équivalent à cette époque à ceux de vicomte et d'avoué. Cais de Pierlas, *Cartulaire de la cathédrale de Nice*, n° 48, et préface, p. XIV.

(2) La Pise, *Histoire d'Orange*, p. 62

(3) Cais de Pierlas et Saige, *Cartulaire de Saint-Pons de Nice*, n° VIII.

(4) Pour les faits relatifs à la vie de Rambaud, nous n'indiquons pas les sources, nous bornant à renvoyer le lecteur au paragraphe XV du mémoire de M. de Pierlas, *Le XIe siècle dans les Alpes-Maritimes*, intitulé : « Rambaud de Nice » (p. 45 et s.). Après avoir attentivement vérifié les documents sur lesquels il s'appuie et les conséquences qu'il en déduit, nous en considérons les conclusions comme acquises et ne citerons que les pièces inconnues de lui qui nous permettent de combler des lacunes ou de montrer les points sur lesquels, postérieurement à Rambaud Ier, il a laissé échapper des erreurs.

fants qui hérite de la totalité des domaines acquis par lui dans le diocèse d'Orange et aux environs, est Bertrand, le seul connu de ses fils qui soit né de son troisième mariage avec Adélaïde. Il faut donc qu'Accelena et Adélaïde aient toutes deux appartenu à des familles puissantes dans le comté d'Orange, et vraisemblablement c'est Adélaïde qui devait être des deux la plus grande héritière, car Bertrand a été incontestablement plus richement apanagé que ses frères, ayant recueilli une part d'enfant dans la succession paternelle, et, seul, une importante succession maternelle. Quant à la possession de Courthézon, un des domaines les plus marquants de la souveraineté d'Orange, il est probable, si cette déduction est juste, qu'il aura désintéressé, pour en rester seul possesseur, ses frères embarrassés d'une minime part dans une seigneurie aussi éloignée de Nice et de Vence.

Nous ne croyons pas cependant qu'Adélaïde, pas plus qu'Accelena, ait été héritière du comté d'Orange. Rambaud et ses diverses femmes n'ont jamais pris le titre de comte et comtesse. Bertrand Rambaud, son fils, n'est également qualifié comte dans aucune des pièces où il figure. Mais ses deux femmes ont le titre de comtesse, et son fils et successeur, Rambaud II, le porte constamment. Toutes les apparences indiqueraient dès lors, qu'après avoir été introduit dans le diocèse d'Orange par l'un, ou même par deux de ses mariages, Rambaud Ier a pu faire épouser à son fils Bertrand l'héritière des anciens comtes d'Orange, s'il en a véritablement existé, ce qui est jusque-là douteux, ou une fille dont les domaines étaient assez étendus pour couvrir une notable partie du diocèse, et lui auraient fait donner le titre de comtesse à cette époque où les deux expressions, diocèse et comté, sont souvent encore prises l'une pour l'autre.

Le nom de la première femme de Bertrand Rambaud nous est conservé par des actes analysés dans l'histoire de l'église de Vaison, du Père Boyer de Sainte-Marthe (1). « La comtesse Gilberge, femme de Bertrand Rambaud, avec ses deux enfants Rambaud et Pierre », autorise des donations considérables faites à l'église de Vaison par deux hommes « de grande qualité », Guillaume et Rotbald ; en outre de plusieurs églises et terres, ces donations embrassent des quartiers entiers de la ville de Vaison et de sa banlieue. Ces pièces ne sont pas datées ; l'auteur les place au hasard dans une série de faits et d'analyses de chartes qu'il rapporte à l'évêque Pierre II de Mirabel, dont l'épiscopat atteint à une date voisine de 1059. Mais l'évêque par lequel elles sont reçues, pourrait tout aussi bien être son successeur Pierre III, fils de Rambaud Ier et par conséquent beau-frère de Gilberge. D'autre part, Gilberge fait ici, avec ses fils ayant droit à sa succession, mais sans l'assistance de son époux, acte de haut domaine ; il est donc à peu près certain que c'est en vertu de ses droits à elle, et non de ceux qu'elle tient de son mariage, qu'elle procède. Or, nous avons indiqué, en relatant ce que nous savons de la maison de Mirabel-Mison pour arriver à établir l'ascendance de Guillaume de Poitiers, qu'une part

---

(1) P. 86. Nous avons fait remarquer précédemment que M. de Pierlas a omis de consulter cet ouvrage. Il lui aurait épargné bien des lacunes et des erreurs, tant ici, où il n'a connu que la seconde femme de Bertrand Rambaud, que pour la descendance de Rostan le jeune de Nice, laquelle, par l'avouerie de Vaison, a été la tige de la maison de Poitiers-Valentinois.

de l'héritage de cette puissante famille ayant passé dans la maison de Nice par Rostan le jeune et sa postérité, une autre part avait nécessairement dû échoir à son frère Rambaud I*er* ou à ses descendants, pour constituer le comté d'Orange tel que l'ont possédé le comte Rambaud II et sa fille Tiburge, et leur apporter leurs seigneuries du Gapençais. Ces actes de haut domaine à Vaison et dans le diocèse, la désignent de préférence comme étant le chainon qui relie les deux familles l'une à l'autre.

Ils nous apprennent encore, outre l'existence d'un second fils de Bertrand Rambaud, nommé Pierre, que Rambaud II a été fils de sa première femme Gilberge, et non de la seconde, Adélaïde. Celle-ci dut être épousée fort jeune par Bertrand, car elle lui a survécu longtemps, et n'est morte qu'après le 12 octobre 1103, date de son testament (1). Après avoir mentionné Bertrand Rambaud comme son mari, elle institue héritiers « Tiburge, fille de Rambaud, et Géraud Adhémar, son époux », sans indiquer par un seul mot qu'elle ait avec Tiburge ou avec Rambaud le moindre lien de parenté. Toutefois, comme Gilberge avait dû mourir de bonne heure et Adélaïde tenir lieu de mère à ses beaux-fils, il n'est pas surprenant que dans le diplôme d'Alphonse, comte de Toulouse et marquis de Provence, délivré le 6 septembre 1126 à Bérenger, évêque d'Orange, pour confirmer les dons qu'elle avait faits par ce testament à son église et à l'abbaye de Saint-Florent (2), elle soit dite « mère de Rambaud » ; d'autant que ce même diplôme contient une autre erreur matérielle du même genre : alors que dans son testament, elle mentionne ces donations comme faites « *cum Bertrando Raibaldo, marito meo* », la charte de confirmation porte « *assensu Raimbaldi, filii sui* ». Le souci de l'exactitude n'avait évidemment pas présidé à cette rédaction. Mais elle excuse amplement l'erreur des historiens qui n'ont pas consulté l'histoire de l'évêché de Vaison.

La vie de Rambaud II est suffisamment connue pour ne pas nous arrêter. Au retour de Terre-Sainte, il dut s'établir à Nice, où nous l'avons vu plus haut exercer encore en 1108 l'autorité vicomtale, et délaisser le comté d'Orange à sa fille unique Tiburge et à son gendre Géraud Adhémar (3). Celui-ci, en effet, prend une part active aux affaires, notamment dans la question de l'union du diocèse à celui de Saint-Paul-Trois-Châteaux. L'acte d'élection au siège d'Orange de l'évêque Bérenger par les prélats réunis autour du légat du pape au Pont-de-Sorgues, est autorisé par lui « *assensiente Giraldo Ademaro, Aurasice principe* ». Cette pièce est le plus ancien monument du titre princier d'Orange (4).

(1) Duhamel, *Fragments d'anciens Cartulaires de l'évêché d'Orange*, n° III (*Mémoires de l'Académie de Vaucluse*, t. XV, p. 386).
(2) *Ibidem*, n° XII (p. 392).
(3) Papon, *Histoire de Provence*, t. II, p. 208, le fait vivre jusqu'en 1121, année où il serait mort en Terre-Sainte. Il y serait en ce cas retourné une seconde fois.
(4) Duhamel, *op. cit.*, n° XIV (p. 395). — La plupart des auteurs ont attribué la création de ce titre à l'un des empereurs d'Allemagne, et les princes de la dynastie de Nassau attachaient une grande importance à cette légende. Mais le diplôme qui l'aurait concédé n'a jamais pu être représenté. — Ce titre princier a porté plusieurs érudits à douter de l'authenticité de la pièce que nous venons de citer, bien qu'elle ait été admise et publiée par les auteurs de la *Gallia christiana*. L'abbé Durand-Arnaud, archiviste du château de la Garde-Adhémar au début du XVII° siècle, a fabriqué pour l'honneur ou pour le profit de la maison d'Adhémar, un si grand nombre de

La vie de Tiburge d'Orange est restée jusqu'à ce jour remplie d'obscurités. La publication par M. Duhamel, en 1896, des pièces auxquelles nous venons de nous référer, avait établi son premier mariage avec Géraud Adhémar et expliqué la part prise aux affaires du comté par ce personnage, rôle qui l'avait fait regarder auparavant comme souverain par droit de naissance et non par alliance. La légende faisant des comtes d'Orange une branche des Adhémar, n'a pas d'autre fondement (1).

Géraud vécut au-delà de 1115, année où il prit part, les armes à la main, aux luttes religieuses qui ensanglantèrent la région (2). Sa veuve se remaria quelques années plus tard avec Guillaume de Montpellier, seigneur d'Omelas. Les enfants de ce second lit sont jusqu'à ce jour seuls connus, ayant hérité de la principauté. Aussi le premier lit passait-il pour être resté stérile, depuis qu'il avait été positivement établi. Notre Cartulaire comble cette lacune, en nous donnant les noms des trois enfants qui doivent ou peuvent être attribués à Géraud Adhémar, et qui ont vécu bien au-delà de la date du second mariage, certainement antérieur à 1130. Nous allons les passer en revue et indiquer ensuite ceux du second lit qui sont mentionnés dans notre Cartulaire.

1° Géraud. Dans la donation de Tiburge du 7 novembre 1136 (n° 10), le premier des témoins est « Geraldus de Aurengia ». Cette place d'honneur donnée à un personnage portant le prénom de Géraud Adhémar et le nom de la souveraineté, indique évidemment le fils aîné du premier lit, alors héritier présomptif. Il ne paraît plus après cette date, à laquelle il n'a sans doute pas survécu longtemps.

2° Pierre. Le 26 septembre 1133, les seigneurs de « l'antique édifice dit les Arènes » le donnent au Temple (n° 41). L'acte est passé en présence de Guillaume, évêque d'Orange, de plusieurs témoins ecclésiastiques et laïques, convoqués sans doute par les donateurs. Ensuite apparaît « Petrus de Aurasica », suivi de trois personnages, dont deux ont figuré déjà parmi les témoins fort peu nombreux de la donation précédente de Tiburge, et pourraient dès lors être attachés à sa personne. Vu l'importance de la donation d'un château-fort considérable dans la ville même, et la place qu'occupent Pierre d'Orange et sa suite à la fin de l'acte, ceux-ci semblent délégués pour y apporter la ratification de la souveraine.

Le prénom de Pierre, très répandu dans la maison de Nice, a été donné au second fils de Bertrand Rambaud et de Gilberge. Serait-ce cet oncle de Tiburge ? Mais il serait alors d'un âge trop avancé, et il est plus naturel de voir en lui un

---

chartes, que tout document ancien lui apportant quelque lustre est par cela même suspect. La publication de M. Duhamel, constatant que celle-ci a été insérée au Cartulaire de l'église d'Orange à une époque voisine de sa date, l'a mise hors de tout soupçon.

(1) En faussaire habile, l'abbé Durand-Arnaud donnait toujours à ses productions quelque fait authentique pour point de départ. Il communiqua la généalogie des Adhémar qu'il avait construite de toutes pièces jusqu'à Adhémar, duc de Gênes sous Charlemagne, à César de Nostredame, qui la reproduisit dans son *Histoire de Provence* (p. 777). L'ayant ensuite amendée encore, le duc de Gênes recula jusqu'à l'année 685 de notre ère, et sous cette forme elle fut reproduite par Honoré Bouche (t. I, p. 900). Aussi a-t-elle été longtemps admise sans discussion.

(2) Cais de Pierlas, *op. cit.*, p. 49, d'après Dom Martène, *Amplissima collectio*.

second fils de Géraud et de Tiburge, promu au rôle de fils ainé par la mort récente de Géraud.

3° Douce. Nous croyons pouvoir présenter sans hésitation comme une fille du premier lit « *Douza* » (1), Douce de Gironde, qui confirme au Temple, le 15 octobre 1167, la propriété de vignes qu'il tient d'elle (n° 86). D'une part, elle se qualifie : « *Douza filia Tilburgis, que uxor fui R. de Girunda.* » La notoriété de Tiburge d'Orange était si grande, que toute autre dame portant ce nom eût, en effet, été désignée plus complètement. Tiburge avait donné des vignes au Temple. D'autre part, les vignes en question sont dites avoir appartenu à Guillaume Gaucelme, en partie tout au moins, et l'un des articles de la charte de Guillaume Hugues de Montélimar, du 24 août 1156 (n° 129), est de donner au Temple le haut domaine sur des vignes ayant été à Guillaume Gaucelme. Elles avaient passé à Constantin (de Saint-Paul), qui avait dû les donner ou céder à l'ordre. D'ailleurs, tous deux, Guillaume Gaucelme et Constantin de Saint-Paul, figurent parmi les Templiers à Richerenches. Une fille de Tiburge en pariage avec le chef de la maison des Adhémar, doit nécessairement être un enfant de son premier lit. Douce, alors veuve et mère d'un fils, Pons de Bérenger, qui intervient à l'acte, était certainement d'âge à remonter à ce premier lit.

Absolument différente de celle du même nom issue du Royans, la famille de Bérenger, possessionnée dans les diocèses de Vaison et de Saint-Paul-Trois-Châteaux, avait, entre autres, la terre de Gironde ; elle était certainement d'un rang égal à celle de Mornas, dans laquelle fut d'abord mariée la fille ainée du second lit. Nous lui consacrons plus loin quelques mots. On sait que si Tiburge a pratiqué la coutume du partage égal entre ses fils, elle se bornait à doter ses filles. Rien de ce que nous apprend notre Cartulaire ne peut donc s'opposer à ce qui précède au sujet de Douce de Gironde.

4° Étienne. « *Stephanus de Aurasica* » est témoin en 1142 au don d'un serf fait par Guillaume d'Allan au Temple, dont l'acte est passé à Richerenches (n° 44). Il assiste ensuite, le 6 juin 1145, à Vacqueyras, au don d'une partie de la seigneurie de Bourbouton au Temple (n° 58), que Hugues de Bourbouton, en sa qualité de commandeur, est allé recevoir en présence de Tiburge, laquelle non seulement « loue » et confirme cette cession, mais ajoute que « si par injure ou violence, quiconque veut enlever au Temple tout ou partie de cette seigneurie, elle et ses fils doivent, en vertu de leur promesse, s'en faire les défenseurs comme de leur propre bien. »

On ne peut inférer de façon positive de ces deux actes qu'Etienne soit déjà chevalier du Temple ; mais la charte n° 56, de six jours postérieure, ne laisse subsister aucun doute. Il devait l'être depuis peu de temps, car il n'est pas nommé des premiers ; dès le 11 septembre 1147, il est en meilleur rang dans une pièce exceptionnellement solennelle, la donation n° 60, et les quelques pièces où il apparait encore sont toutes importantes.

Ne devons-nous pas voir dans ce frère, conduit auprès de Tiburge à Vacqueyras, et que l'on semble prendre plaisir à produire dans les principales circonstances, un fils de Tiburge, jusqu'à présent ignoré aussi, né de son

---

(1) Par suite d'une regrettable faute, le nom de Douce, orthographié Douza dans la charte n° 86, a été travesti en Douaz à l'impression. Bien que cette erreur ait été corrigée dans les errata, nous croyons devoir la signaler ici encore à l'attention du lecteur.

second lit certainement, vu les dates, reçu très jeune dans la milice, ce que la règle recommande d'éviter, il est vrai, mais pouvait être exceptionnellement autorisé pour le rejeton d'une haute lignée ? Après avoir passé quelques années à s'initier à l'art militaire à Richerenches, il aura été envoyé outremer après 1153.

5° Guillaume. Ce fils aîné de Tiburge et de Guillaume de Montpellier, est appelé par sa mère à recevoir avec elle, pour la commanderie de Richerenches, la cession d'une part de la seigneurie de Bourbouton, appartenant aux Isarn, passée à Gigondas le 19 novembre 1146. C'est le seul des enfants du second lit déjà connus dans l'histoire, qui soit nommé dans nos chartes.

La filiation de la dynastie d'Orange issue de la maison de Nice, jusqu'à présent incomplètement établie, se résume donc ainsi qu'il suit :

I. Rambaud Iᵉʳ, fils de Laugier de Vence et d'Odila de Nice, a peut-être été seigneur d'Orange, mais certainement seigneur de Courthézon et covicomte de Nice. Marié en troisièmes noces à Adelaïde, dont :

II. Bertrand-Rambaud, seigneur d'Orange et covicomte de Nice, marié 1° à la comtesse Gilberge ; 2° à la comtesse Adélaïde, morte sans enfants après 1103. Du premier lit : 1° Rambaud qui suit, et 2° Pierre.

III. Rambaud II, comte d'Orange et covicomte de Nice, n'a laissé d'un mariage inconnu qu'une fille :

IV. Tiburge, héritière du comté d'Orange, mariée 1° à Géraud Adhémar, qualifié *prince* le premier, mort avant 1129 ; — 2° à Guillaume de Montpellier, seigneur d'Omelas.

Du premier lit :

1° Géraud, mort avant 1138.
2° Pierre, mort avant 1146.
3° Douce, mariée à Raoul de Bérenger, dit de Gironde.

Du second lit :

4° Guillaume, comte d'Orange pour moitié.
5° Étienne, chevalier du Temple.
6° Rambaud, comte d'Orange pour moitié.
7° Tiburge, mariée 1° à Geoffroi de Mornas ; 2° à Bertrand des Baux.
8° Tiburgette, mariée à Adhémar de Murviel (1).

Signalons en terminant une singularité de la donation de Tiburge au Temple du 7 novembre 1136. La date porte la mention « *regnante Lodoico rege.* » Ces mots ne peuvent désigner que le roi de France, alors absolument étranger cependant à toute possession dans le royaume d'Arles.

On peut, il est vrai, l'expliquer par une distraction du scribe, lequel, amené peut-être des domaines que Guillaume de Montpellier possédait en Languedoc, aura daté comme il avait l'habitude de le faire outre-Rhône. Mais ne pourrait-on mieux y voir une protestation contre la prétention de l'empereur Lothaire, de confondre le royaume d'Arles et de Bourgogne avec l'Empire, auquel il avait été élu en opposition aux maisons de Franconie et de Souabe, héritières de Rodolphe III ? L'autorité des empereurs issus de ces deux familles ne fut jamais contestée dans nos régions, tandis que les prétentions de l'empereur Lothaire soulevèrent durant tout son règne une vive opposition.

---

(1) Pour les trois derniers enfants qui ne sont pas nommés dans notre Cartulaire, nous avons suivi l'*Art de vérifier les dates*.

CHAPITRE VI.

LE PAYS DES BARONNIES. — LA SEIGNEURIE DE VALRÉAS.

MAISONS DE MÉVOUILLON-MONTAUBAN ET DE MONTDRAGON. — AUTRES COSEIGNEURS DE VALRÉAS : MAISONS D'ALLAN, — DE VALRÉAS, — DE TAULIGNAN, — DE CHAMARET, — GUINTRANNI.

Le pays des Baronnies, qui a formé jusqu'à la division de la France en départements une circonscription administrative et judiciaire importante du Dauphiné, sous le nom de bailliage du Buis, comprenait les deux baronnies anciennement souveraines de Mévouillon et de Montauban, réunies au Dauphiné, la première, par la cession qu'en fit le dernier baron en 1317 (1), et la seconde, après l'extinction de la dynastie souveraine, par la vente qu'en avait faite Hugues Adhémar, seigneur de Lombers, dès 1295 (2). Celui-ci était en effet héritier testamentaire de Roncelin de Lunel, fils de Randone de Montauban, dernière héritière de la baronnie (3).

Bien que les Baronnies fussent « une partie considérable de l'État des Dauphins, soit par leur étendue, soit par le nombre des vassaux qui en relevoient (4) », leur histoire, celle des seigneurs indépendants qui les ont possédées avant leur incorporation au Dauphiné, et plus encore, l'origine de leur constitution en une souveraineté distincte dans le marquisat de Provence, avaient été absolument négligées des historiens dauphinois et provençaux. Il n'est peut-être aucun point resté plus obscur aujourd'hui même.

Ici encore le Cartulaire de Richerenches nous fournit des documents précieux. Bien que les titres concernant les Montauban soient en petit nombre, ils nous donnent la solution positive de la transmission de leur baronnie à la famille de Montdragon, transmission récemment découverte et ayant donné lieu à des hypothèses erronées ; de plus, ils nous permettent, en nous donnant des renseignements précis sur certains de leurs fiefs, de relier entre elles des chartes autrefois sans lien apparent, naguère publiées pour la plupart, et qui nous permettent de serrer de très près, croyons-nous, toute la partie ancienne de cette histoire, depuis la constitution de la région en un héritage distinct au

---

(1) Valbonnais, *Mémoires pour servir à l'histoire de Dauphiné*, 1711, p. 61.
(2) U. Chevalier, *Inventaire des archives des Dauphins de Viennois en 1346*, n°ˢ 1267 et 1253.
(3) *Ibidem*, n° 1284.
(4) Valbonnais, *op. cit.*, p. 351.

XIᵉ siècle, et sa scission au début du XIIᵉ en deux seigneuries indépendantes, jusqu'aux approches de l'an 1200, époque où la chronologie des deux lignes commence à être à peu près exactement établie. Cette étude formera le premier et le plus important des paragraphes du présent chapitre.

La possession par les Mévouillon d'abord et par les Montauban ensuite, d'une notable partie de la seigneurie de Valréas, est un des faits qui contribuent le plus à éclairer notre recherche. Cette ville, la principale du Haut-Comtat, doit tenir une place spéciale dans un travail particulièrement riche en documents sur la partie du Venaissin dont elle fut autrefois, comme aujourd'hui, le chef-lieu, et sur les familles qui s'en partageaient la seigneurie au XIIᵉ siècle. Nous avons donc réuni, à la suite des origines de la maison de Mévouillon-Montauban, les notes abondantes et à peu près complètement neuves que nous fournissent nos chartes sur ces autres familles, de façon à présenter en un tableau d'ensemble les renseignements pouvant servir à l'histoire de Valréas à cette époque.

Elle est, en effet, difficile à établir ; au moyen âge, Valréas a excité de perpétuelles convoitises et changé de seigneurs plus qu'aucune autre ville, par suite non seulement de sa richesse, mais sans doute aussi de sa position politique. Voisine des confins des baronnies de Mévouillon et de Montauban, de la principauté d'Orange, de l'évêché de Saint-Paul-Trois-Châteaux, des états des Adhémar, elle était la dernière paroisse à l'ouest du diocèse de Vaison, confinant à celui de Saint-Paul et séparée par quelques kilomètres à peine de ceux de Die et d'Orange. La bonté de son terroir l'avait dotée d'une population déjà considérable au XIIᵉ siècle, car outre six coseigneurs, on y voit résider plusieurs autres familles marquantes, les unes en possession de seigneuries environnantes, les autres chevaleresques et riches tout au moins, à en juger par leurs grandes libéralités, telles que les Falcon, les Bellon, les Bérenger, les Malamanus, les Faucher, etc. Les restes de ses fortifications et de ses tours (1), la haute antiquité de certaines parties de son église, témoignent de sa très ancienne prospérité.

Les coseigneurs de la ville sont énumérés dans la récapitulation des acquisitions faites par l'évêque de Vaison Rostan au profit de son église, que nous avons déjà eu l'occasion de citer, et qui résume une série d'actes se plaçant au cours de son épiscopat, c'est-à-dire entre les années 1107 et 1117 environ. Elle contient l'article suivant : « *Pontio Guintranno, atque uxori, et filiis eorum, pro decimis quas in castro Valrialis et in territoriis circumdantibus idem castrum habebat, consilio et laudatione suorum dominorum, videlicet Raymundi Meditullii, et Hugonis Talonis, et Riperti Valrialis, et Bertranni de Tauliniano, et Dodonis Camareti et filiorum ejus, atque Rostagni Guintranni, solidos septuaginta valentinensis monetae dedit.* »

---

(1) La tour de l'horloge, assez antique pour avoir été souvent dite de construction romaine et dénommée populairement « château Robert », est le reste d'un château appelé dans les anciens titres « *castrum Riperti* ». Nous trouverons le prénom de Ripert fort usité chez les trois familles nommées les premières parmi les coseigneurs de la première moitié du XIIᵉ siècle, les Mévouillon, les d'Allan et les Valréas, et une partie de la seconde l'adopte même comme patronymique, en place de celui d'Allan. Il est donc difficile d'émettre une supposition sur l'origine précise de ce château. Mais ce qui en reste, et le nom qui lui est donné encore, remontent très probablement à l'époque qui nous occupe.

Nous croyons à une légère erreur dans la lecture du second de ces noms
« Hugo Talon. » Alors que nous allons pouvoir suivre, à l'aide du Cartulaire de
Richerenches, toutes les familles de ces coseigneurs, le second d'entre eux
semble impossible à ne pas identifier avec un des premiers bienfaiteurs de la
commanderie « *Hugo Dalon* », dont le nom, ainsi que celui de plusieurs de
ses parents, est tantôt écrit « *Dalon* » et tantôt « *de Alon* » (d'Allan) (1). Aussi,
sommes-nous convaincu que l'original de la récapitulation des bienfaits de
l'évêque Rostan devait plutôt porter Dalon que Talon. L'erreur était facile à
commettre ; les scribes de l'époque onciale surbaissaient parfois la hampe du
« d » au point de le rendre difficile à distinguer du « t » ; d'autre part, l'historien
de l'église de Vaison avait pu rencontrer le nom de Talon dans les documents
de cette époque à Vaison même. Dans le très grand nombre de témoins que
nous offre le Cartulaire de Roaix, on en trouve trois de ce nom de 1176 à 1220 ;
notre Cartulaire nous présente aussi, au n° 214, passé à Vaison également, un
Bertrand *Taloz*, avec son neveu de même nom en 1175 ou 1176, qui pourraient
être de la même famille ; mais ils semblent, les uns et les autres, avoir été de
rang fort modeste, alors que les d'Allan, certainement de haut rang et en situation de se trouver en pariage avec les Mévouillon, les Valréas ou les Taulignan,
se retrouvent en outre en contact constant et fort en crédit avec ce qu'il y a
de plus puissant dans la région, les Adhémar, les Francesc, les Arnaud de
Crest, les Poitiers, etc. Quant au génitif « *Talonis* », imprimé par le P. Boyer,
il ne peut qu'être une suite du génitif du prénom « Hugonis », étendu par
inadvertance au nom patronymique. En effet, les rares pièces mentionnant les
Talon de Vaison, de même que le grand nombre de celles où figurent les
d'Alon ou de Alon, laissent toujours ces noms invariables à tous les cas.

Tel était dans le premier quart du XIIe siècle, l'état seigneurial de la ville. Il
ne tarde pas à se modifier. A la suite d'une révolution de famille dont nous
retraçons plus bas, autant que faire se peut, les péripéties, les Mévouillon sont
bientôt évincés par leurs agnats les Montauban. Des cinq autres familles, les
quatre premières peuvent être suivies pendant un temps plus ou moins long ;
la cinquième ne laisse même aucune trace connue de nous en dehors du Cartulaire de Richerenches. Les modifications furent rapides et nombreuses : au
siècle suivant, en effet, un seul des noms énumérés dans la récapitulation des
bienfaits de Rostan, est encore en possession de sa part de coseigneurie.

I. — MAISONS DE MÉVOUILLON-MONTAUBAN ET DE MONTDRAGON.

Les baronnies de Mévouillon et de Montauban, ont formé jusqu'au début du
XIIe siècle, ainsi que nous venons de le dire, un état unique, entre les mains
d'une dynastie qui avait adopté dès le milieu du XIe, comme patronyme

---

(1) L'apostrophe n'est pas connue des scribes de cette époque ; aussi avons-nous constamment imprimé « d'Alon » (d'Allan), de même que « d'Auticamp », pour Dauticamp
(d'Autichamp), d'Avisa là où il y avait « Davisa » (de Visan), etc. — L'identité des
deux formes « d'Alon » et « de Alon » n'est pas douteuse. Hugues est nommé de Alon
au n° 24 et Dalon au n° 129 ; Guillaume est nommé de Alon au n° 67 et Dalon au n° 68,
actes visant la même donation ; Pons, chevalier du Temple, nommé plusieurs fois,
l'est indifféremment sous les deux formes.

héréditaire, le nom de Mévouillon. Nous voyons entre les mains de celle-ci jusqu'au premier quart du XII⁰ siècle, indifféremment les terres qui ont formé plus tard les deux baronnies.

A ce moment, surgit inopinément dans l'histoire, auprès des Mévouillon, une maison dite de Montauban, qui n'a aucun antécédent historique de son nom, à peu près égale en domaines, égale en rang, enfin présentant cette particularité qu'elle règne non seulement sur des terres jusque-là du domaine des Mévouillon, mais, dans nombre de seigneuries, se trouve en pariage avec eux, chacun des deux dynastes en possédant une part plus ou moins considérable.

Bien que les faits auxquels était dû ce dualisme ne fussent pas connus, les anciens historiens, accoutumés à voir les maisons souveraines partager leurs domaines et donner naissance à des branches de noms différents, n'avaient aperçu dans ce fait aucune difficulté et en avaient tout naturellement conclu que la maison de Montauban était sortie au début du XII⁰ siècle de la maison de Mévouillon, en adoptant pour patronyme distinctif le nom d'un château-fort rapproché de celui de son origine.

Cette manière de voir avait prévalu, très généralement tout au moins, jusqu'à la révélation d'un document très précieux, publié en 1871 (1), le partage fait entre ses fils par Dragonet de Montdragon, lequel, combiné avec de nombreux documents déjà connus, démontrait l'identité de Dragonet I⁰ʳ de Montauban avec l'aîné des fils de Dragonet, seigneur de Montdragon, nommé Dragonet comme son pere. Un procès de 1214 dont nous parlerons plus bas, établissait bien que Dragonet de Montdragon le vieux avait épousé Sibuida de Mévouillon ; mais comme le procès portait précisément sur ce point qu'elle n'avait pas été dotée, il devenait impossible de regarder cette alliance comme ayant été la cause de la division en deux moitiés du domaine des Mévouillon, dont l'une se trouvait aux mains de Dragonet le jeune longtemps avant 1214. De là, une division d'opinions dans l'érudition dauphinoise, quelques historiens allant jusqu'à repousser absolument l'opinion des anciens, considérant les Montauban comme issus des Mévouillon.

Le Cartulaire de Richerenches nous rend le grand service de fixer ce point d'histoire en nous montrant Raimond de Montauban, mort aux environs de 1180, père d'une fille unique, Gasca, mariée en effet à Dragonet le jeune, fils de Dragonet le vieux de Montdragon, auteur du partage, et lui portant tous ses domaines, en sorte que les deux époux continuent par leur descendance la ligne de Montauban, dont elle porte le nom à l'exclusion de celui de Montdragon. Ceux-ci n'ont donc pas directement hérité des Mévouillon ; ils n'ont pas conquis non plus une part de leurs domaines, hypothèse qui s'était fait jour en suite du désarroi jeté dans les esprits par la preuve inattendue de l'identité des derniers Montauban avec les Montdragon. Et la première maison de Montauban, déjà formée et en pleine puissance avant le mariage de Gasca, doit être bien regardée à nouveau, ainsi qu'il en était avant la publication du document qui avait obscurci la question, comme une branche cadette des Mévouillon, ce que les anciens avaient toujours pensé.

Ce premier problème résolu par notre Cartulaire, nous nous trouvons en situation de rechercher, avec son aide et celle des pièces publiées de nos jours,

---

(1) *Revue des Sociétés savantes*, 5⁰ série, t. II, p. 368.

éclairant les données autrefois connues, l'origine des deux dynasties baroniales. La négation d'une ancienne maison de Montauban pour ne considérer ce nom que comme porté uniquement par une branche des Montdragon, rendait tous ces documents anciens et nouveaux inconciliables entre eux. Ils reprennent au contraire toute leur valeur grâce aux fils conducteurs que nous donnent nos chartes; et bien que nous n'ayons pas de pièce catégorique de filiation rattachant le père de Gasca aux anciens Mévouillon, nous sommes en mesure d'apporter à cette thèse un faisceau de probabilités équivalant, à nos yeux, à une preuve historique. Nous allons donc examiner tout d'abord l'origine de la dynastie de Mévouillon et de ses domaines, et nous exposerons ensuite la division de ceux-ci au profit d'une branche dite de Montauban. Nous résumerons ensuite les renseignements très étendus que nous donne notre Cartulaire sur la famille de Montdragon.

MÉVOUILLON-MONTAUBAN.

Au cours de ses savantes recherches sur les origines des races féodales de Provence, qu'il nous a si gracieusement autorisé à utiliser, et que nous avons eu déjà l'occasion de citer plus haut, M. G. de Manteyer a réuni sur les Mévouillon, et sur leur descendance par la branche de Lachau, qui reconstitue la famille après l'extinction de la ligne souveraine, un dossier très considérable, qu'il serait fort désirable de voir livrer à la publicité. A l'aide des chartes de Saint-Victor de Marseille n°ˢ 153, 711 et 730, et de Cluny n°ˢ 3590 et 3630, nous constatons tout d'abord qu'elle remonte à une grande dame déjà veuve en 1060, mère de quatre fils : Ripert Iᵉʳ, qui prend le nom de *Methulensis,* évêque de Gap depuis plusieurs années, déposé plus tard comme simoniaque et « *uxoratus* », marié en effet à Béatrix ; et ses trois frères nommés Laugier (1), Hugues et Rambaud.

A son tour, l'évêque de Gap a de sa femme Béatrix les fils suivants : Ripert II ; Isnard ; Pierre ; Rambaud et Hugues.

Après Ripert II, se produit une interruption dans les pièces de filiation dont nous chercherons plus bas la solution. Nous allons tout d'abord examiner les pièces d'origine.

Laissant de côté celles assez nombreuses où Ripert Iᵉʳ n'apparait que comme évêque de Gap, sans être entouré de parents de son sang, il nous reste de lui trois chartes de famille : celles de Saint-Victor n°ˢ 711 et 730, et de Cluny n° 3590. Dans la première, de 1069 (2), donnant à l'abbaye de Saint-Victor l'église Saint-Antoine aux Mées, sur la rive gauche de la Durance, il parle en maitre, sans rappeler par quelle voie ses domaines en cette région lui sont advenus. Dans les deux autres au contraire, les biens en question sont du territoire dit « Les Baronnies », et dans les deux il se dit fils de Percipia. Dans la charte n° 730 du *Cartulaire de Saint-Victor,* de 1060, cette mention est redoublée avec affectation. Percipia est présente et prend part à la donation, et l'acte débute ainsi : « *Ego, Rupertus, Percipiae filius, et Gapincensis episcopus,*

---

(1) Laugier (Leodegarius), dit *de Medillone* (*Cartulaire de Saint-Victor,* n° 184, de 1057), *de Mediçulo* (*Ibidem*, n° 663, de 1065 environ), *de Meditollio* (*Ibidem* n° 686, de 1094) apparait comme un très grand seigneur auprès des comtes de Provence.

(2) La date de la pièce a été omise dans le *Cartulaire de Saint-Victor ;* mais le texte complet, comprenant la date, avait déjà été publié par Esmieu, *Notice historique et statistique sur la ville des Mées*. Digne, an XI (1803), p. 13.

et eadem mater mea jamdicta Percipia, et fratres mei.... » et quelques lignes plus loin, il ajoute : « *...facimus donationem de nostro alode et nostris rebus...* » Il est donc certain, conformément d'ailleurs à un usage très fréquent à cette époque, que cette mention répétée équivalait à l'origine de la propriété, et que c'est à titre de fils de Percipia que Ripert et ses frères sont maîtres en ce pays. Dans la troisième (Cluny, n° 3590), du 9 janvier 1082, époque à laquelle Percipia était déjà morte très vraisemblablement, donnant à Cluny des biens dans le pays de Montauban, il se dit encore « *Ripertus, filius Precipie.* »

Nous sommes donc autorisé à conclure de ces pièces que le mari non nommé de Percipia appartenait à une famille incontestablement puissante et de haut rang dans la haute Provence, sur la rive gauche de la Durance, tandis que Percipia était l'héritière de la plus grande partie de l'immense domaine qui a formé les Baronnies.

Si le lecteur veut bien se reporter à la notice que nous avons dû établir, en recherchant les origines de la maison de Poitiers, sur la famille de dynastes du marquisat de Provence dont nous avons désigné les deux branches par les noms de Mirabel et de Mison, il sera facile de constater que l'héritage de Percipia constitue une partie considérable des domaines énumérés dans le partage de 1023, c'est-à-dire de l'héritage de la branche de Mirabel.

D'autre part, dans la branche de Mison, nous avons constaté la possession, outre Mison, du « *pagus Rosanensis* », que nous retrouvons appartenant à la descendance de Ripert, tandis que l'un de ses fils, Rambaud, tige de la branche de Lachau, possède Mison en tout ou en partie, à telles enseignes que certains de ses héritiers en adoptent le nom comme patronyme. Féraud (de Mirabel), l'un des copartageants de 1023, étant évêque de Gap, inféode la châtellenie de Dromon, l'une des plus importantes de son diocèse, et la vicomté de Gap à la famille de Mison ; cette dernière est nombreuse, et forme plusieurs rameaux qui tous ont part à la seigneurie de Dromon, tout en possédant d'immenses domaines en partie dans la région plus tard nommée le comté de Forcalquier, mais surtout sur la rive gauche de la Durance. Et ce ne peut être que d'elle qu'est sorti l'époux de Percipia, nous croyons pouvoir l'établir. Pour que l'un des fils ait pu être évêque de Gap dès 1055 environ, il faut que ce mariage ait été conclu depuis un nombre d'années suffisant pour nous faire remonter à l'épiscopat de l'évêque Féraud (de Mirabel), lequel régnait encore en 1040 tout au moins, et qui s'était fait le protecteur et le promoteur de l'agrandissement des seigneurs de Mison, ses proches parents. Il est donc infiniment probable que l'une de ses nièces de Mirabel se trouvant héritière d'une large part des domaines énumérés dans le partage de 1023 avec ses frères, il l'ait mariée à son parent et agnat, l'un des rejetons de Mison-Dromon. L'intérêt s'attachant à une alliance par suite de laquelle le patrimoine restait aux mains d'un membre de la tige paternelle, peut fort bien avoir été le motif pour lequel Percipia a reçu, dans la succession des huit frères de Mirabel, une part beaucoup plus importante que celles échues à ses cousines qui, évidemment, ont porté ces biens aux deux branches de la maison de Nice, celles de Poitiers et d'Orange, chez lesquelles nous les retrouvons.

Parmi les coseigneurs de Mison et de Dromon (1), qui ont adopté ensuite

---

(1) Le comte de Pierlas a consacré aux seigneurs de Dromon le paragraphe XXV de son remarquable mémoire : *Le XIe siècle dans les Alpes-Maritimes* (p. 76 et s.). Il y

divers noms féodaux sous lesquels leur descendance s'est perpétuée, le rameau de Volonne possédait des seigneuries s'étendant de Saint-Geniez-de-Dromon jusqu'au sud de l'embouchure de la Bléonne, sur la rive gauche de la Durance. Grâce aux libéralités immenses de cette famille envers l'abbaye de Saint-Victor, le Cartulaire de celle-ci nous permet d'en suivre l'histoire pendant tout le XI° siècle. Nous y voyons que le rameau de Volonne s'étendait sur les diocèses de Gap, de Riez et de Digne, et remonte à Isnard de Volonne et à sa femme Dalmatia, lesquels confirment avec les autres coseigneurs de Dromon, le don de l'église de Saint-Geniez à l'abbaye de Saint-Victor, fait à Gap en octobre 1030 par l'évêque Féraud (n° 712) (1). La même année, les coseigneurs de Dromon, parmi lesquels Isnard de Volonne et sa femme, donnent à Saint-Victor des terres considérables à Dromon ; l'acte est souscrit par deux de leurs fils, Geoffroi et Isnard (n° 713). Enfin, vers 1030 également, ils figurent parmi les seigneurs de Dromon qui concèdent à Saint-Victor le droit de pacage sur tout le territoire de Dromon (n° 714).

Isnard de Volonne et Dalmatia ont eu un troisième fils, Pierre de Volonne, « *Petrus de Volona Isnardi filius ex matre Dalmatia* »... « *cujus pater Isnardus dictus est, mater vero Dalmatia vocabatur...* » dont le *Cartulaire de Saint-Victor* nous a conservé trois chartes (2). Il est marié à Bellissima, *alias* Belisma, dont il n'a pas d'enfants. Par le n° 704, de 1060, il donne à Saint-Victor tout son héritage de l'Escale et de Bezaudun, c'est-à-dire une coseigneurie considérable s'étendant de Volonne aux Mées, sous la réserve des droits matrimoniaux de sa femme, sa vie durant, ordonnant qu'après elle ils fassent retour à l'abbaye. Enfin, il prévoit le cas où l'héritage de son neveu Isnard lui adviendrait, et ordonne que la portion de cet héritage comprise entre les mêmes confins dans lesquels est sa part fraternelle, « *infra prescriptam terminationem mee videlicet*

---

a dans cette partie de son travail d'utiles observations ; mais, traitée trop hâtivement et sous la préoccupation trop exclusive des races qu'il avait étudiées à fond, notamment Thorame et Nice, elle offre des hypothèses souvent hasardées, parfois même matériellement erronées ; c'est ainsi qu'il voit dans Pierre de Volonne, fils d'Isnard, certainement mort sans enfants, puisqu'il donne à l'abbaye de Saint-Victor la totalité de ses biens, sans aucune réserve en faveur de sa descendance, à une époque où les coutumes en vigueur sauvegardaient énergiquement le droit des fils tout au moins, sinon, comme le Code civil le fait de nos jours, de tous les enfants, l'auteur d'une nombreuse descendance (p. 79 et 80), laquelle, en serrant de près les chartes de Saint-Victor, se rattache à la maison féodale de Flayosc, et ne semble avoir avec celle de Dromon aucun point de contact au XI° siècle. Il s'en produit plus tard, semble-t-il, au XII°, par suite, sans doute, d'alliances postérieures ; mais, au XI°, nous ne croyons pas possible d'en rencontrer trace. Il a été mieux inspiré en voyant dans la maison de Mison, rameau des vicomtes de Gap, l'origine des comtes de Diois de la dernière race ayant précédé celle de Poitiers ; les recherches de M. de Manteyer, malheureusement encore inédites, confirment cette hypothèse de l'auteur. Enfin, il a pressenti le fait que notre présent travail cherche à mettre en lumière, la dérivation des Mévouillon d'un rameau des Mison-Dromon, mais en les rattachant aussi au rameau des vicomtes de Gap, alors que tout semble les relier à celui de Volonne.

(1) N'ayant à citer dans ce passage de notre travail que le *Cartulaire de Saint-Victor*, nous nous bornerons à placer entre parenthèses le n° des pièces que nous utilisons.

(2) Par ordre chronologique les n°° 704, 705 et 703.

fraternitatis partem divisionis »... revienne également à Saint-Victor, s'il y a lieu.

Bellissima, se qualifiant fille de Vuandalmoys et femme de Pierre de Volonne, abandonne à Saint-Victor le bénéfice des réserves de la donation ci-dessus en sa faveur, le 4 septembre 1063 (n° 705).

Enfin, le 16 mars 1064, Pierre de Volonne, alors moine à Saint-Victor, donne à l'abbaye, pour le repos de l'âme de ses père et mère, de sa femme, de ses frères défunts ou vivants et des femmes de ceux-ci, les églises de Sainte-Marie et de Sainte-Consorce au lieu de Mandanne (1), avec la part de leur cimetière qui lui appartient, plus deux manses au même lieu, les bois dits « *Aias* », les dîmes de toutes ses donations passées et futures, et enfin un manse au territoire de Dromon. Il ajoute que toutes ces donations sont situées dans le comté de Gap et dans le territoire de Volonne, ce qui prouve que le « *castrum* » de Volonne commandait à un territoire s'étendant, sans solution de continuité sans doute, de la portion sud de la seigneurie de Dromon jusqu'au delà de la Bléonne, dans la partie de l'ancien Bezaudun, aujourd'hui Malijay, qui confine aux Mées, venant ainsi rejoindre l'église de Saint-Antoine que nous allons retrouver tout-à-l'heure (n° 703).

Pierre de Volonne avait trois autres frères, Boson, Tassilon et Guillaume, que nous croyons simplement utérins, car ils ne prennent pas le nom de Volonne, et ne se disent que fils de Dalmatia, et non d'Isnard de Volonne, dans la pièce n° 709 du *Cartulaire de Saint-Victor*. Par les deux paragraphes de cette charte, non datés, mais que les synchronismes tirés de la succession des abbés de Saint-Victor permettent de regarder comme très voisins de l'entrée en religion de Pierre de Volonne, Boson le premier, et ensuite ses deux frères, jurent à l'abbaye de ne rien entreprendre contre elle à l'Escale et à Bezaudun, et au contraire de défendre ses droits sur ces châteaux envers et contre tous. Ce serment semble indiquer que Pierre ne laissant pas d'enfants, ses demi-frères avaient songé à se poser en cohéritiers.

En résumé, Isnard de Volonne a trois fils de sa femme Dalmatia, (laquelle en a eu d'un autre époux trois encore dont nous n'avons plus à nous occuper), à savoir, Pierre, mort religieux et sans postérité, Geoffroi et Isnard. Nous n'avons point de renseignements sur ces deux derniers ; mais l'un d'eux doit être le père de cet autre Isnard, mentionné en 1060 par Pierre de Volonne comme un neveu possédant toute une part fraternelle, ce qui prouve qu'il était fils unique, et dont l'héritage était à escompter, sans doute par suite de son état de santé.

Or, en outre des Baronnies, héritage de Percipia provenant des frères copartageants de 1023 que nous désignons sous le nom de Mirabel, nous trouvons Ripert, son fils, et sa descendance, en possession de parts des biens de la branche de Mison, et spécialement du rameau de Dromon-Volonne ; Ripert lui-même apanagé aux Mées, et donnant à Saint-Victor la portion de ce territoire qui confine à la donation de Pierre de Volonne à Bezaudun et la com-

---

(1) Voir sur ces églises, dont la première est aujourd'hui l'église paroissiale de l'Escale, sous le titre de Sainte-Marie de Mandanne, ou Mandanois, l'*Histoire et géographie des Basses-Alpes*, par M. le chanoine Féraud (3ᵉ édition, p. 441 et suiv.). Le village de l'Escale, situé sur une colline escarpée couronnée d'un château et de murailles, était alors distinct du territoire de Mandanne, siège d'un prieuré de Saint-Victor, et situé au bord de la Durance. Les habitants de l'Escale se sont groupés plus tard autour de ce prieuré, et la commune de ce nom embrasse actuellement les deux localités.

plète (1) ; son fils aîné transmettant à sa descendance, les Mévouillon et les Montauban, la seigneurie considérable de Rosans et du Rosanois, l'ancien « *pagus Rosanensis* » de la donation de Richaud de Mison à l'abbaye de Cluny ; un Isnard, qui semble bien être son second fils, donner à l'abbaye de Saint-Victor, le 1ᵉʳ avril 1073, avec Aizivelle, sa femme, et leurs fils, Isnard, Ripert, Laugier et Hugues, leur part du cimetière de Sainte-Marie de Mandanne dont Pierre de Volonne avait donné sa portion le 16 mars 1064 (2) ; son quatrième fils Rambaud et sa descendance, posséder partie de la seigneurie de Mison, etc. Nous croyons donc pouvoir légitimement conclure que l'époux de Percipia ne pouvait être autre que l'un des deux fils d'Isnard de Volonne et de Dalmatia dont nous ne connaissons pas l'histoire, Geoffroi ou Isnard.

A côté de cette preuve par la transmission des domaines se placent d'autres indices lesquels, sans valeur isolés, appuient une conclusion à laquelle conduisent des faits plus probants. En premier lieu les prénoms : si l'on relève ceux des fils de Percipia, nous trouvons, il est vrai, Laugier et Rambaud qui figurent chez les Mirabel en 1023 ; mais Ripert et Hugues semblent venir des Dromon. Les fils de Ripert Iᵉʳ, à part Rambaud, ont des noms des Dromon, Ripert II, Isnard, Pierre et Hugues. Les fils de Ripert II, que nous verrons plus bas, sont Raimond et Rambaud et les maisons de Mévouillon et de Montauban adoptent dès lors presque exclusivement le nom de Raimond ; or, ce nom ne se trouve que chez les Dromon. Les fils d'Isnard, qui semble bien avoir continué sur la rive gauche de la Durance la maison de Volonne, s'appellent Isnard, Ripert, Laugier et Hugues. A l'époque où le besoin d'un signe d'identité pour les rejetons d'une même race se faisait si vivement sentir et portait à l'adoption des quelques patronymes déjà en usage, l'emploi dans chaque famille d'un petit nombre de noms de baptême, toujours les mêmes, a presque la valeur d'une preuve de filiation, et en devient réellement une lorsque, comme ici, il porte sur plusieurs générations gardant fidèlement cette tradition.

La place donnée dans le *Cartulaire de Saint-Victor* aux deux chartes de Ripert Iᵉʳ, est aussi caractéristique. Pour la donation de Saint-Antoine des Mées,

---

(1) *Cartulaire de Saint-Victor*, n° 711. Par cette pièce, Ripert, sa femme Béatrix et leurs fils Ripert, Isnard, Pierre, Rambaud et Hugues, donnent à Saint-Victor l'église de Saint-Antoine. Cette église, nous apprend l'historien des Mées, était située à l'est de la ville, au quartier des Bastides, contiguë dès lors à la limite de l'ancien Bezaudun, aujourd'hui Malijay. Le savant abbé Maurel, dont l'autorité est si grande pour tout ce qui touche à l'histoire des Basses Alpes, semble avoir perdu cette circonstance de vue lorsqu'il a contesté que cette enclave sur la rive gauche de la Bléonne ait suivi le sort de la rive droite par suite de la donation de Pierre de Volonne, comme n'appartenant pas à l'ancien Bezaudun et au diocèse de Gap (*Histoire de L'Escale*, p. 38-391). La commune des Mées jouissait sur cette enclave d'un droit de dépaissance et de bucherage dont la commune et les seigneurs de Malijay cherchaient depuis des siècles à se libérer, et les innombrables procès, étudiés par Esmieu en sa qualité d'avocat feudiste et d'avocat de l'abbaye de Saint-Victor, jusqu'au delà du XIIIᵉ siècle, permettent difficilement de mettre cet auteur en doute. Rappelons ici que c'est à cette dernière qualité, par suite de laquelle il s'est trouvé dépositaire du Cartulaire et d'un grand nombre de chartes originales de l'abbaye, qu'est due leur conservation pendant la Révolution, après laquelle M. Esmieu les a versés aux archives des Bouches-du-Rhône.

(2) *Ibidem*, n° 708.

on pourrait alléguer l'ordre topographique ; mais le Cartulaire présente en maints endroits la trace, en outre de l'ordre topographique, du rapprochement de pièces dues à une même famille alors que les donations sont loin d'être voisines : or, la donation que Ripert Iᵉʳ fait à l'abbaye avec sa mère Percipia, dont la situation géographique est fort éloignée de la Durance, puisque Rioms est voisin du Buis et du Poët-en-Percip, qui a conservé dans son nom la trace de celui de Percipia, est placée immédiatement après la dernière des chartes relatives à Dromon et Saint-Geniez-de-Dromon, et suivie de celle d'un Ripert, fils de Géraud, très probablement cousin germain de Percipia.

A cette époque les dévotions, comme les noms de baptême, tendaient à être héréditaires. Les donations pieuses des deux branches de la maison de Mirabel et Mison que nous connaissons vont toutes à l'abbaye de Cluny. Seul l'évêque de Gap, Féraud, apparaît comme bienfaiteur des deux abbayes, et sa libéralité envers celle de Saint-Victor ouvre une série inouïe de dons de ses protégés, les Mison-Dromon, en sa faveur. Ce n'est qu'après la fusion des deux branches en la personne de Percipia et de ses enfants qu'apparaît chez les Mévouillon la dévotion à Saint-Victor, constante chez les Dromon, sans toutefois leur faire renoncer à celle de Cluny.

En effet, en 1082, Ripert Iᵉʳ, Béatrix, sa femme, et leurs cinq fils Ripert, Isnard, Pierre, Rambaud et Hugues font donation à l'abbaye de Cluny (1) d'un territoire considérable situé « *in Monte Albionis* » (dans le *Montauban*), comprenant les lieux dit Leboret et Vorze, auxquels il indique comme confronts les communes actuelles de Barret (de Lioure), Saint-Trinit, Redortier et les hameaux actuels de Villesèche et de Pierrerousse, ce qui place la donation sur la commune de Revest-du-Bion, dont Lebouret est aujourd'hui un hameau, de même que Pierrerousse. Ce document présente en outre le grand intérêt de nous donner l'origine du nom devenu par corruption Montauban, qui ne désignait pas tout d'abord un simple château-fort, mais toute une région, la partie montagneuse du « *pagus Albionis* » (2). Il est à présumer que ce château fut bâti par celui des rejetons de la maison de Mévouillon qui prit le nom du « *Mons Albionis* » pour se distinguer ou parce qu'il avait tout d'abord été apa-

(1) *Chartes de Cluny*, n° 3590.
(2) Le « *pagus Albionis* » était situé à l'est et au nord-est du mont Ventoux. Son nom a été conservé intact par la commune de Saint-Christol-d'Albion (autrefois *Sanctus Christophorus de Albiono*), et mutilé par celles de Revest-du-Bion (*Revestum Albionis*) et Montauban (*Mons Albionis*). La partie sud, vaste plateau s'étendant au sud-est des deux principaux contreforts du mont Ventoux, la chaîne de Vaucluse et celle de Lure, est peu accidentée. Il n'en est pas de même de la partie nord, comprenant les deux versants de la chaîne de Lure, et les hautes vallées du Jabron et de l'Ouvèze vers leur source. Il s'étendait ainsi sur les trois diocèses de Gap (Montauban, Barret-de-Liourre), de Sisteron (Revest-du-Bion, Villesèche, Saint-Trinit, Redortier) et d'Apt (Saint-Christol-d'Albion, etc.), ce qui prouve la très grande antiquité de l'expression géographique ; et il s'étend aujourd'hui sur les trois départements de la Drôme, des Basses-Alpes et de Vaucluse. La nature du territoire explique fort bien que le nord du *pagus* ait été spécialement désigné par le terme de « *Mons Albionis* ». — Cf. Donation de la comtesse Berthe (fille du roi Hugues de Provence d'abord, de Lombardie ensuite) à l'abbaye de Montmajour, en 960, rapportée par Dom Chantelou, *Histoire de Montmajour*, p. 32 (*Revue historique de Provence*, t. Iᵉʳ) et par l'*Histoire de Languedoc*, édit. Privat, t. V, col. 234 ; — Arnaud, *Essai sur l'histoire et la géographie des contrées de la Gaule dont a été formé l'ancien Dauphiné*, p. 130.

nagé dans cette région ; et le nom du « *pagus* » tombant en oubli, la dévotion à saint Alban, si répandue dans tout le marquisat de Provence, fit substituer la forme *Albanus*, devenue plus familière, au terme géographique *Albionis*, dont l'usage se perdait sans doute.

L'ex-évêque Ripert Ier dut mourir entre la date de cette pièce, 9 janvier 1082, et une donation de son fils aîné Ripert II, du 5 mars 1087. De même qu'il semble avoir recueilli, au préjudice de ses frères, la partie de beaucoup la plus considérable de l'héritage paternel et maternel, il paraît avoir continué cette politique contraire à l'usage presque universel à cette époque et avoir transmis par préférence à son fils aîné la plus grande partie de ces mêmes domaines, c'est-à-dire à peu près tout le territoire ayant formé les Baronnies. Son second fils, Isnard, dut être destiné à continuer sur la rive gauche de la Durance la maison de Volonne, dont on peut suivre les traces pendant longtemps encore dans le *Cartulaire de Saint-Victor* et dans les documents Bas-Alpins. Nous avons vu plus haut qu'Isnard, sa femme et ses fils avaient donné à l'abbaye un complément de la donation de Pierre de Volonne à Sainte-Marie de Mandanne. Il devait avoir hérité aussi des biens que Ripert Ier possédait au sud de la Bléonne, c'est-à-dire dans le diocèse de Riez, car sa postérité, outre les noms de Volonne, de l'Escale et de Bezaudun, porte ceux de Puymichel, commune limitrophe des Mées où nous avons rencontré Isnard pour la première fois auprès de son père en 1069, et probablement aussi de Paillerols, territoire formant aujourd'hui la partie sud de la commune des Mées, où la famille qui en portait le nom fonda au XIIe siècle un prieuré dépendant de l'abbaye de Boscaudon. Cette postérité, nombreuse et puissante encore, supportait impatiemment la situation de vasselage créée pour elle à l'Escale par la donation de Pierre de Volonne et chercha longtemps à secouer le joug de l'abbaye de Saint-Victor et à reprendre le haut domaine de l'Escale et de Sainte-Marie de Mandanne (1). Le plus acharné fut Bertrand Rambaud de l'Escale, lequel finalement jura fidélité à l'abbé avec son fils Raimond de Volonne et son frère Isnard de Puymichel.

Nous ne savons rien du troisième fils de Ripert Ier, Pierre. Ainsi que nous l'avons dit plus haut, le quatrième, Rambaud, fut la tige d'une branche cadette qui eut entre autres, à la suite d'événements que nous relatons plus bas, les seigneuries de Lachau et une partie de Mison, dont ses descendants portent les noms, concurremment avec celui de Mévouillon. M. de Manteyer a suivi la filiation de cette ligne, à laquelle remonte la famille dite de Mévouillon après l'extinction de la branche souveraine et qui a joué un rôle marquant dans l'histoire du Dauphiné.

Le cinquième, Hugues, vivait encore en 1113 et se trouvait à Valence où il était peut-être fixé. Il est témoin, le 13 juin de cette année, d'un désistement en faveur de l'archevêque de Vienne, reçu par l'évêque Eustache de Valence. La pièce le désigne ainsi : « *Hugo, nobilis miles de Medulione* » (2).

L'aîné des fils de Ripert Ier et de Béatrix, Ripert II, apparaît pour la première fois comme exerçant les droits de chef de famille le 5 mars 1087. Un personnage nommé Féraud donnant à l'abbaye de Cluny le quart de Château-Giraud et de son territoire et les églises de Sainte-Marie, de Saint-Jean et du château, avec

---

(1) V. au *Cartulaire de Saint-Victor* les pièces n°s 978, 979 et 1109.
(2) U. Chevalier, *Cartulaire de l'abbaye de Saint-André-le-Bas de Vienne*, p. 281.

toutes leurs dépendances, au diocèse de Gap (1), Ripert, son fils Rambaud et ses frères, Pierre, Isnard et Hugues, signent la donation (2).

Cette charte appelle une observation importante. Nous voyons ici Ripert de Mévouillon agir, semble-t-il, en qualité de seigneur dominant dans le mandement de Ribiers, et, le seul de ses frères qui n'apparaît pas à sa suite est Rambaud, lequel cependant a vécu, d'après les recherches de M. de Manteyer, jusqu'au siècle suivant. Si l'on rapproche cette abstention du fait que plus tard, en 1120, dit M. Roman (3), la moitié de la seigneurie de Ribiers passe à Rambaud (et après lui à Rambaud Cotta, un de ses fils, ce qui ne laisse aucun doute sur son identité), et l'autre portion aux Montauban, et que la ligne aînée et directe des Mévouillon n'y possède dès lors plus rien, il ressort de ce fait un premier indice d'une révolution de famille, dont l'origine ne peut être que dans la part du lion attribuée aux aînés, au préjudice et au grand mécontentement des cadets. Réduite à ce seul exemple dans l'histoire des Mévouillon, notre remarque n'aurait aucune valeur. Elle en acquerra une très grande au contraire, en la rapprochant des faits subséquents.

Nous venons de voir Ripert II à l'extrême orient des Baronnies, tout auprès de Sisteron. La pièce suivante nous le montre à l'extrême occident, tout auprès de Vaison. La récapitulation des bienfaits de l'évêque Rostan de Vaison, que nous avons déjà eu l'occasion de citer plusieurs fois, nous donne de lui la mention suivante : « *Pro decimarum medietate castelli et totius territorii Avolonis, atque territorii Tiratemplas, et pro quarta parte decimarum majoris feudi de Podio Almeradis, consensu et consilio dominorum suorum, filiorum Riperti, Matfredis uxoris, et filii Ansis, solidos sexaginta dedit.* »

Incontestablement il s'agit ici de Ripert II de Mévouillon. Ollon et Tirtemple (4), localités limitrophes l'une de l'autre, sont à l'extrême limite des Baronnies vers le Venaissin, dont Puyméras est la première paroisse à l'est. Cette courte analyse nous donne le nom de la femme de Ripert II, Matfrède, et montre que Rambaud, seul nommé dans la charte de 1087, n'était point son unique fils. Elle nous permet en outre de supposer avec une grande vraisemblance que si Ollon et Tirtemple sont pour ces fils des biens paternels, ils se trouvent en pariage à Puyméras, en dehors des Baronnies, du chef de leur mère, avec le fils d'un seigneur nommé Ansis, dont elle était peut-être sœur. Enfin, de ce que l'évêque Rostan avait traité avec les fils de Ripert II, au cours

---

(1) *Chartes de Cluny*, n° 3620. Château-Giraud était l'une des quatre châtellenies composant le mandement de Ribiers. (J. Roman, *Tableau historique des Hautes-Alpes*, t. I, p. 152.)

(2) Le Cartulaire de Cluny publie cette pièce d'après une copie existant à la Bibliothèque nationale, dont le scribe a sans doute par mégarde interverti l'ordre des signataires, à moins que par un hasard étrange, un autre signataire ait eu trois frères portant les mêmes prénoms et dans le même ordre que ceux de Ripert. Le texte imprimé porte : « *Signum Feraldi... Bermundus Richaudus firmavit. Petrus frater ejus firmavit. Ysnardus frater ejus firmavit. Hugo frater ejus firmavit. Ripertus Methulensis firmavit. Ragimbaldus filius ejus firmavit.* » Nous croyons pouvoir en toute sécurité regarder ce texte comme le résultat d'une omission de Ripert et de son fils, que le copiste aura réparée en les inscrivant à la suite des trois noms qu'ils devaient précéder.

(3) *Loco citato.*

(4) La carte de Cassini a imprimé Pirtemple.

de son épiscopat s'étendant de 1107 à 1117 à peu près, nous devons conclure que celui-ci avait cessé de vivre avant cette acquisition.

L'article de la récapitulation qui suit immédiatement est celui des acquisitions de dîmes à Valréas à laquelle nous avons emprunté, au début de ce chapitre, la liste des coseigneurs de Valréas au début du XIIe siècle, en tête desquels figure Raimond de Mévouillon. La récapitulation suit dans une certaine mesure l'ordre soit topographique, soit familial, ainsi qu'il était de coutume alors dans la confection des cartulaires et des pièces d'ensemble, telles que les bulles et chartes de confirmation données aux églises et abbayes. Il était dès lors naturel que celle où Raimond joue le premier rôle, suive celle qui est due « aux fils » de Ripert II ; nous connaissons Rambaud, et ce pluriel en exige un second tout au moins ; avec le nom de Mévouillon, il ne peut faire de doute que ce seigneur de Valréas soit du nombre.

Une pièce du *Cartulaire de Saint-Victor* (n° 1083) nous le montre, une trentaine d'années auparavant et certainement encore jeune, à Mévouillon même. Elle est sans date, mais passée sous l'abbé Bernard, qui a régi Saint-Victor de 1064 à 1079. Cette charte constate une donation faite par une dame nommée Gisla de l'alleu qu'elle a dans le territoire de Mévouillon, à savoir (sa part sans doute) de l'église, du cimetière, du village, des vignes et des terres cultivées et incultes. L'acte est passé en présence de Raimond son frère, d'un de ses neveux nommé Hugues et d'un Guillaume Pons. Elle stipule que cette donation lui servira de dot si elle voulait ultérieurement se faire religieuse, et servira à son fils Bérenger si son mari (qu'elle ne nomme malheureusement pas), décide de le faire moine. Gisla est donc encore une jeune femme, pour être mère d'un enfant trop jeune pour être envoyé au couvent à une époque où les pères cloîtraient leurs fils de très bonne heure lorsqu'ils les destinaient d'autorité à la vie religieuse. Or, cette donation ne peut être que des dernières années de l'abbé Bernard, car elle ne fut confirmée par bulle papale qu'en 1095 (1). D'autre part, Gisla et Raimond ne pouvaient appartenir qu'à la maison dominante, puisque c'est le titre en vertu duquel l'abbaye a possédé l'église paroissiale jusqu'au moment où elle a passé à l'ordre de Saint-Ruf (2).

Aux environs de 1079, Ripert Ier vivait encore et Ripert II ne jouait d'autre rôle que celui de son fils aîné. Pour que Raimond ait été en résidence à Mévouillon, la forteresse principale de la famille, et investi de pouvoirs suffisants pour autoriser ainsi une donation importante de sa sœur, il fallait qu'il fût déjà traité par son grand-père et son père en héritier présomptif, ce qui indique en outre qu'il était certainement l'aîné de Rambaud, dont nous trouvons le nom en 1087, seulement, et auprès de son père.

Ripert II a donc laissé de Matfrède au moins deux fils, Raimond Ier de Mévouillon et Rambaud, et une fille, Gisla (3).

Nous savons peu de chose de Raimond de Mévouillon. Toutefois il est certain qu'il a transmis à son fils, Raimond II, ce qui a été l'apanage resté à la branche qui a continué le nom de Mévouillon ; et d'autre part nous le voyons, dans les pièces que nous venons de citer, en possession de deux seigneuries,

---

(1) *Cartulaire de Saint-Victor*, n° 840.
(2) Brun-Durand, *Dictionnaire topographique de la Drôme*, V° Mévouillon.
(3) Nous laissons de côté le côté le jeune Hugues, qualifié par Gisla de son neveu à elle, et qui pouvait dès lors l'être par son mariage, et non de son propre côté.

Ollon et Valréas, qui ont fait partie de la baronnie de Montauban. Comme avant lui son grand-père et son père, il avait donc détenu, sa vie durant, la totalité des domaines de la famille provenant aussi bien de l'héritage de Percipia que de la part de celui des Mison-Dromon de la branche de Volonne transmis par Ripert Ier à Ripert II. Il dut mourir peu après les deux acquisitions de dîmes faites par l'évêque de Vaison, Rostan. Or, l'épiscopat de celui-ci s'étend, à notre connaissance de 1107 à 1117, dates extrêmes des actes qui nous le font connaître, et la récapitulation de ses bienfaits, certainement postérieure à sa mort, embrasse toute la durée de sa prélature. Dès lors rien ne s'oppose à ce que ces achats de dîmes appartiennent aux premières années de cette période.

Que se passa-t-il après lui ? Dérogeant à la loi de famille observée depuis trois générations, a-t-il partagé ses domaines entre ses enfants ? La chose est peu probable. Dans cette hypothèse, comment justifier nombre de faits essentiellement anormaux ? La baronnie de Montauban, forcément apanage d'un cadet, paraît un peu plus importante que celle de Mévouillon, restée au pouvoir du chef de la famille ayant continué la dynastie. A cette époque, la descendance de Rambaud, quatrième fils de Ripert Ier, se révèle nantie des terres lui donnant la grande situation dont elle paraissait dénuée auparavant. Sibuida, fille de Raimond Ier, mariée à Dragonet de Montdragon, ne reçoit point de dot. Après Raymond Ier, Raimond II de Mévouillon, tout en restant un très grand seigneur, semble ne plus oser reparaître dans la baronnie de Montauban, enserrant la sienne dans un gigantesque arc de cercle à l'est, au nord et à l'ouest, et rechercher de préférence des amis et des alliés au loin, les comtes de Forcalquier ses proches parents, les comtes de Provence, le comte de Toulouse, dont il espérait peut-être protection en sa qualité de marquis de Provence, enfin l'empereur d'Allemagne, roi d'Arles. Tout paraît donc indiquer plutôt une révolution de famille, dont les péripéties ne nous ont pas été léguées par l'histoire (1), à la suite de laquelle Raimond II de Mévouillon, vaincu, aurait perdu une grande partie de l'héritage paternel ; n'osant plus tenter une revanche par ses seules forces, vraisemblablement lié par un traité de paix désastreux sans aucun doute, mais conclu sous la foi du serment, il aurait cherché jusqu'à la fin de sa vie des appuis auprès des potentats plus puissants qu'il fréquenta de préférence. Du reste une bulle papale, dont nous parlerons en son temps, établit de façon positive que son patrimoine courait à cette époque les plus grands dangers, tandis que son séjour en Terre-Sainte le maintenait dans l'impossibilité de parer au péril par lui-même.

De qui était fils Raimond de Montauban ? Le Cartulaire de Richerenches nous le montre en possession de domaines immenses faisant partie dès lors de la baronnie de Montauban ; les transmettant à sa fille unique Gasca, mariée au petit-fils de Sibuida de Mévouillon, dont les enfants ont à défendre, non à main armée, mais par des moyens reconventionnels, lors du procès en revendication de 1214, que nous analyserons plus bas, l'héritage de Raimond de Montauban contre les Mévouillon. Il est possible qu'il soit fils de Rambaud,

---

(1) Nous écartons l'hypothèse d'une conquête par un étranger, qui aurait fondé la maison de Montauban. Un événement de cette conséquence aurait laissé un souvenir ; de plus, il n'aurait donné aucun accroissement à la branche de Mévouillon-Lachau. Une division du patrimoine familial, même obtenue à main armée, a dû au contraire sembler toute naturelle aux contemporains. Le domaine ne changeait pas de mains.

que nous avons vu auprès de son père Ripert II en 1087. Mais comme c'est Raimond Ier de Mévouillon qui a introduit dans sa descendance l'usage constant de ce prénom de Raimond, au point d'en faire presque un patronyme de la ligne de Mévouillon et l'un des noms les plus caractéristiques des Montauban, nous inclinerions à penser, sauf découverte ultérieure de documents de filiation, que Raimond de Montauban était frère de Raimond II de Mévouillon. Les enfants de Raimond Ier seraient dès lors : 1° Raimond II de Mévouillon, qui continue la ligne principale ; 2° Raimond de Montauban ; 3° Sibuida, mariée à Dragonet, seigneur de Montdragon, restée peut-être étrangère aux événements ; 4° Rixende, révélée par le Cartulaire de Richerenches, qui semble non mariée, à un âge sans doute avancé déjà, et qui, au rebours de Sibuida, mariée sans dot, possède des seigneuries en pariage avec Raimond de Montauban.

L'état de choses que nous venons de résumer ne peut s'expliquer que de la façon suivante : après la mort de Raimond Ier, survenue dans la première dizaine d'années du XIIe siècle, son fils cadet s'insurge contre la transmission intégrale du patrimoine au fils aîné, et vraisemblablement, tellement la coutume des partages est enracinée, est soutenu dans cette lutte par une grande partie de la population ; il est renforcé par l'adhésion de ses cousins, Rambaud de Mévouillon-Lachau et ses descendants, qui y voient l'occasion d'arrondir le patrimoine par trop mince à eux assigné par Ripert Ier et qui peut-être même se seront faits les instigateurs du mouvement ; et Rixende, sinon Sibuida également, (car le mariage ultérieur de son fils Dragonet le jeune avec la fille de Raimond de Montauban, et les réclamations de son fils et de son petit-fils Raimond II de Montauban contre Raimond III de Mévouillon témoignent d'un reste de rancune), prennent parti pour Raimond de Montauban. L'éloignement de Raimond II de Mévouillon, alors en Terre-Sainte, rendait d'ailleurs la lutte plus aisée.

Bien que nous n'ayons point de détails sur le démembrement qui résulte de ces dissensions probables, nous en voyons en bien des points les effets. Alors que tous les cadets de la maison de Mévouillon ont porté jusque-là ce nom seul, Raimond de Montauban prend celui d'une région importante de l'héritage paternel, le *Mons Albionis*, et établit fièrement son principal château, auquel il donne peut-être en le construisant le nom qu'il a choisi, à très petite distance de Mévouillon, le fort inexpugnable de son frère. Dès 1120, nous voyons le vieux Rambaud de Mévouillon-Lachau en possession de la moitié de l'important mandement de Ribiers, dont l'autre moitié se retrouve aux mains des Montauban (1), et la transmettre à son fils Rambaud Cotta. Sa part n'est point réduite à cette seule acquisition, car la branche dont il est le fondateur occupe ensuite une situation très élevée.

Quant à Raimond de Montauban, il semble que, partant du « *Mons Albionis* », il ait graduellement rogné, si l'on peut ainsi parler, les états de son frère réduit à se défendre au cœur de son domaine. Le marquis de Pisançon a dressé une carte des deux baronnies (2). Celle de Mévouillon forme une région compacte s'étendant à peu près de Mévouillon au delà du Buis, et, en dehors de la baronnie de Montauban qui l'enserre de trois côtés, ne confinant qu'aux états du

---

(1) J. Roman, *loco citato*.
(2) *L'Allodialité dans la Drôme*, carte placée entre les pages 278 et 279.

comte de Forcalquier et au Venaissin. Le comte fut, on le sait, l'appui fidèle de Raimond de Mévouillon, allant jusqu'à lui léguer éventuellement, par son testament de 1168, la ville de Sisteron et un vaste territoire confinant à la baronnie de Mévouillon au sud ; et il est fort possible qu'il ait couvert sa frontière contre les aggressions du reste de la famille.

Une bulle papale analysée par l'*Inventaire de la Chambre des comptes de Dauphiné* (1) et par le *Cartulaire de Fontanieu* (2), dont jusqu'à présent la genèse n'avait pas été éclaircie, jette un grand jour sur l'époque de ce démembrement et sur une circonstance qui dut le faciliter. Par cette bulle en date de 1125, le pape Honorius II met Raimond de Mévouillon sous la protection du Saint-Siège tant qu'il servira en Terre-Sainte.

Tout jeune prince ou rejeton d'une famille militaire, s'il n'était pas destiné à être d'église, était alors envoyé au loin pour se perfectionner dans l'art de la guerre ; l'Espagne, et depuis la fondation des états occidentaux en Palestine les Lieux-Saints, où le combattant acquérait à la fois le plus d'expérience et des mérites spirituels en sus, en combattant les Musulmans, étaient les deux grandes écoles de la jeune chevalerie. Raimond Ier y avait donc certainement envoyé son fils aîné, et avait dû mourir pendant que celui-ci était outre-mer, ce qui laissait la porte ouverte aux usurpations des autres membres de la famille.. Ce simple mot de la bulle explique tout le drame.

Par sa date, 1125, elle nous donne l'époque où il se place. Un appel au pape ne s'obtenait ni rapidement, ni à la légère ; il fallait que les états de Raimond II eussent subi déjà les plus sérieuses atteintes, que la situation fût devenue presque désespérée, pour que ceux de ses vassaux restés fidèles aient osé solliciter cette bulle ; il leur a fallu le temps nécessaire pour faire parvenir au pape la preuve des attentats contre le jeune prince, mis dans l'impossibilité de défendre son héritage par l'œuvre pie qu'il accomplissait au péril de sa vie. Il n'est donc pas excessif d'affirmer que les désastres qui ont motivé l'appel à la protection du Saint-Siège, et les négociations pour l'obtenir aient occupé plusieurs années, une dizaine peut-être : ce qui fait remonter la mort de Raimond Ier et le transfert de certaines seigneuries à des rejetons de la famille qui ne les possédaient pas auparavant, aux dates approximatives que d'autres considérations et d'autres documents nous suggéraient plus haut.

Peut-être est-ce à cette bulle que Raimond II a dû de rester maître d'une part importante des domaines paternels, et surtout d'avoir conservé à peu près intacte la frontière sud de la baronnie. Les comtes de Forcalquier et les grands vassaux du comte de Toulouse en Venaissin durent avoir plus d'égard pour la parole du Saint Père que les âpres montagnards de la partie nord du marquisat de Provence.

Notons aussi qu'au début du XIIe siècle, la basse Provence, bien que pratiquant beaucoup encore la coutume des partages de famille, était plus avancée au point de vue social qu'on ne l'était dans la partie nord de la Provence historique ; chez les comtes de Toulouse la transmission intégrale de la souveraineté était déjà la règle de la dynastie, en sorte que le Venaissin, définitivement attribué cette année-là même à la maison de Toulouse, était, lui aussi

---

(1) Ms. à la Bibliothèque nationale à Paris, et aux archives de l'Isère, à Grenoble.
(2) Ms. à la Bibliothèque nationale, à Paris. Ces analyses sont citées par le marquis de Pisançon, *op. cit.*, p. 258, et par M. Lacroix, *L'arrondissement de Nyons*, t. I, p. 401.

plus familiarisé avec ce mode de succession. Dans les diocèses de Gap et de Sisteron, elle devait au contraire blesser le sentiment général au plus haut point, comme il en est très généralement aujourd'hui parmi nous, depuis l'adoption du Code civil ; et lorsque Raimond de Montauban, ses sœurs et leurs cousins, profitant de l'éloignement de Raimond II de Mévouillon, réclamèrent leur part de l'héritage familial, comme tout nous permet de le croire, ils durent, ainsi que nous le disions plus haut, rencontrer l'approbation et la sympathie de la plus grande partie, sinon de la totalité des vassaux et sujets des Mévouillon, auxquels le choix d'un héritier unique devait paraître monstrueux. Comment la situation fut-elle enfin régularisée ? Combien de temps fallut-il pour rendre définitif et paisible le nouvel état de choses ? Les temps troublés sont peu propices à l'établissement de pièces d'archives. Nous croyons cependant qu'un règlement dut intervenir entre Raimond de Mévouillon et Raimond de Montauban, car un certain nombre de places furent ensuite possédées en pariage par les deux maisons, ce dont il est facile de s'assurer en comparant, dans l'excellent *Dictionnaire topographique de la Drôme* de M. Brun-Durand, les listes des fiefs composant les deux baronnies qu'il a jointes aux articles Mévouillon et Montauban.

Il semblerait qu'à un moment donné la lutte ait été interrompue par quelque puissante intervention imposant fin aux dissensions intestines de la famille sur la base de l'« *uti possidetis* » pour les seigneuries entièrement soumises à l'une des parties, et du pariage pour celles autour desquelles on se battait encore. Au procès de 1214, toute allusion au démembrement est soigneusement bannie, et les parties ne mettent en avant, pour appuyer leurs réclamations réciproques, que des motifs assez embarrassés, ainsi que nous le ferons ressortir plus clairement ci-dessous. Un accord antérieurement juré et sur lequel on ne pouvait revenir, devait donc imposer silence sur le passé. Mais si la bulle du pape Honorius II met hors de doute une guerre menaçant Raimond de Mévouillon de la perte de ses états, nous en sommes pour les péripéties, complètement réduit aux conjectures. Une seule chose semble certaine, la rancœur qui dut subsister entre les adversaires. Dans aucune des pièces assez nombreuses où nous voyons le nom de Raimond de Mévouillon, ne paraît celui de Raimond de Montauban. Raimond de Mévouillon se confine dans les domaines qui lui sont restés ou voyage au loin, à la cour des comtes de Forcalquier, de Provence, de Toulouse. Notre Cartulaire ne fait aucune mention de son nom. Au retour de son couronnement à Arles, en 1178, l'empereur Frédéric Ier lui conféra l'immédiateté de ses états, par une bulle d'or datée de Valence, le 8 août de la même année (1). Mais il n'apparait point qu'il ait accompagné l'empereur et roi d'Arles jusque-là, et ce n'est peut-être que l'expédition et le scellement d'un privilège antérieurement promis qui auront été effectués à Valence.

De son côté Raimond de Montauban dut être longtemps absorbé par le soin de s'assurer ses acquisitions. La charte de Richerenches n° 60 nous le montre en 1147 d'une façon que l'on pourrait qualifier d'épisodique. Il est un des garants très nombreux et très puissants de la donation au Temple d'une portion de la seigneurie de Bourbouton. Mais alors que toutes les familles ayant part à la coseigneurie de Valréas, avaient déjà fait à la commanderie de larges donations,

---

(1) Texte complet dans les pièces annexées à l'analyse de la *Diplomatique de Bourgogne de Pierre de Rivaz*, par l'abbé U. Chevalier, p. 78.

son nom n'apparaît que très tard, en 1175, parmi les bienfaiteurs du Temple. Pendant longtemps après l'époque critique ayant motivé la bulle de 1125, Raimond de Montauban dut rester sur le qui-vive et s'occuper d'affermir son autorité au dedans et au dehors, avant de songer aux œuvres de bienfaisance, peut-être même d'oser faire les largesses, dont les pieuses coutumes de son temps imposaient le devoir aux grands seigneurs du voisinage envers toute nouvelle fondation religieuse.

En 1175, lorsque Raimond de Montauban se sent assez fort pour le remplir envers les Templiers de Richerenches, il nous apparaît comme un des principaux potentats figurant dans nos chartes. Il est maître incontesté d'immenses domaines au nord de l'Eygues sur lesquels il donne au Temple le droit de pacage, et haut seigneur en pariage avec sa sœur Rixende, son neveu Bertrand de Taulignan et Nicolas Agulhon, de l'importante localité de Grillon (1). Après sa mort, en 1181, le commandeur de Richerenches, frère Hugolen, se rend en personne auprès de son gendre Dragonet le jeune et de sa fille Gasca de Montauban, pour solliciter d'eux la confirmation de ces dons. Ils le reçoivent à Mirabel, un des chefs-lieux de mandement du partage de 1023 devenu une des places principales de la baronnie de Montauban. Et dans l'énorme succession que Gasca apporte à son époux et transmet sans conteste à ses enfants, nous retrouvons: Rioms, lieu de la donation de Percipia et de ses fils en 1060; Montauban, devenu le chef-lieu du *Mons Albionis* de la donation faite à Cluny en 1082 par Ripert Ier; la moitié de Ribiers, où Ripert II possédait le haut domaine en 1087; Ollon, que les fils de Ripert II possédaient sous l'évêque de Vaison Rostan; la moitié de Valréas possédée par Raimond Ier de Mévouillon au début du siècle, etc. A défaut de pièces de filiation catégoriques, aucune preuve n'est aussi forte que la transmission des fiefs pour suivre le sort d'une famille. Presque toutes les places, que nous avons vues par documents authentiques être du domaine des anciens Mévouillon, ayant passé aux Montauban, elle surabonde ici pour établir que Raimond de Montauban est bien un rejeton de la maison de Mévouillon, comme l'ont toujours cru les anciens historiens. La conquête de ces nombreuses et vastes seigneuries par un étranger, eût laissé une trace dans l'histoire; de plus elle n'eût point profité à la branche de Lachau, qui eût au contraire fait cause commune avec le chef de la dynastie pour la défense du patrimoine de la race contre des tentatives d'usurpation. Le silence qui s'est fait sur la division de cet héritage, même obtenue par les moyens violents dont nous avons, croyons-nous, fondé la certitude, et qui, à cette époque, purent passer inaperçus en dehors des territoires en litige, en étant regardés sans doute comme un simple règlement d'affaires de famille plus ou moins compliqué, nous paraît prouver que, s'il y a eu partage entre les trois branches à cette génération, du moins aucune portion n'a été arrachée aux héritiers du sang.

Il est assez piquant de remarquer qu'après cette division ayant interrompu le cours de la coutume familiale prescrivant la transmission intégrale des domaines au fils aîné, les deux branches de Mévouillon et de Montauban, sinon aussi celle de Lachau, ce dont nous n'avons pas la certitude, y sont revenues et l'ont pratiquée jusqu'à leur extinction.

Nous avons déjà fait allusion au procès de 1214. L'époque de la mort de

---

(1) N{os} 210 et 211.

Raimond II de Mévouillon n'est pas connue. Il devait être âgé déjà en 1178, année où il obtint la déclaration d'immédiatité de l'empereur Frédéric Ier. Il eut pour successeur son fils Raimond III, marié à Saure de Fay, très probablement avant la fin du XIIe siècle, d'après les dates connues de la vie de leurs enfants, et qui laissa passer bien des années sans faire aucune tentative contre les domaines acquis aux Montauban. Ce n'est qu'aux environs de 1214 qu'il souleva contre eux une réclamation singulière et présentant toute l'apparence d'un prétexte péniblement trouvé. Elle fut portée en arbitrage devant Guillaume des Baux (prince d'Orange), dont nous possédons la sentence (1).

Elle nous apprend que Raimond de Mévouillon, au nom de Saure de Fay, sa femme, réclamait à Dragonet (2) et à son fils Raimond de Montauban (3), la moitié de ce qu'ils possédaient à Valréas, la moitié de Montbrison et de Grillon, la totalité de Roussieu, le quart de Cairanne, la suzeraineté sur Guillaume de Mirabel, plus deux condamines et un serf avec son tènement, en alléguant que ces biens avaient appartenu à Mételine, mère de Saure, et à son père Guillaume Jourdain de Fay. De plus, il réclamait le Pègue comme ayant appartenu à Roger de Clérieux, grand-père de Saure. A ces demandes Dragonet et Raimond de Montauban avaient riposté en alléguant que Sibuida, leur mère et grand' mère, sœur de Raimond de Mévouillon père du demandeur, n'avait rien reçu des biens paternels ou maternels qui eussent dû lui être donnés, et qu'ils réclamaient ce qu'ils pouvaient prétendre de son chef.

La base choisie pour l'introduction de cette instance est bien étrange. Mételine, mère de Saure, était fille de Roger de Clérieux, lequel avait, il est vrai, de riches domaines dans le voisinage de Richerenches, nous le savons par ses nombreuses donations et celles de son père Silvion. Mais pour trois des chefs allégués, la requête de Raimond de Mévouillon était contraire à ce que nous savons par des documents catégoriques. La portion réclamée de la seigneurie de Valréas appartenait au grand-père de Raimond, et non à celui de sa femme, et nous avons la liste des coseigneurs de l'autre portion excluant les Clérieux et les Fay. Pour Grillon, notre charte n° 210 nous montre que le domaine en était divisé entre Raimond de Montauban et sa sœur Rixende, leur neveu Bertrand de Taulignan et Nicolas Agulhon. Enfin pour Cairanne, le partage que Dragonet le vieux, époux de Sibuida, fait entre ses fils nous le montre divisant cette seigneurie entre ses deux fils Dragonet et Raimond, sauf un sixième qui, ayant appartenu à Raimond de Montauban, est déjà devenu la propriété de Dragonet le jeune, évidemment par son mariage avec Gasca. Nous avons donc en mains, autant que cela est possible pour une époque aussi reculée et peu connue, la constatation du peu de solidité des moyens mis en avant. D'autre part, dans son laconisme, la demande reconventionnelle de Dragonet et de son fils Raimond de Montauban semble signifier ceci : notre mère et grand'mère Sibuida n'a point reçu de dot ; nous demandons à garder en échange ce que vous réclamez, car c'est la part qui lui a été faite dans le démembrement de l'héritage de Raimond Ier de Mévouillon. Et de fait il est fort possible que Raimond de Montauban et Rixende aient donné à Sibuida à titre d'indemnité prélevée sur les dépouilles

---

(1) Archives de l'Isère, B 3159; document en partie publié par le chanoine J. Chevalier, *Mémoires pour servir à l'histoire du Valentinois et du Diois*, t. I, p. 65.

(2) Le jeune, gendre de Raimond de Montauban.

(3) Raimond II, fils de Dragonet et de Gasca de Montauban.

opimes, soit de leur vivant, soit au moment de leur mort, les domaines mis en litige. Peut-être même était-il vrai qu'ils soient parvenus à Raimond Ier de Mévouillon par héritage des Clérieux, car nous ne connaissons pas les alliances de Raimond Ier de Mévouillon et de Raimond de Montauban.

Quoi qu'il en soit, le jugement arbitral du prince Guillaume d'Orange légitime absolument nos conjectures. Il renvoie les parties dos à dos, sur tous les points allégués, leur enjoignant à chacune de garder ce qui leur est réclamé ; mais, chose étrange, il condamne les Montauban à donner à perpétuité aux Mévouillon tout ce qu'ils possédaient à Saint-Marcellin-lez-Vaison, seigneurie qui n'avait pas été mise en cause.

Si l'on examine cette décision singulière à la lumière de tout ce qui précède, il semble bien que l'arbitre, sans souffler mot d'évènements encore récents auxquels personne ne veut faire allusion et que les parties se sont soigneusement abstenues de rappeler, donne à entendre à Raimond de Mévouillon qu'il ne doit pas, par des moyens détournés, chercher à revenir sur une paix loyalement observée par son père après qu'il s'y fut soumis ; et c'est à nos yeux, ce qui donne le plus de probabilité à la terminaison de la lutte dont la bulle papale nous a donné la certitude, au moyen d'un traité de paix effectuant un partage des Baronnies et attribuant peut-être des apanages aux sœurs des belligérants. D'autre part, tout en donnant gain de cause en fait aux Montauban, il paraît bien aussi leur dire : votre beau-père et grand-père Raimond de Montauban s'est taillé sa part très largement, et un reste de rancœur est facile à concevoir chez votre cousin. Afin d'en dissiper toute trace, je vais lui donner une légère satisfaction, et pour ne pas affaiblir la leçon que je lui donne à entendre, ni réveiller d'anciennes discordes, c'est absolument en dehors de l'objet du litige que je la désignerai.

La délicatesse de Guillaume des Baux amena une réconciliation définitive entre les deux dynasties. En effet à partir de ce moment on ne trouve plus trace de dissentions entre elles ; et quelques années plus tard, la guerre ayant été déclarée entre Dragonet de Montauban, fils et petit-fils des plaideurs de 1214, et son beau-frère Isoard Artaud, seigneur d'Aix-en-Diois, les belligérants la terminèrent en soumettant le litige à l'arbitrage de Raimond IV de Mévouillon (1). Les terres objet du litige faisaient partie des territoires très étendus sur lesquels Raimond de Montauban donne droit de pacage au Temple en 1175, les désignant dans cette pièce (n° 211) passée à Richerenches, comme *en deçà* de l'Eygues, et que son gendre et sa fille, confirmant cette concession en 1181, à Mirabel, situé au sud de cette rivière, déterminent comme étant *au delà* (n° 248).

MONTDRAGON.

Le Cartulaire de Richerenches ne se borne pas à nous montrer comment s'est effectuée la transmission de la baronnie de Montauban à un rejeton de la famille de Montdragon. Des nombreuses mentions des membres de celle-ci, combinées avec le partage fait par Dragonet le vieux entre ses fils, nous permettent d'en dresser le tableau pendant la seconde moitié du XIIe siècle, époque où elle prenait rang parmi les plus notables de la région.

---

(1) J. Chevalier, *op. cit.*, p. 67 et suiv. — C'est en suite de ce mariage que les Artaud d'Aix ont relevé le nom de Montauban.

Elle était alors divisée en deux branches. La première avait pour chef Dragonet le vieux. Il vivait encore en 1181 et autorisa son fils aîné Dragonet le jeune, non encore émancipé par conséquent, à confirmer avec sa femme Gasca de Montauban les concessions de Raimond de Montauban à la commanderie, et à joindre à cette ratification une donation supplémentaire (n° 248). Dans le partage il nomme en plus deux autres fils, Pons et Raimond. Celui-ci n'est point cité dans notre Cartulaire ; mais Dragonet et Pons, qualifiés frères, sont garants en 1196 d'une des plus importantes chartes de Roger de Clérieux (n° 96).

Cette branche a été étudiée avec un soin particulier par M. le baron du Roure, au travail duquel nous renvoyons pour plus de détails (1), en nous bornant aux renseignements ci-dessus, dont il n'avait pas eu connaissance.

Dragonet le vieux n'avait pas la seigneurie entière de Montdragon. Il ne lègue à Pons, dont il fait le chef du nom, Dragonet et sa postérité étant sans aucun doute destinés à relever celui de Montauban, que ce qu'il a de la seigneurie de Montdragon et de son mandement. L'autre partie devait appartenir à Guillaume Hugues Ier de Montdragon, garant de la donation de Roger de Clérieux ci-dessus citée, avec ses cousins Dragonet le jeune et Pons. Il est nommé immédiatement avant eux, ce qui est dû probablement au privilège de l'âge.

Le 23 juin 1163, un Guillaume, coseigneur de Montdragon, avait prêté hommage à l'archevêque d'Arles, Raimond de Bollène, pour cette seigneurie (2). Il est vraisemblable que ce personnage n'est pas différent de Guillaume Hugues Ier. Or, dans cet acte, il se dit « fils de Dia », sans nommer son père. Il tenait donc très probablement ce fief de sa mère, et n'aurait pas été agnat des Dragonet, mais seulement enté sur leur tige.

Dans notre charte n° 119, de 1168 ou 1169, nous voyons, comme témoins, deux de ses fils, Guillaume Hugues II et Hugues ; un troisième, Geoffroi, nous est connu par le partage de Dragonet le vieux, où il est dit frère de Guillaume Hugues II. Ce partage étant postérieur au mariage de Gasca de Montauban avec Dragonet le jeune, son premier témoin ne peut en effet être que Guillaume Hugues II, et non son père.

Enfin notre charte n° 115, du 11 novembre 1171, nous fournit la mention d'un autre Geoffroi, fils d'Hugues, témoin de cette pièce avec son écuyer Guillaume de Vacqueyras. La date de cette pièce nous est une nouvelle preuve du grand âge que devait avoir atteint déjà Guillaume Hugues Ier en 1168, pour que son petit-fils fût en âge de chevalerie trois ans plus tard.

Chacun des deux coseigneurs du XIIe siècle, Dragonet et Guillaume Hugues, a donc laissé une nombreuse postérité. Il n'est pas surprenant qu'une famille assez puissante alors pour que l'un des siens ait obtenu la main de l'héritière de Montauban, soit arrivée rapidement, par l'émiettement du patrimoine familial dont les dernières volontés de Dragonet le vieux nous donnent la preuve, à la situation relativement modeste de ses nombreux descendants, sur lesquels Pithon-Curt nous a laissé quelques notes intéressantes (3).

---

(1) *Notice généalogique sur la famille de Montdragon*, 1894.
(2) *Ibidem*, p. 5, citant Archives des Bouches-du-Rhône, *Livre du Vernègue*, t. II, 835, et *Authentique*, B 28.
(3) T. II, p. 275 et suiv.

II. MAISON D'ALLAN.

Le second coseigneur de Valréas, Hugues d'Allan, est un des premiers bienfaiteurs de la commanderie de Richerenches, et notre Cartulaire nous fait connaître, en outre de ses fils, un assez grand nombre de membres de sa famille.

Elle tirait évidemment son nom de la petite ville d'Allan, dont le nom ancien est *Alon*. Le *Dictionnaire topographique de la Drôme*, par M. Brun-Durand, nous donne comme les formes usitées au XIIe siècle, *de Alondo* et *de Alono* (1). Elle avait fait partie de l'ancien comté de Valence, et ensuite de l'apanage qui en avait été détaché pour Hugues, père d'Adhémar, évêque du Puy, et des fondateurs des deux familles des Adhémar de Monteil et des Francesc. La première en avait au XIIe siècle le haut domaine sous la mouvance de laquelle les d'Allan avaient dû tenir tout ou partie de la seigneurie. On ne peut en douter, lorsque l'on voit Hugues d'Allan posséder un serf qui lui est encore disputé par le prévôt de Valence, Guillaume, frère du comte-évêque Eustache, et les biens patrimoniaux de la famille dont leurs donations font mention, être presque tous situés à proximité d'Allan, à Rac, à Châteauneuf-du-Rhône, à Montchamp, etc. Ils avaient sans doute acquis par quelque alliance une part de la seigneurie de Valréas, ainsi que les biens situés à Visan et sur le territoire de Mirabel que Guillaume d'Allan, très probablement frère d'Hugues, dit tenir de sa mère.

Aussi, est-ce principalement, en outre de leurs propres donations, dans les chartes des Adhémar, des Francesc, et plus tard, auprès de Guillaume de Poitiers, que nous les retrouvons, soit, au début, sous le nom d'Allan, soit sous les noms de Ripert et d'Artaud qu'adoptent les fils de Hugues et de Guillaume, ainsi que nous le montre notre Cartulaire. Peut-être n'avaient-ils plus alors aucune part à la possession d'Allan. Il est difficile, à cette époque encore voisine de l'adoption des patronymes héréditaires, d'expliquer parfois la raison du changement des noms encore peu stables. Ceux qui ont été tirés d'un simple nom de baptême, rappellent généralement un auteur illustre, comme celui d'Adhémar, nom du comte de Valence, grand-père du fondateur de la dynastie, ou du frère de celui-ci, le grand évêque du Puy; de Dauphin devenu le titre souverain des anciens comtes de Viennois. A cette époque de partage à l'infini des héritages, la coseigneurie d'un même fief est à peu près toujours l'indice d'une parenté plus ou moins proche. Or, le nom de Ripert était traditionnel chez les Mévouillon et se retrouve aussi chez les Valréas; il n'est donc pas surprenant de le voir imposer à ses fils par celui des d'Allan qui se trouve en pariage à Valréas avec ces deux familles; quant à celui d'Artaud, adopté par l'autre branche, nous avouons n'avoir aucun indice pouvant l'expliquer.

La charte n° 23 de notre Cartulaire, datée de mars 1138, nous montre Guillaume, prévôt de Valence, se désistant sans réserve, en faveur du Temple, de toutes les réclamations qu'il élevait, justement ou injustement, contre Ripert de Charols et ses enfants. Cet abandon est confirmé par le comte Eustache, frère du prévôt.

Hugues d'Allan n'est pas nommé dans cette pièce; mais par la suivante, n° 24, également datée de mars 1138, et écrite par le même scribe *Petrus* (2), lui, sa femme Pétronille, et trois de leurs fils, Pierre Ripert, Guillaume et Rai-

---

(1) Aux mots Allan et Barbara, prieuré d'Allan.
(2) Pierre de Magalaz.

mond, font donation au Temple de ce même Ripert de Charols, de sa femme, de leurs enfants, avec tous leurs biens, leur argent, leurs tènements et possessions, et tout ce qu'ils tenaient d'eux, c'est-à-dire les cens et autres droits qu'ils avaient et réclamaient sur eux. Cet homme était donc un serf de Hugues d'Allan, sur lequel Guillaume de Valence élevait des prétentions, et le nom même qu'il portait nous donne le mot du procès engagé à son sujet. Charols était resté du domaine des comtes de Valence, tandis qu'Allan et Châteauneuf-du-Rhône où ce serf avait un autre tènement (1), étaient de la fraction de l'ancien comté démembrée au profit des Adhémar. Or, les hommes de condition servile ne pouvaient changer de seigneur, et Hugues d'Allan qui possédait sans doute cette famille sous le haut domaine des comtes de Valence auparavant, devait être en butte à leur poursuite depuis que les localités où il l'avait fixée avaient passé sous celui des seigneurs de Montélimar. Par un accord évidemment concerté d'avance, Guillaume et son frère Eustache faisaient abandon de leurs prétentions et Hugues de sa propriété au Temple.

La donation de Guillaume-Hugues de Monteil-Adhémar, du 24 août 1156 (n° 129), outre Pons d'Allan, chevalier du Temple, nous offre parmi les témoins, avec Pierre Ripert, un quatrième fils d'Hugues d'Allan, nommé aussi Hugues.

Parmi les fidéjusseurs du don de Hugues d'Allan, en 1138, se trouve Guillaume d'Allan, lequel, en 1142, avec sa femme non nommée, et ses fils Pierre et Guillaume Artaud, donne au Temple un serf nommé Gautier, qu'il avait à Montségur, avec toutes ses possessions et ses tènements (n° 44).

Nous trouvons enfin Pons d'Allan, chevalier du Temple, qui reparaît à différents intervalles à Richerenches, de 1150 à 1164, nommé dans tous les actes où il figure comme un des frères les plus considérables après le commandeur, et parfois exerçant la commanderie par intérim ; et un second Guillaume d'Allan, qui s'affilie à l'ordre du Temple le 2 janvier 1151, lui assurant tout son héritage maternel « s'il ne lui survient pas d'héritiers de son corps », ce qui exclut toute confusion avec le précédent Guillaume. Il se dit habitant de Visan, et donne comme sûreté de son engagement, les terres dont il est propriétaire à Bourbouton (n° 67). Le 24 novembre 1160, il confirme cette première charte, et n'ayant toujours pas d'enfants, ajoute à sa première donation ce qu'il possède à Chausan, lieu situé sur les communes de Mirabel et de Nyons (n° 68). On le retrouve souvent parmi les témoins d'actes passés à Richerenches, d'où l'on pourrait inférer qu'il a dû finalement y résider à titre de donat et ne pas laisser de postérité.

Bien qu'originaires d'Allan, comme le prouve leur nom, et plusieurs autres terres voisines de cette localité nommées dans leurs chartes, ces personnages avaient donc des domaines en plusieurs lieux voisins des possessions des Mévouillon, ou soumis à leur souveraineté.

Les enfants de Hugues formèrent une première branche, et tous finirent par abandonner le nom d'Allan pour adopter celui de Ripert. Pierre, qui le portait déjà en 1138, s'attacha plus tard, ainsi que Guillaume Artaud, à Guillaume de Poitiers. Tous deux, ainsi que nous l'avons vu en traitant de son accession au comté de Valentinois, sont au nombre des garants qu'il donna à l'évêque de Die en 1163. En 1182, il est présent avec son frère Hugues Ripert, à l'accord ménagé entre le Temple et la famille Agulhon par Bertrand de Pierrelatte,

---

(1) Charte n° 25.

évêque de Saint-Paul-Trois-Châteaux, parmi les garants duquel sont Géraud Adhémar de Monteil et Raimond de Mévouillon (1).

Guillaume, second fils d'Hugues, se retrouve souvent aussi. Le 17 septembre 1147, Guillaume d'Allan (est-ce lui ou son oncle, il est difficile de le déterminer), figure parmi les garants de la donation des Taulignan, autres coseigneurs de Valréas (n° 31), et le 23 octobre 1150, il est témoin, encore sous le nom d'Allan (2), avec le chevalier du Temple Pons d'Allan et son cousin Guillaume Artaud d'Allan, à l'accord des Francesc avec le Temple ratifié par Guillaume Hugues et Géraud Adhémar de Monteil (n° 51); mais en 1155, il apparaît avec son frère Raimond sous le nom de *Riperti*, dans une donation des Chamaret (également coseigneurs de Valréas), au temple de Roaix (3); et plus tard, en 1181, s'affiliant au Temple, il semble affirmer ce changement de nom : *Ego Guilelmus Riperti nomine* » (n° 245). Il donne à la commanderie tous les biens qu'il possède aux Tourettes, à Montpensier (Châteauneuf-du-Rhône), à Montchamp et à Saint-Paul-Trois-Châteaux. Ils devaient être considérables, vu la magnificence du cheval d'armes qui lui est donné en reconnaissance et dont l'emploi ne pouvait convenir qu'à un chevalier de marque. C'est sous ce nom de Ripert que cette branche des d'Allan s'est perpétuée à Châteauneuf-du-Rhône et aux environs.

La seconde branche a été formée par un des fils du premier Guillaume d'Allan, Guillaume Artaud, car nous ne savons rien de l'aîné Pierre, qui n'est plus mentionné. Guillaume a fourni une longue carrière, et d'autant plus intéressante à suivre, qu'elle permet, grâce à ce que notre Cartulaire nous révèle sur son origine et les attenances de sa famille, d'élucider une des plus grandes obscurités de l'histoire des Artaud de Die.

Cette puissante famille, qui a bénéficié dans la seconde partie du XII° siècle de la moitié de l'héritage du comte de Die Isoard, par son alliance avec Roais, une de ses deux filles, a tout d'abord pris le nom de sa seigneurie d'Aix-en-Diois, et ce n'est que le fils aîné d'Hugues d'Aix et de Roais de Die, Guillaume, qui a le premier porté le nom d'Artaud. Celui-ci était marié en 1179 avec Rainaude de Châteaudouble (4), mais depuis peu sans doute, et devait même être jeune encore, car il a vécu cinquante ou soixante ans après cette date (5). Or, les historiens qui se sont occupés des Artaud d'Aix trouvaient dès 1145, et dans maint document postérieur, un Guillaume Artaud, fort notable assurément et créant avec Guillaume Artaud d'Aix une confusion d'autant plus inextricable, que celui-ci n'était probablement pas né encore aux premières dates, et encore trop jeune plus tard pour les rôles indiqués. Le point de départ que nous donnent nos chartes nous met à même, en reconstituant la vie de Guillaume Artaud d'Allan, de déterminer quels sont les faits qui ne peuvent sans erreur être attribués à Guillaume Artaud d'Aix.

Nous trouvons le nom de Guillaume Artaud d'Allan pour la première fois dans la donation de son père, à Richerenches, vers 1142 (n° 44). Il accompagne

---

(1) *Cartulaire de Roaix*, n° 185.
(2) Il semble cependant que ce nom ne lui soit plus donné que par habitude. Il est probable en effet qu'il est déjà nommé « *Wilelmus Riperti* », dans la charte n° 58 du 6 juin 1145.
(3) *Cartulaire de Roaix*, n° 125.
(4) U. Chevalier, *Cartulaire de Léoncel*, n° 27.
(5) Guillaume, *Chartes de Durbon*, n° 399.

ensuite Arnaud de Crest, auprès duquel il avait probablement été envoyé par son père pour se perfectionner dans la vie militaire, suivant l'usage du temps, lorsqu'il se rend à Die, où, le 15 août 1145, il reprend en fief de l'évêque Hugues, ses domaines de Crest, Aouste et autres (1). C'est la présence de Guillaume à Die dès cette date qui a embarrassé le plus les historiens du Diois. Le Cartulaire de Richerenches nous le montre encore parmi les témoins de la transaction du 23 octobre 1150 (n° 51), par laquelle Rainaud Francesc se désiste en faveur du Temple, des prétentions qu'il élevait sur la seigneurie de Bourbouton. Cet acte qui couronne la tâche que le vieil Hugues de Bourbouton avait poursuivie tant d'années avec l'aide de Tiburge d'Orange, d'assurer à la commanderie de Richerenches la totalité de la seigneurie de Bourbouton, est conclu à Savasse, où se trouvèrent réunis à cette occasion les plus grands personnages. Outre Hugues de Bourbouton, alors commandeur, et Rainaud Francesc, s'y trouvèrent Silvion de Clérieux et Guillaume Agulhon qui avaient négocié la transaction, Guillaume-Hugues de Monteil qui la confirme, probablement comme cousin-germain de Rainaud Francesc, Jourdain de Pierrelate, Bérenger de Saint-Paul, Guillaume d'Allan, fils de Hugues, venu peut-être avec le commandeur, etc. Aussi, est-il fort possible que Guillaume Artaud d'Allan s'y soit trouvé à la suite de Guillaume-Hugues de Monteil ou de Rainaud Francesc, tous deux rejetons de la maison comtale de Valence, ce que les antécédents de sa famille et ce que nous savons ensuite de sa destinée, semble rendre le plus probable.

En effet, si nous le perdons de vue pendant quelques années, nous le retrouvons avec son cousin, Pierre Ripert d'Allan, parmi les fidèles de la première heure de Guillaume de Poitiers en 1163, aussitôt après sa prise de possession du comté de Valentinois. Ainsi que nous l'avons fait ressortir plus haut, tous deux sont au nombre des garants que Guillaume de Poitiers donne à l'évêque de Die, lorsqu'il s'empresse, immédiatement après sa prise de possession du comté, de lui faire hommage de ses possessions du Diois (2), garants évidemment choisis parmi les partisans de ses débuts.

Dès lors, ce sont les actes de Guillaume de Poitiers, auquel il semble définitivement attaché, qui nous permettent de le suivre. Il est présent en 1164 à la confirmation par Guillaume de Poitiers et son frère Eustache, de la donation de Cléon et de son mandement à l'ordre des Hospitaliers de Saint-Jean de Jérusalem, faite par leur oncle Guillaume (de Valence), évêque de Viviers et prévôt de Valence (3), ainsi qu'à la nouvelle confirmation de cette même donation réitérée par Eustache de Poitiers, devenu prévôt de Valence (4). En 1175, Guillaume de Poitiers se portant caution pour mille sous des engagements pris envers Josserand de Baix par Geoffroi de Barry et Pons Gontard, il donne pour garants de son engagement trois personnages, dont le premier est Guillaume Artaud.

Les pièces que nous venons d'énumérer, remontent à des dates incompatibles avec celles de la vie de Guillaume Artaud d'Aix. Il est une dernière circonstance particulièrement honorable, qui a été assez souvent assignée par les

---

(1) U. Chevalier, *Tituli Dienses*, n° 12.
(2) *Ibidem*, n° 13.
(3) *Revue historique de Provence*, t. 1, p. 144.
(4) U. Chevalier, *Cartulaire de Saint-Chaffre*, n° 445, p. 185.

généalogistes à celui-ci, et qu'il faut incontestablement restituer à Guillaume Artaud d'Allan : l'assistance au couronnement de l'empereur Frédéric Ier, comme roi d'Arles et de Bourgogne, à Arles en juillet 1178. Nous savons que l'évêque de Die et Guillaume de Poitiers s'y rendirent, et tous deux y furent gratifiés de diplômes impériaux. Le premier reçut le 28 juillet, la confirmation de ses privilèges et les régales de son diocèse (1) ; le second, le 30, un péage sur le Rhône que l'empereur lui donna sous la mouvance du Dauphin, alors Guillaume Taillefer, fils du comte de Toulouse (2). Or, c'est dans ce dernier diplôme que Guillaume Artaud est nommé comme témoin. S'il s'agissait de Guillaume Artaud d'Aix, un des vassaux principaux, sinon le plus puissant, de l'évêché de Die, il est certain qu'il eût figuré dans celui que l'empereur donnait à son suzerain. Les précédents que nous venons de relater ne permettent au contraire point de douter qu'il s'agisse, dans une faveur accordée à Guillaume de Poitiers, de son fidèle Guillaume Artaud d'Allan, dont il s'était fait suivre à Arles.

Guillaume Artaud dut faire souche en Valentinois, et semble bien être l'auteur de la famille Artaud (3), possessionnée auprès de Valence, de Romans et de Saint-Donat, complètement distincte des Artaud-Montauban du Diois, et finie de bonne heure, mais dont la situation a été assez marquante. Un des premiers actes d'Aymar le jeune, lorsqu'il assuma l'administration du comté de Valentinois pendant les dernières années de la vie de son grand père Aymar le vieux, fut de déclarer la guerre à Géraud Bastet, seigneur de Crussol, pour lui enlever les biens qu'il tenait à Étoile, à La Vache et à Lésignan, de la succession de Guillaume Artaud, damoiseau, lequel ne peut être autre qu'un fils de Guillaume Artaud d'Allan. La lutte « diu protracta », se termina en 1242 par l'échange des domaines que convoitait le jeune comte contre d'autres terres (4). A la même époque, Guigues Artaud paraît auprès du comte de Valentinois, dans un acte de l'ordre de l'Hôpital (5). Cette famille s'est perpétuée tout au moins jusqu'à la fin du XVe siècle, en possession de domaines dans le bailliage de Valence, ainsi qu'à Mours, à Triors, etc., c'est-à-dire précisément dans la partie du Viennois où dominaient au XIIe siècle les Francesc et les Clérieux, et où les Valréas en avaient possédé au début de ce même siècle, familles que le Cartulaire de Richerenches nous montre en proche relation avec les d'Allan (6).

Pour terminer ce qui les concerne, nous devons leur rattacher la pieuse Pérégrine, qui, de concert avec ses fils Pierre Ripert et Raoul, donne à la commanderie de Richerenches (n° 39), le 19 juin 1140, un serf nommé Pierre Novelli, ses quatre fils et toutes leurs possessions, en alleu franc, au village de Saint-Martin (7). La conformité du nom patronymique adopté, la localité contiguë

---

(1) U. Chevalier, *Tituli Dienses*, n° 1.

(2) U. Chevalier, *Inventaire des archives des Dauphins en 1177*, pièces annexées, n° 1.

(3) Guy Allard, *Dictionnaire du Dauphiné*, Ve Arthod. Cette orthographe se retrouve, ainsi que la forme Arthaud, aux XIVe et XVe siècles, dans les actes des Artaud-Montauban également.

(4) J. Chevalier, *Mémoires pour servir à l'histoire des comtés de Valentinois et de Diois*, t. I, p. 217.

(5) De la Ville Le Roulx, *Cartulaire général des Hospitaliers*, t. II, p. 563 ; — *Revue historique de Provence*, t. I, p. 145. Dans cet acte, Guigues Artaud est nommé le premier parmi les nombreux témoins dont plusieurs sont de haut rang.

(6) Archives de la Drôme, liasse E. 46.

(7) Ancien prieuré, aujourd'hui ruiné et réuni à la commune de Taulignan.

aux terres des Taulignan, la présence à l'acte de Ripert de Charols, serf donné deux ans auparavant par Hugues d'Allan, semblent bien établir le lien que nous indiquons. Pierre est probablement l'ecclésiastique qualifié de chapelain dans les pièces n°s 98 et 119 ; Raoul dut entrer dans l'ordre de l'Hôpital Saint-Jean de Jérusalem (1).

Enfin, nos chartes nous montrent un Armand Ripert (n° 116) et un Armand Artaud, probablement donat, attendu le nombre considérable de pièces où il figure comme témoin. Nous ne savons s'ils sont de la même souche ; remarquons cependant que le dernier pourrait aussi bien être de la maison de Saint-Paul, dont une branche a également quitté ce nom pour celui d'Artaud.

III. MAISON DE VALRÉAS.

Ripert de Valréas est nommé le troisième parmi les coseigneurs, dans la récapitulation des bienfaits de l'évêque Rostan de Vaison. Après la famille de Bourbouton, aucune ne tient une aussi grande place dans notre Cartulaire que la sienne, par l'importance et le nombre de ses donations et la multitude de mentions de ses membres, à titre de témoins ou de garants des bienfaits d'autres personnages.

Il est impossible de décider si Ripert, bien que portant le nom de Valréas, était originaire de la région. Il possédait en effet, à la même époque où l'évêque Rostan traitait avec lui, des terres et des maisons à Saint-Donat en Viennois, notamment dans le « Clos épiscopal » (2). On ne peut mettre en doute son identité dans les deux localités. Le prénom de Ripert, très répandu dans le marquisat et le comté de Provence, est tellement inconnu dans le Viennois, que nous n'en avons pas rencontré d'autre exemple dans les Cartulaires de Grenoble et de Saint-Barnard de Romans et la ville de Valréas est seule de son nom. D'autre part, Saint-Donat est une des localités principales de la région à laquelle appartiennent les Clérieux, les Francesc et autres puissants personnages que nous voyons dans nos chartes possessionnés auprès de Valréas, bienfaiteurs de Richerenches, et en rapport avec les coseigneurs de Valréas, ainsi qu'avec les principales familles des environs.

Ripert n'apparaît plus dans notre Cartulaire. Il est vraisemblable qu'il était mort avant la fondation de Richerenches. Mais il ne peut qu'être l'auteur des trois lignes entre lesquelles semblent se répartir les nombreux membres de sa famille dont nous constatons l'existence au XIIe siècle, formées probablement par trois fils nommés Hugues, Géraud et Dieudonné (Do). Du premier seraient venus Pierre *Ugonis*, Hugues, son frère, et Marie, femme de Guillaume Pelestort de Taulignan, fils de Bertrand de Taulignan, coseigneur de Valréas. Pierre-Hugues est mort sans laisser d'enfants (n° 230) ; et Hugues a été le père d'un second Ripert de Valréas (n° 120). Ils tenaient de leur mère, dont le nom n'est pas donné, une part considérable de la seigneurie de Saint-Marcellin près de Vaison, l'ancien *Montilium*, et Hugues, qui vivait encore en 1214, d'après notre charte n° 262, possédait en 1208 la seigneurie de Châteauneuf-de-Bordette, l'ancien *Pictavis*, sous la mouvance des Montauban (3). De

---

(1) De la Ville Le Roulx, *op. cit.*, t. I, n° 829.
(2) Marion, *Cartulaires de l'église cathédrale de Grenoble*, Cartulaire B, n° LXXX, du 10 février 1110, et n° LXXXII, du 17 novembre 1111.
(3) U. Chevalier, *Inventaire des archives des Dauphins en 1346*, n° 1325.

très grandes alliances peuvent seules expliquer qu'ils se retrouvent ainsi en possession de deux des chefs-lieux de mandement de l'ancienne maison de Mirabel, probablement détachés sous la condition de l'hommage de l'héritage des Mévouillon et des Poitiers. Pierre-Hugues, Hugues et leur sœur donnent au reste à la commanderie de Richerenches à peu près tout ce qu'ils possèdent à Saint-Marcellin (n°ˢ 229 à 232 et 259.)

Géraud de Valréas apparaît en 1138 (n° 3) et dans plusieurs pièces vers 1143. Il a vraisemblablement été le père de Raimond Géraud, *Raimundus Geraldi*, marié à Lucia, lesquels en 1163 ou 1164 donnent à Richerenches les prairies qu'ils ont au quartier des Prés Nouveaux (n° 173). Bien que dans cette pièce il ne prenne pas le nom de Valréas, cette propriété, divisée entre les membres de la famille, et qu'ils donnent les uns après les autres au Temple de façon à ce qu'elle passe entièrement entre ses mains, établit son identité avec Raimond Géraud de Valréas, père de Géraud et de Pierre Géraud de Valréas. (n° 120 et autres).

Enfin, la troisième ligne se distingue à la même époque par le nom de filiation Do (contraction de *Deodatus*), porté parfois seul, mais le plus souvent avec l'addition du nom de Valréas. Le nombre assez grand de pièces où ceux-ci figurent nous les montre en proche relation de parenté et d'intérêts avec les précédents.

Vers la fin du siècle ces noms de filiation tombent en désuétude et les fils de ceux qui les avaient usités ne conservent que le nom seul de Valréas. Nos chartes nous font connaître encore plusieurs membres de la famille sans que nous puissions les rattacher aux précédents par des pièces positives de filiation. Citons Dalmas de Valréas, fils d'Elzéar et de Julienne, donat du Temple en 1179 (n°ˢ 240 (1) et 241), et Guillaume, chevalier du Temple en 1212 (n° 260).

Il est vraisemblable que cette famille ne conserva pas longtemps la coseigneurie de la ville de Valréas ; mais elle en garda le nom, et on la retrouve assez fréquemment dans l'histoire de la région. L'un d'eux, Hugues de Valréas, chevalier, se trouva vers 1260 être victime avec Lambert Adhémar, coseigneur de Montélimar, des représailles de la commune de Montpellier contre Montélimar. Cette curieuse affaire a été relatée en détail d'après les documents des deux parties par M. le baron de Coston, dans son *Histoire de Montélimar* (2). Au XIV° siècle, il en existait encore des branches, dont l'une à Montélimar et l'autre possédant des parts de seigneurie à Grane et à Barcelonne. Guillaume de Valréas, marié à Barthélemie de Barcelonne, en rendit hommage au comte de Valentinois le 27 mai 1343 (3). La famille dut s'éteindre peu après.

IV. MAISON DE TAULIGNAN.

Bertrand de Taulignan, quatrième coseigneur de Valréas au début du XII° siècle, n'est rappelé dans notre Cartulaire que par une donation de sa veuve Wilelma, encore vivante le 17 septembre 1147 (n° 31).

---

(1) Cette pièce concerne le don au Temple des droits de Dalmas sur un serf, Odon Pinol, qui avait été en partie déjà donné par Dragonet et sa femme Gasca de Montauban, peu auparavant (n° 248). Ces copropriétés, ou pariages, résultaient le plus souvent de quelque partage de famille.

(2) T. I, p. 139 et suiv.

(3) *Inventaire des titres de la Chambre des comptes de Dauphiné. Valentinois*, t. III, fol. 56. (Bibliothèque nationale, ms. fr., n° 8489.)

Il avait dû être marié deux fois. En effet, nos chartes nous font connaître ses trois fils, Bertrand, Pons Gontard et Guillaume Pelestort. Mais il résulte des textes qui les concernent, des différences de parenté dénotant clairement qu'ils ne sont pas tous sortis du même lit. L'aîné, Bertrand, qui a continué la descendance sous le nom de Taulignan, est dit neveu de Raimond de Montauban (n° 210). Il est seul héritier de la moitié de la seigneurie de Taulignan, en pariage avec les Montauban, jusqu'au moment où la portion de ceux-ci passa aux comtes de Valentinois (1). Il apparaît, seul de sa famille également, en pariage avec Raimond de Montauban et Nicolas Agulhon pour la seigneurie de Grillon dans la charte n° 210. De leur côté, ses frères forment un groupe à part de lui, et souvent avec leur mère. Il en est ainsi dans plusieurs des pièces où ils sont nommés ; mais aucune ne le fait mieux ressortir que la charte n° 60, dans laquelle les Templiers se faisant donner de nombreux et très puissants garants pour la transaction qui y est consignée, ceux-ci sont énumérés par groupes reliés par des liens de parenté ou de copropriété. Or, dans cette pièce, Wilelma et ses deux fils Pons Gontard et Pelestort sont nommés dans un groupe, tandis que Bertrand de Taulignan et Raimond de Montauban en forment à eux deux un différent. La famille entière n'est réunie que dans une seule circonstance, la donation faite au Temple par Armand de Bourdeaux et Géraud de Viviers, son frère (n° 32), qu'ils font « louer » par leur tante Wilelma et « ses fils » Bertrand, Pons Gontard et Pelestort. Bien que le scribe ait écrit « ses fils », le souci de l'exactitude n'est pas tel à cette époque que cette mention, à nos yeux, puisse infirmer la remarque que nous suggèrent tant d'autres faits. Il ressort avant tout de cette pièce que l'assentiment de tous les membres de la famille de Taulignan était nécessaire aux donateurs pour la validité de leur libéralité, et dès lors qu'ils étaient sans doute neveux de Wilelma par son alliance avec Bertrand de Taulignan, et non par elle-même.

Du pariage de celui-ci avec les Montauban dans trois seigneuries importantes, Valréas, Taulignan et Grillon, on peut déduire qu'il avait épousé en premières noces une fille de la maison de Mévouillon-Montauban, qui en aurait été dotée et dont serait né Bertrand II. Nous n'avons point d'indices analogues en ce qui concerne Wilelma, si toutefois le nom de Gontard, porté par l'aîné de ses deux fils, et qu'il a transmis à sa postérité, ne provenait pas de son chef.

Par contre, la proche parenté des Bourdeaux et des Taulignan, la nécessité d'une « *laudatio* » entre eux, dénotant une agnation dans les usages du temps, pourrait faire supposer une communauté d'origine.

La ligne aînée, continuée par Bertrand II, est bien connue dans l'histoire de la région, et ne s'est éteinte qu'au XVII° siècle dans la famille de Blégier, qui en a relevé le nom.

Pons Gontard a été la tige de la famille à laquelle la petite commune des Granges-Gontardes a dû son nom ; elle s'est perpétuée jusqu'au commencement du XV° siècle.

Enfin, Guillaume Pelestort avait épousé Marie de Valréas, sœur de Pierre Hugues et de Hugues. Il en a eu une fille mariée à Pierre de Caderousse. Nos chartes n°° 229 à 232 et 258 donnent sur ces personnages d'amples renseignements.

Ainsi qu'il en est pour la descendance des d'Allan et des Valréas, c'est dans

---

(1) Brun-Durand, *Dictionnaire topographique de la Drôme*, V° Taulignan.

l'histoire du comté de Valentinois et de la seigneurie de Montélimar que l'on rencontre très fréquemment les noms des Taulignan et des Gontard, qui semblent, eux aussi, avoir été éliminés de très bonne heure de la coseigneurie de Valréas.

V. MAISON DE CHAMARET.

Dodon (Dieudonné) de Chamaret, cinquième coseigneur de Valréas, est au contraire celui dont la descendance a conservé le plus longtemps sa part de seigneurie en pariage avec les Montauban. Il tenait son nom de la commune actuelle de Chamaret, dont il avait la seigneurie en tout ou en partie. Les évêques de Saint-Paul-Trois-Châteaux en possédaient en souveraineté une moitié, et nous n'avons pu déterminer si la famille de Chamaret relevait d'eux ou tenait sa part en alleu.

La récapitulation de l'évêque Rostan mentionne « ses fils ». Nos chartes et celles de la commanderie de Roaix nous font connaître dès le milieu du siècle, quatre personnages de ce nom qui doivent probablement être enfants de ce premier Dodon : un second Dodon, Amalric et Pierre, nommés à plusieurs reprises dans notre Cartulaire, et Bertrand, qualifié frère de ce dernier dans une donation que Pierre fait au Temple de Roaix (1).

En 1208, un second Pierre de Chamaret est chevalier du Temple à Richerenches (n° 259).

Amalric de Chamaret nommé ci-dessus, étant à son lit de mort, confirma et étendit les donations que lui et les siens avaient faites à notre commanderie (2), sur le conseil et avec l'assistance de Bertrand de Pierrelatte, évêque de Saint-Paul (n° 250.) Or, un hommage prêté en 1224 par son petit-fils, nommé également Amalric, à l'évêque Geoffroi, nous fait savoir qu'il avait « reçu en fief », de Bertrand de Pierrelatte ce qu'il tenait à Valréas et à Chamaret. M. Adolphe Aubenas, dans sa *Notice historique sur la ville et le canton de Valréas* (3), se demande à ce sujet si cette ville, appartenant au diocèse de Vaison, n'aurait pas été à cette époque, en partie tout au moins, de celui de Saint-Paul. Nous y voyons au contraire le moyen dont Amalric de Chamaret a dû se servir pour ne pas se laisser, comme les autres coseigneurs, évincer par les Montauban. Ils étaient trop puissants pour ne pas obtenir facilement la cession de ces portions de la seigneurie s'ils les convoitaient, et l'on ne peut trouver d'autre explication au silence qui se fait dans les documents contemporains sur les quatre autres familles en pariage avec eux, par rapport à Valréas. Amalric, ayant au contraire repris ses biens en fief de l'évêché de Saint-Paul qui formait une souveraineté féodale assez importante, ils ne purent en agir de même avec lui et ses descendants.

Amalric II n'eut qu'une fille ; elle porta sa part de Valréas à son mari Raimond Loup, rejeton des Loup de Rochefort (4). Mais cette part ne comprenait pas la

---

(1) *Cartulaire de Roaix*, n° 125.

(2) Ces donations ne figurent pas dans le Cartulaire. C'est une des preuves d'après lesquelles nous avons dû affirmer qu'il ne contient certainement pas toutes les chartes de la commanderie contemporaines de l'époque qu'il embrasse.

(3) P. 19. — Cf. Boyer de Sainte-Marthe, *Histoire de l'église de Saint-Paul*, p. 22.

(4) Lacroix, *L'arrondissement de Montélimar*, t. I, p. 360 et suiv.

totalité de ce qu'avait eu Dodon de Chamaret. Postérieurement à la cession qu'Amalric II avait faite à sa fille en 1240, un membre de leur famille, Guillaume de Chamaret, possédait encore une partie de la seigneurie. Il s'était attaché au Dauphin, auprès duquel il paraît avoir joué un rôle assez important ; ayant été, en 1248, envoyé en mission auprès du comte de Valentinois Aymar, dans une circonstance délicate dont les détails ne sont pas de notre sujet (1), ce dernier le maltraita pour marquer son ressentiment. Quelques années plus tard, Guillaume étant mort sans enfants, Alphonse de Poitiers, frère du roi saint Louis, qui détenait alors le Venaissin par succession de son beau-père Raimond VII, inféoda la part de la seigneurie de Valréas qu'avait eue Guillaume de Chamaret au comte Aymar de Valentinois (2).

Nous n'avons aucun renseignement sur une autre branche dont Bertrande de Chamaret, prieure de Saint-André-de-Ramières en 1342, paraît avoir été la dernière représentante (3).

VI. MAISON GUINTRANNI.

La liste des coseigneurs de Valréas nous fait connaître en dernier lieu Rostan Guintranni comme l'un d'eux, et son parent, frère peut-être, Pons, comme possédant des dîmes sur le terroir qu'il vend à l'évêque de Vaison. Tous deux sont dits avoir des enfants.

Nos chartes ne nous font connaître que deux de ceux-ci : Guillaume, qui avait dû être marié à une fille de la maison de Montségur. En effet, en 1150, il donne au Temple, avec l'assentiment de ses filles, Ursa et Agnès, un pré provenant d'Odon de Montségur (n° 136). Il dut mourir peu après, et ses filles contestèrent cette donation devant la cour de l'évêque de Saint-Paul. Mais le 28 août 1157, par l'entremise de leur oncle Géraud de Montségur, elles cédèrent au Temple tout ce qu'elles possédaient à Bourbouton, évidemment du chef de leur mère, car les Montségur étaient du nombre des coseigneurs de Bourbouton ; ensuite elles ratifièrent la donation de leur père contre une petite indemnité (n° 145).

En second lieu la charte n° 199, de 1173, passée à Valréas, nomme *Rostagnus Guintranz* parmi ses nombreux témoins. Il est peu probable qu'il soit le coseigneur de Valréas vivant et déjà père de plusieurs enfants au début du siècle ; nous devons plutôt le regarder comme un de ses fils ou neveux.

Nous n'avons rencontré aucune mention de leur nom en dehors de ces documents. Ils ne décèlent pas une situation prospère. Il est vraisemblable que cette famille, appauvrie comme tant d'autres par les partages, a dû tomber presque immédiatement dans l'ombre.

---

(1) Ils ont été exposés par M. J. Chevalier, *Mémoires pour servir à l'histoire des comtés de Valentinois et de Diois*, t. I, p. 225 et suiv.
(2) Ad. Aubenas, *op. cit.*, p. 19.
(3) Lacroix, *loc. cit.*

évêque de Saint-Paul-Trois-Châteaux, parmi les garants duquel sont Géraud Adhémar de Monteil et Raimond de Mévouillon (1).

Guillaume, second fils d'Hugues, se retrouve souvent aussi. Le 17 septembre 1147, Guillaume d'Allan (est-ce lui ou son oncle, il est difficile de le déterminer), figure parmi les garants de la donation des Taulignan, autres coseigneurs de Valréas (n° 31), et le 23 octobre 1150, il est témoin, encore sous le nom d'Allan (2), avec le chevalier du Temple Pons d'Allan et son cousin Guillaume Artaud d'Allan, à l'accord des Francesc avec le Temple ratifié par Guillaume Hugues et Géraud Adhémar de Monteil (n° 51); mais en 1155, il apparait avec son frère Raimond sous le nom de *Riperti*, dans une donation des Chamaret (également coseigneurs de Valréas), au temple de Roaix (3); et plus tard, en 1181, s'affiliant au Temple, il semble affirmer ce changement de nom : *Ego Guilelmus Riperti nomine* » (n° 243). Il donne à la commanderie tous les biens qu'il possède aux Tourettes, à Montpensier (Châteauneuf-du-Rhône), à Montchamp et à Saint-Paul-Trois-Châteaux. Ils devaient être considérables, vu la magnificence du cheval d'armes qui lui est donné en reconnaissance et dont l'emploi ne pouvait convenir qu'à un chevalier de marque. C'est sous ce nom de Ripert que cette branche des d'Allan s'est perpétuée à Châteauneuf-du-Rhône et aux environs.

La seconde branche a été formée par un des fils du premier Guillaume d'Allan, Guillaume Artaud, car nous ne savons rien de l'aîné Pierre, qui n'est plus mentionné. Guillaume a fourni une longue carrière, et d'autant plus intéressante à suivre, qu'elle permet, grâce à ce que notre Cartulaire nous révèle sur son origine et les attenances de sa famille, d'élucider une des plus grandes obscurités de l'histoire des Artaud de Die.

Cette puissante famille, qui a bénéficié dans la seconde partie du XII° siècle de la moitié de l'héritage du comte de Die Isoard, par son alliance avec Roais, une de ses deux filles, a tout d'abord pris le nom de sa seigneurie d'Aix-en-Diois, et ce n'est que le fils aîné d'Hugues d'Aix et de Roais de Die, Guillaume, qui a le premier porté le nom d'Artaud. Celui-ci était marié en 1179 avec Rainaude de Châteaudouble (4), mais depuis peu sans doute, et devait même être jeune encore, car il a vécu cinquante ou soixante ans après cette date (5). Or, les historiens qui se sont occupés des Artaud d'Aix trouvaient dès 1145, et dans maint document postérieur, un Guillaume Artaud, fort notable assurément et créant avec Guillaume Artaud d'Aix une confusion d'autant plus inextricable, que celui-ci n'était probablement pas né encore aux premières dates, et encore trop jeune plus tard pour les rôles indiqués. Le point de départ que nous donnent nos chartes nous met à même, en reconstituant la vie de Guillaume Artaud d'Allan, de déterminer quels sont les faits qui ne peuvent sans erreur être attribués à Guillaume Artaud d'Aix.

Nous trouvons le nom de Guillaume Artaud d'Allan pour la première fois dans la donation de son père, à Richerenches, vers 1142 (n° 44). Il accompagne

---

(1) *Cartulaire de Roaix*, n° 185.
(2) Il semble cependant que ce nom ne lui soit plus donné que par habitude. Il est probable en effet qu'il est déjà nommé « *Wilelmus Riperti* », dans la charte n° 58 du 6 juin 1145.
(3) *Cartulaire de Roaix*, n° 125.
(4) U. Chevalier, *Cartulaire de Léoncel*, n° 27.
(5) Guillaume, *Chartes de Durbon*, n° 399.

la première croisade ; et de Lambert, dit Francesc ou François, seigneur de Peyrins, que divers textes, résumés par M. le chanoine J. Chevalier (1), établissent en effet avoir été frères, et fils « *consulis provinciae Valentinensis* ». Le titre de consul se retrouve à cette époque dans nos régions assez fréquemment comme équivalent de celui de vicomte et parfois même de comte.

Il semble donc parfaitement établi aujourd'hui que Guillaume Hugues de Monteil, croisé en 1096 avec l'évêque du Puy, son frère, est, par Hugues son père, petit-fils d'Adhémar, comte de Valence, et arrière-petit-fils du comte Lambert.

D'autre part, la filiation des seigneurs de Montélimar est connue, en dehors de toutes pièces fausses, à partir des deux frères qui donnèrent à la ville de Montélimar la fameuse charte lapidaire de libertés de 1198 : Géraud, qui épousa Mabile de Marseille et fut par elle un des covicomtes de la ville, et Lambert, tige de la branche de la Garde-Adhémar. Mais entre les premières années du XII° siècle et cette date de 1198, existe une lacune que rien n'avait éclaircie jusqu'à ce jour. C'est cette lacune que le Cartulaire de Richerenches va nous permettre de combler, à peu près à lui seul, car nous n'aurons à nous aider pour cela que d'un fort petit nombre de textes empruntés à d'autres publications. Ainsi se trouvera établie une chronologie complète des seigneurs indépendants de Montélimar, que nous faisons commencer à Hugues, fils du comte Adhémar, en faveur duquel a été constitué l'apanage distrait du comté.

I. HUGUES. — Nous prouverons plus loin, par l'analyse du diplôme de l'empereur Frédéric Ier, délivré en 1164 à Géraud Adhémar Ier, que Hugues n'a pu être comte de Valentinois, puisque son petit-fils, simple seigneur de Montélimar, possédait « toute sa terre ». Le titre de « *consul* », que lui donne la chronique de Saint-Pierre du Puy (2) doit donc être traduit par celui de vicomte, d'avoué, ou tout autre du second rang, à l'exclusion de celui de comte, ce qui est d'ailleurs plus conforme à l'emploi que l'on en faisait alors du terme de consul. Le comté a dû être dévolu à quelque autre de ses frères, dont seraient fils ou petit-fils le comte-évêque Eustache, Guillaume, prévôt de Valence et évêque de Viviers, et Rixende, mère de Guillaume de Poitiers (3).

Il eut pour fils : 1° Guillaume Hugues, qui suit, auquel il transmit intégralement son apanage ; 2° Adhémar, évêque du Puy-en-Velay, et 3° Lambert, qui adopta le surnom de Francesc ou François. Celui-ci dut recevoir l'héritage maternel, ainsi que le conjecture M. le chanoine J. Chevalier, car sans qu'il y ait eu distraction de l'apanage paternel, il figure dans l'histoire comme un des

---

(1) *Op. cit.*, p. 140 et suiv.
(2) U. Chevalier, *Cartulaire de Saint-Chaffre*, p. 161.
(3) M. le chanoine J. Chevalier reproduit (*op. cit.*, p. 137) une filiation des anciens comtes de Valence restée manuscrite, dressée par Guy Allard, d'après les papiers du savant président de Boissieu. Elle concorde pour les générations des comtes Lambert et Adhémar, avec celle que nous avons résumée, sauf en un point : elle place avant les cinq fils d'Adhémar que nous venons de nommer un fils aîné, Gelin, grand-père de l'évêque Guillaume de Viviers, auquel il ne donne qu'un seul frère nommé Adhémar, au lieu d'Eustache. Peut-être la solution de la question est-elle indiquée là. Il ne faut jamais oublier que les anciens ont eu à leur disposition des titres aujourd'hui égarés ou détruits ; et même lorsqu'ils ne les citent pas, il faut tenir compte de leurs œuvres, à titre d'indication tout au moins.

plus puissants personnages du Viennois méridional. Il était peut-être issu d'un second lit (1).

II. Guillaume-Hugues I*er*. — Pour faire le départ des pièces concernant Guillaume-Hugues I*er* et son fils ayant porté les mêmes noms, il serait désirable de déterminer, au moins approximativement, les limites de son existence. En 1037, Hugues avait un frère évêque et devait être mort à l'époque où ses fils autorisent la charte non datée n° 3010, dans laquelle Adhémar n'a aucune qualité ecclésiastique. Or, il est établi qu'après avoir été prévôt de Valence, il fut appelé à l'évêché du Puy-en-Velay vers 1080, sur la réputation de prudence et de justice qu'il s'était acquise déjà, et qu'il mourut outre-mer le 1*er* août 1098, chargé de gloire et pleuré de toute l'armée des croisés pour sa haute sagesse, ce qui ne peut indiquer un très jeune âge, même relativement. Lambert, le plus jeune, si bien connu par le Cartulaire de Saint-Barnard, apparaît pour la dernière fois en 1125, laissant pour héritier un fils né plusieurs années avant la première croisade. Il faut donc que Guillaume-Hugues, leur frère aîné, soit né au plus tard aux environs de 1050, et peut-être plus tôt encore. M. J. Chevalier (2), en relatant quelques pièces où il figure, le fait vivre jusqu'en 1130. Cette date est parfaitement admissible, mais doit être regardée comme la limite où les actes dans lesquels figure un Guillaume-Hugues de Monteil, peuvent lui être assignés plutôt qu'à son fils.

Il fut certainement marié deux fois, en premières noces à une dame dont le nom est jusqu'à présent inconnu, et dont il eut Guillaume-Hugues II, dont la notice suit, et bien certainement Géraud-Adhémar, déjà époux de Tiburge d'Orange en 1103, et mort entre 1115 et 1130, ainsi que nous l'avons constaté plus haut. Nous classons Géraud comme cadet, attendu qu'il ne prend pas le qualificatif « *de Montilio* », comme son père et son frère, et que ses fils, qui ont survécu sans aucun doute à leur grand-père, n'ont point hérité de Montélimar, dont ils auraient pris le nom, au lieu de celui d'Orange que nous leur voyons porter dans notre Cartulaire.

Guillaume-Hugues I*er* dut se remarier fort tard avec une assez jeune femme nommée Lecerina, qui survécut à son beau-fils, mort après 1156, ainsi que nous

---

(1) Sa mère s'appelait Adhalisia *(Cartulaire de Romans,* n°*s* 155, 161 et 172) et devait être fille d'Ismidon, prince de Royans. *(Ibidem,* n° 169). Lambert avait épousé Stéphanie *(Ibidem,* n° 155), sœur de Gui de Bourgogne, archevêque de Vienne et ensuite pape en 1119, sous le nom de Calixte II, qualifié oncle de Rainaud Francesc, fils de Lambert, par la charte n° 210 du même recueil. Enfin, ce dernier Rainaud fut marié à une dame nommée Guigona, ainsi que nous l'apprend la charte n° 51 de notre Cartulaire. Cette pièce, du 23 octobre 1150, sur laquelle nous aurons à revenir plus amplement en résumant l'histoire de la fondation de Richerenches, nous apprend qu'en dehors de l'apanage de Hugues, entièrement dévolu à Guillaume Hugues, Lambert avait recueilli des fragments d'héritage au sud de Montélimar. Le fils de Rainaud, nommé Francesc, confirma la charte de son père du 23 octobre 1150 (n° 52), le 22 février 1179, « jour où il s'était présenté devant Romans pour attaquer la ville ». Cet incident est resté inconnu des historiens de Romans, MM. Dochier et Giraud.

Cette famille ayant pratiqué la coutume du partage, déchut très rapidement du haut rang dont elle était issue, ainsi que l'a relaté M. J. Chevalier *(loco cit.).*

(2) *Op. cit.,* p. 150.

le verrons plus bas. Elle fut mère d'un second Géraud Adhémar, qui succéda à son frère aîné.

III. Guillaume-Hugues II. — Il nous est connu par trois chartes de Richerenches, les nos 51, 129 et 130, respectivement des 28 octobre 1150, 24 août 1156, et 5 septembre 1157. Cette dernière, postérieure de peu à sa mort, nous apporte la preuve qu'il est frère, et non père, de son jeune successeur Géraud Adhémar. Il est donc impossible de supposer que Guillaume-Hugues Ier ait pu, grâce à une longévité exceptionnelle mais cependant possible à la rigueur, atteindre l'année 1156.

La première de ces pièces est le renoncement par son cousin-germain Rainaud Francesc, fils de Lambert, aux prétentions qu'il élevait sur la seigneurie de Bourbouton, consenti en faveur du Temple. L'acte est passé à Savasse, où se sont rendus à la rencontre de Rainaud les deux négociateurs de la concession, Silvion de Clérieux et Guillaume Agulhon, Hugues de Bourbouton, commandeur de Richerenches, et, sans doute entourant celui-ci, plusieurs personnages importants qui nous sont bien connus, Jourdan de Pierrelatte, Bérenger de Saint-Paul, Ponce Gontard de Taulignan, Guillaume d'Allan, fils d'Hugues, Guillaume Artaud d'Allan, Guillaume de Bérenger, etc. Guillaume-Hugues de Monteil est présent et confirme le désistement de Rainaud. La même confirmation est ensuite demandée à Géraud Adhémar, qui la date de Saint-Paul-Trois-Châteaux ; et une véritable mission composée de frère Nicolas, chapelain de Richerenches, et des chevaliers frère Raimond de Crussol et frère Guiscard, est envoyée au château de Beauvoir demander la confirmation de Guigonne, femme de Rainaud, et au château de Mours, pour retirer celle du jeune Francesc, leur fils.

Il est évident que Guillaume-Hugues et son frère ont agi ici, non en qualité de souverains, mais bien de proches parents de Rainaud, pouvant avoir des droits éventuels à sa succession. En effet, Bourbouton n'est point de leur domaine, nous le savons pertinemment, et pour faire acte de souveraineté, la confirmation de Géraud Adhémar n'eût point été demandée.

La pièce suivante, n° 129, le fait ressortir clairement (1). Guillaume-Hugues fait au Temple des donations superbes qu'il serait trop long d'énumérer. Il confirme celles d'autres bienfaiteurs qui sont « de son domaine ». Enfin, il s'affilie à l'ordre du Temple et lui lègue, à sa mort, ses armes et son cheval, ajoutant que s'il n'avait pas alors de cheval, les Templiers auront le droit de percevoir cinq cents sous sur le péage de celle des portes de Montélimar qu'ils désigneront.

Ici, Guillaume-Hugues fait nettement acte de souveraineté sur la ville de Montélimar. Il agit seul, sans mention de fils, ce qui prouve, d'après l'usage du temps, qu'il n'en avait point. Il ne fait aucune mention de son frère Géraud, qui n'est même pas présent à l'acte. Toute idée de pariage entre les deux frères est donc péremptoirement écartée par le contexte, et nous pourrions, avec cette charte seule, affirmer que l'apanage n'a pas été divisé.

---

(1) Guillaume-Hugues se qualifie ici « *Guilelmus Hugonis Montelüs Ademari.* » C'est la plus ancienne mention du nom d'Adhémar joint à celui de Monteil pour désigner Montélimar. Celles qui avaient été relevées jusqu'à présent, ne remontaient qu'à l'époque où le seigneur portait ce nom. Celle-ci montre bien, semble-t-il, que cette adjonction a eu pour but de perpétuer la mémoire de l'illustre évêque du Puy et du comte de Valentinois, leur auteur à tous.

Elle est passée à Richerenches et semble bien indiquer que Guillaume-Hugues était déjà un vieillard. Il s'affilie à l'ordre, disposition presque « *in extremis* » fréquente alors, à moins qu'elle ne soit dictée, dans la jeunesse ou la force de l'âge, par un sentiment religieux. Il prévoit qu'il peut mourir sans avoir de cheval d'armes, ce qui, dans sa situation, ne peut se concilier qu'avec un âge très avancé ou une infirmité le rendant incapable d'en faire usage, d'autant que, se trouvant à Richerenches à la source des chevaux les plus hauts cotés, au lieu de s'en faire donner un comme présent de retour, il reçoit mille sous de bonne monnaie. Enfin, sa mort survient peu après.

IV. Géraud-Adhémar Ier. — Dès le 5 septembre 1157, en effet, le jeune Géraud lui avait succédé. A l'annonce de cette nouvelle, il faut le supposer, Pierre de Rouvière, maître de la milice de Provence et d'Espagne, s'empressa de députer Dieudonné de l'Estang, alors commandeur de Richerenches, pour lui demander la confirmation des bienfaits de son frère et celle d'un fief que Raoul de Falcon tenait de lui et avait donné à l'ordre, sans doute récemment (1). Il lui conduit comme présents un cheval d'armes de trois cents sous et un palefroi de soixante. Bien que la charte soit sans nom de lieu, les noms des témoins et la mention de l'ordre de Pierre de Rouvière, semblent indiquer qu'elle a été donnée à Montélimar ou aux environs. Géraud ajoute de son chef l'exemption de toute leyde et de tout péage, tant pour les achats ou ventes faits sur ses territoires, que pour ce que le Temple y fera transiter.

Tout indique que Géraud Adhémar était encore assez jeune. Il n'a pas de fils, il semble même qu'il ne soit pas encore marié ; sa mère vit toujours ; dans la charte suivante (n° 131), que les synchronismes placent à peu près à la même époque, la donatrice, Anna Barasti, fait confirmer la cession à l'ordre de serfs nommés les Affarati, par « sa dame Lecerina, mère de Géraud Adhémar, et par le même Géraud Adhémar, fils de la susdite Lecerina ».

L'empereur Frédéric Ier délivra, le 12 avril 1164, étant à Saint-Sauveur près Pavie, où Géraud s'était rendu, le diplôme d'immédiateté que nous avons déjà mentionné. Il lui donne l'investiture directe « *de tota terra avi et patris sui* », la pleine juridiction et la pleine puissance « *totius terre patris et avi sui* » et fait défense à toutes les plus hautes autorités constituées, qui sont énumérées, et parmi lesquelles « les comtes », de le molester ou inquiéter « *super terram de qua investitus est* (2). »

Ce diplôme établit la vérité de l'origine des Adhémar, telle que M. le chanoine J. Chevalier l'avait déduite tout d'abord, et telle que nous venons de la relater en comblant les obscurités encore subsistantes dans son livre à l'aide du Cartulaire de Richerenches. En principe, les grands fiefs étaient indivisibles, et leur démembrement au profit de plusieurs fils tel qu'il a été très souvent pratiqué, il faut en convenir, était contraire aux constitutions des rois et empereurs, se disputant les ruines de l'empire de Charlemagne. Le besoin éprouvé par Géraud de se rendre auprès de l'empereur, roi d'Arles, pour faire consacrer le démembrement du comté de Valentinois opéré en faveur de son grand-père Hugues, tout en nous faisant soupçonner que la légalité de ce démembrement avait pu être contestée, et peut-être même — vu la date — par Guillaume de

---

(1) Cette donation n'a pas été enregistrée.
(2) U. Chevalier, *Cartulaire de Montélimar*, n° 8, p. 19.

Poitiers, aussitôt qu'il avait été investi du comté, nous prouve que Hugues n'a jamais été comte de Valentinois lui-même. Il n'a pu, ainsi que nous l'avons affirmé, être qu'un cadet apanagé. Et ces mots répétés deux fois dans le diplôme : « *terra patris et avi sui* », établissent l'exactitude de la filiation que nous venons d'exposer, Géraud étant en effet fils de Guillaume-Hugues Ier, et petit-fils de Hugues. Ils montrent enfin que l'apanage de ce dernier avait été transmis de mâle en mâle par ordre de primogéniture, sans distraction d'aucune sorte.

Dès son accession à l'empire, Frédéric Ier avait formé le projet de se faire un appui solide du royaume d'Arles, et il s'y est appliqué pendant tout le cours de son long règne. Ce domaine patrimonial de sa famille, étranger aux factions et aux intrigues qui déchiraient l'Allemagne et l'Italie, pouvait lui offrir une base sûre d'opérations au cas où celles-ci l'eussent menacé trop vivement, ainsi que l'avaient éprouvé nombre de ses prédécesseurs. Il ne pouvait dès lors s'aliéner ceux de ses vassaux dont la puissance, bien que constituée illégalement à l'origine, était de son temps solidement assise déjà : aussi préférait-il consacrer certains morcellements, qu'il déplorait sans doute au fond de l'âme ; et puisqu'il ne pouvait compter sur l'appui d'un petit nombre de puissants feudataires, se faire de fidèles partisans de ceux, moins puissants, mais nombreux, qui avaient profité d'une circonstance quelconque pour se rendre indépendants. Enfin, dans la région où nous sommes, Frédéric Barberousse trouvait peut-être avantage à diviser et affaiblir le fief considérable que formait le marquisat de Provence, depuis que le partage de 1125 l'avait remis aux comtes de Toulouse, presque aussi puissants alors que les empereurs eux-mêmes, et indépendants de lui pour la plus grande partie de leurs états.

Le 15 février 1174, Géraud se rend en personne à Richerenches, où, entouré de vassaux et d'amis, il confirme au Temple tous ses dons antérieurs et tout ce que l'ordre a acquis dans ses domaines. Cette charte, à laquelle est présent Bérenger de Mornas, évêque de Vaison, est une des plus solennelles du recueil.

Il nous faut atteindre la date de 1180 pour rencontrer une mention de sa femme et de son fils. Pons Viader renouvelant à l'ordre le don de vignes situées à Montchamp qu'il avait fait avec son père quelques années auparavant (1), et y ajoutant d'autres terres, la mutation est confirmée par Géraud, sa femme Gersinde, et leur fils Guiraud (2), en qualité de suzerains.

Nous trouvons ici Géraud nommé avec sa femme ; son fils l'est seul, sans indication de la sienne, tandis que dans une transaction conclue entre eux et l'abbaye de Saint-Chaffre, le 31 mars 1184 (3), par la médiation de Guillaume de Poitiers et de B. de Boneil, Guiraud est aussi indiqué comme marié : « ... *et uxores eorum laudaverunt.* » Son mariage avait donc été conclu entre 1180 et 1184. Dans ces deux pièces, il n'est pas fait mention d'autres fils de Géraud Ier. Nous devons en conclure qu'il n'eut que ce fils unique.

---

(1) Voir le n° 123.

(2) N° 227. Nous trouvons ici les deux formes, « *Geraldus* » pour le père et « *Guiraldus* » pour le fils. Toutefois, celui-ci se nomme en réalité Géraud et la différence devait avoir pour but de les distinguer l'un de l'autre. On trouve souvent aussi « *Geraldetus* » dans les mêmes circonstances.

Le nom de Gersinde ou Garsende était traditionnel chez les Sabran. La femme de Géraud-Adhémar Ier appartenait peut-être à cette famille.

(3) U. Chevalier, *Cartulaire de Saint-Chaffre*, n° 443, p. 183.

V. Géraud-Adhémar II. — Nous venons de voir qu'il a dû se marier entre 1180 et 1184. Sa femme ne peut pas être Mabile de Marseille, comme l'ont supposé quelques érudits et généalogistes, trompés par la similitude des noms qui permettent difficilement d'identifier les différentes générations. Mabile n'a guère pu se marier avant 1200 au plus tôt, sans quoi elle serait restée stérile une vingtaine d'années. De plus, les deux époux eussent présenté de véritables phénomènes de longévité. Son mari a vécu tout au moins jusqu'en 1244 (1). Elle a testé le 1er juin 1249 seulement (2). Enfin, elle est belle-sœur de Lambert Adhémar, coseigneur de Monteil, et non sa mère. Or, Lambert ne peut être fils de Géraud Ier, puisqu'il n'est pas nommé avec Géraud II dans les actes que nous venons de rapporter, et qui auraient comporté la «laudatio » de Lambert, tout aussi bien que celle de son frère, s'il avait existé déjà. Nous allons voir quelques lignes plus bas la grande probabilité que la charte des libertés communales de Montélimar de 1198, ait été arrachée à de très jeunes gens. Enfin, dernière considération : nous avons vu Montélimar être transmis jusqu'alors sans être partagé, et Géraud Ier en obtenir de Frédéric Ier l'investiture dans des termes affirmant l'indivisibilité du fief. Or, Montélimar était divisé entre Géraud et Lambert dans les dernières années du siècle. Il serait contraire aux précédents que nous venons d'exposer, aux idées de Géraud Ier sur sa haute situation, à l'intérêt de sa famille qu'il avait évidemment en vue, de l'amoindrir par un partage.

Aussi croyons-nous que Géraud II dut mourir relativement jeune en laissant deux fils, Géraud III et Lambert, entre lesquels il partagea la seigneurie de Montélimar.

VI. Géraud Adhémar III et Lambert. — Lorsque les communes tentaient d'obtenir des libertés, elles choisissaient autant que possible l'occasion d'une minorité ou d'une récente transmission de la seigneurie. Il semble bien que celle de Montélimar ait trouvé en 1198 le concours de ces deux circonstances favorables. Cette charte gravée sur une plaque de marbre et encore conservée aujourd'hui dans l'hôtel de ville de Montélimar, a été souvent publiée et décrite (3). Elle portait deux sceaux, le premier, avec la célèbre mention « *Mateus me fecit* », qui a servi dans bien des actes à celui des Géraud qui a été vicomte de Marseille, et l'identifie ; le second, celui dont s'est servi Lambert, portant : « *Sigillum Guilelmi Ugonis.* »

Lambert n'a donc point encore de sceau, puisqu'il authentique en se servant de celui de son grand-oncle ; il n'est pas encore chevalier, dès lors, et dans sa situation, c'est certainement la preuve d'une grande jeunesse.

Enfin, Géraud III ne peut avoir épousé Mabile de Marseille que vers 1200 environ, car leur fille aînée, Eudiarde, n'était pas encore nubile en octobre 1213, lorsqu'elle fut fiancée au fils aîné de Raimond de Baux (4). Quant à Lambert, la plus ancienne pièce de nous connue le mentionnant comme marié est de 1215 (5). Il avait épousé Tiburge de Baux-Orange.

---

(1) Dr Barthélemy. *Inventaire des chartes de la maison de Baux*, n° 313.
(2) *Ibidem*, n° 347.
(3) U. Chevalier, *Cartulaire de Montélimar*, n° IX, p. 20, et notes de l'auteur sur la pièce.
(4) Dr Barthélemy, *op. cit.*, n° 159.
(5) *Ibidem*, n° 178.

Mabile de Marseille était fille de Guillaume-le-Gros, vicomte de Marseille, et de Laure, dont l'origine est inconnue : dans une vente faite en 1210 par Géraud III à Aymar, comte de Valentinois (1), le petit Géraudet, son fils, est dit en outre neveu (*nepos*) du comte. Aymar est encore trop jeune pour que *nepos* puisse être ici interprété comme petit-fils ; d'autre part, il n'est point beau-frère de Géraud. Ne pourrait-on en conclure que Laure était fille de Guillaume de Poitiers, ou d'un des Poitiers qui ont été ses frères suivant la plus grande probabilité, Bernard ou Pons ? Mabile a fait son testament s'étant réfugiée dans l'abbaye de Saint-Pons de Nice, et veut y être enterrée, ce qui viendrait à l'appui de cette conjecture, puisqu'elle aurait trouvé là un asile sous la protection de la famille de Nice.

Par ce testament, elle fit héritier Adhémar, son second fils, sans mentionner Géraud Adhémar IV, l'aîné, qui continua la ligne directe. Nous publions en appendice une pièce relative à la commanderie de Richerenches, due à cet Adhémar, qui prit le nom de Grignan, et nous renvoyons aux observations que nous présentons sur cette pièce pour ce qui le concerne. Ajoutons-y seulement qu'Adhémar avait dû recevoir Grignan en avancement d'hoirie, car nous le voyons en possession de cette seigneurie dès 1244, alors que le testament de sa mère n'est que de 1249.

La suite des trois branches ainsi formées par Géraud IV, Adhémar de Grignan, son frère, et Lambert, son oncle, ne présente d'autre difficulté que d'avoir à être dégagée des innombrables faux de l'abbé Durand-Arnaud qui l'encombrent. Nos chartes n'atteignant pas à une époque assez récente, nous ne pourrions y apporter aucune lumière. D'ailleurs, la coutume des partages fait son œuvre dans la maison d'Adhémar comme dans toutes celles qui l'ont pratiquée ; et si elle est restée au premier rang de la haute noblesse de la région, elle ne l'a dû qu'aux quatre générations pendant lesquelles l'apanage de Hugues avait été conservé intact et qui l'ont amenée sans amoindrissement à l'époque où la réaction contre cet usage fatal a commencé à se manifester.

Les généalogistes lui ont rattaché plusieurs autres tiges, notamment une seconde famille dont le patronyme étant également Adhémar crée des confusions avec elle, et celles de Monteil et de Grignan. Nous les croyons toutes trois absolument étrangères aux seigneurs souverains de Montélimar. Notre Cartulaire nous permettant de constater leur existence sans lien aucun avec les Adhémar de Monteil à une époque où il donne sur ceux-ci les détails les plus précis, nous leur consacrerons des paragraphes dans le chapitre IX ci-après.

---

(1) U. Chevalier, *Cartulaire de Saint-Chaffre*, n° 444.

CHAPITRE VIII.

COSEIGNEURS DE SAINT-PAUL-TROIS-CHATEAUX.

MAISONS DE SAINT-PAUL, — VIADER, — DE DONZÈRE.

Les évêques de Saint-Paul-Trois-Châteaux avaient été constitués, à une époque très ancienne, en bénéficiaires immédiats d'une partie tout au moins de leur diocèse. La bulle de confirmation de ces pouvoirs délivrée en 1154 à l'évêque Guillaume Hugues par l'empereur Frédéric Iᵉʳ, roi d'Arles et de Bourgogne, fait remonter cette concession aux empereurs Charles et Louis, sans doute Charlemagne et Louis le Débonnaire, et à d'autres de ses prédécesseurs, ce qui doit désigner les rois d'Arles et de Bourgogne dont il était personnellement l'héritier. Ces renseignements laissent planer beaucoup de vague sur l'origine d'une situation encore exceptionnelle à cette époque. Nous n'en voyons pas moins les évêques, dès avant la bulle impériale, exercer la justice dans leur diocèse, en dehors même des territoires relativement modestes dont ils avaient la souveraineté, ce qui prouve la réalité de concessions antérieures.

La bulle impériale confirme en effet à l'évêché l'exercice de la justice sur tout le territoire qui s'étend du Rhône à l'Eygues, ainsi que les régales. Cette délimitation est difficile à concilier avec les limites du diocèse, lequel n'atteint pas le cours de cette dernière rivière ; mais on peut en inférer du moins que ces pouvoirs civils s'étendaient à toute la partie sud.

Quant à la souveraineté pleine et entière, elle ne comprenait que la ville de Saint-Paul, le château des Baumes (1), la ville de Saint-Restitut et la moitié de Chamaret. Ces localités sont énumérées dans le traité d'alliance conclu en décembre 1202 entre le comte de Toulouse et l'évêque Bertrand de Pierrelatte ; la liste s'en retrouve identique, sauf l'adjonction de deux fiefs ne constituant que de simples lieux-dits, dans le traité de pariage conclu en 1409 par l'évêque Déodat d'Estaing avec le roi de France (2).

La souveraineté des évêques dans la ville de Saint-Paul est donc parfaitement établie ; mais, antérieurement à la bulle de 1154, elle avait été démembrée au profit d'un certain nombre de familles que notre Cartulaire nous montre en possession de droits féodaux, peut-être sous la mouvance du prélat. Suivant toute probabilité, cette situation devait remonter à l'inféodation de l'avoue-

---

(1) Aujourd'hui La-Baume-de-Transit.
(2) Ces deux traités sont donnés *in extenso* dans les preuves de la chronologie des évêques, *Gallia Christiana*, t. I, p. 121 et suiv.

rie de l'évêché par quelque prélat antérieur, avouerie que la coutume des partages aura subdivisée en un certain nombre de coseigneuries. C'est du moins ce que l'exemple de plusieurs autres diocèses de nos régions autorise à conjecturer. La suite des événements permet, en revanche, d'affirmer que les évêques, au XIIe siècle, supportaient impatiemment cette situation, et se sont appliqués à la faire cesser à leur profit.

En 1136, l'évêque Pons de Grillon avait donné et fait donner par les principaux coseigneurs, au Temple, le palais et l'église de Saint-Jean (1), avec le quartier environnant, ainsi que le revenu des droits de fournage, de mouture et de cens. Cette donation constituait l'ordre coseigneur de la ville (n° 128). Raimond Grassi avait une part de la justice de Saint-Paul et de la leyde du sel qu'il avait mises en gage (n° 90). Peut-être ne connaissons-nous pas tous les fiefs de cette nature qui devaient réduire l'évêque à la situation de roi fainéant dans sa propre ville épiscopale. Guillaume-Hugues prit donc le parti de se faire délivrer par l'empereur la bulle de 1154, renouvelant et étendant les anciens droits de son siège, et chercha ensuite à évincer les coseigneurs. Il dût sans doute procéder par rachat avec les laïques ; c'est ainsi que beaucoup de prélats en ont agi dans les cas analogues. Mais avec les Templiers il éprouva plus de difficulté et en arriva à leur contester purement et simplement leurs droits sur le quartier environnant l'église et le palais Saint-Jean dont ils avaient reçu le don en 1136. Nous en avons la preuve dans notre pièce n° 122, par laquelle les survivants des donateurs de 1136 certifient que ce quartier, « *plateas* », a bien été donné au Temple avec l'église et la maison templière de Saint-Jean. A l'origine, Arnaud de Bedos avait dû redouter d'établir sa commanderie à Saint-Paul même, une ville n'offrant pas les ressources dont il prévoyait la nécessité, et le développement de l'établissement projeté pouvant être entravé par la trop grande puissance de l'évêque. Aussi avait-il préféré Richerenches, dont il avait reçu le don peu après, et laissé à Saint-Paul un personnel très restreint. Mais l'ordre avait rapidement pris un accroissement prodigieux en richesses et en puissance, et au cours des trente-six années écoulées depuis, il n'avait plus à redouter un évêque, même prince féodal, tandis qu'il devait voir un très grand avantage à être, sinon absolument en pariage avec lui dans la ville épiscopale, tout au moins le premier de ses vassaux. Aussi les commandeurs de Richerenches résistèrent-ils longtemps aux projets d'éviction de Guillaume-Hugues, qui ne put les mener à bien avant sa mort ; et son successeur, Bertrand de Pierrelatte, dut attendre plus de vingt ans la transaction que consentirent enfin les Templiers en 1203, et qui mit fin à ce partage des droits seigneuriaux dans la ville (2). Les Templiers avaient été pendant soixante-sept ans coseigneurs de Saint-Paul. Les familles auxquelles ils avaient dû cet honneur, ont droit, nous semble-t-il, à quelques mots dans le présent travail.

MAISON DE SAINT-PAUL.

Celle-ci qui a conservé le nom de la ville elle-même à titre patronymique, paraît avoir été à l'origine la plus importante, et peut-être représentait-elle

---

(1) D'après son titre, cette église était vraisemblablement l'ancien baptistère de l'évêché, ces édifices ayant été généralement placés sous le vocable de saint Jean-Baptiste.

(2) *Gallia Christiana*, t. I, col. 714.

directement ceux que par analogie nous pensons avoir été les avoués de l'évêché. En 1136, elle possédait, outre une part de la seigneurie de l'église et du palais Saint-Jean, les droits de fournage, de mouture et les cens que Anne, mère de Guillaume de Saint-Paul et de Pierre Artaud son frère, donna au Temple en créant dans l'église un service anniversaire perpétuel qui devait être d'une grande solennité, à en juger par les stipulations de la charte, car le doyen et tout le chapitre devaient y prendre part (n° 128, second paragraphe.)

En dehors des deux fils d'Anne, la famille était nombreuse et animée de la plus vive piété. Notre Cartulaire ne nous fait pas connaître, en effet, moins de quatre chevaliers du Temple du nom de Saint-Paul, Géraud (n° 56), et Constantin (n° 42), vers le milieu du siècle, Pierre, fréquemment nommé de 1170 à 1172 et Guillaume, qui paraît quelquefois à Richerenches, mais était commandeur de Roaix en 1179 (1). Parmi les laïques, outre les donateurs de 1136, plusieurs fois nommés dans d'autres pièces, nous rencontrons encore Bérenger, Bertrand et Raimond de Saint-Paul.

Elle s'est perpétuée en deux branches, l'une sous le nom de Saint-Paul et une seconde remontant certainement à Pierre Artaud, le second des fils d'Anne, car elle a conservé ce patronyme. Celle de Saint-Paul continua quelque temps encore à habiter la ville dont elle portait le nom. Le traité d'alliance de 1202 entre l'évêque Bertrand de Pierrelatte et le comte de Toulouse ayant dû être ratifié par les trois ordres de la ville, Pierre de Saint-Paul, chevalier, fut l'élu de l'ordre militaire pour la prestation du serment nécessaire. Au cours du XIV° siècle, les Saint-Paul transportèrent leur résidence à Pernes, dans le Comtat-Venaissin, et s'éteignirent au XVI°. Giberti leur a consacré une notice dans son *Histoire de Pernes* (2). Certains auteurs leur rattachent Pierre de Saint-Paul, évêque d'Apt (1168-1186), et Jean de Saint-Paul, archevêque d'Amalfi en 1142 (3).

Pierre Artaud, frère de Guillaume de Saint-Paul et codonateur avec lui du palais Saint-Jean au Temple en 1136, a fondé la branche qui a abandonné le nom de Saint-Paul pour conserver exclusivement celui d'Artaud. Il apparaît plusieurs fois dans nos chartes, et notamment il est le seul des Saint-Paul qui prend part avec Bertrand Viader et Pierre de Donzère, à la confection du certificat du 21 avril 1172, constatant les droits seigneuriaux donnés au Temple avec ce palais (n° 122).

Armand Artaud qui apparaît fréquemment comme témoin dans nos chartes de 1159 à 1183, était peut-être un de ses fils.

Cette famille Artaud, absolument distincte des Artaud d'Aix-en-Diois qui ont perpétué la famille de Montauban et des Artaud d'Allan établis dans le Viennois, a subsisté pendant plusieurs siècles avec honneur à Saint-Paul-Trois-Châteaux. En 1409, lorsque l'évêque fut contraint d'admettre le roi de France en pariage dans sa petite souveraineté, les trois ordres de la population furent appelés à prêter hommage et serment au nouvel état de choses ; parmi les chanoines est nommé François Artaud (4), et les premiers nommés parmi les

---

(1) *Cartulaire de Roaix*, n° 160 et autres.
(2) Bibliothèque d'Inguimbert à Carpentras. Ms. n° 554-555.
(3) Notre collègue M. Jules de Terris a résumé ce qui les concerne dans sa belle publication sur *les Évêques d'Apt*, Avignon, in-4°.1877.
(4) *Gallia Christiana*, t. I, p. 121.

nobles, sont Jean, Pierre et Léonard Artaud (1). Nous croyons que cette branche a dû s'éteindre également au XVIᵉ siècle au plus tard.

Il faut probablement rattacher aussi à cette même tige la famille *Grassi* ou *Crassi*, en langue vulgaire *Gras*. Le très curieux bilan de la fortune « *d'en Raimun Gras* », encarté en original dans notre Cartulaire, et portant dans notre publication le n° 90, nous montre qu'il avait une part de la justice à Saint-Paul, et la leyde du sel. Il était donc en possession dans la ville de droits essentiellement seigneuriaux. Presque toutes ses propriétés, celles du moins dont nous avons pu vérifier l'assiette, sont dans le territoire de Saint Paul. Guillaume Gras, qui accompagne l'évêque Guillaume-Hugues à Richerenches, le 5 mars 1169, devant lequel la famille de Vallaurie fait à la commanderie donation de ses biens à Granouillet, est qualifié « *Wilelmus Crassus de Sancto Paulo.* » Ainsi que cela se pratiquait souvent à cette époque, cette branche a dû se distinguer par la conservation du sobriquet de son auteur (2), et le conserver comme nom patronymique. Le lamentable état de fortune *d'en* Raimond, explique qu'elle soit rapidement tombée dans l'obscurité. Nous ne savons s'il faut lui rattacher plusieurs autres Gras, notamment Géraud, bailli des domaines de Silvion de Clérieux dans le diocèse, Pierre, et un Guillaume qui apparaît fréquemment de 1166 à 1172, et pourrait être le même que Guillaume Gras de Saint-Paul.

MAISON VIADER.

Bertrand Viader « et ses frères » sont au nombre des donateurs du palais Saint-Jean en 1136, et Bertrand réapparait seul d'entre eux dans le certificat de 1172, mais accompagné de son fils Pons. Nous pensons que l'un de ces frères non nommés doit être identifié avec Pons Viaers (3), témoin de la pièce n° 57, du 19 avril 1148, et que nous voyons chevalier du Temple en 1180 (n° 228), année où le jeune Pons, fils de Bertrand, est marié, ce qui exclut l'identité des deux personnages. Le chevalier, qui devait être fort âgé à cette date, est nommé auprès d'Adalard, gardien de la maison templière de Saint-Paul (4). Ainsi que l'ordre en usait parfois avec les chevaliers vieillis ou blessés après de longues campagnes auxquelles ils avaient cependant survécu, il avait dû être envoyé dans sa ville natale pour y mourir en paix.

Le jour même où était dressé le certificat de 1172, Bertrand Viader et son fils Pons donnèrent à la commanderie de Richerenches des vignes auprès de Montchamp (n° 123.) Bertrand mourut avant 1180, car cette année-là, sans faire mention de son père, Pons le jeune et sa femme Raimonde donnèrent au Temple tout ce qu'ils possédaient encore de vignes à Montchamp. Elles devaient être considérables, car le commandeur de Richerenches, outre une hypothèque de cent sous qu'il se charge de rembourser, offre au donateur un cheval de trois cents sous, évaluation qui n'a été surpassée que dans quatre circonstan-

---

(1) *Gallia Christiana*, t. I, p. 127.
(2) Notre Cartulaire nous en offre plusieurs exemples : *Maljox*, mauvais joueur, désignant un des Grignan, *Pelestort*, poil frisé, un des Taulignan, etc.
(3) Nos chartes écrivent indifféremment Viader, Viaer et Veiaers.
(4) « *Custos domus Sancti Johannis* » (n° 122).

ces (1). Pons Viader fit autoriser sa donation par Géraud Adhémar de Monteil, sa femme et son fils, en qualité de seigneurs suzerains du terroir (n° 228).

Nous ne savons si cette famille, évidemment considérable alors, s'est perpétuée. Nous n'avons relevé aucune mention de son nom en dehors de notre Cartulaire.

MAISON DE DONZÈRE.

Pérégrine et son fils Pierre de Donzère, sont au nombre des donateurs du palais Saint-Jean en 1136, et le second figure dans l'attestation de l'étendue de la donation en 1172. Notre charte n° 90 compte Bertrand de Donzère au nombre des créanciers d'*en Raimon Gras*.

Outre une part de droits seigneuriaux dans la ville de Saint-Paul, cette famille a eu de très grandes possessions dans ce diocèse et dans celui de Viviers, notamment la petite ville dont elle portait le nom, une partie de la seigneurie de Pierrelatte, celle du Teil, etc. Mais c'est à peine si elle a atteint le début du XIV° siècle.

M. le marquis de Boisgelin a résumé, dans ses *Esquisses généalogiques sur les familles de Provence* (2), ce que MM. Lacroix, Bruguier-Roure, le baron de Coston, etc., ont pu retracer sur le rôle assez considérable qu'elle a tenu dans notre région.

CHAPITRE IX.

I. NOTES DIVERSES SUR LA REGION.
II. LES ARMANNI ET PITHON-CURT.

I. NOTES DIVERSES SUR LA RÉGION.

Indépendamment des renseignements historiques de premier ordre que nous avons relevés jusqu'ici, notre Cartulaire en fournit en grand nombre encore sur la région avoisinant Richerenches. Nous ne pouvons tous les mettre en lumière, mais nous en résumons quelques-uns dans ce chapitre.

A cette époque, l'histoire des localités se confond avec celle de leurs seigneurs. C'est donc sous le nom de ceux-ci que nous avons souvent dû classer

---

(1) En faveur de Raimond de Montauban, Roger de Clérieux, Armand de Bourdeaux, et Guillaume Ripert, dont la donation comprenait aussi des vignes considérables à Montchamp. Géraud Adhémar de Monteil s'était, de même, contenté d'un cheval de trois cents sous. Le luxe des destriers ou chevaux d'armes à cette époque, est une des données les plus sûres que nous possédions sur l'importance des personnages sur lesquels l'histoire ne nous a pas transmis d'amples détails.

(2) T. I, p. 111, note 5.

ces informations. Quelques familles en effet ont possédé simultanément, en tout ou en partie, plusieurs localités différentes. Nous évitons ainsi les redites que le classement par noms de lieux eût forcément amenées. D'autres, telles que celle à laquelle le hasard de l'ordre alphabétique a donné le premier rang, ne se rattachent à aucune seigneurie en particulier ; mais leur nom se reproduisant dans les titres du temps, et prêtant parfois à des confusions par homonymie, il peut être utile de consigner ici la connaissance que nos chartes nous en ont donnée, pour épargner au lecteur le long travail d'assimilation des documents auquel il était de notre devoir de nous livrer. Certaines d'entre elles, disparues très anciennement, n'ont laissé à peu près aucun souvenir malgré le rôle qu'elles ont joué alors. Ce que nous avons appris d'elles, quelque succinct que ce soit, peut tout au moins mettre sur la voie d'études plus complètes.

ADÉMAR.

En établissant ci-dessus la chronologie des seigneurs indépendants de Montélimar, auteurs de l'illustre famille Adhémar de Monteil, nous avons passé sous silence les mentions d'une famille Adémar, distincte de la leur, et cependant d'une certaine importance, fréquemment mentionnée dans notre Cartulaire. Il est d'autant plus nécessaire de lui consacrer quelques mots que cette similitude de noms peut engendrer des confusions et des erreurs. Nous croyons, en effet, pouvoir la rattacher plus sûrement à Pierre Adémar, témoin le 25 mai 1110, d'une concession faite par Léger, évêque de Viviers, à l'abbaye de Saint-Ruf, à laquelle ont été appelés comme témoins les membres de plusieurs autres familles dont les terres sont voisines de Richerenches et que nous retrouverons fréquemment dans nos chartes, Géraud de Grane, Pons Dalmas, Armand de Rac, Hugues du Bourg, etc. Pierre Adémar n'est point en vedette dans cette liste de témoins ; ceux que nous venons de citer sont du rang seigneurial, dans lequel évoluent les Adémar qui suivent : il eût vraisemblablement été nommé le premier s'il eût été de race souveraine, et nous ne voyons dans celle-ci de place pour aucun Pierre à cette époque (1).

Le 19 juin 1151, Hugues Adémar et sa mère Aibeline confirment, comme seigneurs dominants, une vente de prairies faite au Temple par les frères Malcanetz (n° 63). Hugues avait épousé Anne, fille de Pierre-Hugues de Visan et de Bellissende ; cette alliance suffirait à elle seule à montrer qu'il doit être regardé comme appartenant à la noblesse locale, s'il ne peut prendre rang avec les seigneurs de Montélimar. Les très nombreuses chartes de la famille de Visan le nomment à mainte reprise. Il paraît avoir été dans des rapports intimes de parenté avec les Malamanus, très grands bienfaiteurs de la commanderie, et membres certainement riches et influents de l'*ordre militaire*, si tant est qu'ils ne fussent pas eux aussi possesseurs de quelque seigneurie inconnue de nous et dès lors « nobles », suivant l'expression alors usitée. Nos chartes ne nous apprennent pas s'il eut postérité.

Nous avons donné plus haut, dans le paragraphe consacré à l'évêché d'Orange, les raisons qui nous ont porté à considérer comme issu de cette

---

(1) U. Chevalier, *Codex diplomaticus ordinis Sancti Rufi*, n° IX. (*Bulletin de la Société d'archéologie de la Drôme*, année 1891.)

famille un autre Hugues Adémar, chanoine de la cathédrale de Nice, dont le nom apparaît pour la première fois dans cette ville, ainsi que celui de Raimond de Bollène, en 1141, auprès du « légat-quêteur » de l'ordre de l'Hôpital Saint-Jean de Jérusalem Arnaud, que l'examen de toutes les circonstances de sa vie venues à notre connaissance, nous porte à identifier avec l'ancien sacristain du chapitre d'Orange, insigne bienfaiteur des commanderies de Richerenches et de Roaix, élu évêque de Nice en 1151. Tous deux appartenaient encore au chapitre à cette dernière date, et Hugues Adhémar ne cesse de figurer dans les listes des chanoines auprès de l'évêque Arnaud qu'en 1159. Il faut probablement aussi rattacher à cette tige Pons Adémar, chevalier du Temple, qui reçoit le 18 mars 1178 une donation importante de la famille orangeoise du Cloître (*de Claustro*) en faveur de la commanderie de Roaix, en l'absence probablement du commandeur (1). Enfin Guy Allard, dans son *Dictionnaire de Dauphiné*, ajoute à la biographie de Jean de Brienne qui devint roi de Jérusalem, les noms de quelques Dauphinois qui l'avaient suivi en TerreSainte, parmi lesquels est nommé un Hugues Adémar. L'étude que nous avons faite ci-dessus des Adhémar de Monteil ne laisse de place dans les dernières années du XIIe siècle et au début du XIIIe pour aucun personnage appelé Hugues. Ce nom paraît au contraire avoir été traditionnel dans la famille qui nous occupe, et à laquelle se rattache peut-être le chevalier croisé.

Quelque incomplète que doive rester cette notice, elle suffira pour appeler l'attention sur l'origine de personnages assez marquants pour figurer dans un certain nombre de chartes de cette époque, et qu'il n'est point possible de rattacher aux Adhémar de Monteil, dont la famille était fort peu nombreuse alors, ainsi que nous avons pu l'établir, contrairement aux descendances extraordinairement touffues figurant dans les généalogies issues des travaux de l'abbé Durand-Arnaud.

AGULHON.

Cette famille était certainement, à l'époque à laquelle se réfèrent nos recherches, une des plus notables du diocèse de Vaison. En 1059, « *Rodulfus Aculeus, de Mirabello castello* », sa femme Alvis, leurs fils Pierre, Guillaume, Ismidon et Géraud, et une petite-fille ou nièce, « *nepota mea* », dont la présence à l'acte indique l'existence d'un cinquième fils non nommé ou d'un frère de Raoul antérieurement décédé, donnent à l'abbaye de Saint-Victor « *ecclesiam Sancte Marie, sitam in episcopatu Vasensi, in loco Pulcro Visu nuncupato,* » avec tous les biens qu'elle possède, ou acquérera par la suite. De plus, ils permettent à tous leurs hommes « *tam militibus quam pagensibus, terrarumque et vinearum cultoribus* », de donner de même à cette église non la totalité, mais quelque peu de ce qu'ils tiennent d'eux : « *non dicimus totum, sed quantulumcumque de honore quam* (2) *tenent per nos* » (3).

Cette église figure encore sous le nom de Notre-Dame de Beaulieu sur la carte de Cassini, et le nom de Beaulieu marque aujourd'hui le lieu-dit de la commune de Mirabel-aux-Baronnies le plus voisin de la limite des départements

---

(1) *Cartulaire de Roaix*, n° 139.
(2) Sic.
(3) *Cartulaire de Saint-Victor*, n° 689.

de la Drôme et de Vaucluse au sud-ouest. Le *Dictionnaire topographique de la Drôme* (1) identifie en effet les deux expressions « de Pulcro Visu » et « de Pulcro Loco », comme désignant cette même localité.

Mirabel figure dans le partage de 1023 comme un des chefs-lieux de mandements de la maison de Mirabel-Mison. Passé aux Mévouillon avec l'héritage de Percipia, il a fait partie de la portion des Baronnies distraite ensuite en faveur des Montauban, et fut une des principales places de ceux-ci. Il est probable que les Agulhon en étaient coseigneurs avec les Mévouillon, ce qui indiquerait en effet une très haute situation. Mais que cette tenure ait été en pariage avec la maison dominante ou simplement sous sa mouvance, la donation nous montre Raoul Agulhon ayant parmi ses vassaux des familles de l'ordre militaire, c'est-à-dire nobles dans le sens qu'a eu ce mot lorsque, cessant de s'appliquer exclusivement aux possesseurs de seigneuries, il a été étendu à tous ceux qui appartenaient au second État ou lui étaient agrégés.

Notre Cartulaire nous montre ensuite Nicolas Agulhon en pariage avec Raimond de Montauban et Bertrand de Taulignan pour la seigneurie de Grillon en 1175 (n° 210). Cette pièce ne laisse place à aucun doute et prouve clairement qu'il avait une part du haut domaine.

Les membres de cette famille dont nos chartes nous conservent le souvenir sont assez nombreux. En 1150, Guillaume Agulhon est avec Silvion de Clérieux le négociateur de l'abandon que Rainaud Francesc fait au Temple de ses réclamations sur la seigneurie de Bourbouton (n° 51). La combinaison des chartes n°s 119 et 237 nous montre qu'il a été le père de Nicolas, coseigneur de Grillon, et d'un second Guillaume. Nous trouvons enfin en 1212 un autre Nicolas, lequel, avec sa mère Blacoza, donne à la commanderie une terre sur le bord de l'Olière (n° 261). Pour que sa mère fût encore vivante à cette date, il semble difficile qu'il soit le même personnage que Nicolas, fils et frère des deux Guillaume ; il devait plutôt être son fils ou son neveu.

Nicolas et Guillaume Agulhon avaient eu avec l'ordre du Temple une contestation sur plusieurs points, dont le principal portait sur la seigneurie de Buisson. Les trois commanderies de Richerenches, de Naisac (Bonaisac) et de Roaix, celle-ci principalement, y étaient intéressées, et elles obtinrent que le litige fût terminé par devant Bertrand de Pierrelatte, évêque de Saint-Paul-Trois-Châteaux, en mai 1182. L'acte nous a été conservé par le Cartulaire de Roaix (n° 185). Les Agulhon se firent garantir par une liste brillante de fidéjusseurs, parmi lesquels Raimond de Mévouillon, Géraud Adhémar de Monteil, Jarenton et Pierre de Caderousse, ce dernier leur beau-frère, etc.

D'autres pièces nous font connaître Raoul et Raimond, qualifiés frères en 1148 (n° 42), et suivis assez fréquemment de Pierre Agulhon pour que celui-ci doive très probablement être regardé comme également leur frère. Enfin Ripert Agulhon, vivant en 1150 (n° 61).

Nous devons à l'obligeance de notre collègue M. Lucien Gap, l'indication de deux notes intéressantes pour l'histoire à la fois du Temple et de cette famille au siècle suivant. En 1270, Pierre Agulhon était commandeur de Villedieu. Il acheta de Rambaud, seigneur du Puy, la soixante-dixième partie des fiefs de Corsenègues, Antimaine et Pauperat (2), lesquels étaient déjà de la seigneurie

---

(1) Table des formes anciennes, p. 473.
(2) Lieux-dits de la commune de Villedieu.

de la commanderie. C'est un curieux exemple de l'excessive division des héritages sous les lois de succession contre lesquelles, à cette date, les populations commençaient à réagir.

D'autre part, Pons Agulhon était, en 1272, commandeur du Temple d'Orange (1).

Cette famille semble s'être éteinte peu après. Peut-être a-t-elle été fixée en Basse-Provence par un personnage que cite le Dr Barjavel (2), Raimond Agulhon, lequel, après avoir suivi Charles d'Anjou à la conquête du royaume de Naples, a été bailli de Toulon en 1310. Nous ne la retrouvons plus en effet dans notre région.

AUBUSSON.

Cet ancien village, détruit en 1389 par Raimond de Turenne, d'après les historiens du Comtat Venaissin, et aujourd'hui simple lieu-dit avec chapelle de la commune de Séguret (3), rappelle, croit-on, le nom du « *Pagus Deobensis* », et son sol a fourni de nombreuses antiquités. Il a donné son nom à une famille dont les membres figurent aux XIIe et XIIIe siècles dans les chartes du diocèse de Vaison ; ils sont du nombre des bienfaiteurs des deux commanderies de Richerenches et de Roaix, et notre pièce n° 249 établit qu'Elzéar d'Aubusson possédait, en tout ou en partie, les seigneuries des Baumes (4) et de Saint-Quinise (5).

Cette famille était, dès cette époque, fort nombreuse, à en juger par le relevé de ceux qui apparaissent comme témoins ou à d'autres titres dans les Cartulaires des deux commanderies. Elle disparaît de très bonne heure. S'est-elle éteinte ou a-t-elle été rejetée dans l'obscurité par son excessive division ? Quoi qu'il en soit, il est utile de la signaler, ne fût-ce que pour son nom, un de ceux qui, par homonymie, sont de nature à égarer le mieux les recherches.

LA BAUME-DE-TRANSIT.

Cette localité faisait partie de la souveraineté des évêques de Saint-Paul-Trois-Châteaux, sous la mouvance desquels elle a été possédée par divers coseigneurs. Nous avons vu ci-dessus que les d'Aubusson en avaient une partie au moins, dans la seconde moitié du XIIe siècle. Son territoire confine à celui de la commune de Richerenches par celui de l'ancien *castrum* de Bourbouton, incorporé à cette dernière au XIVe siècle. Son nom, qui revient constamment dans nos chartes, est toujours au pluriel à cette époque, BALMAE.

L'illustre famille des comtes de Suze avait comme nom patronymique « de la Baume ». On sait qu'elle a dû sa grandeur à un écuyer nommé Louis de la Baume, lequel, combattant en 1424 à Verneuil sous les ordres d'Henri de Sassenage qui y fut tué, reçut ses dernières instructions pour les porter à sa veuve,

---

(1) Archives départementales des Bouches-du-Rhône, anciens inventaires des ordres du Temple et de l'Hôpital, n°s 7 et 8.
(2) *Dictionnaire biographique de Vaucluse*, t. I, p. 19.
(3) Notre-Dame d'Obesson ou du Besson.
(4) Aujourd'hui la Baume-de-Transit.
(5) Commune de Bouchet ou de Suze-la-Rousse.

Antoinette de Saluces, dame de Suze par sa mère Marguerite des Baux. Celle-ci prit à gré l'heureux survivant de cette bataille qui avait fauché une grande partie de la noblesse dauphinoise, et l'épousa à la fin de son veuvage. Leur postérité a joué un rôle considérable dans l'histoire du Venaissin, du Dauphiné et de la Provence.

Un coup de fortune semblable fait toujours naître des envieux. Aussi nombre de chroniqueurs se sont-ils plu à rabaisser l'origine du héros de ce roman. D'autre part, les Suze eurent le tort, au lieu de faire rechercher leur véritable histoire, de charger Guy Allard de leur en créer une. Celui-ci, en utilisant des documents relatifs à diverses familles du même nom, imprima en 1680 une généalogie les faisant originaires du Graisivaudan, plusieurs fois reproduite depuis, notamment par Moréri. Malheureusement, les productions de Guy Allard n'inspiraient à juste titre qu'une médiocre confiance et les faiblesses de sa compilation furent bientôt reconnues, notamment par d'Hozier. En 1743, Pithon-Curt lui-même n'osa pas l'admettre dans le tome Ier de son *Histoire de la noblesse du comté Venaissin*.

Notre Cartulaire qui nous montre tant de maisons en décadence, nous fait au contraire assister à l'élévation d'une famille qui adopte le nom de la Baume. Hugues de Bourbouton, en dressant avant sa mort, pour la commanderie de Richerenches, le mémoire de ses droits dans la seigneurie de Bourbouton, mentionne l'acquisition, dans des conditions sur lesquelles il appelle l'attention, de deux condamines à Bourbouton par un nommé Raoul Laugier, contemporain de son père, dont les enfants, notamment Pierre Guillaume des Baumes, « *Petrus Wilelmi de Balmis*, » sont à tenir en respect à cause de leur caractère difficile et processif (n° 187). La postérité de Raoul Laugier est extrêmement nombreuse, et possédait probablement, dès le XIIe siècle, une part de la seigneurie des Baumes, car Bertrand des Baumes se faisant chevalier du Temple, sans doute après son veuvage, en 1138, mentionne que les donations qu'il fait au Temple le sont « *cum consilio et jussu domini mei Poncii de Grilione, episcopi Tricastinensis* » (n° 33).

Plusieurs de nos chartes sont dues à des membres de cette famille, soit sous le nom des Baumes, soit sous le sobriquet bizarre de Cornabroc, adopté par un second Raoul, mais dont la postérité reprend celui des Baumes ; et les mentions offertes d'eux par d'autres pièces, comme témoins ou à d'autres titres, sont des plus nombreuses. Nous y voyons dès lors figurer l'un d'eux comme chanoine du chapitre de Saint-Paul. Ils appartiennent incontestablement à l'ordre militaire, et sans doute auraient droit, si à cette époque les qualifications dites nobiliaires étaient usitées, à celle de nobles comme possesseurs de fiefs.

Or, cette famille s'est perpétuée dans le pays et son nom revient souvent dans l'histoire de l'évêché de Saint-Paul. Leurs hommages aux évêques pour la seigneurie des Baumes sont relatés à diverses dates (1).

Les évêques avaient été contraints en 1409 de recevoir le Roi Dauphin en pariage avec eux dans leurs petits états, et dès lors les convocations de l'arrière-ban appelèrent la noblesse Tricastine aux armées du roi de France. C'est très vraisemblablement à ce titre qu'un de ces la Baume dut se trouver, à la journée de Verneuil, recueillir le dernier soupir du chef du contingent dauphinois, et il

---

(1) Boyer, *Histoire de l'église de Saint-Paul-Trois-Châteaux* et *Gallia christiana*, passim.

semble naturel que le seigneur de Suze ait choisi, pour l'envoyer à sa jeune veuve, un combattant qu'il connaissait peut-être particulièrement en raison du voisinage de Suze et de la Baume-de-Transit.

En tous cas, lorsque les comtes de Suze voulurent retracer leurs origines, leur généalogiste eût été mieux inspiré en les recherchant dans le Tricastin et dans notre Cartulaire, où il eût trouvé facilement, et authentiquement surtout, pour leur client une origine d'ancienne chevalerie remontant au XIe siècle.

Cette tradition dut être longtemps conservée dans la famille de la Baume-Suze, car une fois élevée à la haute situation que lui avait donnée Antoinette de Saluces, elle chercha à racheter La Baume-de-Transit et saisit la première occasion de l'acquérir ; elle ne se présenta qu'à la fin du siècle suivant, après la mort de Diane de Poitiers, qui l'avait fait incorporer au duché de Valentinois. Ayant été forcés de l'aliéner de nouveau un siècle plus tard, c'est peut-être le regret de cette circonstance qui leur aura fait diriger le travail de Guy Allard vers une autre contrée, à une époque où le souci de l'exactitude historique ne présidait pas toujours aux recherches généalogiques.

Remarquons que la localité et la famille des comtes de Suze ont toutes deux abandonné le pluriel, *Balmae*, *de Balmis*, constamment employé au XIIe siècle, pour le singulier, La Baume.

BÉRENGER.

Les membres de cette famille sont du nombre des principaux bienfaiteurs de la commanderie. Bien qu'elle ait eu dans notre région une assez grande importance, il ne faut pas la confondre, ainsi que cela a été fait par les généalogistes, avec celle du même nom ayant eu, à l'époque embrassée par nos chartes, la souveraineté allodiale du Royans.

La récapitulation des bienfaits de l'évêque Rostan de Vaison nous la montre au début du XIIe siècle en possession de la seigneurie de Saint-Maurice (1) et représentée par trois frères :

1° Pons, mort avant 1143, ses neveux ayant fait à cette date des donations (nos 18 et 19) qui sont rappelées dans notre charte n° 103 comme l'ayant été à l'occasion de sa mort. Les termes de ces pièces semblent exclure la possibilité qu'il ait laissé postérité.

2° Pierre, chevalier du Temple, a été un moment, peut-être par intérim, commandeur de Richerenches en 1171.

3° Raoul, que nous croyons avoir eu d'un premier mariage deux fils, Hugues et Guillaume, et avoir été marié en secondes noces à Douce d'Orange, dont un troisième fils, Pons.

Douce, dans la pièce n° 86, se dit veuve de « R. de Gironde ». Ce nom subsiste encore aujourd'hui sur les deux rives de l'Aigue, dans les communes de Mirabel et de Vinsobres, limitrophes de Saint-Maurice, où il ne s'applique plus qu'à de simples lieux-dits, mais rappelle vraisemblablement une localité plus importante, peut-être un château, de la possession des Bérenger. La récapitulation de l'évêque Rostan n'exclut point l'adoption par un des trois frères d'un autre patronyme : «... *A Pontio Berengario et a fratribus suis Petro et Rodulfo...* » Mais nous venons de voir que les deux aînés, Pons et Pierre, n'ont pas dû

---

(1) Canton de Nyons, Drôme.

laisser de postérité. Elle aura été continuée par Raoul, qui aura fait reprendre par ses fils le patronyme considéré comme le plus précieux pour leur race (1). En effet, le fils de Douce de Gironde est dit Pons Bérenger Les pièces 18 et 19 nous montrent en 1143 trois frères de ce nom dont Pons est le plus jeune : Hugues, Guillaume et Pons. Il est donc nécessaire que tous trois soient fils de R. de Gironde ; or, Pons est le seul qui figure avec sa mère comme contractant de la pièce 86, par laquelle Douce confirme au Temple la propriété de terres qui relèvent d'elle, à l'exclusion de ses frères aînés, dont l'un, Guillaume, présent cependant, n'est employé que comme simple témoin. Il résulte donc forcément de ces diverses pièces que Hugues et Guillaume sont nés d'un premier mariage de Raoul Bérenger, dit de Gironde, et le troisième, Pons, d'un second mariage avec Douce d'Orange.

Nous avons exposé au chapitre V ci-dessus les faits nous autorisant à regarder celle-ci comme une fille de Tiburge, née de son premier mariage avec Géraud Adhémar. L'examen de la pièce n° 86 nous montre d'une part qu'elle était une fort grande dame, et de l'autre que l'identification du nom de Gironde et de celui de Bérenger est incontestable. Douce, venant à Richerenches pour la circonstance, est en effet accompagnée de toute une troupe de gentilshommes que leurs noms, ou les documents les concernant dans les Cartulaires de Richerenches et de Roaix, nous désignent comme possessionnés autour de Saint-Maurice et de Gironde. Outre son beau-fils Guillaume, qui dans cette circonstance mentionne qu'il habite Vinsobres, nous y voyons deux membres de la famille qui porte le nom de ce village et y avait probablement une part de la seigneurie ; ensuite, Guillaume de Novaizan, Bertrand de Bourbouton et Ripert Folras qui avaient leur principal domicile à Visan ; trois membres de la famille Agulhon, originaire de Mirabel; Bertrand Carrella, etc. Ce brillant cortège établit, vu les usages du temps, d'une part la grande situation de la donatrice, et de l'autre qu'elle venait bien de la région où nous avons rencontré les Bérenger au début du siècle.

Ainsi que nous venons de le voir, Raoul, outre une fille dont nous parlerons plus bas, avait laissé trois fils :

1° Hugues avait été fixé à Valréas, peut-être par un mariage. Cette circonstance nous porte à lui rattacher Bertrand et Pierre Bérenger ; le premier, témoin en 1175 de la donation de Pierre Do de Valréas (n° 213), se fit plus tard chevalier du Temple, et la pièce n° 169 du Cartulaire de Roaix nous le montre en 1227 commandeur de Beaulieu. Le second, probablement frère de Bertrand, est témoin de la pièce n° 228, passée à Saint-Paul-Trois-Châteaux en 1180.

2° Guillaume, chanoine de Vaison. Il est nommé un très grand nombre de fois dans les chartes des deux commanderies, et a été particulièrement généreux envers celle de Richerenches. D'après plusieurs pièces du dernier tiers du siècle, nous voyons que sa sœur, Dalmaze, s'était fixée auprès de lui à Vaison après son veuvage. Elle avait épousé un des Bodic, alias Boïc, dont le nom

---

(1) Bien qu'à cette époque le patronyme qui est devenu héréditaire soit parfois un simple nom de filiation (celui du père du premier qui l'ait porté), le choix paraît avoir été plus souvent dicté par une tradition de famille comme celui d'Adhémar, repris après deux générations ayant porté le nom de filiation *Hugonis* par les seigneurs de Montélimar, ou par le prix attaché à une terre ou un château, comme celui de Baux choisi par une race qui a possédé en souveraineté la moitié de la Provence.

figure parmi les fondateurs de Richerenches dans la charte n° 1 ; ce personnage, dont les possessions étaient considérables aux environs, dut mourir en 1175, d'après la charte n° 214. Dalmaze laissa deux enfants, Bérenger Bodic, et Rixende, mariée à Hugues Turc, bienfaiteur des deux commanderies.

3° Pons, enfin, qui devait être encore fort jeune en 1143, lors des premières donations au Temple dans lesquelles il figure avec ses frères. Une des chartes de Roaix, en date du 19 juin 1179 (n° 161), le qualifie, comme l'avait été aussi son frère Guillaume, « *Poncius Berengarii de Vinsobris,* » et immédiatement après lui, ainsi que sont généralement placés les fils après leurs pères dans les listes de témoins, vient « *Raimundus de Girunda* ». Celui-ci avait donc repris la tradition de la génération précédente.

Nous ne savons si ce nouvel effort pour fonder une branche sous ce nom a réussi à le perpétuer. Sous celui de Bérenger, cette tige a figuré pendant longtemps en fort bon rang et a possédé plusieurs seigneuries dans les diocèses de Vaison, de Saint-Paul-Trois-Châteaux et de Die. Mais éteinte bien avant la mode des nobiliaires imprimés, elle n'est rappelée dans aucun ; et les généalogistes ont invariablement attribué les personnages ou les alliances des Bérenger de Saint-Maurice aux Bérenger du Royans. Une branche protestante de ceux-ci s'étant fixée à Orange après les guerres de religion, la confusion entre les deux familles en a été rendue plus naturelle encore ; et la nuit absolue qui s'est faite sur une maison assez marquante au XII° siècle pour s'allier à celle des comtes d'Orange, a laissé dans l'histoire de plusieurs localités et de la noblesse régionale des problèmes maintes fois signalés comme insolubles, les recherches s'étant toujours égarées vers les Bérenger du Royans.

BOLLÈNE.

La seigneurie supérieure de cette très ancienne petite ville appartenait au prieuré de Saint-Martin, de l'ordre de Saint-Benoît, dépendance de l'abbaye de l'Ile-Barbe. Mais elle devait, sous sa mouvance, être possédée en partie par une famille qui en portait le nom au XII° siècle, et dont un des membres, Bérenger, était marié à Rixende de Visan, circonstance par suite de laquelle il est fréquemment nommé dans nos chartes. Il ne serait pas impossible que cette famille dût son nom à l'avouerie du prieuré.

Nous avons exposé ci-dessus (1) les raisons qui nous portent à rattacher à cette famille l'illustre archevêque d'Arles, Raimond de Bollène, précédemment chanoine de la cathédrale de Nice. Or, en regard de l'hypothèse que nous venons d'émettre et qui rattacherait cette famille à la ville de Bollène, ce dont, il est vrai, notre Cartulaire ne nous donne point de preuve péremptoire, nous devons en présenter une seconde peut-être moins plausible, mais elle aussi possible. Il existe dans le comté de Nice une localité du nom de la Bollène (et en latin également *Abolena*), dont la seigneurie appartenait à la maison vicomtale de Nice. Le comte Cays de Pierlas, qui a si complètement étudié celle-ci, ne cite aucun de ses membres ayant porté le nom de cette terre ; mais soit un cadet de cette famille, soit un de ses vassaux portant le nom d'*Abolena*, peut fort bien avoir été attiré dans notre région par les comtes d'Orange ou par les

---

(1) Chapitre II, p. xviii.

avoués de l'évêché de Vaison, branches de la maison de Nice, ce qui expliquerait que Bérenger ait pu prendre femme à Visan.

Dans les deux cas, la protection d'Arnaud, d'abord sacristain du chapitre d'Orange et ensuite évêque de Nice, ce qui établit surabondamment la faveur dont il jouissait auprès de la puissante famille de Nice, peut avoir placé Raimond de Bollène sur la voie de sa haute destinée. Nous signalons les deux faces du problème qu'il serait intéressant de pouvoir élucider, aussi bien pour l'histoire féodale de Bollène en Venaissin que pour la biographie d'un des plus illustres prélats provençaux.

BOURDEAUX.

Cette paroisse du diocèse de Die a donné son nom à une famille assez notable au XIIe siècle (1). Nos chartes nous démontrent qu'elle a été la tige de trois branches qui ne semblaient avoir aucune affinité entre elles, Bourdeaux, Viviers et Bezaudun, ce dernier nom emprunté à une commune ayant fait partie jusqu'à la Révolution du mandement de Bourdeaux. Quant au nom de Viviers, nous n'avons pu en découvrir l'origine. Aucun château ou lieu-dit de ce nom, n'est signalé dans la Drôme par le *Dictionnaire topographique* de M. Brun-Durand. Nous ne savons s'il a pu provenir de quelque coseigneurie de la ville de ce nom, ce qui serait possible. Ce que nous révèle notre Cartulaire, c'est que toutes trois avaient des possessions considérables dans le diocèse de Saint-Paul-Trois-Châteaux, notamment à Visan et dans plusieurs localités environnantes.

Il a existé au sud de Richerenches, entre les communes actuelles de La Baume-de-Transit et de Visan, un territoire assez vaste dont les cartes les plus détaillées ne conservent plus aujourd'hui aucun souvenir, et que nos chartes nomment « *Bremptum* » ou « *Brentum* ». Des donations successives l'avaient presque en entier incorporé à la commanderie. En août 1148, Armand de Bourdeaux et son frère Géraud de Viviers, avec l'assentiment de leur tante Wilelma de Taulignan, et de ses fils, y donnèrent au Temple une grande étendue de prairies. En présence du commandeur Hugues de Bourbouton, qui s'était rendu sur les lieux, et d'un grand nombre de témoins et de spectateurs, la charte rapporte qu'Armand, descendant de cheval, voulut de ses propres mains creuser la terre pour la plantation des termes. Les donateurs se rendirent ensuite dans l'église Notre-Dame de Richerenches, et en présence de tous les frères tant clercs que laïques, ils jurèrent, la main droite sur l'autel, la confirmation de leur donation (n° 32). Nous retrouvons Armand de Bourdeaux, le 15 septembre 1157; il se rendait en pèlerinage à Saint-Jacques de Compostelle; à son passage au château de Chamaret, Bérenger de Mornas, évêque de Vaison, Hugues de Barcelonne, procureur général de l'ordre du Temple dans la province de Provence et d'Espagne, et Déodat de l'Estang, commandeur de Richerenches, étant venus le saluer, il donna à l'ordre le droit de pacage sur toutes ses terres (n° 92). Enfin, le 17 octobre 1168, avec Pétronille sa femme, et G.

---

(1) D'après Columbi, cité par J. Chevalier (*Essai historique sur l'église et la ville de Die*, p. 234), la famille de Bourdeaux serait une branche de celle d'Agoult, dans laquelle s'était mariée une des filles du dernier comte de Diois, Isoard.

de Bezaudun, un de ses fils, il augmente d'une grande contenance sa première donation à Brente ; Pétronille n'étant pas présente à l'acte, bien que mentionnée comme partie, quatre Templiers se rendirent à Bourdeaux pour le lui faire ratifier. Sur le conseil de Bertrand de Bourbouton, le commandeur de Richerenches offrit à Armand un cheval d'armes de cinq cents sous, et prit à sa charge une dette de trois cent dix sous, hypothéquée sur une vigne voisine des terres données (n° 93) (1). Il résulte enfin d'une donation non datée de Wilelma de Taulignan et de ses fils Pons Gontard et Pelestort, à la commanderie de Roaix, qu'Armand de Bourdeaux possédait par indivis avec eux la terre de Mazaz et les pacages de Buisson. Les possessions d'Armand s'étendaient donc aussi au sud de Visan dans le diocèse de Vaison (2).

Armand et Pétronille avaient un autre fils que G. de Bezaudun, Guichard de Bourdeaux, qui semble avoir été l'aîné et avoir continué la tige principale sous ce nom (n° 218). Est-ce lui, à la fin de sa vie, ou un de ses fils de même nom que nous retrouvons chevalier du Temple à Richerenches en février 1208 ? (n° 259). Il s'était rendu à Valréas auprès de sa parente Marie de Valréas, veuve de son cousin Pelestort de Taulignan.

D'après l'ordre des dates, nous pourrions également regarder avec grande probabilité comme fils d'Armand : 1° Geoffroy de Bourdeaux, témoin d'une donation faite par Roais, fille du comte de Diois Isoard et femme d'Hugues d'Aix (en Diois), à Lus-la-Croix-Haute, où il l'avait sans doute accompagnée, en faveur de la Chartreuse de Durbon en 1176 (3).

2° Guillaume, d'abord chanoine et ensuite doyen du chapitre de Die (4).

3° Enfin Nicolas, évêque de Viviers de 1177 à 1202 environ. L'origine de ce prélat paraît être restée jusqu'à présent inconnue. Elle nous semble résulter évidemment de la sentence arbitrale rendue en juin 1210 par Bournon, évêque de Viviers, entre Humbert, évêque de Die, et Aimar de Poitiers, comte de Valentinois, au sujet des châteaux d'Aurel, de Saint-Ferréol, de Bourdeaux et autres fiefs (5). Par suite de cette sentence, le haut domaine de Bourdeaux et de Saint-Ferréol, seigneuries de la maison de Bourdeaux (6), passa au comte, qui dut cependant tenir la seconde en fief rendable de l'évêché de Die. Or, cette dernière clause est ainsi précisée : « *Habet etiam pro eisdem* (pour l'évêque et ses successeurs), *quidquid habent nepotes Nicholai quondam Vivariensis episcopi, in castro Sancti Ferreoli et ejus mandamento...* » Cette manière de désigner les Bourdeaux sans les nommer, n'aurait certainement pas été employée si elle n'avait été claire pour tous, et dès lors il semble impossible que l'évêque de Viviers n'ait pas été leur oncle paternel. Ce fait est à rapprocher du nom porté par le frère d'Armand de Bourdeaux, Géraud de Viviers, et confirme notre supposition qu'il pouvait être dû à des droits féodaux dans

---

(1) Dans cette pièce, par inadvertance du scribe qui la recopiait vraisemblablement, le nom de Bourdeaux avait été omis en tête. Profitant de cette circonstance, un faussaire que nous croyons être l'abbé Pithon-Curt, a tenté de la dénaturer au profit de la généalogie de la famille Armanni. Nous exposons les traces et le résultat de ces tentatives dans le dernier paragraphe de ce chapitre.

(2) *Cartulaire de Roaix*, n° 122.
(3) Guillaume, *Chartes de Durbon*, n° 111.
(4) U. Chevalier, *Cartulaires de l'église et de la ville de Die*, passim.
(5) *Ibidem*, p. 49 et suiv.
(6) V. Brun-Durand, *Dictionnaire topographique de la Drôme*, à ces deux noms.

la ville, analogues à ceux que nous avons constatés pour la famille de Saint-Paul, dans la ville également épiscopale de Saint-Paul-Trois-Châteaux. A cette époque, les églises étaient le plus souvent forcées de choisir pour leurs évêques, et même pour leurs chanoines, les rejetons de familles assez puissantes pour leur être un appui, et Nicolas n'aurait sans doute pas été élu à Viviers, si, en outre de ses domaines en Diois, sa famille n'en eût pas tenu de considérables en Vivarais. Ajoutons qu'un des témoins de cette sentence se nomme *Aicelmus de Vivario*, et pourrait être un descendant de Géraud venu à Die à la suite du successeur de son parent.

D'après M. Brun-Durand (1), la branche principale de la famille se fondit au XIII° siècle dans la maison de Châteauneuf. Celle qui fut formée par G. de Bezaudun, que nous supposons cadet de Guichard, parce qu'il paraît avoir été nanti des possessions de ses parents dans les diocèses de Saint-Paul et de Vaison, moins importantes que celles du diocèse de Die, s'est perpétuée à Visan même, en possession d'une part de la seigneurie, tout au moins jusqu'en 1250. A cette date, en effet, une transaction entre l'évêque de Saint-Paul, d'une part, et les seigneurs et consuls de la ville, de l'autre, au sujet des dîmes, nous apprend que les coseigneurs étaient Raimond de Mévouillon, Guillaume de Chamaret et Géraud de Bezaudun (2). Le 7 juillet 1211, Géraud avait fait don à la commanderie de Roaix de tout ce qu'il possédait à Buisson, par un acte passé dans sa demeure à Visan, à l'occasion de l'affiliation comme donat de son fils Guichard (3). C'était, d'après cette pièce, le quart de la seigneurie indivise peu d'années auparavant entre son père et les Taulignan. L'un de ceux-ci, Pons Gontard, donna à son tour à la commanderie de Roaix sa part de Buisson, le 25 novembre 1224 (4). C'est, croyons-nous, à la suite de ces importantes donations, venant après plusieurs autres plus ou moins considérables dans cette localité, que Buisson fut détaché de Roaix et érigé en commanderie séparée.

Peu d'années après 1250, les Mévouillon ont éliminé les autres coseigneurs de Visan et n'ont pas tardé à en céder le haut domaine au Dauphin, forcé plus tard de le rétrocéder au Saint-Siège. Mais la famille de Bezaudun s'est perpétuée assez longtemps dans les diocèses de Vaison et de Die. Le souvenir de son origine persiste dans le nom d'un des quartiers principaux de la commune de Visan, *les Bourdeaux,* situé à l'est de l'agglomération (5).

CADEROUSSE.

La petite ville de ce nom était constituée, dans le haut moyen âge, en seigneurie allodiale, relevant immédiatement des rois d'Arles et de Bourgogne, en sorte qu'elle était absolument indépendante du marquisat de Provence, sauf pour le service militaire, et formait à elle seule une petite souveraineté. Elle a

---

(1) Brun-Durand, *op. cit.*, v° Bourdeaux.
(2) Courtet, *Dictionnaire des communes de Vaucluse*, v° Visan.
(3) *Cartulaire de Roaix*, n° 178.
(4) *Ibidem*, n° 187. Cette pièce est la dernière figurant dans la portion des chartes de Roaix publiées par M. U. Chevalier, et la feuille d'impression qui devait suivre n'ayant pas paru, elle est incomplète des dernières lignes.
(5) Cartes de Cassini et de l'état-major.

gardé jusqu'en 1235 cette situation privilégiée, qu'elle partageait avec quelques localités plus ou moins importantes de la région, plus tard désignée tout entière sous le nom de Venaissin ; elles sont nommées avec elle dans la bulle par laquelle Frédéric II y mit fin en les soumettant au comte de Toulouse Raimond VII. L'empereur ayant accordé, en décembre de cette année, au comte une nouvelle investiture le confirmant dans les droits qu'il avait sur le Venaissin, lui soumit en outre les seigneurs de la cité de Carpentras, des villes de L'Isle (de Venise) et de Caderousse, et des châteaux de Méthamis, de Pierrelatte et d'Entrechaux, en donnant à ceux-ci, sous la même date, l'ordre de se soumettre au comte (1).

En exécution de cette disposition, les seigneurs de Caderousse prêtèrent serment de fidélité au comte le 3 juillet 1236, et celui-ci reconnut formellement et fit consigner dans l'acte qu'ils avaient été jusqu'alors allodiaux de tout temps (2). De ces actes a résulté l'incorporation politique de Caderousse au Comtat.

Les plus anciens seigneurs qui l'aient possédée en avaient pris le nom à titre patronymique dès une époque très reculée. La charte de 1060 portant le n° 730 du *Cartulaire de Saint-Victor de Marseille*, par laquelle Ripert (3), évêque de Gap, ses frères et leur mère Percipia, font à l'abbaye des donations importantes à Rioms, au Poët-en-Percip et dans plusieurs autres localités de la région des Baronnies, étendues et complétées à leur instigation par plusieurs autres donateurs, nous montre Ripert de Caderousse, un de ceux-ci, contribuant par le don d'un demi-manse. Un ecclésiastique nommé Pons de Caderousse, dont la parenté avec Ripert n'est pas indiquée, y prend également part ; celui-ci est dit « un des hommes » de l'évêque, c'est-à-dire relevant de lui : nous ne savons si c'est à titre d'héritier de sa mère Percipia ou comme évêque de Gap que ce clerc est placé sous sa mouvance. Enfin, parmi les témoins de la pièce, est Hugues de Caderousse (4).

Cette famille était donc nombreuse déjà à porter ce nom ; mais la pièce prouve qu'elle avait également des terres dans les Baronnies.

Au commencement du XIIe siècle, Ripert de Caderousse, probablement fils ou neveu du précédent, est fréquemment cité dans les chartes du comté de Toulouse et du marquisat de Provence. Notre Cartulaire nous apprend que l'un de ses fils avait pris le nom de Saint-Michel (n° 22), et mentionne un assez grand nombre de membres de la famille, dont beaucoup figurent aussi dans celui de Roaix ; deux d'entre eux, Bertrand, vers le milieu du siècle, et Hugues, dans la seconde moitié, furent chanoines de Vaison. A cette même époque, Pierre de Caderousse avait épousé Wilelma Pelestorta, fille de Guillaume Pelestort de Taulignan et de Marie de Valréas.

Cette famille pratiquant la coutume du partage, les coseigneuries de la ville de Caderousse allaient en se multipliant et devinrent très nombreuses. L'acte

---

(1) Huillard-Bréholles, *Diplomatique de Frédéric II*, t. IV, p. 799, 800 et 802.
(2) *Histoire du Languedoc*, édit. Privat, t. VIII, col. 993.
(3) De Mévouillon.
(4) Celui-ci s'était peut-être attaché à la maison de Nice, héritière en partie, de même que les Mévouillon, de la maison de Mirabel. En 1073, il signe la donation de la seigneurie de Drap faite à l'évêché de Nice par Pierre III, évêque de Vaison, fils de Rambaud Ier d'Orange, vicomte de Nice (*Cartulaire de l'ancienne cathédrale de Nice*, n° 82).

du 3 juillet 1236 cité ci-dessus, n'énumère que ceux qui furent présents, et ils sont au nombre de quinze ; quatre d'entre eux seulement, tous quatre frères, portent le nom de Caderousse comme patronyme et ne sont pas nommés en tête ; il est donc certain que plusieurs branches avaient dû adopter d'autres noms de famille ou transmettre, en s'éteignant, leur portion à d'autres maisons. Les d'Ancezune, qui ont porté brillamment le nom de Caderousse pendant plusieurs siècles, y sont représentés par trois frères ; leur accession à une part de la seigneurie a été l'objet de légendes assez confuses reproduites par les nobiliaires. Si l'on remarque que « Anceduna » ou « Anceuna », aujourd'hui Sahune, commune du pays des Baronnies, est voisine des terres où la charte de 1060 nous a montré les plus anciens Caderousse connus de nous, cette communauté de possessions dans l'une et l'autre région semblerait plutôt indiquer que les d'Ancezune furent un rameau détaché des Caderousse et ayant adopté un nom de terre différent, ainsi que cela se pratiquait à cette époque dans presque toutes les familles d'une certaine importance.

CLÉRIEUX.

Après les recherches si consciencieuses de M. de Gallier sur l'histoire de la baronnie de Clérieux, éditées par le *Bulletin de la Société d'archéologie de la Drôme* (1), et les notes consacrées à la maison de ce nom par M. le chanoine J. Chevalier, dans ses *Mémoires pour servir à l'histoire des comtés de Valentinois et de Diois* (2), nous ne pouvions attendre une moisson abondante à retirer des chartes la concernant dans notre Cartulaire. Elles nous font cependant mieux connaître l'importance des domaines qu'elle a possédés dans le marquisat de Provence, ignorés par le premier et fort peu connus du second de ces auteurs, et ajoutent quelques menus faits à son histoire.

Les personnages que nos chartes concernent sont Silvion de Clérieux, Mateline sa femme, et leurs fils, Silvion le jeune, Roger et Guillaume. M. de Gallier donnait à Silvion une deuxième femme, Artaude de Crest, en remarquant toutefois que celle-ci est nommée dans un document placé par les synchronismes en 1144, tandis que Mateline est encore nommée dans une pièce de 1150(3). M. Chevalier ayant encore rencontré le nom de celle-ci en 1152, attribue Artaude de Crest comme femme à Silvion le jeune. Notre charte n° 96 nous montre que Mateline vivait encore en 1169 (n° 96), ce qui donne mieux encore raison à ce dernier.

A cette date, Silvion le jeune, qui avait seul été appelé à prendre part à la donation de ses parents du 15 octobre 1141 (n° 30), était mort sans laisser de postérité, et la pièce nous montre Roger dans le rôle principal, et son frère Guillaume, abbé de Saint-Félix, approuvant sa donation. Roger, et sa femme Raimonde dont le nom était jusqu'à présent resté inconnu, avaient donné en plus à la commanderie de Richerenches le droit de pacage sur toutes leurs terres de Visan, vers 1159 (n° 95).

Ils étaient certainement coseigneurs de Visan. Ainsi que nous le verrons

---

(1) T. I et suiv.
(2) P. 64 et suiv., 176 et suiv., 214 et suiv., etc.
(3) *Op. cit.*, t. II, p. 254.

dans le paragraphe qui lui est consacré, la famille qui portait le nom de cette petite ville, était singulièrement déchue par suite du grand nombre de ses rejetons, et peut-être avait-elle déjà, vers 1169 ou 1170, été forcée d'en aliéner le haut domaine en tout ou en partie. A cette époque, en effet, pour une donation des Visan comprenant des terres situées dans le territoire de ce lieu, ils demandent la ratification de Roger de Clérieux (n° 81).

Serait-ce là l'origine des droits des Mévouillon sur Visan ? Nous le croyons fort probable. En effet, une fille de Roger, nommée Mateline comme sa grand'mère, épousa Guillaume Jourdain de Fay, et fut mère de Philippa, femme d'Aymar Ier, comte de Valentinois, et de Saure, mariée à Raimond de Mévouillon. Nous avons vu plus haut (1) que les droits de celle-ci furent le prétexte invoqué par Raimond de Mévouillon pour disputer à Dragonet de Montdragon et à son fils Raimond de Montauban, en 1214, quelques bribes de l'héritage de Gasca de Montauban, et l'issue défavorable qu'eut pour lui cette tentative. La sentence de l'arbitre, Guillaume des Baux, semble impliquer, en effet, que cette allégation était sans fondement, ce que plusieurs faits historiquement constatés font apparaître comme plus probable encore. Visan, au contraire, a bien été, et sans conteste possible, une seigneurie des Mévouillon au cours du XIIIe siècle.

DALMAS. — LOUP. — ROCHEFORT.

Un des exemples les plus complets de la mobilité des noms de famille, au début de la coutume de leur adoption, nous paraît donné par une race fort abondamment représentée dans nos chartes, qui a certainement occupé un haut rang dans la noblesse de la région, et qui s'est si complètement émiettée au cours des partages de famille qu'il n'en reste que bien peu de souvenir. D'après nos conjectures, c'est un des noms qu'elle a portés dont Châteauneuf-de-Mazenc, « *Castrum novum Dalmaciense* », a gardé la trace. L'un de ses membres, Gontard Loup, a fondé en 1137 l'abbaye d'Aiguebelle, sur un démembrement de sa seigneurie de Rochefort, nom traduit pour ceux qui l'adoptent par « *de Rocafort, de Rupeforti, de Monteforti.* » D'autres prennent celui de Montjoyer « *de Montegaudio* », terre également de Gontard Loup. Sous le nom « *de Boazone* », elle donne deux des premiers chevaliers du Temple entrés dans l'ordre après la fondation de Richerenches.

Au début de notre Cartulaire, nous rencontrons Rostan Dalmas et son fils Elzéar « *de Boazone* », en 1138 (n° 4), et deux ou trois ans plus tard apparaît parmi les chevaliers frère Bernard de « *Boazone* », alias « *Boadone* ». — Pierre Dalmas est dit fils de Gontard Loup, auquel est due la fondation d'Aiguebelle, dans une charte de 1169 (n° 119), dans laquelle figurent parmi les chevaliers du Temple Arbert Loup et Pons de Rochefort. — Un peu auparavant les listes des chevaliers nous avaient fait connaître comme également templiers, Géraud Dalmas et Bernard de Rochefort. — La charte n° 60, outre Rostan Dalmas, ci-dessus cité, nomme Elzéar, Pons et Hugues Dalmas ; le premier, qui pourrait fort bien être l'Elzéar « *de Boazone* » de 1138, ayant changé de nom et repris celui que portait son père, ce que l'on voit alors fréquemment, a un fils nommé

---

(1) Chapitre VI, p. LXXI.

au baptême Dalmas (n° 199), qui porte le nom de Rochefort, ainsi que son frère Pierre et un autre parent, Rambaud (n° 78). Le troisième, Hugues Dalmas, très souvent cité dans les chartes de Pierre Hugues de Visan, dont il avait épousé la fille ainée Nicolle, et de sa famille, est père de Hugues Dalmas (n°⁸ 81 et 84) et d'Odon, un des derniers donateurs figurant au Cartulaire (n° 260) en 1212. — Sous le nom de Montjoyer (1), nous voyons en 1143 Bertrand de Montjoyer (n° 18). — Sous celui de Rochefort la charte n° 78, de 1157, nous en montre trois, Pierre, Dalmas et Rambaud. Ce dernier apparaît dans la charte n° 81, en 1169, comme conseil, évidemment à titre de proche parent, du jeune fils de Hugues Dalmas et de Nicole de Visan. Parmi les témoins de cette pièce figure Pons de Rochefort. Une vingtaine d'années auparavant, la charte n° 46, de 1147, nous avait fait connaître trois autres frères, dont le scribe a traduit le nom par « *de Monteforti* ». Le nom de Montfort étant inconnu dans la Drôme, le Dictionnaire de M. Brun-Durand ne le faisant pas figurer pour le moindre lieu-dit, nous ne croyons pouvoir traduire ce nom que par Rochefort. Or, ces trois frères, qui font une donation pour l'âme de « *Poncius de Montefort* », s'appellent Géraud, Guillaume et Pierre Loup. Ce dernier nom ne laisse aucun doute sur l'interprétation à donner au nom latin « *de Monteforti* ».

Il serait fastidieux de pousser plus loin ces rapprochements. Ils suffiront pour relier entre eux comme rejetons d'une seule tige des personnages fort nombreux, portant des noms différents, constituant la poussière, si l'on peut ainsi parler, laissée après elle par une famille certainement puissante à une époque de peu antérieure, et dans laquelle les prénoms de Dalmas et de Loup avaient prédominé à la veille de l'adoption des patronymes héréditaires. Ses possessions devaient, d'après les indications que nous recueillons, être localisées dans le bassin du Jabron, en s'étendant au sud jusqu'aux communes actuelles de Rochefort et de Montjoyer.

Plusieurs des branches formées par cette souche se sont perpétuées plus ou moins longtemps. Nous avons vu ci-dessus, au chapitre VI, Raimond Loup devenir coseigneur de Valréas vers le milieu du XIII° siècle, par son mariage avec l'héritière d'un rameau de la famille de Chamaret. Dans le traité intervenu entre Géraud Adhémar et son cousin Lambert, coseigneurs de Montélimar, le 30 décembre 1280 (2), au nombre des fidéjusseurs qu'ils se donnent mutuellement figurent Dalmas de Rochefort pour le premier, et Raimond Dalmas pour le second.

Il serait facile de pousser plus loin l'étude de ces familles en apparence distinctes, et qui d'ailleurs ne semblent pas avoir survécu au XIV° siècle. La branche de Rochefort est mieux connue que les autres, s'étant éteinte chez les du Puy-Montbrun, qui ont conservé la seigneurie de son nom jusqu'à la Révolution (3).

GIGONDAS.

Cette commune, aujourd'hui modeste, a dû à sa position très forte avant l'invention de l'artillerie une importance que les luttes des guerres de religion

---

(1) Montjoyer avait été donné à l'abbaye d'Aiguebelle par Gontard Loup lorsqu'il la fonda. Cf. Brun-Durand, *Dictionnaire topographique de la Drôme*, à ce nom.
(2) U. Chevalier, *Cartulaire de Montélimar*, n° 25.
(3) Brun-Durand, *op. cit.*, v° Rochefort

ont été les dernières à mettre en relief. Elle était regardée, en effet, comme une des places les plus faciles à défendre de la principauté d'Orange. Tiburge y avait un château, ou a été passé en sa présence la donation d'une partie de la seigneurie de Bourbouton par les Isarn à la commanderie de Richerenches, le 19 novembre 1146 (n° 53).

Sous le haut domaine des princes d'Orange, Gigondas formait une seigneurie appartenant à une famille qui en portait le nom, et dont les membres, assez nombreux, apparaissent fréquemment dans les deux Cartulaires de Richerenches et de Roaix et dans les titres de l'évêché de Vaison. Elle est alors divisée en trois rameaux, dont le principal porte le nom de Gigondas seul, et dont les deux autres y ajoutent les noms de filiation « *Isarni* » et « *Raimundi* ».

Le premier avait une part de la seigneurie de Bourbouton, que Raimond de Gigondas et Bertrand son fils cédèrent à la commanderie de Richerenches, sous l'influence de Tiburge et par acte passé en sa présence à Orange en mai 1147 (n° 54). Nous venons de voir que les Isarn avaient déjà cédé la leur quelques mois auparavant. Les Raimond en avaient une aussi, mais déjà très subdivisée par des alliances, qu'ils avaient également cédée par une charte passée en présence de Tiburge et sous sa garantie, à Vacqueyras le 6 juin 1145 (n° 58). Les trois parts étaient égales, ayant été payées par les Templiers le même prix, ce qui indique sans aucun doute un partage de famille entre les auteurs des trois rameaux. Cet indice s'ajoutant au nom de Gigondas porté seul par le premier et fréquemment joint aux noms de filiation des deux derniers, ne laisse aucun doute sur leur agnation. Dans les instructions dernières de Hugues de Bourbouton sur la seigneurie de son nom alors complètement acquise au Temple, il désigne en bloc les détenteurs de ces trois portions par les mots « *illi de Jocundatio* » (n° 187).

Le premier rameau s'est perpétué assez longtemps dans le diocèse de Vaison, et ensuite à Carpentras ou il a marqué dans l'histoire de la ville. Il s'est éteint à la fin du XV° siècle dans la famille Pelletier de la Garde, qui en a relevé le nom. Nous ne savons rien sur le second (1). Le troisième a donné un chevalier du Temple, commandeur de Roaix en 1201 et 1202, Guillaume Raimond de Gigondas (2). Il semble n'avoir pas tardé à abandonner le nom de Gigondas pour ne conserver que celui de Raimond, commun à un grand nombre de familles d'origine chevaleresque. Celle à laquelle la succession de la maison féodale de Mormoiron a donné un peu plus tard un grand relief et qui s'est illustrée dans l'histoire du Comtat sous le nom de Modène, était originaire du diocèse de Vaison. Ses commencements ont donné lieu à de nombreuses hypothèses; la plus plausible, et qui semble n'avoir jamais été émise, la rattacherait précisément à ce rameau des Gigondas.

GRIGNAN.

On a souvent vu des familles cherchant à se rattacher, pour rehausser leurs origines, à des tiges plus puissantes que celle dont elles sont en réalité issues. Le contraire est un spectacle, croyons-nous, fort rare. Il nous est donné cependant par les historiens de la maison Adhémar de Monteil, qui tous présentent la

---

(1) Un fils de Raimond Isarn est dit « Bertrandus de Carboneiras » en 1138 (n° 2).
(2) *Cartulaire de Roaix*, n°° 149, 150, etc.

maison de Grignan comme un rejeton des souverains de Montélimar, alors que les deux généalogistes provençaux qui ont probablement écrit sous l'inspiration d'une branche des Grignan encore existante à Salon de leur temps, Robert de Briançon et Maynier, constatent qu'elle a gardé comme patronymique le nom de la seigneurie de cette petite ville, sans aucune allusion à cette prétendue communauté d'origine avec les Adhémar de Monteil. Et certes la réalité de leur histoire est assez brillante pour n'avoir point à la troquer contre une fable que les documents authentiques contredisent à première vue.

Cette bizarrerie a sa source, comme beaucoup d'autres énigmes ayant obscurci l'histoire des Adhémar, dans la multitude de faux élaborés pour les grandir. Grignan n'a été acquis par eux qu'au début du XIIIe siècle ; or, leurs panégyristes leur attribuaient la seigneurie de Grignan dès avant la première croisade ; et comme il était impossible de ne pas tenir compte des chartes mentionnant la famille de Grignan bien avant le XIIIe siècle, la difficulté fut tournée en la présentant comme un rameau cadet de la tige principale qui aurait gardé comme patronyme le nom de ce seul fief.

Notre Cartulaire, en nous permettant de présenter le tableau complet de la dynastie qui a possédé souverainement Montélimar, composée au XIIe siècle d'un fort petit nombre de rejetons, et n'ayant formé plusieurs branches qu'au début du siècle suivant d'une part ; de l'autre nous offrant, d'une façon non moins complète, la composition de la famille fort nombreuse des Grignan, occupant un rang élevé dans la noblesse de la région, mais sans rapports d'aucun genre avec les Adhémar pendant ce même XIIe siècle, nous permet ici encore de préciser la réalité des faits.

Il est évident qu'elle a été formée par un seigneur allodial de la ville de Grignan, probablement après l'expulsion des Sarrasins, origine très fréquente dans nos pays pour les tenures en alleu. La postérité de ce premier seigneur étant devenue très nombreuse, elle a subi, comme tant d'autres, l'amoindrissement résultant de la désastreuse coutume des partages ; et, moins de soixante ans après les nombreuses chartes qui nous la montrent tenant encore une situation brillante, elle a dû être forcée d'aliéner le haut domaine de Grignan.

Elle semble à l'époque de nos chartes être déjà divisée en effet en plusieurs rameaux. On voit d'une part Ripert de Grignan appelé comme témoin plus particulièrement par des familles possessionnées au sud de Richerenches, les Arnulfi de Mirabel, les Visan, etc. Nous trouvons quelques années plus tard Rostan de Grignan dans les mêmes conditions, témoin notamment de Raimond de Montauban. Il est donc probablement fils de Ripert. Il confirme comme seigneur dominant les donations des fils et petits-fils d'un chevalier du Temple, certainement chevaliers, car ils lèguent après eux au Temple leurs armes et leurs chevaux (n°s 20 et 111).

Un second rameau est beaucoup plus nombreux. Odon de Grignan avait donné au Temple, vers 1145, un serf nommé Pierre Bonnet, en faisant « louer » ce don par son frère Maljox et ses neveux Odon et Guigue Granet (n° 181). Pétronille de Grignan, très probablement sa veuve, retint ce serf par la force en son pouvoir pendant une quinzaine d'années. En 1160 seulement, vaincue par les observations de l'évêque de Die, son métropolitain, elle se décida à confesser sa faute et à la réparer (n° 174). La charte constate que ce renoncement fut consenti à Aleyrac, où existait sans doute déjà le monastère de Bénédictines qui en eut anciennement la seigneurie (1). Elle s'y était rendue avec ses fils ; ils y trouvèrent réunis d'une part Hugues Aillaud, chevalier du Temple et le frère Nicolas, clavaire de Richerenches, et de l'autre l'évêque accompagné de plusieurs ecclésiastiques. Rentrée dans son château de Grignan, elle confirma ensuite solennellement cette réparation avec ses fils, en la faisant ratifier par Guigue Granet. A Aleyrac, parmi les témoins ecclésiastiques est nommé Pierre de Grignan, et ici le premier témoin est Guillaume de Grignan. Les fils de Pétronille ne sont pas nommés dans l'acte ; mais nos chartes nous font encore connaître un second Odon, un second Guillaume et Raimond son frère, Laugier, *Petrellus* (petit Pierre), etc., dans les dernières années qu'embrasse notre Cartulaire.

Le troisième rameau de la famille, très rapproché du second d'après la pièce n° 181, est distingué par le surnom de Granet, porté souvent seul, d'autres fois avec celui de Grignan. Ils semblent bien avoir, eux aussi, part à la seigneurie. Des deux Granet autorisant avec Maljox le don du serf Bonnet en 1145, Odon se fit chevalier du Temple et, sur ses instances, Guigue fit don à la commanderie de Richerenches, le 18 janvier 1151, de deux serfs nommés Pierre et Pons Vidal, en promettant à sa mort ses armes, ses chevaux, et sa sépulture s'il meurt dans la région ; dans le cas contraire, il assigne cent sous à prendre sur ses domaines de la Berre (n° 195). D'après les dates, Guigue est vraisemblablement le père de Guillaume Granet, chanoine de l'évêché de Saint-Paul, et de Pierre Granet qui donnent au Temple une maison dans cette ville contiguë à celles que l'ordre possède déjà (n° 236).

Contrairement à l'usage qui a commencé à s'établir dès le XIIIe siècle et n'a fait ensuite que s'accroître, les chartes du XIIe sont encore d'une simplicité et d'un laconisme en matière de titres et dignités tels qu'on ne peut juger de la qualité des contractants que par de simples indices. Le nom des plus grands seigneurs, tels que les Montauban, les Adhémar, les Poitiers, n'est accompagné d'aucune qualification honorifique. Mais en recherchant les indices révélés par les pièces des Grignan, nous les voyons ayant pour vassaux des membres de l'ordre militaire (ceux auxquels a été appliquée bien peu après la qualité de nobles). Ils possèdent des serfs, évidemment des châteaux et des parts de seigneuries, sont eux-mêmes gens de guerre ayant des chevaux d'armes ; ils atteignent aux dignités de l'église. Enfin, l'une des femmes de la famille est assez puissante pour différer pendant nombre d'années une donation à l'ordre du Temple, très riche et très redoutable à cette date, d'autant qu'il est évidemment soutenu par les peuples, enthousiastes de la mission qu'il s'est donnée et de la valeur qu'il y apporte. Et il faut l'intervention de l'évêque de Die, l'un des plus puissants prélats du marquisat de Provence, pour l'amener à composition. Par contre, dans le grand nombre de chartes relatant leurs donations et les mentionnant comme témoins ou garants, service que les parents et alliés aimaient à se rendre mutuellement, ainsi que les comparaisons de nombreuses pièces juxtaposées dans notre recueil permettent de le constater, nous ne relevons pas la moindre trace d'affinité avec les Adhémar.

Nous devons donc reconnaître en eux les nombreux descendants d'un sei-

---

(1) Brun-Durand, *Dictionnaire topographique de la Drôme*. La fille de Pétronille, nommée à Alayrac avant ses frères et qui ne reparaît pas ensuite à Grignan, devait en être une religieuse.

gneur allodial ayant été un des principaux de la région ; ils ont encore, comme plusieurs autres se trouvant dans le même cas, une haute situation ; mais la loi du partage continuant son œuvre, le moment n'est pas éloigné où leurs parts ne suffiront plus à la conserver, et c'est ce qui certainement s'est produit pour les fils ou petits-fils des nombreux Grignan que nous venons de passer en revue. On trouvera dans les quelques mots de préambule dont nous faisons précéder la pièce de 1244 publiée comme second appendice à la fin de notre Cartulaire, les circonstances dans lesquelles la seigneurie de Grignan a pu être achetée en bloc par les Adhémar. Ce qui précède ici nous permet, croyons-nous, d'affirmer que les hommages prêtés par ceux-ci pour cette seigneurie aux comtes de Provence pendant le XIIe siècle, et dont la preuve n'est donnée par aucun des auteurs qui les relatent sur la foi les uns des autres, doivent être relégués au rang des fables accumulées sur leur nom. Le premier dont il reste une mention paraissant authentique, est celui du 15 juin 1239 (1), mentionné dans un inventaire de 1555, prêté au comte de Provence par Géraud Adhémar, dont nous ne connaissons pas les conditions ; mais il est affirmé comme réel par le fait que la seigneurie est non moins authentiquement remise fort peu de temps après par ce Géraud à son second fils, Adhémar, fondateur de la branche de Grignan, à titre d'héritier de sa mère Mabile de Marseille ; et celui-ci l'ayant renouvelé à Charles d'Anjou et à Béatrix de Provence, sa femme, à Tarascon, le 22 septembre 1247, ceux-ci lui assignèrent à perpétuité pour lui et ses descendants une rente de cinquante livres de viennois ou royaux coronats sur les revenus de Marseille (2). Il n'en eût certainement pas été ainsi, si, en indemnisant dans une certaine mesure les Adhémar de leur éviction de la co-vicomté de Marseille, Charles d'Anjou n'eût pas trouvé là le moyen d'étendre sa suzeraineté sur Grignan, qui est resté jusqu'à la Révolution terre adjacente de Provence. Il est donc certain que Grignan était avant ces hommages une seigneurie allodiale.

A nos yeux, la date de ces hommages nous donne l'époque à laquelle la famille de Grignan, émiettée, réduite en poussière par les partages de famille, dut se résigner à vendre en bloc le haut domaine aux Adhémar, en ne conservant que des domaines utiles sous la mouvance des nouveaux acquéreurs. Les généalogistes les plus sérieux constatent qu'ils rendirent hommage de ceux-ci aux Adhémar et durent ensuite quitter Grignan au XIVe siècle à la suite de dissentiments avec les nouveaux seigneurs sur les droits qu'ils conservaient, ce qui serait absolument dans la nature des choses.

Établis à Montdragon dont ils ont possédé longtemps une coseigneurie, il s'est détaché de la tige plusieurs branches qui se sont fixées dans le Venaissin et à Salon en Provence, et l'une d'elles finalement en Espagne.

GRILLON.

Cette localité avait donné son nom à une famille qui a dû certainement, au XIe siècle et au début du XIIe, jouir d'une grande notoriété et d'une assez

---

(1) Lacroix, *L'Arrondissement de Montélimar*, t. IV, p. 172.
(2) Blancard, *Essai sur les monnaies de Charles Ier* p. 209, citant Archives des Bouches-du-Rhône, B 356.

grande puissance. Il ne peut en être autrement pour qu'un de ses membres ait été élu à cette époque évêque de Saint-Paul-Trois-Châteaux. La crainte des usurpations des biens des églises et des chapitres, si fréquentes encore et si brutales alors, faisait une nécessité politique du choix des personnages les plus considérables de la région pour remplir les dignités ecclésiastiques, au point que le fait de donner même de simples chanoines aux évêchés, est déjà pour une famille la preuve d'une haute situation sociale.

Les lois de succession avaient-elles déjà fait leur œuvre au temps de nos chartes, ou quelque autre cause inconnue avait-elle précipité la décadence ? Quoi qu'il en soit, les rejetons de cette tige, qui ne sont nommés au reste qu'à titre de simples témoins, semblent fort appauvris, quoique évidemment encore considérés et bien apparentés. En 1175, ils n'avaient plus aucune part à la seigneurie du lieu, dont la charte n° 210 nous fait connaître les coseigneurs, Raimond de Montauban, son neveu Bertrand de Taulignan et Nicolas Agulhon. Ils confirment en cette qualité les acquisitions faites par le Temple dans la ville de Grillon et son territoire ; Pierre-Guillaume de Grillon et Nicolas son frère sont modestement témoins de ce privilège, évidemment passé à Richerenches, vu le grand nombre de Templiers présents à l'acte, ainsi que de la ratification donnée par Rixende, sœur de Raimond de Montauban, à Grillon même où s'étaient transportés trois Templiers pour la recevoir, avec les trois donateurs, et où les deux frères de Grillon avaient accompagné leurs seigneurs.

Bien que déchue, cette famille n'a d'ailleurs pas disparu comme tant d'autres, et s'est perpétuée honorablement pendant plusieurs siècles. On pourrait relever un assez grand nombre de mentions de leur nom dans les pièces historiques locales, et en 1409, un autre Nicolas de Grillon est du nombre des coseigneurs de Saint-Restitut qui prêtèrent hommage au roi de France, en suite du traité de pariage entre ce souverain et l'évêque de Saint-Paul-Trois-Châteaux.

MONTEIL.

Il y a eu plusieurs familles de ce nom. L'une en Vivarais et en Valentinois, que Pithon-Curt déclare issue des souverains de Montélimar, et une seconde dont le nom est très probablement dû à une part de la seigneurie de Monteux, auprès de Carpentras, sont les seules auxquelles nous croyons pouvoir rattacher les personnages de ce nom, assez nombreux, figurant dans nos chartes. Dès les premières années de la fondation de Richerenches, un Robert de Monteil, fils d'un autre Robert, et pour cela dit *le jeune*, se fait chevalier du Temple. Il n'est certainement pas de basse extraction ; ses largesses et la considération qui semble l'entourer l'établissent ; mais à cette époque nous ne voyons dans la famille des seigneurs de Montélimar aucune place à assigner à ces deux Robert,

Il faut très probablement regarder comme issus des Monteil du Venaissin Raimond, qualifié fils de Lautalde, et Guillaume de Monteil, témoins, avec Guiran de Simiane, à Gigondas auprès de Tiburge d'Orange, le 19 novembre 1146, à la donation au Temple de la portion de la seigneurie de Bourbouton que possédaient les Isarn (n° 53). Tiburge n'avait guère de relations avec les régions situées au nord de ses états, et toute son histoire nous la montre au contraire comme tendant vers le midi. D'autre part, les Simiane étaient issus de la maison d'Agoult, qui a possédé des parts de la seigneurie de Monteux (1).

Les mentions des autres personnages de même nom ne nous livrent aucun indice sur leur origine probable.

SABRAN.

La maison de Sabran, qui a régné un moment sur le comté de Forcalquier, et dont quelques branches ont eu dans le Venaissin une grande importance, principalement sous le nom d'Amic qu'elles avaient relevé de très bonne heure, a été l'objet d'une publication récente, présentée sous une forme généalogique, mais à laquelle les recherches du regretté marquis de Pontevès-Sabran ont donné une véritable valeur historique (2). Elle présente toutefois quelques lacunes encore, dont notre Cartulaire permet de combler une partie.

Tout d'abord il nous apprend le nom, jusqu'à présent inconnu, de la femme du grand Guillaume de Sabran, le compagnon préféré de Raimond de Saint-Gilles, comte de Toulouse, mort en 1105 en Terre-Sainte, et auquel Guillaume ne survécut que peu d'années. En 1138, Adalaïs, sa veuve, et ses cinq fils donnent à la commanderie naissante de Richerenches une condamine importante à Brente, localité dont le nom est oublié aujourd'hui, mais qui était située au sud de Richerenches entre les territoires de Valréas, de Visan et de La Baume-de-Transit (n° 28).

Cette charte nous donne dans leur ordre de géniture le nom des cinq fils de Guillaume et d'Adalaïs : Emenon, Rostan, Guillaume, Raimond et Pierre. L'ouvrage ci-dessus cité, qui n'a pas connu Raimond, place en premier lieu Guillaume, auquel il attribue hypothétiquement la paternité des auteurs des différentes branches.

Emenon dut mourir peu après 1138. On ne connaît ni en Languedoc, ni dans le royaume d'Arles, de pièces le citant postérieurement à cette date.

Rostan reparaît à Richerenches en 1141, guidant le jeune Raimond de Toulouse, depuis Raimond V, alors âgé de sept ans, dans un voyage au marquisat de Provence (n° 30). Dans cette pièce nous voyons que Rostan avait un fils, dont le nom est malheureusement resté en blanc. Nous savons de plus qu'il avait hérité d'une part des biens de sa mère à Visan, que son fils possédait en 1159, d'après la charte de Guillaume.

Celui-ci, dont le caractère violent est attesté par l'histoire du Languedoc, et qui avait recueilli avec Rostan une part des biens de leur mère dans notre région, avait retenu par la force en son pouvoir la condamine donnée à la commanderie en 1138. Il ne la restitua que le 29 août 1159 (n° 133), reconnaissant d'ailleurs très franchement sa faute, en expiation de laquelle il s'affilia à l'ordre du Temple et promit de lui laisser après lui ses armes et son cheval, ou, à défaut de celui-ci, deux cents sous garantis sur la condamine qu'il possédait

---

(1) Plusieurs membres de cette famille de Monteil, ou Monteux, figurent dans l'assemblée des membres de la commune de Monteux appartenant à l'ordre militaire lors de la cession à Barral des Baux du consulat de la ville. (*Chartier de l'évêché de Carpentras*, t. II, pièce n° 184. Bibliothèque d'Inguimbert, ms. n° 560.)

(2) *Généalogie historique de la maison de Sabran-Pontevès*, Paris, 1897, in-4°.

à Visan, contiguë à celle de son neveu. Il ne nomme point de fils dans cette charte et semble n'en avoir point laissé, contrairement à la supposition émise par la *Généalogie historique*.

Raimond n'apparaît à notre connaissance que dans cette seule pièce de 1138.

Enfin, Pierre, qui fut plus tard évêque de Sisteron, est ici qualifié « archidiacre », ce qui ajoute un chaînon à la suite des nombreuses dignités ecclésiastiques dont il a été successivement revêtu.

D'après les recherches encore inédites de M. de Manteyer, qu'il nous a si gracieusement autorisé à utiliser, Rostan avait été marié en premières noces à l'héritière des Amic, et en secondes à celle des du Caylar. Il avait eu de son premier mariage Guillaume, le premier des connétables héréditaires du comté de Toulouse, et deux autres fils portant le nom d'Amic. Il est probable en outre qu'un autre Rostan, auteur de la branche des seigneurs d'Uzès dite du Caylar, est issu du second mariage. Il y aurait donc lieu de rectifier et compléter encore sur ces points la *Généalogie historique*.

N'ayant point connu les pièces découvertes par M. de Manteyer, les auteurs de la *Généalogie*, recherchant par quelle voie les Sabran avaient pu recueillir l'héritage des Amic, ont émis la supposition que l'épouse de Guillaume Ier, celle dont nous avons ici le nom, Adalaïs, pouvait le leur avoir apporté. Du moment où cette magnifique succession est advenue par la première de ses belles-filles, il y aurait lieu de rechercher à quelle maison de la rive gauche du Rhône elle appartenait elle-même. Elle avait des terres considérables à Visan et à Brente. Les familles que nous savons en connexion féodale avec ces localités au XIIe siècle sont les Clérieux, les Bourdeaux et les Visan, et toutes trois paraissent d'un rang adéquat à cette alliance. D'autre part, les Valréas possédaient des dîmes sur les terres d'Adalaïs à Brente, ce qui pourrait également reporter les hypothèses sur le groupe de familles se partageant alors la seigneurie de Valréas, et dont la plupart seraient aussi dans le même cas.

Les deux alliances de la maison de Sabran avec celle des comtes de Forcalquier ne sont certainement pas antérieures à l'année 1175 au plus tôt, et dès 1168 le comte Bertrand II comprend Raimond II de Mévouillon ainsi que « Guillaume de Sabran et son frère » parmi ceux de ses cousins qu'il fait éventuellement ses légataires. Cet indice serait en faveur du second groupe, et peut-être Adalaïs était-elle une sœur de Raimond Ier de Mévouillon. Le rôle que les Sabran ont joué dans le marquisat et le comté de Provence depuis elle donnerait un intérêt particulier à élucider l'origine de celle qui, la première, les y a introduits. Et d'autre part, les liens qu'elle avait créés entre cette famille alors toute puissante en Languedoc et la région qui nous occupe n'ont certainement pas été sans contribuer à grouper autour des trois derniers comtes de Toulouse les personnages assez nombreux qui en étaient sortis et que les simples rapports de mouvance féodale ne leur auraient pas rattachés aussi intimement.

Guillaume, fils de Rostan et petit-fils d'Adalaïs, premier connétable héréditaire du comté de Toulouse, eut pour successeur dans cette charge son fils aîné Rostan II. Celui-ci resta veuf sans enfants, vers 1204, de sa première femme, Clémence de Montpellier, et, dès l'année suivante, il épousa Almonde de Mévouillon, veuve elle aussi depuis peu de Guigue Artaud, second fils de Hugues d'Aix et de Roais de Die. Cette alliance si rapidement conclue après leur double veuvage, semble bien indiquer des rapports de grande intimité, sinon même de parenté, entre les deux familles (1).

Almonde de Mévouillon avait de Guigue Artaud un fils, Hugues d'Aix, qui mourut jeune et sans alliance. Sa succession fut dévolue à son oncle Guillaume Artaud, tandis que sa mère prélevait pour ses reprises les seigneuries de Gensac et de Barnave. Elle vendit celles-ci à l'évêque de Die, Bertrand, le 10 juin 1227, et son fils du second lit, Rostan III de Sabran, ratifia cette vente le 4 mars 1230 (2). Remarquons en passant que Rostan était donc frère utérin du jeune Hugues d'Aix, et non germain, comme l'ont pensé quelques érudits n'ayant consulté que les chartes du Diois. S'il n'en eût pas été ainsi, la succession eût été recueillie par Rostan et non par les autres Artaud d'Aix, parents plus éloignés.

VISAN.

Les notices sur la ville de Visan venues à notre connaissance ne donnent point sur les seigneurs qui l'ont possédée de renseignements positifs antérieurs au XIIIe siècle. Nous avons déjà pu établir grâce à nos chartes, que la maison de Clérieux avait, dans la seconde moitié du XIIe, une part de la seigneurie qui a dû passer par la fille de Roger de Clérieux à la maison de Fay pendant une génération, et par celle-ci à celle de Mévouillon, de laquelle les Dauphins de Viennois l'ont acquise ensuite. En 1249 et 1250, des pièces citées par M. Courtet dans son *Dictionnaire des communes de Vaucluse* (3), montrent qu'en outre des Mévouillon, Guillaume de Chamaret et Giraud de Bezaudun possédaient aussi des parts de la seigneurie ; et dans notre notice sur la famille de Bourdeaux, dont celle de Bezaudun est une branche, nous avons relevé les grandes possessions qu'elle avait à Visan et aux alentours dès 1148.

Nos chartes nous donnent des renseignements beaucoup plus complets sur une famille évidemment de haut rang encore à cette époque, mais réduite presque à l'indigence par le grand nombre de ses rejetons, et qui porte le nom de Visan. Cette circonstance, jointe à la situation élevée qu'elle conserve dans la noblesse, à celle des alliances que nous lui connaissons, à l'étendue de ses possessions encore considérables, nous fait croire qu'elle devait être issue d'un des principaux seigneurs, sinon du seigneur unique de Visan quelques générations auparavant ; et que nous avons de nouveau en elle le spectacle d'une de ces déchéances si fréquentes alors, occasionnées par la coutume du partage.

En 1136, elle apparaît au nombre des fondateurs de Richerenches en la personne de deux frères, Pierre Hugues et Guillaume Hugues de Visan. Pour tous deux Hugues est un nom de filiation, car il est le plus souvent au génitif. Ils

---

(1) *Op. cit.*, p. 120.
(2) U. Chevalier, *Tituli Dienses*, n°s XXXI et XXXII.
(3) V° Visan. Dans cet article, à la suite de M. Aubenas (*Notice sur la ville et le canton de Valréas*, p. 23), l'auteur donne comme origine du nom les formes *Oisenc* et *Uïsanc*, sur la foi d'un passage de Chorrier, sans avoir remarqué qu'il s'agit dans celui-ci de l'Oisans en Graisivaudan. La forme ancienne est *Avisan*, que nos chartes reproduisent plusieurs fois.

ne devaient pas être les seuls rejetons de leur famille au début du siècle : la récapitulation des bienfaits de l'évêque Rostan contient la mention suivante, qui semble bien ne pouvoir être appliquée qu'aux Visan : « *A Petro Hugoni et a Riperto fratre suo, decimas de Albareto et ubicumque in isto episcopio haberent, seu alius pro eis, acquisivit.* » Cette mention est placée entre les acquisitions faites à Valréas et à Saint-Maurice, localités limitrophes de Visan.

Il perce dans cette phrase une certaine satisfaction de les avoir éliminés du diocèse de Vaison. Pierre Hugues était en effet d'un caractère fort difficile ; plusieurs documents nous le montrent alternativement généreux jusqu'à la prodigalité, processif à l'excès et revenant toujours sur « sa pauvreté ». C'est bien l'état d'esprit qui devait animer les rejetons de grands seigneurs féodaux luttant contre la déchéance et l'appauvrissement les rapprochant à chaque nouvelle génération, et par suite à chaque nouveau partage, de la médiocrité, douloureuse à supporter dans les châteaux construits à la mesure d'une grande situation encore récente.

Il était marié à une dame appelée Brunissende, également fort altière, et, sans doute pour la même cause, également très processive. Le style de nos chartes est dégagé en général de toutes les qualifications honorifiques, et les plus grandes dames y sont le plus souvent désignées par les mots « *ista femina, ista mulier* ». Brunissende partage avec Tiburge d'Orange, seule au XIIe siècle, l'honneur d'être appelée « *ista domina* ». Ce fait suffirait à prouver le passé brillant de la famille de Visan, si tant d'autres indices ne nous le faisaient aussi pressentir. Pierre Hugues et Brunissende ne songèrent pas à remédier à la décadence imminente par la stérilité volontaire, si menaçante aujourd'hui pour l'effectif de la population, car nous leur connaissons neuf enfants, sans pouvoir affirmer qu'ils n'en aient pas eu un plus grand nombre.

Leurs chartes de donation sont nombreuses ; mais le chiffre en est accru encore par les confirmations, les plaids, les transactions, les difficultés de tout genre que leurs besoins d'argent occasionnaient. Les Templiers avaient pris l'habitude de donner en retour à leurs bienfaiteurs des « aumônes », c'est le terme consacré, consistant en chevaux, animaux domestiques, céréales, laines, et en sommes d'argent plus ou moins adéquates à la valeur du don. Les Visan reviennent souvent sur les leurs, ce qui était l'occasion d'un supplément de ces retours, qu'ils prisaient fort, évidemment. Sous ce rapport la charte n° 83 est particulièrement éloquente.

Pierre Hugues mourut avant le 4 juin 1150, date à laquelle Brunissende se dit veuve de lui. Elle vivait encore en 1169. Leurs enfants furent :

1° Hugues, marié à Suriana (n° 167) et mort avant 1169 (n° 81).

2° Pierre.

3° Bertrand.

4° Guillaume Géraud, parti pour la Terre-Sainte en 1158, après avoir réuni à Richerenches sa mère, ses frères et sœurs, ses beaux-frères, ses neveux, et leur avoir fait jurer sur le livre des Évangiles tenu dans ses propres mains qu'ils maintiendraient la paix en son absence et ne soulèveraient plus aucune querelle avec le Temple (n° 84).

5° Raimond.

6° Géraud.

7° Nicole, femme de Hugues Dalmas.

8° Anne, femme de Hugues Adémar.

9° Rixende, femme de Bérenger de Bollène (1).

Guillaume Hugues, frère de Pierre Hugues, auquel il a survécu plusieurs années, avait épousé une sœur de Hugues de Bourbouton, dont il avait eu Nicolas. A l'instigation de son oncle, celui-ci donna à la commanderie la terre dont il avait hérité de sa mère à Bourbouton ; mais, pas plus que son oncle Pierre Hugues, il ne se hâta de tenir son engagement, et ne réalisa la tradition que onze années plus tard, en 1158 (n°⁵ 50 et 79).

Nos chartes nous font enfin connaître plusieurs autres membres de cette famille : Elzéar, père de deux fils nommés Guillaume et P.; Isoard; un Géraud qui pourrait être différent du fils de Pierre Hugues ; enfin, Hugues, bâtard de Visan. Il est vraisemblable qu'ils doivent être rattachés soit à Ripert, mort sans doute avant la fondation de Richerenches, soit à Guillaume Hugues.

Ces pièces nous donnent donc l'état, peut-être même encore incomplet, d'une famille évidemment de haut rang au siècle précédent, et qui se multiplie rapidement au cours du XII⁰. Il n'est pas surprenant qu'aux environs de l'an 1200, l'effet des partages de ce qui pouvait lui rester de la seigneurie de Visan et de domaines utiles aux alentours, ait replacé tous ses membres dans la condition la plus modeste ; et, de fait, en dehors des Cartulaires de Richerenches et de Roaix et de quelques rares pièces également du XII⁰ siècle, nous n'avons plus rencontré leur nom. Ils avaient dû, avant le XIII⁰ siècle, achever d'aliéner les « honneurs » qu'ils possédaient encore, et peut-être même, ainsi que cela s'est souvent présenté, quitter le nom de leur ancien fief en perdant avec lui toute attache. Sont-ils rentrés dans la classe laborieuse ? Se sont-ils expatriés ? Le silence se fait sur eux complet.

II. LES ARMANNI ET PITHON-CURT.

La charte de fondation de Richerenches (n° 1) nous montre tout d'abord les Bourbouton et les Folras, seigneurs supérieurs de Bourbouton (2), comme premiers et principaux donateurs. A leur suite sont énumérés un certain nombre de propriétaires de domaines utiles qui se sont joints à eux pour constituer à l'ordre du Temple, par des sacrifices plus ou moins importants, un domaine compact et assez étendu pour créer immédiatement une exploitation agricole appropriée aux besoins d'une commanderie. La plupart de ces propriétaires reparaissant dans la suite des chartes, nous sont plus ou moins bien connus. Quoique n'ayant point, les uns et les autres, de part à la seigneurie de Bourbouton, il en est parmi eux qui étaient possesseurs d'autres seigneuries et dès lors avaient droit à être titrés nobles. D'autres paraissent bien appartenir à l'ordre militaire, c'est-à-dire à ce que l'on aurait qualifié plus tard de « noblesse non fieffée ». Enfin, un ou deux semblent de condition plus modeste encore.

Dans cette énumération figure un Étienne Armand, « *Stephanus Armanni* » alias « *Armandi* ». Les pièces 47 et 48 établissent qu'il fit deux ans plus tard à la commanderie l'abandon de tout ce qu'il avait conservé dans le quartier ou

---

(1) Les notices que nous consacrons dans ce chapitre aux trois familles dans lesquelles étaient entrées ces filles témoignent de la situation que les Visan occupaient encore dans la noblesse de la région.

(2) Voir sur cette qualité la charte n° 14.

territoire de Richerenches. Il est enfin témoin de la pièce n° 60 en 1147. Ces documents nous permettent de le classer très vraisemblablement dans l'ordre militaire. Il était tout au moins de race ingénue, car l'un des Armanni est quelques années plus tard admis dans l'ordre du Temple. Toutefois cette famille n'eût point présenté un intérêt historique suffisant pour lui consacrer une notice, si l'usage que Pithon-Curt a fait de ces pièces, et de quelques autres visiblement falsifiées pour les faire concourir à son but, ne nous permettait de saisir sur le fait la désinvolture avec laquelle ce généalogiste accommodait les documents aux besoins d'une thèse préconçue.

Nous venons d'énumérer les circonstances qui nous ont fait connaître Étienne Armand. Pour que cette analyse du travail de Pithon-Curt soit claire, nous devons faire de même pour les autres individus de sa famille nommés dans nos chartes.

Pierre Armand est témoin de quatre pièces comme simple laïque, en 1160 (n° 174), en 1161 (n°s 175 et 209) (1) et en 1168 (n° 93). Il entre ensuite dans l'ordre du Temple, et figure avec la qualité de frère de 1172 à 1174 (n°s 126, 199, 201 et 202). Dans ces pièces, il est placé dans les derniers noms de frères, ce qui n'indique aucune notoriété dans l'ordre. Il est même vraisemblable qu'il était simple frère sergent ; mais cette place modeste était parfois alors recherchée par un sentiment d'humilité chrétienne.

Un *R. Armanni* est témoin en bon rang de la charte n° 86, de 1167.

Enfin *Vilelmus Armanni* est cité comme confront, et comme ayant à ce titre autorisé le creusement d'un fossé en 1168 (n° 93).

Pithon-Curt avait à insérer dans le tome Ier de son *Histoire de la noblesse du Comté Venaissin* (2), la généalogie de la famille des Armand, assurément ancienne et noble, alors fixée à Carpentras, mais originaire, paraît-il, des environs de Grignan. Il est donc non seulement fort possible, mais fort probable même, qu'elle est issue des Armanni de notre Cartulaire. Comme antécédents à une noblesse « se perdant dans la nuit des temps », pouvoir citer un des fondateurs de la commanderie de Richerenches en 1136 et un Templier en 1176 eût suffi à un auteur consciencieux pour élever très haut la famille dont il dressait l'historique ; mais à Pithon-Curt il fallait un coup de maître. Les documents cités ci-dessus ne raccordaient en aucune façon ces quatre personnages les uns aux autres ; il prit le parti de les présenter non pas à titre d'hypothèse, mais affirmativement, comme apparentés. La filiation restait un peu maigre : il divisa Pierre en trois personnages différents, dont deux frères de même nom, l'aîné continuant la filiation et le second chevalier du Temple, et un troisième, donné comme petit-fils de l'aîné des deux premiers. Guillaume, qui n'apparaît qu'une fois, fut dédoublé en deux personnages, père et fils. Enfin, ce qui est plus effronté encore, il chercha dans le Cartulaire quelques pièces pouvant corser son arbre généalogique, et en falsifia trois, les n°s 93, 104 et 205 (3).

---

(1) Les n°s 175 et 209 font double emploi et ne doivent, croyons-nous, être comptés que pour un seul, ainsi que l'expliquent les notes qui les suivent.

(2) P. 75.

(3) Les falsifications viennent si évidemment et si opportunément en aide à la production de l'auteur que nous n'hésitons pas à les lui attribuer. « *Is fecit cui prodest* ». Il n'est personne ayant eu à manier l'*Histoire de la noblesse du Comté Venaissin* qui n'y ait constaté à foison des *hardiesses*, des assertions surprenantes,

INTRODUCTION   CXXIII

La falsification de la charte n° 93 est la plus notable. Par cette pièce, un grand seigneur nommé Armand, dont le copiste a omis le patronyme, sa femme Pétronille et son fils G. de Bezaudun, augmentent d'une nouvelle et large contenance une donation que ledit Armand avait précédemment faite à la commanderie. Cette nouvelle donation confronte un pré de Guillaume Armanni, qui autorise le creusement d'un fossé le délimitant de son côté. L'avant-dernier des nombreux témoins est P. Armanni. Cette pièce n'avait probablement pas été collationnée et n'avait pas reçu d'intitulé rubriqué.

L'occasion parut bonne ; d'une écriture qui porte le caractère du XVIII° siècle, mais qui, au début de la ligne, s'étudie à simuler celle du XII°, pour se terminer en un type de graphisme courant, sans doute par suite de la hâte avec laquelle il fallait opérer le méfait, on apposa dans le vide destiné à l'intitulé : « *De Petro Armanni et Petronilla et Guilelmo filio suo* ». Le patronyme d'un des témoins fut aussi gratté et remplacé par celui de « *Monterufo* », nous ignorons dans quel but, Pithon-Curt n'ayant point fait usage du renseignement ainsi créé dans les quelques mots qu'il a consacrés à la famille de Montroux (1).

Mais Pétronille n'était point présente à l'acte ; le commandeur de Richerenches lui envoya deux frères pour recevoir sa ratification, qu'elle donna « *in castro de Borde...* » ; ici deux lettres furent grattées à la fin du nom et remplacées par la conjonction « *et* ». Pithon-Curt pensa dès lors pouvoir faire usage de cette pièce pour concourir à l'édification de la généalogie projetée.

Malheureusement pour lui, ce qui nous semble une nouvelle preuve de la hâte inquiète avec laquelle il devait agir, le donateur, Armannus, a fait de grandes libéralités inscrites au Cartulaire (2). Celle, notamment, qu'il agrandit par le nouveau don de la pièce 93 le nomme en toutes lettres, « *Armandus de Bordellis* » (n° 32). Plusieurs des confronts sont les mêmes dans les deux actes. La pièce est placée dans le Cartulaire à la suite de deux autres de lui, le n° 91, répétition du n° 32, et le n° 92 par lequel il donne au Temple le droit de pacage sur ses terres. Or le Cartulaire réunit ainsi fréquemment à la suite les unes des autres, au prix de répétitions de chartes déjà enregistrées, celles d'un même donateur. Le nom de Bezaudun que porte son fils est celui d'une dépendance de la seigneurie de Bourdeaux (3). Celui du château où Pétronille ratifie la donation est transparent, « *Bordelz* », forme romane du nom, usité dans la charte précédente (n° 92). Enfin, un troisième paragraphe du n° 93 contient l'abandon que fait une famille Bollana d'un pré relevant d'Armand de Bourdeaux dans les limites de sa donation, et le nom est ici en toutes lettres, « *pratum quod habebamus Armani de Bordellis* ». La critique la plus sévère ne pourrait donc contester l'identité du véritable donateur, Armand de Bourdeaux.

Sept feuillets plus loin figure, sous le n° 104, une charte de la famille « *de*

---

des filiations imaginaires telles qu'un espace de cent cinquante ans entre le mariage des parents et celui de leurs soi-disant enfants.

Les généalogistes français avaient été rendus plus circonspects par le sort d'Haudicquer de Blancourt. Mais Pithon-Curt écrivait sur le Comtat, et « le Cabinet des ordres du Roi » ne pouvait pas en conséquence le faire poursuivre en justice et condamner aux galères.

(1) T. IV, p. 530 dans le texte et p. 533 en note, article Magnin.
(2) Voir ci-dessus le paragraphe que nous avons consacré à la famille de Bourdeaux.
(3) Brun-Durand, *Dictionnaire topographique de la Drôme*, v° Bezaudun.

Serriano », possédant, comme la famille Bollana, des prés compris dans les limites de la nouvelle donation d'Armand de Bourdeaux ; elle abandonne cette propriété au Temple contre le don d'un cheval estimé deux cents sous. Ici encore le nom d'« *Armann de Bordels* » est défiguré : « *Armann* » est arrangé de manière à pouvoir se lire « *in manu* » : « *elz* » a été gratté et il ne subsiste que les lettres « *Bord* ».

Enfin les besoins de l'arbre généalogique projeté demandaient une grande abondance de Guillaume Armand. La pièce n° 93 en avait fourni un authentique et un second, G. de Bezaudun, transformé en Guillaume Armand. Vraisemblablement à cause de ce nom un peu embarrassant de Bezaudun, qu'il valait mieux taire, il fallait créer une nouvelle preuve, et elle ne se rencontrait nulle part. Le falsificateur chercha évidemment un « *Wilelmus* » dont le second nom fût facile à transformer en Armand, et crut l'avoir rencontré dans la pièce 205 où se lit parmi les témoins la mention suivante : « *Wilelmus Arnauz et sos fils Doo Fauchez de Valrias* ». Une modification presque insignifiante transforma « Arnauz » en « Armanz ». Mais là encore il eut la main malheureuse : sous le n° 257 se trouve une seconde cession du même donateur, Richard Chabaz, de la même année, peut-être du même jour, où les témoins sont en grande partie les mêmes et dans laquelle nous voyons figurer « *W. Arnauz et Doo. filius ejus* ». Et le personnage reparaît dans plusieurs autres chartes dans lesquelles il est toujours nommé Guillaume Arnaud Faucher, Fauchet, Fauchez (n°ˢ 199, 212, 213, 218). La première de ces pièces, une des plus importantes de la série considérable des chartes de la généreuse famille Malamanus, est passée à Valréas devant sa maison et nous apprend qu'un autre de ses fils, Arnaud Faucher, avait épousé Marie Malamanus. En cette qualité il donne son assentiment aux libéralités de son beau-père et des fils et filles de celui-ci (1).

Tels sont les faits. Les documents historiques se résumaient dans le tableau suivant :

ÉTIENNE ARMAND,
nommé le treizième dans la charte
de fondation en 1136.

PIERRE, templier. — R......... — GUILLAUME.
Tous trois nommés à partir de 1160 seulement, ce
qui permettrait de les supposer fils d'Étienne.

En détaillant longuement les pièces où ces personnages apparaissent, ainsi que celles qui avaient été falsifiées, en subdivisant Pierre et Guillaume en plusieurs personnages différents, en les reliant les uns aux autres par des liens

---

(1) Pithon-Curt connaissait trop bien le personnel nobiliaire du Comtat-Venaissin pour ne pas saisir à première vue l'intérêt que ces Faucher, habitants de Valréas et alliés à la chevalerie du pays, probablement d'ordre militaire eux aussi, pouvaient offrir pour la famille de ce nom, extrêmement ancienne à Bollène, et qu'il n'a pas comprise cependant dans son ouvrage. Il était très vindicatif envers ceux qui ne se rendaient pas à ses exigences, toujours fort élevées, et la moindre de ses représailles était de faire le silence. Il existe dans maintes archives privées des preuves bien connues de ce fait. N'aura-t-il pas trouvé un malin plaisir, tout en travaillant à édifier sa thèse, à détruire un document honorable pour une des familles dont il taisait le nom autant que possible ?

de parenté qui ne sont énoncés nulle part et leur prodiguant le titre de chevalier, dont il n'est point fait usage dans le Cartulaire même pour les plus puissants personnages, la généalogie débute par quatre générations couvrant presque deux pages (1) et dont le squelette donne le tableau suivant :

ÉTIENNE,
présenté comme le premier des fondateurs de Richerenches, père de :

1° PIERRE, marié à Pétronille *de Mirmande* (2), dont :   2° PIERRE, templier.   3° RAIMOND.

GUILLAUME père de :

1° GUILLAUME II.   2° PIERRE.

Nous renvoyons au texte même pour les magnifiques développements donnés à la biographie de ces divers personnages, à grand renfort de citations vraies ou fausses de nos chartes ; nous n'émettons aucune opinion sur l'analyse de trois pièces étrangères à notre Cartulaire qui corsent celles de la quatrième génération. Il est fort possible qu'elles soient authentiques. Les Armand ont pu y figurer, puisqu'il en a réellement existé, nous en avons la preuve sous les yeux, à cette époque et dans notre région.

Il ne faut donc point être surpris si les renseignements puisés dans Pithon-Curt, pour les époques anciennes surtout, sont fréquemment impossibles à contrôler. Il était intéressant de pouvoir, pièces en mains, surprendre sa manière de travailler jusque dans ses moindres détails.

CHAPITRE X.

RENSEIGNEMENTS SOCIAUX.

I. ÉTAT DES PERSONNES. — II. NOTES ÉCONOMIQUES.
III. ÉTAT DES TERRES ET MONOGRAPHIE D'UNE SEIGNEURIE SOUS LE RÉGIME DES PARTAGES SUCCESSORAUX.

Notre Cartulaire, dont l'intérêt est si grand pour l'histoire du marquisat de Provence, ne peut en revanche être regardé au point de vue économique et

---

(1) P. 76 et 77.
(2) Pétronille, femme d'Armand de Bourdeaux, transformée en femme de Pierre Armand par la grâce du faussaire, est en outre ainsi illustrée : « Pétronille, dame du

social, comme une source d'égale importance. Il est cependant possible d'y puiser certains renseignements d'autant plus utiles à condenser que les documents originaux publiés jusqu'à ce jour pour notre région sont moins nombreux. Nous croyons même que les pièces en si grand nombre relatives à la seule seigneurie de Bourbouton offrent les éléments d'une étude que l'on n'a pu encore présenter aussi complète et aussi approfondie sur les résultats du régime successoral de cette époque. Nous avons eu souvent, au cours de cette Introduction, mais tout spécialement dans le chapitre précédent, l'occasion de constater ses effets désastreux sur les familles de tout rang. Dans le dernier paragraphe de celui-ci, nous saisirons sur le fait l'état anarchique de la propriété, dû à ce que nous qualifierons volontiers de « coutume du partage à outrance ».

I. ÉTAT DES PERSONNES.

La dissolution de l'empire romain n'avait laissé subsister que deux classes bien tranchées, les hommes libres, les esclaves. La religion chrétienne et les luttes à main armée qui remplissent tout le haut moyen âge, modifièrent graduellement cet état de choses. En recommandant l'affranchissement des esclaves, surtout chrétiens, comme la plus méritoire des œuvres pies, et en adoucissant par tous les moyens leur condition, le christianisme en diminue le nombre dans d'immenses proportions, et remplace l'esclavage rural par le simple servage infiniment plus stable. Le rôle des guerres perpétuelles fut de créer une classe militaire héritière des exemptions asusrées aux armées par les Romains ; et de bonne heure, dès le VIIIe siècle tout au moins, nous voyons la répartition de la population en trois ordres nettement précisée par la formule suivante, souvent reproduite : 1° les « *oratores* » qui enseignent la parole de Dieu et le prient nuit et jour pour le peuple, 2° les « *bellatores* » qui combattent pour sa sécurité, 3° les « *laboratores* » dont le travail le nourrit (1). Nous trouvons là l'idée exacte des trois États qui ont subsisté jusqu'à la Révolution, Clergé, Noblesse et Tiers. L'ancienne division romaine en libres et esclaves persiste cependant dans les textes législatifs, sans modification appréciable de sens en Italie et dans le royaume de Provence créé par Boson, jusqu'à une époque très avancée. En 1154, l'empereur Frédéric Ier accordant aux évêques de Saint-Paul-Trois-Châteaux une bulle de confirmation de souveraineté et de concession des droits régaliens, s'exprime encore ainsi : « ... *homines ipsius ecclesiae, tam ingenuos quam servos, super terram ipsius commanentes...* » (2). Ce document est important pour nous, car il est contemporain de notre Cartulaire, et délivré par la plus haute autorité du royaume d'Arles au prélat dans le diocèse duquel est situé Richerenches. Les « *servi* » n'existaient plus dans nos régions qu'en fort petit nombre ; on ne prononçait même plus ce mot dans les chartes ; il n'est employé

---

mandement de Mirmande au Valentinois, que je crois être de la maison d'Adhémar ». Et trois générations plus bas nous lisons : « Guillaume des Armands, IIIe du nom, dit de Mirmande à cause de Pétronille, dame de Mirmande, sa bisayeule... » L'adjonction de ce nom de Mirmande est continuée pendant trois nouvelles générations (!).

(1) V. dans Guilhiermoz, *Essai sur l'origine de la noblesse en France au moyen âge*, p. 370 et suiv., une série de textes mentionnant ces distinctions de classes dès cette époque.

(2) *Gallia christiana*, t. I, *pr.*, p. 121.

nulle part dans notre Cartulaire, bien que cette situation de serf attaché à la glèbe et entièrement au pouvoir du seigneur ressorte nettement de certains textes. « *Ingenuus* » désigne donc ici tous les hommes nés libres, aussi bien seigneurs, militaires, bourgeois, artisans que « *rustici* », c'est-à-dire liés par un contrat librement consenti à la culture de la terre, ce qui est la condition de l'immense majorité des paysans.

L'esprit romain persistait en effet dans la région du Rhône, aussi puissamment qu'en Italie. S'il n'a point été la cause unique de la révolution qui a constitué en 879 le royaume de Provence en faveur de Boson, il doit être compté au nombre des mobiles principaux qui ont porté les populations de la région comprise entre Lyon et la Méditerranée à se soustraire au joug des Carolingiens. Elles n'étaient point restées pendant des siècles gallo-romaines pour s'assimiler sans résistance aux Burgondes et aux Francs qui les avaient asservies quelque temps, pas plus qu'aux Sarrasins un peu plus tard. Aussitôt le royaume de Provence constitué, les Bosonides et leurs premiers successeurs les Hugonides, ont toujours les yeux fixés sur l'Italie ; les Rodolphiens, les Franconie et les Hohenstauffen le gouvernent ensuite d'après les principes et les mœurs qu'ils ont à respecter en Italie. Il résulte de ces traditions des différences assez notables entre le développement des institutions dans les pays ayant formé plus tard le Dauphiné, la Provence et le Comtat-Venaissin d'une part, et le reste de l'Europe occidentale, imprégné des mœurs germaines, la France d'alors notamment ; différences qui ne commencent à s'atténuer que lorsque l'influence du nord parvient à se faire sentir par l'accession de la maison de Bourgogne au trône du Dauphiné et successivement de celles de Barcelone et d'Anjou à celui de Provence (1). Le Comtat-Venaissin y échappe à peu près complètement et garde jusqu'à la fin le véritable esprit provençal. Écrivant à une époque plus ou moins moderne, la presque totalité des historiens et tous les généalogistes ont omis de se pénétrer de ce fait, et de là bien des inexactitudes, bien des appréciations erronées qui ont faussé l'histoire de nos pays.

Ces observations posées, nous ne pouvons mieux faire que de suivre l'ordre consacré par la constitution de l'ancienne France, pour étudier l'état des personnes tel que nous le montre notre Cartulaire.

I. CLERGÉ. — Immuables de leur nature, les règles de l'Église ont de tout temps été imprégnées d'un esprit absolument démocratique. Le clergé se recrute dans toutes les classes et tous peuvent parvenir aux plus hautes dignités. Nous n'avons donc à relever que de petites observations de détail. A l'époque que nous examinons, les dignitaires sont élus de préférence parmi les ecclésiastiques de haute naissance : les usurpations des biens de l'Église, encore fréquentes, créent pour elle la nécessité de s'assurer des protecteurs aussi puissants que possible. En choisissant les évêques dans les grandes familles féodales et les dignitaires secondaires, les chanoines notamment, dans les familles seigneuriales les plus notables de la région, chaque diocèse parvient à grouper un

---

(1) Les coutumes de Catalogne et de l'Espagne en général, profondément empreintes de l'esprit des Wisigoths, sont aussi germaines en ces matières que celles du nord de la France. Celles du Languedoc, très latines dans le Vivarais et l'Uzège qui avaient fait partie du royaume de Boson, le deviennent de moins en moins en tendant vers l'ouest, jusqu'à la région pyrénéenne où elles sont franchement germaines comme en Catalogne.

faisceau de défenseurs disposés plutôt à l'enrichir de leurs donations qu'à empiéter sur ses droits. Riches et pauvres y trouvent leur avantage. Les premiers s'attendent à ce que les rejetons de leur race entrés dans les ordres en recueillent une part sous forme de plus larges prébendes. Les seconds ont intérêt à ce que le fond, dont une bonne part est traditionnellement consacrée aux aumônes, à l'assistance des malades et à l'instruction populaire, profite le plus possible des largesses des seigneurs.

II. Noblesse. — Nous employons ce terme pour la clarté de notre classification, car à cette époque l'ordre répondant à ce qui devint plus tard une véritable noblesse n'existe pas encore dans nos pays. Notre confrère, M. Guilhiermoz, dans le magistral ouvrage que nous venons de citer, en donne à sa première page la définition précise : « Une classe sociale à laquelle le droit reconnaît des privilèges se transmettant héréditairement par le seul fait de la naissance. » Or, au XIIe siècle, cette hérédité n'est point encore consacrée par le droit. « L'ordre militaire » se recrute encore aussi démocratiquement que le clergé. Il se compose des seigneurs de tout rang, depuis le roi jusqu'aux simples possesseurs d'une minime part de coseigneurie, que les lois de succession divisent presque à l'infini, et de leurs chevaliers. M. Guilhiermoz a démontré que ceux-ci, jusqu'à l'époque où tend à s'établir un état de paix relatif, c'est-à-dire jusqu'au XIe siècle en général, et en particulier chez nous jusqu'après l'expulsion définitive des Sarrasins, sont recrutés dans toutes les classes sociales, voire même parmi les serfs (que ce choix affranchit, il est vrai), sous la seule condition qu'ils soient vigoureux et braves. Ils jouissent dès lors des exemptions et privilèges de l'ordre militaire ; mais ils les perdent s'ils cessent d'être soldats, et leurs fils ne les acquièrent que s'ils sont chevaliers à leur tour. Lorsque la demande de combattants devient moins grande, par suite des progrès de la pacification, se dessine la tendance à choisir ceux qui peuvent encore trouver de l'emploi dans les armées, de plus en plus parmi les fils et descendants de nobles et de chevaliers, et cette tendance, une fois entrée dans les mœurs, finit par être consacrée par le droit. La noblesse proprement dite est alors constituée (1).

Telle est dans ses grandes lignes l'origine universelle de la noblesse proprement dite dans toute l'Europe germanisée par les invasions. Les choses se comportent ainsi dans le royaume d'Arles également, mais avec des différences assez notables, dues principalement à l'esprit latin de la région et que nous pouvons faire ressortir en peu de mots en nous référant, pour les usages de la France d'alors, au livre de M. Guilhiermoz.

Signalons tout d'abord une différence de terminologie. « Nobilis » a le sens précis de seigneur, de possesseur de tout ou partie d'une seigneurie, fief ou alleu. Les « nobiles » sont nécessairement (sauf peut-être de rares exceptions individuelles) chevaliers, l'essence de la puissance seigneuriale étant de concourir à la défense du territoire et au maintien de l'ordre. Une considération spéciale s'attache dès lors à eux : ils forment la première classe du second État, et ont la responsabilité des décisions politiques à prendre, tandis que les simples chevaliers, choisis et armés par eux, ce qui, il est vrai, les

---

(1) Cette évolution, qui forme la substance même du savant ouvrage de notre confrère, auquel l'Institut a décerné le grand prix Gobert, est résumée de la façon la plus précise dans le chapitre IV, p. 462 et suiv.

incorpore à ce second Etat, n'ont qu'à leur obéir. Cette distinction entre les deux classes de l'ordre militaire s'est perpétuée en Provence, en Dauphiné et dans le Comtat-Venaissin jusqu'à la Révolution. Même après que les familles simplement militaires ou assimilées ont été incorporées à la noblesse et qualifiées nobles, les « possesseurs de fiefs », suivant l'expression juridique adoptée pour distinguer les anciens « *nobiles* », ont seuls été appelés à siéger aux États provinciaux, à l'exclusion des « nobles non fieffés ». Ces derniers ont été admis pour la première fois à siéger et voter dans les rangs de la noblesse en Dauphiné et en Provence pour l'élection des députés aux États-Généraux de 1789, et n'y ont jamais siégé dans le Comtat-Venaissin et l'État d'Avignon incorporés à la France en 1791 seulement.

Lorsqu'une seigneurie était partagée conformément aux lois de succession ordinaires dans le pays, c'est-à-dire entre tous les fils, ceux-ci gardaient tous le droit à la qualité de noble. Si, au contraire, elle était transmise à l'aîné seul, ses frères la perdaient et ne restaient agrégés à l'ordre militaire que s'ils étaient eux-mêmes armés chevaliers. S'ils étaient de très haut parage, nous voyons cependant, dès le début du XIIe siècle, une hésitation à les confondre dans le rang modeste des simples chevaliers. C'est ainsi que nous avons vu (1) Hugues de Mévouillon, qualifié à Valence, en 1113, « *nobilis miles* ». Mais cette expression semble être une pure courtoisie, et l'adjonction du mot « *miles* » lui enlève la valeur que le terme « *nobilis* », employé seul, comporte par lui-même (2).

L'ensemble de l'ordre militaire, comprenant par conséquent les « *nobiles* » et les simples « *milites* », est cependant désigné par ce dernier terme. Nous en avons un exemple dans notre charte n° 48, où nous lisons : *videntibus ... multis militibus et burgensibus* », alors que parmi les personnages énumérés il en est de « *nobiles* », notamment Hugues de Montségur et Bertrand et Hugues de Bourbouton. Par contre, dans la charte n° 7, Nicolas de Bourbouton rappelant la décision de son père de se faire chevalier du Temple en abandonnant tous ses biens à l'ordre, dit qu'il l'a prise : « *... cum consilio parentum nostrorum... et multorum nobilium virorum.* » Or, dans la pièce n° 89, ceux-ci sont énumérés par Hugues de Bourbouton lui-même et, parmi ceux qui sont nommés, il n'en est qu'un seul au nom duquel nos chartes ou des documents contemporains ne nous permettent pas d'accoler tout au moins une part dans une seigneurie voisine, Guillaume Malamanus. Or, ses grandes libéralités, et les alliances et parentés qu'elles nous révèlent, permettent difficilement de supposer qu'il ne fût pas, lui aussi, de rang seigneurial.

Ce sens précis du terme « *nobilis* » est rendu très sensible par l'opposition de deux pièces du début du siècle suivant. Béatrix de Viennois, héritière de la dynastie d'Albon, avait épousé le duc Hugues de Bourgogne, mariage auquel remontent les premières infiltrations des idées et coutumes du nord en Dauphiné. En 1209, elle conféra, avec André Dauphin, son fils et héritier présomptif, au prieuré de Saint-Robert, un privilège dans lequel nous lisons ces mots : « *... vel de feudis militum comitatus, vel eorum qui de genere talium descende-*

---

(1) V. ci-dessus, p. LXIII.
(2) On trouve souvent pour les seigneurs de très haut rang la double qualification de « *nobilis et potens* »; mais les qualifications dites nobiliaires ne se généralisent guère avant le XIVe siècle dans le royaume d'Arles et restent jusqu'alors plutôt l'énonciation d'une situation personnelle que d'une qualité héréditaire.

runt, vel descenderint... » Rédigé sans doute sous l'influence des coutumes de chancellerie bourguignonnes, cet emploi du terme « *milites* » pour des possesseurs de fiefs n'était point juridique. Aussi, les moines de Saint-Robert ayant sollicité une confirmation de ce privilège du dauphin André après qu'il eût reçu de sa mère l'abandon de la souveraineté, la nouvelle rédaction, datée de Moras en Viennois en 1223, porte-t-elle pour cette clause : « ...*a nobilibus et ab eorum descendentibus feuda...* », etc. (1). Ce n'est que longtemps après que l'usage d'accoler la qualité de noble au nom des simples gentilshommes s'est généralisé dans nos pays.

Nous renvoyons au chapitre IV de l'ouvrage de M. Guilhiermoz pour la transformation qui s'est opérée aux XII° et XIII° siècles et par suite de laquelle les descendants de nobles ou seigneurs, non pourvus eux-mêmes d'une seigneurie, et ceux des simples chevaliers, sont arrivés à rester gentilshommes, c'est-à-dire en possession du droit de parvenir à la chevalerie, au lieu de retomber, comme antérieurement, dans la roture s'ils n'avaient pas trouvé l'occasion d'être eux-mêmes armés chevaliers. Ce droit devient exclusif à leur profit en France, et il ne peut y être dérogé que par l'anoblissement, réservé au souverain (2). Dans le royaume d'Arles, il leur est acquis en effet, mais il ne devient pas exclusif. Outre l'anoblissement, qui peut être exercé non seulement par le souverain et les grands vassaux, mais même par un certain nombre de grands seigneurs féodaux (3), et l'acquisition d'une seigneurie (qui anoblissait, il est vrai, en France également sous certaines conditions), nos coutumes restent ce qu'elles restèrent en Italie. L'accès de la chevalerie n'est point barré aux bourgeois qui adoptent le métier des armes (4). De plus, la considération attachée, contrairement aux usages germains, à l'étude du droit et des arts libéraux, créa, auprès de la chevalerie militaire, une sorte de « chevalerie de science », si l'on peut ainsi parler, assimilée à la première et produisant le même effet d'anoblissement. Les exemples de personnages qualifiés « *miles et jurisperitus* » sont nombreux ; les magistrats, les docteurs en droit, en médecine, acquéraient, et à plus forte raison conservaient leurs droits aux exemptions militaires ; les constitutions des empereurs de la maison de Hohenstauffen relatives à l'Italie, naturellement appliquées dans le royaume d'Arles, recommandaient expressément que les notaires fussent pris dans l'ordre militaire (5), et cet usage s'était si fortement imposé que le fait seul d'avoir compté des notaires dans son ascendance était une présomption de noblesse pour une famille (6).

---

(1) Auvergne, *Cartulaire de Saint-Robert*, pièces 1 et 2. (*Documents inédits relatifs au Dauphiné*, t. I.)

(2) « Aux XIII° et XIV° siècles, la noblesse n'est pas considérée comme autre chose que comme l'aptitude à devenir chevalier. » Guilhiermoz, *op. cit.*, p. 478.

(3) Les Artaud d'Aix en Diois et quelques autres familles de haut rang, ont délivré des lettres d'anoblissement dont l'effet n'a jamais été contesté, même par les traitants des recherches des faux nobles sous Louis XIV.

(4) Voir *Ibidem*, p. 463, note 3 du chap. IV ; et p. 481, un texte de la note 4 extrait d'une constitution de l'empereur Frédéric II pour le royaume de Sicile (reproduit d'après Huillard-Bréholles, *Historia diplomatica Friderici secundi*, t. IV, 1, p. 14).

(5) Cette ordonnance est souvent visée par les historiens et généalogistes Dauphinois et Provençaux.

(6) C'est sans doute à cette absence d'exclusivisme, correspondant à un état d'âme beaucoup plus démocratique que dans les pays de coutumes germaines, qu'il faut

Mais comme la pratique de l'art militaire restait le moyen fondamental et typique de s'incorporer au second État, les descendants de chevaliers non armés eux-mêmes et ceux qui, par leurs fonctions ou leurs études, avaient acquis l'aptitude à prétendre à la chevalerie sont qualifiés « *militares personae* », et lorsque une désignation de l'ordre militaire en bloc est nécessaire, la formule employée est la suivante : « *Milites, filii militum et personae militares.* » Nous en avons un exemple dès 1247 au cœur de notre région. Barral des Baux qui était devenu seigneur de la presque totalité de la ville de Monteux, au diocèse de Carpentras, exigeant que le consulat lui fût abandonné, chacun des ordres dut désigner des syndics pour renoncer authentiquement à cette liberté. Ceux de l'ordre de « la noblesse » se qualifient « *procuratores, sindici et actores constituti ab universitate militum et filiorum militum et personarum militarium ville de Montiliis, quarum nomina inferius conscribuntur* » (1). Ces mêmes expressions se retrouvent fréquemment à cette époque dans nos pays (2).

Ce caractère de corps largement ouvert à l'accès de toutes les supériorités sociales qu'affecte la noblesse à ses origines, a sa contre-partie dans les facilités laissées à ses rejetons de travailler, en cas de nécessité, sans déchoir. Les nobles pouvaient, comme les bourgeois, outre la pratique du droit et des arts libéraux, affermer les terres ou même les seigneuries dont ils avaient besoin et exercer le commerce. Toutefois, dans ce dernier cas, ils étaient contraints à renoncer, ainsi que cela se pratiquait dans les communes italiennes, à se réclamer de leurs privilèges, condition qu'ils remplissaient en se faisant recevoir bourgeois de la localité où ils l'exerçaient si elle était constituée en commune (3). Les exemples de nobles marchands, nobles bourgeois, nobles

---

attribuer l'abstention presque complète des qualifications dites nobiliaires, dont l'usage ne devient général qu'au XIV⁰ siècle. Dans notre Cartulaire elles font à peu près complètement défaut, et les plus puissants seigneurs féodaux, Raimond de Montauban ou Géraud Adhémar de Monteil, n'en reçoivent aucune comme les plus modestes paysans. Quelques très grandes dames, Tiburge d'Orange, Brunissende de Visan, Wilelma Pelestort, femme de Pierre de Caderousse, sont désignées par le titre de « *Domina* ». La charte n° 130 nous offre le seul exemple du titre de « *miles* » accolé à un nom propre avant les pièces du XIII⁰ siècle.

(1) Chartrier de l'évêché de Carpentras, t. II, pièce 184 (ms. de la Bibliothèque d'Inguimbert à Carpentras, n° 560).

(2) M. Guilhiermoz en cite aussi quelques exemples, p. 479, 2⁰ paragraphe de la note 2, en faisant remarquer qu'elles sont surtout employées dans « les pays d'empire » (c'est-à-dire l'Italie et le royaume d'Arles).

(3) Les célèbres « Statuts de Fréjus », édictés en 1235 par Raimond Bérenger (publiés *in extenso* pour la première fois par M. Charles Giraud, *Essai sur l'histoire du droit français au moyen âge*, 1846, t. I, p. 4), qui ont servi de type à beaucoup de statuts provençaux, contiennent un article aux termes duquel les descendants de chevaliers qui ne s'étaient point fait armer chevaliers à leur tour avant trente ans, et exerçaient une profession non libérale, perdaient les immunités militaires. Il faut remarquer que Raimond Bérenger était essentiellement imbu des coutumes catalanes, bien plus sévères en ces matières que les nôtres ; mais, en fait, cet article consacre indirectement celle que nous constatons ici. Il n'exclut pas les hommes visés et leur descendance du droit de parvenir à la chevalerie, s'ils reviennent à l'état militaire, et ne prescrit que l'incompatibilité entre les exemptions de leur classe et la pratique d'un métier. C'est ainsi que cette disposition a toujours été interprétée, et l'opinion souvent émise qu'elle instituait une dérogeance reversible sur leur postérité ne date

fermiers de seigneuries, de terres, de péages, sont fréquents dans toute la région de l'ancien royaume de Boson (1). Lorsque la royauté, se jugeant assez fortement assise dans les provinces de la rive gauche du Rhône, crut pouvoir imposer sans danger à la noblesse méridionale les règlements draconiens qui creusaient entre elle et le Tiers-État une démarcation si tranchée, il en résulta pour la première une perturbation profonde et pour le second une humiliation cruelle ; et à la paix sociale si complète entre les deux classes jusqu'alors, succéda le même esprit de domination trop souvent altière et méprisante d'une part, d'opposition haineuse de l'autre, qui régnait dans les autres provinces et fut un des grands facteurs de la Révolution.

Le Comtat-Venaissin et l'État d'Avignon, où ces édits ne furent point applicables, échappa à cette regrettable transformation de nos anciennes mœurs, et malgré l'infiltration inévitable de quelques traces de ces nouveautés, on peut y constater jusqu'en 1791 les effets bienfaisants de l'esprit de liberté et de concorde dont nous avons recherché les premiers traits dans nos chartes et dont nous venons d'esquisser rapidement le développement jusqu'à l'époque où la volonté royale l'a étouffé dans nos pays. Leur histoire présente à certains moments de terribles crises, telles que furent les guerres de religion, par exemple ; mais elle ne garde du moins le souvenir d'aucune guerre de classes, d'aucune « Jacquerie ».

III. TIERS-ÉTAT. — Le terme « ingénu » qui avait fini dans les provinces du nord par être à peu près exclusivement synonyme de « noble » (2), garde dans nos pays sa signification beaucoup plus large. Il comprend tous les hommes libres, c'est-à-dire l'immense majorité du Tiers-État (3), à laquelle il faut ajouter, pour compléter celui-ci, le nombre relativement très restreint de serfs encore en la pleine puissance de leurs seigneurs.

Malgré le petit nombre de textes pouvant servir à étudier le troisième État, nous trouvons cependant dans notre Cartulaire les éléments de la nomenclature en usage dans le marquisat de Provence à cette époque. La pièce n° 48 prouve que les notables n'appartenant pas à la classe militaire à Saint-Paul-Trois-

---

que des temps postérieurs à l'application à nos pays de la jurisprudence du « cabinet des ordres du Roi ».

(1) Sauf de très rares exceptions, les généalogies n'ont commencé à être publiées que sous Louis XIII et Louis XIV, époque où la noblesse de la Provence et du Dauphiné s'était courbée sous la volonté royale de la soumettre aux coutumes du Nord. Cette soumission, obtenue à grand renfort d'amendes, de lettres de réhabilitation de noblesse fort coûteuses, et autres mesures fiscales ayant enrichi plus que dans toutes les autres provinces les traitants des « recherches des faux-nobles », avaient rendu les souvenirs des anciennes libertés périlleux à réveiller, et les grands nobiliaires les taisent le plus possible. La publication des inventaires sommaires des archives a commencé à mettre au jour un grand nombre de renseignements sur cet état de choses ; ceux des archives de la Drôme sont particulièrement utiles à consulter par la conscience que le savant archiviste, M. Lacroix, a apportée à reproduire exactement les qualités données aux parties dans les actes.

(2) Guilhiermoz, *op. cit.*, p. 367 et 368.

(3) L'énorme proportion d'ingénus dans le Tiers-État provençal du haut moyen âge a beaucoup frappé le Dr Kiener, auteur d'une consciencieuse étude de l'état social en Provence à cette époque : *Verfassungsgeschichte der Provence*, Leipzig, 1900, p. 102 et suiv.

Châteaux sont dits « *burgenses* ». Les bourgeois des localités moins importantes étaient dits « *probi homines* », et comprenaient des propriétaires de domaines utiles, qu'ils faisaient cultiver ou cultivaient eux-mêmes, et les principaux artisans. Ce que nous avons dit de l'ordre militaire dans le paragraphe précédent fera comprendre que ces deux couches du Tiers-État se différenciaient fort peu de la simple chevalerie, dans laquelle elles pénétraient facilement et avec laquelle elles s'alliaient fréquemment (1). Les « *laboratores* » sont des paysans libres, et contractant librement des baux de fermage ou des travaux agricoles (n° 3) (2). Enfin, on sait par la comparaison d'un grand nombre de documents du haut moyen âge que les domaines dévastés par les guerres, et en grande partie chez nous par les incursions des Sarrasins, avaient été remis en valeur et repeuplés par la voie de l'albergement, contrat concédant une certaine étendue de terre contre le paiement d'un cens et de redevances et l'exécution de certaines prestations (3). Ceux-ci, qui se trouvent fixés au sol par un accord ayant un caractère permanent, constituent la population sédentaire des localités rurales, et sont désignés sous le nom de « *rustici* » (n° 7). Bien que ce contrat ait été certainement consenti librement à l'origine, et, qu'au début, il ait été de son essence que le preneur pût se libérer de tout lien en abandonnant le fonds ou en le cédant, l'usage introduisit peu à peu des contraintes, notamment en matière de mariage et de successions, dont les « *rustici* » eurent grand'peine ensuite à se libérer, et qui font l'objet des chartes de liberté et d'affranchissement des communes rurales (4).

Au dernier degré de l'échelle sociale sont les serfs, restes de l'ancien esclavage. Ils ne sont plus qu'en très petit nombre, et cette propriété paraît être fort recherchée. Bien que nos chartes n'écrivent pas une seule fois le mot « *servus* », ils sont reconnaissables à l'étendue des clauses qui accompagnent leur cession. Nous en avons un exemple caractéristique dans le don par Hugues d'Allan au Temple de son serf, Ripert de Charols : « *Ripertum de Charovols, et uxorem ejus et infantes eorum, et omnem eorum substanciam atque peccuniam, cum omnibus tenementis et possessionibus quas de nobis tenent et possident*» (n° 24). Le serf ne peut être séparé de sa femme et de ses enfants, et son tènement ne peut pas être divisé ou amoindri ; à part cela, il est entièrement dans la main de son seigneur. Toutefois, l'usage devait interdire à celui-ci de disposer aussi complètement du pécule et des fruits de son travail que ces clauses le feraient supposer, croyons-nous, car ce même serf, devenu propriété

---

(1) Dans les grandes communes libres du midi, Avignon, Arles, Marseille, certaines familles ont atteint, sans qu'on leur voie prendre d'autres qualifications que celles de la bourgeoisie, à un très haut degré de puissance et d'importance, et se sont alliées nonobstant, pendant qu'il en était ainsi, aux plus grandes familles féodales.

(2) Ceux-ci étaient appelés « *castani* » en Provence. V. la préface du *Cartulaire de Saint-Victor*, p. xxxvi.

(3) Lorsque ce contrat est réduit à une contenance assujettie au simple paiement d'un cens, le contractant est dit censitaire. Il est souvent astreint à l'hommage pour la terre qu'il détient, mais n'aliène aucune portion de sa liberté, comme dans le cas d'albergement avec prestations en nature.

(4) Ces contraintes avaient surtout pour but d'empêcher la postérité des tenanciers de quitter le fief, ce qui eût affaibli, ou d'y introduire par mariage ou héritage des hommes soumis à d'autres seigneurs. Aussi ces censitaires sont-ils transmis, en cas de mutation, avec leurs tènements et leurs enfants.

du Temple, offre à l'ordre par la charte suivante (n° 25), à titre de don volontaire, la dîme de ses agneaux. Il est vrai que les « *rustici* » et les « *servi* » ambitionnaient fort d'être donnés à une institution religieuse ou achetés par elle, car ils y trouvaient une sécurité et une stabilité que ne leur offrait pas la domination d'un maître laïque, sujet à mutation tout au moins à chaque génération. Un seigneur clément et juste pouvait avoir pour successeur un fils rapace et violent. Ces changements inhérents à la nature humaine se faisaient sentir à un degré bien moindre dans l'administration des biens d'une abbaye ou d'un évêché.

Dans toutes les chartes relatant des dons de serfs au Temple, le terme qui les désigne est toujours : « *dono hominem unum.* » C'est ici le lieu de remarquer que « *homo* » employé par le supérieur, désigne toute personne placée dans sa dépendance. Les grands vassaux sont les hommes du souverain ; les chevaliers, les hommes de leur seigneur. Aussi ce terme n'a-t-il rien de blessant pour celui auquel il est appliqué ; et il faut voir dans son emploi en place de ceux de « *rusticus* », et à plus forte raison de « *servus* », un indice de l'adoucissement déjà marqué des mœurs dès cette époque. Toutefois, nous croyons que le don d'un homme ou d'une famille avec ses tènements *et possessions* indique plutôt un serf ou une famille serve que de simples censitaires. On en trouvera des exemples précis dans la charte n° 45, dans laquelle Pierre Bruni est évidemment serf d'Arnaud de Crest. Il est en même temps censitaire de Guillaume Renco pour sa maison seulement (1). En troisième lieu, Pierre Cachola n'est que simple censitaire de Geoffroy de Barry.

Un très grand nombre de chartes de notre recueil, relatives principalement aux acquisitions successives faites par le Temple de domaines utiles sur le territoire de Bourbouton dont il avait enfin acquis avant la mort de Hugues de Bourbouton, en 1151, la seigneurie pleine et entière en franc-alleu, montrent que la propriété rurale était en partie aux mains de simples paysans, souvent même avec le caractère allodial. Elle avait été développée dans de très grandes proportions par le contrat de *complant,* consistant dans la concession de terres incultes sous condition d'un cens jusqu'à leur mise en valeur, après laquelle une moitié de la contenance revenait au bailleur, tandis que l'autre moitié restait propriété allodiale du preneur (2). Nous croyons que, dès cette époque, les « *probi homines* » ruraux correspondaient à la classe dite des « ménagers », paysans propriétaires d'un domaine rural assez étendu pour les faire vivre sans travailler au dehors, eux et leur famille. Par la pratique du testament, les ménagers ont souvent conservé pendant un grand nombre de générations, la même situation prospère dans leur village ; ils en formaient le noyau éminemment stable à travers les siècles et assuraient, par leur sage influence et leur participation constante à la gestion des affaires, la bonne administration communale. Constituée peu de temps après le XII° siècle, lorsque la coutume des partages à l'excès a amené une réaction, cette catégorie de paysans si fortement assise a été de nouveau dissoute par le Code civil, au grand détriment de l'agriculture et de la stabilité de la population dans les petites communes rurales. Un projet de loi, aux termes duquel pourront être réservés des « domai-

---

(1) La maison dans laquelle Arnaud de Crest avait établi son serf pouvait avoir été acquise par lui en terres soumises à la directe de la famille Renco.

(2) V. Kiener, *op. cit.*, p. 100 et suiv.

nes de famille » non soumis à la loi du partage, a été déposé tout récemment par le Ministère de l'agriculture dans le but de la reconstituer.

II. NOTES ÉCONOMIQUES.

Les Templiers avaient créé autour de Richerenches une importante exploitation agricole, consacrée principalement à la production du blé, de la laine et des chevaux, articles de première nécessité pour l'ordre, qui s'approvisionnait en Occident des fournitures que l'état de guerre permanent ne permettait pas de produire avec stabilité en Palestine. L'habitude d'offrir un cadeau aux bienfaiteurs de l ordre, qualifié d'aumône « *elemosina* », dont la valeur est très souvent spécifiée, fournit matière à quelques observations, malheureusement assez vagues.

Les monnaies employées sont à peu près toujours les sous melgoriens, valentinois et viennois. Il ressort du fait que leur qualité est rarement exprimée, et de quelques cas très rares où ils sont spécifiés pour des cessions de blé, que la valeur des trois sous est sensiblement égale. Remarquons cependant que l'on semble donner, dans deux ou trois pièces, une petite préférence aux melgoriens anciens sur les nouveaux.

Nous aurions voulu établir aussi exactement que possible le pouvoir de ces monnaies. Nous ne connaissons de calculs très rigoureusement établis sur le pouvoir de l'argent dans nos pays, à une époque voisine de celle de nos chartes, que ceux du regretté M. Louis Blancard, archiviste des Bouches-du-Rhône, dans son remarquable *Traité des monnaies de Charles I*^{er}. Ses évaluations se rapportent à la seconde moitié du XIIIe siècle. Elles sont donc postérieures tout au moins de cent vingt ans à la fondation de la commanderie et de plus de soixante à la date des dernières pièces nous fournissant quelques éléments de critique ; elles restent certainement au-dessous de la vérité pour le XIIe siècle (1). Or, il donne au denier melgorien estimé sous Charles Ier d'après les cours de la place de Marseille, une valeur intrinsèque de 0 fr. 42 c., et évalue le pouvoir de la monnaie d'alors à cinq fois et soixante-deux centièmes ce qu'il est aujourd'hui. D'après ces données, le pouvoir du sou melgorien, le plus usité dans nos chartes, représenterait 5 fr. 04 c. En l'estimant environ à un sixième en plus, conformément aux indications que nous venons de relever en note pour le prix des chevaux, soit à six francs en compte rond, nous obtiendrons des estimations sensiblement adéquates à celles de notre savant confrère.

Le blé est généralement mesuré au setier, dont la valeur est presque constamment de deux sous, et s'élève au double en 1164 (n° 100), année de disette sans doute. Dans trois chartes (n°s 83, 217 et 221), la mesure employée

---

(1) Nous en avons la preuve dans la valeur des chevaux d'armes. Tandis que les plus beaux destriers élevés et dressés à la commanderie ne sont évalués que cinq cents sous, les statuts de Fréjus en date de 1235, accordent uniformément à tout chevalier ayant perdu son cheval d'armes en service une indemnité de mille sous raimondins. M. Blancard évaluant le raimondin aux trois cinquièmes environ du melgorien, la valeur moyenne d'un cheval d'armes avait alors dépassé d'un sixième celle des plus beaux chevaux du siècle précédent. Le prix assigné en 1265 (Blancard, *ibidem*, p. 364), de trente livres égalant fr. 561,60, multiplié par 5,62 pour le pouvoir de l'argent, est encore supérieur.

est la charge *(saumata, asinata)*, évaluée dans ces trois cas à dix sous. Le setier employé à Richerenches était donc le cinquième de la charge, laquelle étant calculée sur les forces d'une bête de somme, est une des mesures qui ont le moins varié. Elle est en moyenne de cent soixante litres, ce qui porterait le prix de l'hectolitre de blé à 37 fr. 50 c. en monnaie de nos jours (1) ; mais il faut remarquer que la commanderie était devenue une véritable ferme-modèle, et que ces petites quantités obtenues d'elle étaient vraisemblablement recherchées comme blé de semence et non destinées à la consommation.

La laine de la commanderie était évidemment recherchée aussi. Mais elle est cédée d'après une mesure nommée le *trentenaire*. C'était probablement un ballot de trente livres, préparé pour l'envoi en Terre-Sainte ou pour la remise aux tisseurs locaux. L'évaluation du prix de cette mesure de laine est très variable et dépend sans doute de la beauté du lot. N'ayant pu nous documenter sur la nature exacte du trentenaire ni sur les cours des laines à cette époque, nous ne pouvons déduire aucun renseignement de ces données.

L'élevage des chevaux fut une des premières préoccupations de la commanderie naissante (2). Dès l'année 1143, c'est-à-dire à peine six ans après la charte première de fondation, elle est en mesure de donner à ses principaux bienfaiteurs des poulains, dont l'un est déjà dit âgé de deux ans (n° 8). L'année suivante apparaît le premier cheval fait, remplissant les conditions nécessaires pour être considéré comme un cheval d'armes ou destrier, et dès lors qualifié « *equus* » (3). Il n'est estimé encore que cent sous (n° 12). Enfin, en 1146, Bertrand de Bourbouton reçoit un cheval estimé deux cents sous ; la commanderie est parvenue à produire des destriers ayant la taille et la force recherchées pour soutenir le poids de l'armure et la rudesse des chocs. Aussi, en le recevant, Bertrand le qualifie-t-il de « *bonum caballum* » (4).

Les progrès ne s'arrêtèrent pas là, et Richerenches dut porter cet élevage à une très haute perfection, car au cours de trente années environ pendant lesquelles certaines pièces continuent à nous fournir des estimations, celles-ci s'élèvent à des prix très supérieurs pour les animaux offerts à quelques dona-

---

(1) Ce prix n'a pas été atteint en France depuis une centaine d'années, bien qu'il s'en soit rapproché en 1812, 1817 et 1856 ; mais il a été dépassé au cours du XIX° siècle dans plusieurs pays, notamment en Angleterre. (Guillaumin, *Dictionnaire du commerce et de la navigation*, édit. de 1859, V° Grains).

(2) L'article 66 de la première règle ordonne de conserver par écrit l'estimation de chaque cheval entré au Temple.

(3) « *Equus* » est souvent remplacé par son équivalent en langue vulgaire latinisé : « *caballus* ». Les chevaux ordinaires et de moins grande valeur sont désignés comme partout par les termes de «*palafre*» et « *roncinum* ». M. Blancard (*op. cit.*, p. 364), cite un texte provençal du siècle suivant, dans lequel palefroi a évidemment la signification de destrier. Mais notre charte n° 130 ne laisse subsister aucun doute sur le sens dans lequel est pris ce mot : « ... *quemdam equum precio CCC. solidorum, et unum palafre precio LX. solidorum.* »

(4) Nous avons la preuve de la supériorité déjà atteinte par le haras de la commanderie dans la charte n° 32. Armand de Bourdeaux, habitué aux montagnes du Diois, où l'élevage n'était pas aussi perfectionné, et recevant en 1148 un cheval que les livres de l'ordre n'estimaient cependant qu'à cent sous, n'hésite pas à le qualifier d' « *optimum* ».

teurs de marque, et atteignent jusqu'à cinq cents sous. Mais il semble résulter de l'ensemble des renseignements que deux cents sous est le prix courant, pendant presque tout le XII⁰ siècle, d'un destrier considéré déjà comme un animal de fort bonne race et qualité. Nous avons remarqué ci-dessus (1) qu'au siècle suivant la moyenne d'un destrier était portée par l'estimation faite en 1235 dans les statuts de Fréjus, à mille sous raimondins équivalent à environ six cents sous melgoriens. Indépendamment de la dépréciation graduelle du pouvoir de la monnaie, dont nous avons tenu compte en élevant un peu l'équivalent de ce dernier sou pour établir nos calculs, il faut d'autres causes pour avoir porté de douze cents francs, valeur dans nos chartes d'un bon cheval d'armes, à trois mille, son prix en moins d'un siècle. Nous croyons les voir d'une part dans les envois énormes de chevaux en Palestine pendant tout le cours de l'occupation franque, et, en second lieu, comme causes locales, dans les guerres de la succession de Provence sur la rive gauche du Rhône, et des Albigeois sur la rive droite, qui motivèrent une consommation immense de chevaux d'armes principalement; car l'estimation du palefroi, monture de marche, et du roncin, monture d'écuyer et de transport des armes, ne s'élève pas dans les mêmes proportions.

Le destrier était un objet de première nécessité pour le chevalier. A défaut des indications personnelles dont l'usage s'est établi plus tard dans les chartes, mais absolument absentes au XII⁰ siècle en général, et dans notre Cartulaire en particulier, ces dons de chevaux d'armes nous livrent le titre de chevalier d'un certain nombre de personnages, et, suivant la beauté du produit, la qualité plus ou moins haute de celui qui le reçoit, ainsi qu'une appréciation certainement assez juste de sa libéralité. Il est donc intéressant de présenter ces estimations réunies dans le tableau suivant :

N° DE LA PIÈCE.	NOM DU DONATEUR.	ÉVALUATION EN SOUS.	ÉQUIVALENT EN MONNAIE DE NOS JOURS.
93	Armand de Bourdeaux	s/ 500	fr. / 3.000
96	Roger de Clérieux	» »	» »
211	Raimond de Montauban	» »	» »
245	Guillaume Ripert	» »	» »
130	Géraud Adhémar de Monteil	» 400	» 2.400
227	Pons Viader	» 300	» 1.800
59	Bertrand de Bourbouton	» »	» »
104	Guillaume de Serrian	» 200	» 1.200
111	Rostan de Grignan	» »	» »
248	Dragonet de Montdragon (2)	» »	» »

(1) P. cxxxv, note 2.
(2) Ce dernier cheval est offert en reconnaissance d'une simple confirmation des dons précédents de Raimond de Montauban.

faisceau de défenseurs disposés plutôt à l'enrichir de leurs donations qu'à empiéter sur ses droits. Riches et pauvres y trouvent leur avantage. Les premiers s'attendent à ce que les rejetons de leur race entrés dans les ordres en recueillent une part sous forme de plus larges prébendes. Les seconds ont intérêt à ce que le fond, dont une bonne part est traditionnellement consacrée aux aumônes, à l'assistance des malades et à l'instruction populaire, profite le plus possible des largesses des seigneurs.

II. NOBLESSE. — Nous employons ce terme pour la clarté de notre classification, car à cette époque l'ordre répondant à ce qui devint plus tard une véritable noblesse n'existe pas encore dans nos pays. Notre confrère, M. Guilhiermoz, dans le magistral ouvrage que nous venons de citer, en donne à sa première page la définition précise : « Une classe sociale à laquelle le droit reconnaît des privilèges se transmettant héréditairement par le seul fait de la naissance. » Or, au XIIe siècle, cette hérédité n'est point encore consacrée par le droit. « L'ordre militaire » se recrute encore aussi démocratiquement que le clergé. Il se compose des seigneurs de tout rang, depuis le roi jusqu'aux simples possesseurs d'une minime part de coseigneurie, que les lois de succession divisent presque à l'infini, et de leurs chevaliers. M. Guilhiermoz a démontré que ceux-ci, jusqu'à l'époque où tend à s'établir un état de paix relatif, c'est-à-dire jusqu'au XIe siècle en général, et en particulier chez nous jusqu'après l'expulsion définitive des Sarrasins, sont recrutés dans toutes les classes sociales, voire même parmi les serfs (que ce choix affranchit, il est vrai), sous la seule condition qu'ils soient vigoureux et braves. Ils jouissent dès lors des exemptions et privilèges de l'ordre militaire ; mais ils les perdent s'ils cessent d'être soldats, et leurs fils ne les acquièrent que s'ils sont chevaliers à leur tour. Lorsque la demande de combattants devient moins grande, par suite des progrès de la pacification, se dessine la tendance à choisir ceux qui peuvent encore trouver de l'emploi dans les armées, de plus en plus parmi les fils et descendants de nobles et de chevaliers, et cette tendance, une fois entrée dans les mœurs, finit par être consacrée par le droit. La noblesse proprement dite est alors constituée (1).

Telle est dans ses grandes lignes l'origine universelle de la noblesse proprement dite dans toute l'Europe germanisée par les invasions. Les choses se comportent ainsi dans le royaume d'Arles également, mais avec des différences assez notables, dues principalement à l'esprit latin de la région et que nous pouvons faire ressortir en peu de mots en nous référant, pour les usages de la France d'alors, au livre de M. Guilhiermoz.

Signalons tout d'abord une différence de terminologie. « *Nobilis* » a le sens précis de seigneur, de possesseur de tout ou partie d'une seigneurie, fief ou alleu. Les « *nobiles* » sont nécessairement (sauf peut-être de rares exceptions individuelles) chevaliers, l'essence de la puissance seigneuriale étant de concourir à la défense du territoire et au maintien de l'ordre. Une considération spéciale s'attache dès lors à eux : ils forment la première classe du second État, et ont la responsabilité des décisions politiques à prendre, tandis que les simples chevaliers, choisis et armés par eux, ce qui, il est vrai, les

---

(1) Cette évolution, qui forme la substance même du savant ouvrage de notre confrère, auquel l'Institut a décerné le grand prix Gobert, est résumée de la façon la plus précise dans le chapitre IV, p. 462 et suiv.

cation est portée à son comble par les emprunts sur garantie d'un de ces droits réels qui, à leur tour, sont divisés activement et passivement.

Nous trouvons dans notre Cartulaire même une pièce des plus éloquentes pour nous faire saisir sur le vif l'état de choses extraordinaire auquel en était arrivée la fortune privée au XII° siècle. C'est une simple rognure de parchemin sur laquelle a été tracé, en caractères très menus et en langue romane, l'état de situation de la fortune d'« en Raimun Gras » (1). Rattachée en original par un bout de fil à la reliure du Cartulaire entre les feuillets 60 et 61, elle a reçu par suite le n° 90.

Raimond Gras avait-il sollicité un emprunt de l'ordre ou demandé à être reçu chevalier ? Rien ne nous l'apprend ; mais la commanderie avait eu à se renseigner en détail sur sa situation pécuniaire, dont nous avons là le relevé minutieux. Or, dans cette longue énumération nous ne rencontrons pas une seule propriété franche. Ce ne sont que quarts de tasque, cens de un denier sur une maison, de deux deniers sur un jardin ; ailleurs, le quart du rendement des vignes, et les trois quarts de celui des arbres ; la moitié du sixième d'un bois ; etc. Tout cela grevé à tort et à travers de mises en gage, tant pour des sommes d'argent que pour des fournitures de vivres.

Le style des actes de mutation reflète cet état de confusion universelle. La formule à peu près constante des cessions est ainsi conçue : « *Quicquid habebamus, vel habere credebamus* », à laquelle s'ajoutent généralement les mots « *juste vel injuste* ». La complication est telle, l'enchevêtrement des droits qui se compénètrent les uns les autres, se superposent de mille manières, est si obscur, que personne n'est plus à même de savoir au juste ce qu'il en est. Il est aisé de se figurer ce que deviennent les rapports des supérieurs luttant contre l'appauvrissement et des inférieurs se défendant contre leurs exactions, fatalement suggérées par cet appauvrissement même, au point où les choses en étaient arrivées. Les coutumes très libérales que nous nous plaisions à rappeler dans le premier paragraphe de ce chapitre, énergiquement appuyées et maintenues par le sentiment religieux si profond de cette époque, ont seules pu faire gagner, sans quelque sanglante guerre sociale, l'heure où le remède a apparu aux yeux des populations.

Aussi, à l'exception de quelques familles assez puissantes pour oser résister à la coutume presque universelle en maintenant la transmission intégrale de l'héritage à un seul fils choisi dans chaque génération, ou de quelques autres assez riches pour avoir pu atteindre sans sombrer l'heure où la réaction s'est produite, la décadence est universelle, dans toute cette aristocratie des bénéficiaires sortie de la dissolution de l'empire de Charlemagne et élevée par les petites royautés qui s'en sont partagé les débris. Elle s'est émiettée, pulvérisée pour ainsi dire, et c'est dans les rangs des simples paysans et artisans qu'on en retrouverait les débris si la conservation des archives nous avait laissé les moyens de remonter jusqu'à cette époque. Il est peu de villages, de lieux-dits où des ruines se remarquent encore, qui n'aient donné leur nom à leurs possesseurs lors de la généralisation des patronymes. Au XIV° siècle déjà, il n'en

---

(1) Ce personnage n'était pas le premier venu. Il avait part à la justice et à d'autres droits seigneuriaux dans la ville de Saint-Paul-Trois-Châteaux. D'autres pièces nous ont permis de le regarder comme issu de la famille de Saint-Paul. (V. ci-dessus chap. VIII, p. xcv.)

apparaît plus qu'un nombre infime dans l'histoire locale ; beaucoup de ces familles se sont éteintes sans doute ; mais combien d'autres, retombées dans la roture, ont quitté un nom devenu mensonger ; ou si elles l'ont conservé, ont perdu, depuis tant de générations où leur pauvreté les a rejetées dans les rangs les plus humbles, tout souvenir même de leur origine (1).

Sous la pression de ce désordre universel, la renaissance des études de droit romain fut accueillie avec enthousiasme par toutes les classes. La pratique du testament, ou du réglement anticipé de la succession par le père de famille lui-même, se généralisa rapidement. Cette réaction, commencée au XII° siècle, s'accéléra pendant tout le XIII° ; à tous les rangs de l'échelle sociale, l'épargne, les capitaux disponibles, s'emploient en haut à la reconstitution des seigneuries, en bas à celle des simples « ménages », et la propriété rurale se reforme assez rapidement telle qu'elle a subsisté jusqu'à la Révolution.

Les modèles dont il y avait lieu de se rapprocher étaient d'ailleurs sous les yeux de tous, dans les seigneuries et biens ruraux appartenant aux évêchés, abbayes et églises. Ceux-là n'avaient pas eu à subir la loi des partages, et leur prospérité, en même temps que la stabilité qu'ils offraient à leurs tenanciers de tout rang, montraient le but vers lequel devait tendre une réforme. D'autre part, à cette époque où les donations pies étaient nombreuses et souvent considérables, le travail de reconstitution que l'église ou l'ordre donataire entreprenait immédiatement et poursuivait avec persévérance, mais sans secousse, en profitant des convenances de chacun, enseignait par quel procédé il était possible d'atteindre le résultat désiré sans apporter de perturbation dans les intérêts engagés sur le terrain.

C'est à ce travail lentement poursuivi que nous fait assister notre Cartulaire pour la seigneurie de Bourbouton. Nous allons le retracer dans ses grandes lignes ; mais il faut tout d'abord reconstituer le tableau de ce qu'elle était devenue sous le régime successoral en usage encore en 1138, lors de la première donation de parts de la seigneurie au Temple.

Un heureux hasard nous permet de remonter à l'origine même des droits des seigneurs alors en possession. On sait que les deux évêchés de Saint-Paul-Trois-Châteaux et d'Orange avaient été longtemps unis. L'un des prélats qui les avaient eus tous deux sous sa crosse en même temps, Odalric, vivant dans le premier tiers du XI° siècle, avait concédé en précaire (2) Bourbouton et un territoire nommé *Tres-Campi*, sur lequel se trouvait l'église de Saint-Auban, ce qui le localise au sud de Richerenches, sur la rive gauche de la Coronne, en faveur de trois personnages nommés Giraud, Pons et Laugier, contre l'abandon d'un manse aux Baumes (La-Baume-de-Transit), et d'une mesure de pain et de vin à la fête de Saint-Restitut. La concession était faite au profit des cathédrales Notre-Dame d'Orange et Saint-Paul et de l'église de Saint-Restitut, et comme

---

(1) Là où des archives communales ou notariales ont été conservées depuis une époque très ancienne, il a été parfois possible de vérifier ce fait ; et, presque toujours, il a pu être constaté que des villageois fort modestes, mais portant, sans souvenir aucun d'une origine féodale, le nom d'un ancien fief plus ou moins voisin, rentraient dans cette catégorie.

(2) *Precaria* ou *praestaria*. On trouvera un résumé très substantiel et très condensé de l'histoire et de la nature de ce contrat dans Guilhiermoz, *op. cit*, p. 102 et suiv.

tous les contrats de précaires, était à titre viager. Le texte intégral de cette pièce s'est retrouvé dans les *Fragments d'anciens Cartulaires d'Orange*, dont nous devons la publication à M. Duhamel, archiviste du département de Vaucluse (1). Elle est datée du mois de septembre, férie 11, lune XII, sous le règne du roi Rodolphe. Ces données ne concordent, au cours du règne de Rodolphe le Fainéant, que le 5 septembre 1009 et le 21 septembre 1013.

Il résulte des déclarations de Hugues de Bourbouton lui-même que, malgré son caractère viager, cette concession fut conservée pendant quatre générations au moins, lui compris, à titre de propriété héréditaire, en alleu franc, sans acquitter aucun cens, redevance ou hommage envers qui que ce soit (n° 187) (2). Il était le chef de la première branche des coseigneurs, qui possédait la moitié de la seigneurie et la totalité de la dîme sur tout le territoire.

A l'origine, les concessionnaires étaient trois (frères peut-être, le titre ne le dit pas), et tous trois avaient reçu la dîme indistinctement. Le fait que celle-ci se trouve, au siècle suivant, réservée en entier à la ligne aînée, laisse supposer que deux des concessionnaires ont dû mourir sans enfants ou être évincés de quelque façon au profit du troisième, fondateur de la famille, et que c'est dans la descendance de celui-ci qu'a eu lieu, dès la première génération et avant l'*atavus* de Hugues, le partage en deux moitiés, la dîme du tout restant réservée au chef de la famille, seigneur principal en titre, ainsi que cela se pratiquait souvent.

Dernière remarque préliminaire : de ces deux moitiés, la première est sous la souveraineté de l'évêque de Saint-Paul, que Hugues qualifie de « *meus episcopus* », et ce sont en effet les évêques de Saint-Paul, Pons de Grillon et Géraud, qui approuvent les dons de cette moitié. Mais, entre temps, l'évêché d'Orange avait été reconstitué et pourvu d'un évêque en titre ; et comme la concession avait été faite au nom des deux cathédrales, l'autre moitié avait dû être rattachée, non au diocèse, mais à la mouvance de l'église d'Orange. Or, dans les cessions au Temple des parts de cette seconde moitié, ce n'est pas l'évêque d'Orange qui intervient, approuve et garantit les cessions ; c'est la famille comtale, Tiburge et ses fils. Il faut donc qu'il y ait eu transfert aux comtes d'Orange du temporel de l'évêché (3).

---

(1) *Mémoires de l'Académie de Vaucluse*, t. XV, année 1896, p. 391.

(2) « *Pater meus Berenguarius, et ego cum ipso, ... nec avus, nec atavus meus.* » Notons cependant que Rainaud Francesc, chef d'une des familles issues de la dynastie des anciens comtes de Valence, prétendait en avoir le haut domaine. Après que Hugues de Bourbouton eut réussi à opérer, avec l'aide de Tiburge d'Orange, la concentration entre les mains du Temple de toutes les parts de coseigneuries de Bourbouton, il obtint finalement quelques mois avant sa mort, l'abandon de cette prétention (n° 51).

(3) Nous avons indiqué ci-dessus, chap. V, notamment p. XLVIII et XLIX, l'obscurité qui couvre l'origine du titre des comtes d'Orange. Ce petit fait ne nous mettrait-il pas sur la voie ? La dynastie de Nice-Orange a lutté énergiquement contre les papes et les évêques de Saint-Paul pour amener le rétablissement du siège épiscopal d'Orange. N'aurait-elle pas obtenu de quelqu'un des titulaires reconnus grâce à ses efforts, l'avouerie du diocèse, qu'elle n'aurait ensuite jamais restituée ? Une fois solidement assise, elle aurait transformé en titre comtal son occupation féodale, faisant en grand ce que les Bourbouton avaient réalisé sur une moindre scène. Les exemples de ces usurpations sont assez nombreux (V. Guilhiermoz, *op. cit.*, p. 161 et suiv.). Le fait est

A la clarté de ces premières notions, nous pouvons maintenant suivre les morcellements successifs de la petite seigneurie. Elle se compose des territoires de Bourbouton proprement dit, de l'ancien Tres-Campi, devenu Saint-Auban, et du démembrement constitué tout d'abord en territoires distincts en faveur des Templiers, leur ayant été donné en alleu-franc, Richerenches, comprenant le quartier ou lieu-dit de Granouillet, souvent aussi appelé territoire dans les chartes (1).

Hugues de Bourbouton était déjà assez avancé en âge en 1138. On ne peut compter plus de quatre générations, cinq au plus, entre la concession de l'évêque Odalric et lui ; or, il constate que la première moitié de Bourbouton appartenait déjà à son arrière-grand-père *(atavus)* ; il faut donc faire remonter la première division en deux, au fils ou, au plus, au petit-fils de l'un des trois concessionnaires primitifs du contrat de précaire.

La première moitié s'est subdivisée depuis cette génération en six branches : 1° celle de Bérenger Bauchaus, père de Hugues de Bourbouton qui donne au Temple une grande partie de ses biens en entrant dans l'ordre, en 1138 (n°s 3, 4, 5, 89, etc.) et grand-père de Nicolas qui la termine en se faisant chevalier du Temple, donnant à l'ordre tout ce qu'il possède encore dans la seigneurie en 1147 (n° 7) ; 2° celle de Géraud, frère de Bérenger, qui porte également le nom de Bourbouton et finit par Bertrand, qui se fait donat du Temple après lui avoir concédé sa part de la seigneurie (n° 3 et autres) ; 3° la branche de Montségur formée par Odoin, ou Odon, dont les fils portent les noms de Montségur et de Mirabel et donnent leur part en 1138 ou 1139 (n°s 55, 66, etc.) ; 4° la branche de Tournefort formée par Othon, frère d'Odoin de Montségur, dont la part est donnée en 1144 (n°s 12, 74, 75, etc.) ; 5° la branche de Folras, Hugues de Bourbouton, ayant reconnu à Ripert Folras, son cousin germain, un sixième des dîmes et de la tasque à la suite de ses réclamations, lesquelles semblent basées sur une alliance et non sur une agnation ; tout ce que les Folras possèdent à Bourbouton est successivement donné au Temple, soit par les chartes de Hugues, auxquels Ripert Folras s'associe, soit par ses enfants Ripert II, Géraud et Blanche ; 6° une part advenue à Pierre Hugues de Visan, probablement aussi par alliance. Donnée, retenue, rendue, à maintes reprises, dans les actes fort nombreux de cette famille, elle finit cependant par rester au Temple.

La seconde moitié de la seigneurie est subdivisée d'une façon beaucoup plus compliquée encore, et nous sommes mieux documenté sur ses divisions, Hugues de Bourbouton n'ayant pas jugé nécessaire de préciser la quotité des parts de la première, ce qu'il a fait pour celle-ci.

Elle se divise tout d'abord en deux, formant des quarts de la seigneurie totale. Le premier appartient en entier à la maison de Solérieux et à ses dérivés. Ce quart advint au Temple, à travers quelques difficultés, mais d'assez bonne heure (n°s 56, 57 et quelques autres pièces moins importantes).

Le second quart est allé à un groupe qualifié en bloc « *Illi de Jocundalio* »,

---

que les évêques d'Orange apparaissent les plus pauvres, les plus dénués de temporel et de droits féodaux de toute cette région, où les concessions des souverains de toutes les époques avaient fait des prélats de très puissants seigneurs.

(1) Nous rappelons que ce terme ne correspond à aucune idée définie ou limitée et s'applique indifféremment à un minime lieu-dit aussi bien qu'à l'ensemble des domaines d'un grand seigneur.

« ceux de Gigondas ». Celui-ci a subdivisé son quart en trois parties, dont la première est allée à un groupe de familles qualifiées « *Illi de Valriaco* », « ceux de Valréas », se composant de Raimond de Bellon et ses enfants : Pagan de Bellon, Antevène, femme de Bertrand de Falcon, et Nicole, femme de Guillaume de Roussas. Ils cèdent leurs parts au Temple en 1147 (n° 60).

Restent deux tiers du quatrième quart, soit deux douzièmes du tout. Ceux-ci sont à leur tour subdivisés en trois parts (1) : 1° celle d'Isarn et Guillaume Isarn, donnée en 1146 (n° 53) ; 2° celle de Raimond de Gigondas et de son fils Bertrand, donnée l'année suivante (n° 54) ; 3° enfin une troisième indivise entre quatre sous-groupes, à savoir : *a)* R. de « Bistorres », sa femme Galburge et leurs enfants, Guillaume-Raimond, Bertrand-Raimond et Isnard ; — *b)* Bertrand-Guillaume de Gigondas, Aimeruz sa femme et leur fils G. de « *Podio-Calvo* » ; — *c)* Blismoda, mariée à G. Richau, et leur fils Richau ; — enfin, *d)* Rixende et son époux Pierre Laugier. Ces quatre sous-groupes cèdent leur droit au Temple par une charte unique en 1145 (n° 58) (2).

On peut avoir idée de la valeur insignifiante à laquelle est arrivé le morcellement par le fait que les tiers des deux derniers douzièmes, bien que vendus, plutôt que donnés au Temple, l'ont été pour soixante-dix sous chaque ; il a donc dû revenir à chacun des quatre sous-groupes de la dernière section, ceux que nous avons énumérés par *a)*, *b)*, *c)* et *d)*, un peu plus de cent francs, valeur de nos jours, pour cette vente.

Mais il ne s'agit là que des droits seigneuriaux, d'un rendement relativement minime et grevés de charges de police et de défense qui le diminuaient singulièrement encore. La valeur vénale des domaines utiles était autrement considérable, et comme la commanderie avait à installer avant tout la culture en grand des céréales et l'élevage des chevaux et des bestiaux, il lui importait de ne souffrir ni enclaves, ni redevances à acquitter d'aucune sorte. Elle achète donc patiemment tout ce qui se présente, se le fait donner lorsque les détenteurs y sont disposés, au besoin, quand ceux-ci sont trop pauvres, les indemnise par de larges aumônes, en reçoit des portions en gage, etc., etc. La série de ces pièces relatives à Bourbouton, en y comprenant celles dans lesquelles sont confondues des parts de la seigneurie dont nous avons donné les numéros, comprend cent dix-neuf chartes entre 1136 et 1183 ; et lorsque, à cette dernière date, l'enregistrement régulier est interrompu, il est certain qu'il restait encore des bribes à acquérir. Sous nos yeux défilent des terres dont quelques-unes ne

---

(1) Bien que les Isarn et les possesseurs de la troisième part ne prennent pas le nom de Gigondas dans les deux chartes n°ˢ 53 et 58, il leur est si fréquemment donné dans d'autres pièces et leur connexion de parenté résulte si clairement de plusieurs faits qu'on ne peut se refuser à les regarder comme issus d'une même souche. (V. chap. IX la notice que nous consacrons à la commune de Gigondas.)

(2) Dans ses deux mémoires sur la seigneurie de Bourbouton (n°ˢ 89 et 187), Hugues passe sous silence comme coseigneur Guillaume Aldebert, qui, par notre charte n° 40, de 1143 ou 1144, donne au Temple « *meam partem de castro de Bolboto, et de omni territorio ipsius.* » Bien que ces termes semblent indiquer une part dans la seigneurie, nous devons supposer que Guillaume Aldebert détenait simplement une de ces fractions des redevances générales portant sur toute la population, que les partages successoraux éparpillaient véritablement en poussière, si l'on peut ainsi parler, entre une foule de parents et alliés.

valent que deux et trois sous; pour ces petites cessions, « l'aumône » équivalait à la valeur, car nous voyons souvent ajouter à ces soi-disant dons que si l'objet cédé vaut davantage, le donateur fait abandon du surplus pour le salut de son âme.

A peu près tous ces actes en effet sont conçus en forme de donation, et c'est tout au plus si le recueil entier en présente quatre ou cinq qui soient franchement qualifiés de ventes. Il est à remarquer que la même terre peut être « donnée » plusieurs fois : par le propriétaire, par les détenteurs de parts de la dîme, de la tasque, des redevances de toute nature qui peuvent avoir été établies, et finalement par le seigneur dominant, « louant » la mutation ; tous, sauf de très légères différences, emploient plus ou moins exactement les mêmes formules.

Une circonstance qui se présente fréquemment aussi, c'est l'abandon, dans les limites de confronts enserrant des centaines d'hectares, « de tout ce que » les donateurs « ont ou peuvent prétendre », et cela moyennant quelques sous. Il est impossible de ne pas retracer dans ces cas assez fréquents, les conséquences de quelque partage tellement compliqué qu'une liquidation en est devenue inextricable, d'autant que ces chartes sont souvent dues à des personnages habitant au loin et auxquels le hasard d'une parenté ou d'une alliance a dû apporter le droit de prétendre quelque petite chose sur des biens dont ils ignorent eux-mêmes l'emplacement exact.

Il sera facile, à l'aide de la table analytique, de suivre de plus près le travail long et difficile que le Temple avait entrepris là. Lorsqu'à l'exemple des ordres religieux, les laïques ont voulu à leur tour reconstituer des seigneuries et des propriétés quelque peu compactes, la tâche leur a été souvent facilitée, croyons-nous, par l'accord de tous les intéressés, s'entendant pour vendre à la fois tous leurs droits en bloc (1). Mais il est de nombreux exemples de seigneurs rachetant peu à peu, pendant plusieurs générations, les démembrements des droits seigneuriaux résultant d'anciens partages ; et l'on pourrait facilement citer dans nos pays de modestes communes restées, jusqu'à la Révolution, aux mains d'un grand nombre de coseigneurs différents.

CHAPITRE XI.

NOTES HISTORIQUES SUR L'ORDRE DU TEMPLE ET LA COMMANDERIE DE RICHERENCHES.

L'ordre du Temple est né à Jérusalem, en 1118, de l'association de quelques chevaliers français ayant résolu de se consacrer à la garde du Saint-Sépulcre et à la protection des pèlerins qui allaient le vénérer, et qui s'intitulèrent :

---

(1) C'est ainsi, pensons-nous, que les choses se seront passées pour la vente à Géraud Adhémar de la seigneurie de Grignan. (V. plus loin Appendice II, p. 236.)

« les pauvres chevaliers du Christ ». Leur bravoure et les services qu'ils rendaient leur ayant valu la faveur du roi Baudouin de Jérusalem, il leur assigna comme habitation la partie de son palais contiguë aux restes du temple de Salomon, d'où le nom qui leur est resté. Ils convinrent de se lier par les trois vœux monastiques, auxquels ils ajoutèrent celui de combattre sans relâche pour le but qu'ils s'étaient proposé. L'institution était donc basée sur les deux sentiments qui passionnaient par dessus tous les autres les esprits à cette époque, la religion et la valeur militaire. Aussi fut-elle accueillie avec enthousiasme par toute la chrétienté.

Baudouin voyant en elle l'embryon d'une armée d'élite libre de toute ambition terrestre et dont l'idéal se confondait avec le maintien et la sécurité de son royaume, s'en fit l'ardent promoteur. Approuvé au concile de Troyes en 1128, l'ordre y reçut une règle inspirée par saint Bernard, qui avait également pris sa cause en main avec ardeur. Sauf quelques légères modifications déjà introduites dans le texte que nous en possédons (1), il est aisé d'en retrouver l'application dans notre Cartulaire. Elle présente de grandes analogies avec la règle de l'ordre de saint Benoît, et son caractère est par conséquent essentiellement démocratique. Avant d'aller plus loin, il peut être intéressant d'indiquer comment, de ce point de départ libéral, l'ordre du Temple est devenu, en moins de deux siècles, le plus aristocratique et le plus exclusif qui ait jamais existé.

Il n'a pu s'en tenir en effet à cette première règle si concise. Elle a été tout d'abord traduite en français, car les dignitaires et commandeurs chargés de l'appliquer n'étaient que bien rarement en état de lire le latin, et cette traduction contient déjà des modifications très marquées ; elle a été ensuite enrichie de rituels, de prescriptions rendues nécessaires par l'extension prodigieuse de l'ordre ; enfin d'une sorte de code pénal et de manuel de jurisprudence. En cet état, il en existe quelques rares manuscrits collationnés et publiés par notre confrère M. Henri de Curzon, en 1886 (2). En parcourant avec attention cette savante publication on remarquera, principalement sur ce point de la libéralité des admissions dans l'ordre, des contradictions évidentes entre divers articles. L'étude si patiente de l'origine et du développement en Europe de la noblesse héréditaire que nous devons à M. Guilhiermoz nous permet, en datant approximativement les différentes parties de la règle, de suivre de très près cette évolution, explicable si l'on songe que les vaillants chevaliers attirés de préférence dans l'ordre, y apportaient tout naturellement l'esprit de plus en plus exclusif de la caste dans laquelle ils se recrutaient.

La règle du concile de Troyes, avons-nous dit, est essentiellement démocratique, comme le recrutement des moines. Nous y trouvons la nécessité d'un noviciat plus ou moins long ; l'ordre comprend trois catégories, les ecclésiastiques, les chevaliers et les sergents (3). L'article réglant l'admission dans l'ordre

---

(1) Il a été inséré *in extenso* dans Labbe, *Concilia*, t. X, col. 923 et suiv. — Les modifications que ce texte a subies ressortent, entre autres, évidemment des articles 21 et 56, prescrivant déjà la suppression d'usages ayant existé au début dans l'ordre.

(2) *La Règle du Temple*, publiée pour la Société de l'histoire de France.

(3) Nous ne parlons ici que des profès, ayant droit tous indistinctement à la qualité de « frères ». La règle prévoit l'admission de séculiers servant temporairement, les uns par dévotion et sans aucune rétribution, et les autres pouvant être rétribués s'il

(art. 11-58) est absolument muet sur toute condition de naissance. Nous sommes en effet à l'époque où la chevalerie est encore largement ouverte à tout homme vigoureux et brave, quelle que soit son extraction.

La traduction de cette première règle n'en pose non plus aucune. Mais, dans son article suivant (art. 12-64), alors que le texte latin interdit le recrutement parmi les chevaliers excommuniés, la traduction française le recommande au contraire pour assurer leur salut, pourvu qu'ils se soient fait absoudre. Cette différence nous paraît dater la traduction de l'époque de la guerre des Albigeois, où tous les efforts tendaient à ramener à l'orthodoxie ceux qui s'étaient laissé tenter par l'hérésie (1).

Vient ensuite dans l'ordre du temps le rituel d'admission qui doit remonter à la deuxième moitié du XIIe siècle ou au début du XIIIe au plus tard. En effet, l'énumération des questions à poser au récipiendaire en laisse une seule non obligatoire s'il est postulant pour la qualité de frère chevalier : « l'on li puet demander se il est fiz de chevalier et de dame, et que ses pères soit de lignage de chevaliers. » Cette question laissée facultative date le rituel de l'époque où les mœurs donnaient aux fils de chevaliers une préférence pour la chevalerie, mais non un droit exclusif (art. 675). Par contre, d'après l'article suivant, si le récipiendaire postule comme frère sergent, il est obligatoire de lui demander s'il est déjà lui-même chevalier dans le siècle. L'ordre avait besoin de combattants et ne pouvait tolérer qu'un soldat restât convers, ainsi que les plus grands seigneurs le recherchaient souvent alors par humilité chrétienne.

Mais, ainsi que nous l'avons rapidement indiqué au chapitre précédent, la chevalerie finit dans presque toute l'Europe, nos régions de mœurs latines exceptées, par n'être plus accessible qu'aux descendants de chevaliers, ce qui constitua réellement la noblesse en corps fermé. Nous sommes par conséquent tout au moins au milieu du XIIIe siècle, lorsqu'est rédigé l'art. 431, où nous trouvons cette question devenue obligatoire : « Estes vos chevalier et fis de chevalier, ou estes vos estrais de chevaliers devers vostre père, en manière que vos *deies estre et pussies chevalier*? » Il faut donc considérer comme les plus récentes les parties de la règle relatives à la tenue des chapitres et à la jurisprudence des pénalités, qui embrassent les articles 386 à 658, ou tout au moins la rédaction que nous en possédons, c'est-à-dire près de la moitié de la règle entière, ces parties ne remontant très certainement qu'à l'époque où l'esprit de l'ordre, de monastique qu'il était à l'origine, est devenu essentiellement aristocratique, par suite de la constitution de la noblesse en une caste distincte, dans laquelle seule on pouvait alors recruter des chevaliers (2).

---

y a nécessité de les engager. Cela ressort de l'article 51-31. Nous citons les articles d'après la numération établie par M. de Curzon, suivie, là où ils reproduisent les prescriptions de la règle latine, d'un second chiffre donnant la numération de l'édition de Labbe.

(1) Cette traduction a supprimé la prescription du noviciat. L'ordre commence à perdre de son caractère monastique.

(2) M. de Curzon, bien que n'ayant pas eu à sa disposition les éléments chronologiques que nous venons d'utiliser, prouve par des synchronismes que le chapitre où sont condensés des exemples de jurisprudence doit nécessairement avoir été compilé entre 1257 et 1265.

Cette évolution graduelle de l'esprit de l'ordre ne peut pas être suivie intégralement dans notre Cartulaire, qui ne s'étend même pas aux cent premières années de son existence ; mais il était bon d'en consigner ici les grandes lignes ; il est facile, en effet, d'y reconnaître les premières manifestations de cette tendance, en sorte qu'il pourrait servir de base à une étude psychologique, en le rapprochant de documents postérieurs en nombre suffisant. C'est ainsi que la formule primitive « *pauperes milites Christi* », disparaît complètement après un petit nombre d'années ; l'esprit d'humilité et de foi si marqué dans certaines chartes du début devient de moins en moins perceptible ; et si ce n'était de rares formules de style rappelant le caractère primitivement religieux de l'institution, l'ensemble laisserait une impression notablement différente de celle qu'éveillent les Cartulaires monastiques.

La règle du concile de Troyes prévoyait l'envoi dans toute la chrétienté de frères chargés de solliciter des dons et de recruter des chevaliers. L'un de ces envoyés fut Arnaud de Bedos, dont nous constatons la présence à Barcelone à la fin de 1134 et au début de 1135 ; les princes et prélats espagnols avaient compris immédiatement de quel secours l'institution nouvelle pouvait être contre les Maures et lui avaient déjà donné à cette époque des établissements considérables aussi voisins que possible des limites encore occupées par les Mahométans. Arnaud passa ensuite les Pyrénées et obtint de Roger, comte de Foix, et d'Amélius, archevêque de Toulouse, les donations nécessaires à la fondation de la commanderie de la Villedieu (1) ; et, dès le mois de mars de l'année 1136, il se trouvait à Saint-Paul-Trois-Châteaux. L'évêque Pons de Grillon, Tiburge d'Orange et quelques autres grands personnages du marquisat de Provence devaient être déjà acquis à la cause de l'ordre, peut-être par le premier grand-maître Hugues de Payen, qui avait dû descendre la vallée du Rhône au retour du concile de Troyes, car les succès d'Arnaud y furent aussi rapides qu'importants. Dès le 19 mars, il reçoit de l'évêque Pons et de quelques coseigneurs de la ville le palais et l'église Saint-Jean, dans l'enceinte de Saint-Paul-Trois-Châteaux, et avant la fin de l'année la belle donation des terres de Richerenches sur lesquelles il commence l'édification de la commanderie ; en 1137, lui adviennent celles qui ont formé la commanderie de Roaix, autour de laquelle ont été fondées ensuite celles moins importantes de Buisson, Villedieu, Beaulieu, etc. ; enfin, en 1138, le don du château des Arènes d'Orange, principe de la commanderie de cette ville, et d'Alcyon *(Arcisonum),* noyau des grandes possessions de l'ordre à La Garde-Paréol et à Sainte-Cécile.

Les dernières pièces datées qui mentionnent la présence d'Arnaud à Richerenches sont d'octobre 1138. Il en est une, le n° 33, non datée, mais que diverses circonstances nous permettent de rejeter au second semestre de cette même année, et qui nous fait connaître le passage à Richerenches du second grand-maître du Temple, Robert de Craon. Il est vraisemblable qu'Arnaud, ayant obtenu ces résultats si considérables pour le bien de l'ordre, reçut de Robert quelque autre charge, car nous ne retrouvons plus son nom dans nos chartes.

On peut se demander pourquoi la commanderie de Saint-Paul, la première en date, n'a pas reçu plus de développement ? Nous en voyons la raison dans

---

(1) V. sur ces débuts de la mission d'Arnaud de Bedos l'*Histoire apologétique des Templiers,* t. I, p. 22-24.

la nécessité de constituer dans nos pays non des forteresses, mais de véritables exploitations rurales, pouvant donner en abondance les grains, la laine et les chevaux nécessaires au ravitaillement de l'ordre en Terre-Sainte ; de plus, Richerenches ayant été pendant quelque temps la commanderie principale en Provence, il convenait, alors que l'ordre naissant n'était point encore assez fort par lui-même, de ne point placer ses dignitaires dans une ville épiscopale dont l'évêque était un assez puissant seigneur féodal. Pons de Grillon dut entrer dans ces vues, car il s'emploie de tout son pouvoir à favoriser la fondation et l'extension de la maison de Richerenches ; et s'il n'y avait rien à redouter de lui dans les dispositions qui l'animaient, l'événement a prouvé que ses successeurs ne seraient pas tous aussi bienveillants. C'est par son influence que Hugues de Bourbouton, le véritable fondateur de Richerenches, s'est consacré tout entier à cette œuvre, lui, ses biens, sa famille, son crédit auprès des autres coseigneurs et des grands de la région ; et, à sa mort, en 1151, il a la consolation d'avoir réussi à assurer à la commanderie, non seulement la seigneurie de Bourbouton tout entière, mais d'immenses possessions aux alentours, qui ne cessent de s'agrandir et de s'enrichir pendant toute la période qu'embrasse notre Cartulaire, non seulement en terres, mais aussi en droits de dépaissance sur celles d'une foule de seigneurs voisins, étendant considérablement les facultés de l'élevage des chevaux et bestiaux si nécessaire.

Le monastère, dont il subsiste quelques restes d'un grand caractère, était encore en construction le 15 mars 1143 (n° 19) ; nous n'avons pas trouvé d'indication exacte sur l'époque où les travaux furent terminés, mais ils durent l'être au plus tard avant la mort de Hugues de Bourbouton, car on ne trouve plus mention de dons de matériaux, dès avant cette date. Richerenches n'était auparavant qu'un simple lieu-dit de Bourbouton ; un village important se groupa à l'abri de ce couvent puissamment fortifié, et lorsqu'au XIVe siècle Bourbouton fut détruit par les troupes de Raimond de Turenne, ce qui y restait de population vint chercher un refuge auprès de la commanderie. On peut dire que celle-ci n'a, en fait, pas d'histoire, en dehors de sa fondation et de l'édification du monastère et de son église, Notre-Dame de Richerenches.

Sur les usages de l'ordre, notre Cartulaire peut en revanche nous donner quelques renseignements que nous allons condenser dans les paragraphes suivants.

COMMANDEURS. — D'après la règle, ils peuvent être pris parmi les simples sergents pour les petites commanderies où ne résident pas de chevaliers ; mais celle de Richerenches était incontestablement confiée à des chevaliers de marque, dont un certain nombre y sont toujours en résidence. En latin, « *commandator* », qui a prédominé dans la langue vulgaire, « *comandaire* », est rarement employé ; nous trouvons au début les expressions : « *magister, minister, bajulus, gubernator* », etc. Finalement « *preceptor* » est à peu près seul conservé.

Lorsqu'un dignitaire de l'ordre est présent, il assume de droit les pouvoirs. Le commandeur rentre alors dans le rang, mais est nommé en tête des autres frères présents à l'acte ; une ou deux fois seulement tous deux sont qualifiés « *magistri* » ; en général, le dignitaire présent n'est désigné que par l'un des termes appliqués au commandeur en titre, et rien ne fait supposer qu'il soit d'un rang supérieur si d'autres pièces ne nous l'apprennent pas. Il est utile d'en faire la remarque, cet usage ayant été la source de bien des erreurs. C'est ainsi que Pierre de Rouvière, maître de la milice en Provence et en Espagne, et Hugues de Barcelonne, procureur général de l'ordre dans la même « langue », qui viennent souvent à Richerenches, ont été regardés, à mainte reprise, à notre connaissance, comme commandeurs de différentes maisons qu'ils n'avaient certainement que visitées en leur haute qualité.

Lorsque, au contraire, le commandeur s'absente, l'intérim est fait par le frère le plus important après lui, mais sans qu'il reçoive habituellement de titre. Peut-être, à égalité, était-ce l'ancienneté qui en décidait ; nous n'avons pu le vérifier ; à Richerenches, ces interim sont toujours remplis par un chevalier de marque ; ceux-ci sont facilement reconnaissables à ce que, dans les chartes, ils sont à peu près toujours nommés en tête des frères laïques.

Dans le tableau des commandeurs ci-après, nous avons noté ces diverses interruptions de pouvoir, qui aideront à élucider la qualité des frères nommés dans d'autres documents émanant de l'ordre, et à se rendre compte du fonctionnement intérieur d'une commanderie.

FRÈRES ECCLÉSIASTIQUES. — Le premier rang leur est en général donné dans les énumérations. Ceux qui ont reçu la prêtrise et sont aumôniers en titre sont qualifiés de « *capellani* »; mais ils paraissent n'avoir jamais été très nombreux et il ressort de la règle que le recrutement des prêtres et clercs nécessaires au culte dans les églises et chapelles de l'ordre était le plus souvent assuré par de simples engagements temporaires. Les « *capellani* » ayant fait profession étaient autorisés à prendre le manteau blanc s'ils étaient promus à l'épiscopat ou à quelque autre dignité ecclésiastique supérieure encore ; mais, au service de l'ordre, ils n'avaient droit qu'au manteau noir ou brun comme tous les autres frères non chevaliers.

CHEVALIERS. — Ils étaient distingués, lorsqu'ils avaient fait profession, par le manteau blanc, lequel était refusé aux chevaliers séculiers ne se mettant que temporairement au service de l'ordre. Ne pouvaient être reçus d'emblée chevaliers du Temple (toutefois au début, après un certain temps de probation ou noviciat), que ceux qui avaient déjà été armés chevaliers dans le siècle. Mais un certain nombre d'entre eux étaient choisis parmi les écuyers ayant prononcé les vœux. Ce fait est contesté par quelques historiens ; il ne me semble pas pouvoir l'être, attendu l'article 77 de la règle française, dans lequel un « vahlet gentilhomme » (1) étant compté dans le service personnel du grand-maître, il lui est recommandé de ne pas le faire trop facilement chevalier. Nous avons dans notre Cartulaire un exemple d'écuyer ayant fait profession, car il est toujours qualifié de frère, et qui parvient à la chevalerie, Guiscard de Barry. Il avait été écuyer d'Arnaud de Bedos, et figure comme tel dans plusieurs chartes du début de la commanderie ; il reparait à plusieurs reprises, et, en 1141 (n° 30), n'est encore qu'écuyer. Mais il y a une pièce de 1150 qui ne laisse point douter qu'il ait reçu le manteau blanc, le n° 51, par lequel Rainaud Francesc se désiste de ses prétentions sur Bourbouton. Hugues de Bourbouton, alors commandeur de Richerenches, accompagné de Guiscard, s'était rendu à Savasse pour recevoir ce désistement et l'acte porte : « *...in manu Ugonis de Bolbotone,*

---

(1) Valet, damoiseau et écuyer, sont trois termes synonymes, ayant été employés de préférence dans des régions différentes. (V. Guilhiermoz, *op. cit.*, p. 483.) Ils ont désigné dans le principe les « apprentis-chevaliers », et, plus tard, lorsque le titre de chevalier est devenu exceptionnel, tous les gentilshommes aptes par leur naissance à recevoir la chevalerie.

militis Templi et bauli domus de Richarenchas, et Guiscardi fratris, militum Templi ». Cette répétition après le nom de Guiscard n'eût pas été faite, s'il n'eût pas été armé chevalier, auquel cas la qualité de frère aurait suffi. La circonstance était très solennelle, et ne fût-ce que par égard pour les grands personnages qu'elle avait réunis à Savasse, le commandeur dût faire observer que c'était d'un chevalier, et non d'un simple écuyer, qu'il était accompagné pour représenter l'ordre, et faire consigner en conséquence cette répétition dans l'acte.

Écuyers. — Nos pièces ne citent qu'un très petit nombre d'« *armigeri* ». Cela doit tenir évidemment à ce que ceux qui avaient la vocation de prononcer les vœux devenaient chevaliers, et, entre temps, qualifiés « frères » aussi bien que les chevaliers et sergents profès, sont impossibles à distinguer dans les listes de témoins des actes. Au reste, l'immense majorité des écuyers n'étaient engagés que temporairement, « *ad tempus* », les uns par charité (1), c'est-à-dire servant gratuitement, et les autres contre salaire (2). Nous venons de montrer que ceux d'entre eux qui avaient prononcé les vœux en tant qu'écuyers pouvaient être promus à la chevalerie, comme Guiscard de Barry, qualifié frère longtemps avant d'y être parvenu. Mais nous croyons voir dans l'article 448, compris dans les parties les plus récentes de la règle, la preuve que ceci avait dû être modifié ensuite, et que les écuyers n'étaient plus alors admis à prononcer les vœux qu'en devenant chevaliers (3), ou en renonçant à l'être pour se classer définitivement dans le rang des sergents ; en un mot, qu'ils ne pouvaient recevoir le manteau noir d'abord et prendre plus tard le manteau blanc. Cet article interdit en effet à ceux qui ont reçu l'habit avec le manteau noir, de pouvoir jamais recevoir le manteau blanc, même s'ils sont gentilshommes, à moins qu'ils ne soient devenus évêques ou plus encore. Quant à celui qui aurait été chevalier dans le siècle, l'aurait nié au chapitre d'admission et aurait reçu en conséquence le manteau noir, il doit être exclu de l'ordre. Il est donc évident que ceux des écuyers qui deviennent chevaliers n'ont pu à cette époque prononcer encore les vœux et prendre le manteau noir, et ceux des écuyers qui sont qualifiés frères dans la seconde moitié de l'existence de l'ordre, sont nécessairement du rang des sergents.

Ce qui semble établir la vérité de cette règle, d'après laquelle les écuyers ne peuvent appartenir qu'à deux catégories, les engagés temporaires (volontaires ou salariés) ou les sergents, est ce fait qu'il n'y a pas dans l'ordre de classe pour eux. Il n'y en a en réalité que deux : les chevaliers portant le manteau blanc ; les sergents portant le manteau noir, ceux-ci comprenant les ecclésiastiques et clercs, et les écuyers et sergents ayant prononcé des vœux, formant soit les troupes légères de l'ordre, soit le personnel des convers, gens de métiers et de service intérieur ou agricole. Cela ressort nettement de ce que, pour l'élection du grand-maître, le chapitre est composé de treize électeurs,

---

(1) V. l'article 51-31.

(2) L'article 177 prescrit au gonfanonier, chef des écuyers, de les « faire paier quant il ont fait lor terme ».

(3) Le D' Ferdinand Wilcke, auteur d'une des histoires les plus consciencieuses de l'ordre, constate que beaucoup des chevaliers les plus marquants du Temple avaient fait leur apprentissage des armes comme écuyers volontaires : *Geschichte des Ordens der Tempelherren*, t. I, p. 362-363.

dont huit frères chevaliers et quatre frères sergents, le treizième étant un frère chapelain. La classe des écuyers ne serait donc pas représentée si elle comptait dans les rangs de l'ordre. Au reste, si on étudie attentivement les règles tant latine que française, on constatera que les écuyers ne sont mentionnés que pour préciser leurs fonctions, et qu'aucune disposition ne les désigne comme formant une classe particulière dans l'ordre, comme l'ont avancé quelques historiens.

Sergents. — Ce que nous avons dit dans les paragraphes précédents nous laisse peu à ajouter. Ce terme, (du latin « *serviens* »), doit venir de ce qu'au début de l'ordre les services dont les chevaliers avaient besoin étaient exclusivement militaires ou de ceux que les usages d'alors permettaient de prêter d'homme à homme égaux en naissance, mais dont l'un était le supérieur de l'autre en âge, en valeur ou en puissance. Les pages et les écuyers de la plus illustre naissance servaient à table et aidaient à vêtir et à armer les chevaliers ou les seigneurs, auprès desquels ils faisaient leur école de chevalerie (1). De fort bonne heure, avec la richesse territoriale et la construction de couvents nombreux et considérables, se fit sentir la nécessité d'un personnel domestique et agricole important, qui fut recruté comme les premiers sergents d'armes et classé sous ce nom dans l'ordre.

Dans la pratique il semble s'être toujours attaché aux nombreux sergents d'armes une considération plus grande qu'aux sergents de métiers et de service intérieur et agricole. On semble les avoir distingués dans le langage courant par les mots « frères sergents » et « frères de couvent ». C'est du moins ce qui semble résulter de l'article 662, qui règle le passage d'un sergent d'armes profès au service des convers.

L'article 448 de la règle prouve qu'il y avait des gentilshommes dans les rangs des sergents, et de nombreux documents, notamment plusieurs passages du *Procès des Templiers*, nous en fournissent des exemples. On rencontre de même, à cette époque, des rejetons de familles illustres parmi les frères convers des abbayes, qu'un sentiment d'humilité chrétienne portait à choisir l'office le plus modeste.

Affiliés laïques. — Dans le principe l'ordre avait admis des laïques des deux sexes, même mariés, au titre de « frères », par une affiliation exactement semblable à celles qui constituent les Tiers-Ordres institués par saint François d'Assise et saint Dominique. C'était un moyen offert aux chevaliers mariés et aux femmes de concourir au but des « pauvres chevaliers du Christ » et de s'assurer part aux mérites spirituels. Mais il dut y avoir de très bonne heure des abus, car la règle latine, tout en maintenant aux premiers le titre de « frère », leur interdit le port du manteau blanc, et la cohabitation avec les chevaliers profès pour que ceux-ci ne soient pas en contact avec leurs femmes (art. 55). Et par l'article suivant, elle défend à l'avenir le recrutement de « sœurs ».

La traduction française de la règle latine ne maintient pas le titre de « frère » aux simples affiliés, mais le rend par « confrère » (art. 69), terme employé aussi dans les articles 411 et 541, les seuls qui fassent mention de cette institution. Le dernier, énumérant les prières par lesquelles doit se terminer toute tenue

---

(1) V. dans Guilhiermoz, *op. cit.*, p. 229, le caractère essentiellement militaire, et par conséquent noble, de la qualification de sergent aux XIIe et XIIIe siècles.

de chapitre, en prescrit entre autres « por nos confrères et por nos consuers ». Bien qu'il fasse partie d'un des chapitres de la règle certainement postérieurs à notre Cartulaire, l'origine de cet article doit être assez ancienne, car l'interdiction de recevoir des sœurs ne pouvait encore en avoir amené l'extinction lors de sa rédaction.

La formule ordinaire de l'affiliation est « *dono meipsum* ». La charte de Marie de Valréas déjà veuve (n° 259), porte : « *dedit enim maritus meus seipsum... et similiter meipsam donavi* (1). » On trouve aussi parfois : « *mitto me in confraternitate militie* » (n° 242 et autres).

L'article 55 de la règle latine qui formulait les devoirs des chevaliers mariés, exigeait l'abandon de tous leurs biens, sauf une réserve pour la femme sa vie durant. La profession de Hugues de Bourbouton comme chevalier du Temple, alors que sa femme vivait encore (2), semble bien avoir été effectuée d'après les prescriptions de cet article. La traduction française paraît n'avoir plus en vue que les simples affiliés. Elle substitue « confrère » au latin « *frater* » et semble avoir beaucoup atténué les exigences en cette matière. Les chartes d'affiliation, en assez grand nombre, que nous offre le Cartulaire, contiennent toutes une donation à l'ordre ; mais celle-ci est très loin d'atteindre la moitié de la fortune de l'affilié, ni même de s'en rapprocher. Les plus anciennes sont sans retour ; mais, plus tard, elles constatent, comme pour les donations sans affiliation, un cadeau que l'ordre fait en reconnaissance « *sub caritatis nomine* », souvent en chevaux et parfois en argent. Guillaume Hugues de Montélimar fait de très beaux dons, mais ne représentant certainement qu'une minime parcelle des richesses de son apanage souverain, et reçoit mille sous en retour. Guillaume Ripert donne des propriétés considérables ; mais la commanderie prend à sa charge une hypothèque de deux cents sous assise sur l'une d'elles, et lui donne en plus un cheval de quatre cents. On pourrait multiplier ces exemples ; ils prouvent que l'affiliation ne comportait plus du tout les exigences opposées dans le principe à l'admission des « frères mariés ». L'ordre avait sagement supprimé un article introduisant un élément de dissolution, et, s'inspirant d'une coutume déjà pratiquée dans l'ordre de saint Benoît, en avait fait, en modérant ses exigences, une nouvelle source de subsides pour la Terre-Sainte. Aussi les affiliés du Temple appartiennent-ils généralement à la noblesse ou tout au moins à la chevalerie. D'autre part, l'affilié ne renonce pas au mariage ; ce qu'il donne au moment de sa réception est limitatif, en sorte que son engagement, au cas de survenance d'enfants, ne met aucun obstacle aux coutumes de succession si énergiques alors en faveur de ceux-ci. Bertrand de Bourbouton s'était affilié au Temple dans les conditions ordinaires en 1146, s'engageant

---

(1) Guillaume Pelestort de Taulignan, époux de Marie de Valréas, est mort en 1179 (n° 232). Nous n'avons pas la charte dans laquelle ils s'engagent ; mais il semble résulter de la charte n° 259 que le don habituel en semblable circonstance fut la moitié de leur part de Saint-Marcellin (n° 231), également de 1179. Il résulterait de ces pièces que la forme de la règle latine que nous possédons, et qui interdit à l'avenir de recevoir des sœurs dans la confraternité serait postérieure à cette date.

(2) La charte n° 7 nous apprend que le grand-maître Robert de Craon régla lui-même la part qui devait lui être faite ; mais que peu après, s'étant faite religieuse elle-même, elle fit abandon du tout au Temple.

seulement, au cas où il mourrait sans héritiers légaux, à laisser tous ses biens à l'ordre (n° 59). Quelques années plus tard, ayant renoncé au mariage et voulant se consacrer plus complètement à Dieu, sans toutefois embrasser la vie conventuelle, il passe un second acte renouvelant le don de sa personne au Temple, mais ajoutant expressément qu'il donne tous ses biens à l'ordre, s'en réservant l'usufruit sa vie durant s'il reste dans le siècle, et en conséquence il s'engage à garder le célibat (n° 72). De même, Guillaume d'Allan s'affilie en 1151, en assurant à l'ordre tout son héritage maternel s'il « meurt sans héritiers légitimes de son corps, » et une donation moindre, si ce dernier cas survient. Et plus tard, en 1160, il ajoute à ce premier don une autre libéralité considérable, mais dans le cas seulement où il mourrait « sans héritier légitime » (n°° 67 et 68).

De cette formule si fréquente « *dono meipsum* », a dû dériver l'expression « *donatus* » par laquelle les affiliés sont désignés un peu plus tard. Elle n'a pas été admise dans la règle, mais est devenue d'un usage courant dans nos pays à la fin du XII° et au commencement du XIII° siècle. Nous la trouvons employée en langue romane dès 1180, et en latin en 1196, dans la commanderie de Vaour (1). En Provence, nous n'en connaissons pas d'exemple avant l'acte d'affiliation au Temple du comte Guillaume de Forcalquier en décembre 1209. Il porte : « *recipimus vos.... in donatum et confratrem nostrae domus* (2). » Dans notre Cartulaire, le mot « *donatus* » n'apparaît qu'en 1212.

L'affiliation était donc empreinte du caractère aristocratique qu'a très rapidement affecté tout ce qui touchait au Temple. Bien peu d'années plus tard, les ordres de saint François et de saint Dominique, en l'ouvrant au contraire à tous, aux plus humbles comme aux plus grands, sans aucun sacrifice d'argent à l'initiation, ont organisé par leurs *Tiers-Ordres* un noyau de résistance formidable contre les hérésies en général et spécialement contre celle des Albigeois. Le prestige que les affiliés au Temple et à l'Hôpital, en majeure partie sinon presque uniquement recrutés dans les plus hautes classes, avaient donné à cette institution, n'a-t-il pas entraîné puissamment les populations à s'enrôler en si grand nombre dans les Tiers-Ordres? Nous le croirions volontiers.

L'organisation de l'affiliation dans l'ordre de Saint-Benoît est mal connue. Celle du Temple l'est peut-être moins encore ; aussi nous sommes-nous étendu quelque peu sur les données qui s'offraient à nous pour en faire connaître certains traits.

---

(1) Portal et Cabié, *Cartulaire des Templiers de Vaour* (*Tarn*), n° XLII et CIX. Cette dernière pièce est reçue par le frère Pons, maréchal de la milice en Provence et partie de l'Espagne.

(2) Bibliothèque d'Inguimbert à Carpentras, *Mss. de Peiresc*, t. 48, fol. 696 (nouvel inventaire n° 1816). — Les parties principales de cette charte ont été reproduites par Papon, *Histoire générale de Provence*, t. II, preuves, n° XXXIV.

Hugues Gaufridi, maître de la milice de Provence et d'Espagne, avril 1163 (1).

Pierre Bérenger, avril à juin 1171 (2).

FOULQUE DE BRAS (3).
De mai 1175 à 1179.

Interruption : Hugolen en août 1175.

PIERRE ITIER.
1179.

HUGOLEN (4).

De 1180 à une date que nous ne pouvons préciser, l'enregistrement de nos chartes ayant cessé en 1183, pour n'être repris qu'en 1200.

BERMOND.
1200.

DÉODAT DE BRUSIAC (5).
1208-1212. (6)

---

(1) La seule pièce constatant la présence à Richerenches de ce haut personnage est le n° 100, mal à propos daté tout d'abord de 1164. La mention auprès de lui de Hugues de Barcelonne, Pons d'Allan et Gontart de Royans, doit faire reculer cette date au mois d'avril 1163, date du n° 179, où figurent réunis ces trois mêmes chevaliers.

Jusqu'à ce voyage unique de Hugues Gaufridi à Richerenches, la commanderie avait été à tout moment honorée de la présence des hauts dignitaires de la langue. Leurs séjours ne se reproduisent plus ensuite. Nous pouvons donc faire dater de cette année 1163 la déchéance qu'elle a certainement subie vers cette époque dans le classement des commanderies de Provence.

(2) Pierre Bérenger prend le pas sur Déodat de l'Étang dans les pièces 104, 103, 105, 118 et 6. Nous ne savons pas à quel titre, de même que précédemment pour Pons d'Allan ; mais il est certain qu'il devait être d'un rang supérieur à celui du commandeur du moment où il le dépossède.

(3) Foulque de Bras est qualifié commandeur dans une pièce du Cartulaire de Roaix de 1185 (n° 146). Mais son nom est immédiatement suivi de celui de frère Hugolen, alors commandeur en titre, ce qui doit faire supposer qu'après son exercice à Richerenches, il a été promu à une dignité de l'ordre.

(4) Hugolen, qui était commandeur de Roaix avant d'être envoyé à Richerenches, a été ensuite, et de nouveau, commandeur de Roaix pendant de longues années. On l'y retrouve dès 1185. Il semblerait donc qu'il ait administré Richerenches à titre simplement intérimaire, cette situation s'étant prolongée cinq ans environ.

Aucun texte venu à notre connaissance ne permet de combler la lacune s'étendant de 1183 à 1200.

(5) D'après la pièce n° 163 du Cartulaire de Roaix, Déodat était déjà commandeur de Richerenches en 1206. Ce Templier a été à tort compté par du Cange dans la chronologie des grands maîtres de l'ordre.

(6) Entre Déodat de Brusiac et Rostan de Conis, la pièce n° 180 du Cartulaire de

Pons d'Allan, mai 1155 (1).

Hugues de Barcelonne, procureur général de l'ordre en Provence et en Espagne, pendant une partie de l'année 1156 (2).

Pierre de Rouvière, août 1156.

Hugues de Barcelonne, août et septembre 1157. Pendant ce séjour, Pierre de Rouvière est présent en septembre (3).

Hugues de Barcelonne, en mars et en août 1158.

Le même, en août et en novembre 1159.

W. de Bais, maître de la milice en Provence et en Espagne (4), et Hugues de Barcelonne en mai 1160.

Hugues de Barcelonne en avril 1163 (5).

---

(1) N° 74, du 25 mai 1155. Dans cette pièce, Pons d'Allan prend le pas sur le commandeur en exercice, Déodat de l'Étang, qui passe au rang de simple témoin. Peut-être avait-il été chargé d'une inspection ou de toute autre mission dépossédant momentanément celui-ci. Il reparaît encore dans trois pièces, de 1156, 1163 et 1164, et dans ces chartes il n'est nommé qu'après le commandeur, de même qu'auparavant. Toutefois, il est à remarquer qu'à partir de 1155, ses rares apparitions à Richerenches et à Roaix coïncident presque toujours avec la présence d'un des hauts dignitaires de la langue de Provence et d'Espagne, Pierre de Rouvière, Hugues de Barcelonne, Hugues Gaufridi, ce qui donnerait à supposer qu'il était investi de quelque charge au magistère de la langue.

(2) Était l'année précédente encore commandeur de Lus-La-Croix-Haute, Drôme. (Abbé Guillaume, Chartes de Durbon, n° 245.)

(3) Ce séjour est le dernier que Pierre de Rouvière ait fait à Richerenches en qualité de maître de la langue de Provence et d'Espagne.

(4) Le séjour de W. de Bais, qualifié « magister militum Templi », avec Hugues de Barcelonne à Richerenches, est attesté par la charte n° 190, d'avril 1161, comme ayant eu lieu précédemment. Pendant ce séjour avait été jugé un différend entre le Temple et la famille de Bérenger ; celle-ci avait alors donné acte de sa soumission à la sentence des arbitres, à W. de Bais et à Hugues de Barcelonne, charte qui n'a pas été transcrite au Cartulaire ; et par la pièce n° 190, elle confirme cette soumission par serment à Déodat de l'Étang, commandeur de Richerenches, en relatant à nouveau les clauses de la sentence. La charte primitive n'avait sans doute pas été versée aux archives de la commanderie, pour que celle-ci en ait fait dresser une nouvelle.

Les faits exposés dans cette dernière ne permettent pas de supposer qu'un long intervalle se soit écoulé depuis le jugement arbitral ; et la présence de Hugues de Barcelonne à Richerenches au mois de mai précédent, nous étant attestée par la pièce n° 85, nous avons cru pouvoir placer au même moment le séjour de W. de Bais. La formule « magister militum Templi » est souvent employée en Occident pour désigner le maître, ou ainsi qu'il a été dit plus tard, le grand précepteur de la langue. Elle a souvent été la cause de confusions avec la grande maîtrise de l'ordre.

(5) Ce séjour de Hugues de Barcelonne à Richerenches, en qualité de procureur général de la langue de Provence et d'Espagne, est le dernier. On l'y retrouve plus tard, de 1170 à 1172, simple chevalier, et, comme tel, cédant le pas à Déodat de l'Étang, encore commandeur en titre. Lorsqu'un chevalier, après de longs services, était contraint à l'inaction par la vieillesse ou par des blessures auxquelles il avait survécu, il semble avoir été d'usage de l'envoyer finir ses jours dans une maison de l'ordre rapprochée de son pays natal. Il est fort probable que Hugues soit revenu à ce titre se fixer à Richerenches. On avait maintenu un écuyer à son service, dont il est fait mention dans la pièce n° 115.

Hugues Gaufridi, maître de la milice de Provence et d'Espagne, avril 1163 (1).

Pierre Bérenger, avril à juin 1171 (2).

FOULQUE DE BRAS (3).

De mai 1175 à 1179.

Interruption : Hugolen en août 1175.

PIERRE ITIER.

1179.

HUGOLEN (4).

De 1180 à une date que nous ne pouvons préciser, l'enregistrement de nos chartes ayant cessé en 1183, pour n'être repris qu'en 1200.

BERMOND.

1200.

DÉODAT DE BRUSIAC (5).

1208-1212. (6)

---

(1) La seule pièce constatant la présence à Richerenches de ce haut personnage est le n° 100, mal à propos daté tout d'abord de 1164. La mention auprès de lui de Hugues de Barcelonne, Pons d'Allan et Gontart de Royans, doit faire reculer cette date au mois d'avril 1163, date du n° 179, où figurent réunis ces trois mêmes chevaliers.

Jusqu'à ce voyage unique de Hugues Gaufridi à Richerenches, la commanderie avait été à tout moment honorée de la présence des hauts dignitaires de la langue. Leurs séjours ne se reproduisent plus ensuite. Nous pouvons donc faire dater de cette année 1163 la déchéance qu'elle a certainement subie vers cette époque dans le classement des commanderies de Provence.

(2) Pierre Bérenger prend le pas sur Déodat de l'Étang dans les pièces 104, 103, 105, 118 et 6. Nous ne savons pas à quel titre, de même que précédemment pour Pons d'Allan; mais il est certain qu'il devait être d'un rang supérieur à celui du commandeur du moment où il le dépossède.

(3) Foulque de Bras est qualifié commandeur dans une pièce du Cartulaire de Roaix de 1185 (n° 146). Mais son nom est immédiatement suivi de celui de frère Hugolen, alors commandeur en titre, ce qui doit faire supposer qu'après son exercice à Richerenches, il a été promu à une dignité de l'ordre.

(4) Hugolen, qui était commandeur de Roaix avant d'être envoyé à Richerenches, a été ensuite, et de nouveau, commandeur de Roaix pendant de longues années. On l'y retrouve dès 1185. Il semblerait donc qu'il ait administré Richerenches à titre simplement intérimaire, cette situation s'étant prolongée cinq ans environ.

Aucun texte venu à notre connaissance ne permet de combler la lacune s'étendant de 1183 à 1200.

(5) D'après la pièce n° 163 du Cartulaire de Roaix, Déodat était déjà commandeur de Richerenches en 1206. Ce Templier a été à tort compté par du Cange dans la chronologie des grands maîtres de l'ordre.

(6) Entre Déodat de Brusiac et Rostan de Conis, la pièce n° 180 du Cartulaire de

ROSTAN DE CONIS.
1232.

RAIMOND SEGNIS.
1244. (1)

LISTE CHRONOLOGIQUE DES MEMBRES DE L'ORDRE DU TEMPLE
FIGURANT DANS LE CARTULAIRE DE RICHERENCHES ET SES APPENDICES.

Les noms portés sur cette liste sont accompagnés de la première et de la dernière mention de chacun d'eux, permettant ainsi de contrôler, sans recherches compliquées, les époques assignées par synchronisme aux pièces non datées. Quelques-uns de ces personnages étant originaires de la région même, ont été, ou pu être, plus ou moins fréquemment cités avant leur admission ; mais leur identification ne pouvant que rarement être présentée comme certaine, attendu la reproduction alors traditionnelle de prénoms identiques dans chaque famille, ceux qui se trouvent dans ce cas particulier n'ont été relevés qu'à partir de l'année où ils ont été reçus dans l'ordre, ou commencent à être titrés « frère ».

Les qualifications reproduites en latin ou en roman sont extraites des textes. Celles entre parenthèses sont les éclaircissements, parfois tirés d'autres documents, pouvant servir à la biographie de quelques chevaliers de marque. Les dignités non accompagnées du nom d'une commanderie, appartiennent à celle de Richerenches.

Roaix nous fait connaître BERMOND DE CASTRO-GAUG, commandeur de Richerenches en janvier 1219.

(1) Nous ajoutons à cette liste les noms de trois commandeurs de Richerenches postérieurs à nos pièces les plus récentes, dont les noms nous ont été conservés par des sources indiscutables :

RAIMOND CHAMBARUT, ou Chambaraut, commandeur du Puy-en-Velay de 1270 à 1273 (Chassaing, *Cartulaire des Templiers du Puy-en-Velay*, n°s 31 à 34), et de Richerenches vers 1280 (Trudon des Ormes, *Liste des maisons et dignitaires de l'ordre du Temple d'après les pièces du procès*, p. 259).

GUILLAUME HUGOLIN en 1290. (Transaction entre la commanderie de Richerenches et la famille Laurent, de Pierrelatte, le 21 juillet 1290. Original aux Archives départementales de la Drôme, H., Temple, Richerenches.)

RAMBAUD ALZIARI, 1304. (*Gallia christiana*, t. I, col. 718, et Boyer de Sainte-Marthe *Histoire de l'église de Saint-Paul-Trois-Châteaux*, p. 115.)

1136 –	1138.	ARNALDUS DE BEDOZ (premier commandeur).
» –	1145.	UGO DE PANAZ (ensuite commandeur).
» –	.....	GALDEMARUS DE SALIS.
» –	1156.	GUISCARDUS DE BARRE.
» –	1155.	IMBERTUS DE SAUZETO.
1138 –	1157.	PEIRE BOSOM.
» –	1151.	UGO DE BOLBOTONE (ensuite commandeur).
» –	.....	ROBERTUS, milicie magister (Robert de Craon, deuxième grand-maître de l'ordre).
» –	.....	BERTRANDUS DE BALMIS.
» –	1145.	WILELMUS DE GRANA.
» –	.....	JOHANNES.
» –	1146.	GERALDUS DE MONTEPETROSO.
» –	.....	NICOLAUS, capellanus (1).
» –	1144.	WILLELMUS DE RIALLACHO.
» –	.....	BERNARDUS ROLLANDI.
» –	1149.	ROSTAGNUS, capellanus.
» –	.....	WILELMUS SALOMON.
» –	.....	PETRUS DE SANCTO JOHANNE.
1141 –	1148.	ANNO.
» –	1146.	BERNARDUS, claviger.
» –	1142.	ROBERTUS DE MONTILIO.
» –	.....	UGO DE LA MARCHA.
» –	1144.	RODULFUS DE SANCTO GERVASIO.
1142 –	1151.	BERNARDUS DE BOAZO (2).
» –	.....	WILELMUS FRANCIGENA.
» –	.....	BERENGARIUS DE VILLANOVA.
» –	.....	LAMBERTUS.
» –	1161.	GERALDUS DE MONTESECURO.
» –	1152.	STEPHANUS DE AURASICA (3).
» –	1144.	RADULFUS.
1143 –	.....	BERENGARIUS DE ROVERIA.
» –	.....	UGO DE BECIANO.
» –	.....	GAUFRIDUS DE AVINIONE.
» –	.....	ADEMARUS DE MONTIBUS.
» –	1157.	PETRUS DE ROVERIA (maître de la milice de Provence et d'Espagne).
» –	1151.	PETRUS DE BELLOMONTE.
1144 –	.....	BERTRANDUS.

---

(1) Il y a eu trois « frères Nicolas », deux chapelains et un clavaire. Dans quelques chartes, le nom de « *frater Nicolaus* » est sans mention de qualité, ce qui ne permet pas de préciser de date extrême pour eux.

(2) A été nommé Bertrandus dans deux chartes ; mais il semble bien y avoir eu erreur du scribe dans ces deux cas.

(3) Il se retrouve, en 1155, à Luz-la-Croix-Haute (*Chartes de Durbon*, n° 38), avec Pierre de Rouvière, où il semble l'avoir accompagné, et non faire partie du chapitre de la maison. Il devait donc alors être attaché à la maîtrise de la langue de Provence et d'Espagne.

1144	–	.....	BERTRANDUS DE RAMATI.
1145	–	.....	ARNALDUS AURIOL.
»	–	.....	PETRUS DE BAHALUC.
»	–	.....	BERENGARIUS DE CEGUNOLIS.
»	–	.....	ARNALDUS DE BLES.
»	–	1158.	WILELMUS BRUNEZ.
»	–	1156.	RAIMUNDUS DE CRUCEOLIS.
»	–	.....	ARNARDUS DE CONTRAST.
»	–	.....	GUITARDUS.
»	–	.....	GERALDUS DE SANCTO PAULO.
»	–	1156.	PETRUS BONUSHOMO, capellanus.
»	–	.....	NICOLAUS DE BOLBOTONE.
1146	–	.....	ESCAFREDUS.
»	–	1183.	NICOLAUS, claviger.
»	–	1159.	STEPHANUS PELLIPARIUS.
»	–	1156.	PETRUS, capellanus.
1147	–	.....	BERNARDUS DE BOVEDONE.
1148	–	.....	RAIMBAUDUS DE ROAIS.
»	–	.....	PETRUS, capellanus de Roais.
»	–	.....	RADULFUS CORNABROC.
»	–	1150.	CONSTANTINUS DE SANCTO PAULO.
1150	–	1151.	JOHANNES, diaconus (titré capellanus la seconde année).
»	–	1164.	PONTIUS DE ALON.
»	–	1152.	GERALDUS DALMACII.
»	–	1163.	STEPHANUS DE JOHANNACIO (1).
»	–	.....	PETRUS PELLIPARIUS.
»	–	1164.	DALMACIUS DE LA ROCA.
1151	–	1175.	DEUSDET DE STAGNO (commandeur).
»	–	.....	OTO GRANETI DE GRADIGNANO.
1152	–	.....	PONCIUS DE MEZENAS.
»	–	1158.	STEPHANUS PARMENTARIUS.
»	–	.....	RODULFUS DE TROSEU.
»	–	.....	UGO DE POLOMNAC.
»	–	.....	PETRUS, capellanus de Valencia.
1155	–	1162.	UGO AILLAUTZ.
»	–	1163.	TEOTBERTUS.
1156	–	.....	GUILELMUS GUITARDI.
»	–	1172.	UGO DE BARCELONA (procureur général de la langue de Provence et d'Espagne).
»	–	.....	RAIMUNDUS DE BARBAIRA.
»	–	1172.	CATBERTUS.
»	–	1176.	PEIRE DE TREVAS.
1157	–	1168.	WILELMUS GAUCELMUS.
»	–	.....	BERTRANZ, clerges.

---

(1) Il est douteux que ce chevalier ait été attaché à la maison de Richerenches, où il ne figure que trois fois : il a été longtemps commandeur de Roaix, et l'était certainement déjà lors des deux dernières mentions que nous ayons de lui.

1157 - ..... Constantinus (1).
» - 1180. Vincentius Bosquet.
» - 1158. Elyas.
» - ..... Gaufre.
» - 1158. Johannes del Sol.
1158 - ..... Guido.
» - 1160. Pontius de Laval.
» - 1160. Bertrandus de Ventoirol.
1159 - ..... Ugo, capellanus.
» - 1166. Vitalis.
» - ..... Amalricus.
» - ..... Petrus de Castronovo.
» - ..... Bernardus de Rochafort.
1160 - ..... W. de Bais (maître de la langue de Provence et d'Espagne).
» - 1163. Milo de Ciguer.
1161 - 1183. Ademarus.
1162 - 1163. Johannes d'Aigu.
» - 1165. Girardus.
» - ..... Petrus Blanc.
» - 1182. Vincentius.
» - 1183. Lambertus.
» ou 1163. Guigo Vescoms.
1163 - ..... Bertrannus, capellanus.
» - ..... Ugo Gaufridi (maître de la langue de Provence et d'Espagne).
» - ..... Almaricus.
» - ..... Guntardus de Roians.
» - 1165. Arbertus de Ripis.
» - 1164. Stephanus Ebreus.
» - ..... Bartholomeus, presbiter.
1164 - 1181. Arbertus Lupus.
» - 1166. Arbertus.
» - 1177. Petrus Plavia, capellanus.
» - ..... Radulfus.
» - 1169. Raimbaudus.
» - 1181. Wilelmus del Serre.
1165 - 1172. Stephanus Ruffi.
1166 - 1176. Wilelmus Chalvini.
» - ..... Stephanus.
1167 - ..... Pontius.
1168 - ..... G. Rapina.
» - 1174. Wilelmus de Tolosa.
» ou 1169. Poncius de Luzeranno.
» - ..... R. de Plannis.
» - ..... Wilelmus.

---

(1) Semble être le même chevalier que Constantin de Saint-Paul, déjà porté sous la date de 1148.

1169 - 1183.	Folco de Braz (1) (ensuite commandeur).
»	1171.	Petrus Echer.
»	1171.	Pontius Jaucerannus.
»	-	Jarente de Mesenc.
»	-	W. Calvi.
»	1172.	Michael.
1170 - 1171.	Arnulfus.
»	1172.	Petrus de Sancto-Paulo.
»	1181.	Guilelmus Cocs.
»	-	Saramannus (de Vallauria).
»	-	Malle de la Mota.
1171 - 1175.	Ugo Tatinus.
»	-	W. de Malac.
»	-	W. d'Ausels.
»	- 1179.	Odo (commandeur de Valence à la dernière date).
»	-	Pontius Arbertus.
»	-	Ugo.
»	-	Rotbertus.
»	-	Pontius Taufer.
1172 - 1174.	Petrus Armanni.
»	1179.	Ademarus Iterii.
»	1181.	Adalardus (gardien de la maison du Temple à Saint-Paul-Trois-Châteaux).
»	-	Michael Lenterius.
»	1179.	Lambertus de la Rocha.
»	-	Arnulfus Sutor.
1173 -	Giraudus Pellicers.
»	-	Papardus.
1174 -	Adimarus d'Audefre.
»	-	Giraudus de Podio Acuto.
1175 - 1183.	Ugolenus (ensuite commandeur).
»	- 1180.	Arnulfus de Barret.
»	- 1182.	Arbertus d'Autvillar.
»	- 1177.	Guilelmus Becs.
»	- 1179.	Petrus Bonot.
»	- 1183.	Arbertus Bovers.
»	- 1177.	Geraldus Jorquet.
»	- 1183.	Johannes Novelli.
»	- 1176.	Andreas de Palude.
»	- 1180.	Nicolaus Tatinus.
1176 -	Petrus d'Alverne.
»	-	Chambo.
»	- 1179.	Ugo Orset.
»	-	Portafais.

---

(1) A la date de 1183, il n'était certainement plus attaché à son ancienne commanderie de Richerenches. Peut-être s'y est-il alors trouvé de passage ; ou s'agirait-il d'un de ses neveux ou parents portant le même prénom ?

1176 - 1179.	GUILELMUS DE SANCTO PAULO (ensuite commandeur de Roaix).	
1177 - 1179.	PONCIUS SUTOR.	
1179 -	PETRUS ITERII (commandeur).	
» - 1181.	ARBERTUS BUBULCUS.	
» - 1181.	PETRUS DE CAORZ, claviger.	
» - 1182.	UCO DE MONTESECURO.	
» -	ARBERTUS.	
» - 1183.	NICOLAUS, capellanus.	
» -	RADULPHUS PELLIPARII.	
» -	RADULFUS (1).	
» -	OLIVERIUS, capellanus.	
» - 1182.	MARTINUS SUTOR.	
» - 1181.	ADEMARUS CORIATARIUS.	
1180 -	NICOLAUS VETUS.	
» -	PONTIUS VIADER.	
» -	GUIGO DE TERRAZAS.	
» - 1181.	BERNARDUS DE ROVORIA.	
» - 1182.	MARTINUS ANNONAVETULA.	
» -	GUILELMUS DE LIMOTGES.	
» -	PETRUS DE GARDA.	
» -	EUSTACIUS.	
» -	RAIMUNDUS RIGALDI.	
» - 1183.	BARTHOLOMEUS.	
» - 1183.	GUIGO LAUTARDI (commandeur de Bonaisac à la dernière date).	
» - 1182.	BERNARDUS, capellanus.	
» - 1181.	PONTIUS DE COSTA.	
1181 -	MARTINUS.	
» -	MARTINUS DEL POIET.	
1182 -	PETRUS TAPIA, capellanus.	
» - 1183.	ISMIDO PELLIPARIUS.	
» - 1183.	RAIMUNDUS AMBLARDI.	
1183 -	PONCIUS DE BION, capellanus.	
» -	PETRUS DANIELI.	
» -	RIPERTUS FOLRADI.	
» -	BERNARDUS DE FURNO.	
1200 -	BERMUNDUS (commandeur).	
» - 1207.	PETRUS DE CAMARETO.	
» - 1207.	RAIMUNDUS DE CLARENSAC.	
» - 1212.	GUILHEM COSME.	
» -	DAUDE CHAMBRIER.	
» -	PONZ DEL FORN.	
» - 1207.	IMBERTUS.	
» -	PAULET.	
1207 - 1212.	DEODATUS DE BRUSIACO (commandeur).	
» - 1214.	PONCIUS VILELMI, capellanus.	
» -	GUICHARDUS DE BORDELLIS.	

---

(1) Pourrait être le même que le précédent.

1207 -	1212.	Ugo Escofer.
» -	1212.	Petrus Rollandi, bajulus.
1212 -	.....	Lauger de Balmis.
» -	.....	Ugo de Bordellis.
» -	.....	Wilelmus Berteudi, capellanus.
» -	.....	Gaufredus de Claustra.
» -	.....	W. de Valriaco.
» -	.....	Ugo Fidelz, capellanus.
» -	.....	Johannes de Grillo, capellanus.
» -	.....	Ponz de Merllet.
» -	.....	Umbertus Bergondinus.
» -	.....	Ugo Poles.
» -	.....	Ugo de Chastel.
» -	.....	Petrus Vilelmi.
» -	.....	Raimundus de Susa.
» -	.....	Boiset.
1214 -	.....	Petrus Ugo.
1229 -	.....	Pontius Pelliparius, preceptor de Roais.
» -	.....	Robertus, preceptor domus milicie Aurasice.
» -	.....	Wilelmus de Autichampo.
1232 -	.....	Rostagnus de Conis, preceptor.
» -	.....	Berengarius de Bordello.
» -	.....	Pontius Bellon.
» -	.....	Hugo Sabaterii.
» -	.....	Wilelmus Oliverii (?).
» -	.....	Vinaris (?).
» -	.....	Borgonio.
» -	.....	P. Nigri.
» -	.....	Wilelmus Dalmatii.
» -	.....	P. Rostagni.
» -	.....	Andreas.
» -	.....	R. de Roca.
» -	.....	Wilelmus de Bobris (?).
» -	.....	P. Brun.
» -	.....	P., capellanus.
» -	.....	Wilelmus Solunibris (?).
» -	.....	P. Bruni (1).
» -	.....	Wilelmus Chalveti.
1244 -	.....	Raimundus Segnis, preceptor.

Omis à leur date :

1147 -	.....	Wilelmus Aldeberti.
1158 -	.....	Raimundus de Ponteves.

---

(1) Ce nom fait peut-être double emploi, par mégarde du copiste, avec celui qui est placé trois rangs plus haut.

CONFRERES ET DONATS

DU TEMPLE.

Les dates accompagnant les noms portés sur cette liste sont celles de l'affiliation à l'ordre pour le plus grand nombre, et pour les autres celle de la pièce qui nous fait connaître qu'ils lui ont été agrégés en cette qualité. Les premières sont en chiffres droits et les secondes en italiques.

1146........	Bertrandus de Bolbotone.
1151........	Guilelmus de Alon.
»	Pontius Engilranni.
»	Dalmacius de Balmis, clericus.
1156........	Aldebertus de Vallauria.
»	Guilelmus Ugo Montellis Ademari.
1159........	Wilelmus de Sabrano.
1161........	{ Rostagnus Carrella / Bertrandus Carrella } frères.
1167........	Bermundus (de Vallauria).
Avant 1179..	{ Guilelmus Pelestors / Maria de Valriaz } mariés (1).
1179........	Petrus Ugo de Valriaz (in extremis).
»	Dalmacius de Valriaz.
1180........	Guilelmus Ugo de Vallauria.
1881........	Guilelmus Riperti.
1212........	W. Alticampi.
»	Arnolfus de Petralapta.
»	Pons de Gusanz.

---

(1) Le premier est mort en 1179. Sa veuve mentionne leur affiliation à tous deux avant sa mort dans la pièce n° 259, de février 1207 ou 1208.

TEXTE

DU

CARTULAIRE

Incipit liber cartarum de omnibus honoribus et omnibus possessionibus domus fratrum de Templo de Richarenchis.

N° **1.** (Fol. 1 r° et v°.)

1. Divine humaneque sancciones Deo et hominibus gratum esse confirmant ut omnis homo de his que legitime possidet, ad honorem Dei et animarum salutem ac peccatorum remissionem fideliter largiatur. Propterea ego, Ugo de Bulbotone, et Bertrandus, nepos meus; et Ripertus Folradus; et Wilelmus Malamanus; et Ugo Bodicus, et sui fratres; et Petrus Ugo de Avisano, et Wilelmus Ugo; et Petrus de Mirabello, et Geraldus, frater meus; et ego, Geraldus de Tornafort, et Wgo, frater meus; et ego, Poncius Umberti; et ego, Stephanus Armanni; et Wilelmus de Rossellone, et Ugo, frater meus; et Petrus Barbarini, et Wilelmus, frater meus, atque Petrus Papardi, nepos meus, et Paparda, mater ejus : nos omnes suprascripti donamus et offerimus in perpetuum per alodio franc, Domino Deo, et militibus Templi Salomonis Iherosolimitani presentibus et futuris, ut Deus propicietur peccatis et negligenciis nostris et parentum nostrorum, quicquid legitime possidebamus infra hos terminos : ab oriente et septentrione sicut crucibus terminatur; a meridie sicut Elsone clauditur; ab occidente sicut aqua de stagnno Granoleti descendit. Et extra hos terminos || damus eisdem Dei militibus per nostra territoria pascua fratribus necessaria et ligna. Et hoc donum facimus domno Arnaldo de Bedocio, et Ugoni de Panacio, et Guiscardo, milicie Iherosolimitane fratribus, ut ipsi, et succes-

sores eorum in milicia Templi degentes, honorem istum habeant, et jure perpetuo possideant, ad totas eorum voluntates plenarias faciendas. Fuit autem hec donatio facta in presencia domni Poncii de Grilione, venerabilis viri, Tricastrini episcopi (1).

(1) Entre le 19 mars et le 10 novembre 1136, dates des n° 27 et 38.

N° 2. (Fol. 1 v° et 2 r°.)

II. DONUM AB UGONE DE BOLBOTONE ET UXORE SUA MARCHISIA ET FILIO EJUS NICOLAO FACTUM FRATRIBUS DE TEMPLO IEROSOLIMITANO, A SALOMONE REGE CONDITO.

In Christi nomine : ego, Ugo de Burbutone, et Marchesa, uxor ejus, atque Nicholaus, filius eorum, et filia, et Bertrandus, nepos ejus supradicti Ugonis ; et Ripertus Folraz ; et Petrus Ugonis, et Wilelmus Ugonis de Avisano ; et Wilelmus Arnulfi de Mirabel; ejusque frater Petrus W. ; et ego Petrus de Mirabel, et Geraldus, frater ejus ; et ego Geraldus de Tornafort ; et ego Bertrandus de Solorivo ; et Raimundus Isarni de Gigundaz, et Bertrandus de Carbonciras filius ejus ; atque Wilelmus Ricaus ; et Isarnus, et Wilelmus Isarni ; et Raimundus Florencii ; et Bertrandus W. ; donamus et offerimus in perpetuum pro alodio franc, Domino Deo, et Beatę Marię, et militibus fratribus Templi Salomonis Iherosolimitani presentibus et futuris, ut Deus misereatur peccatis et negligenciis nostris et parentum nostrorum, quicquid habemus infra hos terminos : ab oriente sicut Cellarei || Aurei dicuntur usque ad fluvium qui vocatur Elsonus ; a septemtrione istius terminis Cellariis Aureis sicuti recte ducitur ad querquus quod est ibi ad viam que ducit ad Avisanum ; hec via est que super ecclesiam S. Albani dirigitur ; ab occidente sicut querquus et via supradicta dividitur, donec ad fluvium Elsonem. Hoc donum facimus et laxamus Domino Deo, in manus Arnaldi de Bedoz ; et Geraldi de Montepetroso ; et Bernardi Rollandi ; et Rostagni capellani ; et Bertrandi de Balmas ; et Ugoni de Burbotone: et Roberto Senissimi ; et Imberto Sauzeti ; ac fratris Johannis: et fratris W. de Grana. Testes ujus rei veritatis sunt : ego, frater

Rostagnus, qui hanc cartam jussu fratris Geraldi de Montepetroso aliorumque fratrum scripsi ; mense junio, x°vii° kalendas julii, anno M°.C°.XXX°.VIII°., feria iv^a, luna xiii^a (1). Inde vero intersunt testes : Ugo de Borbotone ; Petrus Ugo Avisani ; Imbertus Salzeti ; Rotbertus Montilii junior, ac pater illius Rotberti ; et Bertrandus de Balmis.

(1) Mercredi, 15 juin 1138.

N° **3**. (Fol. 2 r° et v° et 3 r° et v°.)

III. ITEM, UGO DE BOLBOTONE OBTULIT SE ET SUA DEO ET MILITIBUS TEMPLI SALOMONIS, TERRAS ET VINEAS, ET PRATA, NEMORA, ET QUICQUID HABEBAT IN CASTELLO DE BOLBOTONE.

In Dei nomine : ego, Ugo de Bolbotone, audiens tanta precepta Domini in omnibus adimplenda, que narrantur in Evangelio, dicente sic : « Si quis vult post me venire, abneget semetipsum, et tollat crucem suam, et sequatur me (1) », festinanter defensionem anime meę observans, in his prospexi viam securitatis. Oh hoc veraciter abne||gens me, et uxorem meam, filium vero et filiam, terram, possessiones quoque plurimas, dono ac offero me ipsum Domino Deo, et Beate Marie Genitrici ejus, et pauperibus militibus Templi Christi Iherosolimitani, cum quadam parte honoris mei, quam, videlicet, nomine dicam : quicquid infra Elsonem fluvium, et aquam que dicitur Oleira, et territorium de Colonzellas clauditur, quod ibi habebam ; idem terras, et decimas, et quartam de Garriga Mala ; necnon etiam totum territorium de Figairolas, quod Ugo Bodicus mihi demandabat, de quo venimus ad cognicionem ante probos. Quesivi namque testes laboratores de Colonzellis, qui laboraverant et tenuerant eam, videlicet Petrus Rollandi, Ripertus Rollandi, Willelmus Raulfi ; et etiam hoc viderunt Petrus Stefani, et Michael de Cholonzellis, et Poncius Stephani. Hoc enim hii testificaverunt esse territorium mihi in dominium, in presencia de Petro Clementi, et Geraldo de Valriaz, et Wilelmo de Grilione, et Riperto Corrofoli, ac Bernardo Rollandi, et Rostagno Capellani, ac Bertrando de Balmis, atque Rotberto de Grilione (2) ; et his presentibus, cognovit Ugo Bodicus mihi Ugoni de Burbotone totas Figeirolas in dominium habere, et quartum de Garriga Mala. Et ita ut et ego noticia proborum illorum quos supra nominavimus, feuvum (3) suum ei cognovi (4). Hec etiam dono et offero Domino Ihesu Christo, et fratribus Templi, omni jure et sine fraude atque ullo impedimento. Igitur et nos bona fide, ego, Bertrandus de Burbutone, et ego, Ripertus || Folraz, quicquid inter hos terminos habebamus, pro salute animarum nostrarum Domino Deo et fratribus supradictis donamus, preter decimam quam adhuc habere volumus quantum ad nos pertinet, excepto laboratu domus Dei et fratrum ; sed tamen hanc decimam post mortem concedimus, et antea si Deo placet. Hoc donum fecerunt Bertrandus et Ripertus in manus Geraldi de Montepetroso, videntibus fratribus : Petro de Sancto Iohanne ; Rostagno Capellani ; Bertrando de Balmis ; Rotberto de Montilio ; ac Ugone Burbutoni. Inde vero cum ego, Ugo de Burbutone, reliqui uxorem, sed melius omnia dicam, in manus episcopi Geraldi Tricastrinensis, et in presencia aliorum proborum, tunc totum alodium meum et totam terram meam Domino Deo, et fratribus Templi tam futuris quam presentibus, tradidi. Ut exinde quiscumque eam habuerit, uxor, aut filia, vel filius, ab eis fratribus feuum cognoscat. Et quando uxor ab hoc seculo transmigraverit, aut filius, aut filia, terram illam Domino et fratribus in perpetuum largo ut amplius habeant. Et in capcione et in testimonio rei veritatis, cum supradictis donis augeo in silvam medietatem cujuscumque ibi habebam his fratribus supradictis. Hec autem que feci ego, Ugo de Burbutone, et que supra dixi, domnus Geraldus episcopus audivit et laudavit ; et uxor mea Marchesia ; et Ripertus Folraz ; et Bertrandus de Bulbutone ; et Petrus Ugo Avisani ; || et Geraldus de Balmis ; et Petrus W., et Odils de Balmis ; et Latgerius, et Wilelmus Cornabroc ; et Geraldus de Grilione ; et Petrus de Mirabel ; et Geraldus de Tornafort ; et Bernardus Rollandi ; ac Rostagnus Capellani. Hii omnes laudaverunt et audierunt, et insuper Deo gratias egerunt. Et ego, frater Rostagnus, hec laudando testifico, qui jussu Geraldi de Montepetroso et supradicti Ugonis hanc cartam conscripsi, $x^o vii^o$ kalendas julii, anno $M^o.C^o.XXX^o.VIII^o$., feria v^a, luna $x^a iiii^a$ (5).

---

(1) Saint Mathieu, ch. XVI, v. 24.
(2) Le texte porte : Gigrione. Il s'agit probablement d'un second membre de la famille de Grillon, tous ces témoins appartenant au voisinage le plus rapproché.

(3) Feudum.
(4) Le copiste a dû omettre un mot dans cette phrase.
(5) Mercredi 15, ou plus probablement jeudi 16 juin 1138. (Cf. la pièce n° 2.) Dans les trois pièces 2, 3 et 89, la lune est fautive de quelques jours.

N° **4.** (Fol. 3 v° et 4 r°.)

IIII. ITEM UGO DE BOLBOTONE, ET FILIUS EJUS NICOLAUS, ET BERTRANDUS DE BOLBOTONE, DEDERUNT DEO ET MILITIBUS TEMPLI SALOMONIS TOTUM QUICQUID HABEBANT IN BOLBOTONE.

In nomine Domini nostri Ihesu Christi, sit notum cunctis presentibus atque futuris : quod ego, Ugo de Borbotono, et Nicholaus filius meus, et ego Bertrandus de Bolbotono, nepos Ugonis predicti, bona fide et sine engan, pro remissione nostrorum peccaminum et pro redemtione animarum nostrarum et parentum nostrorum, donamus, et offerimus, et tradimus in perpetuum, pro alodio franc, Domino Deo Ihesu Christo, et Beate Marie, et militibus Templi Salomonis Iherosolimitani presentibus et futuris, et vobis, Arnaldo de Bedoz, et Geraldo de Montepetroso, atque Bernardo Rollandi, militibus et fratribus Iherosolimitane milicie, totum quicquid habemus et per ullas voces seu raciones habere debemus, sive tenemus in dominio in hoc territorio, quod est inter fluvium de Oleira et fluvium de Elsone, et dividitur seu determinatur cum territo||rio (1) de Colonzellas, et de Grilione, et de Valriaz, et est circa territorium domus nostre de Richarenchas (2). Si vero aliquis vel aliqua, infra hos terminos, feudum tenet de nobis, et ipsum feudum vobis relinquere, vel eciam quolibet modo dare voluerit, et hoc cum nostro consilio fecerit, donamus et laudamus Deo et vobis ipsum feudum pro alodio. Hec omnia vobis concedimus et tradimus de nostro jure in vestro dominio, ad habendum et possidendum, vestramque inde voluntatem faciendum, absque nostra nostrorumque successorum aliqua inquietudine. Testes et videntes hujus donationis sunt isti : Bertrandus de Mornaz, prior de Sancto Amantio; Rostagnus Dalmaz, et Elisiarius de Boazone, filius ejus; Chalveira Arelatensis; Ripertus de Grilione; atque Rotbertus de Montilio junior. Scripta fuit hec carta IIII idus octubris, anno Dominice Incarnationis

M°.C°.XXX°.VIII°., feria vᵃ (3). Petrus Magalatensis, mandato supradictorum donatorum, die et anno quo supra scripsit.

---

(1) Le scribe avait d'abord écrit « territorios »; par erreur, il a exponctué l'o au lieu de l's.
(2) Hugues parle dans cette phrase comme Templier.
(3) Mercredi 12 ou plus probablement jeudi 13 octobre 1138.

N° 5. (Fol. 4 r° et v°.)

V. Item Ugo de Bolbotone, et Nicolaus filius ejus, et ceteri heredes ejus, dederunt Deo et militibus Christi totum quod habebant in Bolbotone.

In nomine sancte et individue Trinitatis, manifestum sit omnibus hec scire desiderantibus : quod ego, Ripertus Folradi ; et ego, Ugo de Bolbotono, et filius meus Nicholaus ; et ego, Bertrandus de Bolbotono ; et ego, Petrus Ugo de Avisano ; et ego, Wilelmus Arnulfi, et ego, Petrus W. frater ejus ; et Bertrandus ; et ego, Geraldus de Tornafort ; et ego, Petrus de Mirabel, et ego, Geraldus de Montesecuro, frater ejus ; nos omnes pariter bona fide || et sine enganno, pro redemptione animarum nostrarum et animarum parentum nostrorum, donamus, et offerimus, et tradimus in perpetuum, pro aliodio franco, Domino Deo Ihesu Christo, et miliciȩ Ierosolimitane Templi Salomonis, et vobis Arnaldo de Bedocio, Geraldo de Montepetroso, Bernardo Rollandi, ejusdem miliciȩ fratribus, et confratribus vestris in prefata milicia Deo servientibus presentibus et futuris, totum quicquid habemus et habere debemus in ipso territorio, sive in boscho quod est inter caminum qui vadit de Valriaz ad sanctum Amancium, et fluvium de Alsone. Et determinatur hoc territorium, sive ripaticum, ab ipsa ecclesia sancti Amantii usque in terram Ugonis Bodicus et fratris ejus, secus predictum fluvium, sicut est crucibus demonstratum. Hec omnia supramemorata damus et concedimus Deo, et militibus ipsius suprascriptis, et de nostro jure in eorum tradimus dominium, ad habendum et possidendum. suamque voluntatem perpetim faciendum, absque nostra nostrorumque successorum aliqua inquietudine. Donationis hujus testes sunt isti :

Petrus de Cadarossa ; et Guilemus de Cadarossa ; Bertrandus de
Sancto Mauricio ; et Calveira Arelatensis ; Robertus de Montilio
junior ; atque Ymbertus de Salleto. Scripta fuit hec carta anno
Dominicę Incarnationis millesimo C°.XXX°.VIII°., III° idus octobris, feria v^a (1). Petrus Magalatensis, jussione supradictorum
donatorum, die et anno quo supra conscripsit.

(1) Jeudi 13 octobre 1138.

N° 6. (Original rattaché entre les feuillets 4 et 5.)

Breu de guarie : que done Falco Petorts e laisa a la chavalaria
un ome que ser una emina de sivaa e una gualina en dever. Totas
sas autras dreituras dona e laisa a sa moler, per donar e per
vendre, e per far tota sa volonta. La vigilia de Sancta Lucia (1).
O done i guarent sun : en Peire Arnauts ; Peire Berengers,
comandaire ; Bernarts le capellans ; Peire Daniels, beiles ; Raimons Amblart ; fraire W. de Malac ; fraire W. d'Auselo ; e Peire
Faure.

(1) 24 juin (1171).

N° 7. (Fol. 4 v°, 5 r° et v°.)

VI. NICOLAUS, FILIUS UGONIS DE BOLBOTONE, OBTULIT SE ET SUA
OMNIA DEO, ET FRATRIBUS DE TEMPLO, TAM MOBILIA, QUAM INMOBILIA.||

Ego, Nicolaus de Borboton, tam presentium quam futurorum
hominum memorie tradere volui, quod pater meus, Ugo nomine
de Bolboton, cum consilio parentum nostrorum, et episcopi
nostri Poncii, atque multorum nobilium virorum quorum nomina
longum est enumerare, Ierosolimitani Templi militie tradidit seipsum, et uxorem suam, et me Nicolaum filium suum, et totum
honorem quem nostrorum ordine possidebat parentum, atque
alia cuncta quę ipsis diebus possidere videbatur, sic supradictis

fratribus Templi ad possidendum et faciendum quodcumque voluerint, concessit. Mater mea denique, que in eodem honore, consilio Rotberti memoratę milicię magistri, et aliorum fratrum Templi, remanserat, non post multum tempus, consilio Petri de Roveira et aliorum qui cum eo erant fratrum, monachalem sumens abitum, eodem modo quo pater meus honorem concesserat, supradictis militibus concessit. Nunc autem veritati que dicit : « Nisi quis renunciaverit omnibus que possidet non potest meus ęssę discipulus » (1), volens obtemperare ego Nicholaus, reddo, et reddendo ad possidendum trado, Petro de Rovera prefatę milicię magistro, et aliis tam presentibus quam futuris ejusdem milicie fratribus, paternum et maternum honorem, totum et ab integrum, cultum et incultum, terras, vineas, prata, nemora, pascua, cum cunctorum egressibus et ingressibus, aquas et aquaria, et molinos, et ubicumque possint fieri localia, domos, || et casas, et earum omne suppellectilem, equos et equas, boves et asinos, vinum et annonas, rusticos omnes et rusticas, cum omnibus infantibus eorum, et cum omnibus tenenciis suis ; et ad ultimum, omnem meam possessionem, sine inganno, ad possidendum in perpetuum, memorati Templi fratribus trado, exceptis inde ovibus quas omnes matri męę misericorditer derelinquo. Me ipsum vero servum ad serviendum, et fratrem quamvis indignum, omnibus męę vitę diebus, eidem milicie Dei et Templi reddo, ut peccatorum meorum veniam, et cum electis hereditare merear in eternum. Hoc enim totum facio, faciensque confirmo, in presencia et in manu Petri de Rovera, milicie ejusdem magistri ; et fratris Ugonis de Borboto, patris mei ; et fratris Berengarii de Cegunolis ; et fratris Arnardi de Contrast ; et fratris Arnaldi Auriol ; et fratris Petri de Bahaluc ; et fratris Arnaldi de Bles ; et fratris Guitardi. Videntibus quoque et audientibus : Leuzone, abbate Aquebelle ; et W. monacho ; et Arnaldo, capellano ; et Petro, diachono ; et Petro, subdiachono ; et Olivero, exorcista ; W. quoque de Montebaseno ; et Calveto Leterico ; et Radulfo, meo armigero ; anno ab incarnato Christo, M°.C°.XL°.V°.,III° nonas decembris, feria II^a, luna XV^a, epacta VI^a (2). Facta est carta ista jussu Nicholai. Rotbertus sacerdos scripsit.

---

(1) Saint Luc, ch. XIV, v. 33.
(2) Lundi 3 décembre 1145. D'après cette pièce, on voit que l'épacte, dans le diocèse de Saint-Paul-Trois-Châteaux, changeait aux calendes de septembre, et non au 1er janvier.

N° 8.   (Fol. 5 v° et 6 r° et v°.)

VII. Guilelmus Malamanus et uxor ejus, dederunt militibus Christi, et domui de Ricarenchis, decimam et una molleriam.

Omnibus hominibus hoc verbum noscatur: quod ego, Wilelmus Malamanus, et ego, || Orfrisa, mater ejus, et ego, Galiaina, uxor Wilelmi Malemanus, propter indulgenciam peccatorum nostrorum et medelam animarum nostrarum et parentum nostrorum, donamus Domino Deo, et ejus genitrici Beate Marie, et fratribus milicie Templi Christi, et domui de Richarensis, et eisdem fratribus degentibus presentibus atque futuris, et tibi, Petro de Roveria, qui bajulus et minister es ejusdem milicię, et tibi Ugo de Panaz, decimam illam quam habemus seu habere deberemus in territorio quod clauditur aqua que vocatur Oleira. Taliter facimus hoc ut anno illo quo altera pars decimę vobis conceditur et contigit, in eodem totam capiatis et possideatis ; et hoc addito, ut ubicumque dominicus laboratus domus milicię Templi fieret aut crescat, semper totam, si nobis contigerit, etiam concedimus. Hinc vero cum his supradictis donis adjungimus unam molleiram de prato, que est juxta fluvium qui vocatur Elsonus, et claudit eam ab occidente ; et ab oriente clauditur de prato quod tenere et habere videtur Geraldus de Valriacco ; et a meridie de Pratis Novellis ; et a septentrione unum quid parum de prato quod est Ugonis Berengerii et fratribus suis. Pro his et aliis beneficiis, Petrus de Roveria et Ugo de Panaz caritative Wilelmo dederunt unum pullum equarum de duobus annis. Testes hujus donacionis sunt, et quidem fuerunt : Nicolaus, sacerdos ; Bernardus de Bulzedone ; Rodulfus ; Gischardus ; Petrus Papardi ; Petrus de Belmonz ; et ego frater Rostagnus, qui ab Ugone de Panaz et Wilelmo Malemanu jussu hanc cartam scripsi, interfui. Hec dacio fuit data || mense novimbrio, anno M.C.XL.III (1).

---

(1) Novembre 1143. Cette charte a été amendée en une nouvelle rédaction portée sous le n° 16.

N° 9. (Fol. 6 v° et 7 r°.)

VIII. De donationibus quas fecerunt Petrus Ugo, et uxor ejus, et filii sui (a^1), Deo et fratribus de Templo, et domui de Richarenchis.

In Dei Omnipotentis nomine, pateat cunctis hoc audientibus : quod ego, Petrus Ugonis de Avisano, et ego Brunescendis, uxor ejus, et nos qui sumus eorum liberi, Ugo, Petrus Ugonis, atque Bertrandus, bona fide et sine engan, pro remissione peccatorum nostrorum, donamus (a^2) et offerimus Domino Deo, et milicie Templi Salomonis Iherosolimitani, tibique Petro de Roveria, atque Ugoni de Panatio (a^3), ejusdem milicie fratribus, et successoribus vestris in prescripta militia Deo servientibus, totum quicquid habemus vel habere debemus, de camino qui transit per silvam, usque ad Blacam Bodich, et usque ad Sanctum Albanum, et inde usque in territorium de Colonzellis; videlicet medietatem stagni de Granolleto, et totam terram cultam et incultam quam habemus et habere debemus infra istos terminos (a^4), preter terras cultas quas ibidem laborant homines de Colonzellas. Simili modo donamus (a^5) Deo et predictis fratribus Templi, unam faisam de terra quę est juxta fluvium (a^6) Elsonem, quę affrontat in terris quas Nicholaus et Geraldus de Tornafort dederunt Deo et milicie Templi (a^7). Eodem modo donamus Deo, et fratribus Templi, omnem decimam quam habemus in territorio de Bolbotono. Donamus eciam Deo et milicie Templi quod ubicumque laboraverint vel laborare fecerint fratres domus de Richarenchas, in dominio totum quantum in ipsa terra ab ipsis laborata habemus || vel habere debemus; hec omnia pleno jure Deo, et milicie Templi, et fratribus tam futuris quam presentibus (a^8) concedimus et in perpetuum tradimus, ad habendum et possidendum absque nostra nostrorumque successorum aliqua inquietudine (a^9). Facta fuit hec donatio in manu Petri de Roveria, et Ugonis de Panato, supradictorum fratrum, qui dederunt nobis prenominatis donatoribus (a^{10}), pro caritate et (a^{11}) elemosinis Templi, C. VI. solidos melgorienses. Et fuit factum in presencia (a^{12}) W. de Riallaco, et aliorum fratrum qui commorabantur (a^{13}) in domo de Richarenchas, videlicet : Nicholai, capellani; Ugonis de Bolbotono; Bertrandi de Ramati; Radulfi de Sancto Gervasio; et Petri de Bellomonte. Videntibus et audientibus :

Nicholao, presbitero de Montesecuro; Geraldo de Montesecuro; Geraldo de Tornafort; Ugone, fratre ejus; W. Cornabroc; Bertrando de Bolbotono; Nicholao de Bolbotono; Petro Arnulfi de Tauliniano; atque Petro Papardi, de Montesecuro. Scripta fuit hec carta anno Dominice Incarnacionis M.ºCº.XLº.IIIIº., septimo idus februarii, luna xxxª (1). Petrus de Magalaz scripsit (2) (a¹⁴).

---

(1) Lundi, 7 février 1144. — Le 7 des ides de février 1144 est le jour de la nouvelle lune; l'erreur n'est donc que d'un seul jour. En 1145, le 7 février est au contraire le 11ᵉ jour de la lune, erreur beaucoup plus improbable, ce qui nous a porté à adopter la date de 1144. Mais il faut admettre par suite que Pierre de Magalaz commençait l'année soit à la Nativité soit à l'Incarnation de l'année précédente. Cette observation s'applique aussi à la pièce nº 12, rédigée le même jour par un autre scribe, Géraud de Barcelone.

(2) La pièce nº 9 a été reproduite en double sous le nº 82. Nous donnons ci-après les variantes de cette répétition sous la cote *a*.

DEUXIÈME TEXTE.

(a¹) La suite de l'intitulé n'est pas reproduite.
(a²) Damus.
(a³) Panato.
(a⁴) Les mots « Preter.... Colonzellas » manquent.
(a⁵) Damus.
(a⁶) « Fluvium » manque.
(a⁷) La phrase « Eodem modo.... de Bolbotono » manque, et celle qui finit ici se relie à la suite de la charte par les mots suivants : « et donamus quod ubicumque » avec suppression des mots « Deo et militie Templi. »
(a⁸) Tam presentibus quam futuris.
(a⁹) Inquietatione.
(a¹⁰) Les mots « prenominatis donatoribus » manquent.
(a¹¹) Ex.
(a¹²) Fratris W.
(a¹³) Commorabant.
(a¹⁴) La mention du scribe manque.

Nº **10**.   (Fol. 7 rº et vº.)

VIIII. TIBURGIS AURASICENSIS DEDIT FRATRIBUS DE TEMPLO HOMINEM UNUM IN AURASICA, ET V. SOLIDOS IN MOLENDINO DE ULMO, ET MILLE SOLIDOS IN FINE SUO.

In nomine Domini : ego Titburgis, Domine Aurengie civitatis, pro remissione peccatorum meorum et anime meę salute, dono Omnipotenti Deo, et Beate Marie, et militibus pauperibus Templi Iherosolimitani presentibus et futuris, in predicta villa Aurengia, in molendino de Ulmo, v. solidos per singulos annos de censu in perpetuum ; et in ipsa eadem villa, dono predictis fratribus || quedam (¹) hominem, Titbaudum de Tolosa nomine, cum ipso estare in quo visus est manere, et cum omnibus possessionibus suis et tenimentis, et cum omni progenie sua; et dono quartum, et dominium, et totum quicquid habeo, vel habere debeo, in ipsa vinea quam tenet de me Rahembaldus Lesduiz in Clauso Comitali. Ita videlicet dono, ego Titburgis jam dicta, predictum honorem Deo Omnipotenti, et Beate Marie, predictisque fratribus Templi, ut ipsum habeant et jure perpetuo possideant, ad totam suam voluntatem faciendam. S[ignum] ✠ Titburgis supradictę, que donum istius honoris bona mea voluntate feci, et manibus meis firmavi ; et testes firmare rogavi : Geraldus de Aurengia; Wilelmus de Claustro; Wilelmus Poncii. S[ignum] Rodulfi Cambiatoris; Petrus Burlaran. In presencia predictorum testium, et multorum aliorum, fecit istum donum donna Titburgis in ipsa villa Aurengia. Scripta fuit hec carta vii°. idus novembris, feria vii²., regnante Lodoico rege, anno Dominico M°.C°.XXX°. VI°(2). Petrus scripsit jussione predictę dominę Titburgis. Sit eciam manifestum quod ego Titburgis prenominata, pro nomine manumissionis et penitencię, dono et laxo post mortem meam predictis fratribus Templi, mille solidos melgorienses, tali conveniencia ut ipse vel ipsa, cui meus honor post mortem meam remanserit, hos M. solidos fratribus Templi reddat. Similiter ipsa Titburgis fecit istam manumissionem coram jamdictis testibus, jussitque eam in hanc cartam scribere.

---

(1) Quendam.
(2) Samedi, 7 novembre 1136. Voir sur la singularité de cette charte datée dans le marquisat de Provence du règne du roi de France, le paragraphe de l'introduction relatif à la maison d'Orange.

N° 11. (Fol. 7 v°, 8 r° et v°.)

X. DONATIO DE DECIMA, ET DUABUS TERRIS IN TERRITORIO DE BOLBOTONE, QUAM DEDIT BERTRANDUS, NEPOS UGONIS DE BOLBOTONE, DEO, ET MILITIBUS TEMPLI SALOMONIS.||

Sit notum cunctis, presentibus atque futuris : quod ego, Bertrandus de Bolboto, bono animo et bona voluntate, dono et offerro

Omnipotenti Deo, et Beate Marie, et militibus Templi Salomonis, et fratribus universis tam presentibus quam futuris, decimum et totum quantum habeo vel habere debeo, infra Urtidez, et Elso, et Olera, et Riu Sech, plene et integriter, per alodium franccum. Dono hoc totum quod habeo vel habere debeo infra istas IIII^{or} affrontaciones supradictas, preter solummodo tantum quantum habeo in manso de Lauter, quod in vita mea retineo ; et post obitum meum revertatur totum similiter domui et fratribus universis per alodium franc. Et dono unam peciam terre, quam habeo in territorio de Bolboto, et affrontat ab oriente in terra Nicholai (1), nepotis Ugonis de Bolboto ; a meridie, in terram Petri W. de Balmis ; ab occidente in terra de Gauter Sene ; a circio in Elso. Et dono aliam peciam terrę, que est in eodem territorio, quantum ibi habeo vel habere debeo, que affrontat ab oriente in terra ejusdem milicie ; a meridie in strata publica ; ab occiduo in terra Nicolai, nepotis W. de Borboto (2) ; a circio in Elso ; quam ego tenebo in vita mea, et post obitum meum revertatur domui et fratribus universis per alodium franc. Omnia hec supradicta dono et confirmo, ego Bertrandus de Bolboto, per alodium franc, Deo et militibus, universisque fratribus milicie Templi presentibus et futuris, sicut melius dici vel intelligi potest, ad voluntatem eorum omni tempore. Hoc donum facio pro remissione peccatorum meorum et parentum omnium, in manu Petri de Roveira, supradictę milicię fratris et ministri, in presentia fratrum qui aderant in domo de Richarensis, videlicet : fratris Ugonis de Panaz ; et fratris Nicholai, capellani ; et fratris W. de Riellacho ; Ugonis de Borboto ; et fratris Bertrandi ; et fratris Radulfi ; et fratris Petri de Bellomonte. Videntes et audientes fuerunt hujus donacionis : Nicholaus, presbiter de Montesecuro ; et Geraldus de Montesecuro ; et Geraldus de Tornafort ; et Wilelmus Cornabroc ; et Petrus Ugo de Avisa, et Ugo filius ejus ; et Petrus Arnulfi, de Taulina ; et Nicholaus de Bolboto ; et Petrus Papardi. Actum est hoc anno ab Incarnatione Dominica M°.C°.XL°.IIII°., (3) luna xxx^a. Manifestum est quod ego, predictus donator, accepi a fratibus caritative I. pultrum, qui appreciabatur plus quam C. solidos Valentianos Geraldus Barchinonensis, rogatus a Bertrando de Borboto, hoc scripsit die et anno quo supra.

(1) Nicolaus de Avisano.
(2) U. (et non W.) de Borboto.
(3) 1144.

N° **12**. (Fol. 8 v° et 9 r°.)

XI. De donacionibus Geraldi de Tornafort et uxoris sue, de medietate condamine et terre de Calcamairoth.

Sit notum cunctis, tam presentibus quam futuris : quod ego, Geraldus de Tornafort, et uxor mea Agnes, et filius meus Berengarius, nos simul bono animo et bona voluntate, donamus Omnipotenti Deo, et Beate Marie, pro remissione peccatorum nostrorum et omnium parentum, per alodium franc, et milicie Templi Salomonis, et fratribus omnibus tam presentibus quam futuris, medietatem condamine de Sancto Albano que est in territorio de Bolboto, et faisam unam que est in eodem territorio, inter terram ejusdem milicie, et terram Petri Ugonis ; et donamus dominium et direticum totum quod habemus vel habere || debemus in terra de Calchameroz. Et similiter donamus et concedimus domui et fratribus omnibus, ubicumque illi amplificare et laborare sive meliorare adquirere poterint modo et deinceps. Nos supradicti donatores donamus hec omnia supradicta Deo, et domui, et fratribus presentibus et futuris omnibus, sicut melius dici vel intelligi potest, ad voluntatem eorum per alodium franccum et chiti (1) omni tempore. Factum est hoc in manu Petri de Roveria, ejusdem milicie fratris et ministri ; in presencia fratrum istorum, qui erant in domo de Richarensis, videlicet ; fratris Nicholai, capellani ; et fratris Ugonis de Panaz ; et fratris Guilelmi de Riellacho ; et fratris Ugonis de Borboto ; et fratris Bertrandi ; et fratris Radulfi ; et Petri de Bellomonte. Videntibus et audientibus et conlaudantibus istis, videlicet : Nicholao, presbitero de Montesecuro ; et Geraldo ; et Ugone ; et W. Cornabroch ; et Petro Ugonis de Avisa, et Ugone filio ejus ; et Bertrando de Borboto ; et Nicholao de Borboto ; et Petro Arnulfi, de Taulina ; et Petro Papardo, de Montesecuro. Actum est hoc anno ab Incarnacione Domini M°.C°.XL°.IIII°., vii. idus februarii, luna xxx^a (2). Manifestum est quod nos supradicti donatores accepimus caritative a fratribus I. equum, qui bene valebat C. solidos melguriensis veteres. Geraldus Barchinonensis, precibus G. de Tornafort supradicti, hoc scripsit die et anno quo supra.

---

(1) Quittum (?)
(2) Lundi 7 février 1144. Voir sur cette date l'observation mise en note à la pièce n° 9, écrite le même jour et datée de la même manière.

N° **13.** (Fol. 9 r° et v° et 10 r°.)

XII. Rodulfus Guitberti et filii sui, dederunt omnem retrodecimam tocius sui laboris, et unam terram, Deo et militibus Templi Ierosolimitani. ||

In nomine Domini nostri Ihesu Christi : ego Rodulfus Guitberti, et nos Petrus Rodulfi, et Nicholaus sacerdos, filii ejus, pro amore Dei, et remissione delictorum nostrorum et salute animarum nostrarum et generacionis nostre; Domino Deo, et Beate Marie genitrici ejus, et militibus Templi Iherosolimitani quod dicitur Salomonis, et domui de Richarensis, que edificatur pro illis, et sustentacione illorum, donamus et offerimus omnem retrodecimam tocius nostri laboratus, nunc et semper in perpetuum ; et illam paucissimam terram quam claudit latex que e stagno Granoleti multociens procedere videtur ; et ubicumque nos res nostras habeamus, illam domum Dei crescere et laxare similiter cupimus. Hanc facimus elemosinam bono affectu cordis nostri et sine fraude, Domino Deo, et fratribus Templi supradictis, et etiam in manu Rostagni, sacerdotis indigni, videlicet illorum fratris et capellani, et in auditu et presencia fratris Barnardi, qui tunc inerat claviger illius domus Dei. Hoc igitur simili modo dicimus et facimus presentibus fratribus et futuris. Et ego Geraldus de Montesecuro, qui post Deum et ejus doctores istorum hominum dominus et defensor fio, et amicus domus Dei et fratrum, bona voluntate cuncta hec laudo et confirmo. Fuit hec dacio in quadragesima in mense marcio, feria secunda de Passione Domini, sexto x° chalendas aprilis, luna vi^a (1). Plures opidi proborum hujus rei audientes fuere, de quibus ex hoc sunt testes Ihesu Christo et fratribus Templi, nomine : Geraldus de Grilio ; et Ripertus et Latgerius fratres, et Wilelmus Barasti, illorum consanguineus ; et Geraldus de Tornafort ; et alii multi et multe, || quos Deus perducat nobiscum in vitam eternam.

---

(1) Lundi 17 mars 1141.

N° 14. (Fol. 10 r° et v°.)

XIII. GUILELMUS MALAMANUS ET UXOR SUA ORFRISIA, DEDERUNT MILITIBUS TEMPLI TERRAS ET PRATA JUXTA HELSONEM RIVUM.

Divine umaneque sancciones Deo et hominibus gratum esse confirmant, ut omnis homo de his quę legitime possidet, ad honorem Dei et animarum salutem, hac (1) peccatorum remissionem, fideliter largiatur. Propterea : ego, Wilelmus Malemanus, et ego femina Orfrisa, mater ejus, donamus et offerimus in perpetuum, pro alodio franc, Domino Deo, et militibus Templi Salomonis Iherosolimitani presentibus et futuris, ut propicietur Deus peccatis et negligenciis nostris et parentum nostrorum, scilicet terra et prata de Elsonis ; et pratum de filiis Berengerii Bodic, quod pro illis Geraldus Malicanis tenet ; et pratum de monachis Sancti Amancii ; et pratum de senioribus castri Bulbutoni ; et sicuti est de territorio de Garriga Mala usque ad territorium de Malboschet ; et sicut crucibus insuper a septentrione determinatur. Hoc eciam quod infra hos terminos ego Wilelmus Malemanus, et ego Orfresa, mater ejus, habebamus vel habere putabamus, prebemus atque concedimus Domino Deo, et genitrici ejus Beate Marie, et fratribus supranominatis Templi. Et extra hos terminos, damus hisdem militibus per nostra territoria pascua et ligna sibi necessaria. Et donum hoc facimus Arnaldo de Bedocio, et Ugoni de Panacio, et Guischardo de Barre, ut ipsi et successores eorum in milicia Templi degentes, honorem istum habeant et jure perpetuo, ad totas voluntates eorum perpetrandas. Hoc autem donum facimus, ego Wilelmus Malemanus, et ego Orfrisa, mater ejus, cum laude et consilio dominorum || de castro Bulbutone, qui sunt Ugo de Bulbutone, Bertrandus nepos suus, Ripertus Folradi ; et cum laude et cum consilio Ugonis Bodici et fratribus suis, W. et Poncius. Fit autem hec dacio in presencia domni Poncii de Griliono, venerabilis viri Tricastini episcopi, et in presencia supradictis fratribus Templi, et fratris Rostagni, capellani, qui eciam jussu Wilelmus Malemanus hanc cartam manu sua scripsit (2).

---

(1) Ac.
(2) Cette pièce remonte aux premiers mois de la fondation de Richerenches, à la fin de 1136, ou au plus tard en 1137.

N° 15. (F° 10 v°.)

XIIII. Item Guilelmus Malamanus et mater ejus, dederunt Deo et militibus Templi partem decimarum quam in nemoribus et terris habebant.

Omnibus notum sit : quod ego, Wilelmus Malemanus, et ego Orfrisa, mater ejus, et ego Galiaina, uxor ejus, bono intellectu et bona voluntate, sine dolo et absque fraude, ad remissionem peccatorum nostrorum et ad medelam animarum nostrarum et omnis parentele nostre, Domino Ihesu Christo, et Beate Marie genitrici ejus, et fratribus Templi presentibus et futuris, donamus et offerimus illam partem decimarum quam habebamus, vel habere putabamus in terras vel in nemoribus de quibus domus Dei et fratribus Templi modo vestitur, et ammodo Dei adjutorio augenda erit, licet sint vineę, sint terrę, sint campi, sint prata, sint nemora, necnon ubicumque dominicus laboratus illius domus Dei augeatur. Hoc donum fecimus ego, Wilelmus Malemanus, et mater mea, et conjux mea Galiaina, in presencia Ugonis de Bolbotono ; et Rostagni, capellani ; et Rotberti de Montilio ; et Bernardi de Boazono ; et Stephani Capitislongi ; et in testimonio Geraldi de Valriaco, et Ugonis Ermengaudi. Hec dacio fuit data mense septembrio, idus septembris (1). |L

---

(1) 13 septembre, probablement de l'année 1142, d'après les synchronismes.

N° 6 (Fol. 11 r° et v°.)

XV. Donacio decimarum quam dedit Guilelmus Malemanus Deo et fratribus Templi.

In Christi nomine, manifestum sit omnibus : quod ego, Wilelmus Malemanus, et ego Orfrisa, mater ejus, et ego Galiana, uxor W. Malemanus predicti, per nos et per omnes nostros, bona fide et sine engan, et absque omni retencione, ut Omnipotens Deus dimittat nobis et parentibus nostris omnia peccata nostra, donamus et offerimus Domino Deo, et milicię Templi Salomonis Iherosolimitani, tibique Petro de Roveria, et Ugoni de Panato, ejusdem milicie fratribus, et successoribus vestris in prefata milicia Deo servientibus, totas illas decimas quas habemus et habere debemus in territorio sive in terminio illo quod est inter fluvium de Oleria et fluvium de Elsone, et extenditur usque in territorium de Colonzellis. Huic etiam donacioni adjungimus unam molleriam de prato quę est juxta fluvium predictum de Elsone, et terminatur ab occidente in eodem fluvio; et ab oriente jungitur cum prato Geraldi de Valriaz; et a meridie terminatur in pratis Novellis ; et a septentrione adheret cuidam pauco prato quod est Ugonis Berengarii et fratrum suorum. Prenominata siquidem omnia dono Deo, et fratribus milicie Templi tam futuris quam presentibus donamus, et in perpetuum plenario jure tradimus, ad habendum et possidendum, suamque voluntatem faciendum, absque nostra nostrorumque successorum aliqua inquietudine. Sciendum est preterea quod propter istam donacionem, oblacionem, tradicionemque superius scriptam, dederunt mihi W. Malamanus, et matri męę atque uxori || mee predictis, unum pullum caballinum de duobus annis ; et unum trentanarium de lana in precio XII. solidorum ; et IIII^{or}. sextarios bone annone ; quod precium pleniter dederunt nobis Petrus de Roveria et Ugo de Panaz, jam dicti fratres Templi, in quorum manibus prescriptam fecimus donationem (1).

(1) Cette pièce étant un amendement de la charte n° 8, de novembre 1143, doit se placer fort peu de temps après cette date.

N° **17**. (Fol. 11 v° et 12 r°.)

XVI. Petrus Lauterii, de Colonzellis, dimisit terras suas Deo et militibus Templi Salomonis Ierosolimitani, quas habebat juxta Granoletum.

In Dei eterni Regis nomine, omnibus notum fiat fidelibus, tam presentibus quam futuris : quod ego, Petrus Lauterii, de Colon-

zellis, ut Deus et Dominus noster Ihesus Christus peccata mea
et parentum meorum nobis remittat, et insuper regni celestis
participes faciat, Deo, et domui Beate Marie de Ricarensis, et
fratribus de Templo Salomonis, dimitto terras meas quas habeo
juxta stagnum quod nominant Granoietum versus aquilonem.
Tali videlicet conveniencia dimitto illis terras istas, ut memorata
domus, et fratres in ea habitantes, quiete et pacifice sine omni
molestia nostri vel alicujus de parentela mea teneant et possideant, usque ad continuos sequentes XV^{cim}. annos. Et illis com-
pletis, ego Petrus, vel filius meus, suprascriptas terras si volue-
rimus illas recuperare, sine molestia et contradiccione illorum
facere ex tunc valeamus. Si autem post istos subsequentes XV^{cim}.
annos mortui nos duo fuerimus, jam dictas terras istas libere et
quiete perpetua possessione habeat eas et teneat domus de
Ricarenchis, et fratrum ibi Deo famulancium universitas. Hujus
dimissionis sive lau‖dacionis vel eciam impignoracionis testes
sunt qui viderunt et audierunt, et clerici et laici : Petrus Clementis, presbiter de Colonlellis (1); Bermundus, castellanus, et frater
ejus, Pontius ; et Bernardus, decanus de Colonzellis ; et qui
neptem ejus habet uxorem. Facta carta in civitate Aurasica,
mense septembrio, feria vi^a., anno Dominice Incarnacionis
M°.C°.XL°.VII°., quando Lodovicus, rex Francorum, Ierosolimam
tendens, innumerum secum duxit exercitum ; per manum
Arnaldi, sacriste Aurasicensis (2), vi°. kalendas octubris (3).

---

(1) Sic.
(2) Aurasicensis a été ajouté après coup.
(3) Vendredi 26 septembre 1147. La croisade du roi de France avait vivement frappé
les esprits et nous verrons plusieurs pièces datées ainsi.

N° 18. (Fol. 12 r° et v°.)

XVII. Ugo Berengarii et fratres ejus dederunt militibus
Templi terram et prata.

Ego, Ugo Berengerii, de Valriaco, et ego, Wilelmus frater ejus,
et ego, Poncius Berengerii, nos pariter tres fratres bona voluntate et affectu sinceritatis et veritatis, Domino Ihesu Christo, et

ejus genitrici Beatę Marie, et fratribus Templi, hoc est militibus Christi presentibus et futuris, et domui de Ricarencis, et eciam in manu tua, Ugo de Panaz, totam terram illam nostram que vocatur Blacha Bodic donamus ; et Prata Novella, exceptis pratis quę olim hominibus censui largimur; et de his ipsis videlicet pratis semper quantum ad nos redire equaliter et gradatim poterimus, in eodem dono adjungimus. Hoc tali pacto et cum tali retinemento facimus quod tascham vero de terra illa habere volumus, hec est nona mensura, donec voluntas Dei et nostra sufficiat. Hec terra est juxta territorium quod vocatur Brente, et dividitur cum eo in illa parte quam Aalais de Sabran et filii ejus tradiderunt Deo et domui suprascripte; et ex alia parte dividitur et terminatur cum manso de Calcamairoz; ex alia parte dividitur cum pratis que sunt juxta fluvium Elsonis ; et ex altera || parte partitur cum terra de hominibus de Tauliniano opido. Hoc donum fecit Ugo et fratres ejus in manibus Ugonis de Panaz, idibus marcii, feria II^a., luna $xx^a.vI^a$. (1), his fratribus presentibus et audientibus et hec testificantibus : Bertrando de Montegaudio ; Rostagno, capellano; et Nicholao; et Imberto Sauzeti ; Bernardo de Boazono ; Rodulfo Stephano de Stella ; Geraldo de Montesecuro ; Petro Papardi ; et Bonopari juvene quodam.

(1) Lundi 15 mars 1143.

N° 19.   (Fol. 12 v° et 13 r°.)

XVIII. Ugo Berengarii et sui fratres dederunt Deo et militibus Templi quicquid habebant in Garriga Mala.

Omnibus hec legentibus et audientibus agnicio pateat : quoniam quidem Ugo Berengerii, et Wilelmus, (1) Poncius fratres, amici nostri et benefactores domus nostre, videlicet domus de Richarensis, que edificatur ad edificacionem et sustentationem milicie quę est in Templo Ierosolimitani constituta, nunc et in perpetuum dederunt quod habebant in Gariga Mala sicut crucibus terminatur, Domino Deo, et Beate Marie, et fratribus Templi, et gubernatoribus ejusdem domus qui nomine fuere Ugo de Panaz.

Geraldus de Montepetroso ; Bernardus Rollandi ; Rostagnus, capellanus ; Ugo de Bulbutone. Hoc fecit et dedit Ugo et fratres ejus in testimonio de Geraldo de Valriaco ; et W. de Grilione ; et Riperto de Charrovolo ; et Nicholao de Bulbutone. Propterea caritative Bernardus Rollandi unum equum, qui tunc pullus vocabatur, Ugoni Berengario et fratribus suis W. et Poncio, dedit. Propterea (2) vero, propter aliam laxacionem terminorum ejusdem domus, Ugo de Panaz dedit alium ; hii duo equi fuerunt precio veraciter de XXX^a. solidis, tempore || quo ipsi habuerunt. Aliam laxacionem Ugo et fratres ejus P. et Wilelmus in territorio de Bremte Ugoni de Panacio et fratribus Templi fecerunt, hoc totum quod subtus viam habebant juxta terram quam Aalais de Sabra et filii ejus R., Wilelmus, E. (3), domui milicie dederant, et quamobrem alium pullum Ugo de Panaz et fratres domus de Richarencis dederunt Ugoni Berengerii et fratribus suis. Hoc fecit Ugo et fratres ejus, sicuti Ugo de Panaz et alii fratres intellexerunt, absque ulla fraude, idibus marcii, feria II^a., luna XX^a.VI^a. (4).

---

(1) Suppléer « et ».
(2) Lisez « preterea ».
(3) Rostaing, Guillaume et Emenon, fils aînés d'Adélaïde de Sabran. Cf. pièce n° 28.
(4) Lundi 15 mars 1143.

N° **20**. (Fol. 13 r° et v°.)

XVIIII. MEMORIALIS ABRIVACIO DE FRUITATE TEMPLI, ET NEMORE, ET DECIMA, ET MEDIETATE TASCHE.

Brevem de fruitate Templi milicie : Ratborcs, et Barastz, et Dodo filius ejus, dederunt Deo, et Beate Marie, fratribusque predicte milicie tam futuris quam presentibus, pro redempcione anime genitoris istorum, qui frater ejusdem milicie erat, super W. Paies; et Geraldum, et Raimundum, II solidos ad kalendas et XIII^{dim}. numos ad Pentecosten, et II^{os}. sextarios annone ad messiones, et I. ordei ; et nemus quod dicitur Champlas, sicut via que ducitur a Montesecuro ad Colonzellas, et inde extenditur in fluvium Lez ; et ex alia parte via que ducitur a Ponte Pignato usque in quadruvium alię predictę vie ; quicquid infra hos terminos habebant, scilicet decimum et medietatem tasche et medietatem census de terris cultis, et hoc nemus in dominium. Baraz et Dodo, pro redemcione delictorum suorum et omni progenie illorum, dederunt XII. numos super Petrum Guitberti, et XII^{cm}. super Rossellum omni tempore. || Et ad obitum suum unusquisque equum suum et arma. Et si ista defecerint, condaminam de Fonte fratres milicie habeant pro equo et armis, usque C. solidos eis reddantur; et corpora sua in die obiti sui ; et hoc donum mater illorum laudavit.

— Raimundus Arnaldi XII. numos ; Ihoannes Gastauz VI. numos ; et ad obitum equum suum si habuerint, et arcum (1).

---

(1) Cette pièce ayant été enregistrée par le premier scribe du cartulaire, est antérieure à 1149. La donation du 1er paragraphe a été ratifiée par le seigneur des donateurs le 7 février 1167 : charte n° 111.

N° **21.** (Fol. 13 v° en marge.)

In nomine Domini nostri Ihesu Christi, notum sit omnibus hominibus : quum ego, Geraldus Bertrandi, et uxor mea, laudamus, donamus et confirmamus donacionem quam Petrus Alacri fecit de se ipso et toto illo honore quem per nos habebat et tenebat, absque omni retinemento et omni servicio, tam in domibus de Claustro quam in illis de villa Beceria, et duabus terris ; et cum omni tenimento suo donamus Deo, et Beate Marie, et fratribus de Templo. Factum fuit in villa Sancti Alexandri, presentibus clericis et laicis, scilicet : Raimundus Guiscardi, Aurasicensis cannonico ; et Otone de Sancto Alexandro ; et Póncius de Cedro ; et Wilelmus de Mota ; et Rainoardus Fredeles ; et Arbertus Raigarda ; et Petrus Bellarots ; Arbertus Cuntes (1).

---

(1) Cette pièce se place au plus tard en 1143, étant nécessairement antérieure à la suivante, auprès de laquelle elle a été enregistrée en marge après coup.

N° **22.** (Fol. 13 v°.)

XX. Petrus de Sancto Micahele et uxor ejus, dereliquerunt Deo et militibus Christi, quicquid requirebant in domibus Petri Ylaris.

Hec carta describitur quatinus presentibus ac sequentibus notificetur : quod ego, Petrus de Sancto Michaele, filius Riperti de Cadarossa, et uxor mea Burgundia, pro salute animarum nostrarum et parentum nostrorum, ut Deus et Dominus noster illis culpas et peccata sua dimittat, immo vitam eternam concedat, quicquid in stagiam Petri Ylaris de Claustro contrapellabamus, quam stagiam, cum tenemento suo, Geraldus Bertrandi, maritus uxoris meę, in testamento suo Templo Salomonis et sacrę milicie dereliquid. Nos similiter Deo et eidem sacre milicie dimittimus et laudamus, sine omni retinimento, servicio, vel blandimento, et in manu Arnaldi, sacristę Aurasicensis, relinquimus. Actum est hoc Aurasice, in matrice ecclesia Beate Dei genitricis Marie, x°v°. kalendas febroarii, feria iiiª., luna x., per manum Arnaldi, sacristę Aurasicensis, anno ab Incarnato Salvatore M°.C°.XL°.IIII°.

---

(1) Mardi 18 janvier 1144.

N° **23.** (Fol. 13 v° et 14 r°.)

XXI. Guillelmus, prepositus Valentinus, dereliquid Deo et militibus Christi, quicquid demandabat in Riperto de Corrovolis et suis infantibus.

In Christi nomine : ego Wilelmus, Valencie prepositus, ut Deus propicietur peccatis et negligenciis meis, bona fide et sine dolo, dono et offero in perpetuum pro alodio || franc, Domino Deo Ihesu Christo, et Beate Marie, et milicie Ihersolimitane Templi Salomonis, et tibi Arnaldo de Bedocio, Dei militi, et successoribus tuis in eadem milicia degentibus, videlicet quicquid habebam vel demandabam, juste vel injuste, in Riperto de Charrovolis, sive in suis infantibus, census scilicet et omnes terras quas ipse Ripertus et sui de me habebant et tenebant, et tascham et decimam ipsarum terrarum, et quicquid ipse Ripertus de me habebat et tenebat. Hec omnia jam supradicta dono et offero Deo Omnipotenti, et Beate Marie, et Iherosolimitane milicie, et fratribus ibidem Deo servientibus presentibus et futuris, ita scilicet ut ab hodierno die et tempore in antea habeant et jure perpetuo possideant; et quicquid inde facere voluerint ipsi milites Christi, vel eorum bajuli, in Dei nomine liberam et plenissimam habeant potestatem, sine blandimento tocius hominis vel femine. Facta donacione anno Dominice Incarnacionis M°.C°.XXX°.VIII°., in mense marcio (1). Laudavit etiam, et voluit, et affirmavit hanc donacionem comes Eustachius, frater W. prepositi predicti. Testes sunt isti : Umbertus, episcopus de Podio ; et Iarento de Sancto Romano ; Wilelmus de Stella ; et Ainardus de Cabreliano ; atque Latro Longus. Petrus scripsit mandato domni W. prepositi supra memorati.

(1) Mars 1138. Cette pièce et les deux suivantes qui lui sont connexes, appartiennent à l'année 1138 et non à 1139, le commandeur Arnaud de Bedos n'apparaissant plus à Richerenches après 1138, et le scribe Petrus (de Magalaz) ayant daté ci-dessus déjà en commençant l'année à la Nativité ou à l'Incarnation précédentes.

N° **24.** (Fol. 14 r° et v°.)

XXII. Ugo de Alon et uxor ejus dederunt Deo et militibus Christi Ripertum de Carrovolis, et omnem substantiam ejus, sine omni retinimento et libere.

In Dei Omnipotentis nomine : ego, Ugo de Alon, et Petronilla uxor mea, et filii nostri, videlicet Petrus Ripertus, et W. atque Raimundus, nos omnes bona fide et voluntate, pro remissione omnium peccatorum nostrorum et pro salute animarum || parentum nostrorum donamus et oferimus in perpetuum pro alodio franc, Domino Deo Ihesu Christo, et Beate Marie, et militibus Templi Salomonis presentibus et futuris, ipsum hominem Ripertum de Charovols, et uxorem ejus, et infantes eorum, et omnem eorum substanciam atque peccuniam, cum omnibus tenementis et possessionibus quas de nobis tenent et possident, census videlicet et quicquid in ipsis juste vel injuste habebamus et demandabamus. Ita scilicet ut ab hodierno die et tempore in antea, fratres milicie Iherosolimitane habeant et possideant supradictos homines, et omnes eorum posteritates, quemadmodum nos predicti donatores hactenus ipsos habuimus et possedimus, et multo melius ; etiam ipsi, neque eorum progenies, nobis seu nostris posteritatibus ullum censum sive servicium pro homenischum vel per naturalitatem non faciant. Hanc autem donacionem facimus nos predicti donatores in manu Arnaldi de Bedocio, militis et bajuli milicie Iherosolimitane, et W. de Riallacho, ejusdem milicie fratris. Testes et guirentes hujus donacionis sunt isti : Poncius Remusatus ; Wilelmus de Alon ; Poncius Frogerius ; Wilelmus Glanduz ; et Rodbertus de Gilonio junior. Scripta fuit hec carta anno Dominice Incarnationis millesimo C°.XXX°.VIII°., in mense marcio (1). Donant autem per singulos annos de censu jamdicti homines III^{os}. solidos et IIII^{or}. caponos, et II^{os}. sextarios ordei vel civatę. Petrus scripsit.

---

(1) Mars 1138. Cf. n° 23.

N° 25. (Fol. 14 v° et 15 r°.)

XXIII. Ripertus de Carrovolis dedit filios suos, et vineam unam, et decimam agnorum omnium ovium suarum.

In Christi nomine : ego, Ripertus de Charroulis, et uxor mea Lucia, ob peccatorum nostrorum ye||niam impetrandam, et celestis patrię gaudia consequenda, donamus et offerimus Deo Omnipotenti, et Beatę Marię, et militibus Templi Salomonis Ierosolimitani presentibus et futuris, duos filios nostros, Eustachium scilicet et Ripertum, tali videlicet pacto ut quamdiu vixerint, serviant Deo et fratribus Templi ubicumque ipsis Christi militibus placuerit. Donamus etiam, cum filiis nostris, eisdem Dei militibus, vineam unam ad Castellum Novum quam tenemus de Dalmadio Odano ; et decimam totam agnorum omnium nostrarum ovium, quam decimam semper ego Ripertus superius nominatus, Deo et fratribus Templi annuatim reddam. Facimus autem donationem istam in manus Arnaldi de Bodocio, militis Christi (1).

(1) 1138. Cf. n°* 23 et 24.

N° 26. (Fol. 15 v°.)

XXIIII. RIPERTUS DE CARROULIS DEDIT DECIMAM MOLENDINI.

In nomine Domini nostri Ihesu Christi : ego, Ripertus de Charovols, et ego Lucia uxor ejus, et nos qui sumus eorum infantes, scilicet Ioannes, Wilelmus, Raimundus, Petrus, Eustachius, Ripertus, atque Poncius, donamus Deo, et Beate Marie, et fratribus Templi Ierosolimitani presentibus et futuris, decimam tocius lucri molændini et similiter de paratoribus pro redemcione animarum nostrarum (1).

(1) Cette pièce étant enregistrée de la main du premier scribe du cartulaire, est nécessairement antérieure à l'année 1149.

N° 27. (Fol. 15 r° et v°.)

XXV. DONATIO DE EISSINIS AD SANCTUM PAULUM (1).

Breve donacionis de eissinis quas dant Wilelmus de Petralata et Iordanis suus frater ; e[t] R^{us}, e[t] P^{us}, e[t] P^{us}, e[t] W^{us} de San Pastor ; e[t] W. Veteris ; e[t] Laugerius Carbonelli ; omne quod habet (2 in his essinis Domino Deo, et Sancte Marie (3), militibus Templi. Hoc laudat episcopus Poncius et prebet, affirmantibus his : archidiacono, et degano, et capiscolo, atque Benedicto, simulque testibus. Dantur hec presente manu fratris Arnaldi Bedocii, eciamque in presencia || episcopi cum aliis supranominatis, in civitate Tricastrina, feria v. que est ante Parascheven, XIIII.

kalendas aprilis, luna xii (4). Auxiliante Domino nostro Ihesu
Christo, qui cum Patre et Spiritu Sancto vivit et regnat per infi-
nita secula seculorum, Amen.

(1) La pièce n° 128 et celle-ci sont antérieures à la fondation de la commanderie de
Richerenches, et datent du séjour qu'Arnaud de Bedos fit à Saint-Paul-Trois-Châteaux auprès de l'évêque Pons de Grillon, pour rechercher la donation d'un lieu
convenant à un premier établissement dans le marquisat de Provence.
(2) Sic, pour « habent ».
(3) Suppléer « et ».
(4) A Saint-Paul-Trois-Châteaux, le jeudi saint 19 mars 1136.

N° **28**. (Fol. 15 v° et 16 r°.)

XXVI. Adalais de Sabrano et filii ejus dederunt mil.tibus
Templi quandam magnam condaminam in territorio de Brempto.

In Dei Omnipotentis nomine, universis hec audientibus pateat :
quod ego, Adalaicia de Sabrano, et nos qui sumus ejus liberi,
Emeno, et Rostagnus de Sabrano, Wilelmus, Raimundus, atque
Petrus, archidiachonus, nos omnes bona fide et bona voluntate,
pro salute animę Wilelmi de Sabrano, patris nostri, et pro remissione omnium peccatorum nostrorum, donamus et offerimus in
perpetuum pro alodio franc, Domino Deo Ihesu Christo, et Beatę
Marię, et milicię Iherosolimitanę Templi Salomonis, et fratribus
ibidem Deo servientibus presentibus et futuris, in manibus de
te, Arnaldo de Bedoz, supradictę milicię fratris et bajuli, quandam partem non minimam nostri territorii de Bremto, ita scilicet
quemadmodum ego ipsa Adalaicia hanc eandem terram mostravi
et terminavi tibi, Armaldo (*sic*) de Bedocio, multis videntibus et
audientibus. Concluditur autem et terminatur hec terra : ab
oriente, a via que vadit de Avisano ad ecclesiam Sancte Marie
de Richarenchas ; et ab ipsa via determinant eam cruces supra-
posite, usque in terminum de Petra Bruna, que ibi est infixa,
et divi||dit hoc territorium ab alio. Similiter vero clauditur et
terminatur de via que movet de Valriaz, et vadit ad Balmas, usque
in crucibus. Supradictam totam terram, et ab integro, damus
et offerimus Deo Omnipotenti, et Beate Marie, et jam dictis Christi

militibus, ita videlicet ut ab hodierno die et tempore in perpetuum ipsam habeant, et jure perpetuo possideant, et quicquid inde facere voluerint ipsi, vel eorum bajuli, in Dei nomine liberam et plenissimam habeant potestatem. Facta donacione et tradicione ista anno ab Incarnatione Domini, M°.C°.XXX°.VIII° (1). Testes hujus donacionis sunt isti : Petrus Ugo de Avisano ; Bertrandus Dodo ; Ugo de Bolbotono ; Geraldus Adalgarius ; Rostagnus Arlencs ; Poncius de Pugnadoreza ; Falco de Sancto Gervasio ; et plures alii. Ab Adalaicia predicta domina mandatus, per se suisque filiis omnibus, Petrus scripsit. Interfuerunt eciam huic donacioni : Geraldus de Montepetroso ; Wilelmus Salomon ; Umbertus de Saudeto ; Rostagnus, presbiter ; fratres milicie Templi omnes ; atque Geraldus de Balmas adfuit.

(1) 1138.

N° 29. (Fol. 16 r° et v°.)

XXVII. Gaucelmus Pigmars, de Valriaz, dedit partem suam de decima et tascha de Bremto, Deo et militibus Christi.

In nomine Domini : ego Gaucelmus Pigmaus, de Valriaz, propter Dei timorem et remissionem peccatorum meorum, Domino Ihesu Christo, et Beate Marie genitrici ejus, et fratribus Templi Ierosolimitani presentibus et futuris, et domui de Richarencis, et tibi, Ugoni de Panaz, et fratribus in ea nunc et semper degentibus, dono meam partem de tascha et decima de Bremto,|| sicut laboratus domus supradicte, et donum habere videtur et intelligitur. Hoc facio et dono sine fraude, et sicut habeo aut habere per ullam vocem vel racionem intelligo. Hoc vere prebeo in manus tuas, Ugo de Panaz, et supra textum Euvangelii sicut tu intelligis et intelligere putas et fratres qui tecum degent in eadem supradicta domo. Ad hujus decime donacionem et laxacionem interfuerunt aliqui de fratribus Templi qui sic nominantur : Ugo supradictus ; Berengarius de Villanova ; Wilelmus Francigena ; Rostagnus, capellanus ; frater Nicholaius, presbiter ; Bertrandus de Boazono, qui claviger et bajulus inerat domus

supradicte ; Imbertus de Sauzeto : et frater Rodulfus ; et frater
Lanbertus. Ad hec interfuit : Geraldus de Montesecuro ; Poncius
Berengerii ; Geraldus Dalmacii de Sancto Restituto. Fuit hec dacio
facta anno M°.C°.XL°.II°., mense novimbrio, feria v^a., luna v^a (1).
Videntes autem Ugo de Panaz et fratres necessitatem et paupertatem hujus hominis, pro Deo et in caritate prebuerunt ei quibus
se adjuvaret, X. solidos per Ihesum Christum. Amen.

(1) Jeudi 26 novembre 1142.

N° 30. (Fol. 16 v° et 17 r° et v°.)

XXVIII. Silvius, et uxor ejus, et filius eorum, dederunt
unum campum in territorio de Brempto (1) (a¹, b¹).

In nomine Domini nostri Ihesu Christi, cunctis fidelibus et a
Deo creatis hec legentibus et audientibus evidenter agnoscatur :
quod ego, Silvius de Cleireu (b²), et ego Matelina ejus uxor, et
ego Silvius eorum filius, nos pariter propter salutem et redemptionem animarum nostrarum, et pro successoribus nostris et
antecessoribus nostris, ut Deus propicietur nobis et dimittat ||
delicta nostra, et in regno celesti (a²) animas nostras, generacionumque nostrarum, collocare dignetur, Domino nostro Ihesu
Christo, et Beatissime (a³) Virgini Marie ejus genitrici, et militibus
Templi Iherosolimitani quam presentibus tam futuris (a⁴) (b³), et
omnibus eorum successoribus, et domui de Richarenchis, et in
tuis manibus, Ugo de Panaz, miles Christi et frater Templi, et
gubernator supradicte domus, de illa terra quam habeo in territorio quod nominatur Bremte, trado et offero unum campum ;
que terra sic mostratur et terminatur : ab orientali parte,
ipsius Silvii terra est ; a meridie, duobus (b⁴) crucibus terminatur ;
ab occidente, est terra de Bertran de Taulinia ; ab aquilone, territorium de castello Bulbutone. Hoc quod infra hos terminos et
hanc ipsam terram quam per ullas voces seu raciones habebamus, aut habere putabamus, totum ab integro, pro alodio franc,
sine ullo impedimento, eisdem Dei militibus nos suprascripti ad
faciendam et possidendam voluntatem suam laxamus. Hanc

autem donacionem et laxacionem hujus terre sic facimus, ut et si quis ibi in hac terra aliquid inquietare vel arripere voluerit, nos supra donatores terre hujus ad eosdem milites sine ulla intermissione commilitonum pauperum Christi liberabimus, et solutam libere ab omnibus hominibus adstare hanc terram faciemus. Et insuper in omni territorio alio nostro peccorum suorum pascua sibi necessaria, et egressus, et regressus, sine alicujus blandimento vel lucro tradimus et concedimus. || Hec autem terra et donacio (a^5) (b^5) tradita fuit in mense idibus octobris (a^6), feria IIII., luna XII^a., M^o.C^o.XL°.I^o(2). Hanc vero donacionem Ugo de Panaz (b^6) in sua manu accepit ; cum Rostagno, capellano ; et Umberto de Sauze (a^7); ab ipso Silvio de Cleireu et (a^8) in eademque terra, cum presencia et laude laulorum (3) (a^9) suorum de Geraldo Crasso et de Stephano de Sancto Albano. Testes hujus donationis qui ad hec fuerunt sunt (a^{10}) : Rostagnus de Sabran ; filius ejus (4) ; et Raimundus, filius comitis de Tolosa ; Petrus Ugo de Avisano (b^7), et Wilelmus (a^{11}) frater ejus ; et Terrabuc (a^{12}) de Avisano ; et Peiracha ; et Imberz Taverna ; et Ponz Archimberz. Interfuit Petrus Paparz, de Montesecuro, et Guiscardus, ambo armigeri, et degentes in milicia Christi. Et a supradictis donatoribus jussu, Rostagnus, capellanus, hec scripsit.

(1) Cette pièce a été reproduite à nouveau sous les n°° 87 et 94. Nous donnons ci-après les variantes des 2° et 3° textes sous les cotes *a* et *b*.
(2) Mercredi 15 octobre 1141.
(3) Sic, pour « Baulorum ».
(4) Dans les textes *a* et *b*, les mots « filius ejus » sont précédés d'un blanc tenant la place du prénom.

(a1) Intitulé : Silvius de Claireu.
(a2) Caelesti.
(a3) Beate.
(a4) Tam presentibus quam futuris.
(a5) Datio.
(a6) ... fuit idibus octobris.
(a7) Cum Imberto Sazeti ; et cum Rostagno, capellano.
(a8) « et » manque.
(a9) Bajulorum.
(a10) « Testes sunt : » Les mots intermédiaires ont été supprimés.
(a11) Wilelmus Ugo.
(a12) Trabux.

(b1) Intitulé : De Silvio de Claireu.
(b2) Clareu.
(b3) Tam... quam...
(b4) Duabus.
(b5) Datio.
(b6) ... Panaz in sua manu, cum Humberto Sauzeti et cum Rostagno, capellano, accepit ab ipso Silvio de Claireu, et in eadem terra, cum presentia et laude bajulorum....
(b7) Petrus Hugo de Avisano, et Wilelmus Hugo, frater ejus ; et Trabucs...., Himbertus Taverna.

N° **31**. (Fol. 17 v° et 18 r° et v°.)

XXVIIII. Wilelma de Taulignano et filii ejus dederunt quartam partem de decima de Brempte, fratribus Templi.

In nomine Domini nostri Ihesu Christi, Summi Regis et Eterni, omnibus presentem scripturam legentibus et audientibus, et universis catholice fidei credentibus, manifestum fieri volumus : quod ego, Wilelma, Bertrandi de Tauliniano quę fui uxor, et mei filii, Poncius Gontardus.... (1) et Pelestorz, nos pariter sincero corde et bone voluntatis affectu, pro redemcione animarum nostrarum et parentum nostrorum, ut Deus et Dominus noster Ihesus Christus animabus nostris celestis regni januas aperiat, Deo, et gloriosę Beatę Virgini Marie, et fratribus Templi Salomonis presentibus || et futuris, et domui de Richarensis, quartam partem de decima quam habebamus in terra illa quam nominant Brente donamus, concedimus, et perpetuo sine ullo retinimento tradimus, ad habendum et possidendum, et quicquid voluerint sicut de rebus suis aliis faciendum, liberam in omnibus habeant facultatem. Hoc autem omnibus manifestum esse volumus, quod terram istam Adalais de Sabrano et filii sui Rostagnus, et Emes (2), et Wilelmus, pro animabus suis et parentum suorum, dederunt domui de Richarenchis, et fratribus ibi Deo servientibus ; at tamen medietatem de ista decima, scilicet hujus quartę partis partem, habemus de vadimonio, de qua quidem sic dicimus, quod si redempta fuerit, nos confestim XX^{ti}. solidos valencianorum bonos, supradicte domui et fratribus pro certo reddemus. Hanc autem donacionem nos supradicti donatores facimus in manu Ugonis de Bolbotone, qui frater et bajulus est domus supradicte, his fratribus presentibus : Rostagno, presbitero ; Raimundo de Cruceolis ; Bernardo de Bovedone ; Stephano de Aurasica ; Wilelmo Bruneto ; Stephano Pellipario. Et ut hec res stabilis et firma nunc et in eternum sic permaneat, fidejussores sunt : Geraddus de Balmis ; Bertrandus de Bolbotone ; Wilelmus de Alon ; Ugolenus de Vasione ; Petrus de Sancto Laurencio ; Bertrandus Falco, de Valriaco. Propterea namque ego, Ugo de Bolbotone, et fratres milicie supradicti, dedimus domne Wilelme et filiis suis || Poncio Gontardi et Pelestorz, unum equum juvenem et obtimum bene valentem LX. solidos valentianorum. Hoc autem donum factum est tempore et anno quo rex

Francorum cum exercitu suo, et alii plures, apud Iherosolimam perrexerunt. Facta carta ista mense septembrio, feria IIII^a., luna XVIIII. (3), per manum Arnaldi, sacriste Aurasicensis, qui huic donationi interfuit et vidit et audivit quando hoc donum ante januas ecclesie Beate Marie de Richarenchis factum fuit, presentibus memoratis personis tam clericis quam laicis.

---

(1) Lacune en blanc.
(2) Emeno.
(3) Mercredi 17 septembre 1147.

N° **32**. (Fol. 18 v° et 19 r° et v°.)

XXX. Armandus de Bordellis, et frater ejus Geraldus, dederunt fratribus de Templo magnam terram unam in Brempto (1) ([a¹]).

Hoc scriptum perficimus quatinus presentibus, necnon et sequentibus, significare valeamus quod in ipso inseramus. Prudencium ergo virorum agnoscat nunc et semper universitas, et nulla umquam in antea annorum vel temporum delere possit vetustas : quod nos, ego videlicet Armandus de Bordellis, et frater meus Geraldus de Vivariis, ut Deus et Dominus noster Ihesus Christus nobis et parentibus nostris peccata nostra remittat, et celestis regni heredes constituat, cum voluntate et laudamento Wilelme, amitte nostre, de Tauliniano, et filiorum ejus Bertrandi, Poncii Gontardi, et Pilestorti, donamus et perpetua concessione concedimus Deo, et Beate Marie, et domui fratrum de Templo Salomonis, et fratribus Deo famulantibus in domo de Richarenchis || tam presentibus quam sequentibus, quandam magnam peciam de terra pratali, in territorio de Bremto ([a²]). Terminatur hec terra : ab occidente ([a³]), illa via que exit de silva et tendit ([a⁴]) usque ad Molars, et a ([a⁵]) Molars usque ad terram Rostagni de Sabrano versus meridiem ; ab oriente autem, a terra Rostagni de Sabrano usque ad Petram Brunam. Sicut istis terminis hec terra concluditur ([a⁶]), sic illam vobis, fratres ([a⁷]) de Richarenchis, libere ([a⁸]) sine omni retinimento concedimus ; et in manus Ugonis de Bolbotono, magistri domus de Richarenchis (a^9), donamus et laudamus, et in ipsa terra, multis videntibus et circumstantibus (a^{10}), ego, Armandus, in plenariam possessionem mitto ; et de caballo meo descendens, me et omnem meam progeniem deinvestio, et vos, Ugonem de Bolbotone et Raimbaudum de Roais, plenarie investio ; et in ipsa terra, pro configendo termino, manibus fodere meis volo. Ut autem hec nostra et eternalis laudacio apud vos et vestros remaneat perpetuo (a^{11}), equum obtimum, precio C^{um}. solidorum, a te Ugone magistro (a^{12}) accipio. Feci autem donacionem istam in ipsa terra de Bremte supradictis fratribus, presentibus et conlaudantibus : Helisiarius de Avisano, Upetus (a^{13}); Poncius de Ulmo, de Avisano (a^{14}); Ademarus Arnaldus, de Bordellis ; Bertrandus de Bolbotone; Geraldus de Avisano ; Gaucerandus de Avisano ; Ysoardus de Avisano ; Ugo Bast. (2) de Avisano; Nicholaus de Gusanz, et armiger suus Raimundus ; Poncius de Burgo, armiger Ugonis de Bolbotone. Venientes || autem ad ecclesiam Beate Marię de Richarenchis, coram universis fratribus ejusdem domus, clericis et laicis, super altare Beatę Virginis (a^{15}) Marię dexteram propriam ponens, hoc donum iterum laudando firmavi. Testes hujus donacionis in ecclesia facte isti sunt (a^{16}) : Presbiter frater Petrus, capellanus de Roais; presbiter Petrus, cappellanus de Richarenchis; et Wilelmus, presbiter Diensis et capellanus ; frater Gilelmus Bruneti ; frater Ymbertus de Salleto; frater Stephanus Pellicerius; frater Petrus de Bellomonte; frater Anno (a^{17}). Facta donacione ista anno ab Incarnato Salvatore M°C°XL°VIII°., mense augusto, feria VII^a. (3), presente Arnaldo, Aurasicensi sacrista, qui hanc cartam scripsit in ipsa ecclesia, rogatus a fratribus ejusdem domus.

---

(1) Cette charte a été enregistrée une seconde fois sous le n° 91. Nous donnons les variantes sous la cote a.

(2) Bastardus.

(3) Août 1148.

Second Texte.

(a^1) Intitulé : De Armando de Bordello.

(a^2) La pièce débute ainsi jusqu'au mot « Terminatur... » — In nomine Domini ; ego, Armannus, et frater meus Geraldus de Vivariis, cum voluntate Villelme, amite nostre, de Tauliniano, et filiorum ejus B., Pontii Gontardi, et Pelestorti, donamus Deo, et Beate Marie, et fratribus de Templo, et domui de Richarenchis, quandam peciam de terram (sic) pratali in territorio de Bremte. Terminatur.... etc.

(a^3) De illa via.

(a^4) Extendit.

(a^5) Ad.
(a^6) Concluditur et terminatur.
(a^7) Fratres.
(a^8) « Libere » omis.
(a^9) « Magistri.... Richarenchis » omis.
(a^{10}) « Et circumstantibus » omis.
(a^{11}) Ut autem hec donatio firma permaneat.
(a^{12}) « Magistro » omis.
(a^{13}) Elisiarius Upecus de Avisano.
(a^{14}) « De Avisano » manque.
(a^{15}) « Virginis » omis.

(a^{16}) « Testes sunt », le reste de la phrase omis.
(a^{17}) Le scribe de ce second texte n'a pas compris « frater Anno ». Laissant un blanc à la place du mot « frater », et omettant les mots « Facta donacione ista », il a repris : « Anno Domini M.C.XV.VIII. » en oubliant le mois et la férie qu'il a rétablis ainsi à la fin de la pièce : « Hoc fuit factum in mense augusto, feria VII^a ».

N° 33. (Fol. 19 v° et 20 r°.)

XXXI. Bertrandus dat unum hominem ad Balmas, et alium ad Ventoirol, et tascham unius campi ad Poigoaut, militibus Christi.

In nomine Domini : ego Bertrandus de Balmis, tanta Domini precepta audiens tenenda, etiamque Domino Ihesu in Euvangelio docente sic discipulos suos : « Si quis vult post me venire a. s. e. t. c. s. e. s. m. », (1) sequens ejus ego talia dicta, abnego me, tollensque crucem in pectore et secutus Dominum, pro peccatis meis et progenie mea memetipsum dono et offero Domino Ihesu Christo, et genitrici ejus Marie, et milicie Templi Iherosolimitani, et tibi Roberto, ejusdem milicie magistro, et tibi Arnaldo de Bedoz, per servum et per fratrem hujus supradictę milicię Christi, una cum parte honoris mei, hoc est : quidam homo ad Balmis opidum, || qui vocatur Petrus Andreę ; hic annuatim donat de valencianis duos solidos de censu ; terminus est Omnium Sanctorum festum ; cum quartone de duabus vineis que sunt de hoc supradicto homine et de Poncio Andrea, fratre suo ; et tascham unius campi ad Poigoaut. Et alium hominem ad opidum de Ventoirol, qui vocatur Wilelmus Arnauz, qui similiter donat eodem tempore duos solidos ; et ante eundem opidum, unam vineam in dominium. et in aliam quartonem que est ad Morazas. Et nos pari voto fratres et filii ejus, licet Geraldus de Balmis, et Wilelmus, et Raimundus, bona voluntate, sicuti et Bertrandus pater noster hec intelligit et donat Deo, et milicie Templi, et tibi, Arnaldo de Bedoz, et tibi, Ugo de Panaz, et aliis

fratribus de Richarenchis domus presentibus et futuris, hec dona
laudamus in perpetuum, et fideliter nunc et semper amplifica-
bimus. Ego Bertrandus hoc donum feci cum consilio et jussu
domini mei Poncii de Grilione, episcopi Tricastrinensis, et in presencia tua et in manu tua, Arnalz de Bedoz ; et Ugo de Panaz ; et
Ugo de Burbutone ; et Imberz de Sauze ; et Rostan, capellan,
qui a me rogatus et a supradictis concessus, hec manu conscripsit.

---

(1) ... Abneget semetipsum, et tollat crucem suam, et sequatur me. (Saint Mathieu,
chap. XVI, v. 24.)

(2) Voir sur l'époque où se place cette pièce — peu après le 16 juin 1138, — les
observations sur la date de la mort de l'évêque Pons de Grillon, au paragraphe de
l'Introduction relatif aux évêques de Saint-Paul-Trois-Châteaux.

N° **34**. (Fol. 20 r° et v° et 21 r°.)

XXXII. Petrus Dalmacii, et Guilelmus Petri, et alii heredes
eorum, dederunt hoc de Arcisone.

In Dei Regis Eterni nomine, presencium hominum atque futurorum successio evidenter agnoscat : quod ego, Wilelmus Petri
de ipsa Garda (1), et ego Lucia, uxor ejus, et nos qui sumus
eorum filii, Wilelmus de ipsa Garda, atque Emeno ; et ego, Ber-
mundus de Insula ; et ego, Wilelmus || de ipsa Mota, et filius
meus Petrus ; et ego, Petrus Dalmaz, et ego Ripertus consobrinus
ejus ; et ego, Poncius de Bidono ; et ego, Petrus de Darbocio ; et
ego, Bertrandus de Serinano ; et ego, Jebelinus, et uxor mea
Ahelmus ; et ego, Wilelmus de Cadarossa, et Resplendina uxor
mea ; et ego, Wilelmus Bertrandi ; et ego, Tritmundus de ipsa
Garda ; et ego, Wilelmus de Tueleta ; et ego, Poncius de Runel ;
et ego, Wilelmus Chais ; nos omnes, bona fide atque bona
voluntate, sine engan, pro remissione peccatorum nostrorum, et
pro salute animarum parentum nostrorum, donamus et offerimus
in perpetuum pro alodio franc, Domino Deo Ihesu Christo, et
Beate Marie, et milicie Iherosolimitane Templi Salomonis, et
fratribus in eadem milicia Deo servientibus presentibus et futuris,
in manu Arnaldi de Bedocio, jamdicte milicie fratris et ministri,

videlicet totum et ab integro quicquid habemus, seu per ullas voces vel raciones habere debemus, in terminio, sive in territorio de Arcisono. Et etiam de alio nostro territorio, qui adheret supradicto territorio de Arcisono, tantum amplius Deo, et eidem Christi milicie donamus, quantum cruces desuper imposite demonstrant et determinant usque in fluvium quod vocatur Eguer, scilicet terras, aquas, rivales, molnares, paludes, prata, pascua, boschos, garrichas, ingressus, egressus et reditus ad se et ad omnes eorum bestias. In hoc videlicet territorio, et in toto alio || nostro honore, pascherium et adlignamentum militibus Christi donamus, ut eorum bestie ubique pascant, eant et redeant, et ipsi utantur omnibus sine blandimento cunctorum hominum. Hec omnia jam supramemorata eis donamus et tradimus ad habendum et possidendum, suamque voluntatem inde perpetim faciendum, sine ulla nostra nostrorumque successorum retencione sive inquietudine. Scripta fuit hec carta anno ab Incarnacione Domini M°.C°.XXX°.VIII°., quarto idus octubris, feria iiii^a. Hujus donacionis testes et videntes sunt isti : Chalveira Arelatensis; et Robertus de Montilio, junior, Petrus Magalatensis scripsit mandato omnium supradictorum donatorum, die et anno quo supra.

(1) La Garde-Paréol.
(2) Mercredi, 12 octobre 1138.

N° **35**. (Fol. 21 r°.)

XXXIII. Guilelmus de Grillone dedit illa que subscripta sunt, fratribus de Templo et domui de Richarenchis.

Guilelmus Grillonis dedit gadium Deo, et Beate Marie, et militibus Templi Iherusalem, scilicet suum lectum, et duos triginarios ovibus, et unam equam, et unam pignoram in qua habebat L. solidos valentinensis monete; et hec est pignora : una vinea et unum pratum; et pratum habeant milites in vita mea; post mortem, pratum et vineam quoadusque redimantur, et decimum de rebus suis in vita illius, licet de agnis, de lana, de caseis; et

equarum omnes pullos masculos habeant, et in aliis medietatem
in illis quos tenuerint in domo; et semetipsum mittit in consilio
magistri, omnia relinquere vel possidere (1).

(1) Avant 1149, étant de la main du premier scribe du cartulaire.

N° **36**. (Fol. 21 r° et v° et 22 r°.)

XXXIIII. Donum de Lazignana et ejus donatore. ||

Divinis et humanis statutum est legibus ut quisquis rem suam
in alterius transfundere desiderat potestate, scriptura posteris
studeat assignare. Eapropter : ego, Petrus de Albagnano, ut Deus
et Dominus noster Ihesus Christus mihi et omnibus progenito-
ribus meis peccata et offensas meas remittat, immo vitam eternam
concedat, dono et perpetua concessione laudo, totum et ex integro, quicquid tenere vel possidere videor in territorio de
Lazignana, ad alodium francum, militibus Templi Salomonis, et
fratribus ibi famulantibus tam presentibus quam sequentibus.
Et insuper dono eisdem fratribus totum boscum de Rovirugone,
sicut circumdantibus viis concluditur. Et hoc donum facio devota
mente et corde sincero, voluntate et consilio uxoris meę, Geralda
nomine, et filiorum nostrorum, Bernardi videlicet, et Bertrandi,
et Petri; recipientibus militibus Templi, Geraldo de Montepetroso, et Ugone de Bolbotone, et Escafredo, in presencia et testimonio multorum virorum. Huic donationi et laudationi facte a
Petro de Albannano, et uxore sua, et filiis suis, interfuerunt :
Bernardus, claviger domus de Richarenchis; et Petrus capellanus; et Raimundus de Narbona; Wilelmus Castellanus;
Poncius de (1) .... negano, taurocius; Laugerius de Balmis;
Petrus Wilelmi; Giraldus de Balmis; Wilelmus de Balmis;
Wilelmus Cornabrocos; Stephanus Matamauros; Rainaldus;
Petrus de Cabreriis ; Ripertus; Bertrandus || Grossus; Raimun-
dus de Tudeleta; Laugerius Fornerius. Facta carta ista in civitate
Aurasica, in mense septembrio, feria III°., luna I., anno ab Incar-
nato Salvatore M°.C°.XL°.VI°., per manum Arnaldi sacriste Aurasicensis (2).

(1) La moitié du nom a été laissée en blanc.
(2) Mardi 10 septembre 1146.

N° 37. (Fol. 22 r° et v°.)

XXXV. Galterius, et uxor ejus, et filii sui, dederunt omnem retrodecimam suorum cultuum, Deo et militibus Templi.

In nomine Domini nostri Ihesu Christi : ego, Gauterius de Montesecuro, et ego, Agnes uxor sua, et nos, filii ejus, Poncius, et Geraudus, atque Wilelmus pariter, retribucione atque medela animarum nostrarum et amplexibus sempiternis, omniumque generacionum nostrarum, Domino Deo, et Beate Marie genitrici ejus, et fratribus Templi de Iherusalem quod dicitur esse Salomonis, tam futuris quam presentibus, retrodecimam totam nostrorum cultuum, videlicet panis et vini, nunc et semper prebemus in perpetuum. Hanc laxacionem et hoc donum facimus in presencia Dei, et in manus supradictis fratribus Templi qui sic nominantur : Ugonis de Burbutone ; et Rostagni, capellani ; et Bernardi, clavigeris ; et Roberti de Montilio ; Petrique Montispulcri ; et Annonis. Fuit hec dacio facta in domo Dei et milicie Christi, mense maio, in die Pentecosten ; in testimonio et in auditu : Geraldo de Montesecuro ; et Nicholai de Bulbutone ; et Poncio Cavalerii ; et Petro Bernardi, nepotis Gauterii supradicti ; et fratris Ugonis de la Marcha ; et fratris Rodulfi de Sancto Gervasio ; et fratris Imberti de Sauze ; et Nicholai || sacerdotis de Montesecuro ; et Wilelmi Maenfredi ; et plurimorum hec audiencium, quos Deus nobiscum ad vitam eternam perducat. Feria I., luna VIII°., anno M°.C°.XL°.I°. ab Incarnato Domini Filio (1).

(1) Dimanche 18 mai 1141, fête de la Pentecôte.

N° 38. (Fol. 22 v°.)

XXXVI. Gontardus et frater ejus, dederunt retrodecimam, et terciam partem omnium mobilium.

In nomine Domini; ego, Guntardus Lauterius, de Colonzellas, et ego, Petrus, frater ejus, donamus Domino Deo, et fratribus Templi Iherosolimitani, cum consilio Ugonis de Burbotone, et Bertrandi, nepotis ejus, et pro nomine gadii et penitencie donamus et laxamus Domino Deo, et Sancte Marie, et fratribus pauperibus Templi, ad quamcumque mortem moriamur, terciam partem tocius nostrę pecunię et omnium nostrorum mobilium. Si autem sine herede moriemini, hoc quod habemus in hanc terram idem nectum damus perpetuo. Istam retrodecimam predictam donabimus semper Deo et fratribus predictis quamdiu vixerimus, et post nostram mortem volumus et mandamus ut infantes nostri similiter faciant. Hoc donum et istam mercedem fecerunt Guntardus et Petrus frater ejus in manus Arnaldi de Bedoz, videntibus fratribus Templi : Ugone de Panato; Guiscardo; Umberto de Sauzeto; et in presencia Petri, filii Raimundi de Chalancho; et Raimundi fratris sui; et Wilelmi de Avisano. Scripta fuit hec carta IIII°. idus novembris, feria III²., anno Dominico M°.C°.XXX°.VI°. Petrus scripsit (1).

(1) Mardi 10 novembre 1136.

N° 39 (Fol. 22 v°, 23 r° et v°.)

XXXVII. Peregrina, et filii ejus, dederunt unum hominem in castello Sancti Martini. ||

In nomine Domini nostri Ihesu Christi : ego Peregrina, peccatrix femina, et ego Petrus Riperti, et ego Rodulfus, ambo filii illius, Domino Ihesu Christo, et Beate Marie genitrici ejus, et militibus pauperibus Templi Iherosolimitani tam futuris quam presentibus, propter indulgenciam delictorum nostrorum et salvacionem animarum nostrarum et parentum nostrorum, sine dolo et sine fraude, sed cum omni bona voluntate cordis et corporis nostri, donamus et offerimus, in opido Sancti Martini, unum hominem licet nomine Poncium Novelli, cum IIII^{or}. filiis suis, et cum omnibus rebus suis, pro alodio francco, sicut et nos pariter habebamus vel habere putabamus, sine omni retinimento, in perpetuum Deo laxamus, ut ultra nec nos, nec posteri nostri, nec nullus nostro jussu, sine illorum grate, aliquid roboremur, sed amici Dei et amicicia eorumdem militum semper consistere cupimus ; et est census horum hominum II^{os}. solidos. Hoc donum quod supradictum est in manus Ugonis de Burbutono, et in presencia Rostagno, illius milicie Christi capellano, ego Peregrina, et ego Petrus, et ego Rodulfus, facimus, in testimonio Petro Imberti; Petro Rostagni; Bernardo, sacerdotis; Wilelmo de Sancto Desiderio; Wilelmo Raimundi; Riperto Charrofoli ; Imberto del Morer; Poncio Joannis; Armando Lau || toardi ; Elsiardo Laupię; Petro de Ponto; Bernardo Gelafredi; Wilelmo Rodulfi; Poncio Zabatario. Hec fit datio mense junio, x°III°. kalendas julii, feria IIII^a., luna xxx., anno M°.C°.XL°. A suprascriptis jussu Rostagnus capellanus scripsit (1).

(1) Mercredi 19 juin 1140. La lune 30 indiquerait le mardi 18 juin.

N° 40. (Fol. 23 v° et 24 r°.)

XXXVIII. Guilelmus Aldeberti, et frater ejus, et mater sua, dederunt unum hominem militibus Christi.

Notum sit omnibus tam presentibus quam futuris : quod ego, Wilelmus Eldeberti, cum consilio matris meę et fratris mei Leodegarii, pro meorum peccatorum omniumque parentum meorum redemptione, dono Deo, et Beate Marie, et fratribus pauperis milicie Templi omnibus tam presentibus quam futuris, in castro Balmis Poncius Cavaller cum totis tenenciis quas de me tenere debet; et in territorio Martiniinaz quicquid in ipso habere videor ; et meam partem de castro de Bolboto, et, de omni territorio ipsius. Sic dono, et ad possidendum in perpetuum trado Templi fratribus, prenominatum totum honorem cum ingressibus et egressibus, et ad faciendum quicquid inde facere voluerint. Si vero aliqua persona supradictis fratribus Templi prenotatum honorem totum, aut partem ipsius, anparaverit, ac postea justo judicio et legaliter super ipsum aliquid conquisierit, mater mea et frater meus vel tantum de alio honore suo

debent fratribus Templi restituere, usquequo ipsi restitutum
ęssę cognoscant. Hoc donum || facio in manu Petri de Rovera,
magistri milicie Templi ; et fratris Ugonis de Panaz ; et Ugonis
de Borboto ; videntibus et audientibus : Leodegario, fratre meo ;
et W. Cornabroc ; et Petro Giraldi ; et Riperto de Cerzaz (1).

---

(1) Cette pièce se place aux années 1143 ou 1144 ; d'après le n° 156, qui semble bien
se rapporter à cette donation, Guillaume Aldebert l'aurait faite à l'occasion de son
entrée au Temple ; et Laugier, son frère, aurait porté le nom de Suze.

N° **41**. (Fol. 24 r° et v°.)

XXXVIIII. GUILELMUS RICHAVI, ET HEREDES SUI, DEDERUNT
DEO ET MILITIBUS CHRISTI QUOD HABEBANT IN HEDIFICIO DE ARENIS
IN CIVITATE AURASICA.

In Dei Eterni Regis nomine, nos omnes pariter heredes : ego
primum, Gilelmus Richavi ; et Petrus, consobrinus noster, et
omnes fratres sui, Raimundus, et Gilelmus, atque Poncius de
Sancto Martino ; et ego, Raimundus Goirandi, assensu fratrum
meorum, et laudamento Gilelmi Geraldi scilicet, et Bernardi
Goirandi ; Bertrandus Rascaz, cum laudamento fratrum meorum,
Isnardi, et Stephani ; ut Deus et Dominus noster delicta nostra et
parentum nostrorum remittat et vitam eternam concedat, donamus Deo, et gloriose milicie Templi Salomonis, Ierosolimis
constitutę, in manu Arnaldi de Bedoz, magistri ejusdem milicie,
totum et ex integro, sine omni retinimento, quicquid habemus in
antiquo edificio cui vocabulum est Arenas, cum ingressu et
regressu, sicut antiquitus cognoscitur idem edificium habuisse.
Hanc autem donationem facimus in presencia domni Gilelmi,
Aurasicensis episcopi, et aliorum multorum clericorum et laicorum, videlicet : Petri de Ventoirolio ; et Ugonis Amelii, Arelaten-
sis canonici ; et laicorum : Rostagni Milonis ; et || Giraldi de
Cedro ; Petri Vilelmi ; Arnulfi ; Raimundi Vilelmi ; Gilelmi Poncii, et Gaufredi, fratri sui ; Giraldi Bertrandi ; Petri de Palude ;
Petri de Aurasica ; Radulfi Cambitoris ; Petri Guers ; Petri Bur-
laran. Facta donacio ista in mense septembrio, anno ab Incarnato

Salvatore M°.C°.XXX°.VIII°., feria II°., luna XII°. Arnaldus scripsit sacrista (1).

---

(1) Lundi 26 septembre 1138. — Les derniers vestiges des arènes d'Orange, que l'historien La Pise avait encore pu voir presque complètes, ont été détruits au commencement du XIX° siècle.

N° 42. (Fol. 24 v° et 25 r°.)

XL. Donum Poncii Geraldi, de Barre (1).

Breve memoriale Poncii Giraudi, qui dimittit Deo, et fratribus Templi, propter remissionem animę patris et matris et animę suę, totum quod habebat in castro nomine Barre, intus et extra : la terra del Col, tras lo castel; la terra de la Lausa ; la vinea de Verte; lo verdier de la Cumba; el tenement Petri Bernardi, de quo dat VI. denarios; la terra de la Roveira, quam facit Petrus Ugo ; la terra de la Fleisa ; lo tenement de pueribus Petri Bertrandi et de uxore sua, VIII. denarios sensals et una emina d'ordi, et duabus gallinis, et duos panes, et unum cartallum vini puri ; hoc totum debet essę datum a kalendas. La terra de juxta Senoins, in qua habent sextam partem filii Petri Romei, et debent illam tenere de fratribus Templi ; et de hoc quod abebant ad Avisan, ipse et frater ejus, las tres partes, et las gatgerias quas habet frater suus ab eo, si illi redimere voluerint, et hoc vadimonium est CC. solidorum valentinensis ; et totum quod habe||bat el mas Peiro Remusa, de hoc quod est ad Avisa, quod ei dedit Wilelmus Bermundi, consanguineus ejus. Testes sunt : Poncius Humbertus, presbiters ; Giraldus Pastor ; Petrus Martinus. Testes sunt hujus carte : Nicholaus de Montesecuro, sacerdos ; frater Bernardus de Boazo ; frater Costantinus de Sancto Paulo ; frater Petrus del Pont, conversus Prati Baioni ; Radulfus Acullo, et Raimundus, frater ejus ; Wilelmus de Barre, et filius Wilelmus Bertrannus de Barre; Poncius Imbertus, sacerdos ; Poncius Iterius, sacerdos ; Arnaldus, sacerdos ; Petrus Umbertus ; Geraldus Pastor ; Petrus Martinus ; Ricardus Guillafredus ; Stephanus Guillafredus ; Wilelmus Geraudus. Hanc cartam fecit

facere Poncius Giraudus ad Aquabella, in presencia Arnulfi,
priori ejusdem loci ; et Renaldi Arveu ; et Guilelmo, cellarario ;
monachis ejusdem loci ; et Eustorgii qui illam scripsit, IIII°. nonas
januarii, anno ab Incarnacione Domini M°.C°.XL°.VIII°., quando
Lodoicus, rex Francie, Iherosolimam ivit (2).

(1) Cf. pièce n° 206.
(2) 2 janvier 1148. Le roi Louis était de passage à Orange en septembre 1147. Il
faut que le scribe d'Aiguebelle ait commencé l'année à Noël, pour que cette charte
du 2 janvier soit datée du millésime suivant. « Ivit » semble, en effet, ne pouvoir
s'appliquer qu'à un événement récent.

N° **43**.   (Fol. 25 r° et v° et 26 r°.)

XLI. Geraldus de Balmis et fratres ejus, dimiserunt quod
demandabant in manso de Balmis.

Divinis et humanis precentum (1) est legibus, ut donaciones,
vendiciones, sive quelibet transacciones, scriptura posteris noti-
ficentur. Notum itaque fiat omnibus hominibus : quoniam nos duo
fratres, Raimundus, et Wilelmus de Balmis, Ierosolimam propter
peccatorum nostrorum indulgenciam ire volentes, et omnem
maliciam deponere desiderantes, Deo, et fratribus Templi, et
domui de Richarensis dimittimus, || et in perpetuum in presencia
multorum laudamus, totum hoc quod in manso qui fuit Ugonis
de Borbotone, et filii sui Nicolai, requirebamus et contrapellabamus. Ad exemplum supradictorum meorum fratrum, ego
Geraldus de Balmis, ut Deus et Dominus noster peccatis meis
indulgeat, et animam meam et parentum meorum paradisi
amenitate confoveri jubeat, totum et ex integro quicqid in predicto manso, et in illis mansionibus in quibus per manum
Ugonis de Bolbotone et fratrum de Templo ego habito, deman-
dabam vel contrapellabam, totum sine ullo retinimento Deo, et
fratribus de Templo, et domui de Richarensis, nunc et in antea
perpetua dimissione relinquo et laudo. De istis autem domibus
quas per fratres de Templo teneo et habeo, quandocumque illis
placuerit, sine omni dilacione et contrarietate exhibo, et in pace
dimisero. Sic in presencia multorum dico, sic in fide mea pro-

mitto, et sic observabo. Et ut sic observem et sic faciam, seccuritatis nomine ab Ugone de Bolbotone de helemoninis (2) Templi XII^cim. sextarios accipio boni frumenti, et IIII^or. ordei, et unum equum, id est caballum, precio L. solidorum valencianorum. Testes hujus dimissionis facte a Geraldo de Balmis et fratribus suis sunt, qui viderunt et audierunt : Petrus Wilelmi ; Gilelmus Cornabroc ; Laugerius de Balmis ; Petrus Chais ; Gilelmus Framberti ; Ripertus de Grillone ; Bertrandus de Bolbotone ; et fratres Templi : Ugo de Borbotone, qui hoc donum suscepit ; et frater Rostagnus, presbiter, cappel||lanus Templi ; Bernardus de Boazone, frater ; frater Wilelmus Bruneti ; Stephanus de Aurasica ; Stephanus Pellicerius ; et Nicholaius frater.

Facta carta ista per manum Arnaldi, Aurasicensis sacriste, anno Dominice Incarnacionis M°.C°.XL°.VIII°., mense septembrio, feria v^a. (3).

(1) Preceptum.
(2) Sic.
(3) Septembre 1148. L'origine des difficultés auxquelles la présente pièce met fin est donnée par Hugues de Bourbouton dans sa déclaration portant le n° 187.

N° 44. (F° 26 r°.)

XLII. GUILELMUS DE ALON, ET UXOR EJUS, ET FILII SUI, DEDERUNT MILITIBUS CHRISTI UNUM HOMINEM.

In nomine Domini nostri Ihesu Christi : ego Guilelmus de Alon, et uxor mea, et filii mei, Petrus, et Guilelmus Artauz, ut Deus et Dominus noster nobis et parentibus nostris peccata nostra dimittat, et insuper vitam eternam concedat, Deo, et militibus Templi Salomonis donamus tam presentibus quam futuris, et domui de Ricarenchis, unum hominem in castello de Monteseccuro, Galterium nomine, cum omnibus pertinentibus ad eum, et cum toto tenimento suo ; libere et sine omni retinimento, et sine omni blandimento habeant eum, et teneant fratres de Templo, et domus jam dicta de Ricarenchis. Facta donacione ista videntibus et audientibus : Geraldo de Monteseccuro ; et Nicolao de Monteseccuro ; et Bernardo de Boadone ; et Stefano de Aura-

sica; et Guilelmo Bruneto; et Deporto de Palude; et Poncio de
Sancto Boneto, qui cartam istam propria manu conscripsit in
domo de Ricarenchis, multis aliis videntibus et audientibus
quorum nomina hic scripta non sunt (1).

(1) Cette pièce doit se placer très probablement en 1142.

N° **45**. (Fol. 26 r° et v°.).

SCRIPTUM ARNALDI DE CREST, CUM QUO DEDIT HOMINEM PETRUM
BRUNI.

Ego, Arnaldus de Cresto, concedo et trado Domino Deo, et
Genitrici ejus, et fratribus Templi Salomonis tam presentibus
quam futuris, hominem illum qui vocatur Petrus Bruni, in villa
de Crest, cum domo sua et cum omnibus rebus quas nunc ||
possidere videtur. Hoc donum facio, ego Arnaldus, bona volun-
tate et sine dolo et sine fraude, in presentia et testimonio Ymberti
de Castronovo; et Arnaldo de Cabriano; et Odiloni; et Poncii
Fulcherii; et Bruni Fabri. — Igitur ego Petrus Bruni, reddo de
censo annuali, Deo et fratribus de Templo, XII^{cim}. valencianos.
Hec dacio fit in manus Arnaldi de Bedocio, presente fratre Petro
Bosone ; et his supradictis et nominatis presentibus, ipsemet
Arnaldus, supranominatus dator, ore suo osculum tenoris
Arnaldo de Bedocio dedit. — In domo hujus supradicti hominis,
videlicet Petri Bruni, habebat Guilelmus Renco, et ejus uxor,
II^{os}. solidos de censu, quos domina illa Deo et fratribus Templ
dedit, quando hujus seculi vitam finivit, cum consilio et laudacione
ambabus filiabus suis, et Armanno Ranconis. — Gaufredus de
Barre, et ejus uxor, dederunt Deo et fratribus Templi XII^{cim}. denarios quos habebant super Petrum Cacholam, de Crest (1).

(1) 1138 ou commencement de 1139.

46.

(Fol. 26 v°.)

GERALDUS DE MONTEFORTI, ET FRATRES SUI, DEDERUNT II^{os}. SOLIDOS FRATRIBUS DE TEMPLO.

In nomine Domini Ihesu Christi : ego Geraldus de Monteforte, et Guilelmus de Monteforte, et Petrus Lupus, donamus Deo, et Sanctę Marię, et domui Templi, pro anima Poncii de Montefort, Aicardum et filios suos, et in suis domibus II^{os}. solidos censuales semper tribuimus. Poncius Beraldi et uxor sua affirmant. Et Dodo de Camareto de quo ipsi ad feudum habebant, donat et laudat in perpetuum. Rostagnus Dalmacii ; Amalricus Boveti ; Petrus Boveti ; Guilelmus de Sancto Verano ; Guilelmus Malamanus ; Ugo Berengarii ; Petrus Calveria ; hujus rei testes sunt ‖ (1).

---

(1) Vers 1147, d'après les synchronismes.

N° 47.

(Fol. 27 r° et v°.)

CARTA DE DONATIONE UGONE DE MONTESECURO, ET STEPHANI ARMANDI, ET ALIORUM.

✠ Omnibus manifestum fiat hominibus tam presentibus quam futuris : quoniam ego, Ugo de Monteseccuro ; et Stephanus Armandus ; Guilelmus de Rossellone ; et Ugo de Alexano ; et Pontius Umbertus de Garda ; ut Deus et Dominus noster Ihesus Christus nobis et parentibus nostris peccata nostra remittat, et insuper vitam eternam concedat, voluntate et precibus domini nostri episcopi Poncii de Sancto Paulo, donamus et perpetua laudatione dimitimus hoc totum quod habemus, vel per aliquam rationem vel justiciam habere debemus in toto territorio de Ricarenchis, sicut exit aqua de stagno de Granoleto, et vadit in rivum de Alsone. Facta donatione ista in manu Arnaudi de Bedotio, magistri militie Templi Salomonis, presentibus fratribus de Templo : Ugone de Panacio ; et Ugone de Bolbotone. Videntibus

et audientibus aliis hominibus : Poncio de Grillone, episcopo
Sancti Pauli ; Petro Ugonis de Avisano ; Ugone de Montesecuro ;
Bertrannus Bolbotone ; Riperdo Folradio, de Avisano. Vidit etiam
et audivit donationem istam et laudavit Barbarinus, clericus de
Montesecuro, qui totum istum honorem a supradictis hom[i]nibus
|| pro pignore habebat, et pro animę suę salute, totum pignus
Deo et fratribus de Templo in perpetuum reliquid, et relinquendo
concessit partem suam si redemtum pignus esset, quantum
pertineret ad illud quod infra hoc territorium homines isti habebant (1).

(1) 1138, peu après le 16 juin. Voir sur cette date le paragraphe de l'Introduction
relatif aux évêques de Saint-Paul-Trois-Châteaux, à l'article de Pons de Grillon.

N° **48**. (Fol. 27 v° et 28 r°.)

De querimonia Petri de Bosq, et quoeredum ejus.

✠ In nomine Domini nostri Ihesu Christi, manifestum fiat
omnibus hominibus tam presentibus quam futuris : quod Petrus
de Bosco, volens infringere donationem quam fecerunt Ugo de
Monteseccuro, et Stephanus Armandus, Guilelmus de Rossellone, et Ugo de Alexano, et Poncius Ymberti de Garda, Deo, et
fratribus de Templo, et domui de Ricarencis, misit in placitum
Ugonem de Bolbotone, magistrum de Ricarencis, et fratres de
Templo, in villa Sancti Pauli, videntibus et audientibus Geraldo,
episcopo Sancti Pauli, et multis militibus et burgensibus : Guilelmo Maliani ; Petro Ugone de Avisano ; Ugone de Monteseccuro ;
Bertrando de Bolbotone ; et Ugone de Bolbotone ; et multis
aliis ; qui omnes fuerunt parati probare per sacramentum supradictam donationem. Set quoniam Petrus de Bosco eorum sacra-
menta recipere recusavit, ne in antea nocere non posset domum
de Rica||rencis, et fratres in illa habitantes, mandantes prece-
perunt Guilemo Renoardo de Sancto Paulo, canonico ; Guilelmo
de Sancto Paulo ; Guilelmo Maliano ; Petro Artaldi ; Petro de
Dosera ; et multis aliis ; ut quandocumque necesse esset fratribus de Templo testimonium hoc, omni dubietate remota, ipsi

facerent pro illis, quoniam super animas suas totum peccatum suum ipsi accipiebant quod propter hoc facerent (1).

(1) Peu après la charte n° 47, laquelle est postérieure au 16 juin 1138.

N° **49**. (Fol. 28 r° et v°.)

CARTA GUILELMI ARNULFI DE MIRABELLO.

✠ In nomine Domini nostri Ihesu Christi, notum fiat omnibus hominibus tam presentibus quam futuris : quoniam ego, Guilelmus Arnulfi de Mirabello, et uxor mea Aibellina, et filii nostri, Petrus de Palude, et alii, ut Deus et Dominus noster nobis et parentibus nostris peccata nostra dimittat, et insuper vitam eternam concedat, dimittimus et omnino relinquimus, totum et ex integro, Deo, et Beate Virgini Marie, et fratribus Templi Salomonis, in manu Ugonis de Bolbotone, magistri domus de Ricarencis, quicquid requirebamus vel habere debebamus, sive nos, sive homo, sive femina per nos, in toto territorio castelli de Bolbotone, in hermis et cultis, boschis et pratis, aquis, aquarumque decursibus, et in omnibus ad illud territorium pertinentibus, quod neque nos, neque aliquis de parentala nostra, jam in antea aliquid requirere possit, vel audeat aliqua ratione, in isto territorio. Ut autem ista nostra dimissio et libera desemparatio semper seccura et firma remaneat omni tempore apud memoratos fratres de Templo, ab eodem Ugone magistro X^{cem}. solidos bonę monetę valentinensis, et unam saumatam de frumento accipimus, caritatis nomine. Facta dimissione ista in castellum de Mirabello, in domo Guilelmi Arnulfi, presentibus et videntibus : Bertrando Legeto, confratre nostro; et Aibellina supradicta, et filio suo Petro de Palude, mense maii, feria vi^a. — Fecit item Guilelmus dimissionem istam apud Ricarenchas, videntibus istis : Petrus Bonus Homo, presbiter, capellanus; et alter Petrus, presbiter, capellanus de Templo; Ymbertus de Salleto; Guilelmus Bruneti; Stefanus Pellicerii; Nicolaus, bajulus; isti omnes fratres de Templo. Et Pontius Trucus; Ripertus Folradus; Ripertus de Gradignano; Guilelmus de Seudia; Petrus de Bellomonte ; Bertrandus de Solorivo, et filii sui, Ripertus, et Laugerius fratres suus (1). Facta carta ista per manum Arnaldi sacriste Aurasicencis, eodem mense, feria III*., anno ab Incarnatione Domini millesimo C°.XL°.VIIII°., luna VI*. (2). ||

---

(1) Sic ; lisez : frater suus. Ripert et Laugier étaient frères, et fils de Bertrand de Solérieu.

(2) Mardi 19 mai 1149. La lune est fautive de deux jours.

N° **50**. (Fol. 29 r° et v°.)

De donacione Nicolai de Avisano.

✠ In nomine Domini nostri Ihesu Christi, notum sit omnibus hominibus : quoniam ego, Nicolaus de Avisano, nepos Ugonis de Bolbotone, ut Deus Omnipotens peccata et offensas meas michi et parentibus meis remitta[t] et vitam eternam concedat, dono, et perpetua laudatione dimitto Deo, et Beate Virgini Marie, et fratribus de Templo domum de Ricarencis inhabitantibus tam presentibus quam sequentibus, terram illam quam ex parte matris mee habeo in territorio de Bolbotone, juxta fluvium Helsonis versus occidentem, que undique concluditur terra fratrum de Templo et domus de Ricarencis. Ut autem ista mea donacio firma et stabilis perpetuo remaneat, de bonis de Templo habui XI^{cim}. solidos et dimidium valencianorum, et unum palafridum cum sella et freno. Hujus donationis testes sunt : Bertrandus de Bolbotone et firmantia ; Petrus, presbiter, capellanus et frater ; Johannes, diaconus de Trevis ; Ymbertus de Salleto ; Guilelmus Bruneti ; Petrus de Bellomonte ; Stefanus Pellicerius ; Nicolaus, claviger ; Provincialis, et Petrus frater ejus, de Castello Duplo ; Poncius Trucus ; Ripertus, filius Riperti Folradi.

Facta carta ista per manum Arnaldi, sacriste Aurasicensis ecclesię, in ecclesia Beate Marię de Ricarencis, anno ab Incarnato || Domino nostro Ihesu Christo centesimo XL°. VIIII^{no}. post millesimum, feria V*., mensis novembris, luna sexta (1).

---

(1) Jeudi 10 novembre 1149. — Cette donation n'a pas été exécutée et a été refaite sous le n° 79 en 1158.

N° **51**. (Fol. 29 v°, et 30 r° et v°.)

TOTUM QUOD REQUIREBAT IN BOLBOTONE REN[A]LDUS FRANCESC, DIMISIT DEO ET TEMPLO.

In nomine Domini nostri Ihesu Christi, notum sit omnibus hominibus tam presentibus quam futuris : quod ego, Rainaudus Francesc, et ego, uxor Raunaudi, nomine Guigona, et ego, filius eorum, nomine Francesc, ut Deus et Dominus noster condonet omnia peccata nostra, et absolvat animas parentum nostrorum, donamus et relinquimus, sine dolo, et sine fraude, et sine omni retenemento, quicquid habebamus vel nos habere credebamus, juste vel injuste, in castello de Bolbotone et in territorio ejus, et quicquid Berengarius Bauchaus, et Ugo de Bolbotone filius ejus, et omnes choeredes eorum, vel ullus homo aud ulla femina per nos vel per eos, ut nos cogitabamus, habebat vel possidebat, tam in domibus quam in terris cultis et incultis, pascuis, silvis, aquis, aquarumve decursibus, Domino Deo, et Beate Marie, et militibus Templi Salomonis Ierosolimitani tam presentibus quam futuris ; tali modo ut exinde, pleno jure et in allodio, liber et quiete, habeant et possideant, et quodcumque voluerint inde faciant. Sane si ego, aud ullus homo vel femina de projenie nostra, vel aliorum, huic donationi ullo modo contraire voluerit, non valeat vendica||re quod repetit, set iram Dei cum Juda proditore incurrat, et hab ereditate (1) et beneficio nostro omnino sit expers. Facta est hec donacio et guirpicio in castello quod Savazca dicitur, in domo cujusdam militis scilicet nomine Raterii, in manu Ugonis de Bolbotone, militis Templi, et bauli domus de Richarenchas, et Guiscardi fratris, militum Templi, a quibus caritative, de lemosinis Templi accepimus CCC. solidos valentiniensis monete; et est facta hec laudacio in mense octobrio, feria II., luna XXVIIII., anno ab Incarnacione Domini M°.C°.L°. (2). Testes hujus donacionis et guirpicionis : Silvio de Claireu, qui interlocutor hujus cause fuit; W. Ugo de Montilio, qui hanc donacionem laudavit et confirmavit ; et W. Agullos, qui similiter placitator fuit ; et ego, Fulcherius de Carpentraz, vidi et audivi, et taliter subscribendo testimonium peribeo ÷ ; Jordans de Petralapta; Petrus de Serinna ; Berengarius de Sancto Paulo ; Petrus de Laia ; Petrus de Mirmanda ; Ugo de la Balasta, prior de Sancto Marcello; Poncius Gontardi ; Ugo Lobetz ; W. de Monmaira; W. de Alon, filius Ugonis; W. Artaudi de Alon; Raterius de Savazca; Bartolomeus de Valencza; Poncius Airaudi, de Montilio; Cotarelz; W. Berengarii.

Et in Tricastrinensi civitate, Geraldus Ademarii laudavit et confirmavit, in audiencia Raimundi de Petralapta; et Poncii Bergonno; et fratris Nicholai, capellani; et Petri W. de Balmas; || et Geraudi de Balmas; et Costantini de Sancto P.

Item, hujus dimissionis et laudationis quam uxor prescripti Rainaldi fecit, nomine Gigona, in castello de Belveder, testes sunt : Nicolaus, presbiter, cappellanus; Raimundus de Cruceolis; et Gicardus; fratres de Templo.

Item, filius jamdicti Rainaldi, nomine Francesc, confirmando laudavit quod pater et mater sua fecerant, juxta villam quam apellant Mors, presentibus supradictis fratribus : Nicolao, sacerdote; et Raimundo; et Giscardo; et Guilelmo de Bovanteia, scutario Rainaldi Francesc, per quem filio suo mandavit ut hoc quod ipse fecerat, laudaret et confirmaret.

---

(1) Sic.
(2) Lundi 23 octobre 1150. La lune est fautive d'un jour.

N° 52. (Fol. 30 v°.)

Ego Frances, filius Rainaldi Frances, in illo die in quo apud villam Rotmaniensem bellum comittere me presentavi, recognovi et dedi donum quod ego et pater meus dederamus Deo, et fratribus Templi, domuique de Ricarenchis, et etiam mater mea ; videlicet quicquid juris habebamus vel habere debebamus, vel homo aut femina pro nobis, in castro de Borboto, vel in ejus mandamento, in terris cultis et incultis. Et hoc feci in presentia et testimonio istorum, scilicet : fratris Odonis, preceptoris domus Valentine civitatis; et fratris Nicolai, clavigeri de Ricarenchis. Fidejussor et testis, Guilelmus Pictaviensis. Fuerunt et testes : Austachius, prepositus, frater ipsius, testis; Petrus de Mirabello; Guilelmus d'Austeu; et Garinus, infans, in cujus domo factum fuit, anno ab Incarnato Domino M°.C°.LXX°.VIII°., luna XIII^a.. in mense febroario, et in Catedra Sancti Petri (1). ||

(1) Jeudi 22 février 1179, jour de la Chaire de Saint Pierre à Antioche. — Cette charte a été transcrite dans un blanc resté entre les pièces 51 et 53.

N° **53**. (Fol. 31 r° et v°.)

I. INCIPIUNT CARTE DE CASTELLO DE BOLBOTONE, ET OMNI IPSIUS TERRITORIO, QUOD DATUM EST AB UGONE DE BOLBOTONE, ET UXORE SUA MARCHISA, ET FILIO SUO NICHOLAO, ET ALIORUM OMNIUM HEREDUM EJUS.

Hoc quidem prescribitur quatinus prolixis temporibus procul dubio a presentibus et sequentibus cognoscatur; eapropter : nos pariter ambro (1) fratres, ego videlicet, Isarnus, et Wilelmus Isarnus, divino amore commoniti, ut Deus et Dominus noster nobis et parentibus nostris peccata nostra remittat, et insuper vitam eternam concedat, donamus, et perpetuo, in manu fratris Raimundi de Crusolis, et domine Tiburgis Aurasicensis, atque filii sui Wilelmi Aurasicensis, laudamus, et absque omni retinimento Deo et sacrę milicię Templi Salomonis concedimus, totum et ex integro quicqid in castello de Bolbotone et in ejus territorio habemus, vel habere debemus, neque alii pro nobis, in cultis vel heremis, aquis aquarumque decursibus, arboribus pomiferis vel impomiferis. Ut autem hec nostra donatio et publica concessio firma et stabilis apud fratres de Templo remaneat perpetuo, LXX^{ta}. solidos veterum denariorum melgoriensium a magistro domus de Richarensis, Raimundo de Crusolis, accipimus, de quibus in pignore non remansit denarius. Preterea prefata domus de Richarensis habebat pro pignore, in supradicto honore, XII. solidos valentinensis monetę, quos illis prestiterat Ugo de Bolbotone. Hujus donacionis et laudacionis testes sunt, qui viderunt et || audierunt : Nicholaus, frater et sacerdos ; frater Bernardus, claviger ; Guinanrdus (2) de Simiana ; Raimundus de Montelsz, filius Lautaldi ; Guilelmus de Montelz ; Poncius de Balmis ; Rostagnus de Gigundaz, et Wilelmus filius suus ; Wilelmus Raimundi de Gigundaz ; Poncius Malbech ; Raimundus de Bisterris. Actum fuit hoc apud castellum de Gigundaz, anno M°.C°.XL°.VI°. ab Incarnato Verbo, in mense novimbrio, feria III^a., luna XII^a. (3).

(1) Sic.
(2) Sic. Lisez Guirannus ou Guirandus.
(3) Mardi 19 novembre 1146.

N° **54**.   (Fol. 31 v° et 32 r°.)

II. Raimundus de Jocundaz, et filius ejus, et alii coheredes eorum, dederunt Deo et militibus Templi quod habebant in Bolbotone.

Et (1) ego, Raimundus de Jocundaz, et filius meus Bertrandus, ad exemplum supradictorum hominum, Isarni videlicet, et fratris sui Wilelmi Isarni (2), ut Deus et Dominus noster peccata nostra nobis et parentibus nostris dimittat, et insuper vitam eternam concedat, donamus, et ex integro, sine ullo retinimento, laudamus, et in manu Wilelmi Aldeberti, fratris milicię Templi Salomonis, et Bernardi de Bovedone, perpetuo dimittimus, hoc totum quod habemus vel habere debemus, in castello de Bolbotone et in ejus territorio, in terris videlicet cultis et heremis, in pratis, et rivis, aquis aquarumque decursibus, arboribus fructuosis et infructuosis, in boschis, et silvis, et in omnibus insuper ad prenominatum castellum pertinentibus. De his omnibus sicut scriptum est, et homo aut femina intelligere sine enganno melius potest, nos deinvestimus, et fratres de Templo investimus, et in plenam possessionem mitimus. Ut autem hec nostra donatio stabilitatem et securam semper habeat firmitatem, ab Ugone de Bolboto, qui domum de Richarensis regebat, et ceteris fratribus || accepimus septuaginta solidos veterum denariorum melgoiriensium. Factum fuit donum istud in domo dominę Titburgis apud Curtedonem, in ejus presencia, et aliorum multorum : Bernardi, videlicet, de Misone ; Arnulfi de Cedro ; Wilelmi Lautaldi ; Raimundi Isnardi de Curtedone ; Wilelmi Aldeberti ; et Bernardi de Bovedone. Facta carta ista per manum Arnaldi, sacriste Aurasicencis, in civitate Aurasica, mense maio, feria vii^a, anno ab Incarnato Salvatore .M°.C°.XL°.VII°. (3). Titburgis et filii sui honorem istum suscipiunt in defensionem et custodiam.

(1) et (2) Ces mots prouvent que la présente pièce avait dû être écrite à la suite de la précédente sur la même peau, bien que six mois plus tard.
(3) Samedi... mai 1147.

N° 55. (Fol. 32 r° et v°.)

III. Geraldus de Montesecuro et uxor ejus dederunt Deo et militibus Templi totum quod habebant in Bolbotone et in ejus territorio.

In nomine Domini, unicuique hominum hoc exemplum habeatur, ut ait Apostolus : « Unicuique nostrum data est gratia secundum mensuram donationis Christi (1) ». Ad hoc ego, Geraldus de Montesecuro, vivus et incolumis, per salutem anime meę et cunctarum generacionum mearum, et timore finis mei, quacumque die aut quacumque hora, aut quacumque morte transitus hujus seculi me preoccupaverit, et nulla morte subitanea me preoccupanda, in testimonium et asensu uxoris meę, dono et offero presenter Deo, et sancte Marie, et fratribus Templi presentibus et futuris, et domui de Richarensis partem meam quam habere credo in opido de Bolboton et in toto territorio ejus; necnon et illas meas causas que circa domum Dei mihi contingunt, cum eisdem augeo; et in fine meo equum meum et arma; sin autem, XL. solidos in terra de Fabrigas. Propter hoc et aliis beneficiis, Arnaldus de Bedoz, frater Templi et minister, et posteri ejus convincxerunt me in || benefacto et in orationibus domus, et fratribus, et meos parentes. Hoc etiam Rostagnus, capellanus, audivit, et de fratribus quidam, et scripsit jussu de Geraldo Montispetrosi, et aliis fratribus, et supradicto Geraldo de Montesecuro (2).

(1) S. Paul, Ephes., ch. IV, v. 7.
(2) Cette pièce peut se placer soit en 1138, soit pendant les années 1139 et début de 1140, où Géraud de Montpeyroux peut avoir exercé *par interim* les pouvoirs de commandeur, sans que des pièces ayant date certaine permettent de le préciser.

N° **56**. (Fol. 32 v° et 33 r°.)

IIII. Bertrandus de Solorivo. et heredes ejus, dederunt quod habebant in Bolbotone.

In nomine Summi Dei Omnipotentis, patead cunctis hominibus tam presentibus quam futuris : quatinus ego, Bertrandus de Solorivo, et ego Lucia ejus uxor, et ego Ripertus, et ego Latgerius, nos pariter filii eorum, cum laude et voluntate et consilio Bertrandi, fratris predictę Lucię, aliorumque nostrorum amicorum, omne quod habemus neque possidemus, nec nos neque alii propter nos in castro de Bolbotono et in mandamento, in heremis et in cultis, et omnem terram qualemcumque juris nostri habemus, Deo, atque Beate Marie ejus genitrici, et omnibus fratribus milicie Iherosolimitani Templi prebemus atque concedimus, et eis qui in domo Richarensis vel in presenciarum sunt vel in futurum venturi, ut sine fraude et sine dolo ipsi teneant et possideant totum et ab integro, ad faciendam eorum voluntatem. Hoc donum in manu Ugonis de Bolbotone, qui magister adest de domo Ricarensis, facimus, atque aliorum fratrum qui presentes in hac predicta domo sunt, scilicet : Petri Bonihominis; Raimundi de Crusol ; Bernardi de Boazono; Wilelmi de Grana; Wilelmi Bruneti ; Stephani de Aurasica ; et Geraldi de Sancto Paulo. Et ego, Ugo de Bolbotone, et nos predicti fratres, charitative || tradimus tibi, Bertrando de Solorivo, a feu, et tibi Lucie uxori ejus, et tibi Riperto, et Laugerio, filiis eorum, chabannariam quam Arnaudus a successoribus vestris tenuit, et facciam Bernardi Richerii, et omnem terram quam extra territorium de Bolbotone habebatis, et XL^a. solidos de valencianis, et unum pullum cavallinum de duobus annis, et dimidium trentanarium lane. Hujus rei sunt testes : Petrus Ugonis de Valriaz ; Petrus Ugonis de Avisano; Laujerius de Balmis ; Wilelmus Cornabrocs ; Wilelmus Berbegerius, de Grilone ; Petronillus, mimus de Aralato ; Bertrandus de Penna ; Bertrandus de Meian. Hoc donum factum fuit, et hec vendicio, et hec empcio, anno ab Incarnato Domino .M^o.C^o.XL.V^o., II. idus junii (1).

---

(1) Mardi 12 juin 1145.

N° **57**. (Fol. 33 r° et v°.).

V. Bertrandus de Solorivo quod male decognoverat, bene emendavit.

Post duos annos vero et dimidium, hanc cartam Bertrandus supradictus fratribus domus de Richarensis edixit; unde plura conquirencia aut quesitura fratres milicie adversus vel super eum concitaverunt. Qua de causa, is ipse Bertrandus humilis et orans domui de Richarensis et fratribus venit, dicensque se illud supra edictum verbum emendavisse. Propterea ego, Ugo de B., et ego, Rostagnus S., et ego, Bernardus de Boazone, rogati a supradicto Bertrando castro quod vocatur Soloriv, juxta illud venimus, et hanc supradictam cartam omni bona voluntate, ipse Bertrandus, et uxor ejus Lucia, et filii eorum, Ripertus, Laugerius, Raimundus, Wilelmus et Petrus, omnes pariter laudaverunt et concesserunt, et in manu Rostagni || capellani hanc cartam sic tradendo illi supradicti posuerunt. Hoc autem vidit et audivit et testificabitur semper Geraldus de Balmis; similiter Bertrandus de Bolboto; Petrus Wilelmi, sacerdos; Raimunz Lautauz; Petrus Maledoctus; Arnulfus, frater ejus; Petrus Tornez; Poncius Imberti; Bertrannus Aalberti; Bertrandus de Stannol; Petrus, Bertrandi filius; Wilelmus Geraldi; Poncius Viaers. Hanc autem emendacionem fecit Bertrandus, et uxor ejus, et supradicti eorum filii, anno II. quo rex Francorum, Lodoicus nomine, cum exercitu suo ultramarinis partibus transmeavit, feria ii^a., xiii°. kalendas mai, luna xx^a.vi^a., anno ab Incarnato Domini .M°.C°.XL°.VIII°. (1). Rostagnus scripsit rogatus a supradictis scripsit (2).

---

(1) Lundi 19 avril 1148. Cf. le n° 56.
(2) Scripsit est répété deux fois.

N° **58**. (Fol. 33 v° et 34 r°.)

VI. Raimundus de Bistorris, et uxor ejus, et alii heredes eorum, dederunt Deo et militibus Templi quod habebant in Bolbotone.

Notum sit omnibus hominibus tam presentibus quam futuris :
quod ego, Raimundus de Bestorres, et ego Galburs ejus uxor, et
ego, Wilelmus Raimundi, et ego, Bertrandus Raimundi, et ego
Isnardus, eorum filii; et ego, Bertrandus Wilelmi, et ego Aimirus
ejus uxor, et ego, Wilelmus de Podiocavo eorum filius; et ego,
Blimos, uxor Wilelmi Ricavi, et ego, Ricaus ejus filius; et ego
Rixens, uxor Petri Leodegarii; omnes, inquam, vendimus militibus Templi et fratribus qui in domo de Richarensis vel in
presenciarum sunt vel in futurum venturi, quicquid habemus in
castello de Bolbotone vel in mandamento, in heremis et cultis,
vel possidemus nos, vel alii pro nobis. Hunc supradictum honorem a supradictis venditoribus ego, Ugo de Bolbotone, emi, qui
magister eram domus de Richarensis, aput Vachairaz, in presencia Titburgis, domine Aurasicensis, qui tam vendicionem
quam empcionem hujus honoris lau||davit et confirmavit. Et si
quis per injuriam seu per violenciam, vel supradicti honoris
partem, vel totum, militibus Templi auferre voluerint, ipsa et
ejus filii, ut sui proprii honoris in quantum potuerit, ex promisso defensores existere debent. Facta fuit hec vendicio et hec
emcio anno ab Incarnato Domino .M°.C°.XL°.V°., octavo idus
junii (1). Hujus rei testes sunt : Nicolaus, sacerdos, et frater, et
heldinus; Raimundus de Crusol ; R. Bernardi ; Petrus Bonushomo; Wilelmus de Grana ; Bertrandus de Boazono; Giscardus;
W. Bruneti ; S^{us} de Aurasica ; Giusdus (sic) de Sancto P. ; Wilelmus de Cadarossa primus; R^{us} Gerini ; W. de Joncheriis ; Bertrandus de Vacairaz ; Willelmus Riperti ; Rostagnus de Montemirato. Propter hanc empcionem fratres milicie Templi his
supradictis venditoribus septuaginta solidos veteribus melgoriensibus dederunt.

(1) Mercredi 6 juin 1145.

N° **59**. (Fol. 34 r° et v°.)

VII. Bertrandus de Bolbotone dedit Deo et militibus Templi seipsum, et unam peciam de terra culta, et alteram juxta condaminam.

In Dei Eterni Regis nomine : ego, Bertrandus de Bolbotone, dono meipsum, animo volenti, et corde puro, et offero corpus et animam meam ad servicium et defensionem Christiane fidei in societatem militum et confratrum Templi Salomonis, ut Deus et Dominus noster Ihesus Christus mihi et parentibus meis peccata et offensas nostras indulgeat, et celestis patrię choeredes efficiat. Predicte etiam confratrum laudabili societati trado, et in usus et necessitates eorum perpetuo laudo, si me sine legitimo herede mori contingerit, totam meam hereditatem ; et insuper dono eis totum illum honorem quem Nicholaus consobrinus meus vel pater ejus Ugo de Bolbotone tenebat, dum in seculo essent. Et ut hec omnia in antea habeant in integrum, dono eis in presenti pro investitura medietatem stagni de Bol[|]botone, et unam peciam de terra culta qua (1) habebam juxta condaminam predicti Nicholai, et alteram peciam juxta condaminam apud Sanctum Albanum. Hec omnia, sicut suprascripta sunt, laudo et confirmo predictis fratribus Templi ; et ut mea donacio ista, sive laudacio, stabilis et firma perpetuo apud eos perseveret, ab Ugone de Bolbotone, qui hoc donum recepit, caballum bonum CC^{os}. solidos valentem habui. Facta donacione ista presentibus subscriptis personis : Ber., clavigero ; Nicholao de Montesecuro ; et Poncio, capellano ; W. Bruneto ; G. de Sancto P. ; Petro de Porto ; S. Pellipario ; Nicholao, pincerna ; Provinciali, armigero. Facta carta ista in civitate Aurasica, mense septembrio, feria IIII^a., luna II^a., anno Dominice Incarnacionis .M°.C°.XL°.VI°. (2), per manum Arnaldi, Aurasicensis sacriste.

(1) Quam.
(2) Mercredi 11 septembre 1146.

N° **60.** (Fol. 34 v° à 37 r°.)

VIII. SCRIPTUM DE BOLBOTONE, DE DONATIONE PAGANI, ET BERNARDI FALCONIS, ET GUILELMI DE ROSSACIO, ET UXORIS SUE, FACTA MILICIE TEMPLI.

Divini et humani juris racio exigit, et consuetudo antiqua laudabiliter requirit, ut quisquis rem propriam in alterius potestatem transfundere voluerit, ad presencium, necnon et sequencium, instruendam memoriam scripture testificacione facere debebit. Quapropter, his moribus nos pariter instructi : ego videlicet, Paganus, Raimundi Bellonis filius, et Bertrandus Falco, cognatus meus, et uxor ejus nomine Antevena, et Wilelmus de Rossacio, et soror mea uxor illius, nomine Nicola, ut Deus et Dominus noster Ihesus Christus nobis et parentibus nostris peccata et offensas nostras remittat, et insuper || vitam eternam concedat, donamus, tradimus, et laudando perpetuo Deo, et gloriose Beatę Virgini Marię, et fratribus de Templo Salomonis tam presentibus quam futuris, concedimus, et super altare ecclesie Beate Marie de Ricarensis, absque omni retinimento, fratribus ejusdem domus dimittimus, quicquid in castello de Bolbotone et in ejus territorio, in terris scilicet cultis et incultis, vineis et ortis, pratis et silvis, garricis, aquis, aquarumque decursibus, habemus, vel habere debemus, sive vir, sive mulier per nos, totum et ex integro, bona voluntate relinquentes, vos fratres, sic sequentes sicut presentes, et domum de Ricarenchis, investimus, et in plenariam possessionem mittimus, et nos ipsos et omnes de stirpe nostra perpetuo deinvestimus. Preterea, quoniam donacionem istam liberam et quietam apud memoratos fratres nunc et semper, absque dolo et fraude, permanere desideramus, ego Paganus, et cognatus meus Bertrandus, de fratre meo qui ultra mare creditur ęsse, talem convencionem vobis facimus : quod si jam dictus frater ad nos reversus fuerit, et impedire haut revocare temptaverit, nos duo de rebus propriis, vel honoribus nostris, tantum ei donare promittimus, usquequo supradictam donacionem eum laudare faciamus. Hec omnia, sicut suprascripta sunt, ita tenebimus, ita custodiemus, et super IIII^{or}. Euvangelia ut sic observemus quisque nostrum dextris propriis jurejurando in presencia multorum || per sacramentum et fidem nostram firmamus, et subscriptos homines, sicut melius ullus homo intelligere potest, in firmam seccuritatem damus. Sane ut memorata donacio, sive nostra tradicio, et hujus honoris dimissio, secura et quieta, in usus fratrum domus prescriptę de Richarenchis, ad habendum, tenendum, utendum et possidendum, et sicut de rebus suis aliis voluerint faciendum, perpetim remaneat, CCC. solidos probate monete valenciane ab Ugone de Bolbotone, servo militum de Templo, qui curam et amministrationem domus de Richarensis habebat, accipimus. His ita dispositis, et consilio virorum prudencium et sapiencium ordinatis, manifestum omnibus fieri volumus quod trecentos istos solidos Ugo de Bolbotone, et Bertrandus Falco, Wilelmus quoque de Rossacio, ad profectum et utilitatem filiorum Raimundi Bellonis in honoribus quos impignoravit mittere consilio amicorum suorum promittimus, et presenti scripto denunciare ac manifestare volumus de istis denariis, quales vel quantos honores redimendo recuperamus, et in illorum usus convertamus et in incrementum deducamus. Wilelmo Dodoni reddidimus C. solidos pro campo, et orto, et ouxia, et stagia Lamberti Audesenna ; Wilelmo Berergario septuaginta et V. solidos pro campo ad vineam de Damianis, et medietatem de ouxia Wilelmi Quintini, et vineam de Podio Vallerriaco, et stagiam Benedicti Auran, et stagiam de Lauprandis ; || Riperto Pellegrino quinquaginta solidos pro ouxia de Forn de Corona ; Wilelmo Dodoni Balchiano, septuaginta solidos pro ledda de mercato ; Gotolen. V. solidos pro ouxiola de Linariis.

Ut autem hec omnia, sicut supra scripta sunt, sic a nobis absque dolo, fraude, vel aliqua inquietatione, perpetuis temporibus observentur, subscriptas virorum personas in firmas seccuritates donamus, et in manus Petri Ugonis de Valriaco ponimus, qui Petrus Ugo pro causa ista, Ugoni de Bolbotone, et omnibus fratribus de Templo firmancia fuit, et alias firmancias recepit, et in manu sua habet, tali videlicet conveniencia, ut non solum ipse, set omnis homo ipsius precepto, firmancias istas pignorare poterit ; Rostagnus Dalmacii, et Wilelmus Dodo, de Valriaco, firmant ; Wilelmus Raterii, Petrus Wilelmus de Balmis, firmant ; Geraldus de Balmis, Gigo Graneti, firmant ; Wilelmus de Rossacio, Wilelmus Beraldi, firmant ; Wilelmus Malasmanus, Ugo Berengarius, firmant ; Rodulfus Acculei, Bertrandus Pellicerii, firmant ; Laugerius de Balmis, Bertrandus de Bolbotone, firmant ; Raimundus Acculei, Wilelma, uxor Bertrandi de Tauliniano, et filii sui, Poncius Gontardi, et Pilestort, laudando firmaverunt ; Elisiarius Dalmacii, et Poncius Dalmacii, et Ugo Dalmacii, firmant ; Bertrandus de Tauliniano, Raimundus de Monte Albano, firmando laudaverunt.

Sane si quis nos ipsi vel aliquis de parentela nostra, sive vir, sive || femina, donacionem istam forte, quod non obtamus, turbare vel inquietare temptaverit, non valeat impetrare quod male querit, sed Omnipotentis Dei, Patris, et Filii, et Sancti Spiritus, iram et maledictionem incurrat ; et si in incepta malicia perdurare voluerit, ab omni nostre hereditatis participacione alienus fiat, et in extremo Christi examine confusus et dampnatus appareat, et memorata donacio seccura et inviolata apud fratres de Richarenchis semper permaneat, et nullus de cetero immittare presummat (1).

Facta sunt autem hec in ecclesia Beate Marie de Richarenchis, iii°. idus septembris, presentibus episcopis, presbiteris, diaconibus et fratribus ejusdem domus, militibus quoque et aliis bonis hominibus : Geraldus, ecclesie Tricastine episcopus, et Berengarius, Vasionensis episcopus, huic facto presentes fuerunt, et laudando confirmaverunt ; Bertrandus quoque de Mornacio, prior de Podioleno et de Sancto Pantalio ; Stefanus, caputscole de Sancto Paulo ; Petrus Gicardi, canonicus de Sancto Paulo ; Gillelmus Gaucelmi, clericus de Sancto Paulo ; Gillelmus Berergerii, clericus Vasionensis ; hii omnes clerici interfuerunt, et testimonium perhibent. Gillelmus de Sancto Paulo ; Gillelmus Malianus ; Stephanus Armandus ; Petrus de Valleaurea ; Stephanus de Castellone : Raimundus de Turribus ; Petrus Dodo, de Valriaco. Huic donacioni interfuerunt fratres de Templo, eamdem domum inhabitantes, || Ugo de Bolbotone, qui hoc donum in manu sua, in persona omnium fratrum, suscepit ; Rostagnus, presbiter, capellanus ejusdem domus de Richarenchis ; Raimundus de Cruceolis ; Bernardus de Bovedone ; Stephanus de Aurasica ; Stephanus Pellicerii ; Gillelmus Bruneti ; Nicolaus, cellararius ; isti fratres de Templo. — Interfuit etiam Arnaldus, Aurasicencis sacrista, per cujus manus conscripta est carta ista, anno ab Incarnato Salvatore M°.C°.XL.VII°., quando videlicet Ludovicus, rex Francorum gloriosus, Ierusolimam tendens ad confutandos crucis Christi inimicos, innumeros peregre proficiscendo commovit populos (2).

(1) Sic.
(2) Jeudi 11 septembre 1147.

N° **61.** (Fol. 37 r° et v° et 38 r°.)

Quod requirebat Brunissens, uxor Petri Ugonis, et filii ejus, in territorio de Bolbotone et de Ricarencis, dimisit Deo et militibus Templi.

✠ Divini et humani juris auctoritas precipit ut donaciones, empciones, vendiciones, sive alie transactiones, scriptura posteris notificentur, ut perpetuum vigorem obtineant, et stabiles et inconcusse semper permaneant. Eapropter : ego Brunissendis, que fui legitima uxor Petri Ugonis, et filii mei Ugo, et Petrus Ugonis, Bertrandus, et Wilelmus Giraldus, Raimundus, et Giraudus; et generi mei, Ugo Dalmacii, et Ugo Ademari, cum uxoribus suis, ut Deus et Dominus noster nobis et omnibus parentibus nostris peccata nostra remittat, et insuper vitam eternam concedat, donamus, lau||damus, et in manu magistri Ugonis de Bolbotone perpetuo relinquimus, totum et ex integro, quicquid habemus vel habere debemus, sive homo, sive femina per nos, in toto territorio de Bolbotone, in terris cultis et heremis, in aquis et pratis, in boschis et garricis, sicut vadit aqua de Lecio usque ad territorium de Avisano. Simili quoque modo de eo quod habebamus in toto territorio de Richarenchis, sicut vadit aqua de Olleria usque ad territorium de Colònzellis, et usque ad territorium de Valriaco, totum et ab integro, absque ullo retinimento, eamdem facimus donacionem Deo, et domui de Richarenchis, et fratribus ibi Christo famulantibus tam presentibus quam sequentibus omnibus, et quamcumque querelam, sive juste, sive injuste, memoratis fratribus pro jamdicto honore faciebamus, in ista nostra donatione vel dimissione, omnia concludimus, et finem perpetuam facimus. Preterea in fide et verbo veritatis promittimus, quod ab hac die in antea, domui de Ricarenchis, et fratribus in ea commorantibus, fideles amici et veri defensores erimus. Ut autem hec nostra donacio sive dimissio firma et stabilis per secula in domo de Ricarenchis remaneat, C. solidos probate valentine monete, caritatis nomine, a supradictis fratribus accipimus. De quibus C., IIII^{or} libras et unum trentanarium de bona lana nos, ego scilicet Brunicsen, et filii mei, habuimus, et XX^{ti} illi de Valleaurea consobrini nostri, qui hunc honorem longo tempore habuerant pro pignore. — Facta || donatione ista sive dimissione a sepefata domina et filiis suis, in domo de Ricarencis, anno ab Incarnato Dei Verbo .M°.C°.L°., mense junii, in presencia et testimonio fratrum predicte domus et aliorum multorum : Petri, presbiteri et cappellani ejusdem loci ; Poncii de Alon ; Stephani de Johannacio ; Johannis, diachoni ; Umberti de Saldeto ; W. Bruneti ; Geraldi Dalmacii ; Stephani Pellicerii ; Guiscardi ; Nicholai; bajuli ; Petri Provincialis ; Poncii Truc ; Riperti de Gradinnano ; Raimundi Egiderii ;

Gigonis de Valencia; Bertrandi de Bolbotone; Nicholai de Avisano; Geraldi de Avisano; Ugoleni; Raimundi Ruffi; Riperti Folradi; Riperti Aculei; Laugerii de Grillone; Giraldi de Tornafort; Petri Dodi de Valriacho; W. Lupi; W. Plazen; Galterii Vetuli; W. Galterii; Petri Rostagni; W. Geraldi de Margaritis; Petri Petgerii; Bertrandi de Solorivo; Bricius Fabri; Petri Enguilranni; Poncii Arnulfi. — Si quis vero de nostra parentela, sive homo, sive femina, donacionem istam, ausu sacrilego, mente perdita, perturbare voluerit, non valeat, sed Omnipotentis Dei malediccionem incurrat, et nostra donacio quieta semper et firma remaneat, et ab omni hereditate nostra, quicumque ille fuerit, omni tempore alienus existat. Facta carta ista per manum Arnaldi, Aurasicensis sacriste, feria IIII^a mensis junii, luna XX^a.II^a., in civitate Aurasica (1).

(1) Mercredi, 4 juin 1150.

N° **62**. (Fol. 38 r° et v°.)

GUILELMUS BALAST DEDIT FRATRIBUS DE TEMPLO GUILELMUM BERBIGERIUM ET FILIOS SUOS, PRO ANIMA SUA.

In Christi nomine : ego W. Balasti, ut Deus misereatur peccatis et negligenciis meis, bona fide et sine dolo, dono et offero in perpetuum Domino Deo et Beatę Marię et sacrę milicię || Templi Salomonis, et tibi, Ugoni de Bolbotone, et successoribus tuis in eadem milicia degentibus, Guilelmum Berbiarium et suos infantes, cum suis tenementis, et quicquid in eis juste vel injuste habebam. Hanc donacionem facio fratribus de Templo, ut ab hodierno die et tempore in antea habeant, et jure perpetuo possideant, et quiquid inde facere voluerint, in Christi nomine liberam et plenissimam habeant potestatem, sine blandimento tocius hominis et feminę. Facta donatione mense januario, anno Dominice Incarnacionis millesimo C.XL.VIII., feria VI., luna VIII.(1). Testes hujus donacionis sunt isti : Ugo de Bolbotone, magister domus de Richarenchis, in cujus manu hoc donum factum fuit; frater Bernardus de Boazone; W. Graneti; W. d'Alon; Latgerius de Balmis.

(1) Vendredi, 21 janvier 1149.

N° 63.   (Fol. 38 v° et 39 r°.)

VENDICIO PRATI QUAM FECERUNT MARINUS, ET ROSTAGNUS FRATER EJUS, DE MALCANNETO.

Pateat omnibus hominibus presentibus atque futuris : quod ego, Marinus Malcanetz, et ego, Rostagnus Malcanetz, vendidimus fratribus de Templo illud quod nos habebamus, et juste possidere putabamus, in prato quod pater noster a Berengario Boico, et a filiis suis habuit, et amicorum nostrorum consilio, XIIII^{cim} solidos inde habuimus; et pro his numis quos ab eis accepimus, nosmet et nostros a predicto prato omnino expoliavimus, et eos investivimus, ad omnem voluntatem suam faciendam. Hujus vendi'|cionis et expoliacionis presentes testes isti fuerunt : Ugo Ademarii, dominus eorum, et Aibelina mater ipsius Ugonis ; Do de Camereto; Poncius Dalmacii; Raimbaldus de Cost ; Ugo de Taiseiras, et Petrus filius ejus; Petrus Do ; Wilelmus Berengarii, Vasionensis canonicus ; Bertrannus de Avisano; Camaretus ; Poncius Mirapez ; Nicolaus Berbiarius ; Petrus Mauracii ; quorum consilio et laudamento hoc fecerunt ; Nicholaus, capellanus, et Nicholaus, claviger, fratres Templi, manibus quorum hoc factum fuit. Facta carta ista mense junio, anno ab Incarnato Domino millesimo C.L.I., feria III., luna II. (1). Et hanc vendicionem et emtionem laudaverunt fratres des Malcanetz, scilicet illi qui girmani eorum non sunt, et hanc laudando, per bonam fidem obsculati sunt suprascriptos fratres.

---

(1) Mardi 19 juin 1151.

N° 64.   (Fol. 39 r° et v° et 40 r°.)

DALMACIUS CLERICUS DE BALMIS, ET FRATER EJUS GUILELMUS, DEDERUNT QUOD HABEBANT IN BOLBOTONE.

In nomine Domini nostri Ihesu Christi, amen. Notum fiat omnibus hominibus tam presentibus quam sequentibus : quo-

niam ego, Dalmacius de Balmis, offero et dono me ipsum Deo, et
Beate Marię, et sacrę milicię Templi Salomonis, et fratribus ibi
Deo servientibus. Ob hac dedicione et donatione mea donamus
ego et frater meus Guilelmus Cornabrocs, et nepotes mei, videlicet Radulfus, Bertrannus, Latgerius, pro redemptione animarum
nostrarum et omnium parentum nostrorum, quicquid habemus
in castro de Bolbotone et in ipsius terratorio, scilicet || in terris
tam cultis quam incultis, in silvis, in nemoribus, in aquis et in
cursibus aquarum, et IIII^{or}. solidos in paratoriis nostris, et duas
cumbatas telarum sine precio parari annuatim donamus ; et si
aliquo casu paratoria ista destruerentur, in terram qua sita sunt
IIII^{or}. predictos solidos eis censualiter habere concedimus, et
medietatem fassiarum quas habemus in terratorio de Balmis,
nomine illam quę est ex oriente. Et si Chalvenira de Valriaz vel
heredes sui vellent aliquid contrapellare fratribus de Templo, in
fassciam illam quam pater meus sibi in terratorio de Bolbotone
cum uxore sua donavit, ego Guilelmus Cornabrocs et filii mei,
concedimus fratribus de Templo aliam partem fassiarum de
Balmis ut habeantur et teneantur (1) eam donec Chalveira, et eredes
sui, prefatam peciam eis in pace, sine omni retinemento, relin-
querent. Hoc donum factum fuit in presencia multorum : Deudem
de Stagno, magistri domus de Richarenchis, in cujus manu hec
donacio facta fuit ; Nicholai, capellani ; fratris Johannis, capellani ; fratris Dalmacii de Rocha ; fratris Bernardi de Boazo ;
fratris Umberti de Saliceto ; fratris Nicholai, bajuli ; fratris
Guilelmi Bruneti ; fratris Stephani Pelliparii ; fratris Petri de
Bellomonte ; Riperti de Grainnano ; Guiraldi de Balmis ;
Latgerii de Balmis ; Guiraldi, clerici de Grilione ; Wilelmi
Giraldi de Avisano ; Poncii || Trucci ; et aliorum multorum, qui
in domo de Richarenchis degebant. Facta carta ista mense
junio, anno ab Incarnato Domino millesimo C.L.I., feria II.,
luna I. (2).

(1) Sic, pour « habeant et teneant ».
(2) Lundi 18 juin 1151.

N° **65.** (Fol. 40 r°.)

DE PLACITO ET CONVENIENCIA QUE FUIT INTER GUILELMUM (1)
MALERUFUM ET FRATRES DE TEMPLO.

Noscant presentes atque futuri : quod Petrus Cais, et Guigo Malerufus, habuerunt placitum cum fratribus de Templo, de moltura quam Ugo de Bolbotone quondam habuit, dum in seculo degebat, in molendino contra Bolbotonem sito. Tandem, auditis utriusque partis racionibus, Petrus Cais et Guigo Malerufus laudaverunt, et consilio bonorum hominum concesserunt, ut fratres de Templo singulis annis prenominato molendino L. saumadas sine moltura molerent, et duas cumbatas telarum in paratoriis pararent sine precio, et XII. numos ibidem censualiter habent. Testes hujus conveniencię sunt isti : Deudez, magister domus de Richarenchis, qui hoc placitum tenuit; frater Bernardus de Boazo; frater Nicholaus, claviger; Guiraldus de Balmis; Bertrannus de Borbotone; Poncius de Barre; Guilelmus de Barre; Latgerius de Balmis; W. Cornabrocs; Bertranz de Soloriu. Facta carta ista mense junio, anno ab Incarnato Domino millesimo C.L.I., feria III., luna II. (2).

(1) Sic, pour « Guigonem ».
(2) Mardi 19 juin 1151.

N° 66. (Fol. 40 v° et 41 r°.)

DONACIO GERALDI DE MONTESECCURO ET UXORIS SUE, DE HOC QUOD HABEBANT IN BOLBOTONE (1) (a^1). ||

In nomine Domini nostri Ihesu Christi, notum sit omnibus hominibus, tam presentibus quam futuris : quod ego, Geraldus (a^2) de Montesecuro, et ego uxor Geraldi, nomine Galiana (a^3), pro anima nostra et omnium parentum nostrorum salute, donamus et relinquimus, sine dolo et sine fraude, et sine omni retinemento, quiquid habebamus vel nos habere credebamus, juste vel injuste, in castello de Bolbotone et in terratorio ejus, scilicet in domibus, in terris cultis et incultis, pascuis, silvis, aquis aquarumve decursibus, vel ullus homo aud ulla femina per nos. Et huic donacioni adjungimus partem Petri de Mirabel, fratris mei Geraldi, et quiquid abemus vel habere debemus in terratoriis que terminantur cum fluvio de Lez, et fluvio Elsonis, et aqua Oleira. Quiquid infra os terminos nos habemus vel habere deberemus (a^1), neque Petrus habuit in vita sua, vel habere debuerat, vel ullus homo aud ulla femina per nos, donamus et concedimus Domino Deo, et Beate Marie genitrici Dei, et militibus Templi Salomonis Gerosolimitani, tam presentibus quam futuris, tali modo ut exinde pleno jure, et in alodio, liber et quiete, habeant et possideant, et quodcumque voluerint inde faciant. Sane si ullus homo aud || ulla femina ex progenie nostra ullo modo huic donacioni contraire voluerit, ira Dei Omnipotentis super eum incurrat, et ab ereditate hac beneficio nostro omnino sit expers. Facta (a^5) hec donatio in domo de Richarenchis, in manu Ugonis de Bolbotone, qui tunc minister et baulus (a^6) ipsius predicte domus erat, in mense novimbrio, feria 1., luna duodecima, anno ab Incarnatione Domini M°.C°.L. (2). Testes hujus donationis sunt : frater Dalmatius de la Roca; frater Nicholaus, claviger; frater Petrus de Belmunt; frater Stephanus Pellicarius (a^7); frater Gilelmus Bruneti; frater Giraudus Dalmacii; Petrus Engelinni (a^8); Petrus de Port; Johannes, diaconus; frater Imbertus de Saliceto; Wilelmus Andree; Petrus Ugonis de Avisano, et Wilelmus Giraudi; Wilelmus de Rocatalada; Wilelmus de Saliceto; Petrus Provincialis; Petrus de Castroduplo; Poncius de la Mota; et ego, frater Nicholaus, vidi et audivi, et jussu predicti Giraldi de Montesecuro scriptum dictavi et scribere feci, et manu mea scribendo oc signum feci ⁙ ; et Wilelmus Cornabrocs qui in hoc terratorio a Giraldo de Montesecuro feudum tenebat, et jus supradicti Geraldi pro manibus fratrum feudum recognovit.

---

(1) Cette pièce a été répétée sous le n° 200. Nous donnons les variantes du second texte sous la cote *a*.
(2) Dimanche 5 novembre 1150.

DEUXIÈME TEXTE.

(a^1) Intitulé : De Giraldo de Montesecuro.
(a^2) Giraudus.
(a^3) Galiena.
(a^4) Debemus.
(a^5) Est.
(a^6) Bajulus.
(a^7) Petrus Pelliparius.
(a^8) Engelvini.

N° **67.** (Fol. 41 r° et v° et 42 r°.)

GUILELMUS DE ALON DEDIT SE ET SUA FRATRIBUS DE TEMPLO SALOMONIS. ||

In nomine Domini nostri Ihesu Christi : ego, Guilelmus de Alon, de Avisano, ut Deus et Dominus noster peccata mea michi et parentibus meis remittat, et insuper vitam ęternam concedat, offero corpus et animam meam, si in hac terra mortuus fuero, Deo et ecclesie Beate Marie de Ricarencis. Dono etiam domui de Ricarencis, et fratribus ibi Deo servientibus, tam presentibus quam sequentibus, totam illam hereditatem que ex parte genitricis męę michi provenit, si tamen legitimum heredem de corpore meo non habuero. Si vero legalem heredem haberem, quicquid habeo vel habere debeo, sive homo vel femina per me, infra aquam de Elsone, et de Lecio, totum et ex integro prephatis fratribus dono et laudo. Et ut ista mea donatio firma et stabilis perpetuo remaneat, pro investimento et firmitate dono in presenti predictis fratribus totum hoc cultum scilicet et heremum quod habeo infra fossatum veteris molendini de Bolbotone, et aquam de Elsone. Facta donatione ista in manu Ugonis de Bolbotone, magistri domus de Ricarencis, aput eandem domum, presentibus fratribus de Templo : Nicholao, cappellano; Johanne, presbitero; Dalmacio de Roca ; Nicholao, bajulo ; Guilelmo Bruneto; Petro de Bellomonte ; Umberto de Saliceto; || Stefano Pellicero ; Bertrando de Bolbotone ; Geraldo Dalmacio ; Petro Provinciali ; Geraldo, clerico de Grillone ; Poncio Trucco ; Gigone de Valencia. Scripta carta ista in ecclesia Beate Marie de Ricarencis, per manum Arnaldi, Aurasicensis sacristę, anno ab Incarnato Dei Filio millesimo C°.L°., mense januario, feria III^a., luna XI^a. (1).

---

(1) Mardi 2 janvier 1151. Cf. n° 68.

N° **68.** (Fol. 41 v° dans la marge.)

Ego W. d'Alon..... (1) hoc donum quod feci in manu magistri Ugonis de Bolbotone, et insuper militibus Templi Salomonis tam presentibus quam sequentibus, omne quod habeo, vel habere debeo, sive vir sive mulier per me tenet, in toto territorio de Chausanz, dono et laudo, si sine legitimo herede mors me preoccupaverit. Hoc donum factum fuit in presentia magistri Deode de Stagno ; et Ugone Allaudi ; Nicolao, clavigeris ; Stephano Bernardi ; fratre Vitalis ; Johanne Aiguno. Testes hujus donationis sunt : Umbertus, canonicus ; Pontius Margers ; Aaimars de Valenza ; Petrus Gilis ; Raimundus d'Avisan ; Bosjornz ; Petrus Oalrics ; Pontius del Mas ; Rainaudus Sutor. Feria v, anno ab Incarnatione Domini M°.C°.L.X°., luna xx.ii. (2).

(1) Une déchirure de la marge dans laquelle cette pièce a été enregistrée après coup auprès du n° 67 auquel elle se réfère, a emporté la partie supérieure des lettres de la lacune. D'après le bas des jambages et le contexte, il devait y avoir « dono et confirmo ».
(2) Jeudi 24 novembre 1160.

N° 69. (Fol. 42 r° et v°.)

Poncius Engilranni dedit se et hereditatem suam Deo et fratribus Templi.

Notum sit omnibus hominibus presentibus et sequentibus : quoniam ego, Pontius Engilranni, de Colonzellis, dono et offero corpus et animam meam Deo et Beatę Virgini Marie de Ricarencis, et fratribus inhabitantibus ibi servientibus. hoc totum quod ad me pertinebat de hereditate mea, quam hereditatem habeo in territorio de Granoleto pro Petro Ugonis de Visano. Donacionem autem istam feci consilio, et voluntate, et laudamento fratris mei Petri Engilranni, qui jamdictam hereditatem mecum divisit, et partem suam pro illis de Valleauria tenet et habet, in eodem territorio. Facta donacione ista in manu magistri Ugonis de Bolbotone, presentibus fratribus de Templo : Nicolao, presbitero, capellano ; Iohanne, diacono ; || Guilelmo Bruneto ; Giraldo Dalmacio ; Umberto de Saliceto ; Nicolao, bajulo ; Dalmacio de Roca. Facta carta ista per manum Arnaldi, Aurasicensis sacristę, anno quo supra (1), mense janoario, feria iii^a., luna viii^a. decima, in ecclesia Beatę Marie de Ricarencis.

(1) « Anno quo supra », se réfère évidemment au n° 67, le 68 ayant été intercalé postérieurement. Les deux pièces sont rédigées par le chanoine sacristain d'Orange, Arnaud, le fidèle ami du Temple auquel sont dues un grand nombre des pièces des vingt premières années de la commanderie; les témoins de celle-ci apparaissent tous, sauf un, dans la pièce 6y. On peut donc sans hésitation placer le n° 69 au mardi 9 janvier 1151.

N° 70. (Fol. 42 v°.)

PONCIUS GICARDI VENDIDIT TERRAM QUAM HABEBAT IN GRANOLETO.

In Dei nomine certificetur : quoniam ego, Poncius Guichardi, terram quam in terratorio de Granoleto habebam fratribus de Templo, ex quibus eam tenebam, V. solidos vendidi ; me meosque, omni retinemento postposito, expoliavi et eos investivi. Hujus vendicionis testes isti sunt : Deudez, magister domus de Richarenchis ; frater Nicholaus, capellanus ; frater Bernardus de Boazo ; frater Nicholaus, claviger ; frater Umbertus de Saliceto ; Petrus Clementis, sacerdos ; Arbertus, capellanus ejus ; Poncius Clementis ; Petrus, clericus de Rosato ; Petrus Engelrandi. Facta carta ista mense junio, feria III., luna II., anno ab Incarnato Domino millesimo C°.L°.I°. (1).

(1) Mardi 19 juin 1151.

N° 71. (Fol. 42 v° et 43 r° et v°.)

BERMUNDUS BRUNENCUS, ET FILIA EJUS ERMINIA, DEDERUNT HOC QUOD HABEBANT IN BOLBOTONE.

In nomine Domini nostri Ihesu Christi, pateat cunctis legentibus et audientibus, tam futuris quam presentibus : quod ego, Bermundus de Brunenc, et ego Ermenia filia predicti || Bermundi, pro animarum nostrarum salute, et pro anima genitricis meę Narbone, et omnium parentum nostrorum, donamus, sine omni retinemento, Deo, et Beate genitrici Dei Marie, et fratribus Ihero-

solimitani Templi Salomonis tam presentibus quam sequentibus,
quicquid habebamus vel habere credebamus, nec ullus homo,
neque ulla femina per nos tenebat vel tenere debebat, in domibus,
in terris cultis vel incultis, pascuis, silvis, aquis aquarumve
decursibus, in toto territorio de Bolbotone. Et si ullus homo, aut
ulla femina ex projenie nostra, huic donacioni contraire voluerit,
iram Dei cum Datan et Abiron et Juda proditore incurrat.
Factum est hoc donum in castello quod Ventoirol vocatur, in
domo Guiraldi de Balmis, in manu Deudem de Stagno, militis
Templi et bajuli domus de Richarenchis ; et fratris Nicholai,
capellani ; et fratris Bernardi de Boazo ; de quorum manibus
ego Bermundus, et ego Ermenia, propter hoc donum, caritative
accepimus de elemosinis Templi XVIII. solidos valencianorum.
Et est facta hec donatio in mense octobrio, feria 1., luna xv., anno
ab Incarnacione Domini M°.C°.L°.I°. (1). Testes hujus donacionis
sunt || suprascripti fratres Templi, et Ugo, capellanus de Ventuirol ;
Bertrannus de Bolbotone ; W. Latgerii ; W. Arnaldi ;
Poncius de Brunenc ; Raimundus Rotlandi, de Aurasica ; Rostagnus
Latgerii ; W. Cornabrocs.

(1) Dimanche 28 octobre 1151.

N° **72**. (Fol. 43 v° et 44 r°.)

BERTRANNUS DE BOLBOTONE REDDIDIT SE ET SUA OMNIA
FRATRIBUS DE TEMPLO.

Omnibus legentibus et audientibus agnitio pateat : quoniam
quidem ego, Bertrannus de Bolbotone, bona fide et sine engan,
pro remissione meorum peccaminum et pro redemtione animę meę
et parentum meorum, dono, et offero, et trado memetipsum et
omnem meum honorem, atque omnem meam ereditatem Domino
Ihesu Christo, et Beatę Marię genitrici Dei, et militibus Templi
Salomonis Iherosolimitani presentibus et futuris, et tibi Petro
de la Rovoira, supra hec sacra Euvangeliorum verba ; et adhuc
promitto quod nunquam uxorem accipiam ; tali modo et tali
pacto quod quamdiu in hoc seculo morare voluero, istius prefate
honoris meam habuero necessitatem, et si aliquod residuum

fuerit, vobis tribuam. Testes et videntes hujus donationis sunt : Deuzdez de Stagno ; frater Nicholaus, presbiter ; Petrus Bonushomo ; Petrus de Gardeni ; frater Petrus, capellanus de Valencia ; frater Ugo de Polomnac ; || frater Radulfus de Troseu ; frater Poncius de Mezenas ; frater Nicholaus, bajulus ; frater W. Bruneti ; frater Stephanus de Aurasica ; frater Stephanus Parmentarius. Anno ab Incarnato Domino M°.C°.L°.I°., feria VII^a., luna III. (1).

(1) Les données chronologiques concordent le samedi 24 mars 1151, et le samedi 18 août 1152. Mais la première de ces dates étant antérieure à l'Annonciation et à Pâques, qui tombe le 4 avril en 1151, nous croyons que la deuxième est plus conforme au style ordinairement en usage à Richerenches.

N° 73 (Fol. 44 r° et v°.)

GUILELMUS DE CASTRONOVO, ET FRATRES EJUS, ET MATER SUA, DEDERUNT FRATRIBUS DE TEMPLO QUICQUID HABEBANT IN SILVA (1)(a^1).

In Dei Omnipotentis nomine; notum sit omnibus ominibus hec scire volentibus : quod ego, Willelmus de Castellonovo (a^2), et Saramannus, et Petrus Trabucs, et mater nostra, nos omnes bona fide atque bona voluntate et sine fraude, pro remissione peccatorum nostrorum et pro salute animarum parentum nostrorum, donamus et offerimus in perpetuum, pro alodio franc, Domino Deo Ihesu Christo, et Beatę Marię ejus genitrici, et milicie Ierosolimitanæ Templi Salomonis (a^3) et fratribus in eadem milicia degentibus presentibus et futuris, in manus de te (a^4), Deusdet de Stagno, qui es (a^5) miles et bajulus predicte milicie in domo de Richarenchis (a^6), quicquid habebamus, vel habere credebamus (a^7), in silvam, neque circa silvam que sita est in terratorio de Bolbotone. Hoc donum factum (a^8) est in castello de Avisano, in domo Bertranni de Bolbotone, anno ab Incarnatione Domini millesimo C°.L°.II°., feria I., || luna XVII. (2). Et propter hoc superscriptum donum fratres predicte milicie caritative dederunt nobis L^{ta}. solidos monete valentie, et dimidium trentanarium de lana (a^9). Testes hujus donationis sunt : frater predictus Deudez ; frater Nicholaus, chapellanus ; frater Geraldus Dalmacii ; Bertrannus de Bolbotone ; Wilelmus Rostagni ; Poncius de Sancto

Laurentio ; Petrus de Sancto Laurentio ; Bertrannus de Avisano ; Ugo de Avisano. Isti quinque sunt fiducie ut nemo ex progenie istorum donatorum in hoc dono fratribus Templi nichil repetat (a^{10}). Adhuc testes sunt : Gaucerannus ; Ugo de Sancto Laurentio ; Petrus Belloni ; Ripertus Folradii ; Wilelmus Giraldi ; Petrus de Merleiras. — Iterum in crastino, in domo de Richarenchis, Wilelmus de Castellonovo, et Saramannus, hoc donum dederunt et concesserunt ante fratres, scilicet : Dalmacii de la Roca ; Wilelmi Bruneti ; et Stephani de Aurasica ; et Stephani Pelliparii ; et Dalmacii de Balmis ; Bernardi, clerici ; Bernardi, armigeri ; Wilelmi de Rochatallada ; Rostagni Vacarii ; Petrelli de Graignano ; et multorum aliorum degentes in domo.

---

(1) Cette pièce a été répétée sous le n° 101 ; nous donnons ci-après les variantes sous la cote a.

(2) Les données concordent les dimanches 27 janvier, 24 février et 19 octobre 1152, et le dimanche 15 février 1153. Nous croyons qu'il faut écarter en principe les deux premières dates, et les synchronismes ne sont pas assez précis pour faire préférer l'une des deux dernières.

Deuxième Texte.

(a^1) Intitulé : De Wilelmo de Castronovo.

(a^2) Castronovo.

(a^3) Scilicet domui de Richarenchi

(a^4) « De te » est omis.

(a^5) Est.

(a^6) « In domo de Richarenchis » est omis

(a^7) La phrase : « In silvam... Polbotone » est remplacée ainsi : In blacha Framaudencha, que est in silvam, neque circa silvam territorii de Bolbotone.

(a^8) Au lieu de « est in castello » : fuit in castro.

(a^9) Le passage : « Testes.... isti quinque », est ainsi modifié : Testes sunt et fiducie : B. de Polbotone ; Wilelmus Rostagni ; Po. de Sancto Laurentio ; B. de Avisano ; Ugo de Avisano ; isti quinque....

(a^{10}) Depuis le mot « Adhuc » jusqu'à la fin, on lit : Adhuc testes sunt : Deode de Stagno ; Nicholaus, capellanus ; Geraldus Dalmacii ; Jaucerannus ; Ugo de Sancto Laurentio ; Petrus Belloni ; Ripertus Folrati ; Pe. de Merleiras. — Iterum in crastino, ego predictus Wilelmus, et Saramannus, frater meus, venimus in domo de Richarenchis, et suprascriptum donum dedimus et concedimus, et super textum Euvangeliorum tenere juravimus, in manus Deode de Stagno, ante fratres, scilicet ante Dalmacium de la Rocha ; Ni., clavigerum ; Wilelmum Brunet ; et Stephanum de Aurasica ; et Ste. Pelliparium ; et Dalmacium de Balmis ; B., clericum ; et Bernardum, armigerum ; Wilelmum de Rochatailada ; B. de Bolbotone ; et Ripertum Folratum ; et Rostagnum, armigerum ; et Ros. Vacharium ; et Petrellum de Grazinana ; et Nicholaum, capellanum, et multos alios degente (sic) in domo.

N° **74.** (Fol. 44 v°, 45 r° et v°.)

Donum Giraldi de Tornafort, et heredum ejus, de hoc quod habebant in Bolbotone (1) (a^1) (b^1). ||

In nomine Domini nostri Ihesu Christi, notum sit omnibus hominibus tam presentibus quam futuris (a^2) : quod ego, Geraldus de Tornafort, et uxor ejus (b^2), et (b^3) Berengarius, et Raimundus, nos pariter filii Geraldi, et ego, Wilelmus de Tornafort, nepos Geraldi, ut Deus indulgeat nobis peccata nostra et parentum nostrorum, donamus totum et integrum, sine omni retenimento et sine fraude, et sine dolo, quicquid nos (a^3), neque homines neque femine per nos, habebamus (a^4) in territorio vel in mandamento de Bolbotone, in terris cultis et incultis (a^5), in pascuis, in silvis et in nemoribus, in aquis et in cursibus aquarum ; excepto campum (a^6) b^4) del Perer, et (a^7) nostram partem tasche quam habemus (a^8 in agro Pauli de Montesecuro, Domino (b^5) Ihesu Christo, et Beate ejus genitrici Marie, et fratribus Templi Salomonis, ut ipsi habeant et possideant ad totam suam voluntatem faciendam. Hoc donum facimus in manu Pontii d'Alon, super textum Euvangeliorum, vii. kalendas junii, anno ab Incarnatione (a^9) Domini (b^6) nostri Ihesu Christi M°.C°.L°.V°. (2). — Testes hujus donationis sunt : frater Nicholaus, capellanus, qui jussu predicti Geraldi hoc donum scribere fecit; Deusdet de Stagno ; Dalmatius de la Roca ; Nicholaus, claviger ; (a^{10}) Raimundus de Cavallone ; Ymbertus de Salizeto ; Guilelmus Bruncz ; Stephanus Parmentarius ; Teotbertus ; Guilelmus de la Garda ; Petrus Martini, capellanus ; Dalmatius de Balmis ; || Ugo Aillautz ; Bertranus, filius Giraldi Dalmatii ; P. Chamaretus ; R. equitarius ; Guilelmus Frenarius ; Petrus Pellicarius, et Ugo suus frater ; R. (b^7) de Vallauria ; Elisiarius de Gigondaz ; Lanbertus de la Roca ; Wilelmus Remusaz ; Giraldus de Montesecuro.

---

(1) Cette pièce a été reproduite deux fois sous les n°° 107 et 110. Nous donnons ci-après les variantes du deuxième et du troisième texte sous les cotes *a* et *b*.

(2) 25 mai 1155.

Deuxième Texte.

(a^1) Intitulé : De Guiraldo de Tornafort.

(a^2) La phrase « quod ego .. ut Deus *etc.* » est ainsi modifiée : quod ego, Gi. de Tornafort, et uxor mea, et Raimundus filius meus, et Wilelmus de Tornafort, nepos meus, ut Deus, *etc.*

(a^3) « Nos » manque et est remplacé par le mot : habebamus.

(a^4) Habebant.

(a^5) In silvis, in pascuis.

(a^6) Campo.

(a^7) Parte nostra.

(a^8) Habebamus.

(a^9) Les mots « Domini nostri Ihesu Christi » manquent.

(a^{10}) R. de Chavallone.

Troisième Texte.

(b^1) Intitulé comme au 2° texte.

(b^2) Mea. Après ce mot a été laissé un blanc pour recevoir le nom de la dame.

(b^3) Ego.

(b^4) Campo.

(b^5) Nostro.

(b^6) Les mots « nostri Ihesu Christi » manquent.

(b^7) Rostagnus.

N° **75.** (Fol. 45 r° en marge.)

(1) (a^1) Notum sit omnibus hominibus : quod ego, Giraldus de Tornafort, post triduum quod ego dedi Deo et fratribus Templi omne quod habebam in territorio de Borbotone, vel homo vel femina per me tenebat, excepto campum de Pirario et meam partem tasche de campo Pauli, veni ad sanctum Paulum, et feci (a^2) hoc suprascriptum donum donare et confirmare filio meo Berengario. Et propter hoc donum habui quendam equum a fratribus Templi, precii C. solidorum melgoriensium veterum. Et a Bertranno de Borbotone IIII°ʳ. sextarios tritici, appreciatos XVI. solidos. Hoc audierunt et viderunt Nicolaus, capellanus, qui hoc donum suscepit, et Con...us (a^3); et Ugo de Montesecuro ; et Petrus Elsiarii ; et Gauterius Vetus et filii ejus ; et alii plures.

---

(1) Cette pièce, faisant suite à la précédente, après avoir été transcrite en marge du fol. 45 r°, auprès du texte du n° 74, a été reproduite sous le n° 108, à la suite du deuxième texte du n° 74. Cette répétition fournit quelques mots omis ici, et comble la lacune occasionnée par une déchirure de la marge. Le présent n°, de trois jours postérieur au précédent, est donc du 28 mai 1155.

Deuxième Texte.

(a^1) En tête le mot « alia », se référant à la précédente.

(a^2) Cum consilio R. de Turribus, hoc...

(a^3) Constantinus.

N° 76 (Fol. 45 v° et 46 r°.)

Aldebertus, et Bermundus, Saramannus, et heredes eorum, dederunt fratribus de Templo quod habebant in Granoleto.

In Dei Omnipotentis nomine, pateat cunctis hoc audientibus : quod ego, Aldebertus, et Bermundus, et Saraman fratres (1), et uxor Bermundi, et Guilelmus, filius Bermundi, et Guido, eorumdem nepos, omnes nos una donamus, laudamus, bona fide et sine engan, pro remissione peccatorum nostrorum, Domino Deo, et Beate Marie, et militie Templi Salomonis Iherosolimitani, tibique Deude, et Nicholao, clavigero fratri, quicquid habemus et habere debemus racione, in stagno de Granoleto, preter terras quas ibidem laborant homines nomine Engelranz, de Colonzellis ; et insuper donamus cursum aque stagni qualibet parte vobis placuerit exire. Et nos suprascripti hoc donum fecimus super textum Evangeliorum, in manu Deude. Testes sunt hujus donationis : Guilelmus Guitardi ; Dalmatius de Rocha ; Raimundus de Barbaira ; Nicholaus, claviger ; Guilelmus Bruneti ; Stephanus Pelliparii ; Catbertus ; Petrus Martini, capellanus ; Guilelmus Gaucelmi ; Dalmatius de Balmis ; Bertrandus Dalmatii ; Stephanus Meirles ; Peire de Trevas ; Peire de Chamare ; Guilelmus de Sauze ; Pon'|tius de Colonzellis ; Guilelmus Cocs ; Lanberz de la Roca ; Bertrandus de Bolboto ; Riperz Folraz ; Ugo d'Avisa ; Guilelmus Malama e sos filz Guillems ; Nicholaus d'Avisa ; Petrus Ricardi ; Raimundus de Crest ; Vizias Escofers ; Ymbertus, qui hanc quartam scripsit ; et multi alii audierunt hoc. Facta donatione ista in mense junio, feria prima, luna vii²., anno M°.C°. quinquagesimo VI°. (2). Manifestum est quod predicti donatores accepimus a fratribus* caritative C. solidos valentianos.

---

(1) Ces donateurs sont de la famille de Valaurie, cf. n° 77.
(2) Juin 1156. Le dimanche 3 juin, 10° jour de la lune, est le plus voisin dans ce mois de la donnée *lune 7*.

N° 77. (Fol. 46 r° et v°.)

Aldebertus de Vallauria dedit quod habebat in territorio de Granoleto, et in Campo Rotundo.

Ego, Aldebertus de Vallauria, pono me in confraternitate domus militie Templi Salomonis Iherosolimitani, et si ego morerer sine legali herede, quicquid habeo in territorio de Granoleto, vel aliquis homo per me, et in Campo Rotundo, dono Deo, et offero, et Beate Virginis Marie, in manu Deude de Stagno, super textum Evangeliorum, cum consilio Bermundi fratris mei, et Guidonis nepotis mei. Testes sunt hujus donationis : Guilelmus Guitardi ; Dalmatius de Rocha ; Raimundus de Barbaira ; Nicholaus, claviger ; Guilelmus Bruneti ; Stephanus Pelliparii ; Catberz ; Petrus Martini, capellanus ; Guilelmus Gaucelini ; Dalmatius de Balmis ; Bertrandus Dalmatii ; Stephanus Merles ; Petrus de Trevas ; Petrus de Chamare ; Guilelmus de (1) Sauze ; Pontius de Colonzellis ; Guilelmus Cocs ; Lanberz de la Rocha ; Bertranz de Bolboto ; Riperz Folraz ; Ugo d'Avisa ; Guilelmus Malama, e Guillems, e sos filz (2) ; Nicholaus d'Avisa ; Petrus Ricardi ; Raimundus de Crest ; Vizias Escofers ; Ymbertus, qui hanc quartam scripsit ; et multi alii hoc audierunt. Facta donatione ista in mense junio, feria prima, luna VII^a., anno M.C.L.VI°. (3).

(1) Les mots « Guilelmus de », sont répétés au r° et au v°.
(2) Nous croyons qu'il faut lire, comme dans la charte précédente, « e Guillems, sos fils ».
(3) Juin 1156. Voir pour le jour exact l'observation en note à la pièce précédente, qui est datée de la même façon et due aux mêmes parties.

N° 78 (Fol. 46 v° et 47 r°.)

In nomine Domini nostri Ihesu Christi, amen. Presentes sciant omnes et sequentes : quod ego, Guilelmus Cornabrocus, in fine vite meę, ut Deus et Dominus noster peccata et offensas meas michi remittat, et insuper vitam eternam concedat, fratribus de Templo Salomonis domum de Ricarencas inhabitantibus, nunc laudo, nunc confirmo, et omnes filios meos, scilicet Radulfum, Bertrannum et Laugerium, perpetua laudatione laudare et confirmare fatio, hoc totum quod eis jamdudum dederamus, ego et frater meus Dalmacius (1). Nunc autem dono jamdictis fratribus, consilio et voluntate filiorum meorum, totam illam decimam quam habebam in vinea que est ad molendinum Roterium, quam vineam tenet et colit P. Chays pro fratribus de Ricarencas, et pro Petro Wilelmo de Balmis. Et sciant omnes quod medietatem istius decime longis retro temporibus jam eis concesseram, volente et consentiente presbitero nostro Benedicto de Balmis, et P. de Grillone, episcopo Tricastinensi 2). Dono eis etiam , unam peciam de terra in territorio de Balmis, que est juxta illam quam dederat eis Dalmacius, clericus et frater ejusdem, quę terminatur ab aquilone via quę ducit ad Avisanum, et ad meridie terra illa que est Laugerii de Balmis. Preterea dono eis ortallum quod est juxta domos quas tenet Petrus Chays pro Laugerio de Gradinnano, et unum pratum in territorio de Solorivo, quod pratum redemit frater Costantinus I II°'. solidis valentinensis monete. Dedi eis etiam pascherium in tota terra mea omnibus animalibus suis. Hujus donacionis et laudacionis testes sunt, qui viderunt et audierunt : R. de Crilone ; Giraldus de Balmis ; P. G. Wilemus ; R. de Balmis ; L. de Balmis ; P. Chais ; Bertrandus Chais ; Petrus de Rocafort ; Dalmacius suus frater ; Raimbauts de Rocafort ; G. de Tuis ; Laugerius Lombarts ; W. Gareniaus ; Pontius miles ; Petrus Escoferrs ; W. Bovers ; G. de Avisano ; G. de Grilone ; Laugerius de Grainno ; et multi alii. Hoc autem donum et confirmacio, siveque laudacio, facta fuerunt in manu fratris Nicolai, et in presentia suprascriptorum testium, in anno Dominice Incarnationis M°.C°.L°.VII°., in mense maio (3). ||

(1) Dalmacius de Balmis, cf. n° 64.
(2) Cette pièce n'a pas été enregistrée au cartulaire.
(3) Mai 1157.

N° **79**.   (Fol. 47 v° et 48 r°.)

(1) (a¹) [D]ivini et humani juris ratio exigit, et consuetudo antiqua laudabiliter requirit, ut quisquis rem propriam in alterius potestatem transfundere voluerit, ad presentem (a²), necnon et sequentium, instruendam memoriam, scripture testificatione facere debebit. Quapropter his moribus pariter nos instructi ; ego videlicet, Nicholaus de Avisano, ut Deus et Dominus noster Ihesus Christus peccata mea, et patris, atque matris mee, offensas nostras et parentum nostrorum remittat, et insuper vitam eternam concedat, dono, et reddo, et laudo perpetuo, Deo, et gloriose Beate Virginis Marie, et fratribus de Templo Salomonis Iheroso-

limitani tam presentibus quam sequentibus (*a³*) concedo, et super altare (*a⁴*) Sancte Marie de Ricarenchis, absque omni retinimento, fratribus ejusdem domus dimitto, quicquid in territorio de Borbotone habeo vel habere debeo, sive vir sive mulier per me tenet ; et insuper laudo et confirmo suprascriptorum coheredum meorum donationem. Hoc autem donum et confirmatio, siveque laudatio, facta fuerunt vidente et audiente magistri Ugonis de Barcilona (*a⁵*), atque plurimorum aliorum fratrum, scilicet : Deude d'Estag (*a⁶*) ; Dalmatius de Rócha ; fraire Peire Bosom ; W. Gaucelmes ; Dalmaz, clerges ; Bertranz, clerges ; Bertranz de Borboto (2) ; frater Nicholaus, claviger (*a⁷*) ; frater W. Brunez ; frater Johannes del Sol. Testes sunt : Vincenz Bosquez ; Girauz | de Borboto ; W. de Sauze ; Chamarez ; Peire de Ponteves ; W. Pellicers, de Valenza ; W. Malama ; W. d'Auticap ; Arberz de Roais ; Bertranz Chavallers ; Peire David ; Lamberz de Rocha ; Peire Gras ; Vezias Escofers ; W. d'Orlac ; Ponz Porret ; et multi alii quos longum est enumerare. Facta donatione ista in mense augusto, feria v., luna xx.viii., Mº.Cº.LXº. VIIIº. (3) (*a⁸*). Fratres suprascripti, propter hanc donationem, dederunt ei caritative unum pullum cavallinum, precium centum solidorum ; et ante hanc donationem, Ugo de Borbotone, avunculus suus, dedit ei XI. souz (*a⁹*) e demei de valanzas, et unum palafridum cum sella et freno.

---

(1) Cette pièce, qui renouvelle la donation faite antérieurement par Nicolas de Visan, du vivant de son oncle le commandeur Hugues de Bourbouton, (n° 50), et qu'il n'avait pas exécutée après sa mort, a été transcrite une seconde fois au Cartulaire sous le n° 147. Ce deuxième texte, dont nous donnons les variantes sous la cote *a*, rectifie l'erreur commise dans la transcription de la date par le scribe du premier texte, ci-dessus reproduit. Il a écrit en effet 1168 ; la date du deuxième texte, 1158, doit être préférée sans hésitation, après examen des synchronismes. D'ailleurs le chiffre X de la date porte ici des traces de grattage.

(2) Bertrand de Bourbouton n'a jamais été templier, mais seulement affilié, ou « donat » suivant le terme adopté à partir du XIII° siècle. Bien que la charte annonce dans cette phrase une énumération de Templiers seuls, il est de ces témoins qui n'avaient pas fait profession.

(3) La véritable date de cette pièce, donnée sans doute possible par le n° 147, est le jeudi 8 août 1157.

DEUXIÈME TEXTE.

(*a¹*) Intitulé : De N. de Avisano.
(*a²*) Presentium.
(*a³*) Futuris.
(*a⁴*) Ecclesie beate.
(*a⁵*) Barceluna.
(*a⁶*) D'Estan.
(*a⁷*) Bailes.
(*a⁸*) Mº.Cº.Lº.VIIIº.
(*a⁹*) Solidos.

N° **80**. (Fol. 48 r°.)

(1) (a¹) [N]otum fiat omnibus hominibus tam presentibus quam futuris : quod ege (2), Wilelmus Ugo de Avisano, dono et concedo quicquid habebam in toto territorio de Borbotone, et hoc quod habebam en la Blacha frat[ru]m Audenca (a²); et insuper laudo et confirmo suprascriptorum coheredum meorum donationem. Hoc autem donum et confirmatio, siveque laudatio, facta fuerunt in manu magistri Deude de Stagi (a³), in mense julii, ferià vi^{ta}., luna octava, anno ab Incarnatione Domini M.C.L.VIII. (3). Testes hujus donationis sunt : frater Dalmatius de Rocha ; frater Elyas ; frater Guido ; frater Gaufre ; frater Nicholaus, claviger ; frater W. Brunez ; frater Iohannes del Sol ; frater Peire de Trevas ; W. Gaucelmes ; Dalmatius, clericus ; Bertranz, clerges ; Ponz Delmas : Girauz Folraz ; Lanberz de la Rocha ; W. de Sauze ; Chamarez ; Ugo d'Auticamp ; Nicholaus d'Avisa ; Bertranz de Borboto. Propter hanc donationem fratres suprascripti dederunt ei XXX. solidos valentinensis monete, et ille dedit eis pascuum per suum territorium. ||

---

(1) Cette charte a été enregistrée une seconde fois sous le n° 148. Nous donnons ci-après les variantes, d'ailleurs presque insignifiantes, de ce second texte, sous la cote *a*.
(2) Sic.
(3) Vendredi 19 juillet 1157.

DEUXIÈME TEXTE.

(1¹) Intitulé : De W. Ugo de Avisa. | (a³) D'Estan.
(a²) Frat Maudencha.

Le verso du folio 48 a été laissé blanc. Les folios 49 à 55 inclusivement sont occupés par dix chartes concernant la commanderie de Roais. (Voir Introduction, chap. Ier et l'Appendice consacré à Roais). Le Cartulaire de Richerenches est ensuite repris au folio 56.

N° 81. (Fol. 56 r° et v°.)

BRUNISSENS, UXOR PETRI HUGONIS.

[N]otum sit omnibus hominibus tam futuris quam presentibus : quod ego, Brunexens, uxor Petri Hugonis de Avisano, post Hugonis filii mei decessum, Geraldo filio meo vitalibus auris jam fruente, et lilia mea Ricsens, et Anna filia mea, et Hugo Dalmaz filius mee filię commitantibus, apud domum Richarencarum venimus, et omne quod antecessores, videlicet Petrus Hugo, maritus meus, et Bertrannus, filius meus, atque Wilelmus Geraldi, filius meus, et Raimundus, filius meus, et Petrus Hugo, et Hugo, filius meus, ut cirographum eorum coinquinacionis deleatur et regni celestis participes Deus fieret, donaverunt, et nos supra connumerati fratribus ipsius domus concessimus atque laudavimus. Adhuc namque terram quam Bertrannus, filius meus, prefate domui donavit, fratres ejusdem domus filio meo Hugoni pro quodam parte mutuo dederant, quod pratum supradicti fratres redimerant de Bertrando Bollegas X. solidos et II. saumatas annone, et Hugoni supradicto dederant XVI. solidos et I. saumatam annone. Et quam mutuo Hugoni filio meo dederunt, et acceperunt in precio sui equi et armorum et sui tori, nominatim dedimus, et pro filio meo Raimundo ; et nullatenus tactis sacris sacro Euvangeliis non esse retractatores, promisimus atque juravimus. Et hoc fuit factum cum consilio Hugonis Ademarii ; Berengarii d'Abolena ; Wilelmi de Rossaz ; Raimbaldi de Rocafort. Testes hujus rei sunt : Deude de Stagno ; Pe. Echer ; Wilelmus del Serre ; Nicolaus, || claviger ; Lanbertus ; Michael ; Poncius Pelliparius ; Arnulfus Sutor ; Petrus Plavia ; Wilelmus Berengarii, canonicus ; Bertrannus, sacerdos ; Bernardus, sacerdos ; Raimundus, clericus ; Wilelmus de Balmis, filius Petri Wilelmi de Balmis ; Geraldus, clericus ; Nicolaus, clericus ; Poncius de Rocaforti ; Iohannes, medicus ; Saramannus de Vallauria ; Wilelmus de Castronovo ; Arnulfus Clairolas ; Wilelmus Leferots ; Bertrannus de Bolbotone ; Berengarius Estoltz ; Wilelmus Geraldi, d'Abolena. Hoc factum concessit Rotgerius de Claireu. Anno ab Incarnatione Domini M°C°LX°VIIII., luna XI., feria secunda (1).

(1) Lundi 6 octobre 1169 ou lundi 11 mars 1170.

N° 82. (Fol. 57 r° et v°.)

Répétition du n° 9. Voir page 12.

N° 83. (Fol. 57 v°.)

Item Petrus Ugonis.

[N]otum sit omnibus hominibus qui sunt et qui aderunt : quod ego, Petrus Ugonis de Avisano, ex dono quod dedi domui de Ricarenchis, scilicet omnes res meas quas habebam in territorio de Borbotone, et de Richarenchis, atque de Granolleto, inquieto Ugoncem (1) de Borbotone, et fratres domus de Richarenchis, pro malicia et paupertate mea. Sed modo recognosco peccatum meum et culpam ; promitto in manu Ugonis de Borbotone, super textum Euvangeliorum, quod nunquam amplius faciam, et terram quam habent illi de Vallauria redimam. Et propter hanc donationem dedit mihi Ugo de Borboto unum trentenarium de lana, et unam saumatam annone valentem X. solidos valentianorum et XX.III. solidos melgoriensium..||

(1) Ugonem.
(2) Cette pièce se place entre le 7 février 1144, date de la donation ici ratifiée, et le 4 juin 1150, date du n° 61, dans lequel Brunissende se dit veuve de Pierre Hugues de Visan.

N° 84. (Fol. 58 r°.)

De Wilelmo Giraldi quando perrexit apud Iherosolimam.

Sit notum cunctis presentibus et futuris : quod ego, Wilelmus Giraldus (1), in die qua apud Iherosolimitanis partibus iter incepi, mater mea et fratres mei, cum aliqua parte amicorum meorum ibi afuerunt. Et ut pax semper maneret firma, omnes donationes quas pater meus atque mater mea, et insimul fratres mei, donaverunt atque conlaudaverunt a principio domui Richarencharum, in toto territorio de Bolbotone, in terris cultis, et heremis, in aquis, et pratis, in boschis et garricis, et in toto territorio de Ricarenchis atque de Granolleto, omnes as (2) donationes mater mea, et fratres mei, Ugo, et B., Raimundus, et G., et soror mea Anna (3), et Berengarius (4) cognatus meus, et Ricsens conjux ejus, et Ugo (5) nepos meus, filius Nicole sorori mee, omnes isti donaverunt, insimul laudaverunt, et in manibus meis super textum Euvangeliorum jusjurandum fecerunt, ut nullam querelam fratribus de Templo amplius moverent. Et hoc fecerunt in prese[n]tia magistri Hugonis de Barcelluna ; Deude d'Estan ; N., lo capella ; Ugo Allaunt (6) ; Dalmaz de la Rocha ; Pons de Laval ; B. de Ventoirol ; Stephani Pellicer ; Chabert ; N., claviger. Testes hujus convenientie sunt : B. de Borboto ; Riperz Folraz ; G. Folraz ; Pe. Agullus ; Bernarz de Rochafort ; Ugo d'Autichamp ; W. Plazes ; Ugo Chais ; Ar. Faber ; Petrus Enjelrant ; G. de Borboto ; Lanbert de la Rocha ; Joan d'Aigu ; Aimars de Valenza ; Tomas lo capellas ; Petrus, clergues ; Pons de Manso, qui hanc cartam scripsit et composuit, anno ab Incarnatione Domini M.C.L.VIIII., luna vii., feria viii. (7).

---

(1) Guillaume Giraud de Visan.
(2) Sic.
(3) Femme de Hugues Adhémar.
(4) Berenger de Bollène.
(5) Hugues Dalmaz.
(6) Allaut. Dans cette pièce et quelques autres, vraisemblablement du même scribe, la terminaison *aut* est compliquée par un n lui donnant le son nasal. Nous respectons cette singularité, difficile à justifier.
(7) 1159. Les chiffres de la férie et de la lune semblent intervertis.

N° **85**.   (Fol. 58 v° et 59 r°.)

De B. de Avisano et fratribus suis.

✠ [D]ivini et humani juris ratio exigit, et consuetudo antiqua laudabiliter requirit, ut si quis rem propriam in alterius potestatem transfundere voluerit, ad presentium, necnon ad sequentium instruendam memoriam, scripture testificatione facere debet. Quapropter nos, his moribus instructi : ego, videlicet, B. de Avisano, et fratres mei, scilicet Ugo, et R., atque Geraldus, cum bona voluntate et omni devotione, et cum consilio nostre matris, et Berengario cognato nostro, et Ugoni Dalmatio, et Ugoni Ademaro, damus et tradimus, et laudando perpetuo Deo, et Beate Virgini Marie, et fratribus de Templo Salomonis tam presentibus quam futuris concedimus, et super altare ecclesie Beate Marie de Ricarenchis tenere juramus, et absque omni retenimento fratribus ejusdem domus relinquimus, quicquid in territorio de Borbotone, in terris cultis, et in hermis, pratis, et silvis, et garicis, aquis aquarumque decursibus, habemus vel habere debemus, in territorio de Ricarenchis, atque de Granolleto, sive homines vel femine per nos tenent, totum et integrum bona voluntate relinquimus. Atque in presentia magistri Ugonis de Barcelluna ; Deude d'Estan ; N., lo capella ; Dalmaz de la Rocha ; Pons de Laval ; B. de Ventoirol; Vidals ; Chatbert ; N., bajulus. Testes sunt : B. de Borboto; Riperz Folraz ; W. Ugo ; B. de Falco ; Armant Artaunt (1); B., clericus ; G. de Monsegur ; W. Plazes; W. Gauters ; G. Gauters ; Pons Arnols ; Petrus Enjelrant ; Ripert d'Arbres ; Lanb[er]t de la Rocha ; Ioan d'Aigu ; Ioan Pellicers; Arnaunt (2) Escofer ; et multi alii quos longum est enumerare. Hoc fuit factum cum consilio Gaufredi de Valriaco, et Petri Willelmi de Balmis, qui sunt fidejus || sores; anno ab Incarnatione Domini M.C.LX°., luna prima, feria 1ª., mense maio (3).

---

(1) et (2). Artaut ; Arnaut ; cf. l'observation en note au n° 84.
(3) Dimanche 10 mai 1160. — Le n° 132, dont le préambule et les noms des parties ont disparu par suite de l'ablation d'un feuillet, est presque littéralement conforme à la présente pièce. Quelques différences de rédaction ne s'opposeraient pas à ce qu'il en fût la répétition, et les noms des garants qui sont les mêmes le rendraient fort probable. Mais la différence de date et quelques divergences dans les noms des témoins nous ont porté à maintenir le n° 132 comme pièce distincte.

N° **86**. (Fol. 59 r°.)

De Dulcia de Girunda.

[M]emorialis hec carta scribitur, quatinus prolixis temporibus ab omnibus cognoscatur, quid in ea habeatur. Presentium ergo atque sequentium virorum agnoscat sollertia : quod ego, Douaz, filia Titburgis, que uxor fui R. de Girunda, veni domui de Richarenchis laudare et afirmare Deo, et Beate Marie, et fratribus de Templo Salomonis tam presentibus quam futuris, vineas quas illi per me tenent et habent. Ita laudavi et afirmavi super textum Euvangeliorum in manibus N., clavigero, ut amplius ad voluntates eorum faciendas haberent, sicuti Wilelmus Gaucelmi, et Costantinus, et ipsi fratres ante habuerant. Et hoc donum laudavit filius meus Po. Berengarii, istis videntibus et audientibus : frater Wilelmus del Serre ; frater Vincentius ; frater Petrus Plavia ; frater Arbertus ; frater Lambertus. Testes sunt : Petrus, capellanus ; R. Armanni ; Boti ; R. de Vinzobres ; Wilelmus de Novaisa ; N. de Vinzobres ; Petrus de Clarenzaias ; Wilelmus Berenger, de Vinzobres ; Poncius Malcor ; W. Granet ; Berenger de San Paul ; Audeier Raestan ; B. de Borboto ; R. Folra ; Raols Agullos ; Petrus Agullo ; R. Agullo ; Poncius de Barre ; Raols Falco ; W. Imbert, de Barre ; B. Carrella. Et propter hanc donationem, fratres predicti dederunt mihi caritative xx.iii. solidos.

Anno ab Incarnato Salvatore M.C.LX.VII., idibus octobris, feria iª., luna xx.viii (1). ||

(1) Dimanche, 15 octobre 1167.

N° **87**. (Fol. 59 v° et 60 r°.)

Répétition du n° 30. Voir page 31.

N° **88**. (Fol. 60 r°.)

Rotgerio de Claireu.

[N]otum sit omnibus hominibus tam presentibus quam futuris : quod ego, Rotgerius de Cleireu, aucmentavi hanc donationem suprascriptam (1), quam pater meus Silvius, atque mater mea Matelina, et frater meus Silvius, dederunt Deo, et Beate Marie, et fratribus de Templo, et domui de Richarenchis. Et ego predictus

Rotgerius, ut Deus animam meam in suo regno collocare dignetur, hanc donationem dono et concedo eisdem Dei fratribus ad faciendam et possidendam voluntatem suam, istis videntibus et audientibus : Deudet de Stagno ; fratre N., clavigero ; fratre Wilelmo del Serre ; fratre Pontio ; fratre Azaimaro. Testes sunt : B. de Borboto ; Ripertus Folradi ; Boti ; R. de Chadarossa ; Iohannes Rufus ; Bernardus de Rocart ; Poncius d'Uchau ; Odo Braimant ; Poncius Archimberti ; Wilelmus Rapaudi ; Baudric ; Poncius Malcuidos ; W. Peiracha ; Richart Pedeboc ; Rostan Tronnel ; W. Atgerii ; W. Ortola ; G. de Taulinna, et W. frater suus ; Imbertus de Manso ; et multi alii. Anno ab Incarnatione Domini M.C.LX.VII. Factum fuit in mense septembrio, feria 1ª., luna VII. |! (2).

---

(1) Ces mots montrent que la présente pièce avait dû être écrite à la suite de l'original du n° 30, répété immédiatement avant celle-ci sous le n° 87, et de nouveau plus loin sous le n° 94, avant une autre charte du même Roger de Clérieu.
(2) Dimanche 24 septembre 1167.

N° **89**. (Fol. 60 v° à 62 r°.)

Ugoni de Borboton.

Notum omnibus fiat hominibus, tam sequentibus quam presentibus : quod ego, Ugo de Borbotene, pro salute anime mee et peccatorum meorum remissione, et totius projeniei mee, relinquo seculum et reddo me ipsum, et uxorem meam, ac filios meos, et omnia quecumque habeo, tam mobilia quam immobilia, Deo et fratribus Templi ; et hoc facio consilio preceptoque Guiraldi, mei episcopi, et clericorum suorum, et parentum, meorumque amicorum, quorum nomina ne diuturnitas temporis oblinat, in hac memoriali cartula ponere curavi. Videlicet : Bertrandum de Borbotone, nepotem meum, Ripertum Folradium, parentem meum ; Giraldum de Montesecuro et Petrum fratrem ejus ; ac Giraldum de Tornafort, et Ugonem fratrem ejus ; et Petrum Ugonem de Avisano, et Wilelmum fratrem ejus ; et Wilelmum Arnulfum de Mirabello ; et Wilelmum Malasmanus ; et Ugonem Berengarium, ac fratrem ejus Wilelmum. Hec donatio facta fuit in manibus Guiraldi de Montepetroso, istis videntibus et audientibus : Bernardo Rollando ; atque Rostagno, capellano ; et Petro de Sancto Iohanne. Adhuc namque, heredibus meis et priore Sancti Amantii annuentibus atque rogantibus, Giraldus, episcopus ac magister noster, necnon aliorum fratrum conventus, me totum territorium de Borbotone determinare jusserunt, in quibus partibus ab antiquo divisum fuerat, sicut a patre meo audiveram et manifestari videram, et post patrem meum tenueram, atque longo tempore possederam. Primum, in verbo veritatis sub testimonio fidei, contestor quod medietatem totius territorii de Borbotone, et omnem decimam, citra et ultra, pater meus Berengagarius, et ego cum ipso et cum heredibus suis, videlicet cum Giraldo de Borbotone, avunculo meo, et cum || Audoino de Montesecuro, atque cum suo fratre Otone, tenuimus, et cum omni libertate pro alodio franco habuimus, videlicet ita quod nulli homini, nulli femine, convenientiam unquam fecimus, nec avus nec atavus meus. Post mortem namque Giraldi de Borbotone, filius ejus, Bertrandus de Borbotone, donationem quam ego feceram fratribus Templi et domui Richarencarum, suamque partem, pio atque jocundo gratuito, firmavit atque laudavit. Veruntamen quando domus Richarencarum sub pacis nomine cepit edificari, omnes supradicti coheredes nostri, quoniam ad tam sanctum et pium opus explendum eis proprie facultates tunc non suppetebant, omnia pascua et ligna, et tascham ac decimam terrarum pertinentium ad coheredes, quas tunc supradicti fratres colebant et in futuro adempturi erant, unde eorum suppleretur inopia, in presentia Pontii episcopi dederunt, et pro animarum redemptione, militibus Deo servientibus nequaquam deinceps retracturos alio promiserunt, atque procul dubio confirmaverunt. Declaretur preterea omnibus, quod ecclesia Sancti Amantii tantum in his prenominatis territoriis habet quantum hic describitur : pratum quoqne quod est juxta domum prefatam, et tascham terre quam laborant Guitardi de Balmis ante Sanctum Albanum, et tascham terre quam laborant Ememberti, et tascham terre Wilelmi Malros. Et ad finem suum pater meus Berengarius misit eis in vadimonium unam faisam terre pro XV. solidis, quam laborabat Bernardus Ricardi, et tascham terre Stephani de Montesecuro, que est juxta terram Wilelmi Malros, quam misit eis in pignore Geraldus, pater Bertrandi de Borbotone, et tascham terre Wilelmi Malros ad passum Olerie, et tascham terre Nicholai, capellani, et tres denarios pro servitio, || et tascham terre Paparti, et tascham de campo Lauterio, et VI. denarios pro servitio anno quo in eodem campo seminantur hiemales segetes. Item, Bertrandus de Solorivo cum illis de Iocundatio habet medietatem, et illi de Iocundatio faciunt de sua parte tres partes. Una pars est illorum de Valriaco, scilicet Raimundi Bellonis et filiorum ejus; item, due partes que remanent dividuntur in tres partes, quorum unam habet Isarnus et frater ejus Wilelmus Isarnus ; aliam terciam partem habet Raimundus de Iocundatio et filius ejus Bertrandus; aliam terciam habent isti IIII^{or} heredes, scilicet : Raimundus de Bestorres et Gualburgis uxor ejus, et filii eorum G. Raimundi, et B. Raimundi, et Isnardus; et B. Wilelmus de Iocundatio, et Aimeruz uxor ejus et filius eorum G. de Podiocalvo ; et Blismoda, uxor G. Ricavi ; et Ricsenz, uxor Petri Latgerii. Territorium de Borbotone terminatur his terminis : ab oriente, territorium de Valriaco super blacham Boic ; a meridie, territorio de Avisano usque ad Molares, et quomodo descendit Talobres usque in territorium de Balmis; et a territorio de Balmis, sicut via venit ad crucem Pastorissam ; a cruce Pastorissa usque ad Petram Brunam ; a Petra Bruna usque ad guadum Amaugerium, in flumine de Lez ; ab occidente, territorio de Montesecuro, sicut flumen de Lez ascendit; ab aquilone, sicuti Alsonis fluvius vadit, usque ad territorium de Valriaco. Territorium de Richarenchis terminatur his terminis : a meridie, sicut descendit Alsonis usque in Oleriam; ab occidente, sicut descendit aqua de Oleria usque ad territorium de Colonzellis, et vadit in Rivum Siccum ; ab aquilone, sicut vadit·Rivus Siccus, usque ad || territorium super Richarencas; ab oriente, sicut dividitur territorium de Valriaco et revertitur in Alsonem ; et de Alsone usque ad viam que venit de Grilone ; et de via de Grilone usque ad caminum qui vadit ad Cellares Aureos; et inde usque in Alsonem. Quicquid continetur infra hos terminos, de istis duobus predictis territoriis, fratres de Templo habent decimam in dominium citra et ultra, et aliquam partem de terris et taschis. Sicut hec omnia scripta sunt, sic ego, Ugo de Borbotone, sub testimonio fidei, coram Deo et hominibus, vera esse affirmo, vera esse contestor. Facta fuit donatio ista in presentia Giraldi episcopi, et clericorum suorum ; et B. de Mornatio, prioris Sancti Amantii ; atque Petri de Cadarossa, et Wilelmi de Cadarossa ; et B. de Sancto Mauritio ; et G. de Grilone, et R. fratris ejus ; et G. de Balmis; et Petri Wilelmi de Balmis ; et Odil de Balmis ; et Laugerii ; et Guilelmi Cornabroc ; et Rotberti junioris de Montilio; et Rostagni Dalmacii, et Elsiarii de Boazo, filii ejus; atque Calvarie Arelate ; Petri Rollandi ; et

Riperti Rollandi ; et Wilelmi Radulfi ; et Petri Stephani ; Michaelis de Colonzellis ; et Pontii Stephani ; et Petri Clementis ; et Giraldi de Valriaco ; et Wilelmi de Grilone ; et Riperti de Carrovols ; Gauterii Senis, et Pontii ejus filii ; et filiorum B. Richerii, scilicet Wilelmi Richerii, et G. fratris ejus. Factum est hoc xvii. kalendas julii, anno ab Incarnatione Domini M.C.XXX°.VIII°., feria v., luna xiiii. (1). ||

(1) Jeudi 16 juin 1138. — Le n° 2 est daté du 17 des calendes de juillet 1138, *férie 4*, ce qui correspond exactement au mercredi 15 juin. Le n° 3 et cette pièce-ci portent la même indication pour le jour des calendes, mais la mention *férie 5*. Elles sont donc du lendemain, soit du 16 juin, sans doute possible. La lune est fautive dans les trois pièces ; mais le n° 2 porte lune 13, et les n°ˢ 3 et 89, lune 14, ce qui confirme la déduction tirée du changement de férie.

Après que Hugues de Bourbouton eût réussi à assurer au Temple toutes les parts de la seigneurie de Bourbouton, et peu avant sa mort, arrivée dans la première moitié de l'année 1151, il a donné une seconde description des territoires qu'elle comprenait. Cette pièce, plus développée et contenant ses dernières recommandations à ses successeurs, qui figure ci-après sous le n° 187, est dans certaines de ses parties, empruntée à la présente, dont elle doit être rapprochée pour apprécier l'œuvre du vénérable fondateur de la commanderie de Richerenches.

N° **90.** (Original encarté entre les folios 60 et 61.)

Li terra de Raimun Gras, que a en Coeiras, es en gatge per LXX. solidos de viannes e per IIII. saumadas d'annona. Li terra de Bolozan, que es josta Chanabaze.... en Raimunz a la mita, es en gatge per L. solidos. Li terra de Ventoirol et li soa partz de la justizia de San Paul, e li lesda del venraes de la sal, es en gatje per C. solidos e per X. saumadas d'annona. Bertranz de Dosera a gatgieira d'en Raimun Gras per CL. solidos ; III. solidos e demie en Bonidon e(?) Rostan de l'Escola e Lambert Rollant e la tascha en domini de la terra de Peiron de Bedoza ; e la quarta part de la tescha de la terra que es dejosta, que a en.... ilis ; e la (la) quarta part de la tascha de la terra que es dejosta, que a li maisons almosnieira ; e la qua[r]ta part de la tascha de l'oucha d'en W. Barnaut ; e la quarta part de la tascha de la terra d'en Peiron Romieu ; e la quarta part de la tascha de la terra d'en Peiron de Vallauria. — En deslivre a en Raimunz Gras la quarta part de la tascha de la terra de Peiron Ainart a la cros ves l'estan ; la quarta en aquella delz Fabres. La quarta en aquella d'en Peiron Elyas ; la quarta en aquella d'en Peiro Rollan ; la quarta en dos locs de Coni ; la quarta en aquella de Giraut Gontier ; la quarta en aquella de Disdier ; e la quarta part de la tascha de la terra de Durant Genzana, e d'en Peiron Rollant, que son sobre l'estan. — Et a en deslioure la terra que fo de Pouzon Disdier, que es sobre l'estan, que li dona cinquen ; e la terra de Peiron Fabre aquieus, que dona tascha que es tota soa — Et a en deslioure la quarta part de la thascha de Combas, aisi con va li via que part Combas, que va ves Peiralapte, tro al chamin reial ; sotz via tro a Rocha Pedollosa per toz locs en erm et en cout, estier una terra al cros de na Berengieira, que sier II. deniers ; l'ortz da les Fouzieri, II. deniers de servizi ; XII. deniers de servizi d'en Peiron Salvestre de l'oucha ; VI. deniers de l'ort d'en Peiron Chalvieira de sotz Sancta Maria a la Crotz ; VI. deniers de la gresa de San Vincenz, que a W. del Portal ; I. denier de Giraut Grua, de l'ortet que z'es josta l'ort de Peiron Raols ; I. denier de W. Gontier d'aquo dal Montellet ; III. deniers de Garnier Coiro, d'aquo de sotz Tuella ; los II. a en guatge per XVI. deniers. — Et a en deslioure lo claus sotz Tuella, en que penra lo quarton per totz locs quan las vignas portaran, et el mei las III. partz del fruc delz arbres. — L'oucha de la Valleta d'en Peiron Rollan es a gatje per XX. solz ; li tascha els medesmes l'a a gatje ; aquo delz Fabres de fora Barre, e aquo de Giraut Blanc dal pe de Tuella es en gatje per V. solz ; et ao Antelme en l'ortetz del Fabres a la mitat el tot ; aquo de Cham Batallier es ab l'istar de Bonidon ; l'estars de son paire es ab la gatgieira de Bertran de Dosera. — Et a en deslioure per totas aquelas terras la mittat de la tascha en que en Raimunz Gras prennia la tascha... de Combas ; et la mittat de la tascha de l'oucha de Peiron Chalvieira de la Valleta ; e la mittat de la tascha delz Gaudesennas de II faissetas en la Valleta, josta la terra d'en Jebelin ; lo cinquen d'una vigna de Lambert lo Mounier. que z'es ad Argentan ; la mitat de la thascha de l'oucha de Malpertus, que z'es de Johan Gaudesena ; la mitat de la tascha de la faissa de Lambert Gontier que z'es en la Valleta, josta la terra d'en Peiron Rollan ; et un'oucha que fo d'en Raimun Gras, que z'es en la Valleta, josta la terra d'en Peiron Gontier, en que a la mitat ; et en las lonas quon om va a Chammeier, sotz via, en VII. sextairadas la mitat ; et en la seisena part del bosc de Chanabaze, la mitat ; et en l'oucha de la Fon, la mitat ; et en la vigna con om va ves lo Montellet, la mitat ; et en l'estar que d'en Raimon Gras, la mitat. Tan quan a de la onor que fo d'en Peiron Laugier, seria deslioura ab C. solz III. solz menz. (1).

N° 91.
(Fol. 62 v° et 63 r°.)

Répétition du n° 32. Voir page 34.

N° 92.
(Fol. 63 r°.)

Alia (1) (a¹).

[P]ateat (a²) cunctis legentibus et audientibus : quod ego, Armannus de Bordelz, Deo, et Beate Marie, et fratribus Templi, et domui de Richarenchis, dono pascua per totum territorium meum, et laudo et confirmo donationes quas olim feceram ; et hanc donationem feci quando pergebam apud Sanctum Jacobum, ante castrum Camareti, in presentia magistri Hugonis de Barcelluna, Deudet de Stagno, et fratri N., clavigeri ; et cum consilio B., episcopi Vasionensi. Testes sunt : Petrus Savini ; B. de Borboto ; Doo de Chamareto ; Amalricus de Chamareto ; Falco Del Tel ; Jorda de Cost ; Columbers ; et multi alii. M.C.L.VII. Facta carta ista in mense septembri, luna vii. (2).

(1) Allusion à la donation du même personnage portant le n° 32, et qui avait été répétée ici sous le n° 91, sans doute pour la rapprocher de celle-ci et de la suivante.
La présente pièce a elle-même été répétée sous le n° 135. Nous donnons les variantes de ce double sous la cote a.
(2) 15 septembre 1157.

Deuxième Texte.

(a¹) Intitulé : Armans de Bordels.
(a²) Hoc scriptum perficimus quatinus presentibus, necnon et sequentibus, significare valeamus quod in ipso inseramus. Prudentium ergo virorum agnoscat nunc et semper universitas, et nulla umquam in antea annorum vel temporum delere possit vetustas : quod ego, videlicet Armandus de Bordellis, dono Deo, et Beate Virginis Marie, et fratribus Templi Salomonis Iherosolimitani, pascua.... etc.
La suite est identique dans les deux textes.

N° **93**. (Fol. 63 r° et v° et 64 r°.)

(*De Petro Armanni et Petronilla et Guilelmo filio suo.*) (1)

In nomine Domini : ego Armannus, et uxor mea Petronilla, et filius meus G. de Besauduno, propter remissionem peccatorum nostrorum, aucmentamus donationem quam ego Armannus dedi Deo, et Beate Marie, et fratribus Templi, et domui de Richarenchis, de pratis et de terra illa que est juxta Molares, et juxta viam que ducit apud Avisanum. Et terra ista tenet usque ad pratum quod tenet Villelmus de Avisano, et B. frater suus ; et tenet ab oriente sicut fossad ascendit usque ad pratum Petri Acerii ; et inde, a prato Petri Acerii et Villelmi de Cerria dividitur, et tenet usque ad pratum Villelmi Armanni ; et cum voluntate Villelmi Armanni, donamus facere fossatum usque ad pratum quod ego Armannus fratribus predictis dedi ; || et ab oriente, terminatur a terra Villelmi de Sabrano; et inde vertit usque ad Petram Brunam ; et quicquid infra istos terminos habebamus, eisdem fratribus ad faciendas eorum voluntates donamus, preter pratum quod tenent Hugo de Avisano et W. de Cerria pro uxoribus; sed ipsi pratum istud pro feudo a fratribus habeant. Et si quis de istis donationibus inquietare vel demandare voluerit, nos supra donatores, sine ulla intermissione fratrum, libere ab omnibus hominibus, donationes istas adstare faciemus. Et pratum Elisiari Upeci, infantes illius, scilicet W. de Avisano, et B. frater suus, pro feudo habeant a fratribus. Et ego Armannus, et filius meus G., in carreria de Avisano, supra sancta Euvangelia in manibus Deudet de Stagno, et N., clavigeri, omnes istas donationes tenere juravimus, et fideijussores dedimus : Rotgerium de Claireu ; Petrum Ugonem de Valriaco, et Ugonem fratrem suum ; et B. de Mirindol ; Poncius Gontarts, et Pelestortum ; Wilelmum de Castro Novo ; et Ugonem de Avisano ; G. Folrat ; Poncium Flama ; Wilelmum de Avisano. Hoc fuit factum in mense octobris, feria v°. Testes sunt : frater Azemars ; Imbertus de Manso ; W. Chais ; Poncius de Ulmo ; Amalricus d'Aucello ; Arnolfus de (Monterufo) (2) ; Petrus Chais, de Tueleta ; W. de la Guarda ; W. d'Olon ; Poncius, clericus d'Avisa ; Pontius de Sancto Laurentio ; Azemars d'Autavila ; Hugo Bast ; P. Armanni ; Pelliparius ; et multi alii. Anno ab Incarnatione Domini M.C.LX.VIII., luna xii., indictione ii.ᵃ, concurrente 1ᵃ. (3).

Alia (4).

Et ego, predicta Petronilla, omnes donationes suprascriptas, super sancta Euvangelia donavi atque juravi, in manu fratrum Azaimari, vidente et audiente : fratre G. Rapina ; Pontio Fabre ; Azaimaro Bruno. Et hoc donum feci in castro de Borde *et* (5) in mea domo ; et propter istas donationes fratres Templi, cum consilio B. de Borbotone, dederunt nobis et nostris infantibus quendam equum valentem D. solidos, et unam vineam quam B. de Borbotone et Ripertus Folradi habebant a nobis in pignore || pro CCC.X. solidis, et fratres supradicti nobis eam redimerunt.

Et ego Villelmus Bollana, et Petrus Bollana, et Stephanus Bollana, nos omnes voluntate bona, pratum quod habebamus Armani de Bordellis, quod est infra istos terminos predictos, donamus, et super textum Euvangeliorum affirmamus fratribus Templi in domo de Richarenchis permanentibus, presentibus et futuris, et in manibus Deude de Stagno. Hujus donationis sive affirmationis testes sunt : Petrus Chauvini, presbiter ; Deudes de Stagno ; W. de Tolosa ; Bertrannus de Borboto ; Nicolaus, claviger ; Lanbertus ; Chatbertus ; frater Arbertus Lobetz ; Petrus Plavia ; Saramans de Vallauria ; Poncius Gaucerans ; W. de Sauze ; Iohannes del Chaafalc ; Raimundus de Avisano ; W. Gras ; R. Deuslogart ; Ugo de la Chalm ; R. Rostagni ; G. Pellicers ; Poncius de la Garda ; Testa Laa ; Petrus Blancs ; Ugo Marceus ; et multi alii. Feria Iª., luna XIII. Ego Armannus, suprascriptus donator, istam cartam sigillare precepi.

---

(1) L'intitulé de cette pièce est d'une écriture moderne (XVIIIᵉ siècle), s'étudiant gauchement à simuler celle du scribe du XIIᵉ, à laquelle sont dues aussi les deux autres altérations signalées par les notes 2 et 5. Elles doivent, sans aucun doute pour nous, être l'œuvre de l'abbé Pithon-Curt, par lui-même ou à son instigation, dans un intérêt que nous croyons avoir élucidé au paragraphe de l'Introduction « Les Armanni et Pithon-Curt ».

(2) Le nom inscrit originairement à cette place a été gratté et remplacé par « Monterufo ».

(3) Jeudi, 17 octobre 1168. Le troisième paragraphe est daté du dimanche suivant, 20 octobre 1168, mais avec une erreur de deux jours pour la lune.

(4) Le scribe chargé de rubriquer les copies reportées au cartulaire a inscrit le mot « alia », à l'encre rouge en tête de ces deux derniers paragraphes, sans remarquer qu'ils sont parties intégrantes de la charte.

(5) A l'origine il y avait certainement ici « Bordelz », forme populaire du nom de Bourdeaux, fréquemment usitée dans le Cartulaire lui-même. C'était le nom essentiel à défigurer ; aussi le faussaire a-t-il gratté les deux dernières lettres, créant ainsi un

soi-disant *castrum de Borde*, nom fort plausible, il est vrai ; et il a comblé le vide par la conjonction « et ».

Ce travail porte la trace d'une hâte sans laquelle il eut sans doute été moins maladroitement exécuté, et son auteur n'a probablement pas eu le temps de le poursuivre à travers le troisième paragraphe de la charte, où le nom du donateur, « Armannus de Bordellis », a subsisté. En le rapprochant des deux pièces précédentes, le 91, répétition de la première charte de donation d'Armand de Bourdeaux (n° 32) et le 92, don du pacage dans ses terres par le même, il devient évident que les divers actes émanant du même seigneur avaient été enregistrés ensemble. Le nom de Bezaudun porté par le fils des donateurs ajoute encore à l'évidence de l'identité d'Armand dans cet ensemble.

N° 94. (Fol. 64 r° et v° et 65 r°).

Répétition du n° 30. Voir page 31.

N° 95 (Fol. 65 r° et v°.)

R. DE CLAIREU (1) (a^1).

[N]otum sit omnibus hominibus tam presentibus quam futuris : quod ego Rotgerius, et ego, Raimunda, uxor ejus, tradimus Deo, et Beate Marie genitrici Dei, et fratribus Templi Salomonis tam presentibus quam futuris, (2) animalibus suis pascua per omnia territoria nostra de Avisano (a^2), absque omni retinimento, sine alicujus blandimento (a^3). Et si aliquis, nostrorum hoc corrumpere voluerit, ira Dei Omnipotentis super eum incurrat. Hec donatio facta fuit quando emit equum bai a Bertranno de Bolbotone (a^4). Testes hujus donationis sunt : Nicholaus, sacerdos ; frater Hugo, capellanus ; Dal || macius de la Roca ; Pontius de Laval ; Bertrannus de Ventoirol (a^5) ; Bernardus de Rocafort ; Iohannes d'Aigu ; Lambertus de Roca ; Geraldus de Montsegur ; Bertrannus de Bolbotone ; Hugo d'Avisa ; Wilelmus d'Avisa ; Wilelmi de Castelnou ; Wilelmi Hugo d'Avisa ; Wilelmi de Falco ; Wilelmi Esteves ; Monbochers (a^6).

(1) Cette pièce, que les synchronismes placent en 1159, a été répétée sous le n° 138. Nous donnons sous la cote *a* les variantes du second texte.

(2) Suppléer *pro*.

Deuxième Texte.

(*a*¹) Intitulé : Rotgerius, et Raimunda uxor ejus.

(*a*²) « De Avisano » manque.

(*a*³) Les mots « sine alicujus blandimento » sont remplacés par : sine tala.

*a*⁴) La phrase « Hec donatio.... Bolbotone » est omise.

(*a*⁵) Avant Bernard de Rochefort : « frater Vitals ».

(*a*⁶) Après Monbochers : « Esteves Velz ».

Dans cette répétition plusieurs prénoms ont été mis dans la forme romane, et le titre de frère a été ajouté à Pons de Laval et à Bertrand de Venterol.

N° 96

(Fol. 65 v°, 66 r° et v° et 67 r°.)

ALIA.

[I]n nomine Domini : ego, Roggerius de Claireu, cum voluntate Dei, et consilio matris mee Mateline, meorumque hominum, Stephani de Sancto Albano, videlicet, et aliorum multorum, ut Deus indulgeat nobis peccata nostra et insuper vitam eternam concedat, augmento donationis (1) illas quas pater meus Silvius, et mater mea Matelina, et ego ipse, et fratres mei, in antea fratribus Templi dederamus, de terris videlicet et de pratis que sunt ad Molares, que terminantur his terminis : ab oriente, via que transit per silvam usque ad Avisanum ; a meridie, sicuti terminis et fossatis determinare precepi, usque ad terram Pontii Guntardi, et movet de terra hac cum dono quod pater meus fecerat, et vadit ad Boissolano ; ab aquilone, cum territorio de Bolbotone, usque ad Molars ad predictam viam. Quicquid infra istos suprascriptos terminos habebam, vel habere putabam, nec ullus homo vel femina de me habebat, vel tenebat, totum et || ab integro, pro alodio franc, sine ullo impedimento, eisdem Dei militibus ad faciendam voluntatem suam dono. Hanc autem donationem et laxationem, sive augmentationem sic facio, ut si quis ibi in hac terra aliquid juste an injuste inquietare vel perturbare voluerit, ad eosdem milites, sine ulla intermissione comilitonum pauperum Christi, liberabo ; et solutam libere ab omnibus hominibus adstare hanc terram faciam. Donatio ista facta fuit in manibus Deode de Stagno, super textum Evangeliorum, et de supradicta terra in suis manibus exui me et meos, et vestivi fratres de Templo permanentes in domo de Richerenchis, videntibus et audientibus: Vuillelmo Hugone, Tricastinensi episcopo; et Berengario, Vasionensi episcopo, in quorum manibus hoc factum affirmatum et definitum fuit; et cum eorum consilio, ego Rotgerius hoc donum feci, et in suis manibus a me cum quadam parte meorum hominum qui ibi aliquid juris habebant, jusjurandum acceperunt, nos nunquam amplius predictis fratribus ullam injuriam facere, scilicet de Wilelmo Ioias, et de Wilelmo Ortolano, et de Martino Bolbotone, et de Baudric, de Ymberto Taverna, de Pontio d'Uchaus, et de Odone Braimant, et de Pontio Palai, et de Iohanne Adalbert Lovell, || et de alio Iohanne Adalbert, de Wilelmo Peiracha, et de Imberto Clement. Omnes isti quicquid habebant in supradicta terra dederunt Deo, et fratribus de Templo in domo de Richerenchis permanentibus, presentibus et futuris. Fidejussores hujus rei sunt: Armannus del Pouzi; Rollandus de Chasluz; Guilelmus de la Blacha; Pontius Guntardi, et Pelestors, frater ejus; Ripertus Folraz, et Geraldus, frater ejus; Guilelmus de Castelnou; Guilelmus le Feroz; Hugo d'Avisa; Pontius Flamma; Pe. Hugo de Valriaz, et Hugo, frater ejus; Bertrannus de Mirindol; Guilelmus Hugo de Montdrago; Dragonez, et Pontius, frater ejus; donum predictum convenerunt in manibus predictorum episcoporum. Hujus rei testes sunt: abbas de Cruaz; Raimundus Trucs, canonicus de Sancto Rufo; Manescoz, canonicus de Sancto Rufo; Guilelmus Be., de Vaiso, canonicus (2); Pe. Chauvis de Savaza; Ber., presbiter de Sancto Restituto; et Pe. Reis, presbiter; Guilelmus de Graignan, presbiter; Pon. Vilans, diaconus; Pe. de Manso; Ramundus Rostanni, clericus; Guilelmus Guio; et Iohannes Albis; Petrus Guilelmi, clericus de Sancto Paulo; et Guilelmus Crassus; Guilelmus Neielz; et duo filii Petri Hugonis de Avisano, videlicet Raimundus atque Geraldus; Petrus Guilelmi de || Balmis; Latgerius de Balmis; Bertrannus de Falco; Guilelmus de Graignan, et Raimundus, frater suus; Guilelmus Archimbau; Pe. Brus; Armandus Pellicos, et B., nepos suus; Dalmatius de Valriaco; Arnaudus Niger; et R. G. R.; Ber. de Abolena; Pe. Daniel; R. de Sancto Saturnino; Manescot de Peirelapte; R. Maltenz; Guilelmus Remusaz, et Pontius, frater suus; Guilelmus de Raco; Geraldus Alamanz; Guilelmus Cerlis; Guilelmus Arnaldi, de Sancto Marcello, et filius ejus; Geraldus Maineta, et frater suus; Stephanus Trucs, qui

faciebat missas pro anima fratris sui ; R. d'Aigues ; Pontius de
Sancto Marcello, et Rostagnus, frater suus ; Imbertus de Salavarc ;
et ego, Guilelmus de Claireu, abbas de Sancto Felicio, donum
quod suprascriptum est laudavi et affirmavi. Hoc fuit factum in
prima die aprilis, feria III., luna xxx., anno ab Incarnatione Domini
millesimo C.LX.VIII. (3). Propter istud donum supradictum, fratres Templi dederunt mihi quendam equum valentem D. solidos,
et ex alia parte mille solidos vianensium, de quibus redemi terras
illas quas Bertrannus de Bolbotone et Pontius Flamma de me in
pignore habebant ; et cartam istam sigillare precepi.

(1) Sic.
(2) Guillaume de Bérenger, chanoine de Vaison.
(3) Mardi 1ᵉʳ avril 1169.

N° **97**. (Fol. 67 r° et v° et 68 r°.)

DE STEPHANO TRUCO, ET DE MARESCOT. ||

[I]n nomine Domini : ego, Stephanus Trucs, et frater meus
Marescot, propter Dei timorem et remissionem peccatorum nostrorum, donum quod frater noster R. dedit ad suum finem fratribus Templi, videlicet duas condaminas Iuncheriis, eisdem fratribus istud donum damus et concedimus, et ut Deus propicietur
nobis et dimittat delicta nostra, et in regno celesti animas
nostras, generationumque nostrarum, collocare dignetur, predictis fratribus quicquid in istas condaminas habemus, vel homines, vel femine, per nos habent, sine omni retenimento damus et
concedimus. Et hanc donationem laudavit Po. Remusaz et W.
Remusaz. Donatio ista facta fuit super sancta Euvangelia, istis
videntibus et audientibus : fratre Deudet de Stagno ; fratre Folco
de Braz ; fratre W. de Tolosa ; fratre N., clavigero ; fratre W. de
Serro ; fratre Iarente de Mesenc ; Pe. Plavia ; Lamberto ; Cha-
berto ; Po. Iauceranni ; Azaimaro ; A. Lupo ; W. Calvi. Hujus rei
testes sunt : W. B., canonicus de Vaison ; Imbertus de Manso, et
Pe., frater suus ; Po. de Sancto Egidio, subdiaconus ; R.
Rostagni, clericus ; R. Mautench ; W. de Grainna ; Hugo de
Avisano ; W. de Sauze ; Arnulfus Sutor ; Po. Chalvinet ; Pe. A.
Pelliparius ; Pe. Bertelmeus, de Montesecuro ; Bernardus de

Rotart ; et multi alii. Et istas conda || minas fratres Templi redi_
merunt CC.LX. solidos melgoriensium et dederunt nobis carita-
tative CCCC. solidos viannensium. Hoc fuit factum in mense
augusti, in ecclesia Beate Marie de Richarenchis, anno ab Incarnatione Domini M.C.LX.VIIII, epacta xx^a., indictione II^a., concur-
rente II^a., luna VIIII^a. (1).

---

(1) Mercredi 6 août 1169. Dans la charte n° 208, du même jour et par les mêmes donateurs, les données chronologiques sont complétées par férie IV, mention omise ici.

N° **98**. (Fol. 68 r° et v°.)

ALDEBERTUS DE VALLAURIA.

[N]otum sit omnibus hominibus tam presentibus quam futuris :
quod ego, Audebertus de Vallauria, et frater meus Saramannus,
damus Deo, et Beate Marie, et fratribus Templi, et domui de
Richarenchis, quicquid habemus in toto territorio de Granoleto,
aut ullus homo, vel aliqua femina per nos habet. Et postea,
istud predictum donum in ecclesie Beate Marie recognovimus, et
super sancta Euvangelia in manu Wilelmi, Tricastrini episcopi,
tenere juravimus, et postea omnem possessionem nostram ac hereditatem nostram eisdem fratribus dedimus et concessimus, istis
videntibus et audientibus : fratre Deudet de Stagno; fratre N.,
clavigero ; fratre Lamberto ; fratre Chatberto ; fratre Vincentio ;
fratre Po. Iauceranno ; fratre Michahele ; fratre Arberto Lupo ;
fratre Petro Plavia. Testes sunt : Pon., capellanus de nostro
archidiacono ; Pe. Wilelmi, clericus de Sancto Paulo ; Po.
Floaunt (1), capellanus ; Pe. Chauvis, capellanus ; Pe. Riperti,
capellanus ; R. Rostagni, clericus ; Wilelmus Guio de Vallauria :
R. de Sancto Paulo ; G. Pellicer ; || Pe. Pellicer ; R. de Avisano,
et G., frater ejus ; Wilelmus Crassus de Sancto Paulo ; et multi
alii. M.C.LX.VIII. hoc fuit factum, in mense marcio, feria IIII^a.,
luna III^a. (2).

---

(1) Lisez Floaut. V. note à la pièce n° 85.
(2) Mercredi 5 mars 1169.

N° **99**. (Fol. 68 v" et 69 r°.)

De Petro Seguino.

[N]otum sit omnibus hominibus, tam presentibus quam futuris; quod ego, Petrus Seguini, et Petrus filius meus, et uxor mea Guilla, et Petrus de la Roca, frater ipsius Guille, pro redemptione animarum nostrarum et parentum nostrorum, ut Deus peccata nostra dimittat, et insuper vitam eternam concedat, donamus et offerimus Domino nostro Ihesu Christo, et Beate ejus genitrici Marie, et fratribus Templi Ierosolimitani presentibus et futuris, terram et pratum quod habemus juxta terram Bermonni de Colonzellis, in territorio scilicet de la Maurella. Hoc factum fuit in manibus Deude de Stagno, super textum Euvangeliorum, videntibus et audientibus : Wilelmo de Tolosa ; Wilelmo de Serro ; Lamberto ; Po. Iauceranno ; Petro Plavia ; Arberto Lupo ; Michahele Arnulfo ; Rainbalt Vincenz ; Raimundo de Fumel, sacerdote ; Wilelmo Gras ; Raimundo, clerico de Taulinano ; Wilelmo de Balmis, filio Petri Wilelmi de Balmis ; Saramanno ; Wilelmo Coc ; Iohanne de Chaafalc ; Petro Trufels ; Arnaldo de Grilone ; Giraudo, filio de Berbigera. Et propter hoc donum suprascriptum, frater Nicholaus, precepto Deude de Stagno et aliorum fratrum, karitative dedit ei XL^a. solidos et I. porcum. Et insuper concessit || et laudavit donum quod in antea dederat de pratis Novellis, quos habebat et tenebat de Guilelmo Berengario et de Ugone. Istius supradicti doni fidejussor fuit et garentia Arnaldus Niger. Anno ab Incarnatione Domini M.C.LXX., feria II^a., luna XVI^a. (1).

(1) Lundi 6 avril ou 31 août 1170.

N° **00**. (Fol. 69 r° et v°.)

De Berengario Tornafort.

[N]otum sit omnibus hominibus, tam presentibus quam futuris : quod ego, Berengarius de Tornafort, et Raimundus frater meus, venimus Richarenchis, laudare et affirmare dona patris nostri et nobis metipsis, scilicet hoc quod habebamus, vel homines, vel femine, per nos habebant, a Lecio in ultra, usque ad fluvium Elsonis ; et a fluvio Elsonis usque ad Oleriam ; et ab Oleria usque ad territorium de Colonzellis. Et quicquid infra istos terminos continetur in toto territorio de Borbotone, preter campum de Pirario, aut in territorio de Richarenchis, in terris cultis vel incultis, in silvis, in pascuis, in aquis et in cursibus aquarum, fratribus Templi et domui de Richarenchis donavimus et concessimus, et super textum Euvangeliorum tenere juravimus. Hoc fuit factum in manu Hugonis Gaufridi, istis videntibus et audientibus : Ugone de Barcellona ; Deudet de Stagno ; Poncio d'Alon ; Gontart de Rois ; Wilelmo de Serro ; N., clavigero ; Lamberto ; Chatberto ; Vincentio ; A. Lupo ; || Raimbaldo ; Pe. Plavia. Testes sunt : Wilelmus de Mornaz ; Wilelmus Coc ; Gi. Pelliparius ; Iohannes Pelliparius ; Po. Escofers ; B. d'Audefre, et Po. frater ejus. Et propter hoc suprascriptum donum pater noster accepit caritative a fratribus Templi quendam equm precii C. solidorum melgoriensium, et a B. de Bolbotone IIII sextarios frumenti apreciatos XVI. solidos. Et ut hec nostra donatio stabilis et firma permaneret, similiter nos duo fratres caritative a supradictis fratribus quendam equm precii C. solidorum viennensium accepimus. Hujus rei fidejussores sunt : Pe. Willelmi de Balmis ; Wilelmus de Tornafort (1).

(1) Les synchronismes placent la pièce n° 100 en 1164.

N° **101.** (Fol. 69 v° et 70 r°.)

Répétition du n° 73. Voir page 74.

N° **102.** (Fol. 70 r° et v°.)

DE BERMUNDO.

[I]n nomine Domini : ego, Bermundus (1), Deo et sacre militie, et domui de Richarenchis, et fratribus tam presentibus quam futuris, dono me ipsum cum quadam parte honoris mei, quam videlicet nomine dicam : Petrum Arnulfum, cum toto suo tenemento et duas ouchas et unum pradale, et terram que est juxta Rivum siccum ; et hoc (2) habebam in castro de Vallauria, aut in toto territorio, aut in territorio de Vallaurieta ; et hoc quod habebam in castro Abroils. Et istud donum Deudet de || Stagno super sancta Euvangelia recepit, istis videntibus et audientibus : Wilelmo de Serro ; Nicholao, clavigero ; Lamberto ; Pe. Plavia ; Pontio Iauceranno ; A. Lobet ; Azaimaro ; Petro Chauvini, sacerdote ; Ber. sacerdote ; Pe. de Manso ; R. Rostagni, clerico ; Petro Wilelmi de Balmis ; Pontio Guntardo ; Ber. de Bolbotone ; Ri. Folradi, et G., frater suus ; Wilelmo de Castronovo ; Saramannus de Vallauria ; Wilelmo Guio ; Wilelmo Testalada ; Wilelmo Crasso ; R. de Avisano, et G., fratre ejus ; Petro de Quaranta ; et multis aliis qui in carta ista scripti non sunt. — Et postea, me patiente infirmitatem, sicut superius scriptum est omnes donationes istas suprascriptas fratribus predictis laudavi et affirmavi, et consilio eorum dedi meis fratribus domos meas, et hoc quod G. Erbotges a me habebat, et campum de Toras, et hoc quod Petrus Wilelmi habebat de me a la Balma Pozon, et hoc quod contingebat mihi de la frairesca mee matris. Et meo avunculo dedi unum campum a la Garriga, et unam oucham ad fontem de Podio Adoart, et olcham quam Bertolmeus habebat de me, et olcham sotz la Balma, et unum casal juxta domum Wilelmi Baudran, et hoc quod habebam juxta domum Odo de Grazinan ; et meo filiolo unum campum ultra Rivum Siccum. Et omnes donationes istas dedi, istis videntibus et audientibus : fratre Lamberto ; fratre Poncio Iauceranni ; Wilelmo de Sauzet. Hujus rei testes sunt ; Wilelmus d'Alon ; Papardus ; Ste. d'Aucellon, et IIe filii ejus, B. et Wilelmus ; Petrus Arnulfus ; Arbertus Malagach. Hoc fuit factum in mense julii, feria II^a., luna xxx^a., M^o.C^o.LX°.VIIII°. ab Incarnatione Domini anno, epacta xx^a., indictione II^a.

(1) Bermundus de Vallauria, cf. n° 76.
(2) Suppléer ; quod.
(3) Lundi 28 juillet 1169.

---

103. (Fol. 70 v° et 71 r°.)

De Wilelmo Berengario (1) (a^1) (b^1).

[I]n nomine Domini : ego Wilelmus Berengarii, et soror mea Dalmaza, et nepos meus || Berengarius Boic, et Ugo Turcs, maritus Rixent, recognovimus donationes quas nos et heredes nostri dedimus fratribus Templi, et domui de Richarenchis, videlicet tascam de terra que est in territorio Granoleti, et partes nostras de Garriga Mala, sicut via ducit apud Valriacum, sicut terminantur a (a^2) crucibus, ab oriente usque in Rivum Siccum ; et terram que est juxta pratum Sancti Amantii, in qua habebamus VI. nummos (a^3) censuales; et terram que est juxta Chauchamairoz. Hoc totum dedimus quando Pontius Berengarius reliquid seculum; et auximus (a^4) omnes donationes istas sicut fossas ascendit a septentrione ; et ab oriente usque al Chairon, et del Chairon usque in viam ; et a meridie, sicut dividitur ab illa terra quam dedit Wilelmus de Sabrano fratribus Templi. Hujus rei testes sunt : Ber. de Bolbotone; Ri. Folradus; Ugolenus Vetus ; frater Petrus Berengarius ; frater Deude de Stagno ; frater Wilelmus de Serro; frater Petrus Plavia, capellanus ; frater N., claviger ; frater Poncius Iaucerannus ; frater Chabertus ; frater Azaimarus; frater Arnulfus ; frater Michael; frater Ugo Tatinus ; frater Wilelmus Chalvinus ; frater Ste. Ruffus ; frater Petrus de Sancto Paulo; frater Wilelmus Coccus; frater Vincentius ; Ymbertus de Manso (b^2), athleta (2); Petrus de Manso ; Petrus Albus ; Wilelmus de Montaneges : Rai. Roza; Bermondus (b^3) ; Petrus de Garrigas; Gi. Pelliparius; Wilelmus Iaucerannus; Vertus (b^4); Petrus de Chaisilana ; Gi. d'Auriol; Petrus Romeus ; Poncius Ros; Arbertus Ros; Gi. Cepartus ; Ste. de Stella, levita, qui scripsit; et multi alii (a^5) (b^5). Ego Wilelmus Berengarii, et soror mea (a^6) Dalmaza, et Berengarius nepos meus, et Rixent, et maritus ejus Ugo Turcs (a^7), hec supradicta super textum Euvangeliorum tenere juravimus, in presentia omnium supradictorum (a^8), M°.C°.LXXI°. ab Incarnatione Domini anno, mense maio, feria IIII.ª, luna XXVII.ª (3) (b^6).

---

(1) Cette pièce a été répétée sous les n°˚ 117 et 125. Nous donnons ci-après les variantes du deuxième et du troisième texte sous les cotes a et b.

(2) « Athleta. » Ce mot paraît employé dans le sens d'étudiant en théologie. Les quelques jeunes gens auxquels il est appliqué reparaissent en effet dans d'autres pièces avec des qualités indiquant qu'ils appartiennent à la cléricature et n'ont point encore atteint la prêtrise. Aucun exemple ne nous permet de l'appliquer à d'autres facultés.

(3) Mercredi 5 mai, 1171.

DEUXIÈME TEXTE.

(a^1) Intitulé : Wilelmi Berengarii. (a^4) Auxit.
(a^2) His.   (a^5) La date est intercalée ici, entre les
(a^3) Denarios.   mots « alii » et « Ego », avec interversion des

données chronologiques : Feria ıııı., luna xxvıı., mense maio, millesimo Cº.LXXI. ab Incarnatione Domini.

(aⁿ) « Soror mea » est omis.

(a⁷) Et Hugo, maritus ejus.

(aⁿ) Par suite du report de la date, la pièce se termine par le mot « supradictorum ».

TROISIÈME TEXTE.

(b¹) Intitulé : Guilelmi Berengarii.
(b²) Hymbertus del Mas, athleta.
(b³) Breumondus.
(b⁴) Petrus Vertuz.
(b⁵) La date est intercalée ici comme dans le deuxième texte.

(b⁶) Après le mot « supradictorum », le troisième texte porte cette adjonction : et mandavimus ut hec carta sigillo Tricastrinensis episcopi muniretur.

Nº 104. (Fol. 71 rº et vº.)

DE WILELMO DE SERRIANO. ||

[I]n nomine Domini nostri Ihesu Christi, noscat tam presens etas quam futura posteritas : quod ego, Willelmus de Serriano, et uxor mea Laureta, et filius meus Rostagnus, dedimus Deo, et Beate Marie, et fratribus Templi presentibus et futuris, pratum quod est infra terminos illorum que dedit Armann de Bord[elz](1) juxta juxta illud Petri Acer ab oriente, pro animabus parentum nostrorum. Et accepimus ab illis caritative equm quemdam precii CCᵗᵒʳᵘᵐ. solidorum melgoriensium. Factum fuit hoc donum domo de Richarenchis, in manibus Petri Berengarii, qui tunc magister erat, istis presentibus : fratre Deude de Stagno ; fratre Wilelmo de Serro ; fratre Petro Plavia, capellano ; fratre N., clavigero ; fratre Petro de Sancto Paulo ; fratre Pontio Iauceranno ; fratre Michaele ; fratre Arnulfo ; fratre Chatberto ; fratre Vincentio ; fratre Ste. Ruffo ; fratre Pontio Taufer ; fratre Ar. Lupo ; fratre Ugo Tatino ; fratre Wilelmo Cocco ; Amalricco de Chamareto ; Wilelmo Michaele ; Ste. de Stella, athleta ; Petro Albo ; Wilelmo de Montaneges ; Io. Persona ; Novaisano ; Wilelmo Iauceranno ; Petro de Chaisilana ; Gi. Escofer ; Petro de Terrazza ; Petro de Grimona ; Petro de Garrigas. Anno ab Incarnatione Domini Mº.Cº.LXXIº. mense aprilis, feria ııııª., luna xxª. (2).

(1) Armannus de Bordellis. Le scribe avait écrit deux fois le mot « juxta ». On a gratté et laissé en blanc les lettres « elz », et conservé deux fois le mot « juxta ». « Armann », quoique se lisant encore, a été modifié de façon à être plutôt lu « in manu ». Ces altérations doivent évidemment être rapprochées de celles qui ont été pratiquées sur la pièce nº 93.

(2) Mercredi 28 avril 1171.

N° **105.** (Fol. 71 v° et 72 r°.)

DE DALMADA, ET DE BERENGARIO BOIC.

[I]n nomine Domini, pateat cunctis hoc audientibus : quod ego Dalmaza, et Berengarius Boic, filius meus, et filia mea Rixenda, consilio fratris mei Wilelmi Berengarii, et Ugonis Turc, mariti Rixende, dedimus Deo, et Beate Marie, et fratribus Templi, et domui de Richarenchis, totum hoc quod habebamus in blacha Boic, et in pratis Novellis, videlicet per duas partes tasche. Hujus rei testes sunt : Ber. de Bolbotone ; Ri. Folradus ; Ugolenus Vetus ; || frater Petrus Berengarii ; frater Deude de Stagno; frater Wilelmus de Serro ; frater Petrus Plavia, capellanus ; frater N., claviger; frater Pontius Iaucerannus ; frater Chatbertus ; frater Azaimatus ; frater Arnulfus ; frater Michael ; frater Ugo Tatinus ; frater Wilelmus Chalvinus ; frater Ste. Ruffus ; frater Petrus de Sancto Paulo; frater Wilelmus Coccus ; frater Vincentius ; Ymbertus de Manso ; Petrus de Manso ; Petrus Albus ; Wilelmus de Montanegues ; Rai. Roza ; Bermondus ; Petrus de Garrigas ; Gi. Pelliparius ; Wilelmus Iaucerannus ; Vertus ; Petrus de Chaisilana ; Gi. d'Auriol ; Petrus Romeus ; Pontius Ros ; Arbertus Ros ; Gi. Cepartus ; Ste. de Stella, diaconus, qui scripsit. Anno ab Incarnatione Domini M°.C°.LXXI°., feria IIII^a., mense maio, luna XXVII^a. (1).

(1(Mercredi 5 mai 1171.

N° **106.** (Fol. 72 r° et v°.)

DE PETRO ET DE SORORE SUA RAINOIS.

[I]n Ihesu Christi nomine, sit notum cunctis hominibus : quod ego Petrus, et soror mea Rainois, nos qui fuimus filii Amalrici, consilio matris nostre Finas, et Ugonis Iterii, mariti Rainois, totum quod habebamus in Maurella dedimus Deo, et fratribus Templi Salomonis, et quicquid de heredibus nostris adquirere poterimus, eisdem fratribus similiter donamus pro remissione peccatorum nostrorum et pro salute animarum parentum nostrorum, ut Dominus noster peccata nostra remittat et insuper vitam eternam concedat, donamus et sine omni retenimento tradimus. Hanc donationem nos ambo, Petrus supranominatus videlicet, et soror mea Rainois, fecimus super textum Euvangeliorum, et in manibus Deude de Stagno, videntibus et audientibus : Petro Echor; Malle de la Mota ; N., clavigero ; Petro Plavia ; Pontio Pellipario ; Wilelmo Chalvini ; Arnulfo; Michaele ; Petro de Sancto Paulo ; Chatberto. Testes hujus donationis sunt : Rostagnus, sacerdos de Vallauria ; Raimundus de Fumel, presbiter ; Saramannus de Vallauria; Bermundus de Colonzellis ; Wilelmus Pufencs ; Bernardus Charreira ; Gi. de Taulinan ; Pontius d'Audfre ; Gi. Berbigers ; Gi. Brotinels ; Bermondus de Grillone ; et multi || alii. Et propter hanc donationem, nos ambo, Petrus et Rainois, caritative accepimus a supradictis fratribus, X. solidos viannensium, et I. saumadam annone. Et ego Wilelmus Bastardi, cum consilio Petri, fratris mei, et sororis mee Rainois, quicquid habebam in predicto Maurella, dedi supradictis fratribus Templi, et propter hoc donum accepi ab eis X. solidos. Anno ab Incarnatione Domini M°.C°.LXX°., feria I³, luna XII³. (1).

(1) Dimanche 31 mai ou 25 octobre 1170.

N° **107.** (Fol. 72 v° et 73 r°.)

Répétition du n° 74. Voir page 76.

N° **108.** (Fol 73 r°.)

Répétition du n° 75. Voir page 77.

N° **109.** (Fol. 73 r° et v°.)

De Grana, et de filio suo Amalrico.

[I]n nomine Domini nostri Ihesu Christi, notum sit cunctis hominibus hec scire desiderantibus : quod ego, Grana, et filius meus

Amalricus, pro salute animarum nostrarum et parentum nostrorum, ut Deus et Dominus noster peccata nostra remittat et insuper vitam eternam concedat, donamus et offerimus, et in perpetuum tradimus pro alodio franc, Domino nostro Ihesu Christo, et Beate ejus genitrici Marie, fratribusque Templi Iherosolimitani presentibus et futuris, quicquid juste habere putabamus, aut si quid supradictis || fratribus injuste contrapellabamus de decimis territorii quod vocatur Corona, totum et integrum sine fraude et sine dolo relinquimus, et in pace dimittimus, ad habendum et possidendum, totamque suam voluntatem inde faciendum. Hoc donum fecimus in manu Nicholay, clavigeri, et jusjurandum fecimus super textum Euvangeliorum nunquam nos esse turbatores istius doni. Hujus rei testes sunt : Raimundus, sacerdos Grillonis ; et Davis, presbiter ; Odo de Valriaz ; Odo Pigmaurs ; Wilelmus de Grillone, et Raimundus frater ejus ; et multi alii (1).

(1) Cette pièce n'offrant d'autre nom appartenant à l'ordre du Temple que celui du clavaire frère Nicolas, qui apparaît à Richerenches pendant de longues années, il est impossible de lui assigner une date voisine de la précision. Les mentions, dans des pièces datées, des noms des témoins permettraient par leur combinaison, de la placer avec quelque probabilité aux environs de 1170.

Elle offre la plus ancienne mention connue de nous, du nom de la Coronne, important lieudit de la commune de Valréas, qui a amené, postérieurement à l'époque où se confinent les dates de notre Cartulaire, la substitution de l'appellation « rivière de la Coronne » à celle d'« Elson », si fréquemment citée dans nos chartes, pour la petite rivière qui arrose les territoires de Valréas et de Richerenches.

N° **110**. (Fol. 73 v° et 74 r°.)

Répétition du n° 74. Voir page 76.

N° **111**. (Fol. 74 r° et v°.)

De R. de Gradignano (1).

[N]otum sit hominibus omnibus presentibus et futuris : quod ego Rostagnus de Granano, pro redemptione anime mee et animarum parentum meorum, dono et fideliter laudo Deo, et fratribus Templi, domuique de Richarenchis, terram quam Galterii in Camp Las pro me tenebant, quam videlicet terram tunc ipsi Galterii pro XL. solidis in pignore ex me habebant. Insuper concedo et laudo nemus quod dicitur Camp Las, quod scilicet Ratborcs, et Barastz, et Dodo filii ejus dederunt Deo et predictis fratribus de Richarenchis, sicut via ducit a Montesecuro ad Colonzellas, et inde extenditur in fluvium Lez ; et ex alia parte, via qua ducitur a ponte Pignano usque in quadruvium alie predicte vie (2), quicquid infra hos terminos habebant, scilicet decimam et medietatem tasche, et medietatem census de terris cultis, et hoc nemus in dominium. Hanc autem donationem et laudationem feci consilio Bertrandi de Falcone, et Petri Amalrici, filii ejus. Idcirco suprascripti fratres dederunt mihi caritative quendam equm precio de CC. solidis, et ex alia parte XX. solidos. Hoc donum et hanc laudationem feci super textum Euvangeliorum, in | ecclesia de Richarenchis et in manu Deude, qui hoc donum suscepit. Hujus rei testes sunt : Bartolomeus, presbiter ; N., claviger; Lambertus; Vidalis; Vincentius; Stephanus Ros; Petrus Wilelmi de Balmis, et Garinus filius ejus ; et Wilelmus Chalveira ; Petrus Plavia ; Rai. d'Avisan ; Wilelmus de Sancto Paulo ; Adalardus ; Gi. Pelliparius ; Wilelmus d'Esparron ; Michels Lauters ; Wilelmus Rostagni, del Monester ; Ugo de Cleu ; Iohannes Persona ; Bertrandus Escofers, de Balmis ; Wilelmus de Auticamp ; Bertrandus de Val (3) ; Ugo Turcs. Et sciendum est quod predicti fratres suprascriptam terram redimerunt a filiis Galterii XL. solidis. Anno ab Incarnatione Domini M°.C°.LX°.VI°., feria III^a., luna VIIIIe. (4).

(1) Le n° 251, dont les premières lignes seules subsistent, par suite de la perte des feuillets 151 et 152, débute presque identiquement, et pourrait bien être une répétition de la présente pièce. Toutefois, dans le doute, nous reproduirons en son lieu ce qui en est resté.
(2) Cf. n° 20.
(3) Probablement de Valriaco.
(4) Mardi 7 février 1167. En admettant, ainsi que l'usage en est presque constant au cours du Cartulaire, que l'année commence à l'Annonciation ou à Pâques, ce jour est le seul du millésime 1166 où les trois données chronologiques se rencontrent.

N° 112. (Fol. 74 v° et 75 r°.)

De Bermundo Rodulfi.

[Q]uoniam generatio preterit, et generatio advenit : ego, Bermundus Rodulfi, notum facio omnibus hominibus tam presentibus quam futuris, quoniam dono, et bona fide laudo Deo, et

Beate Marie, et fratribus Templi Salomonis, totum quod habeo, vel habere debeo, in territorio Maurelle, hoc est quedam pecia terre, et alia prati, quas videlicet ab eisdem fratribus tenebam. Et propter hoc, supradicti fratres dederunt michi XX. solidos, et V. sextaria annone precii X. solidorum, caritative. Anno ab Incarnatione Domini M°.C°.LX°.VI°. (1), videntibus et audientibus istis : Deude de Stagno, qui hoc donum suscepit ; Verlo, chanonico ; Bertolomeo, presbitero ; N., clavigero ; Wilelmo de Serro ; Lamberto ; Chatberto ; Vitale ; Poncio Audegri ; Arnaldo Nigro ; Rai. Geraldi ; Aalardo ; Wilelmo Rostagni ; Gi. Pellipario ; Wilelmo d'Esparro ; Poncio de la || Garda ; Armannus de Taulina ; Gi. Tardiu ; Pontio de Saon ; Wilelmo Chalvino.

(1) 1166.

N° 113. (Fol. 75 r°.)

DE BERTRANDO DE LA MOTA.

[N]otum sit omnibus hominibus : quoniam ego, Bertrandus de Mota, decanus Sancti Pauli, consilio Petri de la Garda, laudo et concedo Deo, et Beate Marie, et fratribus Templi Salomonis, vineam quandam que est in tenimento Simonis videlicet, et matris ejus Aaliarde, retento tantum jure ecclesie nostre ; et propter hoc donant mihi fratres predicti X. solidos caritative. Videntibus et audientibus : Deude de Stagno, qui hanc laudationem suscepit ; N., clavigero ; Wilelmo de Serro ; Petro de Dosera ; Gi. de la Rocha ; Pontio Calvera, et Petro Calvera ; Pontio, medico, diacono ; et multis aliis (1).

(1) Cette pièce doit se placer vers 1175, suivant les probabilités dues aux synchronismes.

N° 114. (Fol. 95 r° et v°.)

DE BERMUNDO DE CONOZELLAS.

[I]n nomine Domini : ego, Bermundus de Colonzellis, et filii mei, dedimus Deo, et Beate Marie, et fratribus Templi Iherosolimitani

presentibus et futuris, et domui de Richarenchis, totum hoc quod
habebamus, aut habere debebamus in pratis Maurelle, in cultis
et in incultis, pro animabus parentum nostrorum. Unde prefati
fratres persolverunt nobis caritative IIII^{or}. libras viennensium.
Hoc donum factum fuit super textum Euvangeliorum in domo
Richarencharum, in manibus Deude de Stagno, videntibus et
audientibus : fratre Odono ; fratre Rotberto ; fratre Ugone ; fratre
Petro Plavia, capellano ; fratre N., clavigero ; fratre Petro de
Sancto Paulo ; fratre Chatberto ; fratre Arrulfo ; fratre Michahele ;
fratre Wilelmo Cocco ; fratre Wilelmo Chalvino ; fratre Vincentio ;
|| fratre Pontio Arberto ; Ste. de Stella, diacono ; Petro Albo ;
Wilelmo de Montanegues ; Petro, filio Latgerii de Balmis ; Tolau ;
Petro de Garrigas ; Maroano ; et multis aliis. Anno ab Incarnatione Domini M°.C°.LXXI°., mense junii, feria 1ª., luna xiiiiª. (1).
Postea vero eodem die, uxor mea simili modo donavit et laudavit
totum quod habebat aut habere debebat, predictis fratribus, in
manibus N., clavigero, et super textum Euvangeliorum tenere
juravit, audientibus et videntibus : Decano de Colonzellis ; Poncio
Clemente ; Petro Raimundo de Plane ; Wilelmo Rochafort ; Lan-
telmo ; et multis aliis. In presentia quorum Bermondus prefatus
et filii ejus laudaverunt et affirmaverunt.

(1) Dimanche 20 juin 1171. Il y a erreur d'un jour sur la lune.

N° **115.** (Fol. 75 v° et 76 r°.)

DE GUILELMO NIELLO.

[I]n nomine Domini : ego, Wilelmus Neiels, et uxor mea
Wilelma, et filius meus Poncius, damus Deo, et fratribus Templi
tam presentibus quam sequentibus, et domui de Ricarenchis,
hoc quod habemus in territorio de Borbotone, videlicet terram
illam que est juxta viam que transit de silva usque ad Balmas,
et est juxta condaminam Petri Vuilelmi de Balmis ; et hoc quod
habemus in manso Martel pro labore nostro, scilicet in pradale
quod est ante castrum de Balmis. Et propter hoc accepimus de
bonis eorum caritative, XI. sextarios annone, valentes XXX.II.
solidos vianensium. Et donacionem istam fecimus in manibus

Deudet de Stagno, super sancta Euvangelia, istis videntibus et audientibus : Petrus Plavia; fratre Nicolao, clavigero; fratre Chatberto; fratre Vincencio ; fratre Arnulfo ; fratre Petro de Sancto Paulo; fratre Michaele; fratre Stephano || Rufo; fratre Wilelmo Coquo. Testes sunt : Imbertus de Manso, diaconus; Wilelmus Iarentes, subdiaconus; R. Rostagni, clericus; Audeiers de Grillone ; Gaufres, filius Hugonis de Montedracone, et Wilelmus de Vachairaz, armiger ejus ; Bermundus de Grillone ; Utbouts ; Iohannes Pressona; Bernardus, armiger Hugonis de Barcelluna; Petrus de Chaisillana; Petrus de Barre ; Poncius Baudoini ; Brunus ; R. Bonel ; Wilelmus de Sauzet; Petrus Rascaz. Hoc fuit factum in mense novimbrio, feria quinta, luna VIII., anno ab Incarnatione Domini M°.C°.LXXI. (1).

(1) Jeudi 11 novembre 1171. Il y a erreur d'un jour sur la lune.

N° **116**. (Fol. 76 r° et v°.)

BERNARDI AUTARDI.

[I]n Ihesu Christi nomine : ego, Bernardus Autardi, dono fratribus Templi tam presentibus quam sequentibus, et domui de Ricarenchis, hoc quod habeo in illa terra que est inter pratum quod Raimundus Geraldi dedit predictis fratribus, et inter mollerias quas dedit Malamanus eisdem fratribus, et est juxta fluvium Elsonis ; et sicut terminatur his terminis, sic illam vobis sine omni retenimento dono et concedo ; et ab infantibus meis, et a meo fratre, et ab omnibus hominibus securam et quietam vobis astare faciam. Hujus rei fidejussores sunt : A. Niger ; Poncius Mirapes. Et fratres predicti mihi dederunt caritative VIIII. sextarios annone valentes XVIII. solidos. Et istud donum in manibus Deusdet de Stagno super textum Euvangeliorum tenere juravi, istis videntibus et audientibus : Petro Plavia, capellano ; fratre Hugone de Barcelluna ; fratre Nicolao, clavigero ; fratre Chatberto ; fratre Arnulfo ; fratre Vincencio ; fratre Petro de Sancto Paulo ; fratre Micaele ; fratre Wilelmo Coquo. Testes sunt : Imbertus de Manso, diaconus, et Petrus, frater ejus, subdiaconus; et Wilelmus Iarentes, subdiaconus; Raimundus || Rostagni, clericus; Armannus Riperti; Poncius Baudoini, de Sancto Baudilio; Petrus Rainaldi; Raimundus Bonelli; Petrus Gauterii, de Suza; Geraldus Pellicers; Bertrannus de Chantamerle; Wilelmus de Mannaz; Wilelmus Iterii, nepos Geraldi Iterii. Donatio ista facta fuit in mense novimbrio, in kalendis ejusdem mensis, feria 1ª., luna xxxª., anno ab Incarnatione Domini Mº Cº LXX I. (1).

(1) Dimanche 1ᵉʳ novembre 1170.

N° **117**. (Fol. 76 vº et 77 rº.)

Répétition du n° 103. Voir page 103.

N° **118**. (Fol. 77 rº et vº.)

ALIA (1).

[I]n nomine Domini nostri Ihesu Christi : ego, Dalmaza, et Berengarius Boics, filius meus, et Rixens, et Hugo Turcs, maritus Ricsent, nos omnes bona fide et bono animo, cum consilio et voluntate fratris mei Wilelmi Berengarii, quicquid habebamus vel habere credebamus in pratis Novellis, sicuti fratres mei in antea fratribus Templi dederant, eodem pacto laudamus, damus, et concedimus predictis fratribus, scilicet pro duabus partibus tasche. Hujus rei testes sunt: Bertrannus de Bolbotone; Ripertus Folrati; || Hugolenus Vetus; frater Petrus Berengarii; frater Deusde de Stagno; frater Guilelmus del Serre; frater Petrus Plavia, capellanus; frater Nicolaus, claviger; frater Poncius Iauceranni; frater Catbertus; frater Ademarus; frater Arnulfus; frater Micael; frater Hugo Tatini; frater Wilelmus Calvini; frater Ste. Rufi; frater Petrus de Sancto Paulo; frater Wilelmus Cocus; frater Vincencius; Imbertus de Manso, et Petrus frater ejus; Petrus Albus; Wilelmus de Montanegues; Raimundus Roza; Bermundus; Petrus de Garrigas; Geraldus Pelliparius; Wilelmus lauceranni; Vertuz; Petrus de Chaissillana; Ge. d'Auriol; Pe. Romeus; Poncius Ros; Arbertus Ros; Ge. Cepardi; Ste., levita, qui scripsit; et multi alii. Feria quarta, luna xxvii., mense maio (2). Et propter hanc prescriptam donationem, ego Dalmaza, et Berengarius Boics, filius meus, et Rixens, et Hugo Turcs, nos omnes accepimus a supradictis fratribus Templi caritative I. trentanarium de bona lana.

---

(1) Cet intitulé est dû à ce que l'on avait reporté une seconde fois au Cartulaire sous le n° précédent, la pièce n° 103, du même jour, et due aux mêmes personnages.

(2) Mercredi 28 avril 1171. Bien que le millésime ne soit pas exprimé, la pièce présentant les mêmes données chronologiques que le n° 103, étant passée par les mêmes personnages, en présence des mêmes témoins, et pour une nouvelle concession sur les mêmes propriétés, il ne peut y avoir aucun doute sur la date que nous présentons comme positive.

N° **119**. (Fol. 77 v° et 78 r° et v°.)

WILELMI MALEMANUS (1) (a^1).

[N]otum sit omnibus hominibus tam presentibus quam futuris (a^2) : quod ego, Wilelmus Malamanus, et filii mei, Wilelmus, atque Raimundus, venimus in domum de Richarenchis, et donaciones quas nos et antecessores nostri donavimus et concessimus Deo, et Beate Marie, et fratribus Templi, et domui de Richarenchis, || ego, predictus Wilelmus, et filii mei, super sancta Euvangelia, in manu Deusde de Stagno, donavimus et concessimus (a^3) totas illas decimas (a^4) quas habemus et habere debemus in territorio, sive in terminio illo, quod est inter fluvium de Oleira et fluvium de Elsone, et extenditur usque in territorium de Colonzellis, et sicut crucibus a septentrione determinatur. Et donacionibus istis adjungimus mollerias que sunt in pratis Novellis, pro quibus a fratribus predictis caritative accepimus unum caballum de duobus annis, et I. trentanarium de lana in precio XII. solidorum, et IIII^{or}. sextarios annone, sicuti est scriptum in libro cartarum. Et adjungimus terras quas de nobis habebant li Chabaz, et similiter accepimus a fratribus unum pullum unius anni, precio de XL. solidis, et I. trentanarium de lana precio de XII. solidis, sicuti scriptum est in libro cartarum ; et adjungimus terram quam Raimundus Geraldi, et nepos suus Wilelmus Geraldi, de nobis habebant; et a fratribus supradictis accepimus IIII. sextarios annone et XLV. solidos, de quibus Arnaldus Pelliparius habuit XX. solidos, qui tascam terre habebat in pignore. Et extra hos terminos predictos, damus eisdem fratribus per nostra territoria, pascua et ligna sibi necessaria (a^5). Omnes istas donaciones super sancta Euvangelia, sicut dictum est superius, juravimus, istis videntibus et audientibus : fratre Nicolao, clavigero; || fratre Wilelmo del Serre ; fratre R. de Plannis ; fratre Pe. Plavia ; fratre Lanberto ; fratre Vincencio ; fratre Catberto ; fratre Arberto Lupo (a^6); fratre Wilelmo ; fratre Stephano Rufo ; fratre Poncio de Luzeranno ; fratre Raimbaldo ; Poncius de Rocaforte ; Michaeli Lanterio. Testes sunt : Petrus Riperti, capellanus ; R., clericus, filius Bertranni Rostagni ; Raimundus, atque G., filii Petri Hugonis de Avisano ; Amalricus de Chamareto (a^7); Petrus Dalmacius, filius Gontardi Lupi ; Ber. de Montesecuro ; Petrus de Montelles ; Nicolaus, filius Wilelmi Agullo ; Falco de Torno (a^8); Wilelmus Hugo, et Hugo, filii Vuilelmi Hugonis de Montedracone ; Iohannes Pressona ; Iohannes Pelliparius ; G. Pelliparius ; Pe. Arnaudi Pelliparius ; Poncius Sutor ; Wilelmus Crassus de Sancto Paulo (a^9). Anno ab Incarnatione Domini M°.C°.LXVIII., feria 1ª., luna tercia (2).

---

(1) Cette pièce a été enregistrée à nouveau sous le n° 121. Nous donnons les variantes du second texte sous la cote a.

(2) Les données chronologiques concordent le dimanche 14 avril 1168 et le dimanche 5 janvier 1169.

Deuxième Texte.

(a^1) Intitulé : Guilelmi Malamanus.

(a^2) Préambule : [P]resentibus et futuris notificetur : quod... etc.

(a^3) Et confirmavimus, scilicet pascua et ligna domui necessaria per omnia territoria nostra et nemora et totas... etc. Cette addition contient la substance de la clause supprimée plus bas (Voir ci-dessous a^5) ; mais comme le copiste a omis le mot « decimas » dans la répétition, la suite de la phrase est devenue incompréhensible dans le deuxième texte.

(a^4) « Decimas » est omis.

(a^5) La phrase : « Et extra.... necessaria », dont la substance a été reportée plus haut (Voir a^3), a été supprimée ici.

(a^6) Lobeto.

(a^7) Camareto.

(a^8) Tornone.

(a^9) Facta est hec recognitio, confirmatio et iterata donatio anno....

N° 120. (Fol. 78 v° et 79 r° et v°.)

Guiraldi Engelranni.

[I]n Ihesu Christi nomine : ego Geraldus Engelranni, et Raimundus frater meus, et Wilelmus, et Helisabet nostra soror, cum consilio matris nostre, et cum consilio Stephani, mariti Helisabet, nos pariter bona fide, et bono animo, et sine fraude, donamus et concedimus Domino nostro Ihesu Christo, et Beatę ejus genitrici Marię, fratribusque Templi Salomonis Iherosolimitani, terras quas habemus in territorio de Granolle, juxta pontem quod est in stagno || ipsius territorii, ita quod nullus nostrorum, vel amicorum nostrorum, audeat perturbare vel inquietare hanc donationem. Hanc donationem sive laudacionem nos omnes suprascripti fecimus in castro de Chamareto, et in manibus fratris Nicolai, clavigeris, super textum Evangeliorum, supradictum donum teneri et observari juravimus. Hujus rei testes sunt et fidejussores : Wilelmus de Gradinna ; et Amalricus de Chamareto ; et Raimundus de Chalancone. Testes sunt etiam : Raimundus Rigaldi ; Odo Pinnols ; Odo Maljocs ; Ripertus, filius Hugonis de Valriaz ; Guilelmus Raimundi juvenis, et Raimundus, frater ejus ; et Bermonnets de Colonzellis. — Iterum ego Geraldus Engelrans, et Guilelmus frater meus, et Raimundus, et Stephanus, maritus sororis nostre Helisabet, venimus ad Ricarencas, et supradictum donum, quod in antea in manibus Nicolai feceramus, tunc in supradictam domum illud donum recordavimus, et super textum Euvangeliorum in manibus Deode de Stagno firmiter nos tenere afirmavimus. Et propter prenominatam donationem, nos suprascripti fratres, et soror nostra, caritative a fratribus de Templo accepimus LXIIII. solidos viannesium. Si autem nostra donatio terrarum illarum amplius valet, penitus Deo, et fratribus Templi, pro Dei amore et peccatorum nostrorum remissione donamus. Testes sunt : Hugo || de Barcelluna ; Petrus Plavia ; Nicolaus, claviger ; Lanbertus de Roca ; Arnulfus Sutor ; Wilelmus Cocus ; R. de Grillone ; Wilelmus Gras ; Wilelmus, clericus de Montanegues ; Raimundus, clericus de Taulinnano ; Iohannes Pressona ; Wilelmus de Mannaz ; Petrus de Mannaz ; Geraldus Pellicers ; Geraldus, filius Raimundi Geraldi de Valriaz, et Petrus, frater ejus. Anno ab Incarnatione Domini M°.C°.LXX°.I°., feria III°., luna X°., mense febroarii (1).

---

(1) Mardi, 8 février 1172.

N° **121.** (Fol. 79 v° et 80 r° et v°.)

Répétition du N° 119. Voir page 114.

N° **122.** (Fol. 81 r° et v°.)

Bertrandi Viaderi.

[N]otum volumus fieri presentibus et futuris : quod ego, Petrus Artaldi, et ego, Bertrandus Viaders, et ego, Petrus de Dosera, recognovimus et laudavimus plateas que sunt circa domum Sancti Iohannis esse domus ipsius, et ipsam domum domus esse militie, sicuti antecessores nostri, scilicet Peregrina, mater Petri de Dosera, et Guilelmus de Sancto Paulo, dederunt, concesserunt et laudaverunt quondam domui militie, et ceteri. Hoc ipsum ego, Pontius, filius Bertrandi Viader, recognovi et laudavi domui Sancti Iohannis et domui militie. Hec recognitio et laudatio facta fuit in presentia testium istorum, scilicet Geraldi de Rocha ; Riperti de Soloriu, et Guilelmi fratris ipsius ; Guilelmi de Buxo ; Petri de Manso ; Guilelmi de Balmis, filii Petri Guilelmi de Balmis ; Petri Calverie, Guilelmi Calverie, et Arnaldi Calverie, fratris istorum ; Petri Michahelis ; Adalardi, custodis domus Sancti Iohannis ; Geraldi Moioler, texarii ; Pontii Martini. Hec recognitio et laudatio facta fuit in domo Sancti Iohannis, in manu || Deudez de Stagno ; Nicholai, clavigeri ; anno ab Incarnatione Domini M°.C°.LXX^{mo}.II°., in mense aprili, feria VI^a., luna XX^{a}III^a. (1).

(1) Vendredi 21 avril 1172.

N° **123.** (Fol. 1 v°.)

Alia.

[E]go Bertrandus Viaders, et Pontius, filius meus, donavimus domui militie, anno ab Incarnatione Domini M°.C°.LXX°.II°. (1), quartonem cujusdam vinee, que est juxta montem Cameli, quam excolebat Petrus Brunicardi; et si desierit esse vinea, terra debet esse domus militie. Hec donatio facta fuit in mense aprili, feria vi., luna xx^n.iii^a. Cujus donationis testes sunt : Geraldus de la Rocha; Ripertus de Soloriu, et Guilelmus, frater ejus; Guillelmus de Buxo; Petrus de Manso; Guilelmus de Balmis, filius Petri Guilelmi de Balmis; Petrus Calveria, Guilelmus Calveria, et Arnaldus Calveria, frater eorum; Petrus Michahelis; Adalardus; Geraldus Moiolers, textor; Pontius Martini.

(1) Vendredi 21 avril 1172.

N° 124. (Fol. 81 v°, 82 r° et v°.)

BELLISSENZ, ET BENAIAS, ET STEVENA. ||

[E]go Belissenz, et Benaias et Stephana, filie mee, domui de Richerenchis donamus, et fratribus Templi, terram quam habemus in territorio de Bolbotone, juxta viam que pergit de Sancto Albano ad Bolboton, ad meridiem; et est, ad occidentem, juxta terram que fuit Galterii de Montesecuro; ad septentrionem, juxta terram domus militie; ad orientem, juxta terram Guilelmi Malirufi, de Montesecuro. Et hoc tenendum juramus super textum Evangelii, in manu Deudez de Stagno, cujus rei sunt testes isti : Raimundus, clericus de Taulignan; Iohannes Persona; Petrus Mistral, et Pontius frater ejus; Rostagnus Urgau, et Petrus Urgau, frater ejus, et Guilelmus, filius Rostanni Urgau; Lambertus Giroardi; Geraldus Pellicers; Iohannes de Podio; Petrus Geraldi, filius Raimundi Geraldi; Petrus de Chaissignana; Petrus Columbs; Guilelmus Maurellus; Guilelmus Barbarinus; Pontius de Soloriu; Ismio Chais; Castaneus. Ego quoque Belissenz conveni in manu Deudez de Stagno, quod supradictam terre donationem || Petronilla, filia mea, concederet, laudaret, atque teneret; et dedi interim, pro tenemento domui militie et fratribus Templi, quandam fasciam terre in territorio de Bolbotone, et firmantias Pontium Gaulterii et Petrum Bertrandi. Hec omnia ut supra dicta sunt, facta fuerunt in presentia fratrum Templi : Petri Plaio, capellani; Guillelmi de Serro; Lamberti de la Rocha; Chetberti; Arberti Lobeti; Stephani Rufi; Guillelmi Coci; Arnulfi Sutoris; Hugonis Titini; Iohannis; Nicholai, clavi-

geri. Hec donatio facta fuit in mense aprilis, feria III*., luna
XX*VII*., anno ab Incarnatione Domini millesimo centesimo
septuagesimo secundo (1). Pro hac igitur supradicta terre donatione, ego Belissenz, et filiee mee, accepimus caritative a fratribus Templi, quadraginta solidos viennensium, et unum sextarium
annone. Et si quid amplius terra valet, predicte domui Templi
pro Deo donamus. ||

(1) Mardi 6 avril 1171.

N° **125**.   (Fol. 83 r° et v° et 84 r°.)

Répétition du n° 103. Voir page 103.

N° **126**.   (Fol. 84 r° et v° et 85 r°.)

Petri Coza.

|Q|uoniam durabile contra calumnias scriptura videtur adesse
remedium, igitur que ad memoriam reducere volumus, scribere
disponimus. Hujus rationis respectu : ego, Petrus Cocza, et uxor
mea Petronilla, et Bertrandus noster filius, nos omnes simul in
nomine Domini tribuimus et concedimus Deo, et Beate Virgini
Marie, et fratribus Templi, domuique Richaren || carum, terras
quas nostras esse vendicabamus, et jure hereditario habere debebamus, in territorio de Bolbotone, quarum una portio est juxta
condaminam Petri Guilelmi de Balmis, et altera juxta terram
Guilelmi Richerii. Ideoque fratres supranominati nobis caritative
donant duos sextarios annone in precio decem solidorum melgo-
riensis monete. Hoc donum factum fuit in manu Deudet de
Stagno, in presentia horum fratrum Templi, scilicet Hugonis de
Barcelona ; Guilelmi de Serro; Petri Plavia, capellani; Nicholai,
clavigeri; Lamberti de la Rocha; Aimarii Iterii; Michahelis
Lenterii; Petri de Sancto Paulo; Arberti Lobeti; Chetberti;
Stephani Rufi; Guilelmi Calvini; Petri Artmanni; Arnulfi Suto-
ris; Guilelmi Cocci. Hujus dati testes sunt : Guilelmus, clericus

de Montanicis ; Raimundus, clericus de Taulignan ; Breumundus de Grillone ; Iohannes Persona ; Giraldus Pellicers ; Giraldus de Valriaco, et Petrus Giral || di, frater ejus ; Giraldus Sutor ; Petrus de Cassignana. Hoc donum factum fuit anno ab Incarnatione Domini millesimo centesimo septuagesimo secundo, in mense martio, feria vii^a., luna xii^a. (1).

(1) Samedi 11 mars 1172.

N° **127**. (Fol. 85 r° et v° et 86 r°.)

GUILELMI RICHAVI.

[I]n nomine Domini : ego, Guilelmus Richauz, dono fratribus Templi sine omni retinemento, omne quod habeo, vel habere debeo, vel homo vel femina per me habet aut tenet, in territorio de Granoleto ; quod territorium est inter fluvium de Elsone, et fluvium de Oleira, et territorium de Colonzellis. Hoc donum etiam laudavit mater mea Pairoleira, et Agnes uxor mea, cum consilio Petri Bruni, et Petri de la Garda, et Petri de Rossaz, et Guilelmi Archimbaudi, et Archimbaudi filii ejus, et Bermundi Rigaldi, et Rodulfi de Rossaz, et Petri Guilelmi de Vallauria, et Lamberti Bertrau, et Guilelmi Eguezer. Et ego supradictus Guilelmus Richauz, istis supradictis videntibus et audientibus, donum supra || scriptum super sanctum Evangelium tenendum juravi in manibus Petri de la Garda, et fratris Petri Echer, et fratris Nicholai, cum consilio Deudez de Stagno, et Saramanni (1), et multorum aliorum fratrum de Richerenchis. In presentia autem istorum et aliorum, fratres Templi supranominato Guilelmo Richau totum tenementum et terram quam Saramannus, et Aldebertus (2) frater ejus, antea sibi dederant, reliquerunt, preter tenementum territorii de Granoleto. Hec igitur donatio, sive comcambiatio tenementorum, facta fuit anno ab Incarnatione Domini millesimo centesimo septuagesimo, feria v^a., luna iiii^a. — Quam perpetualiter tenendam, ego Saramannus, et Guillelmus Richauz, sicut in hac carta continetur, firmavimus et juravimus super altare Sancte Dei Genitricis Marie de Richerenchis, et voluimus et rogavimus ut huic carte sigillum Tricastrinensis episcopi ad memoriam horum omnium commendandam imponeretur. Hęc ergo omnia suprascripta, dictaque, facta, concessaque ab utraque parte fuerunt in pre ‖ sentia et audientia hominum suprascriptorum, et subscriptorum istorum, scilicet : Deudez de Stagno ; Petri Echer ; Nicholai, clavigeri ; fratris Pontii Iauceranni ; fratris Petri Plavia ; Guilelmi Coci ; fratris Michahelis ; fratris Guilelmi Calvini ; fratris Adimari ; Raimundi, capellani ; Bremundi Rigaudi ; Guilelmi Pufencs ; Riperti Bruni ; et Petri Blanci. Ad ultimum quoque, ego, Guilelmus Richauz, presentibus et futuris notum volo fieri, quoniam si tenementum meum de Granoleto, pro quo in concambio tenementum Saramanni et fratris ejus Aldeberti accepi, valet amplius, illud supervalens totum Deo, et Beate Marie, domui, fratribusque Templi dono, concedo bona voluntate, et laudo (3).

(1) et (2) Saraman et Aldebert de Vallaurie.
(3) Les données concordent le jeudi 23 avril 1170, et le jeudi 14 janvier 1171.

N° **128**. (Fol. 86 r° et v°.)

DE EPISCOPO SANCTI PAULI TRICASTRINENSI.

[I]n nomine Domini : breu de donatione que agitur domnus Poncius, episcopus Sancti Pauli Tricastrinensis ; et Bertrannus Viaders, et fratres sui ; et Guilelmus de Sancto Paulo, et Petrus Artaldi ; et Peregrina, et filii ejus, scilicet Petrus de Dosera. Nos omnes dedimus Domino Deo, et Beatę Marię, et militibus fratribus Templi Salomonis Iherosolimitani, in civitate Sancti Pauli, ecclesiam Sancti ‖ Ihoannis, cum palacio quod illi adheret, et cum plateis que sunt in circuitu. Hoc laudat et affirmat archidiaconus, et deganus, et capiscolius, ac Benedictus de Balmis, et Wilelmus Rainoardi. Dantur hec presentibus manibus fratris videlicet Arnaldi de Bedoz, et Galdemarii de Salis, et Hugonis de Panaz. Et hoc factum fuit feria v^a. que est ante Parasceve et in civitate Tricastrina, A.D.M.C.LX.VII. (1).

[I]n nomine Domini : ego Anna, pro redemptione animę meę, et pro peccatorum meorum remissione et parentum meorum, mater predictorum Guilelmi de Sancto Paulo et Petri Artaldi, donationem suprascriptam aprobo et confirmo ; et volo quod decanus et capitulum habeant singulis annis in perpetuum, in festo Beati Iohannis, in dicta ecclesia Beati Johannis, pro anniversario et visitatione, XX^{ti}. solidos, et volo quod provideant dicte ecclesie de bono servitore ad expensas Templariorum super redditibus furnorum, molandinorum, et serviciorum, per me ipsis datorum, in civitate Sancti Pauli. Factum ut supra et coram testibus supra. ||

---

(1) Jeudi saint, 19 mars 1136, et non 1167. La date inscrite ici par le copiste chargé de l'enregistrement est, sans doute possible, le résultat d'une erreur de lecture de l'original. Cette pièce ne peut être d'un autre jour que le n° 27, ainsi daté : « Feria v^a. ante Parasceven, xiiii°. kalendas aprilis, luna xii^a., » données qui désignent exactement le jeudi saint, 19 mars 1136. « Luna », souvent abrégé par un L. seul, étant suivi d'un chiffre commençant par un X, peut facilement être confondu avec le nombre LX. Pour peu que l'original fût un peu endommagé déjà, ce fait a pu égarer le copiste. Les témoins ayant vu cet original au XVIIIe siècle, le rapportent comme « sans note chronologique » (*Hist. apol.*, t. I, p. 34). Sans être complètement enlevée, la date pouvait déjà être détériorée lors de la transcription.

Les synchronismes s'opposent absolument à l'année 1167, et sont tous conciliables avec 1136. L'évêque Pons de Grillon est mort avant le 16 juin 1138. Il a présidé le jeudi saint 1136 à la donation n° 27, faite, comme celle-ci, à Arnaud de Bédoz, tout récemment arrivé à Saint-Paul. Arnaud de Pédoz et Hugues de Panaz ne se trouvent ensemble dans notre région que de 1136 à 1138 ou 1139. Le second fut commandeur de Richerenches de 1141 à 1144 ; mais Arnaud ne reparaît plus après qu'il eut assuré l'établissement du monastère de Richerenches et des commanderies secondaires qui en dépendirent.

Dans la charte 128, nous voyons comme donateurs :
1° Bertrand Viader et ses frères.
2° Anne et ses deux fils, Guillaume de Saint-Paul, et Pierre Artaud.
3° Pérégrine, et son fils Pierre de Donzère.

En 1172 s'était élevé un conflit entre le Temple et l'évêque sur l'étendue de la juridiction du palais Saint-Jean, à son alentour dans la ville de Saint-Paul, contestation qui ne fut terminée que dans les premières années du siècle suivant. Les Templiers se firent délivrer, le 21 avril 1172, la déclaration portée ci-dessus sous le n° 122 par les survivants de la donation primitive. Dans cette pièce, la référence à la présente est précédée du mot « quondam », et les survivants, au nombre de trois seulement, Bertrand Viader, Pierre Artaud et Pierre de Donzère, parlent des autres en les désignant par les mots « antecessores nostri ». Ces termes ne sauraient s'appliquer qu'à un laps de temps fort étendu dans la vie d'un homme. De plus, Bertrand, qui n'a que des frères lors de la donation du palais Saint-Jean, fait intervenir à la déclaration de 1172 un fils qu'un acte du même jour, et d'autres assez voisins par leurs dates, nous montrent homme fait, important et marié.

Nous croyons donc devoir, sans hésitation, rectifier la date consignée ici par le scribe, et reporter la présente charte 128 au même jour que le n° 27, 19 mars 1136. La déclaration n° 122 ayant fait apercevoir que la donation originale n'avait pas été enregistrée, cette omission a été réparée peu après. Le Cartulaire offre plusieurs exemples d'oublis ainsi rétablis, et produisant des interversions de dates fort illogiques.

La longueur et la minutie de cette note seront excusées par le grand intérêt qui s'attache à la pièce. Elle est en effet la charte de fondation de la petite commanderie de Saint-Paul-Trois-Châteaux, laquelle, bien que n'ayant jamais reçu un grand développement, sans doute pour les raisons exposées dans l'Introduction (chap II), n'en est pas moins l'aînée de Richerenches, et par conséquent le premier établissement que l'ordre du Temple ait acquis dans le marquisat de Provence.

N° **129**. (Fol. 87 r° et v°.)

Guilelmi Ugoni de Montilio.

[I]n Christi nomine, notum sit cunctis : quod ego, Guilelmus Hugonis Montellis Ademari, pro remissione animę meę, meorumque parentum, libenti animo et spontanea voluntate, dono Domino Deo, et milicię Iherosolimitani Templi, et concedo universa que fratres Templi de me habere videntur, vel de alio aliquo, que de meo dominio fuisse constat. Et nunc presencialiter nominatim dono predictis fratribus in territorio de la Garda unam meiariam, et ad Sanctum Paulum cartonem de duabus vineis quas tenebat Wilelmus Gaucelmi cum heredibus suis ; et dono eis dimidiam partem mediarie ex Fontibus quam tenebat Petrus Martinus. Eodem quoque modo dono predicte milicie, et concedo, condaminam que dicitur Sardaz, et dimidium pratum de Fontibus. Simili quoque modo, Domino Deo, et predictis fratribus Templi dono Wilelmum Chatfredum, cum tenemento quod ipse tenet per me. Omnia ergo que superius sunt nominata, dono et concedo fratribus Templi presentibus et futuris, ut ea perpetuis futurisque temporibus ipsi teneant et possideant, sicut melius et hutilius ad eorum utilitatem intelligi potest, in vita mea, et post discessum meum ex hoc seculo. Et propter hoc donum habui mille solidos valentes (1) ex fratribus Templi. || Hoc autem donum factum fuit apud Richarensis, in manu fratris Petri de Roveria, magistri Provincię, et in manu fratris Deodati, atque fratris Nicolai, cellerarii, videntibus et audientibus : Poncio d'Alon ; et Esmidone d'Ais ; et Bertranno de Bolbotone ; et Riperto Folrate ; et multorum aliorum. Et postea affirmavi illud in manu fratris Deodati ad Fontes, atque fratris Raimundi de Barbaira, et Guiscardo, milicie Templi fratre, existentibus testibus, audientibus et videntibus : Wilelmo Berengario ; Wilelmo Remusato ; Galterio, presbitero ; et Petro Riperto, filio Hugonis d'Alon, cum Hugone, fratre suo ; et Laurencio, atque Maurino de Aiguno, cum Rainaldo, fratre suo ; et Bertrani de Bolbotone, cum Riperto Folrato : Vialo de Aiguno ; et Martino Gaceia ; atque Petro Dalmacio. Recognovi etiam meipsum in confraternitate et collegio predictorum fratrum, et quandocumque me mori contigerit, equm meum et arma mea eis tribuo. Verumptamen si in obitu meo equm non haberem, predictis fratribus quingentos solidos laudo, in porta de Montilio in qua pocius eis libuerit. Actum est viiii. kalendas septembris, in die Sancti Bartolomei, luna iiii*a*., feria vi*a*., anno ab Incarnatione Domini M°.C°.L°.VI°.(2).||

(1) Valentinenses? ou peut-être « de bon aloi ».
(2) Vendredi 24 août 1156, jour de saint Barthélemy, apôtre.

N° 130. (Fol. 88 r°.)

GERALDI ADEMARII.

[I]n nomine Domini, notum sit cunctis hominibus : quod ego, Geraldus Ademarii, pro redemptione animę meę et peccatorum meorum, omniumque parentum meorum remissione, dono et laudo Deo, et Beate Marie genitrici ejus, et fratribus milicie Templi Salomonis Iherosolimitani, lesdam et pedagium de suis omnibus rebus, quas emere vel vendere voluerint, nec transire per territorium meum fecerint, bono animo et bona voluntate predictis fratribus tribuo et laudo. Laudo etiam eis et concedo totum quod frater meus Wilelmus Hugonis, in antea predictis fratribus dederat, ad perpetrandas et faciendas voluntates suas. Ad ultimum laudo eis similiter et dono feudum quod Rodulfus de Fauc de me habebat, ex hoc quod ipse Rodulfus fratribus dedit. Hoc donum factum fuit in manu Deode de Stagno, qui etiam, precepto magistri Petri de Roveria, prenominato Geraldo caritative quendam equm precio CCC. solidorum dedit, et unum palafre precio LX. solidorum. Hujus donacionis testes sunt : Poncius Sealz ; Guilelmus Berengarii ; Chauchaz ; Raimundus de Robio ; Poncius Aldeberti, miles ; Johannes, medicus ; Guilelmus Chatfres ; Rostagnus de Torno ; Claris de Sancto Gervasio, et filius ejus. Hoc donum factum fuit nonis septembris, luna xx*a* vii*a*., anno ab Incarnatione Domini M°.C*n*.L°.VIII°.(1).

(1) 5 septembre 1157. — En 1158, le 5 septembre est lune 16, tandis qu'il est effectivement lune 27 l'année antérieure.
Dans la charte précédente, passée à Richerenches par Guillaume Hugues de Montélimar, les données chronologiques prouvent que le commencement de l'année est compté au printemps suivant le 1*er* janvier n. st. Dans celle, au contraire, de son frère Géraud Adhémar, laquelle n'a pas été passée à Richerenches, attendu que

Déodat de l'Estang est le seul templier présent, et qu'il a évidemment été envoyé auprès de lui par Pierre de Rouvière, mais vraisemblablement donnée à Montélimar ou dans quelque château voisin, d'après les noms de certains témoins, le commencement de l'année est reporté au printemps précédant le 1ᵉʳ janvier n. st. de même millésime. La précision de date de ces deux pièces, assez exceptionnelle dans notre Cartulaire, nous fournit par leur comparaison un renseignement chronologique qui méritait d'être relevé.

N° **131**. (Fol. 48 r° et v°.)

De Anna. ||

[I]n nomine Domini : ego Anna, pro redemptione animę meę, et pro peccatorum meorum, omniumque amicorum meorum remissione, dono, laudo, et in perpetuum trado Domino Deo, et Beate Marie genitrici ejus, fratribusque Templi Salomonis Iherosolimitani presentibus et futuris, homines qui vocantur Affarati, cum omnibus suis tenimentis et possessionibus, ad suas voluntates faciendas. Hec donatio, sive laudacio, facta fuit in anno quo filius meus, Wilelmus Barasti, migravit a seculo ; et cum laudatione et concessione dompnę meę Lecerine, matris Geraldi Ademarii, et cum laudamento similiter ipsius Geraldi Ademarii filii supradictę Lecerine. Hujus rei testes sunt : Poncius de Gusanz ; Raimundus Porcelleti ; Wilelmus de Torno ; Wilelmus Berengarii ; Petrus Riperti ; Bastardus de Rac ; Petrus de Roca ; Petrus Bertelai ; Poncius de Cleu ; Poncius Aldeberti ; Wilelmus Borrelli ; Petrus Boneti ; Petrus Ihoannis ; Rotbertus de Polla ; Poncius de la Cort ; Iordanus ; Ugo de Avisano ; Poncius Airaldi ; Petrus Martini ; Bonetus Pinnols ; Poncius de Lucas ; Wilelmus Cornuti (1). ||

(1) Les synchronismes placent cette charte de 1156 à 1158.

Le feuillet faisant suite au folio 88 a été détaché avec soin, ainsi qu'en témoigne l'onglet subsistant, et supprimé à une époque antérieure à la numération des feuillets utiles. Par suite, sans qu'il y ait d'interruption dans celle-ci, le manuscrit présente une lacune de deux pages, avec lesquelles ont disparu les premières lignes de la pièce n° 132.

N° 132. (Fol. 89 r°.)

. . . . . .

. . . .

pétuo Deo, et gloriose Beate Virginis Marie, et fratribus de Templo Salomonis tam presentibus quam sequentibus, concedimus, et super altare de Richarencis absque omni retinimento fratribus ejusdem domus dimittimus, quicquid in territorio de Bolbotone, in terris cultis et heremis, pratis, et silvis, et garricis, aquis aquarumque decursibus, habemus vel habere debemus, in toto territorio de Ricarencis, atque de Granoleto, sive vir, sive mulier per nos tenent, totum ex integro bona voluntate relinquimus, atque in presentia magistri Ugonis de Barcelluna; Deude de Stagno; Nicolau, lo capella ; Pontio de Laval ; Bertrant de Ventairol ; Vidal ; Ihatbertz; Nicolaus, baulus. Testes sunt : Bertranz de Borboton ; Riperz Folraz; W. Ugo ; Bertranz de Falcon; Narmanz Artauz ; Bertranz, clerges ; Peire, clergues ; Girauz de Montsegur ; Wilelmus Places ; Wilelmus Gauters ; Girauz Gauters ; Ponz Arnuls ; Peire Enjhelranz ; Riperz d'Arbres ; Lamberz de la Rocha ; Ioanz d'Aigu ; Ioanz Pelicers ; Arnauz Escufers ; et multi alii quos longum est enumerare. Anno ab Incarnatione Domini millesimo C°.L°.VIIII°., luna octava decima, feria quinta, mense novembris (1). Hoc fuit factum cum consilio Gaufredi de Valriaco et Petri Wilelmi de Balmis, et sunt fidejussores (2). ||

---

(1) Probablement le jeudi 13 novembre 1158, avec erreur d'un jour sur la lune.
(2) Cf. note à la pièce n° 85.

N° 133. (Fol. 89 v°.)

DE W. DE SABRA, QUANDO REDDIT EIS DONOS QUOS IPSE ET MATER SUA FECERAT, IPSE VERO DIU ABSTULERAT.

In Dei Omnipotentis nomine, universis hec audientibus pateat : quod ego, Willelmus de Sabrano, omnes illos donos quos ego, et Adalaicia mater mea, et insimul fratres mei, fratribus de Templo concessimus et donavimus, pro impedimento anime mee ego non tenui. Sed postea, recognoscens delictum meum, totum ex integro eis reddidi, cum omni bona voluntate et sine omni retinimento; et in ipso eodem die me ipsum eis reddidi, tali pacto ut ad finem mei, equus meus et homnis armatura mea eis redderetur. Et si equus mihi deesset, in condamina mea que est ante Avisano, juxta illam nepoti meo; laudo eis CC^{tos}. solidos. Istam donationem atque laudationem in manibus Ugonis de Barcelluna feci, qui tunc magister erat, atque in presentia omnium aliorum fratrum, scilicet Deude d'Estan; Ugo Allaudus; Petrus de Castronovo; Bernardus de Rochafort; Vials; Bertrandus de Ventairol; Dalmad de la Rocha; Nicolaus, presbiter; Nicolaus, claviger. Testes hujus donationis sunt : Bertrandus de Bolbotone; Giraldus de Balmis; Raimundus de Banols; Elsiardus de Valriaco; Peire Bernardus de Banols; Berengarius, clericus; et multi alii. Anno ab Incarnacione Domini M°.C°.L°.VIIII°., luna v^a., feria vi^{ta}. (1). ||

(1) 1159 (vendredi 21 août ?).

N° **134**. (Fol. 90 r°.)

[I]n nomine Domini nostri Ihesu Christi, amen. Notum sit omnibus ominibus, tam presentibus quam futuris : quod ego, Bertrandus de Bolbotone, dono et concedo medietatem stagni quam habeo in territorio de Bolbotone, quam videlicet Odulo de Balmas in vadimonio habebat, fratribus Templi Salomonis, et domui Richarencis; de quo vadimonio uxor Odulonis, et Wilelmus filius Odulonis, et fratres Templi Salomonis, scilicet Deusde de Stagno, et Nicolaus, claviger, ad diffinicionem venerunt, ante presenciam Petri Wilelmi de Balmas, et Riperti de Grillo, et ita diffinitum est : quod fratres Templi Iherosolimitani XV. solidos traderent uxori Odulonis, et filio ejus; et quicquid juris ibi habebant, totum et integrum fratribus Templi tradiderunt. Hujus rei testes sunt; Giraldus Barnoini; et Wilelmus Rainoardi; et Giraldus de Balmis; et Raimundus de Balmis; et Raimundus Grillos, capellanus; et Raols Laugers; et Petrus Chais; et

Wilelmus Richers, et filii ejus, Raymbaldus et Petrus; et multi alii. Anno ab Incarnatione Domini M°.C°.L°.VIIII°., luna vi., iiii° kalendas januarii (1).

(1) 29 décembre 1158.

N° 135. (Fol. 90 r° et v°.)

Répétition du n° 92. Voir page 93.

N° 136. (Fol. 90 v° et 91 r°.)

De Villelmo Gintrando.

[I]n nomine Domini nostri Ihesu Christi, amen : ego, Willelmus Guintrandus, dono Deo et Beate Marie, fratribusque Templi Ierosolimitani tam presentibus quam futuris, pratum quod fuit Odoini de Montesecuro. Hoc donum facio pro salute animę meę et pro salute uxoris animę uxoris (1) meę; quod determinatur ab oriente fluvius Elsonis. Hoc pratum supradictum laudaverunt et affirmaverunt due filie sue, scilicet Ursa || et Agnes, in presentiam fratris Nicolai, capellani; et Dalmacii della Rocha; et Nicolai, clavigeris; et Umberti de Salzet; et Willelmi Bruneti; et Stephani Pellicer; et Chatberti; et ab lo lau de Giraut de Montesecuro, et in presenciam Bertrandi de Borbotone; et Riperti Folradi; et Willelmi Giraldi; et Petri de Trevas; et Bertrandi, clerici; et Dalmacii, clerici; et Petri Richardi; et Petri Martini, cappellani; et multi alii de quibus longum est enumerare. Et isti fratres supradicti milicie Templi duodecim solidos istis duabus mulieribus caritative dederunt (2).

(1) Sic.
(2) Les synchronismes placent cette pièce en 1156.

N° 137. (Fol. 91 r° et v°.)

De Rostagno de Solorivo et Raimundi fratri sui.

[I]n Dei nomine certificetur : quod ego, Rostagnus de Solorivo, et ego, Petrus Raimundi frater ejus, donamus, ut Deus dimittat nobis peccata nostra vel parentum nostrorum, quicquid habebamus in territorio de Borbotone, nec ullus homo nec ulla femina per nos, in cultis et in hermis, in aquis et in cursibus aquarum, sine omni retinimento et sine omni fraude, Deo, et Beatissime Virginis Marie, et omnibus fratribus Templi Salomonis presentibus et futuris, ut ipsi habeant et possideant ad omnes voluntates suas faciendas, nunc et in eternum. Et propter hoc donum acceperont (1) caritative XX. solidos de moneta Valencie || de fratribus Templi. Testes hujus donationis Rostagni sunt : Deusdet de Stagni, magister, qui hoc donum accepit in manu sua; frater Nicolaus, sacerdos; frater Ugo, sacerdos; frater Vials; frater Nicolaus, claviger; frater Bertrandus de Ventairol; Bertranz de Borboton ; Ioanz d'Aigu ; Lamberz de la Rocha ; Ioanz Pellicers ; Aaimars de Valenza; Guillelmus de Sauze; Berengers Gaucelmes ; Peire d'Avisa ; Raimunz d'Avisa ; Arnauz Lescofers ; Girauz de Monsegur; Pontius Gaitberz. Testes donacionis Petri Raimundi et Rostagni sunt : Deusdet d'Estan, qui hoc donum accepit in manu sua ; e Bertranz de Bolboton ; Nicolaus, claviger; Bertranz Karella; Dozo de Taiseiras; Bertranz Ferrenz ; Ugo d'Autichaup ; Pontius Latgerii de Rossaz ; Monbochers. Hoc donum factum fuit in mense octobrio, feria v., luna i., anno ab Incarnatione Domini M°.C°.L°.VIIII°. (2).

(1) Sic.
(2) Jeudi, 15 octobre 1159.

N° 138. (Fol. 91 v° et 92 r°.)

Répétition du n° 95. Voir page 96.

N° 139. (Fol. 92 r° et v°.)

De Rainaudo de Cercois.

[N]otum sit omnibus hominibus hoc scire desiderantibus : quod ego, Rainaudus de Cercois, et conjux mea Endia, pro rede[m]ptione animarum nostrarum vel parentum nostrorum, ut Deus et

Dominus noster peccata nostra remittat, et insuper vitam eternam concedat, donamus et offerimus Domino Deo Ihesu Christo, et Beate Virgini Marie, et fratribus Templi Salomonis Ierosolimitani, terram illam quam habebamus super stagnum de Granolleto. Hoc donum factum fuit in manu Deude de Stanno, videntibus et audientibus : Nicolao, clavigero ; Raimundo de Ponteves ; Dalmacio de la Rocha ; Stephano Pellipario. Testes sunt : Wilelmus Gaucelmus ; et Bertrandus, || clericus ; et Poncius Marcers ; et Petrus de Ponteves ; et Amalrics ; et Poncius Engelrans ; Petrus Engelrans ; Petrus Davis ; Wilelmus Frenarius. Propter hanc donacionem fratres de Templo dederunt mihi X. solidos valentinensis monete (1).

(1) Les synchronismes placent cette pièce en 1158.

N° **140**. (Fol. 92 v°.)

DE GREGORIO.

[N]otum sit omnibus hominibus tam presentibus quam futuris : eguo, Gregorius, et uxor mea, damus et offerimus Domino Deo, et Beate Marie, fratribusque Templi Ierosolimitani, terram quam tenemus et habemus ex ipsis fratribus et Bertrandi de Borbotone, que est juxtam (1) viam que venit de Valriaz a Balmas, et est in plano de Borbotone. Hoc donum fecit in presentiam magistri Deude ; et Nicolai, capellani ; et Nicolai, clavigeris ; et isti fratres charitative X. solidos de Valanzas eis persolverunt (2).

(1) Sic.
(2) Les synchronismes circonscrivent l'époque de cette pièce entre 1151 et 1164.

N° **41**. (Fol. 92 v° et 93 r°.)

DE PETRO GOIRANDI.

[D]ivinis legibus institutum est et humanis, quod quicumque, donacione vel vendicione, seu eciam pignoracione, suam hereditatem in alterius potestatem transmutare voluerit, ad insinuandam posteris memoriam, et ad calu[m]pniancium calumpniam devitandam, cartulam ubi geste rei series plenarie texatur, scribi perutile perpendimus. Quod enim scripto habetur facile a memoria nunquam labetur. Pateat igitur omnibus presentibus et futuris hominibus : quod ego, Petrus Goirans, || dono Deo, et militibus Templi Salomonis, quicquid habebam secus stagnum de Granolleto. Hoc donum factum fuit in manu Deude de Stagno, videntibus et audientibus : Dalmacio de la Rocha ; Raimundo de Ponteves ; Nicolao, clavigero ; Wilelmo Bruneto ; Stephano Parmentario ; Iohanne de Solio ; Wilelmo Gaucelmo ; Wilelmo Giraldo. Testes sunt hujus donacionis : Lambertus de la Rocha : Ripertus Folraz : Rostagnus de Vallauria ; Willelmus Parmentarius, de Sancto Paulo ; Wilelmus Parmentarius, de Valenza. Propter hanc donacionem fratres de Templo dederunt mihi X. solidos valentinensis monete (1).

(2) Les synchronismes placent cette pièce en 1158.

N° 142. (Fol. 93 r° et v°.)

De Martino Malaura.

[N]otum sit omnibus hominibus : quod ego, Martinus Malaura, pro remissione omnium peccatorum nostrorum atque parentum nostrorum, donamus et offerimus Domino Deo Ihesu Christo, et Sancte Virgini Marie, et fratribus Templi Salomonis Iherosolimitani presentibus et futuris, terram illam quam habebamus super stagnum de Granolleto. Hoc donum factum fuit in manu Deude de Stagno, videntibus et audientibus : Nicolao, clavigero ; Raimundo de Ponteves ; Dalmacio de la Rocha ; Stephano Pellicerio ; Petro de Trevas : Chatberto ; Wilelmo Gaucelmo ; Bertrando, clerico ; Poncio, clerico de Sancto Paulo ; Lamberto de la Rocha ; Wilelmo Plaze ; Ugo Cays ; Radulfo Cornabroc ; Giraldo Clop ; Rostagno Noriau, et Petro Noriau ; Ugone d'Au || ticampo ; Petro Engelran, et Poncio Engelran ; et multi alii, quos longum est enumerare. Propter hanc donacionem, fratres de Templo dederunt mihi X. solidos valentinensis monete, et II. sextarios tritici (1).

(1) Les synchronismes placent cette pièce en 1158.

N° 143. (Fol. 93 v°.)

De Michaele Segelo.

[M]anifestum fiat omnibus hominibus hec scire desiderantibus : quod ego, Michels Segelos, et ego, Petrus Segelos, pro redemptione animarum nostrarum et parentum nostrorum, ut Deus et Dominus noster peccata nostra remittat et insuper vitam eternam nobis concedat, donamus et offerimus Domino Deo, et Beate Virgini Marie, et fratribus Templi Salomonis Ierosolimitani, terram illam quam habebamus super stagnum de Granolleto. Hoc donum factum fuit in manu Deode de Stagno, videntibus et audientibus : Nicolao, clavigero ; Raimundo de Ponteves ; Dalmacio de la Rocha ; Stephano Parmentario. Testes sunt hujus donacionis : Wilelmus Gaucelmus ; et Bertrandus, clericus ; et Poncius, clericus ; et Petrus de Ponteves ; et Amalricus ; et Poncius Engelrans ; et Petrus Engelrans ; et Petrus David ; Wilelmus Frenarius, de Valenza. — Propter hanc donacionem, fratres de Templo dederunt mihi X. solidos valentinensis monete (1).

(1) Les synchronismes placent cette pièce en 1158.

N° 144. (Fol. 93 v° et 94 r°.)

De Petro Triginnani.

[I]n nomine Domini nostri Ihesu Christi, amen : ego, Petrus Treguinas, et ego, Rodulfus, frater ejus, nos damus et offerimus Domino Deo, et Beate Marie, fratribusque Templi Ierosolimitani tam presen||tibus quam futuris, terram que est juxta stagnum de Granoleto, et quam claudit via que venit de Valriat a Sant Paul. Istam donacionem fecerunt in presenciam Deude d'Estan ; et Nicolai, clavigeris ; et Dalmacii de la Rocha ; et Villelmi Bruneti ; et Stephani Pellicerii ; et Catberti. Testes hujus donacionis sunt : Petrus Martinus, capellanus ; et Wilelmus Gaucelmus ; et Bertrandus de Bolbotone ; et Dalmacius, clericus ; et Bertrandus, clericus ; et Nicolaus Avisani ; et Gauterius de Montesecuro, et Petrus Bertrandus, nepos ejus ; et Petrus Chamaret ; et Lambertus de la Rocha ; et Villelmus d'Autichamp ; et Villelmus de Solorivo. Et per istam supranominatam terram, isti fratres Templi supranominati dederunt istis duobus fratribus, scilicet Petro et Rodulfo, XX.VIII. solidos de Valanzas (1).

(1) Les synchronismes placent cette pièce en 1158.

N° **145**. (Fol. 94 r° et v°.)

De Ursa et sorore sua.

[D]ivini et humani juris racio exigit, et consuetudo antiqua laudabiliter requirit, ut quisquis rem propriam in alterius potestatem transfundere voluerit, ad presencium necnon ad sequencium instruendam memoriam scripture testificacione facere debebit. Quapropter : ego, Ursa, et soror mea Agnes, pro redemptione animarum nostrarum vel parentum nostrorum, damus et offerimus Domino Deo Ihesu Christo, et Beate ejus genitrici Marie, et fratribus Templi Salomonis Iherosolimitani ibidem Deo servientibus, totum quicquid habebamus, vel habere putabamus, sive vir sive mulier per nos te||net, in toto territorio de Borbotone, in terris cultis et heremis, in aquis et pratis, in boccis et garricis. Simili quoque modo de eo quod habebamus in toto territorio de Richarenchis, sicut vadit aqua de Oleria, usque ad territorium de Colonzellis, et usque ad territorium de Valriaco, totum et ab integro, absque ullo retinemento. Et insuper laudamus et confirmamus suprascriptorum choeredum nostrorum donacionem. Hoc autem donum, et confirmatio, sive laudacio, facte fuerunt in manibus magistri Deode d'Estag ; et fratri Nicolai, clavigeri. Testes sunt : Berengers d'Abolena ; Nicolaus d'Avisa ; Bertranz d'Avisa ; W. Malamas ; Raimunz Girauz ; Peire Audeiers ; Volpis ;

Peire Ros de Senonis ; Girauz de Montsegur, qui erat avunculus istis feminis, et habebat totum istum honorem pro pignore ex eis, propter novem solidos, consilio et laudatione cujus fratres suprascripti eis XVIII. solidos (1). Facta carta ista in mense augusto, luna nona x²., M°.C°.L°.VII°. (2).

Ego, Ursa, et soror mea Agnes, cum fratribus Templi propter pratum quod pater noster Wilelmus Guintrandi dedit eis, ante episcopum placitum habuimus. Set postea pratum predictum fratribus donavimus et concessimus, et dederunt nobis XII. solidos (3).

(1) Suppléer « dederunt ».
(2) 28 août 1157.
(3) Cf. n° 136. Ce paragraphe a été inscrit en marge du fol. 94 r°, postérieurement à la transcription au Cartulaire de la pièce 145.

N° 146. (Fol. 94 v° et 95 r°.)

De Willelmo Gaucelmo.

[I]n nomine Dei : ego, Wilelmus Gaucelmus, audiens tanta precepta Domini in omnibus adimplenda que narrantur in Euvangelio, dicente sic : « Si quis vult post me venire, a. s. et t. c. s. et s. q. t. me »(1); festinanter defensionem anime mee observans, in his prospexi viam securitatis. Ob hoc, verasciter abnegens me et filium meum, offero me ipsum, terras, possessiones quoque plurimas, Domino Deo, et Beate ejus genitrici Marie, et pauperibus militibus Templi Iherosolimitani. Hoc donum factum fuit in manu Ugonis de Barceluna, magistri domus de Richarencis, videntibus et audientibus : Deode de Stagno; Raimundo de Barbairano; Nicolao, clavigeri; Constantino; et multis aliis. Et cum consilio supradictorum fratrum, sinit ad suum Berengarium filium unum lectum, et unum librum, scilicet Antiphonarium, et undecim oves, et centum solidos. De ista suprascriptione, habemus C. solidos, et duos libros, Officiarium et Salterium ; et unum trentanarium de ovibus, et IIII^{or}. capreas, et III. culcitras, et duos coisinos, et II. cots, et I. flazaa, et III. brucs, et I. baco ab lo sai, et XI. emi[nas] d'ammelas, et I. par., et I. cumascle, et VI. fessors, et II. arcas, et I. bou de X. solidis (2).

(1) ... Abneget semetipsum et tollat crucem suam et sequatur me. (Saint Matthieu, ch. XVI, v. 24.)
(2) Les synchronismes placent cette pièce en 1157.

N° **147**. (Fol. 95 r° et v° et 96 r°.)

Répétition du n° 79. Voir page 80.

N° **148**. (Fol. 96 r°.)

Répétition du n° 80. Voir page 82.

N° **149**. (Fol. 96 r° et v°.)

De Giraut Barnui, d'Avisa.

In nomine Domini nostri Ihesu Christi, amen. Notum sit omnibus hominibus : quod ego, Giraldus Barnoynus, de Avisano, pro redemptione anime mee, dono fratribus Templi Sa||lomonis Iherosolimitani, ad domum de Ricarenchis, pascherium per totam terram meam omnibus animalibus suis. Hoc donum factum fuit in manu fratris Ugonis de Barcelluna, et in presentia aliorum fratrum, scilicet : Deode de Stagno ; et fratris Elias ; et Wilelmi Gaucelmi ; et Nicolai, clavigeris ; Radulfi Cornabroc. Propter hanc donationem isti fratres suprascripti dederunt ei caritative unam sellam de caballo (1).

(1) Les synchronismes placent cette pièce en 1158.

N° **150**. (Fol. 96 v° et 97 r°.)

De W. Richer.

Ego, Wilelmus Richers, cum fratribus Templi Salomonis domo de Ricarensis degentibus injuste querimoniam faciens, de terris scilicet quas frater meus et sorores illis dederant, una quarum, scilicet fratris, est ad Sanctum Albanum ; alie que dederunt sorores, una vocatur Saletas, altera est in castro de Bolbotone, juxta pratum scilicet Ugonis de Bolbotone ; et similiter querimoniam faciebam de terra que est secus viam castris de Borbotone, que terminum habet aput orientem cum terra delz Guitartz, et apud occidentem cum terra Bertrandi Laugerii ; et hanc terram suprascriptam fratres de Templo IIII^{or}. saumadas annone redimerant. Et ego, Wilelmus Ricers supradictus, de his terris supradictis querimoniam injuste faciens, audientibus et videntibus Petro Wilelmo de Balmis, et Giraldo de Balmis, et Raimundo fratre ejus, et Laugerio de Balmis, in manu Petri de la Roveira, magistri domus de Richarensis, donavi et laudavi, bona fide, quicquid in his terris jure habere debebam ; in presencia fratris Ugonis de Barcelluna ; || et Deode de Stagno ; et Dalmacio de la Rocha ; et Nicolai, clavigeris ; et Bertrandi de Bolbotone ; et multorum aliorum (1).

(1) Les synchronismes placent cette pièce de 1156 à 1158.

N° **151**.   (Fol. 97 r°.)

De Aimelina.

In Dei Omnipotentis nomine, pateat cunctis hoc audientibus : quod ego, Aimelina, et filius meus Petrus, et filius meus Stephanus, et Guillelmus, frater meus, et Giraldus, et Petrus Richers, filius Wilelmi Richerii, donamus pariter Domino Deo, et Beate Virginis Marie, et fratribus Templi Salomonis Ierosolimitani, et Deude de Stagno, et fratri capellano Petro Bonohomini, illam terram quam habemus in territorio de Borbone (1), quod nominatur Saletas, juxta terram que dividitur cum terra Ugonis de Bolbotone, et Bertrandi nepotis sui ; a meridie clauditur cum silva. Hoc donum facimus in presencia Deode de Stagno, magistri de Richarencas ; et Raimundo de Barbairano ; Dalmacio de Rocha ; et Nicholao, clavigero ; et Stephano Pelliparii ; et Chatberti. Testes hujus donacionis sunt : Bertrandus de Bolbotone ; Ripertus Folraz ; Ugo de Avisano ; Nicolaus de Avisano ; Wilelmus Cornabrocs ; Wilelmus Plazes ; Petrus Martini, capel-

Ianus; Wilelmus Gaucelmi: Dalmacius de Balmis; Petrus de Trevas; Umbertus, clericus de Sancto Paulo; et Bertrandùs, clericus, qui hanc cartam scripsit; et multi alii. Propter hanc donationem dederunt eis fratres milicie VII. solidos valentinensis monete. Hec donacio fuit facta primo die mensis octubris, in natale Omnium Sanctorum, luna XIIII. || (2).

(1) Sic, pour Borbotone.
(2) 1er novembre 1156. La Toussaint est en effet lune 14 en cette année, et l'erreur du scribe qui a écrit octobre au lieu de novembre ne peut faire de doute.

N° **152.** (Fol. 97 v°.)

De Petro Oalrico (1).

✠ In nomine Domini nostri Ihesu Christi, amen. Pateat cunctis legentibus et audientibus : quod ego, Petrus Oalricus, ut Deus et Dominus noster Ihesus Christus mihi omnia peccata mea ac parentum meorum condonet, dono et offero Domino Deo, et Beate Marie, fratribusque Templi Salomonis Hierosolimitani, et domui de Ricarenchis, meam partem illius terre que est juxta aquam que descendit de stagno de Granoleto, qua clauditur ab horiente: a meridie, clauditur cum Elsone ; ab occidente, cum terra Ugonis de Bolbotone ; a septentrione, cum terra Giraldi de Montesecuro. Hanc donacionem fecit in presentiam fratribus Templi supradicti, scilicet : Deode de Stagno ; et Dalmacii della Rocha ; et Nicolai, clavigeri ; et Wilelmi Bruneti ; et Stephani Pellicerii. Testes sunt : Gauterius de Peiralapta ; Petrus Martinus, capellanus ; Dalmacius de Balmis ; Bertrandus, clericus: Petrus de Trevas ; Bertrandus de Borbotone ; Ugo de Montesecuro ; Petrus del Bosc ; Rossillonus ; Radulfus Agullonus ; Raimundus Agullonus ; Petrus Agullonus ; Poncius Flamma ; Nicolaus de Avisano ; Raimundus de Barbairano ; Audebertus de Vallauria ; et multi alii. Iste Petrus Oalricus omnem racionem suam quam habere debebat racionabiliter, in hanc terram suprascriptam, istis fratribus de Templo supradictis perpetualiter dedit, et illi fratres V. solidos charitative dederunt ei (2).

(1) Intitulé d'une écriture moderne.
(2) Les synchronismes placent cette pièce vers 1156.

N° **153**. (Fol. 97 v° et 98 r°.)

De Benaias, et soror Salva, et Arlabaus, et Petrus Stephani (1). ||

In Dei Omnipotentis nomine, pateat cunctis hoc audientibus : quod ego, Benaias, et soror mea Salva, et Arlabauz, et Petrus Stephani, mariti illarum, pro redeptionem (2) animarum nostrarum, et animarum parentum nostrorum, donamus et offerimus Domino Deo Ihesu Christo, et Beate Virgini Marie, et fratribus Templi Salomonis Iherosolimitani presentibus et futuris, et tibi, Ugoni de Barcelluna, et Deode de Stagno, magistri domus de Ricarensis, in unam faisam de terra hoc quod nos habebamus, que est juxta fluvium de Elsone, que affrontatur in terris quas Nicolaus et Giraldus de Tornafort dederunt Deo et milicie Templi. Ista donacio facta fuit videntibus et audientibus : Raimunt de Cruzols ; Dalmacius de la Rocha ; Nicolaus, claviger ; Wilelmus Brunez ; S. Pellicers ; P. Bonushomo ; Wilelmus Gaucelmus ; G. de Montesecuro ; Wilelmus Malros* ; P. Treguinas ; N. de Montesecuro ; P. Wilelmus de Balmis ; Latgerius ; G. Barnoinus ; P. de Trivas ; Amalrics. — Propter istam donacionem dederunt supradicti fratres ad Benaias VII. solidos pro caritate (3).

(1) Cette pièce a été répétée sous le n° 256 avec des variantes telles dans la rédaction et les noms des témoins, rectifiant et complétant la liste de ceux-ci, que nous croyons devoir reproduire ce deuxième texte *in extenso* à la suite des notes.
(2) Sic.
(3) La plupart des synchronismes conviennent à l'année 1156. Quelques-uns, tels que R. de Crussol et Lambert, s'y opposeraient. Mais il ne faut pas perdre de vue que les Templiers voyageaient fréquemment, et reparaissent parfois à de longs intervalles, pour un court séjour. Il peut en avoir été ainsi pour ceux des frères dont la présence à Richerenches n'est constatée par aucune autre pièce plus exactement datée.

Deuxième Texte.

[I]n Dei Omnipotentis nomine, pateat cunctis hoc audientibus : quod ego, Benaias, et soror mea Salva, et mariti nostri, Arlabaldus videlicet et Petrus Stephani, pro redemptione animarum nostrarum et parentum nostrorum, donamus et offerimus Domino Deo, ac Beate Marie, et fratribus Templi Salomonis futuris ac presentibus, et domui Richarencarum, quandam fasciam terre, hoc scilicet quod habemus juxta fluvium Elsonis, et terminatur a terris quas Nicolaus et Geraldus de Tornafort jamdicte domui dederunt. Donatio ista facta fuit in manibus Ugonis de Barcilona, et Deodati de Stagno. Et nos supradicti datores super sancta Evangelia hoc teneri juravimus. Unde sunt testes : Raimundus de Cruczol ; Dalmaz de la Rocha ; Nicolaus, bajulus ; Lambert ; W. Coc ; W. Brunet ; Stephanus Pellicers ; W. Gaucelmus, presbiter ; Petrus Bonusomo, presbiter ; Nicolaus de Montesecuro presbiter; isti fratres. Deinde W. Malros ; Petrus Triguinnas ; Geraldus de Montesecuro ; Petrus Vilelmi de Balmis ; Latgerius de Balmis ; Geraldus Barnoinus ; Petrus de Trivis ; Amalrics. Et propter istud donum, ego, Benaias, recepi VII. solidos caritative a jamdictis fratribus Templi. Hoc namque ex parte mea erat.

N° **154.** (Fol. 98 r° et v°.)

Et de Rosillo.

✠ Notum sit omnibus hominibus tam presentibus quam futuris : quod ego, Rosillonus, dono et concedo quicquid habebam in territorio de Richarensis, Domino Deo, et Beate Marię, fratribusque Templi Salomonis Iherosolimitani ; et laudo et confirmo suprascriptorum coheredum meorum donationem, et testium supradictorum testimonium laudo et recipio. Hanc donacionem et hanc affirmacionem feci in manus fratribus Templi, scilicet ; Deode d'Estan ; et Poncii d'Alon ; et Wilelmi Guitardi ; et Dalmacii || della Rocha ; et Raimundi de Barbara ; et Wilelmi Bruneti ; et Nicholai, clavigeri ; et Stephani Pellicerii ; et Chatberti. Testes sunt : Petrus Martinus, capellanus ; Villelmus Gaucelmus ; Dalmacius de Balmis ; Berengarius, clericus ; Villelmus de Sauze ; Villelmus d'Autichamp ; Elsiarius de Gigundat ; Raimundus del Crest ; Girarz de Chastelnou ; et Petrus del Bosc, consilio cujus Rosillonus hoc fecit. Isti fratres supradicti II. solidos de Valanzas charitative ei dederunt (1).

(1) Cette pièce semble bien se référer à la précédente, et les synchronismes l'attribuent avec beaucoup plus de sécurité à la même année 1156. Elle confirmerait dès lors notre conjecture sur la date du n° 153.

N° **155.** (Fol. 98 v° et 99 r°.)

De Petro Oalrici.

[N]otum fiat omnibus hominibus : quod ego, Petrus Oalrics, pro redemptione animę męę et patris mei atque matris mee, et celestis regni heredes faciat, dono et offero totum hoc quod habebam, vel habere debebam, in toto territorio d'Erricharensis, sicuti isti termini terminantur : a meridie, sicut descendit Elsonis fluvius usque in Oleriam ; ab occidente, sicut descendit aqua de Olleria usque ad territorium de Colonzellis, et vadit in Rivum Siccum ; ab aquilone, sicut vadit Rivus Siccus usque ad territorium de Valriaco, et revertitur in Elsone. Totum quicquid habebam, vel habere debebam, sive vir sive mulier per me tenebat, infra istos terminos, totum et ab integro dono et offero Domino Deo Ihesu Christo, et Beate ejus genitrici Marie, et fratribus Templi Salomonis Iherosolimitani presentibus et futuris, et tibi, Ugoni de Barcelluna, qui tunc eras magister et bajulus supradicte domus. Hoc donum factum fuit mense marcio, luna xxx. (1). Testes sunt : Deode de Stagno ; Raimundus de Ponteves ; Dalmacius de la Rocha ; Nicolaus, claviger ; Stephanus Pelliparius ; Wilelmus Gaucelmus ; || Nicholaus de Montesecuro ; Bertrandus, clericus ; Poncius, clericus de Sancto Paulo ; Ugo de Montesecuro ; Poncius Flamma ; Nicolaus de Avisano ; Vivianus ; W. Frenarius, de Valenza ; Petrus de Beirivo ; et multi alii.

(1) Les synchronismes plaçant cette pièce en 1158, cette date indiquerait le 4 du mois de mars.

N° 156. (Fol. 99 r°.)

DE LAUGERIO DE SUZA.

[N]otum sit omnibus tam presentibus quam futuris : quod querimonia que erat inter fratres Templi Ierosolimitani, et inter Latgerii de Seuza, scilicet ex dono quod fecit Wilelmus frater suus quando se ipsum obtulit Domino Deo, et Beate Marie, fratribusque Templi Ierosolimitani, cum suis possessionibus, cum consilio amicorum suorum. Hoc donum frater suus Latgerius contradicebat. Hanc querimoniam fratres Templi et Latgerius in cognicionem episcopi Sancti Pauli, clericorumque suorum, tradiderunt, et ipse episcopus, et Wilelmus Barreira, et alii clerici, dijudicaverunt eos, et dixerunt : quod fratres Templi traderent testes ; et tradiderunt, et Latgerius accepit eos, scilicet Willelmum Cornabroc, et Ripertum de Graina, et Guillelmum de

Sauze ; et interrogaverunt fratrem Nicolaum, clavigerem, ut veritatem de hoc diceret ; et Umbertum de Sauze, et Giraldum Dalmacium ; et Villelmum Brunet ; et mandavit magister Deusdet ut veritatem dicerent, et dixerunt. Et hos testes accepit Latgerius de Seuza, in presentiam Willelmi Ugonis, episcopi Sancti Pauli ; et Stephani, chasbicoli ; et Giraldi de Colonzellis ; et Petri Guischardi ; et Poncii Barret ; et multis aliis (1).

(1) Entre 1150 et 1155.

N° 157.

(Fol. 99 r° et v°.)

De Ber. Ermembert.

[I]n nomine Domini nostri Ihesu Christi, amen. Ego, Bertrandus Ermembertus, de Balmis, do Domino Deo, et Beate Marie, fratribusque Templi Ierosolimitani tam presentibus quam futuris, terram que est sita el Pla de Borbotone, || juxta faissam Dalmacii Cornabroc. Istam donacionem fecit Bertrandus Ermembertus in presenciam duabus filiis suis, scilicet Luciam et Elisabet, et in presenciam maritorum suorum, scilicet Giraut dell' Ort, e Peiro del Pla, e de Bertrant Chambaireu, et ex multis aliis. Istum donum laudaverunt et affirmaverunt in presenciam fratris Nicolai, clavigeris d'Erricharenchis (1).

(1) Après 1145.

N° 158.

(Fol. 99 v° et 100 r°.)

De Petro de Bosco.

✠ In nomine Domini nostri Ihesu Christi, amen. Pateat cunctis audientibus et legentibus : quod ego, Petrus de Bosco, et uxor mea Adalais, et ego Rosellonus, frater Adalais ; ut Deus et Dominus noster Ihesus Christus nobis peccata nostra ac parentum nostrorum condonet, damus et offerimus Domino Deo, et

Beate ejus genitrici Marie, et fratribus de Templo, et domui d'Erricharenchis, nostram partem illius terre que est juxta aquam quod descendit de stagno de Granolleto, cum qua clauditur ab oriente ; a meridie, clauditur Elsone; ab occidente, cum terra Ugonis de Borbotone ; a septentrione, cum terra Giraldi de Montesecuro. Facta donatione ista in manu episcopi Sancti Pauli, Wilelmi Ugonis nomine, et in manu Ugonis de Barcelluna ; videntibus et audientibus : Deode de Stagno ; Nicolao, villico ; Petro Guischardi ; Giraldo de Colonzellis ; Petro de Vitrola ; Berengario, clerico ; Petro, capellano de Sancta Maria. Propter hanc donationem dederunt ei fratres de Templo caritative V. solidos. Hoc scriptum et hoc donum laudant et affirmant Petrus del Bosc, et uxor sua Aalais, in presentiam fratris Nicolai, clavigeris ; et Raimundi de Barbaira ; videntibus et audientibus : Wilelmum Radulfum ; et Petrum Sancte Marie ; et Petrum Amalricum, et Guischardum, gener ejus ; || et Ugonem de Montesecuro, et Bertrandum filium ejus ; et Pontium d'Aleissa ; et Revellus (1).

(1) Placée par les synchronismes en 1156.

N° **159.** (Fol. 100 r°.)

De Giraldo Richerii.

✠ In nomine Domini nostri Ihesu Christi, amen. Manifestum fiat omnibus hominibus tam presentibus quam futuris : quod ego, Giraldus Richerii, ut Deus et Dominus noster Ihesus Christus mihi et parentibus meis omnia peccata nostra remittat, et insuper vitam eternam concedat, dono Domino Deo, et Sancte Virgini Marie, et fratribus de Templo, et domui de Richarensis, terram illam quam habebam ad Sanctum Albanum, que clauditur a septentrione cum Elsone ; ab oriente, cum terra de Bertrando de Bolbotone ; ab occidente, cum terra de Montesecuro. Facta fuit donacio ista in manu Deode de Stagno, magistri milicie Templi Salomonis ; Nicolao, villico ; Stephano Parmentario ; Villelmo Bruneti ; Teotberto ; Wilelmo Guittartdi ; Dalmacio de Rocha. Vidit etiam et audivit : Wilelmus Berengarius ; Rostagnus de

Vallauria; Elsiarius de Gigondat; Berengarius, clericus; Nicolaus de Avisano; Petrus de Trivis; et Bertrandus, qui hanc cartam scripsit: et multis aliis. Et dedit ei Bertrandus de Borbotone VIII°. sextarios frumenti, in precio XVI. solidorum (1).

(1) Vers 1156.

N° **160**. (Fol. 100 r° et v°.)

[I]n nomine Domini nostri Christi, amen. Ego Maria, uxor Raimundi Leotardi, de Solorivo, et filie mee, scilicet Suriana et Aalais, laudamus et concedimus in perpetuum, bona fide et sine fraude, absque omni retenimento, fratribus Templi Salomonis tam presentibus quam futuris, habitantibus in domo de Richarensis, hoc quod habebamus vel habere credebamus in territorio de Borbotone, sive vir sive mulier per nos te[net], videlicet in cultis et in heremis, in boccis || et in aquis, et in cursibus aquarum, et in garricis. Hoc donum fecimus in presentia Ugonis Allaut, lo capella; et Nicolai, clavigeris; et Amalrici; in manu Vilelmi Ugonis, episcopi Sancti Pauli, supra testum Euvangelii. Hoc donum viderunt et audierunt: Petrus Ugo de Barre; Giraldus de Colonzellis; Ugo, prior de Valle; Ponz Dooi, presbiter; Ugo de Montesecuro; Riperz de Solorivo. Propter hoc donum, suprascripti fratres caritative dederunt eis IIII°r. sextarios frumenti, et unum mantellum, et redimerunt hoc VIII°. solidis a Gauterio de Montesecuro. Anno ab Incarnatione Domini M°.C°.L°.VIIII°., luna XXII., feria III. (1).

(1) Mardi 20 avril 1159. C'est le seul jour de l'année satisfaisant aux données chronologiques.

N° **161**. (Fol. 100 v° et 101 r°.)

DE BERTRAN D'AVISA.

✠ [I]n nomine Domini, omnibus notum fiat hominibus, tam presentibus quam futuris: quod ego, Bertrandus de Avisano, filius

Petri Ugonis de Avisano, laudo et confirmo omnes donationes et laudationes quas pater meus, et mater mea Brunexenda, et fratres mei (1), de illis honoribus qui sunt in territoriis de Borbotone, in terris videlicet cultis et heremis, in aquis et pratis, in boscis et garricis, sicut vadit aqua de Lecio usque ad territorium de Avisano. Preterea eodem modo quicquid donavimus in territorio de Richarensis, sicut vadit aqua de Olleria usque ad territorium de Valriaco, totum et ex integro laudo et confirmo, solo Dei timore et amore, pro anima patris mei et omnium parentum meorum, nullam in presenti vita propter hoc querens retributionem ; sed omnium peccatorum meorum a Deo sperans remissionem, et celestis patrie eternam hereditatem. Promitto insuper quod ab hac die in antea, et super sancta Euvangelia affirmo, quod fidelis amicus et defensor, dicto et facto, domui de Richarensis, et fratribus ibi Deo servientibus, ero. Hujus donati||(ti)onis et confirmationis testes sunt, qui presentes fuerunt : Petrus Villelmus de Balmis ; Deodez de Stagno ; Dalmacius de la Rocha ; Nicolaus, sacerdos; Ugo Allaudi, sacerdos; Pontius Marchers, de Sancto Paulo ; Nicolaus, claviger; Stephanus Bernarz ; Chatbertus ; Vitalis. Et in eodem die, mater mea, et fratres mei, scilicet Hugo, atque Raimundus, et Giraudus ; et omnes cognati mei, videlicet Hugo Dalmacius, Hugo Aimars, Berengarius de Abolena ; omnes isti quos supra diximus, laudaverunt hoc donum, et confirmaverunt supra textum Euvangeliorum, in manu Deodez de Stagno, qui tunc magister erat, videntibus et audientibus fratribus supradictis. Testes hujus donationis atque confirmacionis sunt : Bertranz de Bolboton ; Riperz Folras ; Raimonz Agulons ; Peire Agullons. Facta carta ista mense maio, feria prima, luna prima, anno ab Incarnatione Domini M°.C°.LX°. (2). ||

---

(1) Suppléer « fecerunt ».
(2) Dimanche 10 mai 1160.

N° 162. (Fol. 101 v° et 102 r°.)

[D]ivini et humani juris racio exigit, et consuetudo antiqua laudabiliter requirit, ut quisquis rem propriam in alterius potestatem transfundere voluerit, ad presencium necnon et sequencium instruendam memoriam scripture testificacione facere debebit. Quapropter, his moribus nos pariter instructi : ego, videlicet Richavus, Guilelmi Richavi filius, et Elsiarius, frater meus, et mater nostra Blimoda, et sorores nostre, scilicet Galiana, atque Sibilia, Auglina, et Ema, ut Deus et Dominus noster Ihesus Christus nobis et parentibus nostris peccata et offensas nostras remittat, et insuper vitam eternam concedat, donamus, tradimus, et laudando perpetuo Deo, et gloriose Beatę Virgini Marię, et fratribus de Templo Salomonis tam presentibus quam futuris concedimus, et super altare ecclesie Beate Marie de Ricarensis absque omni retinimento fratribus ejusdem domus dimittimus, quicquid in castello de Bolbotone et in ejus territorio, in terris scilicet cultis et incultis, vineis et ortis, pratis et silvis, garricis, aquis, aquarumque decursibus, habemus vel habere debemus, sive vir sive mulier per nos, totum et ex integro, bona voluntate relinquentes, vos fratres sic sequentes sicut presentes, et domum de Richarensis investimus, et in plenariam possessionem mittimus, et nos ipsos, et omnes de stirpe nostra perpetuo deinvestimus. Hoc donum factum fuit in presentia || magistri Deude de Staig ; Dalmat de la Rocha ; Nicolau, lo capella ; Ugo Allaut ; Nicolai, clavigeri ; Vials ; Vinzent Boschetz ; Ihoanz d'Aigu. Testes sunt : Arnuls de Veene ; Milu de Ciguer ; Raimunz d'Avisa ; Arbert de Fillinas ; Pere Gilis ; Ponz Gatbert, de Trevas ; Ponz Maiherz, de Saint Paul ; Martis Escufers ; Aimars de Valenza ; Bos Iurt ; W. de Sauze ; Lanbert de la Rocha ; Odu del Mas ; Raimbaut. Facta carta ista in mense maio, feria quarta, luna x., anno ab Incarnatione Domini millesimo C.LX. (1).

(1) Mercredi 20 mai 1160. La lune désignerait le 19.

N° **163.** (Fol. 102 r° et v°.)

De Pontio Lauterii.

[I]n Dei Eterni Regis nomine, hominibus notum fiat tam presentibus quam futuris : quod ego, Pontius Lauterii, filius Petri Lauterii, de Colonzellis, ut Deus et Dominus noster Ihesus Christus peccata mea et parentum meorum nobis remittat, et insuper regni celestis participes faciat, Deo, et domui Beate Marie de Richarensis, et fratribus de Templo Salomonis, dimitto illis. terras istas, ut memorata domus, et fratres in ea habitantes, quiete et pacifice, sine omni molestia mei, vel alicujus de pairentela mea, teneant et possideant usque ad continuos sequentes XV. annos. Si autem post istos subsequentes XV. annos mortuus fuero, vel si in hac terra ab Iherosolimitanis partibus repatriatus non fuero, terras istas libere et quiete, perpetua possessione, fratres de Templo habeant et possideant, et aliquis de stirpe mea in eas aliquid jure non quead adquirere. Facta fuit donatio ista in manibus Deude de Staig, videntibus istis, scilicet : Nicolanus, capellanus ; Ugo Alaudus ; Dalmatius de la Rocha ; Milu de Ciguer ; Nicolaus, claviger ; Chatbert ; Vials ; Ihoanz d'Aigu. || Testes sunt : le prier d'Abolena ; Girauz Enjhelboz, sos fraire ; W. d'Auzelu ; Ugo de Montsecur ; Peire del Bosc ; Elsiarz de Gigundat ; Raimunz d'Avisa ; Peire Gilis ; Aimars de Valenza ; Ponz Marchers ; Arnuls de Veene. Ego, Pontius Lauterii, in die qua apuz Iherosolimam iter incepi quem fratres suprascripti mihi preparaverunt, hoc donum feci, istis videntibus et audientibus, uxores quorum consanginee mee erant, scilicet : Peire Andreus ; Ponz Reis ; qui hoc donum laudaverunt. Facta donatione ista in mense junio, feria prima, luna prima, anno ab Incarnatione Domini M°.C°.LX°. (1).

(1) Dimanche.... juin 1160. La nouvelle lune est le mercredi 8. Il faut sans doute adopter l'un des dimanches voisins. Les données ne concordent pas mieux en 1159 et en 1161.

N° 164. (Fol. 102 v° et 103 r°.)

De Petronilla et mariti sui.

In nomine Domini nostri Ihesu Christi, amen. Notum sit omnibus hominibus tam presentibus quam futuris : quod ego, Petronilla, et maritus meus, Poncius Rex, donamus et offerimus in perpetuo, bona fide et sine fraude, et absque omni retinimento, hoc quod habebamus vel habere credebamus in Campo Lauterio, scilicet cultis et incultis, boscis et guarricis ; totum integrum concedimus Domino Deo, et Beatę Marię, et fratribus Templi

Salomonis presentibus et futuris, pro redemptione animarum nostrarum vel parentum nostrorum. Propter hoc donum predicti fratres dederunt nobis caritative, L. solidos valentinensis monete. Insuper, hoc donum facimus in manu magistri Ugonis de Barcelluna, in presencia omniumque fratrum qui ibi aderant. Denudimus nos et omnes nostros, et vestimus predictos fratres presentes et futuros. Hujus donationis et laudacionis testes sunt, qui viderunt et audierunt : Deodatus, commendator domus ; Nicolaus, sacerdos ; Ugo Allaudus ; frater Nicolaus, villicus ; frater Dalmacius ; frater Vitalis ; frater Catbertus ; frater Johannes Aiguni ; frater Guigo Vescoms ; frater Pe. de Balauc ; frater Ste. de Iohannaz ; Arnulfus, sacerdos ; Crispinus, qui scripsit ; Ponz Marchers ; Iohannes Elias ; Milo de Cigoër ; G. de Montsegur ; Bertrandus de Bolbotone ; Ripertus Folraz ; Wilelmus Ugo ; Ugo de Avisano ; || Nicolaus Portets ; R. d'Avisa ; Elsiars de Gigondaz ; Ademars de Valença ; Pe. Gilis ; G. de Bolboto ; Lanbertus ; Rostagnus de Vallauria (1).

(1) Placée par les synchronismes en 1162 ou 1163 ; cf. les n°⁸ 163 et 177.

N° **165.** (Fol. 103 r°.)

De Petro Raimudi (1).

Pateat cunctis legentibus tam futuris quam presentibus : quod ego, Petrus Raimundi, et uxor mea Aaviarda, ut Deus dimittat nobis peccata nostra et parentum nostrorum, donamus terram quam habemus juxta stagnum de Granoleto, Deo, et Beatę Marię genitrici Dei, et militibus Templi Salomonis, sine omni retenimento, super textum Evangeliorum, in manibus Nicolai, clavigeris. Et propter hoc donum dederunt nobis fratres Templi XXX. et II^os. solidos valentinensis monete. Hujus donationis testes sunt : frater Dalmacius de Roca ; et frater Nicolaus, sacerdos ; et Bertrandus, clericus ; et Petrus Albus ; Wilelmus Turcs ; et frater Vitalis ; frater Teotbertus ; et frater Lanbertus ; et Bertrandus de Falco, et Amalricus filius ejus ; et Wilelmus Alamandi ; et Wilelmus de Alticampo ; et multi alii qui stabant in domo de Richarencis. Anno ab Incarnato Domino M°.C°.LX°.II°., feria VII., luna XVII. (2).

(1) Sic.
(2) Samedi 29 septembre 1162, ou samedi 23 février 1163.

N° 166. (Fol. 103 r°.)

DE WILELMO ROLLANDI (1).

In nomine Domini nostri Ihesu Christi, amen. Pateat cunctis legentibus, tam futuris quam presentibus : quod ego, Wilelmus Rollandi, et soror mea Wilelma (a¹), et Wilelmus Fornarius, maritus ejus, pro remissione peccatorum nostrorum, et salute animarum nostrarum, ut Deus et Dominus noster peccata et offensas nostras remittat, et insuper vitam eternam concedat, donamus et offerimus Domino nostro Ihesu Christo, et Beatę Marię, et fratribus Templi Salomonis, omne quod habemus vel habere debemus (a²), totum et integrum, sine omni retenimento, in terram juxta stagnum Granolleti. Hec donatio facta fuit in manibus Nicolai, clavigeris. Testes sunt hujus donationis : Bertrandus, deganus ; Raimundus de Castel ; Bermundus de Castel ; Poncius Clementis (a³) ; Petrus Raimundi ; Wilelmus Raimundi, et Raimundus, frater ejus ; et Johannes de Spelucha (a⁴). Anno ab Incarnato Domino M°.C°.LX°.II. (2). Per (a⁵) istam donationem, fratres Templi dederunt eis (a⁶) caritative XVIIII. (a⁷) solidos. ||

(1) Cette pièce a été répétée sous le n° 169. Nous donnons les variantes du deuxième texte sous la cote a.
(2) 1162.

DEUXIÈME TEXTE.

(a¹) Wina.
(a²) Quod habebamus vel habere putabamus.
(a³) Poncius Clementis précède ici le second des Castel.
(a⁴) Espelluca.
(a⁵) Post.
(a⁶) Nobis.
(a⁷) X. et VIIII.

N° **167**. (Fol. 103 v°.)

De Ugone de Avisano.

✠ Notum sit omnibus hominibus tam presentibus quam futuris : quod ego, Ugo d'Avisa, et uxor mea Suriana, pro salute animarum nostrarum et parentum nostrorum, ut Deus peccata et offensas nostras remittat et insuper vitam eternam concedat, donamus et offerimus Deo, et militibus Templi Salomonis presentibus et futuris, pascua per nostrum territorium de Chauconaz, et per totam aliam terram nostram. Hoc donum affirmavimus super textum Euvangeliorum, et etiam in manu Deode de Stagno. Et propter hanc donacionem, supradicti fratres dederunt nobis caritative quendam pullum precii L. solidorum. Hujus donationis testes sunt : Berengers de Abolena ; Bertrandus de Bolbotone ; frater Nicolaus, sacerdos ; frater Milo ; frater Nicolaus, claviger ; frater Vitalis ; frater Lanbertus ; frater Teotbertus ; frater Girardus ; Bertrandus, sacerdos ; P. Blancs ; Wilelmus Turcs ; Raimundus ; Wilelmus Alamans ; Geraldus Sancti Restituti ; Arbertus ; Ugo Faber. Anno ab Incarnatione Domini M°.C°.LXIII°., feria IIII., luna xx.VIIII. (1). ||

---

(1) Ces données conviennent aux mercredis 3 juillet et 30 octobre 1163, et 25 mars 1164.

N° **168**. (Fol. 104 r° et v°.)

De Ugone de Montesecuro.

Prona sunt in malum adeo presentis etatis ingenia, quod in verbis fides, vel in pactis stabilitas vix possit inveniri. Eoque prospectu thesauro memorie commendatur : quod ego, Hugo de Montesecuro, et ego Anna, uxor ejus, et nos filii eorum, scilicet Bertrandus, et Ugo, et Radulfus Brianz, et Elsiars, omne quod habemus vel habere debemus, vel aliquis vel aliqua pro nobis possidet, in territorio Ricarencarum, quod terminatur ab occidente sicut descendit flumen Oleira, donec ad territorium de

Colonzellis, et venit in Rivum Siccum ; ab aquilone autem, sicut vadit Rivus Siccus usque ad territorium de Valriaco, et revertitur in Elsonem; veruntamen a meridie, sicut defluit flumen Elsonis usque in Oleiram ; pro redemptione animarum nostrarum et parentum nostrorum Deo, ejusque genitrici Marie, fratribusque Salomonici Templi et domui Ricarencarum, in perpetuum donamus et bona fide laudamus, omnique sine retentu dimittimus. Hoc siquidem donum frater Deusdedit nomine, prefate domus tunc temporis procurator existens, a nobis manu recepit propria : fratre Nicholao, capellano; fratre Ugone Allaudi ; fratre Dalmatio de Roca ; fratre Nicholao, clavigero; fratre Vitali ; fratre Girardo ; fratre Lanberto ; fratre Catberto ; fratre Vincentio ; fratre Iohanne de Aiguno ; Bertranno de Bolbotone ; Ritberto Fulra ; Petro Elsiario, genero meo ; Raimundo de Avisano ; Wilelmo || de Alticampo ; Poncio Marcher, diacono, videntibus et audientibus, et hujus doni testimonium proferentibus, anno ab Incarnato Dei Filio M°.C°.LX°.II°., feria VII^a., luna XX^a.VI^a. (1). Et ut donum perscriptum (2) perpetuę memorię inconvulsum haberetur, caritatis intuitu equum quendam quem antea ad nutriendum acceperamus, ex toto nobis concesserunt fratres quos prediximus.

(1) Samedi 14 avril ou 8 septembre 1162.
(2) Sic.

N° **169**. (Fol. 104 v° et 105 r°.)

Répétition du n° 166. Voir page 148.

N° **170**. (Fol. 105 r° et v°.)

Wilelmus Malemanus et filii sui.

Notum sit omnibus, tam presentibus quam futuris : quod ego, Wilelmus Malemanus, et nos filii ejus, Willelmus et Raimundus, donamus, et concedimus, et affirmamus, quicquid habebamus,

vel habere putabamus, infra hos terminos, nec ullus homo, nec
ulla femina per nos ; scilicet, sicut terminatur cum blacha Bodic
et cum maso de Calchamairoz, et cum flumine Elsonis ; excepto
tascam quam retinemus in pradale quod fuit Raimundi Geraldi,
quod fratres Templi Raimundi Geraldi cum consilio nostro
adquisierunt. Hoc donum facimus Deo, et Beate Marie genitrici
Domini nostri Ihesu Christi, et omnibus fratribus Templi Salomonis, et fratribus in domo Ricarencarum habitantibus, in manu
Deusdedit de Stagno et super textum Evangeliorum, sine omni
retenimento, ut ipsi habeant et possideant ad omnes voluntates
suas faciendas. Testes hujus donationis sunt : frater Nicholaus,
capellanus ; Bertrannus, sacerdos ; Nicholaus, claviger ; Dalmacius de Roca ; Vitalis ; Teotbertus ; Lanbertus ; Arbertus ; Ugo
Faber ; Petrus Faber ; Radulfus Chais ; Wilelmus Alamannus ;
Wilelmus Geraldi ; Petrus Blancs ; Ymbertus de Treugis ; Gregorius ; Wilelmus Lanberti, de Vallauria, et Pontius, filius ejus ;
Arnaldus Niger ; Raimundus Geraldi. || Propter hoc donum
dederunt nobis fratres Templi caritative pullum quendam precii
XL. solidorum, unum trentanarium de lana XX.V. solidorum
valentianorum, et V. sextaria annone. Feria I^a., luna XX^a.VIII^a.,
anno ab Incarnatione Domini M^o.C.^{o}LX°.III°. (1).

---

(1) 1163. Les données ne concordent que le 28 septembre.

N° **171**. . (Fol. 105 v° et 106 r°.)

De Ugone de Vallauria.

In nomine Domini nostri Ihesu Christi, Summi Regis et Eterni ;
omnibus presentem scripturam legentibus et audientibus, et
universis catolice fidei credentibus manifestum fieri volumus :
quod ego, Hugo de Vallauria, et heredes mei, sincero corde et
bone voluntatis affectu, pro redemptione animarum nostrarum
et parentum nostrorum, ut Deus et Dominus noster Ihesus
Christus animabus nostris celestis regni januas aperiat, Deo, et
gloriose Beate Virgini Marie, et fratribus Templi Salomonis
presentibus et futuris, et domui de Richarenchis, totum quod-
cumque habebamus in territorium de Bolbotone, neque homo
neque femina per nos, scilicet quod habebamus ex parte filii mei

in suprascripto territorio, donamus et concedimus, et perpetuo sine ullo retenimento tradimus ad habendum et possidendum, et quicquid voluerint, sicut de rebus suis aliis, faciant. Hanc donationem nos supradicti donatores facimus cum consilio Riperti de Grillone, et Wilelmi de Vallauria, fratris mei, in manus Deusdedit de Stagno, qui frater et bajulus est domus supradicte, his fratribus presentibus : Nicholao, capellano ; et Bertranno, capellano ; et Nicholao, clavigero ; || et Vitale ; et Theotberto ; et Girardo ; et Petro Blanc. Testes sunt : Pontius de Charrofolis ; Pontius de Turibus ; Ugo Faber ; Arbertus ; Raimundus de Avisano ; Wilelmus Cocus ; Aimes ; Iohannes Pelliparius ; et Geraldus Garcini ; et multi alii. Propter hanc donationem fratres Templi dederunt ei caritative XL. solidos viannensium. Facta hec donatio in mense novimbrio, feria vi., luna xx., anno ab Incarnatione Domini M°.C°.LX°.III°. (1).

(1) Vendredi 30 novembre 1162.

N° 172. (Fol. 106 r°.)

DE BERNARDO ET FILII SUI.

Notum sit omnibus hominibus, tam presentibus quam futuris : quod ego, Iohannes Bernardus, et filius meus Bernardus, donamus et concedimus illud quod nos habebamus infra terminos territorii quod Armandus de Bordelz dedit fratribus Templi Salomonis. Donationem supradictam fecerunt in manu Děude d'Estan. Testes hujus donationis sunt : Nicholaus, capellanus ; et Dalmaz de la Rocha ; et Nicholaus, claviger ; et Bertrannus de Bolbotone ; et Ritbertus Folras ; et Hugo d'Auticam, et Wilelmus frater ejus (1).

(1) Probablement vers 1160.

N° 173. (Fol. 106 r° et v°.)

DE RAIMUNDO GERALDI.

Hoc scriptum perficimus, quatinus presentibus, necnon et sequentibus, significare valeamus quod in ipso inseramus. Pru-

dentium ergo virorum agnoscat nunc et semper universitas,] et
nulla umquam in antea annorum vel temporum delere possit
vetustas : || quod ego, Raimundus Geraldi, et ego, Lucia uxor
ejus, donamus pradale quod habebamus juxta flumen Elsonis in
pratis Novellis Deo, et Beate genitrici Marie, et fratribus Templi
Salomonis presentibus et futuris, sine omni retenimento, ad
faciendas voluntates eorum. Et propter hoc donum dederunt
nobis fratres Templi XXX. solidos valentianorum, et terram de
Font Penchenaa, quam Petrus Geraldi de Moidas dedit fratribus
Templi. Et si hoc donum nemo de progenia nostra eis injuriare
voluerit, nos emendabimus per bonorum hominum consilium.
Testes hujus donationis sunt : Arnauz Ners; Iohannes de Montilio ; Petrus Bernardi ; Arnaudus Breteurz ; Arnaudus Chais, de
Blacos ; frater Milo; et frater Nicholaus, claviger; qui hoc donum
ab his suprascriptis donatoribus acceperunt, anno ab Incarnato
Domino M°.C°.LX°.III°., feria vii., luna xx.vi. (1).

(1) Ces données conviennent au samedi 1er juin 1163, et au samedi 26 janvier 1164.

N° 174. (Fol. 106 v° et 107 r°.)

De Petronilla de Graina.

In nomine Domini nostri Ihesu Christi : ego, Petronilla de
Graina, pro peccato meo invasionem feci in hominem illum
quem Odo de Graina, pro remissione peccatorum suorum, Deo,
et militibus Templi Salomonis dedit, qui nominatur Petrus
Boneti (1). Sed ego, Petronilla, postea recognoscens delictum
meum, invasionem integre restauravi, et in domo de Alairac, in
manibus episcopi de Dia, ego, et filia mea, et filii mei insimul
convenimus, ut in homine isto, nec in filiis suis, quicquam
|| habere amplius in eis velimus. Hanc dimissionem fecerunt isti
suprascripti in presentia Ugoni Allaudi ; Nicholay, clavigeri.
Testes sunt : Prior Sancti Marcelli ; Petrus de Saliceto, prior de
Turretas ; Petrus de Graina ; Rostainz, prier de Cerzus ; Petrus
de Liron, prier de Sancto Amanto ; Petrus Bertranz, prior de
Sanct Pantali ; Peire Pinez. Et ut dimissio ista firma et stabilis
permaneat, ego, Petronilla, et filii mei in castro de Graigna, in

manu Petri de Cadarosa super textum Evangelii convenimus ut in homine isto nullam querimoniam haberemus. Hoc donum concessit Guigo Granetz. Testes sunt : Wilelmus de Graigna ; Wilelmus Bermuntz ; Peire Umberz, de Valriaz ; Iordas de Cost ; Peire Bermunz ; Rostaigz Bermonz ; Arnauz Malcenglas ; Girautz Malcenglas ; Ponz Rainauz ; Peire Armanz ; Laurenz Pellicers. Anno ab Incarnatione Domini M°.C°.LX°., feria v., luna XVIII. (2).

(1) Cf. n° 181.
(2) Ces données conviennent aux jeudis 22 septembre 1160 et 16 février 1161.

N° **175**. (Fol. 107 r° et v°.)

De Rostagno de Avisano.

In nomine Sancte et Individue Trinitatis : ego, Rostagnus de Avisano, et frater meus Bertrannus, donamus et concedimus pascua per totam terram nostram. Nos vero aliud promittimus, nos esse in confraternitate domus, boni amici et defensores. In fine vero nostra, equos nostros cum armaturis donamus, atque nosmetipsos. Hoc donum factum fuit in die Parasceve, in manu Deode de Stagno, qui tunc magister Richarencarum erat, videntibus et audientibus || fratribus, scilicet : Nicolay, capellani; Ugo Allaut ; Nicolay, clavigeri; Dalmatii de Roca ; Giraudi de Montesecuro ; Iohannis de Aiguno ; Chatbert ; Vialis. Testes sunt : Bertrannus de Falcono ; Petrus Almarici de Falco, et Almaricş de Falco ; Ritperz de Grillon ; Armaȝ Artauz ; Bertranȝ de Borboton ; Ritperz Folraz ; Peire Armanz ; Bertranȝ de Avisa ; Aemars Pigmaurs. Anno ab Incarnatione Domini M°.C°.LX°.I°. (1).

(1) Vendredi saint, 14 avril 1161.
Cette pièce a été bâtonnée dans le Cartulaire et doit être regardée comme annulée. Serait-ce par suite de non-exécution ? Toutefois, il est à remarquer qu'elle porte la même date que le n° 209, est passée devant les mêmes témoins, et que, si la disposition et la rédaction des clauses sont différentes, les engagements pris sont identiques. Les donateurs, dans le n° 209, portent les mêmes prénoms, Rostaing et Bertrand *Carrella*, et ici Rostaing et Bertrand de Visan. N'est-il donc pas plus probable que le scribe ait tout d'abord enregistré la pièce en inscrivant par erreur le nom de Visan au lieu de celui des véritables donateurs ; et que l'erreur ayant été reconnue,

le n° 175 ait été bâtonné et remplacé par un nouvel enregistrement quelques feuillets plus loin.

Les membres de la puissante famille de Visan nous sont bien connus par le grand nombre de pièces les concernant ou les citant, et aucun ne porte le prénom de Rostaing parmi les fils de Pierre Hugues de Visan et de Brunissende, du nombre desquels est Bertrand de Visan. Ce fait donne encore plus de force à l'hypothèse que nous émettons.

N° **176**. (Fol. 107 v°.)

De Iohanna Barnoina.

Notum sit omnibus hominibus : quod ego, Iohanna Barnoina, et filia mea Iordana, et maritus ejus Raimundus de Rossaz, nos omnes bona fide et bona voluntate, et sine omni dolo, donamus et offerimus, et in perpetuum tradimus Domino nostro Ihesu Christo, et Beate Virgini Marie, et fratribus Templi Salomonis, ut Deus propiciatur peccatis et negligentiis nostris et parentum et amicorum nostrorum, pascua per nostra territoria de Cauzonaz. Testes sunt : Bertrannus de Bolbotone ; Ritbertus Folraz ; G. Ugo de Aviso ; Nicolaus de Aviso. Hoc donum factum fuit mense junii (1), feria III., luna VIII. Hanc donationem fecerunt super textum Evangeliorum, et in manus Nicolay, qui tunc procurator erat illius domus ; et propter hoc accepimus ab eis caritative, unam bonam sellam et X. aus de bona lana.

---

(1) Le scribe avait tout d'abord écrit « januario » et a corrigé ensuite en juin. Cette pièce est certainement postérieure à 1145, mais ne peut être datée, même approximativement, faute de synchronismes.

N° **177**. (Fol. 107 v° et 108 r°.)

Petrus Andreus. ||

In nomine Domini nostri Ihesu Christi. Notum sit omnibus hominibus tam presentibus quam futuris : quod ego, Petrus Andreas, et uxor mea Petronilla, donamus et offerimus quicquid habebamus in Campo Lauterii, sine fraude et sine omni retenimento, Domino

Deo, et Beate Marie, et fratribus Templi Salomonis Ierosolimitanis. Et hoc donum supradictum donamus et offerimus super altare Beate Marie Ricarensis, et in manu Deude d'Estag. Et fratres domi Ricarensis dederunt ei pro caritate L. solidos valentianos. Laudationem istam laudavit et confirmavit Pontius Rex, cognatus ejus, videntibus et audientibus : fratre Nicolao, capellano ; et Hugo Allaut ; et Dalmat de la Roca ; et Milo Cigoeir ; et Nicolaus, claviger ; et Iohannes d'Aigu ; et Cathbertus ; et Vidals. Testes hujus donationis sunt : Giraudus de Montesecuro ; et Arnulfus, capellanus ; et Willelmus Trabaudus ; et Imbertus de Sancti Egidii ; et Imbertus Dalmas ; et Bertrannus de Bolbotone ; et Ritbertus Folras ; et Raimundus Agullons ; et Petrus Senivers, de Aurasica ; et Ademarus de Valenza ; et Lambert de la Rocha ; et W. de Sauze ; et Iohan Pellicer ; et Petrus Bonet ; et Arnaut Faber, et W., filius ejus ; et W. d'Auticampi ; et W. Escofer ; et Marti Escofer ; et Pontius Pelliparius ; et W. Cog ; et Gigo ; et W. de Rocafort. Mensi januarii, feria III., luna x., anno ab Incarnatione Domini M°.C°.LX°. (1).

(1) Mardi 10 janvier 1161.

N° **178**. (Fol. 108 v°.)

DE G. DE BALMIS.

Adeo in vitium sunt prona humana ingenia quod nec in verbis fides, nec in pactis, vix retinetur stabilitas. Eo prospectu scripto memorie commendatur : quod ego, Giraldus de Balmis, et uxor mea A., natique mei, Bertrannus et Ugo, querimoniam circa quosdam homines predicti castri, Picaudum videlicet, et ejus fratrem Bernardum, a nobis prolatam, in pace relinquimus ; et si quid nostri juris in ipsis hominibus fuisse videtur, Deo, ejusque genitrici, et fratribus domus Templi Richarencharum presentibus et futuris, omni sine retentu in perpetuum donando concedimus. Nicolao, capellano ; et Bartolomeo, presbitero ; et Deodato de Stagno, ipsius domus procuratore ; et fratre Vidali ; et fratre Giraldo ; et fratre Arberto ; et fratre Lanberto ; et Petro Blanco, clerico ; et W. Giraldi, clerico ; testibus. Anno ab Incarnatione Domini M°.C°.LX°.IIII°., feria v., luna VIII. (1).

(1) 1164. Les autres données ne se rencontrent que le jeudi 26 novembre.

N° **179**. (Fol. 108 v° et 109 r°.)

Petrus Segelos.

In nomine Domini nostri Ihesu Christi. Notum fiat omnibus hominibus tam presentibus quam futuris : quod ego, Petrus Segelus, et Nasaria, uxor mea, vendidimus terram quam habebamus in podio Garingaut, fratribus Templi Salomonis, qui propter hanc venditionem dederunt nobis X. et VIII. solidos vianensium. Et hanc venditionem recepit Ugo de Barcelona, supra textum Evangeliorum et super altare Beate Dei genitricis Marie; tali modo quod si hec terra plus valeret, hoc plus dedimus Deo, et Beate Dei genitrici Marie, et fratribus Templi Salomonis, pro redemptione animarum nostrarum, et parentum || nostrorum. Hec venditio et hoc donum factum fuit vii^{mo}. idus aprilis, luna xx.viiii., anno ab Incarnatione Domini M°.C°.LX°.IIII°. (1) Hi fratres hoc viderunt et audierunt : Hugo de Barcelluna, qui hoc donum suscepit ; Guntardus de Roians ; Pontius de Alon ; Milo ; Nicolaus, sacerdos ; Nicolaus, claviger ; Vitalis ; Lanbertus ; Giraldus ; Teotbertus. Testes sunt : Bartolomeus, presbiter ; Humbertus de Maso ; Petrus Plauga ; Nicolaus Porret ; Raembaldus de Calmo ; Pontjus de Turis ; W. Cocqus ; W. de Sauset ; Rostagnus Vaccerus ; Odo ; W. d'Esperot ; Iohannes de Calmo ; Giraldus Garci ; Raimundus de Aviso ; Rostagnus de Vallauria ; W. de Malamanu ; Arbertus de Ribis ; W. Raimundi, de Colomsellis.

---

(1) 7 avril 1163, avec erreur d'un jour sur la lune, qui désignerait le 6 avril. L'écart entre le 7 des ides et la lune est beaucoup plus considérable dans les années voisines.

N° **180**. (Fol. 109 r° et v°.)

De N. Pilaloba.

Notum sit omnibus hominibus tam presentibus quam futuris : quod ego, Nicholaus Pilaloba, dono vineam fratribus Templi Salomonis quam jure possidebam, que est juxta murum, quam scilicet, ego et avunculus meus nomine W. Iocelmi, diu in pace tenuimus a Petro de Racho. Et hoc factum est in presentia Hugonis de Barcellona, fratris militis Templi, qui hoc donum suscepit; et fratris Stephani de Iohannas; et fratris Nicolai, clavigeri; et fratris Almarici. Ego, Nicolaus, propter hanc donationem predicte vineę, habui de bonis supradictorum fratrum caritative triginta solidos. Et propter hoc dejeci me et investivi fratres, et promisi omnem, si evenerit, auferre calumpniam. Testes hujus rei sunt : Petrus de Racho, et filius ejus Petrus, qui etiam pro laude || hujus vineę XX.V. solidos viannensis habuerunt; et laudaverunt eam totam fratribus predictis, eodem modo quo Nicolaus et W. Iocelmi diu eam tenuerunt; et alii testes : Raimundus de Turribus ; et Petrus Faber; et Rostagnus de Vallauria; et W. Denc. Anno ab Incarnatione Domini M°.C°.LX°.III°. (1).

(1) 1163.

N° 181. (Fol. 109 v°.)

ODO DE GRAINNA.

In nomine Domini nostri Ihesu Christi. Notum sit omnibus hominibus presentibus et futuris : quod ego, Odo de Gradinano, dono et trado Domino Deo, et Beate Marie genitrici ejus, et fratribus Templi Salomonis tam presentibus quam futuris, hominem illum qui vocatur Petrus Bonet, cum filiis suis et cum omni tenimento suo, ut libere et sine omni blandimento habeant eum et teneant. Facta donatione ista videntibus et audientibus : fratre Rostagno, capellano; et Bernardo de Boazone; et Raimundo, priore de Turretis ; et W. Himberto; et Ugone dellas Illas ; et Pontio Pennart; et Petro Ugonis de Valriaco ; et multis aliis videntibus et audientibus, quorum nomina hic scripta non sunt. Hanc donationem laudavit Maljox, frater ejus, et nepotes illius, videlicet Odo et Guigo Graneti. Igitur ego, Petrus Bonet, reddo de censa annuali Deo et fratribus Templi quasdam ublias, et II. solidos valentianorum, et tascam de terris meis (1).

(1) Les synchronismes circonscrivent cette pièce entre les années 1135 et 1149. Cette donation donna lieu à un curieux différend, terminé en 1160 par l'accord enregistré sous le n° 174 ci-dessus. Nous avons déjà eu l'occasion de constater des rappels de pièces plus anciennes et jusqu'alors omises dans le Cartulaire, à la suite de circonstances qui les ont remises en mémoire.

N° 182.   (Fol. 109 v° et 110 r°.)

Radulfus Bartolomei.

In Ihesu Christi nomine, noscant omnes audientes tam futuri quam presentes : quod ego, Radulfus Bartolomei, et ego, Petrus, et ego, Pontius, et ego, Lambertus Bartolomei, vendidimus fratribus Templi Salomonis terram quam habebamus in territorio Granoleti, quam ab ipsis tenebamus, que sic terminatur : ab aquilone, cum terra quam Giroardi fratribus Templi vendiderunt ; et a meridie, cum terra ipsorum fratrum. Et propter hanc venditionem dederunt nobis fratres Templi XVI. solidos, tali modo quod si plus valeret, hoc plus dedimus pro redemptione animarum nostrarum et parentum nostrorum. Hanc venditionem et hoc donum suscepit Nicolaus, claviger, et frater Milo. Testes hujus rei sunt : W. de Alon, Avison ; Pontius Gauterii ; W. de Tornafort ; W. Planzer ; Petrus Triguignans ; Radulfus, nepos sacerdotis ; Hisnardus ; Stephanus Ioiaut ; Petrus Sicardi ; Rostagnus Orgaut, et Petrus, frater ejus ; et Petrus Mistral ; et alii plures. Hoc factum fuit vi. idus aprilis, luna i., anno ab Incarnatione Domini M°.C°.LX°.IIII°. (1).

---

(1) 1163, 8 avril. La lune est fautive d'un seul jour ; cf. la note sur la date du n° 179.

N° 183.   (Fol. 110 r° et v°.)

De Ber. de Monteclaro (1).

Notum sit omnibus hominibus : quoniam ego, Bertrannus de Monteclaro, et uxor mea Peregrina, pro redemptione animarum nostrarum et parentum nostrorum, ut Deus et Dominus noster Ihesus Christus, nobis omnia peccata nostra hac (2) parentum nostrorum condonet, donamus et offerimus totum hoc quod habebamus vel habere debebamus in toto territorio de Richarenchis, sicut isti termini terminantur : a meridie, sicut descendit Elsonis fluvius, usque in Oleriam ; ab occidente, sicut descendit aqua de Olleria, usque ad territorium de Colonzellis, et vadit in Rivum Siccum; ab aquilone, sicut vadit Rivus Siccus, usque ad territorium de Valriaco, et revertitur in Elsone. Totum quicquid habebamus vel habere debebamus, sive vir, sive mulier per nos tenebant infra istos terminos, totum et ab integro donamus || et offerimus Domino Ihesu Christo, et ejus genitrici Marie, et fratribus Templi Salomonis presentibus et futuris. Hoc donum factum fuit IIII. nonas augusti, feria VII., in manu Deodet de Stagno, qui tunc erat bajulus de Richarenchis, et super textum Evangeliorum. Testes hujus donationis sunt : Nicolaus, capellanus; Bartolomeus, sacerdos: Dalmatius de la Roca; W. Giraldi; Nicolaus, claviger; Vitalis; Lambertus; Girardus; Arbertus; Raembaudus; Odo; Petrus Blanc; Petrus Barreira; W. d'Esperro; Giraldus Garci; W. Coccus; Bertrannus de Borboton; Stephanus Habrei; Johannes Persona; Raimundus de Avisano; W. de Sauset; W. de Montesecuro. Eodem die hoc supradictum donum ego, Bertrannus, et uxor mea, Peregrina, laudavimus Clarensais, cum consilio Hugonis de Montesecuro, et uxoris sue, et in manu Nicolay, clavigeri. Hujus rei testes sunt : Petrus Almarrici; Ritbertus Folrat; W. Ugo de Avison; Bertrannus de Sancto Paulo. Et propter hanc donationem dederunt nobis predicti fratres caritative XXX. solidos viannensis monete, annus ab Incarnatione Domini M.C.LX.IIII., luna VIII. (3).

---

(1) Famille du Diois, éteinte dès le XIII° siècle.
(2) Sic.
(3) 1164 (samedi 1ᵉʳ août?). Lune 8 donne le vendredi 31 juillet, et le 4 des nones d'août le dimanche 2 août. Il semble donc préférable de s'en rapporter à la férie placée entre les deux. Les années voisines donneraient des discordances plus considérables encore.

N° 184. (Fol. 110 v° et 111 r°.)

De Michaele.

In Ihesu Christi nomine, noscant omnes audientes, tam futuri quam presentes : quod ego, Micahel Giroarz, et ego, Giraldus, filius Micahel, et ego, Iohannes Giroardi, et ego, Lambertus Giroardi, vendidimus fratribus Templi Salomonis, terram quam

habebamus in territorio Granoleti, quam tenebamus ab ipsis, que
sic terminatur : ab aquilone, cum territorio de Colonzellis ; et a
meridie, cum terra Bartolomeorum. Et propter hanc venditionem
dederunt nobis fratres Templi XVI. solidos, tali modo quod si plus
valeret, hoc plus donamus pro redemptione animarum || nostrarum. Hanc donationem recepit Deusdet super textum Evangeliorum. Hoc audierunt fratres : Nicolaus, capellanus ; Bartolomeus,
presbiter ; Milo ; Stephanus Ebreus ; Nicolaus, claviger ; Lambertus ; Vitalis. Hoc factum fuit anno ab Incarnatione Domini
M.C.LX.IIII., IIII. idus aprilis, luna VI. (1). Hujus rei testes sunt :
W. Plazer ; W. de Buxo ; Odo ; Petrus Plavya ; Umbertus ; Giraldus Garci ; W. Malamanus ; et multi alii.

---

(1) 10 avril 1163, avec erreur de deux jours sur la lune. L'écart serait beaucoup plus grand dans les années voisines.

N° 185. (Fol. 111 r°.)

G. PIGMAUS.

In nomine Domini : ego, Giraudus Pigmaus, et ego, Marchesa,
uxor ejus, propter Dei timorem et remissionem peccatorum
nostrorum, Domino Ihesu Christo, et Beate Marie genitrici ejus,
et fratribus Templi Salomonis presentibus et futuris, et domui
de Richarenchis, et tibi Hugoni de Panaz, et fratribus in ea nunc
et semper degentibus, donamus nostram partem de tasca et
decimam de Brento, sicut laboratus domus supradicte, et donum
habere videtur et intelligitur. Hoc facimus et donamus sine
fraude, et sicut habemus, vel habere per ullam vocem aut rationem intelligimus. Hoc vere prebemus in manus tuas, Hugo de
Panaz, et supra textum Evangelii, sicut tu intelligis et intelligere
putas et fratres qui tecum degent in eadem supradicta domo. Ad
hujus decime et tasce donationem et laxationem interfuerunt :
Rotbertus joves de Montilio, qui etiam propter hanc donationem
XV. solidos dedit nobis karitative, et alii plures de fratribus Templi, qui sic nominantur : Berengarius de Villanova ; W. Francigena ; Rostagnus, capellanus ; et frater Nicolaus, presbiter ;
Bernardus de Boazono, qui claviger et bajulus erat domus

supradicte; Imbertus de Sauzeto; et frater Radulfus; et frater Lambertus; et frater Geraldus de Montesecuro; Poncius Berenguerii; Girauz Dalmalz, de Sancto Restituto. Anno M°.C°.XL.II., mense novembris, feria v., luna v. (1). ||

(1) Jeudi 26 novembre 1142.

N° 186. (Fol. 111 v°.)

DE PONTIO DE ROSANIS.

In nomine Domini : ego, Pontius de Rosanis, propter Dei timorem et remissionem peccatorum meorum, Domino Ihesu Christo, et Beate Marie genitrici ejus, et fratribus Templi Ierosolimitani presentibus et futuris, et domui de Ricarenchis, et fratribus in ea nunc et semper degentibus, dono meam partem de tascha et decima de Brento, sicut laboratus domus supradicte, et donum habere videtur et intelligitur. Ad hujus decime et tasche donationem et laxationem interfuerunt isti : W. Ugo, Tricastrinus episcopus, qui hoc donum suscepit; Petrus de Garda; Barrez; Bertrannus, presbiter d'Estonilz; Bartolomeus, sacerdos; Rostaigz de Soloric; W. de Novaison; Giraudus, clericus de Avisano; Giraudus, clericus de Grillon; Petrus, clericus de Avison; Deodet de Stagno; Stephanus Abreuz; et Nicolas, claviger; W. de Paernis. Propter hoc donum predictus Pontius habuit a fratribus nominatis duas cappas et XII. denarios. Anno M.C. LX.IIII. (1). ||

(1) 1164.

N° 187. (Fol. 112 r° à 114 r°.)

(*De Borbotono et Granolleto*) (1).

Notum omnibus fiat hominibus tam presentibus quam futuris: quod ego, Ugo de Bolbotone, pro salute animę meę et peccatorum meorum remissione et tocius progeniei meę, reliqui seculum et reddidi meipsum, et uxorem meam, et filios, et omnia quecumque habebam tam mobilia quam inmobilia, Deo, et fratribus de Templo; et hoc feci consilio et precepto Giraldi, mei episcopi, et clericorum suorum, et parentum et amicorum meorum. Nunc autem vitę meę terminum appropinquare videns, volo in ea veritate quę Deus est, et in illa fide qua vivimus, totum terminare teritorium de Bolbotone, et in quibus partibus ab antiquo divisum sit, sicut a patre meo audivi et vidi manifestare, et post patrem meum tenui et possedi longo tempŏre. Hoc vero ideo facio, ne aliquis malus homo post mortem meam fratres de Templo de jamdicti territorii divisionibus et acaptacionibus perturbare audeat. Primum in verbo veritatis, sub testimonio fidei, contestor quod medietatem totius territorii de Bolbotone et omnem decimam supradicti territorii pater meus Berenguarius, et ego cum ipso, et post illum cum heredibus suis, videlicet cum Geraldo de Bolbotone, avunculo meo, et cum Odoino de Montesecuro et fratre suo Otone, tenuimus et habuimus cum omni libertate pro allodio franco, ita quod nulli homini, nulli femine, convenientiam unquam fecimus, nec hominium, nec avus nec atavus meus. Post mortem vero Geraldi de Bolbotone, filius ejus, Bertrannus de Bolbotone, donationem quam ego feceram fratribus de Templo et domui de Ricarenchis laudavit et confirmavit, et propter hoc Bertrannus donavit et laudavit Deo, et fratribus Templi, totam partem suam quam habet in supradicto teritorio, et corpus et animam suam. || Ritbertus Folradius, consobrinus meus germanus, post aliquantum tempus, pro parte hereditatis sue misit me in placitum, et consilio bonorum hominum retinui eum in sextam partem molendini de Bolbotone, et in sextam partem tocius decime et tasche tocius teritorii de Bolbotone. Ipse vero Ritbertus, quando domus de Ricarenchis cepit hedificari, totum Deo, et fratribus de Templo condonavit quod ibi retinuit, et quod nunquam de labore illorum decimum vel tascam reciperet, promisit, de toto teritorio de Bolbotone et Granoleto in fine suo dimisit. Sit preterea manifestum omnibus hominibus quod ecclesia Sancti Amantii tantum habet in istis teritoriis, videlicet : quendam pratum quod est juxta fluvium Elsonis, et tascam de terra que laborabant Guitardi, de Balmis, et tascam de la faissa quam laborabant li Emembert, de Balmis, et tascam de Campo Lauterio quod est super stagnum de Granolleto, in quo accipiunt VI. nummos anno quando habet blata; et ad finem suum pater meus misit eis in vadimonium unam faisam terre quam Bernardus Richardi laborabat, pro. XV. solidis. Sit omnibus notum hominibus quod Petrus Wilelmi de Balmis habet in teritorio de Bolbotone II. condaminas pro fratribus Templi : unam ad Roborem Grossam, alteram ad Crucem Pastorissam. In illa de Cruce Pastorissa, habemus dominium et tascam et decimam ; in altera, decimam. Predictus autem Petrus Wilelmi, quamdiu fidelis amicus fratribus Templi et domui illorum fuerit, et res illorum et possessiones amaverit et defenderit, condaminas istas per manum eorum teneat et in pace habeat. Si vero, quod nunquam credimus, inquietare vel perturbare eos vel res suas presummeret, jamdictas condaminas non debet habere, sed perdere ista ratione : in veritate dico quod condaminam de Robore Grossa, Radulfus Lautgerii, pater Petri Wilelmi, || acaptavit a patre meo Berengario, contra voluntatem matris meę et ultra vetitum suum, et illam convenientiam quam promissit, non observavit. De illa vero de Cruce Pastorissa, quam similiter pater Petri Wilelmi, contra voluntatem dominorum quorum erat, acaptavit, et ultra consilium eorum, nec convenientiam quam bajulo eorum Bernardo Richerio fecerat, nequaquam observavit. Preterea dico in veritate quod filii Odoini, Pe. de Mirabello, et Geraldus de Montesecuro, donaverunt Deo et fratribus de Templo, pro salute animarum suarum et remissionem peccatorum suorum, hoc totum quod ipsi, vel homo vel femina per illos, habebant in toto teritorio de Bolbotone. Postea filius Otonis, Ge. scilicet de Tornafort, dedit similiter unam partem suam Deo et fratribus Templi, et habuit ab eis bonum caballum. Postea vero, Petrus Ugo de Avisano similiter dedit quicquid habebat in jamdicto territorio, et quicquid habebat in stagno de Granolleto, Deo et fratribus Templi, et habuit ab eis C.XXX. solidos denariorum novorum mergoriensium. Iste Petrus Ugo inquietabat Ugonem de Bulbotone, et perturbabat fratres de Templo pro malicia et paupertate sua ; sed postea recognoscens peccatum suum et culpam, promisit quod nunquam amplius nos perturbaret, et insuper terram quandam, quam habebant illi de Valle Aurea in Granolleto, redimeret et nobis dimitteret. Et propter hoc dedimus ei unum trentanarium de lana et I. saumatam de frumento, valente X. solidos valentianorum. Hec medietas istius territorii sic dividitur, et a fratribus Templi hoc modo adquiritur. — Item, alia medietas sic dividitur, et ab eisdem fratribus adquiritur : Bertrannus de Solorivo cum illis de Iocundatio habet medietatem. Qui Bertrannus dedit semetipsum, et uxorem suam, et filios suos, et totum honorem suum ubicumque habet, Deo et fratribus Templi. Sed nos retinuimus illos ad feuales de cabannaria que fuit Arnaldi, sicut scriptum est in cartis et in libro cartarum. Habuit Bertrannus et uxor ejus propter hoc || XL. solidos valentianorum et pullum cavallinum II. annorum, et dimidium trentanarium de lana. Item, illi de Iocundatio faciunt de parte sua III. partes : una pars est illorum de Valriaco, scilicet Raimundi Bellonis, et filiorum ejus. Post mortem Raimundi Bellonis, filius ejus Paganus, et soror ejus Antevena, et maritus ejus Bertrannus Falco, et altera soror ejus Nicola, et maritus ejus Wilelmus de Rosatio, dederunt Deo et fratribus Templi totum quod ibi habebant, in presentia episcopi Sancti Pauli et episcopi Vasensis et aliorum multorum, sicut scriptum est in cartis et in libro cartarum, et habuerunt CCC. solidos valentianorum. Item, II. partes que remanent dividuntur in III., quarum I. habebat Ysarnus et frater ejus W. Ysarnus ; et dederunt illam Deo et fratribus Templi in presentia Titburgis Arasicensis, et filii sui Wilelmi, et aliorum multorum, et habuerunt inde LXX. solidos mergoriensium veterum, sicut scriptum est in cartis et in libro cartarum. Item, aliam tertiam habebat Raimundus de Iocundatio, et filius ejus Bertrannus, et dederunt illam Deo et fratribus Templi in presentia Titburgis, et aliorum multorum, sicut scriptum est in cartis et in libro cartarum ; et habuerunt inde LXX. solidos mergoriensium, sicut scriptum est in cartis et in libro. Item, aliam tertiam habebant isti IIII. heredes, scilicet : R. de Bistorres, et Galburgis uxor ejus, et filii eorum, Gui. Raimundi, et Bertrannus Raimundi, et Ysnardus ; et Bertrannus Wilelmi de Iocundatio, et Aimerus uxor ejus, et filius eorum G. de Podio Calvo ; et Blismoda uxor G. Ricavi, et Ricavus ; et Ricsens, uxor Petri Laugerii. Nos quatuor istius tertie partis heredes, dedimus Deo et fratribus Templi totum hoc quod habebamus in supradicto teritorio, in presentia Titburgis, que hoc donum confirmando laudavit, et multorum aliorum, sicut scriptum est in cartis et in libro cartarum domus de Ricarensis, et habuerunt inde LXX. solidos mergoriensium. ||

Territorium de Bolbotone terminatur his terminis : ab oriente, territorio de Valriaz super blaca Bodic ; a meridie, territorio de Avisano, et usque ad Molares, et quomodo descendit Talobres usque in territorio de Balmis ; et territorio de Balmis, sicuti via venit ad Crucem Pastorissam ; a Cruce Pastorissa usque ad Petram Brunam ; a Petra Bruna usque ad ga Amaugerium in flumine de Lez; ab occidente, territorio de Montesecuro, sicuti flumen de Lez ascendit; ab aquilone, sicuti Elsonis fluvius vadit, usque ad teritorium de Valriaz.

Territorium de Ricarencis terminatur his terminis : a meridie, sicut descendit Elsonis usque in Oleriam; ab occidente, sicuti descendit aqua de Oleria usque ad teritorium de Colonzellis, et vadit in Rivum Siccum; ab aquilone, sicut vadit Rivus Siccus usque ad teritorium super Ricarencas; ab oriente, sicut dividitur teritorium de Valriaco, et revertitur in Elsonem, et de Elsone usque ad viam que venit de Grillone, et de via de Grilone usque ad caminum qui vadit ad Cellares Aureos, et inde usque in Elsonem. Quicquid infra istos terminos concluditur et continetur, in terris cultis et in ermis, aquis, boscis, pratis, totum per justiciam et suam rationem tenet et habet domus de Ricarenchis, et fratres de Templo, in dominicatura, aut ibi recipit decimam. Quicquid autem infra istos terminos, sive homo, vel femina, aliquid tenet vel habet, totum habet per manum fratrum de Templo, et a nemine alio. — Sicut hec omnia scripta sunt, sic ego, Ugo de Bolbotone, sub testimonio fidei et indubitate veritatis, coram Deo et hominibus, vera esse affirmo, vera esse contestor (2). ||

(1) Écriture moderne.

(2) Hugues de Bourbouton apparaît pour la dernière fois le 18 janvier 1151 (n° 64), et la première pièce où son successeur, Dieudonné de l'Estang, figure avec le titre de précepteur, est du 18 juin de la même année. C'est entre ces deux dates que doit se placer la mort de Hugues, et très vraisemblablement la présente pièce. Les mots « terminum vite mee » donnent a penser, en effet, qu'il l'aura dictée lorsqu'il a senti les approches de la mort.

Elle est, en certaines parties, la reproduction du n° 87, où, dès le jour de son entrée dans l'ordre du Temple, et du don qu'il lui faisait de toute sa part de la seigneurie de Bourbouton, il avait consigné les indications pouvant être utiles à l'acquisition des autres coseigneuries. Ce plan a été réalisé graduellement par ses soins, avec l'appui de Tiburge d'Orange, et enfin couronné par la transaction du 23 octobre 1150, assurant à l'ordre le haut domaine de la seigneurie entière, affranchi de toute contestation. Quant au domaine utile, il laisse à son successeur une arme contre le vassal le plus à redouter, et détermine exactement les droits du prieuré de Saint-Amand dans l'étendue des possessions de l'ordre. Les acquisitions de parcelles de terre ou de parts de redevances ont continué longtemps et n'étaient probablement pas toutes effectuées encore au temps où notre Cartulaire a été clos.

N° **188.** (Fol. 114 v° et 115 r°.)

DE PETRO WILELMI DE BALMIS.

Notum sit omnibus hominibus qui sunt et qui aderunt : quod

Petrus Wilelmi de Balmis irrationabiliter calumpniatus est fratribus Templi Salomonis Iherosolimitani terram que est juxta viam de Balmis, quam Ugo (1) longe ante tenuerat, et quam predictis fratribus Ierosolimitani Templi Salomonis dederat; propter quam querimoniam, supramemorati fratres coram Wilelmo Ugonis, venerabili episcopo Tricastrino, et coram canonicis, Wilelmo Barreria, sacrista, et Bertranno, degano (3) ; et predictus episcopus, consilio canonicorum, volentibus et rogantibus Petro Wilelmo de Balmis, et predictis fratribus Iherosolimitani Templi Salomonis, jussit W. Richer et Geraldum Richer, filios Bernardi Richer (2), ut monstrarent terminos territorii de Bolbotone et de Balmis ; et in presentia predicti episcopi, et canonicorum, et Petri Ugonis, presbiteri de Barre, et Geraldi Rostagni, et Wilelmi de Grillone, et Petri Wilelmi de Balmis, et supradictorum fratrum, monstraverunt terminos a via que venit ab Avisano et movet de Talobre, usque ad Crucem Pastorissam, et sicut via recedit a Cruce Pastorissa et tendit Balmis usque ad Petram Brunam ; et de Petra Bruna usque ad gadum Amauger. Et in presentia horum supradictorum, per veritatem suam dixerunt se hos terminos sibi monstrari a patre suo Bernardo Richer, in presentia Radulfi Leodegarii et Bertranni de Balmis, et Ugonis de Bolbotone ; et Petrus Wilelmi de Balmis hos terminos credidit, et in presentia horum supradictorum spopondit in manu predicti episcopi, ut neque ipse, neque filii, neque filie, neque propinqui sui, deinceps calumpniam facerent fratribus Templi de hac supradicta terra. Et ut hoc melius crederetur, fratres Templi : Ugo de Barcelluna, qui tunc erat magister domus de Ricarencis ; et Deode de Stagno ; et Raimundus de Ponteves ; et Bertrannus de Bolbotone ; et Nicholaus, claviger ; et Petrus de Trivis ; et Stephanus Pellicers ; et Petrus de Cabannas ; et Petrus Wilelmi de Balmis ; et Radulfus Leodegarii ; et Geraldus de Balmis, et Bertrannus filius ejus ; et Radulfus Cornabrocs ; et Wilelmus filius Leodegarii || de Balmis ; rogaverunt Wilelmum Richer et Geraldum ut in presentia Bertrandi de Falco ; et Armandi Artaldi ; et Geraldi de Montesecuro ; et Nicolay, sacerdotis, de Montesecuro ; et Guigonis Malerufi ; et Petri Triguinnani ; et Wilelmi Malerufi ; et Ritperti Folrati, et Geraldi fratris sui ; et Ugonis de Avisano ; et Pontii Flamma ; et Petri Cais, de Balmis, et filiorum suorum ; et Poncii Cavaller, et Bertranni, filii sui ; et multorum aliorum ; ut testarentur verasciter terminos predictorum teritoriorum, scilicet de Balmis et de Bolbotone ; et testati sunt hos terminos a via que venit de Avisano et movet de Talobre, usque ad Crucem Pastoressam, et de Cruce Pastoressa sicuti via vadit Balmis, usque ad Petram Brunam ; et a Petra Bruna, usque ad gadum Amauger ; et omnes hoc crediderunt (4).

Anno ab Incarnatione Domini M°.C.L.VIII. Hoc factum fuit mense aprilio (5).

(1) Hugues de Bourbouton.
(2) Ancien baile de la seigneurie de Bourbouton (V. n° 187).
(3) Suppléer « occurrerunt ».
(4) Cette pièce justifie les appréhensions que Hugues de Bourbouton a consignées dans la pièce précédente à l'endroit de Pierre Guillaume des Baumes.
(5) Avril (1157, 1158 ou 1159). Les synchronismes porteraient à adopter 1158.

N° **189.** (Fol. 115 r° et v°.)

De Riperto Folradi.

In nomine Domini nostri Ihesu Christi ; notum sit omnibus hominibus tam presentibus quam futuris : quoniam ego, Ritbertus Folrat, et frater meus Giraldus, et soror mea Blanca, pro remissione peccatorum nostrorum et salute animarum nostrarum, ut Deus dimittat nobis peccata nostra, donamus et offerimus Domino Deo, et Beate Marie, et fratribus Templi Salomonis, omne quod habemus in teritorio de Borbotone, excepto olcam que est ante castrum, et oscam de Sorberio, et tanscam de Campo Pauli, et portionem nostram que nos contingit molendini de Malorufo. Insuper et ad finem nostrum, de his omnibus que retinuimus, bona fide et sine retenimento, donationem facimus Deo, et predictis fratribus. Hanc donationem fecimus feria v., kalendis augusti, Tuellete, in domo Pontii Flamme. Hii sunt qui audierunt et viderunt : Deode de Stagno, qui hoc donum accepit; et Stephanus Abrei ; et Pontius Flame, || qui hoc donum laudavit ; Wilelmus Ugo ; Hisoardus de Tuelleta. Et in sequenti vero dominica, II. nonas ejusdem mensi, hoc donum affirmavimus in ecclesia de Ricarenchis, et in manu Deode super textum Evangeliorum. Et hoc fecimus cum consilio matris nostre, scilicet Lucie, qui etiam hoc donum laudavit. Testes hujus rei sunt : Nicholaus, capellanus; Bartolomeus, presbiter ; Tomas Frater ; Wilelmus Giraldi ; Giraldus de Montesecuro ; Nicolaus, claviger ; Lambertus ;

Girardus; Harbertus; Petrus Blanc; Vitalis; Wilelmus Coccus; Raimundus de Avisano; Odo; Raembaudus; Bertrannus de Borbotone; Catbertus; Giraldus Garci; Dalmatius de Roca. Et propter hoc predictum donum dederunt nobis predicti fratres CC. solidos mergoriensium, quos misimus et quibus retinuimus in gatgeria hoc quod episcopus habebat in decimatione de Barbaras; et LX. solidos quibus redimimus feuum quod Tiravesca habebat a nobis. Annus ab Incarnatione Domini M.C.LX.IIII, et luna II. Et pro predicta olca de Sorberio, a predictis fratribus quendam roncinum habuimus (1). ||

(1) 1163, jeudi 1ᵉʳ et dimanche 4 août.

N° 190. (Fol. 116 r° et v°.)

De Wilelmo Berengarii.

Et presentibus et sequentibus, hac presenti scriptura teste, notum sit : quod ego, Wilelmus Berengarii, et ego, Ugo Turcs, et ego Berengarius, nepos Wilelmi Berengarii, placitum de territorio quod vocatur blanca (1) Bozic, et de Pratis Novellis, et de decimaria ejusdem teritorii quod jam sepius cum Ugone de Bolbotone et Ber. nepote ejus habuimus, et a Raimundo de Avisano et a Radulfo Agullone judicatum est, et postea ab ipsis volentibus jurare, ita judicatum esse recognitum est; quod etiam postea apud Valriacum a supradictis duobus militibus, et pluribus fratribus, tam laicis quam clericis militum Templi, in presentia domini Berengarii, Vasionensis episcopi, et Ber. ejusdem ecclesie sacriste, et F. Carpentoratensis, jurejurando testificatum est; et quod nos tunc mandato ipsius episcopi laudavimus et confirmavimus W. de Bais, magistro militum Templi, et U. de Barcillone, et omnibus fratribus Templi; et ego, W. Ber., in manu supradicti episcopi, promisi firmiter tenere; et ego, U. Trucs, et Rixenz, uxor mea, et mater ejus Dalmida, jurejurando confirmavimus; nunc iterum laudamus et confirmamus tibi Deude, magistro domus Ricarensis, et tibi Nicolao, clavigero ipsius domus, et omnibus fratribus Templi Ierosolimitani, tam presentibus quam futuris, tali pacto ut amodo inconvulsum permaneat. Placitum vero quod inter nos et fratres militum Templi de Ricarencis, mandato supradicti episcopi, et consilio F. Carpentoratensis, factum est, modo ad ultimum tale est : Donamus enim et laudamus vobis in perpetuum totam blaccam Bozic, ad laborandum et excolendum tali pacto ut duas partes tasce fructuum quos inde in unoquoque anno perceperitis, nobis reddatis ; terciam vero pro decimatione quam ibi habebatis, retineatis. Prata vero Novella eodem pacto ad laborandum donamus, exceptis pratis que olim a predecessoribus nostris quibusdam hominibus ad censum donata sunt. De ipsis vero quantum vel nos, vel vos, sine violentia quoquomodo recuperare poterimus, eodem pacto quo et blacam Bozic habeatis ; interim vero decimationem inde habeatis. Aliam vero decimationem et quicquid in teritorio || de Bolbotone habemus ad foedum, de vobis habere cognoscimus. Factum est hoc placitum et hec transactio in presentia domini Ber. episcopi, in civitate Vasensi, anno ab Incarnatione Domini M°.C.LX.I., mense aprili, feria II., regnante Frederico rege (2). Testes hujus placiti sunt : ego, Fulcherius Carpentoratensis, Vasensis ecclesie canonicus, vidi et audivi, et taliter subscribendo testimonium perhibeo : ╬. Ego, W. de Dolonna, presbiter et canonicus, testis ; ego, Fulco, vidi, sacerdos et canonicus regularis (3) ; et ego, U. de Carona, vidi et audivi, diaconus et canonicus regularis ; ego, U., canonicus, de Cadarosa, vidi ; ego, W. Rainerii, subdiaconus et canonicus, testis ; ego, Ra. de Malaucena, presbiter et canonicus regularis, testis ; ego, W. Johannes, presbiter et canonicus regularis, testis ; ego, W. Petrus de Brantol, testis ; ego, Ugolenus Vasionensis, miles, testis ; ego, Raiembaudus Ugoleni, testis ; ego, Pontius Borrelli, subdiaconus, testis ; ego, Ugolenus, clericus, testis.

(1) Blaca, blacha.
(2) Mardi... avril 1161.
(3) Ce personnage et les suivants portant le même titre semblent plus probablement appartenir à l'ordre de Saint-Ruf qu'aux autres ordres usant de la même qualification.

N° 191.   (Fol. 116 v° et 117 r°.)

ISENIARDA DE MONTESECURO.

In nomine Domini : ego, Iseniarda de Montesecuro, propter Dei timorem et remissionem peccatorum meorum, patris ac matris mee, Domino Ihesu Christo et Beate Marie genitrici ejus, et fratribus Templi Ierosolimitani presentibus et futuris, et tibi, Nicolao, clavigero, et fratribus in ea nunc et semper degentibus, dono partem ac possessionem meam quam in territorio de Borbotone patri meo Bartolomeo videtur habere, aut intelligitur. Hoc facio et dono sine fraude, et sicut pater meus habuit, aut habere per ullam porcionem vel racionem intelligo. Hoc vere prebeo in manus tuas, et juro super textum Euvangelii sicut tu intelligis aut intelligere putas, et fratres qui tecum degent in eadem supradictam domum. Ad hujus donationem et laxationem interfuerunt aliqui de fratribus Templi, qui sic nominantur : Nicolaus, claviger ; Dalmacius de la Rocha ; Wilelmus del Serre ; || frater Vidals ; frater Vincentius ; frater Chatbertus ; frater Stephanus Ros ; frater Arbertus de Ripis ; frater Lambertus ; frater Raimbaudus ; Petrus de Merllet, sacerdos ; Petrus de Bordeuz ; Imbertus del Maso ; Wilelmus d'Auticham ; Ugo d'Autichamp ; Aalardus Sutor ; Raimondus Deudez ; Petrus Plaia ; Raimundus de Sant Paul ; Ioanz Pressona ; Pontius de Charrovols ; Ioanz de Torretas ; Peire de Barre ; Ioanz Frances ; Bertrant de Falco, qui est testis et fidejussor hujus rei. Et per hanc donationem, fratres milicie Templi Salomonis caritative XX^{ti}. solidos dederunt. Oc donum fuit factum dominica die ante festum Sancte Marie septembris, in ecclesia de Ricarenchis. Postea, in festum Sancte Marie septembris, hoc donum supradictum affirmavit et concessit in manu Deode de Stagno, in visu et in auditu : Bertrando de Bolbotone ; Riperto Folra ; d'Ugo Chais, de Balmas ; de Peiro Guillelme, de Grillo. M°.C°.LX°.V°., luna XVIII., VI. nonas septembris (1). Et hoc quod habeo in Campo Lasso, dono in fine mea. Sed si necessarium antea erit mihi, debeo caritatem fratribus milicie Templi Salomonis poscere.

(1) 1164, dimanche 5 septembre et mardi 8 septembre, jour de la Nativité de la Vierge Marie, lequel est effectivement cette année-là le 18e de la lune. Mais il faut corriger 6 des *nones* en 6 des *ides* de septembre, moyennant quoi les données chronologiques deviennent exactes de tout point.

N° **192.** (Fol. 117 r° et v°.)

De Marta et sorore sua.

Notum sit omnibus hominibus tam presentibus quam futuris :

quod ego, Marta, et soror mea Belissenz, pro salute animarum nostrarum et parentum nostrorum, ut Deus peccata nostra et offensas nostras remittat, et insuper vitam eternam nobis concedat, donamus et offerimus Deo et militibus Templi Salomonis, terram quam habebamus juxtam (1) pratum quod est ante castellum de Borbotone. Et hoc donum affirmamus ego, Marta, et soror mea Belissenz, super textum Euvangeliorum. Et Pontius Gros, meus maritus, et ambo filii mei, sunt laudatores. Et hoc donum fuit factum in ecclesia Sancte Marie Ricarenchis, in visu et in auditu omnium fratrum qui ibi aderant, videlicet : Nicolaus, claviger ; frater Wilelmus del Serre ; frater Vitalis ; frater Girardus ; Chatbertus ; Arbertus de Ripis ; Vincentius Boschez ; Raimbaudus ; Arbertus Lupus. Hujus donationis testes || sunt : Raimonz de Avisano ; Petrus de Merlet, sacerdos ; Petrus Plaia ; Petrus Bernardi, clericus ; W. de Autichampo ; Ugo d'Autichamp ; Ioanz Pressona ; Willelmus Cocs ; Willelmus Escofers ; Willelmus Faber, de Chamareto. Et propter hanc donationem fratres milicie Templi Salomonis caritative istis mulieribus XX^{ti}. solidos viannensium monete dederunt (2).

(1) Sic.
(2) Placée par les synchronismes en 1164 ou 1165.

N° 193.   (Fol. 117 v°.)

Rosillos, et soror sua Azalais, et filie ejus.

In nomine Domini nostri Ihesu Christi : ego, Rosilloz, et soror mea Azalaus, et filie ejus, scilicet Doiza et Vianna, pro redemptione animarum nostrarum et parentum nostrorum, ut Deus et Dominus noster Ihesus Christus nobis omnia peccata nostra hac (1) parentum nostrorum condonet, donamus et offerimus totum hoc quod habebamus vel habere debebamus in toto territorio de Ricarenchis, sicut isti termini terminantur : a meridie, sicut descendit Elsonis fluvius usque in Oleriam ; ab occidente, sicut descendit aqua de Olleria, usque ad territorium de Collonzellis, et vadit in Rivum Siccum ; ab aquilone, sicut vadit Rivus Siccus usque ad territorium de Valriaco, et revertitur in Elsone.

Totum quicquid habebamus, vel habere debebamus, sive vir
sive mulier per nos tenebant infra istos terminos, totum et ab
integro donamus et offerimus Domino Ihesu Christo, et ejus
genitrici Marię, et fratribus Templi Salomonis presentibus et
futuris. Hoc donum factum fuit in domo Ugonis de Montesecuro,
Clarencaias, in manu Nicolai, clavigero Ricarenchis, et Stephano
Ebreo ; et supra textum Evangeliorum juravimus et affirma-
vimus. Testes sunt hujus donationis : Petrus Amalrics ; Giraudus Alamanz ; Poncius d'Aleissa ; Bertrandus de Montesecuro,
et Ugo, et Elsiardus, et Villemus, et Anna, mater istorum ; et
Deuslogart ; et Ugo, sacerdos de Clarencaias ; et multi alii. Et
propter hanc donationem fratres milicie Templi caritative dede-
runt XXX^{ta}. solidos vianensium, luna xx.i^a., M^u.C^o.LX°.IIII°. || (2).

(1) Sic.
(2) 1164.

N° 194. (Fol. 118 r°.)

De Rainoardo Segoi.

Notum sit omnibus hominibus tam presentibus quam futuris :
quod ego, Rainoardus Segoini, dono fratribus Templi Salomonis
terram que est juxta terram Papardi ; et illa terra supradicta
apud occidentem clauditur a terra Papardi ; a septentrione, clauditur ex terra illorum Vallauria. Hoc donum fuit factum in manu
Deode de Stagno, et supra testum Evangeliorum, in visu et in
auditu omnium fratrum qui ibi aderant, videlicet : Willelmus del
Serre ; Nicolaus, claviger ; frater Vitalis ; frater Girardus ; frater
Arbertus de Ripis ; Chatbertus ; Radulfus ; Raimbaldus ; Arbertus
Lupus ; Vincentius Boschez ; Lambertus. Testes hujus donationis
sunt : Petrus de Merlet, sacerdos ; Petrus Bernardi, clericus ;
Petrus Plavia ; Raimondus Avisano ; Ugo d'Autichamp ; Wilel-
mus d'Auptichap ; Petrus Borgonensis ; Ioanz Presona ; Ioanz
Frances ; Giraudus de Taulinano ; Ponz Gauters ; Petrus Tre-
guinas ; Arnolfus Chatbauz. Hujus donationis est fidejussor
Armannus Artaudi, ut aliquis homo non faciat eis injuriam in
hac terra. In visu Amalrici fratris, de Sancto Paulo ; Imberti de

Maso ; Radulfi Treguinano. Et propter hac donationem fratres milicie Templi Salomonis caritative dederunt Rainoardo XX^{ti}. solidos vianensium. Feria IIII., luna XXIIII., M°.C°.LX°.IIII°. (1).

(1) Mercredi 14 octobre 1164 ou 24 mars 1165.

N° 195. (Fol. 118 r° et v°.)

DE GUIGO GRANETI.

Omnibus manifestum sit hominibus tam presentibus quam sequentibus : quoniam ego, Guigo Graneti de Gradignano, ut Deus mihi et parentibus meis peccata nostra dimittat, et vite eterne participes faciat, dono et laudo Deo, et Virgini Marie, et fratribus Templi Salomonis, voluntate et consilio Otonis, fratris mei, servi milicię jamdicti Templi, duos homines cum serviciis suis : Petrum, videlicet, Vitalem, et Poncium Vitalem, qui omni anno serviunt in natale Domini X^{cem}.VIII^{to}. denarios. Istos homines tali convenientia dono et laudo, ut nunquam amplius ego neque aliquis de parentela mea aliquid querere vel tollere eis possimus. Preterea si in hac || terra mortuus fuero, corpus meum pro sepultura jamdictis fratribus offero cum armis et equo meo. Si autem equum non habuero, C^{tum}. solidos in Campo Rotundo de Berra habeant, volo et mando. Hoc donum fuit factum in domo de Ricarenchis, in manu Ugonis de Bolbotone, magistri ejusdem domus, presentibus clericis et laicis : Nicolao, presbitero, capellano ; Iohanne, presbitero ; Wilelmo Berengario, Vaisiensi canonico, et fratre suo Ugone Berengario ; Willelmo Cornabroco ; Wilelmo Aldeberto ; Dalmacio de Roca ; Wilelmo Bruneto ; Stephano Pellicerio ; Nicolao, bajulo ; Imberto de Saliceto ; Petro de Bellomonte ; Petro Provinciali ; Giraldo Dalmacii ; Poncio de Carrovolis ; Poncio de Turretis ; Bonofilio ; Paschali, baptizato, et duobus clericellis ; Geraldo de Grillone ; Wilelmo Giraldo d'Avisano. Facta carta ista per manum Arnaldi, Aurasicensis sacriste, qui huic donacioni interfuit, anno Dominice Incarnacionis M°.C°.L°., mense janoario, feria v., luna XX^{ma}. sexta (1).

(1) Jeudi 18 janvier 1151. Il y a erreur d'un jour sur la lune.

N° 196.
(Fol. 118 v°.)

De Gregorio de Balmis.

[N]otum sit omnibus hominibus, tam presentibus quam futuris: quod ego, Gregorius de Balmis, ut Deus et Dominus noster Ihesus Christus mihi et parentibus meis peccata nostra remittat, dono et concedo Domino Deo, et Sancte genitrici Marie, et fratribus Templi Salomonis, et domui de Richarenchis, terram illam quam habebam juxta stagnum de Borbotone. Facta fuit donatio ista in manu Deodet de Stagno, et super textum Euvangeliorum. Testes hujus donationis sunt : frater Wilelmus del Serre; frater N., claviger; frater Lambertus; frater Chatbertus; frater Arbertus; frater Stephanus; frater Vincentius; frater Vidals; Wilelmus de Autichampo; Wilelmus Grassi; Wilelmus Bonaphacii; Wilelmus de Taulinnano; Petrus Plavia; Petrus, clericus; R. Rostanni; Imbertus de Manso; et multi alii. Et propter hanc donationem fratres predicti mihi caritative dederunt VI. solidos vianensis monete. Anno ab Incarnatione Domini M.C.LX.VI.(1).

(1) 1166.

N° 197.
(Fol. 118 v° et 119 r°.)

De Triginnanis. ||

[I]n nomine Domini nostri Ihesu Christi, amen ; manifestum fiat omnibus hominibus tam presentibus quam sequentibus: quod ego, Petrus Triguinnani, et frater meus Radulfus, ut Deus et Dominus noster Ihesus Christus nobis et parentibus nostris peccata nostra indulgeat, et insuper vitam eternam concedat, damus et concedimus Domino Deo, et Beate Virgini Marie, et fratribus de Templo, et domui de Richarenchis, terram illam quam habebamus in territorio de Bolbotone, que est juxta viam de Balmis. Hoc donum factum fuit xvi. kalendas augusti, in manu Deodet de Stagno, qui tunc magister erat illius domus, et super textum Euvangeliorum. Testes hujus donationis sunt : frater Wilelmus del Serre; frater N., claviger;

frater Vidals; frater Lambertus; frater Chatbertus; frater Arbertus; frater Raimbaldus; frater Stephanus; frater Vincetius; Arnaudus Iterii; Wilelmus Bonaphacii; Wilelmus Crassi; Michaelis Lanterii; R. Rostanni; P. Plavia; Imbertus de Manso; et alii plures. Et propter hanc donationem fratres predicti nobis caritative dederunt XXX. solidos vianensis monete. Anno ab Incarnatione Domini M.C.LX.VI., luna xvi (1).

(1) Dimanche, 17 juillet 1166.

N° 198. (Fol. 119 r°.)

ITEM, DE TRIGINNANIS.

[O]mnibus manifestum sit hominibus tam presentibus quam sequentibus : quoniam ego Petrus Triguinnani, et frater meus Radulfus, ut Deus nobis et parentibus nostris peccata nostra indulgeat, et vite eterne participes faciat, damus et concedimus Domino Deo, et Beate Virgini Mariae, et fratribus de Templo, et domui de Richarenchis, quandam faisam terre que est ultra Oleriam, quam tenebamus de supradictis fratribus, que clauditur ab aquilonari parte cum prato Maurello; et ex alia parte cum via que venit de Valriaco. Hoc fuit factum in manu N., clavigero, videntibus et audientibus : Wilelmo del Serre; Petro Plavia; Imberto de Manso; Pontio Gauterio, et G. fratre suo. Et propter hanc donationem fratres predicti nobis caritative dederunt XL. solidos vianensium. Anno ab Incarnatione Domini M.C.LX.VII., luna vii. (1). ||

(1) 1167. — Le verso du folio 119 a été laissé blanc

N° 199. (Fol. 120, r° et v° et 121 r°.)

DE WILFLMO MALEMANUS.

Notificetur cunctis tam presentibus quam futuris : quod ego, Vilelmus Malasmanus, et Vilelmus, et Raimundus, filii mei, et filie mee, Orfresia, Maria, Aicelina, et Vilelma, recognovimus et iterum donavimus, concessimus et laudavimus, ante domum Guillelmarnaudi Fauchet, in Valriaz, omnes donationes quas antea donaveramus domui de Richarenchis, et fratribus Templi Ierosolimitani, in terris, sive decimis, in cultis vel non cultis, in nemoribus vel in garrigis, in aquarum decursibus vel in aquis, et que habere debebamus, vel habebamus, in territorio, sive in termino, quod est inter fluvium Elsonis et fluvium Olerie, et extenditur usque in territorium de Colozellis et clauditur Rivo Sico, et Mollerias que sunt in predictis (1) Novellis. Pro quibus omnibus supradictis donationibus, a fratribus Templi karitative acceperamus unum caballum duorum annorum, et unum trentenarium lane pro precio XII. solidorum, et IIII. sextarios annone, sicuti scriptum est in libro cartarum; et terras quas de nobis habebant li Chabaz, pro quibus a fratribus Templi pullum unum unius anni, precio XL. solidorum, et unum trentenarium lane precium XII. solidorum acceperamus, sicuti scriptum est in libro cartarum; et terram quam Raimundus Geraldi et || nepos ejus, Guillelmus Geraldi, de nobis habebant, pro qua terra a predictis fratribus IIII^{or}. sextarios annone et XLV. solidos acceperamus, de quibus Arnaudus Pelliparius XX. solidos habuit, qui tascam terre predicte habebat in pignore, et pascua et ligna que extra predictos terminos per nostra territoria eisdem fratribus concesseramus. Nunc autem donamus eisdem fratribus nemus et garrigas, et omne quod habemus in supradicto territorio, sicut determinatur Rivo Sicco, et crucibus ab oriente; et extenditur usque ad terram dels Malschanetz, e dels Boics, juxta fluvium Elsonis. Istis omnibus suprascriptis nos devestivimus, et fratres Templi investivimus, sine omni retenemento et blandimento, et tenenda perpetualiter sicut suprascripta sunt, supra textum Sancti Evangelii, in manu Bertrandi de Mirendol juravimus, in presentia Deudet de Stagno, et Nicholay, clavigeri, et Aimari Iterii, fratrum. Horum omnium testes sunt isti : Ugo de Valriatz, junior; Bertrandus de Valriaz ; Raimundus de Valriaz ; Johannes Bermundi ; Poncius Beraudi ; Arnaudus Niger; Vilelmus Arnaudi ; Vilelmus Aimonis ; Vilelmus Laurencii, de Sancto Saturnino; et Vilelmus d'Estel, cognatus Teobaldi de Sancto Saturnino; Arnaudus Bonafemina ; Petrus de Valriaz, frater ejus ; Giraudus de Valriaz, filius Raimundi Giraudi ; Petrus Guido ; Rostagnus Guintranz ; Ugo, filius Radulfi Falchonis ; Dalmatius, filius Elziarz ; Petrus Brotinel ; Petrus || Iohannis. Hec omnia facta fuerunt consilio et laudamento Ugonis Aimari, Petri Poncii, Arnaudi Fauchet, mariti Marię, Bertrandi Bovet, mariti Orfresie. Hec recognitio et adjectio donationum facta fuit in Valriaz, ante portam Vilelmi Arnaudi Fauchet, anno ab Incarnatione Domini M.C.LXX°.III°., in mense novembris, feria vii., luna xv. (2). Sequenti die postquam hec facta fuerunt, ego, Guilelmus Malamanus, et filii mei et Guilelmus Raimundus (3), venimus apud Richarenchas, et ante ecclesiam Sanctę Marię, ut hec sicut scripta sunt firmiter et pacifice in sempiterno tempore teneantur, super textum Evangelii juravimus. Cui juramento interfuerunt, videntes et testes : Deudet de Stagno, in cujus manu juravimus ; Nicholaus, claviger ; Villelmus de Serro ; Fulco de Braz ; Lanbertus ; Aimarus Iters ; Petrus Armanz ; Hugo Tatin ; Vincentius Boschet ; VilelmusCocus ; Giraudus Pellicers ; Papardus ; fratres. Petrus Blancs ; Raimundus ; clerici. Giraudus, pellicers de Aurasica ; Petrus de Virtutibus ; Petrus Giraudi ; Wilelmus d'Esparrun ; Petrus de Chaisignana ; Vilelmus Iters ; Bermundus de Colozellis, junior ; Petrus de Stella ; Raimundus Ugolens Mala (4) ; Petrus Lambesc. Et sciendum quia pascua et ligna extra predictos terminos per nostra territoria sicut suprascripta sunt, eisdem fratribus concessimus, et pro istis omnibus donationibus recepimus karitative C.XL.VI. solidos viennensium, et deprecati sumus ut hec carta sigillo episcopi Sancti Pauli sigillaretur. ||

(1) Suppléer « pratis ».
(2) Samedi 24 et dimanche 25 novembre 1173.
(3) Sic pour « Guilelmus et Raimundus ».
(4) Le scribe avait tout d'abord écrit « Ugo Mala » seulement et a ajouté « lens » après coup.

N° **200**. (Fol. 122 r°.)

Répétition du n° 60. Voir page 68.

N° **201**. (Fol. 122 r° et v° et 123 r°.)

De Giraldo Ademario de Motilio.

[N]otum sit omnibus hominibus presentibus et futuris : quod

ego, Giraudus Adimarus de Montilio, cum consilio hominum et amicorum meorum, scilicet Bertranni de Falcone, monachi Clugniacensis et decani Colozallarum, Ripperti de Grillone, Petri de Cadarossa, Pontii de Blaconę, Ugonis de Vaesch, Arnaudi Malcenglat ; pro salute anime mee et parentum meorum, dono Deo, et Beate Marie, et Deodet de Stagno, qui magister est domus Richarencarum, et fratribus Templi Ierosolimitarum, bona fide, et bono || animo, et sine inganno, laudo, et in perpetuum concedo, totum quod illis dederam, aut homo, aut femina, et totum quod illi conquisierant, cum censu, et sine censu, in terris meis, et in omni loco qui de meo sit dominio ; et super sancta Evangelia a me et ab aliis cunctis hominibus custodire promitto ; in presentia Guilelmi de Tolosa ; Folconis de Braz ; Giraudi de Podioaccuto ; Nicholai, clavigeri ; Petri Plavia, sacerdotis ; Lanberti de la Rocha ; Adimari d'Audefre ; Petri Arimanni ; Ugonis Tatini ; fratres. Horum omnium testes sunt : Petrus Paparz ; Bermundi de Grillon ; Petrus Blancs, levita ; Raimundus subdiaconus, filius Bertrandi Rosgtagni, de Taul-[lina] ; Bertrandus Guigo de Seguret ; Vilelmus de Savaza, filius Aimari ; Giraudus de la Rocha, filius Petri de la Rocha ; Petrus de Monttaisser ; Richardus de Gigundas ; Vilelmus li Chafrens de Valriaz ; Lanbertus, medicus Sancti Pauli ; Ugo Chais, de Balmis ; Raimundus Ugolens, Vasionensis ; Petrus Giraudi, filius Raimundi Giraudi de Valriaz ; Petrus Arnaudi, pelliparius de Vaiesch ; Giraudus, pelliparius de Aurasica ; Bertrandus, pelliparius de Avisano ; Petrus de Tornon, saumalers ; Vilelmus d'Esparron, sutor ; Martinus de Menz, sutor ; Raimundus Iterii, nepos Aimari ; Petrus Lanterii, filius Michael Lanterii ; Vilelmus de Sauze ; Novaisanus de Avisano ; Disderius Faber, de Taulignano, et Vilelmus filius ejus ; Giraudus Faber, de Alanzon ; et ego, Giraudus, presbiter de Sancto Valerio, vidi hec omnia, et audivi, et manu propria scripsi. Hec donatio et concessio supradicta || facta fuit in presentia domini Berengerii, episcopi Vasionensis, qui me deprecatus est ut hanc kartam meo sigillo, et sigillo domini Vilelmi, episcopi Tricastrinensis, facerem sigillari. Anno ab Incarnatione Domini M.C.LXX°.III., in mense februrio, feria vi., luna x^a. (1).

---

(1) Vendredi 15 février 1174

N° **202**.   (Fol. 123 r° et v°.)

DE MARIA RICHERIA.

[M]anifestum sit omnibus hominibus : quod ego, Maria Richeria, et soror mea, nomine Villelma, filie Giraudi Richerii, donamus quedam terram Domino Deo, et Beate Marie genitricis ejusdem Dei et Domini nostri Ihesu Christi, et fratribus Templi Ihierosolimitani, et domui Ricarencharum, videlicet terram que est in territorio de Bulbotone, pro salute anime nostre et parentum nostrorum ; et illa terra clauditur a partibus orientali qui terra fuit Dalmacii de Balmis quod est in partibus meridiei, o cum viam que pergitur Balmis in partibus occidentali (1) ; et in parte septentrionali, cum terris avunculi nostri qui vocatur Vilelmus Richer ; et hoc fecimus cum consilio conjugis mei, qui vocatur Marcellus. Per hanc rem accepimus caritative a fratribus Templi Richarencarum XV. solidos viennensis monete. Hoc donum fuit factum in ecclesia Beate Marie Richarencarum, videntibus istis et audientibus, videlicet : Deudet de Stagno ; Vilelmo de Tolosa ; Vilelmo del Serre ; Petri Plavia, sacerdotis ; Nicholai, clavigeri ; Lanberti de la Rocha ; Petri Arimanni ; Aimari Audefredi ; Nicholai Tatini ; Ugoni Tatini ; Vilelmi Coqui ; fratres. Et isti sunt testes : Ugo Chais, de Balmis ; Bernardus Guitardi ; Novaisanus, et Bertrandus || filius ejus ; Raimundus Ugolens ; Wilelmus Iterius ; Petrus Arnaudus, de Vaesc ; Vilelmus del Bois ; Pelardis ; et ego Giraudus, sacerdos Sancti Valerii. Hoc sciendum est quod ego, Maria, et soror mea Vilelma, juravimus supra textum Evangeliorum in manu Petri Amalrici, ut hoc firmiter teneamus, feria I., luna XVI. (2).

---

(1) Ce passage, très incorrect, aurait demandé une révision que le copiste a sans doute oublié de lui faire subir.
(2) Cette pièce est placée par les synchronismes vers 1174.

N° **203**.   (Fol. 123 v°.)

DE WILELMO BARASTI.

[I]n nomine Domini nostri Ihesu Christi. Notum sit cunctis hominibus : quod ego, Barasta, filia Wilelmi Barasti, pro salute animę meę, et parentum meorum remissione, dono et offero et in perpetuum trado Domino Deo, et militibus Templi Salomonis, partem quandam terrarum mearum, dividentibus et terminantibus his terminis : a septentrione, videlicet, cum fossatis ; ab oriente, cum terra quam dedit Papardus predictis fratribus Templi ; a meridie, cum Elsone fluvio ; ab occidente, cum terris quas dedit Ripertus de Grillone domui milicię Templi. Hoc donum factum fuit in manibus fratris Nicolai, clavigeris, in castello de Montesecuro, cum consilio dompni Bertranni de Falcone, monacho Aquębellę, videntibus et audientibus filiis suis, scilicet Baraste, Wilelmo, scilicet, et Amalrico ; et Petro Plavia, capellano domus de Ricarenchis. Et propter hoc donum, fratres Templi reliquerunt mihi terram quam in castello de Gradinna eis dederamus pro anima mariti mei Amalrici de Falcone. Hoc donum factum fuit in mense novembris, feria III^a., luna vicesima (1). ||

(1) D'après les synchronismes, cette pièce doit se placer de 1174 à 1176. Au cours des années 1172 à 1177, la concordance des données chronologiques ne se produit pas au mois de novembre. Il est à présumer que le scribe a dû faire quelque erreur dans le calcul de la lune, ce qui aura rendu impossible la détermination du jour qu'il désirait préciser.

N° **204**. (Fol. 124 r°.)

De Pontio Davis.

[I]n nomine Domini nostri Ihesu Christi ; notum sit cunctis hominibus : quod ego, Poncius Davis, et frater meus Iohannes, pro salute animarum nostrarum, et parentum nostrorum remissione, donamus et offerimus Domino nostro Ihesu Christo, et Beatę ejus genitrici Marie, et fratribus Templi Salomonis, quicquid habebamus ex eis, vel possidebamus in territorio de Martinninaz. Hoc donum factum fuit in manibus episcopi Sancti Pauli, videntibus et audientibus : Deode de Stagno ; Nicolao, clavigero ; Petro Plavia ; Nicolao Tatino ; Ugo Tatino ; Vincencio Boscher ; Petro Bonot ; Lanberto. Hujus rei testes sunt : Poncius, presbiter Sancti Stephani ; Ugo de Ponto ; Raimundus, clericus ; Poncius Dalmaz ; Iohannes Pressona ;

Wilelmus Iters ; Wilelmus Chavallers, et Petrus Chavallers ; Wilelmus de Sparro ; Bernardus Pelardiz. Iterum in die, quando Rigaldus perrexit ad Sanctum Iacobum, ipse Rigaldus, et Guilelmus frater ejus, filii scilicet Pontii Davi, et Guilelmus et Ripertus, filii Iohannis Davi, affirmaverunt istud donum suprascriptum fratribus Templi (1). ||

---

(1) Placée par les synchronismes en 1175.

N° **205.** (Fol. 124 v° et 125 r°.)

DE RICHARDO CHABAZ.

In nomine Domini, notum fieri volumus : quod ego, Richardus Chabaz, cum filiis meis, Wilelmo Chabaz, et Richardo Chabaz, et et (1) ego, Ugo Chabaz, nepos Richardi Chabaz, donavimus Deo, et Sancte Marie de Richarenchis, et fratribus Templi Salomonis, terras illas que terminantur ab oriente et meridie cum pratis Novellis ; ab occidente, terminantur cum manso qui vocatur Chauchamairoz ; a septentrione, cum terris quas dedit R. Giraudi fratribus Templi. Hoc donum fecimus in presentia Deodati de Stagno, magistri de Richarenchis ; et Nicholai, bajuli. Et juravimus super sancta Evangelia, in manibus Alberici, abbatis Aquebelle, presente Bertrando de Falcone, monacho Aquebelle. Et isti fratres fuerunt presentes : Petrus Plavia, frater et capellanus ; Wilelmus de Serre, frater ; Ademars, frater ; Lambertus, frater ; Wilelmus Boc ; Nicholaus Tatinus ; Ugo Tatinus ; Wilelmus Chalvinus ; Wilelmus Cocus ; Arbertus d'Autvilar ; Iohannes Novellus. Isti, fratres omnes, viderunt et audierunt quando hoc sacramentum et hoc donum factum fuit. Et etiam isti clerici viderunt et audierunt : Pontius Picmauri, et nepos ejus Ugo de Blacos ; Wilelmus, diaconus ; Bertrandus de Nionis ; Giraudus de Podio Sancti Martini ; Stephanus de Avisano. Et isti laici viderunt et audierunt : Petrus Do de Valriaz ; Wilelmus *Armanz*, (2) et sos filz Doo || Fauchez de Valriaz ; Esteves del Montel ; P. Danielz, et sos filz Girauz, qui sunt de Abolena ; Raimont de Centaners ; R. Iter ; R. Ugolen ; Milfau. Et ego Richarz Chabaz, et ego Ugo Chabaz, accepimus de helemosinis predicte domus C. solidos melgoriensium. Facta carta ista ab Incarnatione Domini M.C.LXXV. (3).

(1) Sic.

(2) Arnaud, et non Armand. Cf. le n° 257 où ces deux témoins, père et fils, reparaissent, et plusieurs autres pièces où Guillaume Arnaud Faucher, habitant de Valréas, est également nommé. L'altération ne remonte qu'au XVIII° siècle ; elle est à rapprocher de celles qui ont été pratiquées alors sur la charte n° 93 et sur quelques autres.

(3) 1175 (avant le 4 mai). Cette pièce est à rapprocher de la charte 257, de la même date, et peut-être du même jour, attendu la présence dans les deux d'un grand nombre des témoins, par laquelle Richard Chabaz et ses fils donnent au Temple des terres ayant des confronts identiques, mais dont Hugues Chabaz n'est pas copropriétaire.

Ces deux donations sont reçues par le commandeur Déodat de l'Étang. Son successeur, Foulques de Bras, apparaît à son tour à partir du 4 mai 1175. Elles sont donc nécessairement des premiers mois de cette année.

N° 206. (Fol. 125 r° et v°.)

De Wilelmo Guiraldo.

In nomine Domini, notum fieri volo presentibus ac futuris : quod ego, Wilelmus Giraudi, derelinquo et finio querelam illam quam faciebam fratribus domus Sancte Marie de Richarenchis, de dono quod fecit frater meus Pontius Giraudi predictis fratribus (1); qui dedit eis, pro redemptione anime sue et parentum suorum, totum hoc quod habebat in castro de Barre, intus et extra, videlicet la terra del Col, tras lo castel ; la terra della Lausa ; la vinea de Verte ; lo verdeier della Comba ; et tenementum Petri Bernardi de quo donat VI. denarios ; la terra della Roveira, quam facit Petrus Ugo ; la terra della Fleisa ; tenementum infantum Petri Bertrandi et uxoris sue, pro quo donant VIII. denarios censuales, et unam e[minam] ordei, et duas gallinas, et duos panes, et unum quartalum vini puri ; hoc totum debet dari in calendis ; la terra juxta Senonis in qua habent sextam partem filii Petri Romeu, et debent illam tenere de fratribus Templi. Et de hoc quod habebamus ad Avisanum ego et frater meus, tres partes ; ellas guatgeras quas ego habeo a fratre meo, pro CC. solidis, si fratres Templi redimere voluerint ; et totum hoc quod frater meus habebat in manso Petri Remusati, de hoc quod est ad Avisanum, quod ei dedit Wilelmus Bermundi, consanguineus meus. Hanc querelam finivimus, ego, Wilelmus Giraudi et filius meus Wilelmus, et juravimus super sancta Evangelia perpetuum finem hujus querele. Et hoc fecimus in manibus domini Wilelmi, venerabilis Tricastine episcopi, presente Bertrando de Peiralapta; Wilelmo de Barre; Rostagno de Barre, filio Dragoneti quem appellant Episcopum; Pontio Barreti; et presente Nicholao, bajulo predicte domus; et Pontio Chalveira. Hec depositio querele facta fuit ante palatium episcopi, anno ab Incarnatione Domini M.CLXXIIII. (2).

(1) Charte n° 42.
(2) 1174.

N° **207**. (Fol. 125 v° et 126 r°.)

DE RAIMUNDO DE BURGO.

In nomine Domini, notum fieri volumus : quod ego, Aimeus, uxor Raimundi de Burgo, veni ad domum Sancte Marie de Richarenchis, cum filiis meis, Stephano Truc, et Marescot, et cum filia mea, Lucia, conjuge Raimundi Maltenc, et cum aliis amicis meis et parentibus; et laudavimus ac concessimus donum illud quod filius meus, Raimundus de Burgo, dederat fratribus Templi, videlicet partem suam, id est medietatem, de duabus || condaminis quas habebamus apud Iuncheiras, que erant in pignore pro CC.LX. solidis melgoriensium ; et promisimus super sancta Evangelia, quod ante obitum nostrum eas redimeremus, et partem nostram, videlicet aliam medietatem, predictis fratribus Templi daremus (1). Hoc factum fuit in presentia Wilelmi Ugonis, Tricastine episcopi ; et Berengarii, Vasionensis episcopi; et abbatis de Cruaz; ac R. Truc, canonici Sancti Rufi ; Wilelmi Berengarii, canonici de Vaison ; Petri Chavin, de Savaza ; Bertrandi, presbiteri de Sancto Restituto ; Petri de Manso ; R. Rostagni, clerici ; Iohannis Albini ; Wilelmi Crassi ; Petri Wilelmi de Balmis; Laugerii de Balmis; Bertrandi de Falcon ; Wilelmi de Gradinano; Wilelmi Archimbaut; Arnaudi Nigri, de Valriaz ; Petri Danielis; Marescot de Peiralapte; R. Maltenc ; Wilelmi Remusa, et Pontii, fratris sui; Poncii de Montdragon; Wilelmi Ugonis de Montdragon; Riperti Folra. Hoc laudamentum factum fuit in manibus Deodati de Stagno, qui tunc erat magister de Richarenchis, in presentia Nicolaii, et multorum aliorum fratrum Templi. Anno ab Incarnatione Domini M.C.LX.VIII., prima die aprilis, feria III., luna XXX. (2).

---

(1) Cet engagement a été tenu au mois d'août suivant, par les donations portant les n°⁸ 97 et 208.
(2) Mardi 1ᵉʳ avril 1169.

N° **208.** (Fol. 126 r° et v° et 127 r°.)

DE STEPHANO TRUCO. ||

Notum etiam (1) fieri volumus : quod ego, Stephanus Trucs, et Marescotus, frater meus, venimus ad domum de Richarenchis, et dedimus partem illam quam habebamus in predictis condaminis de Iuncheras, bona fide et sine enganno, fratribus Templi, vel quicquid homines vel femine per nos habebant in illis condaminis, sine omni retinemento. Hanc donationem laudavit Wilelmus Remusaz, et Pontius Remusaz frater ejus, Raimundus Maltenz, et Milo frater ejus. Hanc etiam donationem juravimus super sancta Evangelia in manibus Deodati de Stagno; presente fratre Folcone de Braz ; fratre Wilelmo de Tolosa ; fratre Nicolao, bajulo ; fratre Wilelmo de Serre ; fratre Iarente de Mesenc ; fratre Petro Plavia ; fratre Lamberto ; Chatberto ; Pontio Iauceran ; Ademario; A. Lupo ; Wilelmo Chalvin ; Wilelmo Berengario, canonico Vasionensi ; Ymberto de Mánso, et Petro fratre suo ; Pontio de Sancto Egidio, subdiacono ; R. Rostagno, clerico ; Wilelmo de Gradinano; Ugone de Avisano ; Wilelmo de Sauze ; Arnulfo Sutore; Pontio Chalvinet ; Petro Arnaudo, pellipario ; Petro Bertolmeu, de Monteseçuro ; Bernardo de Rotart ; et multis aliis. Istas condaminas fratres Templi redimerunt CC.LX. solidis melgoriensium et dederunt || nobis caritative CCCC. solidos vienensium. Hoc fuit factum in mense augusti, in ecclesia Beate Marie de Richarenchis, anno ab Incarnatione Domini M.C. LXVIIII., feria IIII., epacta XX., indictione II., concurrente II., luna VIIII. (2).

Et frater Nicolaus, bajulus, fecit donare bonam pelliciam precii XX. solidorum Marescoto prenominato. Et ego, Stephanus

Trucs, promisi firmiter Deo, et fratribus Templi, quod ante obitum meum redderem illos CC.LX. solidos pro quibus predicte condamine fuerant in pignore.

---

(1) « Etiam » se réfère à la charte n° 97, du même jour, et relative à la même affaire, aussi bien que la précédente.
(2) Mercredi 6 août 1169.

N° 209. (Fol. 127.r° et v°.)

DE ROSTAGNO CARRELLA (1).

In nomine Sancte et Individue Trinitatis : ego, Rostagnus Carrella, et Bertrandus, frater meus, donamus et concedimus Deo, et fratribus Templi, et domui de Ricarenchis, pascua per totum nostrum territorium, scilicet in terris cultis et incultis, in nemoribus et in garrigis. Et hoc, ut firmiter teneamus, super textum Euvangeliorum in manibus Deudet de Stagno juramus et confirmamus, istis videntibus et audientibus : Nicolao, capellano ; Ugone Allaut; Nicolao, clavigero ; Dalmatio de Rocha ; Geraldo de Montesecuro ; Catberto; Vitali. Testes sunt : Bertrandus de Falco; Petrus Am[a]lrics ; Am[a]lricus de Falco; Ripertus de Grillo ; Armannus Artaldi ; Bertrandus de Borboto ; Ripertus Folraz ; Petrus Armanni ; Bertrandus || d'Avisa ; Aemars ; Picmaurs. Anno ab Incarnato Domino M°.C°.LX°.I°. (2). Ad ultimum nos predicti fratres, Rostagnus, scilicet, et Bertrandus, mittimus nosmetipsos in confraternitate ipsius domus supradicte, tali videlicet promissione ut, ad finem nostrum, equos nostros habeant cum armaturis nostris ; et promittimus etiam nos ipsius domus bonos esse amicos et defensores ; et ipsi supradicti fratres Templi nos in confraternitate bona voluntate recipiunt. Factum fuit in die Parasceve (3).

---

(1) Cette pièce a dû être enregistrée ici après que l'on eut constaté l'erreur sur les noms des donateurs commise dans la transcription de la charte n° 175. Voir à la suite de cette dernière nos conjectures sur son annulation.
(2 et 3). Vendredi saint, 14 avril 1161, ou plus probablement 6 avril 1162.

N° **210.** (Fol. 127 v° et 128 r° et v°.)

DE RAIMUNDO DE MONTEALBANO.

In Christi nomine : ego, Raimundus de Montealbano, et Bertrandus de Taulina, nepos meus, et Nicolaus Agulo, presentibus et posteris presentis pagine mittimus testimonium. Nos enim pariter damus, et absque dolo, pro alodio franco, concedimus Deo, et Beate Marie, et fratribus Templi Salomonis, et domui de Ricarenchis, quicquid olim datum erat domui de Templo in opido de Grillo, vel in ejus territorio. Concedimus etiam bona voluntate predictis fratribus, quicquid habent in turre ipsius opidi, aut in hominibus, aut in feminis, sive etiam in domibus; et quicquid habent in ortis, in pratis, in terris cultis et incultis, in nemoribus, in garrigis, in pascuis, et in cursibus aquarum. Et || ne donatio ista vacillet in posterum, super textum Euvangeliorum in manibus Petri Guilelmi de Balmis, donationem istam tenere juramus. Hujus donationis testes sunt : frater Ugolenus ; frater Guilelmus Becs ; frater Giraldus Iorget ; frater Petrus Plavia, capellanus ; frater Nicolaus, claviger ; frater Lambertus ; frater Nicolaus Tati ; frater Arbertus Lobet ; frater Aemars ; frater Guilelmus Cocs ; frater Peire Bonot ; frater Arbertus d'Autvilar ; Andreas de Palude ; Rostagnus de Gradinano ; Bertrandus de Montarei ; Raimundus, Ugoles, Gaufridus, et Alvernacius, filii Petri Guilelmi de Balmis ; Petrus Blancs, diaconus ; Bertrandus de Nionis, clericus ; Geraldus de Podio Sancti Martini, clericus ; Amalricus, filius Laugerii de Balmis ; Raimundus de Sant Vera ; Petrus Guilems de Grillo, et Nicolaus, frater ejus ; Esmido, et Bertrandus frater ejus ; et Petrus Giraut ; Guilems Paluz ; Guilems Iter. Factum fuit in anno Incarnati Verbi M°.C.LXX°V°., luna VIIII^a., feria VI. (1).

Postea, eodem die, ego Ricsentz, soror predicti Raimundi, in opido de Grillo donavi atque laudavi donationem quam frater meus fecerat, sicut superius scripta erat ; et juravi super textum Euvangeliorum in manibus Petri Guilelmi de Balmis, ut eam firmiter tenerem et observarem, et feci || hoc in presentia istorum, videlicet : fratris Ugoleni ; fratris Nicolai, clavigeri ; fratris Eamari ; Raimundi de Montealbano, fratris mei ; Nicolai Agulonis ; Bertrandi de Taulinano ; Rostagni de Gradinano ; Bertrandi de Montarei ; Petri Guilelmi de Grillo, et Nicolai, fratris ejus.

---

(1) 1175, 29 août.

N° **211**. (Fol. 128 v° et 129 r°.)

R. DE MONTEALBANO (1).

In nomine Sancte et Individue Trinitatis : ego, Raimundus de Montealbano, bona voluntate, dono Deo, et Beate Marie, et fratribus Templi, et domui de Ricarenchis, pascua per terram meam, quam habeo, aut homo, vel femina ex me tenet, a fluio d'Eger in retro. Hanc donationem mente bona fatio, et absque fraude ; et ne aliquis heredum meorum donationem infringere istam presumat, in manibus Petri Guilelmi de Balmis super textum Euvangeliorum, donationem hanc firmiter tenere juro. Et propter istam donationem prenominati fratres mihi tribuunt caritative equm unum precii quingentorum solidorum. Hujus doni testes sunt : frater Ugolenus ; frater Guilelmus Becs ; frater Giraut Iorget ; frater Petrus Plavia, capellanus ; frater Nicolaus, claviger ; frater Lambertus ; frater Nicolaus Tati ; frater Arbertus Lobet ; frater Aemarus ; frater Guilelmus Cocus ; frater Petrus Bonot ; frater Arbertus d'Autvilar ; Andreas de Palude ; Rostagnus de Gradinano ; Bertrandus de Montarei ; || Raimundus Ugoleni ; Gaufridus et Alvernaz, filii Petri Guilelmi de Balmis ; Petrus Blancs, diaconus ; Bertrandus de Nionis, clericus ; Geraldus de Podio Sancti Martini, clericus ; Amalricus, filius Laugerii de Balmis ; Raimundus de Sant Vera ; Petrus Guilelmus de Grillo, et Nicolaus frater ejus ; Ismido, et Bertrandulus, frater ejus ; Petrus Geraldi ; Guillems Paluz ; Guillems Iterii. Factum fuit in anno Incarnati Verbi M.C.LXX.V°., luna VIIII., feria VI.(2).

---

(1) Un nouvel enregistrement de cette pièce a été commencé sous le n° 239. Toutefois, le scribe se sera aperçu dès les premiers mots de l'inutilité de son travail, et, sans annuler ce qu'il avait écrit, il s'est arrêté aux mots « fratribus Templi ». Ce début de charte reproduit textuellement, et sans variantes même orthographiques, celui du présent texte.
(2) 1175, 29 août.

N° **212**. (Fol. 129 r° et v°.)

DE BERTRANDO DE MONCLAR (1).

In nomine Domini nostri Ihesu Christi, notum fiat presentibus et posteris : quod ego, Bertrandus de Muntclar, dono Deo, et

Beate Marie, et fratribus Templi Salomonis, et domui de Ricarenchis, quicquid habeo in territorio de Plan Long, et in ejus territorii decima. Territorium istud terminatur ab occidente cum fluvio Olerie ; a meridie, terminatur cum fluvio d'Elso ; ab occidente, cum fluvio de Lez ; a septentrione, terminatur cum territorio de Colonzelis. Et hoc feci in presentia Folco de Braz, qui tunc magister erat Ricarencarum. Hujus donationis testes sunt : frater Guilems de Serro ; frater Guillems Becs ; frater Nicolaus, claviger ; frater Petrus Plavia, capellanus ; Guilelmus Ongria, capellanus ; Bertrandus de Sancto Restituto, capellanus ; Giraut Auger, || capellanus ; Petrus Blancs, diaconus ; Bertrandus de Nionis, clericus ; Guilelmus Bailes, de Colonzellis, clericus ; Gaufridus, filius Petri Guilelmi de Balmis ; Guillems Arnaut Fauchet ; Guillems, filius de Bertrant Chais ; Bernart, fil de Peire Escofer ; Bertrant, fil d'Ugo Chais ; Bertrant Picmar, e Guillems, sos filiz ; Ugo Ermengau ; Petrus Niger ; Raimunt Iter ; Guillems Iter. Feria III^a., luna XVII., anno M°.C°.LXX°.V°. (2). Ad ultimum ego, Bertrandus de Muntclar, accepi caritative a fratribus predictis X. solidos et I. sextarium annone.

---

(1) Cf. note 1 de la pièce 183.
(2) 1175. La concordance des deux autres données s'étant produite plusieurs fois, au cours de la période que ce millésime peut embrasser d'après les divers commencements de l'année en usage dans nos chartes, il est impossible de préciser la date plus exactement.

N° **213**. (Fol. 129 v° et 130 r°.)

De Petro Do.

Notum fiat presentibus et futuris : quod ego, Petrus Do, causa Dei, et anime redemtione, dono Deo, et Beate Marie, et fratribus Templi, et domui de Ricarenchis, quicquid habebam, vel habere credebam, in territorio de Praz Novelz ; et promisi super textum Euvangeliorum in manibus Folco de Braz, qui tunc magister erat Ricarencharum, ut firmiter tenerem donationem istam, a me et ab omnibus amicis meis (1). Et predicti fratres fecerunt me participem in suis orationibus et beneficiis. Testes sunt : frater Petrus Plavia, capellanus ; frater || Nicolaus, claviger ; frater

Lambertus: frater Aemarus; frater Arbertus d'Autvilar; frater Ioanhes Novelz; Nicolaus de Montesecuro, capellanus; Bertrandus de Nionis, clericus; Pontius Bailes, de Chamare, clericus; Andreas de Palude; Arnaldus Iterii; Berengarius Tornafort; Amalricus de Clarenzaias; Artaldus; Bertrandus Berengarii; Petrus Pontii; Ugo Dalmatii; Guillems Arnaut Fauchet; Bertrant Bovet; Rostainz de Grillo; Guillems de Suza; Ioanhes Persona. Ab Incarnato Domino M°.C°LXX°.V°., luna xv. (2).

Ego, Bertrandus de Valriaz, filius Petri Do predicti, laudo et concedo domui Templi donum, sicut superius scriptum est, et sicut pater meus dedit, videlicet Prata Novella. Et hoc facio in manibus Folco de Braz, et in presentia fratris Nicolai; et Guilelmi de Gradinano; et Iohanni Bermundi; et Ugonis de Valriaz; et Pelestort; et Bertrandi de Mirindol. Factum fuit in die quo Petrus Ugo de Valriaz fuit sepultus, luna xxiiii., M°.C°.LXX°.V°.

(1) La confirmation de Bertrand de Valréas a été inscrite après coup dans la marge, au bas du v° du fol. 129, avec renvoi à cette place de la charte principale. Étant postérieure de dix jours à celle-ci, elle nous a paru devoir être plus logiquement placée à la suite.

(2) 1175.

N° 214. (Fol. 130 r° et v° et 131 r°.)

DE WILELMO BERENGARIO.

In nomine Domini, presentibus ignotescat et posteris : quod ego, Guilelmus Berengarii, et Ricsent, neptis mea, et Ugo Turcs maritus de Ricset, pro anima sororis mee Dalmaze, matris de Ricsent, damus et concedimus Deo, et Beate Marie, et fratribus Templi Salomonis, quicquid habebamus, vel habere credebamus in tera de li Chasellas, videlicet duas partes tasche. Deinde etiam damus et concedimus predictis fratribus duas petias terre, quarum petiarum unam adquisierunt predicti fratres a Raimundo Geraldi; et in hac petia habebamus duas partes tasche; et hec || petia est juxta supradictam teram. Alia vero petia terre terminatur ab oriente et a meridie cum fluvio Elsonis; ab occidente et a septemtrione, cum terra dels Malschanetz. Et ut hec donatio firmiter teneretur, ego Guilelmus Berengarii, et ego Ugo

Turcs, et Guilelmus, filius meus, juravimus super tegtum (1) Euvangeliorum in manibus Ugonis de Valriaz. Accepimus itaque sub caritatis nomine a prescriptis fratribus, caballum unum in precio C.L. solidorum melgoriensium. Hec donatio facta fuit et confirmata in presentia Folco de Braz, qui tunc magister erat Ricarencharum. Hujus donationis testes sunt : Hugoles de Roais; Guillems Becs; Petrus Plavia, capellanus; Nicolus, claviger; frater Lambertus; frater Guilelmus Cocs; Bertranz Talos, et Bertrandus, nepos ejus; Petrus Blancs, diaconus; Ioanhes Persona; Geraldus Danielz, d'Abolena; Remusaz, de Valriaz; Guillems d'Esparro; Guilems Paluz; Esmio Pellicers, et Bertrandus, frater ejus; Petrus de Valriaz; Bochart; Guillems Iterii; Raimundus de Sant Vera; Aestachis del Poiet. Feria IIII^a., luna XII., factum fuit, in anno Incarnati Verbi M.C.LXX.V°. (2). Ad ultimum ego Ricsent, uxor Hugonis Turc, in presentia Folco de Braz, et Hugoleni, et Guilelmi Vasionensis, et aliorum multorum, juravi super || textum Euvangeliorum, in manibus Raimbaldi de Vaiso, ut firmiter tenerem donum sicut suprascriptum erat; et feci in civitate Vasionensi. Hujus donationis fidejusores sunt Ugo de Valriaz et Pelestort.

---

(1) Sic.
(2) Mercredi 1er octobre 1175 ou 27 janvier 1176.

N° **215.** (Fol. 131 r° et v°.)

Dels Folras.

Omnibus manifestetur audientibus : quod ego, Ripertus Folradi, et ego, Geraldus Folradi, et Blancha, soror nostra, post mortem Bertrandi de Borboto, venimus in domum de Ricarenchis, et recognovimus, et etiam bona voluntate dedimus et concessimus Deo, et Beate Marie, et fratribus Templi, et domui de Ricarenchis, donationes quas predictus Bertrandus de Borboto, et antecessores nostri, domui de Ricarenchis, et fratribus Templi, dederant et reliquerant. Et etiam dedimus, et absque omni retenimento concessimus et laudavimus Deo, et fratribus supradictis, et domui de Ricarenchis, quicquid habebamus vel habere credebamus in teritorio de Borboto et de Ricarenchis, videlicet in terris cultis et incultis. Dedimus quoque et concessimus Deo, et fratribus de Ricarenchis, domum quam predictus Bertrandus de Borboto habebat a patre nostro in castello d'Avisa. Et juravimus super textum Euvangeliorum in manibus Guilelmi Ugonis, Tricastinensis episcopi, ne aliquam, in his || donationibus, injuriam predictis fratribus faceremus, sed secundum posse nostrum istas donationes fratribus suprascriptis fideliter observaremus. Anno ab Incarnato Domino M.C.LXX.V. (1). Hujus rei testes sunt : Bertrandus de Petralapsa, archidiaconus Sancti Pauli ; Lambertus de Muntmajor, canonicus Sancti Pauli ; Guilelmus Berengarii, canonicus Vasionensis ; Ugo de Ponte, capellanus episcopi ; Nicolaus, capellanus de Montesecuro ; Falco, capellanus de Chamare ; Ugo Lavoriu, clericus ; Stefanus Iohannes, clericus ; Bertrandus Sancte Marie, diaconus ; frater Guilelmus Becs ; frater Guilelmus de Serro ; frater Nicolaus, claviger ; frater Lambertus ; frater Nicolaus Tatis ; frater Aemarus ; frater Arbertus Lobet ; frater Arbertus d'Autvilar ; frater Vincenz Boscet ; Imbertus, medicus de Sancto Paulo ; Guilelmus Flama. Luna XIIII. factum fuit, in mense augusto (2).

(1 et 2) 5 août 1175.

N° 216 (Fol. 131 v° et 132 r° et v°.)

DE PETRO BERNARDI.

[I]n nomine Domini nostri Ihesu Christi : ego, Petrus Bernardi, et Guilelmus, et Petrus, et Pontius, nepotes mei, damus et concedimus Deo, et Beate Marie, et fratribus Templi Salomonis, et domui de Richarenchis, duas petias terre, que sunt juxta fluvium Helsonis ; et damus etiam predictis fratribus quicquid habemus infra hos terminos, sicut via ducit ab Avisano || usque ad Grillonem, et sicut descendit Rivus Siccus usque in Holeriam, ab Oleria usque in fluvium Helsonis. Hoc donum facimus in presentia Fulconis de Braz, qui magister est domus de Richarenchis. Hujus doni testes sunt : frater Guilelmus Becs ; frater Geraldus Iorget ; frater Nicolaus, claviger ; frater Lambertus ;

frater Azemarus ; frater Nicolaus Tatis ; frater Guilelmus Cocus ; frater Pe(r)trus Plavia, capellanus ; Petrus Albus, diaconus ; Bertrandus de Nionis, clericus ; Geraldus Monaudi, qualiscumque clericus ; Guilelmus Malamas ; Pontius Mirape ; Ismido, et Bertrandus, frater ejus ; Lambertus de Castroduplo ; Geraldus Pellicairos, d'Avisa ; Guilelmus Iterii ; Raimundus de Sancto Verano ; Martinus Bochardi ; Petrus Durandi ; Petrus Gondoi ; Stephanus Cocus ; Gigo Munners ; Bernardus de Rovoira ; Lambertus de Sauze ; Petrus Niger. Ab Incarnato Domino M°.C°.LXX°.V°., luna xx., feria prima (1). — Ad hultimum nos predicti donatores, videlicet ego, Petrus Bernardi, et nepotes mei, juravimus super textum Euvangeliorum in manibus Bertrandi de Mirindol, quod donatio ista a nobis et a nostris sororibus, et ab omni parentela nostra, firmiter teneretur. Hoc etiam laudaverunt Agnes, uxor Maiavet, et Jacma filia sua, et Vera, mater infancium predictorum. Et propter istam donationem, fratres Templi prefatis donatoribus caritative tribuerunt C.L.IIII^{or}. solidos vianensium, quos nummos Petrus Niger || persolvit, hac de causa ut avunculo suo annualiter anniversarius fieret. Hujus doni fidejussores sunt : Bertrandus de Mirindol, Petrus Danielis, Maiavvet, Mauricius Helyas, Raimundus Malamaz.

---

(1) 1175. Probablement le dimanche 7 décembre. Les données chronologiques s'étaient trouvées concorder aussi le jour de Pâques, 4 avril de cette année. Mais il serait extraordinaire que cette fête n'eût pas été mentionnée si la donation avait été faite ce jour-là.

N° **217**.   (Fol. 132 v° et 133 r°.)

De Wilelmo Enguilranno.

[I]n Ihesu Christi nomine, notum sit omnibus futuris et presentibus : quod ego, Guilelmus Hengelrandi, et uxor mea Geralda, damus et concedimus Deo, et Beate Marie, et fratribus Templi Salomonis, quicquid nos vel infantes nostri habebamus, vel habere credebamus, infra hos terminos : ab oriente, sicut claudit via que ducit a Grillone ad Avisanum ; a meridie, sicut descendit fluvius Helsonis, usque ad viam que ducit a Sancto Albano ad

Colonzelas; ab occidente, sicut claudit hec eadem via ; a septemtrione, sicut claudit Rivus Siccus. Quicquid infra hos terminos, ego, Guilelmus Hegelrandi, et Geralda, uxor mea, et infantes nostri habebamus, vel habere credebamus, videlicet in terris cultis et incultis, in nemoribus, in garrigis, in pratis, in ortis, et in cursibus aquarum, idipsum totum damus et concedimus Deo, et Beate Marie, et fratribus predictis in perpetuum. Hanc donationem facimus in manibus Folco de Braz, magistri de Richarenchis, et juramus super textum Euvangeliorum in manibus Guilelmi d'Alon, quatenus hanc donationem prescriptam firmiter et quiete teneamus, absque omni perturbatione. Ad ultimum accepimus a fratribus predictis caritative C. solidos || vianensium, et unam asinatam annone in precio X. solidorum ; et habemus ab ipsis fratribus pratum unum, quod dicitur Vetus ; et pro isto prato facimus annualiter unum censualem nummum ad Pentecosten. Pratum istud terminatur a meridie, cum fluvio Helsonis ; ab horiente, cum prato Monachi, quod pratum est de Sancta Maria de Richarenchis. Testes sunt : frater Guilelmus Becs ; frater Guilelmus de Sancto Paulo; Petrus Plavia, frater et capellanus ; frater Geraldus Iorquet ; frater Nicolaus, claviger ; frater Lambertus ; frater Nicolaus Tatini ; frater Chambo ; frater Poncius Sutor ; frater Handreas de Palude ; Guilelmus Berengarii, canonicus Vasionensis ; Nicolaus, capellanus de Montesecuro; Petrus Albus, diaconus ; Bertrandus de Nionis, clericus ; Ponciolus de Manso, clericulus ; Guilelmus Malamaz ; Iohannes Persona ; Petrus Bonot, de Gradina; Petrus Briccii ; Ismido Pelliparius, et Bertrandus, frater ejus ; Petrus de Valriaz, filius Raimundi Geraldi ; Petrus Aiglaut; Arnaldus Bovers ; Petrus de Trevas ; Arbertus Malagach ; Guilelmus Iterii ; Bonet Colomp ; Guilelmus de Colonzellis; Pontius de Grimona ; Stephanus de Gradinano, pastor. Ab Incarnato Domino M°.C°.LXX°.VI°., feria II^a., luna XI^a. (1).

---

(1) Jeudi 11 février 1176.

N° **218.** (Fol. 133 r° et v° et 134 r°.)

DE STEPHANO BORNO.

[I]n Christi nomine : ego, Stephanus Borno, et uxor mea Hema,

damus et concedimus Deo, et Beate Marie, et fratribus Templi‧
‖ Salomonis, duas petias terre quas habebamus in territorio de
Borboto, que terminantur circiter cum fossatis, et unum ortale
quod est in manso Martel, juxta castrum de Balmis, et facit
ortale istud dimidias hublias ; et unam petiam terre que est in
eodem manso juxta pradale ; damus etiam eisdem fratribus unam
petiam terre que est in maso de Martinanaz, et hec petia terminatur ab oriente cum via que ducit a Balmis ad Avisanum ; a
meridie, terminatur cum terra Imberti de Chantamerlle. Hanc
donationem facimus, ego, videlicet, Borno, et uxor mea Hema,
in manibus Folco de Braz, qui tunc erat procurator domus de
Richarenchis, et juramus super textum Euvangeliorum in
manibus Hugonis de Valriaco, ut hanc donationem firmiter
teneamus. Ad ultimum, accipimus a fratribus predictis caritative
unum trentenarium lane in precio XVIII. solidorum, et quinque
sextarios annone in precio XII. solidorum. Ego siquidem, predicta
Hema, exoravi fratres prefatos ut ad vitam meam, unam fascia-
rum terre de Borboto et ortale michi dimitterent, salvis tamen
propriis redditibus terre et ortalis ; ego vero nullum in fascia, vel
in ortali, eis debeo mittere impedimentum. Hujus rei testes sunt :
frater Guilelmus de Serro ; frater Guilelmus Becs ; frater Geraldus Iorquet ; frater Nicolaus, claviger ; Petrus Plavia, frater et
capellanus ; frater Lambertus ; frater Azemarus ; frater Nicolaus
Tati ; frater Arbertus Lobet ; frater Ugo Orset ; Pelestort de
Valriaz ; Bertrandus de Mirindol ; Guichardus de Bordelz, filius
Armandi ; Pontius Beraudi ; ‖ Guilelmus Arnaldi Fauchet ; Gaufridus, filius Petri Guilelmi de Balmis ; Bertrandus, filius Hugo-
nis Chais ; Guilelmus, filius Bertrandi Chais ; Petrunculus de
Valriaz, filius Raimundi Geraldi ; Guilelmus Malamaz ; Ber-
trandus Picmaurs ; Petrus Niger ; Petrus Aimes ; Guilelmus Do ;
Guilelmus Vitulus ; Bertrandus, frater Ysmidonis Pelliparii ;
Bertrandulus d'Avisa, pelliparius. Ab Incarnato Domino
M°.C°.LXX°.V°., luna XXVII^a., feria V^a., in mense februarii (1).

(1) Jeudi 11 février 1176.

N° **219**. (Fol. 134 r° et v°.)

DE PETRO GUIONI.

[I]n Christi nomine : ego, Petrus Gio, dono Deo, et Beate Marie, et fratribus Templi Salomonis, quicquid ego, et fratres mei, habebamus vel habere credebamus infra hos terminos : ab oriente, sicut claudit via que ducit a Grillone ad Avisanum ; a meridie, sicut descendit fluvius Helsonis, usque ad viam que ducit a Sancto Albano ad Colonzellas; quicquid infra hos terminos ego, Petrus Gio predictus, et fratres mei habebamus, vel habere credebamus, videlicet in terris cultis et incultis, in nemoribus, in garrigis, in pratis, in ortis, et in cursibus aquarum, idipsum totum dono et concedo Deo, et Beate Marie, et fratribus predictis. Hanc donationem facio in manibus Folco de Braz, magistri de Richarenchis ; et juro super textum Euvangeliorum ut hanc donationem firmiter et quiete teneam, absque omni perturbatione parentum et amicorum meorum. Fidejussores sunt : Maiavvet, de Valriaz; Malamaz; Guionet. Propter hoc donum ego, prefatus Petrus || Guio, accepi a fratribus Templi caritative, viginti solidos vianensium. Isti sunt videntes et audientes : Petrus Plavia, frater et capellanus ; frater Guilelmus Becs ; frater Geraldus Iorquet ; frater Lambertus ; frater Nicolaus Tatini ; frater Arbertus d'Autvilar ; frater Iohannes Novelli ; frater An(n)dreas de Palude ; frater P(r)etrus Bonot ; frater Guilelmus Chalvini ; frater Vincentius Boschet ; Petrus Albi, diaconus ; Bertrandus de Nionis, clericus ; Ponciunculus de Manso; Guilelmus Paluz, sutor ; Guilelmus Iterii ; Michael Forner ; Guilelmus de Sauze ; Petrus Aiglaut ; Armandus ; Pontius Rufi. Ab Incarnato Domino M°.C°.LXX°.VI°., feria II^a., luna vicesima secunda, in mense aprilis (1).

(1) Lundi [de Pâques], 25 avril 1177.

N° **220**. (Fol. 134 v° et 135 r°.)

DE UGONE DALMACII.

[I]n Christi nomine : ego, Ugo Dalmacii, et filius meus Odo, et filia mea, damus et concedimus Deo, et Beate Marie, et fratribus Templi Salomonis presentibus et posteris, quicquid habemus vel habere credimus, et quicquid homo vel femina per nos tenet vel habet, in decima vel in tascha illius condamine quam Haalais de

Sabrano dedit predictis fratribus in Bremte. Hanc donationem facimus in manibus Fulconis de Braz, qui magister erat tunc temporis Richarencharum ; et juramus super textum Evangeliorum, in manibus Petri Guilelmi de Balmis, ut hanc donationem firmiter teneamus. Isti fuerunt videntes et audientes : Petrus Plavia, frater et capellanus; frater Guilelmus Becs; || frater Geraldus Iorquet ; frater Guilelmus de Serro ; frater Nicolaus, claviger ; frater Lambertus ; frater Nicolaus Tatini ; frater Arbertus d'Autvilar; frater Iohannes Novelli ; frater Arbertus Lobet ; frater Vincentius Boschet ; frater Guilelmus Cocus ; frater Poncius Sutor; frater Andreas de Palude; Petrus Albus, diaconus ; Bertrandus de Nionis, clericus ; Guilelmus d'Esparro ; Guilelmus Paluz, sutor ; Ismido Pelliparius ; Bertrandus Pelliparius, d'Avisa ; Petrus de Valriaz, pelliparius; Guilelmus Malamaz ; Pontius de Sancta Ehuphemia; Guilelmus Lubet ; Raimundus Iterii ; Pontius de Charrovolis ; Iohannes Botella; Ugo d'Autichamp; Petrus Mistrals, et Poncius, frater ejus ; Petrus Orgaus, Rostagnus, frater ejus ; Bonet Columbi. Ab Incarnato Domino M°.C°.LXX°.VI°., in mense aprilis, feria III^a., luna VIIII^a. (1).

(1) Mardi 12 avril 1177.

N° 221. (Fol. 135 r° et v°.)

De Petro de Valriaco.

[I]n Christi nomine : ego, Petrus de Valriaco, dono Deo, et Beate Marie, et fratribus Templi Salomonis, meam partem tasche et descime unius fascie que est in condaminia quam Ahalais de Sabrano dedit fratribus Templi. Hec fascia terminatur ab oriente et a meridie cum fossato ; et ab occidente, cum territorio de Borboto, usque ad Cellaria Aurea ; et a septemtrione, cum via que transit per silvam et ducit ad Valriacum. Hanc donationem facio absque fraude, super textum Evangeliorum, in presentia Fulconis de Braz, qui tunc magister erat Richarencarum, et in presentia aliorum multorum, || videlicet : Petri Plavie, fratris et capellani ; fratris Guilelmi Bec ; fratris Guilelmi de Serro; fratris Geraldi Iorqet ; fratris Nicolai, clavigeri ; fratris Lamberti ; fratris Nicolai

Tatini; fratris Vincencii; fratris Guilelmi Coc; fratris Arberti d'Autvilar; fratris Iohannis Novelli; fratris Arberti Lupi; fratris Petri Bonot; et aliorum plurium. Factum fuit in mense marcio, feria prima, luna xvᵃ., in anno Incarnati Verbi Mⁿ.C⁰.LXX⁰.V⁰. (1). Ego, predictus Petrus de Valriaz, hemi a fratribus Templi unum trentenarium lane in precio XVI. solidorum, et unam asinatam annone in precio X. solidorum, et promisi reddere nummos istos quam cicius possem.

(1) Une erreur certaine dans le calcul de la lune rend impossible la détermination de la date de cette pièce. Voisine de l'Annonciation et de Pâques, la recherche doit porter sur les années 1173 à 1177, et ne donne dans aucune la concordance de la lune avec la férie au mois de mars. Par contre, les synchronismes la placent en 1175 au plus tôt, et 1176 au plus tard.

N° 222.   (Fol. 135 v° et 136 r°.)

UGO DE SENONIS.

[O]mnibus innotescat hominibus: quod ego, Ugo de Senonis, et ego, Iordana, que fui uxor Poncii Mauha, et filia mea Aimeruz, mittimus in vadimonium Geraldo Iterii, et Arnaldo, fratri ejus, terram illam cum omni fructu suo, que est juxta condaminiam de Richarenchis, et clauditur ab occidente cum ista predicta condaminia; et ab oriente, terminatur cum terra de Chabrer; et a meridie, cum terra Guilelmi Berengarii et sue neptis; et a septemtrione, terminatur cum garriga. Et in ista terra acomodant iste predictus Geraldus Iterii, et Arnaldus, frater ejus, LX. solidos vianensium, tali convenientia ut terra ista possit redimi a festivitate Sancte Marie, usque || ad quatuor annos. Ad hultimum nos, predicti fratres, pecuniam hujus gatgerie, videlicet LX. solidos, Deo, et Beate Marie de Richarenchis, bona voluntate tribuimus. Hujus rei fidejussores sunt: Guilelmus Berenguarii, et Guilelmus, nepos ejus; et Guilelmus Malamaz. Testes sunt: Petrus Plavia, frater et capellanus; frater Nicolaus, claviger; frater Lambertus; frater Nicolaus Tatini; frater Petrus Bonot; frater Arbertus Lobet; frater Iohannes Novelli; frater Arbertus d'Autvilar; Andreas de Palude; Guilelmus d'Esparro; Guilelmus Chavallers; Petrus

Geraldi ; Bertrandus de Nionis, clericus ; Geraldus de Podio Sancti Martini, clericus ; et multi alii. Ab Incarnato Domino M°.C°.LXX°.V°., factum fuit in mense julii, feria prima, luna xx.vIII ͤ. (1).

(1) Dimanche 20 juillet 1175.

N° **223.** (Fol. 136 r° et v°.)

De Bellisenz et de filiis suis.

[I]n nomine Domini nostri Ihesu Christi : ego, Belisent, et filii mei, Geraldus Arnaldi, et Ozils, et Marta, filia mea, damus et concedimus Deo, et Beate Marie, et fratribus Templi Salomonis, quicquid habemus, vel habere credimus, in terra del Poiet ; que terra est ante castrum de Borboto ; et terra ista terminatur ab oriente, sicut tendit via que ducit ad Balmas ; a meridie, clauditur a quodam nemore, quod est Sebionde et filie ejus. Hanc donationem facimus in manibus Folco de Braz, magistri de Ricarenchis, || et juramus super textum Euvangeliorum in manibus Petri Guilelmi de Balmis, ut hanc donationem firmiter teneamus. Hujus donationis testes sunt : frater Guilelmus Becs ; frater Geraldus Iorqet ; Petrus Plavia, frater et capellanus ; frater Nicolaus, claviger ; frater Lambertus ; frater Nicolaus Tatini ; frater Arbertus Lobet ; frater Vincencius Boschet ; frater Arbertus d'Autvilar ; frater Iohannes Novelli ; Carrella ; Alvernacius, filius Petri Guilelmi de Balmis ; Guilelmus Palus, sutor ; Petrus Brotinel, et Poncius, frater ejus ; Guilelmus Iterii, et Raimundus Iterii, ejus consanguineus ; Guilelmus Milfaus ; Petrus, filius Pontii de Crest. Ab Incarnato Domino M°.C°.LXX°.VI°., feria prima, luna xii. (1). Prefati donatores acceperunt caritative a fratribus Templi III ͤˢ. solidos.

(1) 25 avril 1176 ou 16 janvier 1177.

N° 224.

(Fol. 136 v° et 137 r°.)

De Wilelmo Do.

[I]n nomine Trinitatis : ego, Guilelmus Do, dono Deo, et Beate Marie, et fratribus Templi, et domui Ricarencharum, quicquid habebam vel habere credebam in territorio de Pratis Novellis. Hanc donationem facio in manibus Folco de Braz, qui tunc magister erat Richarencharum ; juro etiam super textum Euvangeliorum in manibus Pautoner, legiste, ut hanc donationem firmiter teneam. Propter hoc donum accepi a fratribus Templi caritative X^{em}: solidos. Hujus rei testes sunt : frater Guilelmus Becs; frater Porta || fais ; frater Guilelmus de Serro ; frater Petrus Plavia, capellanus ; frater Nicolaus, claviger ; frater Lambertus ; frater Nicolaus Tatini ; frater Guilelmus Cocus ; frater Arbertus Lobet ; frater Petrus d'Alverne ; frater Iohannes Novelli ; frater Vincencius Boschet ; frater Andreas de Palude ; Petrus Albus, diaconus ; Geraldus de Podio Sancti Martini, clericus ; Guilelmus d'Alon ; Guilelmus Malamaz, et Guilelmus, et Raimundus, filii ejus ; Bertrandus Bovet ; Guilelmus Palus, sutor ; Arbertus Malagach ; Guigo Mouner ; Bertrandus de la Rovoira ; Michel Forner. Ab Incarnato Domino M°.C°.LXX°.VI°., feria prima, luna VIII^a., factum fuit in mense junii (1).

---

(1) Dimanche 20 juin 1176.

N° 225.

(Fol. 137 r° et v°.)

De Poncio l'Autruz.

[I]n Christi nomine : ego, Poncius l'Autruz, et uxor mea, donamus Deo, et Beate Marie, et fratribus Templi Salomonis, quicquid habebamus vel habere credebamus, infra hos terminos : ab oriente, sicut claudit via que ducit a Grillone usque ad Avisanum, et sicut descendit fluvius Helsonis usque in Oleriam, et sicut terminatur cum Rivo Sicco usque in viam Grillonis. Omnia quecumque habemus infra hos terminos predictos, videlicet in terris cultis et incultis, in nemoribus, in garrigis, in pratis, in hermis, et in cursibus aquarum, Deo, et Beate Marie, et fratribus Templi, bona voluntate et absque fraude, damus et concedimus. Hanc donacionem fecimus || in manibus Folco de Braz, qui tunc erat magister domus de Richarenchis, et juravimus super textum Euvangeliorum in manibus Ugonis Azemari, ut hanc donationem firmiter teneremus. Fidejussores sunt ipse Ugo Azemars, et Raimundus Malamaz. Hujus doni testes sunt : frater Guilelmus de Serro; frater Guilelmus Becs; frater Geraldus Iorqet ; frater Nicolaus, claviger; frater Lambertus ; frater Petrus Plavia, capellanus; frater Nicolaus Tatini ; frater Vincencius ; frater Guilelmus Cocus; frater Guilelmus Chalvini ; frater Iohannes Novelli ; frater Arbertus d'Autvilar ; frater Azemarus ; frater Arnulfus de Barret ; Petrus Albus, diaconus; Bertrandus de Nionis, clericus ; Geraldus Monaudi, clericus; Andreas de Palude; Guilelmus Malamaz ; Armandus Bover; Ugo Marcel ; Ismido Pellicer, et Bertrandus, frater ejus; Petrunculus de Valriaco; Raimundus Pelliparius ; Guilelmus d'Esparro ; Guilelmus Palus, sutor; Petrus Gondoini ; Guilelmus Iterii; Martinus Bochart; Raimundus Iterii; Raimundus de Sant Vera; Guigo Mouner ; Bernardus Pelardi. Feria prima, luna x^a., a Christo Incarnato $M^o.C^o.LXX^o.V^o.$ (1). Et ego, Pontius l'Autruz predictus, et uxor mea, accepimus a fratribus Templi C^{tum}. solidos vianensium caritatis.

(1) Dimanche 4 mai 1175.

N° **226**. (Fol. 137 v° et 138 r° et v°.)

De Bonefacio, et de uxore sua.

[I]n Christi nomine : ego, Bonefacius, et uxor mea, || Martina, et filius meus, Pontius, donamus Deo, et Beate Marie, et fratribus Templi Salomonis, quicquid habebamus vel habere credebamus infra hos terminos : ab oriente, sicut claudit via que ducit a Grillone ad Avisanum, et sicut descendit fluvius Helsonis usque in Holeriam, et sicut terminatur cum Rivo Sicco usque in viam Grillonis. Omnia quecumque habemus infra hos terminos predictos, videlicet in terris cultis et incultis, in nemoribus, in garrigis, in pratis, in ortis, in hermis, et in cursibus aquarum, Deo, et genitrici ejus, bona voluntate et absque fraude, et fratribus Templi, damus et concedimus. Hanc donationem (1) fecimus in manibus Folco de Braz, qui tunc magister de Richarenchis (2), et juravimus super textum Euvangeliorum in manibus Ugonis Azemari, ut hanc donationem firmiter teneremus. Fidejussores sunt ipse Ugo Azemars, et Raimundus Malamaz. Hujus doni testes sunt : frater Guilelmus de Serro ; frater Guilelmus Becs ; frater Geraldus Iorqet ; frater Nicolaus, claviger ; frater Lambertus ; frater Petrus Plavia, capellanus ; frater Nicolaus Tatini ; frater Vincencius ; frater Guilelmus Cocus ; frater Guilelmus Chalvini ; || frater Iohannes Novelli ; frater Arbertus d'Autvilar ; frater Azemarus ; frater Arnulfus de Barret ; Petrus Albus, diaconus ; Bertrandus de Nionis, clericus ; Geraldus Monaut, clericus ; Andreas de Palude ; Guilelmus Malamaz ; Arnaldus Bover ; Ugo Marcelli ; Ismido Pelliparius, et Bertrandus, frater ejus ; Petrunculus de Valriaco ; Raimundus Pelliparius ; Guilelmus d'Esparro ; Guilelmus Palus, sutor ; Petrus Gondoini ; Guilelmus Iterii ; Martinus Bochart ; Raimundus Iterii ; Raimundus de Sancto Verano ; Guigo Mouners ; Bernardus Pelardiz. Feria 1ª., luna xª., Mº.Cº.LXXº.Vº. (3). Et ego, Bonefacius predictus, et uxor mea, accepimus a fratribus Templi caritative XL. solidos vianensium.

---

(1) « Hanc donationem » est répété deux fois.
(2) Suppléer « erat ».
(3) Dimanche 4 mai 1175.

N° **227**. (Fol. 138 vº et 139 rº et vº.)

DE PONTIO VIAERS.

[I]n nomine Domini, notum fieri volumus : quod ego, Pontius Veiaers, cum consilio et voluntate conjugis mee Raimunde, donavi fratribus Templi Salomonis, et domui Sancte Marie de Ricarenchis, omnes vineas quas habebam vel habere debebam, in territorio de Camelo, ut habeant et possideant in perpetuum, sive remaneant vinee, sive redigantur ad terram. Et insuper donavi eis terram unam, in territorio de la Crosa, in qua habebam medietatem tasche. Et habui a predictis fratribus de Richarenchis C. solidos, quibus redemte sunt vinee a canonicis Sancti Pauli, et || nummi soluti fuerunt Guilelmo Graneto, canonico, precepto et voluntate domini episcopi, videlicet Bertrandi de Petralapta, et cum consilio et consensu Petri de Garda, sacriste. Et insuper habui ab eisdem fratribus equm unum qui habuit precium CCC. solidorum melgoriensium. Hec donatio facta fuit in domo Sancte Marie de Ricarenchis, anno ab Incarnatione Domini M°.C°.LXXX. (1), in manibus Ugoleni, preceptoris de Ricarenchis. Et ego, Pontius Viaers, juravi hoc firmiter tenere, bona fide et sine omni fraude. Hujus rei testes sunt : Nicolaus, capellanus et frater predicte domus ; Petrus de Caorz, claviger ; Ugo de Montesecuro ; frater Guilelmus de Serre ; frater Lambertus ; frater Nicolaus de Ricarenchis ; frater Pontius de Costa ; frater Nicholaus Tatis ; frater Albertus Bubulcus ; Bartolomeus ; frater Guilelmus Coquus ; frater Martinus Annonavetula ; frater Raimundus Rigaldi ; Laugerius de Grazina ; Raimundus de Solorivo ; Bertrandus, clericus de Sancto Restituto ; Esmido Pelliparius, et Bertrandus, frater ejus ; Arbertus Pelliparius, et Petrus, consobrinus ejus ; Garinus, sutor ; Nicolaus Lazert. Isti omnes viderunt et audierunt hanc donationem, et hoc sacramentum, et multi alii. Et volumus notum fieri quod Geraldus Azemarus de Montilio, a quo predictus Pontius habebat ad feudum predictam donationem, laudavit et affirmavit apud Montilium, et uxor ejus Garsenz, et filius ejus Guiraldus Ademarii. || Hujus laudationis et affirmationis testes fuerunt : Ugolenus, preceptor, cui facta fuit laudatio ; Ugo de Montesecuro ; frater Guilelmus de Limotges ; frater Arnulfus de Barreto ; frater Eustacius ; frater Petrus de Garda ; Petrus Granetus ; Stephanus Banasta ; Raimundus Arnaldi.

(1) 1180.

N° **228**.   (Fol. 139 v° et 140 r°.)

De Guilelma, uxori Bertrandi del Portal.

Cognitum sit omnibus : quod ego, Guilelma, uxor Bertrandi

del Portal, donavi fratribus Templi Salomonis, et domui de Ricarenchis, quicquid juris habebam, vel habere debebam, in tenemento delz Chalmais, in territorio de Montegaudio ; et habui a predictis fratribus X. solidos vianensium. Et hanc donationem, seu venditionem, juravi ego, predicta Guilelma, super IIII. Evangelia, firmiter tenere imperpetuum. Et hoc idem laudavit et affirmavit maritus meus Bertrandus del Portal, necnon et filia mea. Hoc donum, seu venditio, facta fuit apud Sanctum Paulum, in domo Templi, in manibus Petri de Caorz, bajuli de Ricarenchis. Testes sunt : Rostagnus de Solorivo ; et Guilelmus Gonterius ; qui hanc donationem laudaverunt ; Ugo de Montesecuro, testis ; frater Arbertus Lobetz ; frater Azalardus ; frater Pontius Veiaers ; Radulfus Chalmai ; Guilelmus de Domo ; Petrus Berengarii. Totum hoc fujt || factum anno Dominice Incarnationis M°.C°. LXXX°. (1).

(1) 1180.

N° 229. (Fol. 140 r°.)

DE UGONE DE VALRIACO.

[H]oc cirografum quod felix est scripture custodia, presentibus et posteris veniat in testimonium : quod ego, Ugo de Valriaco, a Petro Iterio qui in domo Ricarencharum dicebatur magister, assensu et consilio aliorum fratrum, CC. solidis melgoriensium duos pullos equinos emi ; pro altero quorum, ad festivitatem Omnium Sanctorum, L. solidos debui persolvere, et alios L. solidos ad secundam dominicam post intrantem quadragesimam. Alium vero pullum dederunt mihi pro L. solidis, tali pacto quia laudavi et firmiter concessi hoc quod Pelestort et Petrus Ugo eis dederant, honorem videlicet Sancti Marcellini ; et juravi super IIII^{or}. Evangelia, ut ego et progenies mea hoc, sicut supradictum est, omni tempore firmiter teneremus ; et pro L. solidis prenominatis, misi eis in pignore pascua mee hereditatis, que sunt inter fluvium qui dicitur Eger, et flumen Rodani. Hujus debiti redditores sunt : Bertrandus de Mirindol ; Pontius Geraldus. Testes sunt : frater Petrus de Chaors ; frater Nicolaus, capellanus ;

frater Lambertus; frater Nicolaus Tati; frater Ademarus Coiraters; Guilelmus Aguiarda; Guilelmus, diaconus de Graina; Bertrandus, clericus de Sancto Restituto; Garinus, sutor; Guilelmus de Menz; Raimundus Geraldus de Balmis; et plures alii (1).

(1) 1179. Cette pièce appartient à une série de quatre numéros (229 à 232), comprenant en réalité six chartes, dont trois sous le seul n° 235, rassemblées dans le Cartulaire comme titres de propriété de l'ordre à Saint-Marcellin (près Vaison). Celle-ci et la suivante ne sont pas datées ; mais, mieux que par les synchronismes, leur date nous est fournie par les divers paragraphes du n° 235, qui sont de 1179.

La première de toutes est évidemment celle qui porte le n° 230 ; elle pourrait être sensiblement antérieure aux autres, si les synchronismes ne la rapprochaient, elle aussi, de 1179. Ensuite vient le premier paragraphe de la charte n° 231, par lequel Guillaume Pelestort (de Taulignan) et Marie (de Valréas), sa femme, donnent à l'ordre une moitié chacun de leur part de Saint-Marcellin ; il est daté de 1179. Cette donation a dû précéder de bien peu la mort de Pelestort, car sous cette même date de 1179, Marie, devenue veuve, la confirme et la délivre au couvent de Richerenches ; et il faut rattacher au même moment le n° 232, où des témoins des derniers instants de Pelestort dressent une déclaration des instructions qu'il a laissées pour le règlement de ses dettes et dons envers la commanderie, portant aussi la date de 1179. Puis vient le 3° paragraphe du n° 231, où Hugues de Valréas ratifie, sans doute comme chef de famille ayant gardé le haut domaine sur Saint-Marcellin, les dons de son frère Pierre Hugues de Valréas, de sa sœur Marie de Valréas et de son beau-frère Guillaume Pelestort, moyennant une indemnité de cinquante sous qu'il assigne au paiement partiel d'un des poulains qu'il a achetés du commandeur. Finalement, se place le présent n° 229, par lequel Hugues règle avec la commanderie le paiement de ses deux poulains, achetés cent sous chaque, en faisant déduire de cette somme les cinquante sous provenant de sa ratification, et donnant un gage pour le reste de la dette, dont un quart seulement avait été versé jusque-là.

N° **230**. (Fol. 140 r° et v° et 141 r°.)

DE PETRO UGONE DE VALRIACO. ||

[I]n Christi nomine : ego, Petrus Ugo de Valriaz, dono meipsum Deo, et Beate Marie, et fratribus Templi, et hoc quod habeo vel habere credo ad Sanctum Marcellinum, et portionem que mihi debet ibi contingere post mortem matris mee ; et dono eisdem fratribus hoc quod habeo in feudo de Sancto Stephano, et pascua per terram meam, et C. solidos ; et Aquebelle, C. solidos ; et ecclesie Sancti Vincentii, dono unam asinatam tritici annuatim ; et deprecor ut amici mei querimoniam quam habeo erga hanc eclesiam ex integro restaurent. Et uxori mee, et puero si habuerit, terram meam relinquo, preter illud quod domui Templi et aliis locis predictis (1). Si vero maritum accipere voluerit, et a puero discedere, ad vitam suam habeat medietatem honoris et pecunie. Precor etiam ut frater meus redimat mihi gatgeriam quam misimus a Tarasco ; si vero gatgeriam redimere noluerit, teneafur erga dominam et erga puerum. Et ego, Petrus Ugo, habo (2) in pignore pro CC. solidis, hoc quod Dalmaza et infantes sui habebant in Revello, tali convenientia quod ipsa debet ibi seminare quinque modia baltis, et ego debo (3) accipere medietatem sine expensa hujus gatgerie. Fidejussores sunt : Pontius de Blacos ; Pelestort ; et olchia Iohannis Bermundi in tenemento. Hujus testamenti testes || sunt : frater Nicolaus de Ricarenchis, in cujus manibus factum fuit ; Bertrandus de Mirindol ; Titbaldus ; Petrus de Manso, qui hanc cartam scripsit manu propria ; Pontius Ceal ; Petrus Chauchaz ; Berengarius de Petralapta ; Giraudus (4) ; Petrus Ribera ; Raimundus Grillo, Valantinus ; Raimundus Brus ; Fias, uxor Petri Elsiar ; na Minarda, uxor Titbaudi ; Petrus Maroas ; Durant de Belmunt ; Peire de Aiaon ; Peire Gauter ; Giraut de Sant Pastor ; Guilelmus de Aler ; Ponz Archer ; Guilelmus Bastart (5).

---

(1) Suppléer « dedi ».
(2) Sic, pour « habeo ».
(3) Sic, pour « debeo ».
(4) Tout ce qui suit le nom de « Giraudus » a été ajouté en marge, après coup et d'une encre différente, le scribe ayant sans doute procédé à l'enregistrement de la charte suivante par mégarde, avant d'avoir terminé celui du testament de Pierre Hugues de Valréas.
(5) Voir pour la date de cette pièce la note 1 de la précédente.

N° 231.   (Fol. 141 r° et v° et 142 r°.)

DE WILELMO PELESTOR.

[N]otum sit omnibus hominibus presentibus et futuris : quod ego, Guilelmus Pelestorti, et uxor mea Maria, nos ambo, bona fide et spontanea voluntate, damus et concedimus Deo, et fratribus Templi presentibus et venturis, medietatem honoris nostri qui est infra terminum Sancti Marcellini, per alodium ; videlicet, loca culta et inculta, pascua et aquas, exitum et introitum, nemora, et omnia nostra jura, ita sicut visi sumus hucusque tenere et habere in pace. Hanc autem donationem facimus in manibus Petri Yterii, preceptoris de Ricarenchis. Huic donationi presentes fuerunt : frater Oliverius, et Petrus de Cadarossa. Ita quidem sicut melius aliquis potest intelligere, bona fide et absque ingenio, solvimus predictam donationem domui Templi et fratribus predictis. Hujus donationis testes sunt : Bertrandus de Mirindol ; et Hugo Dalmatius ; et Petrus Niger ; Admiratus. Factum est hoc anno ab Incarnato Domino M°.C°.LXX°.VIIII°. (1).

Et ego Maria, uxor que fui Guilelmi Pelestort, et ego Guilelma filia ejus, et ego Petrus de Cadarossa, maritus Guilelme, || nos omnes presentes in domo Templi que vocatur Raicarenchas, simul in unum congregati, facientes ibi missas celebrare pro mortuis, cognovimus hanc donationem esse veram, et affirmavimus et solvimus eam per nos et per nostros, fratribus Templi presentibus et futuris, sicut continetur in carta superius scripta. Hunc honorem qui est in territorio Sancti Marcellini, cum omnibus suis pertinentibus, predictis fratribus bona fide damus et concedimus, et juramus unusquisque super sancta Evangelia Dei, hanc donationem firmiter tenere et servare, sicut superius continetur in carta. Hoc fuit factum in presentia et testimonio istorum : Pontii de Blacos ; Bermundi de Valriaz ; Bertrandi de Mirindol ; Bertrandi Picmauri ; Rotgerii de Valriaz ; Guilelmi Aimes ; Pontii Guiraldi ; Rostagni de Teiseriis ; Chabrerii ; Petri Taulinani ; Admirati ; fratris Olivierii ; fratris Nicholai ; fratris Lamberti ; et fratris Arberti ; fratris Nicolai Tatini ; fratris Radulfi. Anno Dominice Incarnationis M°.C°.LXX°.VIIII°. (2).

Ego, Ugo de Valriaco, laudavi et concessi fratribus Templi et domui de Ricarenchis, bona fide, quicquid juris Petrus Ugo frater meus, et Guilelmus Pelestort, et Maria uxor ejus, et infantes ipsorum, eis dederant ; et juravi super textum Evangeliorum quod sicut laudavi et concessi, ego et coheredes mei firmiter teneremus ; pro qua || laudatione habui ex eis L. solidos de precio cujusdam pulli.

(1 et 2). 1179. Voir pour le classement chronologique des trois chartes réunies sous ce n°, attendu sans aucun doute que les originaux ont dû être dressés à la suite les uns des autres sur un même parchemin, la note 1 de la pièce n° 229.

N° **232.** (Fol. 142 r°.)

PELESTORT.

Presentibus et posteris volumus significari : quod ego, Guilelmus Pelestort, debebam domui de Ricarenchis et fratribus Templi C.XX. solidos, et in fine meo, quando ab hoc seculo migravi ad Dominum, pro equo et armis quibus carebam, eis C. solidos reliqui, et omnia mea jura quecumque habebam vel habere credebam in toto territorio Sancti Marcellini, vel in ejus apendiciis, pro nummis predictis Deo, et fratribus, obligavi, ut et ipsi tamdiu hujusmodi jura pro certo pignore tenerent, quousque ex eorum redditibus nummos sibi debitos plenarie recuperassent. Hujus gatgerie testes sunt : Ber. de Mirindol; et Ugo Dalmatii; Petrus Niger; Amiratus. Anno Dominice Incarnacionis M°.C°.LXX".VIIII". (1).

(1) 1179. Cf. pour la place à donner à cette pièce dans la série des chartes de la famille de Valréas, constituant les titres de l'ordre du Temple à Saint-Marcellin, la note 1 de la pièce n° 229. La forme donnée à cette déclaration est singulière en ce que, après la mort du donateur, les témoins de ses derniers moments le font parler à la première personne de son propre décès.

N° **233.** (Fol. 142 r° et v°.)

DE WILELMO CHALVERA.

In nomine Domini nostri Ihesu Christi ; notificetur omnibus tam presentibus quam futuris : quod ego, Guilelmus Calveria, et frater meus, Petrus, quicquid juris habebamus in fascia illa que est in territorio de Bolbotone, Deo, et fratribus Templi, et domui de Ricarenchis, damus et concedimus, ut ipsi habeant et possideant in perpetuum. Que fascia terminatur ab oriente, a quodam fosato ; a meridie, a via illa que transit per silvam et ducit usque ad Balmas ; ab occidente, || terminatur cum terra Bernardi Richerii ; a septentrione, cum terra infantum Bertrandi de Solorivo. Et habuimus caritative a predicta domo XX^{ti} V^{que}. solidos vianensium ; et juravimus super sancta Evangelia hanc donationem firmiter tenere, in manibus Laugerii de Balmis. Hec donatio facta fuit in presentia fratris Ugoleni, qui erat preceptor domus predicte, anno ab Incarnatione Domini M°.C°.LXXXI°., mense aprili (1). Testes sunt : frater Nicolaus, capellanus de Richarenchis ; frater Guilelmus Cocus ; frater de Rovoria ; frater Martinus Sutor ; frater Ademarus ; Raimbaldus, capellanus de Balmis ; Stephanus, diaconus ; Bertrandus Raimundi, de Sancto Restituto ; Bertrandus, filius Ugonis Chais ; Ismido Pelliparius, et frater suus Bertrandus, et Geraldus Pelliparius, de Podiogigone ; Laugerius de Sancto Saturnino Atisensi (2) ; Petrus de Chalmaset, et Arbertus, consobrinus ejus ; Guilelmus Grilos, et Garinus, sutores ; Petrus Bricii ; et Geraldus Ricolfus.

---

(1) Avril 1181.

(2) « Atisensi » pourrait être une mauvaise transcription du mot « Aptensi ». Il s'agirait alors d'un membre de la branche des seigneurs d'Apt, qui avait adopté comme patronyme le nom de l'importante localité de Saint-Saturnin-lez-Apt.

N° **234**. (Fol. 142 v° et 143 r°.)

DE PETRO TRIGUIGNANO.

Ego, Petrus Treguinanus, et Radulfus Treguinanus, frater meus, damus Deo, et Beate Marie de Ricarenchis, et fratribus Templi, quandam terram que est in Planis Molendinorum, quam claudit aqua Helsonis ab oriente et a meridie ; et terra Petri Bermundi ab occidente ; et via a septentrione. Et juravimus super sancta Evangelia hanc donationem ǁ firmiter tenere et custodire, in manibus Guilelmi Guigonis, et in presentia Bertrandi Gaiaut ; et pro hoc dono recepimus caritative a fratribus Templi XXXVI. solidos. Unde testes sunt isti : frater Nicolaus, claviger ; Petrus Plavia, capellanus ; Guilelmus de Serro ; Guilelmus Becs ; Nicolaus Tatinus ; frater Lambertus ; Vincentius Bosqet ; frater Adhemarus ; Guilelmus Cocus ; Guilelmus Chalvinus ; frater Arbertus d'Autvilar ; Pontius Sutor ; Nicolaus, presbiter ; Pontius de Manso ; Haemarus de Valriaco ; Richaudus Nigranox ; Pontius de Grillone ; Guilelmus Agiarda ; Pontius de Grimona ; Guilelmus d'Esparro ; Guilelmus de Palude ; Petrus Geraldi, pelliparius de Avisano ; Christophorus ; Pontius de Prato ; Stephanus de Gradinano ; Geraldus Arnulfus, clericus ; Pontius Gauterius. Factum est hoc anno ab Incarnato Domino M°.C°.LXXVI°., in mense maii, feria II°., luna XIIII°. (1).

(1) Mai 1176. La lune est trop en discordance avec la férie, aussi bien en 1176 que dans les années voisines, pour pouvoir hasarder une indication approximative.

N° 235. (Fol. 143 r° et v°.)

DE STEPHANIA ET PETRI RAINOARDI.

Notum sit quod ego, Stephania, et Petrus Rainoardus, filius meus, nos ambo simul, cum consilio Laugerii de Balmis, avunculi nostri, damus et concedimus Domino Deo, et fratribus Templi Salomonis Iherosolimitani, et in manibus fratris Ugoleni, qui regebat domum de Ricarenchis, videlicet hoc quod habemus, vel habere debemus in stagno de Bolbotone, vel in terris || que circiter sunt. Et ut firmius teneretur a nobis et ab omnibus successoribus nostris, juravimus, tactis sacrosanctis Evangeliis in manibus Raimbaldi, capellani de Balmis ; et propter hanc donationem habuimus XV. solidos vianensium. Hoc fuit factum anno Dominice Incarnationis M°.C°.LXXX., feria IIII°., mense marti, luna XXI. (1), in presentia et in testimonio : Nicolai, capellani ; P. de Caorz ; Stephani, diaconi ; fratris Lamberti ; fratris Iohannis Novelli ; fratris Bartolomei ; fratris Arberti Bubulci ; fratris Guilelmi Coqui ; fratris Vincencii ; fratris Bernardi ; Raimundi Dalmacii ; Laugerii de Grazina ; Ismidonis ; Garini, sutoris ; Guiraldi Pelliparii ; Bertrandi Chais ; fratris Nicolai ; fratris Martini ; Bertrandi, clerici.

(1) Mercredi 11 mars 1181, avec erreur d'un jour sur la lune, « lune 21 », donnant le mardi 10.

N° 236. (Fol. 143 v°.)

DE WILELMO GRANETO.

Notum sit omnibus hominibus presentibus et futuris : quod

Iebelinus, et ego, Guilelmus Granetus, canonicus Sancti Pauli, et ego, Petrus Granetus, nos omnes donavimus bona fide fratribus Templi Salomonis domunculam quandam quam habebamus aput Sanctum Paulum infra domos eorum, que terminabatur ex una parte cum veteri muro ; ex alia vero parte cum novo muro civitatis ; et ex alia parte cum domo illa quam Pontius Calveria dederat predictis fratribus Templi ; ex alia parte cum cloacis eorum. Et habuerunt de caritate predictorum fratrum, unum (1)...

. . . .

. . . .

---

(1) La charte n° 227 mentionne ensemble en 1180 le chanoine Guillaume Granet, et Pierre Granet ; ce fait, combiné avec la place qu'occupe la présente pièce dans le Cartulaire, permet de la placer vers la même époque, aux environs de l'année 1180.

Avec le fragment de charte portant le n° 236, se termine le corps du manuscrit, appartenant à la Bibliothèque d'Avignon. Celles qui suivent proviennent des deux derniers cahiers qui en ont été détachés anciennement, et qui, incomplets chacun de leur première peau, sont aujourd'hui déposés, ainsi mutilés, aux Archives du département de Vaucluse.

La perte de ces peaux nous prive du feuillet 144, et plus loin des feuillets 151 et 152, ce qui laisse plusieurs pièces incomplètes.

N° **237**.   (Fol. 145 r°.)

. . . .

. . . .

bus Petri Iterii, preceptoris de Ricarenchis, in presentia et audientia fratris Oliverii, capellani ; et fratris Nicolai, capellani ; et fratris Petri de Caorz, bajuli ; et fratris Guilelmi de Serro ; et fratris Ugonis de Montesecuro ; fratris Lamberti de la Rocha ; et fratris Adhemari Iterii ; fratris Nicolai Tatini ; fratris Arberti Bubulci ; fratris Martini Sutoris ; fratris Ugonis Orset ; fratris Guilelmi Coqui ; fratris Pontii Sutoris ; fratris Radulfi Pelliparii ; fratris

Petri Bonot; fratris Vincentii Bosqet: Lamberti Rollandi, clerici Sancti Pauli, testis; Bertrandi de Valriaco, qui tenebat textum Evangelii quando sacramentum factum fuit: Petrus Bellos, testis; Petrus Rostagni, testis ; Ugo Dalmaz, testis; Pontius Desiderius, de Grillone, testis ; Guilelmus Desiderius, testis ; Lambertus Desiderius, testis; Pontius Saunerius ; Nicolaus Penart, testis ; Petrus Guigo, testis. Anno ab Incarnatione Domini M°.C°.LXX°. VIIII°. (1). Et sit in memoria quod Nicholaus Aculeus habuit unam mulam a fratribus de Ricarenchis pro L. solidis, cujus precium erat C. solidis, et Guilelmus Aculeus, frater ejus, habuit X. solidos.

(1) 1179.

N° **238**. (Fol. 145 r° et v° et 146 r°.)

De Willelmo Maleruffo.

In nomine Domini nostri Ihesu Christi ; notum sit omnibus hominibus tam présentibus quam futuris : quod ego, Guilemus Malros, et Pontius, filius meus, et Raimundus, maritus fllie mee, donamus Deo, et Beate Marie, et fratribus Templi Salomonis, terram que est in territorio de Borbotone, quam claudit ab oriente terra que a predictis fratribus possidetur; || a meridie, via que transit aput Sanctum Albanum, et vadit usque ad Borbotonem ; ab occidente, terminatur cum terris que sunt eorumdem fratrum ; a semptentrione, clauditur cum flumine Helsonis. Hoc fuit factum in manibus Guilelmi de Serro, in presentia fratris Nicolai, capellani ; et fratris Ugonis de Montesecuro ; et fratris Nicolai de Ricarenchis ; fratris Lamberti ; fratris Arberti Bubulci; fratris Iohannis Novelli ; fratris Guilelmi Coqui ; fratris Bernardi de Rovoria ; fratris Pontii de la Costa ; fratris Bartolomei ; fratris Martini Del Poiet ; fratris Adhemarii Coiraters ; Raimbaldi, capellani ; et Bertrandi, clerici de Sancto Restituto ; Bertrandi, clerici, filii Ugonis Chais ; Ismidonis Pelliparii ; Bertrandi, fratris sui ; et Petri Chalmaset, et Arberti, consobrini ejus ; Grillonis, sutoris; et Riperti de Solorivo, et Raimundi, fratris sui ; Pontii de Grimona ; et Raimundi Geraldi ; et Petri Chavalerii. Et ego, Guilemus Malros supradictus, et Pontius filius meus, et Raimundus gener meus, juravimus in manibus Raimundi Rigaudi super sancta Evangelia, hanc donationem firmiter tenere. Anno ab Incarnato Domino M°.C°.LXXXI°., luna XXVII°., feria v., mense maio (1). Deinde, transacto tercio die, frater Ugolenus, qui tunc erat preceptor domus de Richarenchis, cum duobus aliis fratribus, scilicet Petro de Caorz, qui bajulus erat Ricarencharum, et fratre Nicolao (2), || perexit apud Montemsecurum, et ibi Estanconia, uxor Guilelmi Malirufi, et Radulfus, filius suus, et Luneuz, uxor Raimundi Fabri, juraverunt in manibus Armanni Artaldi super sancta Evangelia, ut hanc donationem supradictam firmiter tenerent. Testes sunt : Raimundus Tornafort ; Berengarius Tornafort ; Guilelmus Rostagnus ; Petrus Trobas ; Melluraz ; Guilelmus Sutor. Et propter hanc donationem, omnes isti, scilicet Guilelmus Malros, et uxor sua Stanconia, et filii eorum, Pontius et Rodulfus, et Luneuz, et vir suus, Raimundus Faber, de bonis Templi C. solidos caritative habuere vianensis monete.

(1) Jeudi, 14 mai 1181.
(2) Mots effacés : « isti tres jam ».

N° **239**. (Fol. 146 r°.)

Premières lignes d'une répétition du n° 211, qui n'a pas été poursuivie. Voir page 188.

N° **240**. (Fol. 146 r° et v°.)

De Dalmatio de Valriaco.

Qoniam humana ingenia prona sunt ad vitia, que jesta sunt carte comendare disponimus, que enim gentibus occurrat calumniis et rerum seriem aperta veritate loquatur. Hujus prospectu rationis : ego, Dalmatius de Valriaco, filius Helsiari, ut Deus meis et amicorum meorum delictis indulgeat, Deo, et Beate Marie, et fratribus Templi Salomonis, dono et concedo quicquid a me, vel ab antecessoribus meis, Hodo Pinols habebat, vel jure aliquo habere || debebat, aut homo vel femina pro eo, in Plano Longo, vel in Plano Molendinorum, quod claudit ab oriente Holeria; a meridie, fluvius Helsonis; ab occidente, fluvius Letii; a septentrione, territorium de Colonzellis. Hanc donationem firmiter tenere juravi super textum Evangeliorum in manibus domini Bertrandi de Petralapta, Dei gratia Tricastrini episcopi; in presentia Ugoleni, preceptoris de Ricarenchis; et fratris Nicolai, clavigeri. Testes sunt : Raimbaldus Flota, canonicus Sancti Pauli et ecclesie Vasionensis; magister Iohannes Helye; Bermundus Amalrici; (1) Raimundus Rigaldus; Petrus Daniælis; frater Ugo de Montesecuro; frater Lambertus; frater Bartolomeus ; frater Arbertus d'Autvilar ; frater Vincentius ; frater Ismido Pelliparius ; frater Martinus Annonavetula; frater Martinus Sutor; frater Pontius de Costa; frater Iohannes Novelli; frater Nicolaus, capellanus; frater Petrus Tapia, capellanus; et alii plures. Factum fuit ab Incarnato Domino M°.C°.LXXXI°., luna vi²., feria i²., mense decembrio (2), in ecclesia Beate Marie de Ricarenchis, post missam. Pro hac prescripta donatione habuit a fratribus domus de Ricarenchis prenominatus Dalmatius XXV. solidos vianensium. ||

(1) Le prénom « Bermundus » a été effacé à cette place.
(2) Dimanche 5 décembre 1182.

N° 241. (Fol. 147 r°.)

Notum sit presentibus et futuris : quod ego, Dalmatius de Valriaco, filius Iuliane, mitto me in fraternitate domus Templi Salomonis, tali pacto ut non possim ad aliam religionem sine consensu eorum venire; et in fine vite mee, dono ibi equm meum et arma; et si equm non haberem, laudo eis super res meas CC. solidos; et modo in presenti, dono Sancte Marie de Ricarenchis campum unum a Bosc Raimunt, et pascua per totas terras meas. Hoc factum fuit in manibus Berengarii de Avinione, in ecclesia de Ricarenchis, in presentia Petri Yterii, qui erat preceptor predicte domus. Testes sunt : Olivarius, capellanus; Nicolaus, capellanus; Petrus de Caorz, bajulus; frater Guilelmus de Serre; frater Lambertus; Guilelmus de Sancto Paulo; frater Nicolaus Tatinus; frater Arbertus Bover; Bertrandus de Mirindol; Petrus Guilelmus de Grillo; Petrus Danielis; Amiraz. Et predictus Dalmatius juravit super sancta Evangelia hec omnia bona fide, fideliter et firmiter tenere; et habuit de caritate predicte domus L. solidos. Pontius Picmaurs, testis est omnium istorum et hujus carte dictator (1).

(1) Placée par les synchronismes en 1179.

N° **242**. (Fol. 147 r° et v°.)

De Wilelmo Ugoni de Valleaurea.

Notificetur omnibus hominibus : quod ego, Guilelmus Ugo de Valleaurea, mitto metipsum in fraternitate domus milicie Templi, et dono prefate domui totam partem meam pascuum de Chantamerle, scilicet quartam partem; et in fine mea equm meum cum armis, vel C. solidos, sive unam olcham prope || Vallisauree; et hoc feci pro salute anime mee; et illi dederunt mihi propter hanc donationem X^{em} solidos, et sotulares. Et hoc factum est in presentia Ugoleni, preceptoris ipsius domus. Testes sunt omnes isti : frater Nicolaus, capellanus; Raimbaldus, capellanus; frater Guilelmus del Serre; frater Ugo de Montesecuro; frater P. de Caorz; frater Nicolaus Vetus; frater Nicolaus Tatinus; frater Vincentius Bosqet; frater Arbertus Bubulcus; frater Aemarus; frater Iohannes Novellus; frater Pontius de Costa; frater Amalricus; frater Guilelmus Coqus; frater Bernardus de Rovoria; frater Bartholomeus; frater Lambertus, claviger; Raimundus Rigaudus; Arnaldus Iterii (1).

(1) Placée par les synchronismes en 1180.

N° **243**. (Fol. 147 v° et 148 r°.)

DE UGONE TURCO.

Ad honorem Dei notificetur (1) omnibus hominibus : quod ego, Ugo Turcs, et uxor mea, Rixentz, et filius meus Guilelmus, donamus et laudamus Deo, et Beate Marie, et fratribus Templi Salomonis, totum quod habemus infra hos terminos, sint terre, sint nemora, sint garige, sicut claudit via orientis que tendit aput Avisanum ; a meridie, sicut vadit via de Valriaco apud Sanctum Paulum ; ab occidente, sicut claudunt hec (2) que nostri antecessores donaverunt ; a septemtrione, sicut claudit fluvius de Rivo Sicco. Et hoc factum est in manibus fratris Ugoleni, preceptoris Ricarencharum, et ipsi receperunt nos et nostros in suis beneficiis. Testes sunt isti : frater Nicolaus Vetus ; frater Guigo Lautardi ; frater Lambertus ; frater Nicolaus Tatinus ; Arbertus Bubu || lcus ; frater Adhemarus Coriatarius ; Iohannes Novellus ; Pontius de Costa ; Martinus Sutor ; Bernardus de Rovoria ; Guigo de Terrazas ; Pontius Taufers ; Raimbaldus, capellanus de Balmis ; Guilelmus, diaconus de Grazina ; Bertrandus de Sancto Restituto, et Guilelmus frater ejus ; Berengarius Tornafort, et frater ejus Raimundus ; Armandus Artaldi ; Lauger de Sancto Saturnino ; P. de Rochafort ; Ismido, et Bertrandus, frater ejus ; Grillos, et Garinus ; P. de Chalmaset ; et Arbertulus Sauzet ; et Pontius de Sauzeto. Hoc juravimus in manibus Guilelmi Arnaldi super textum Evangeliorum, quod nos firmiter teneremus. Feria I^a., luna IIII^a., anno Domini Incarnati M°.C°. LXXX°. (3).

---

(1) Le scribe avait d'abord écrit « notificicetur ».
(2) « Hec » est répété deux fois.
(3) 1180. La donnée lune 4 coïncidant au cours de l'année avec plusieurs dimanches, il est difficile de hasarder une date plus précise.

N° **244**. (Fol. 148 r°.)

DE UGONE TURCO.

Notum sit omnibus hominibus : quod ego, Ugo Turcs, et Rixenz, uxor mea, et Guilelmus, filius meus, terras quas habebamus in Urtize infra hos terminos : ab horiente, sicut claudit via que vadit de Grillo ad Avisanum ; a meridie, claudit fluvius Helsonis ; ab occidente, claudunt terre de Chabrer ; a septemtrione, le chamis que vai de Valriaco ad Sanctum Paulum ; terras que sunt infra terminos istos debemus semper laborare pro nono sextario (1). Et hoc factum est in manibus (2) Ugoleni, qui tunc erat procurator domus Ricarencharum. Propter hanc donationem fratres prebuerunt nobis CC. solidos melgoriensiùm. Testes sunt omnes qui in superiori carta nominati sunt, scilicet frater Nicolaus Vetus ; Guigo Lautardus ; frater Lambertus ; et alii ex ordine (3). ||

(1) Cette clause consent en faveur de la commanderie une dîme exceptionnellement lourde.
(2) Les mots « in manibus » sont répétés deux fois.
(3) Cette pièce ayant été évidemment rédigée le même jour que la précédente, à laquelle elle se réfère, est par là datée de 1180. Si le scribe a exactement reproduit ici l'original, il est certain que les deux avaient été dressées sur la même peau à la suite l'une de l'autre. Mais il est fort possible que les deux références de l'une à l'autre aient été formulées par le copiste lui-même, dans le but d'abréger son travail d'enregistrement.

N° 245.
(Fol. 148 v°.)

De Guilelmo Riperto.

Ut a memoria hominum que jesta sunt non pereant, carte, que mentiri nescit, duximus comendandum : ego, Guilelmus Riperti nomine, dono et concedo Deo, et Beate Marie, et fratribus Templi, in manu Ugoleni, qui in domo de Ricarenchis magistri locum obtinet, quicquid juris habeo in castro quod dicitur Torres, vel ejus mandamento, et quicquid habeo in Pancerio et Camelo, pro anima patris mei et matris. Accepi quidem a predicta domo pro premissa donatione equm precio CCCC. solidorum ; et terra predicta pro ducentis solidis est obligata, quam redimere debent tanquam suam. Dono quoque meipsum Deo, et Beate Marie, et fratribus Templi, et domum quandam in civitate Sancti Pauli, que est versus superiorem partem civitatis. Factum fuit in presentia Ugoleni, preceptoris de Ricarenchis ; et fratris Guilelmi del Serre ; fratris Ugonis de Montesecuro ; fratris Lamberti ;

fratris Vincentii; fratris Arberti d'Autvilar; fratris Pontii de Costa; fratris Martini Sutoris; fratris Ismidonis; fratris Iohannis Novelli; fratris Adhemarii. Anno ab Incarnato Domino M°.C°. LXXXI°. (1) factum fuit, in manibus domini B., Tricastrini episcopi, qui et prescriptam donationem laudavit, et cartam istam sigilli sui munimine roboravit. ||

(1) 1181.

N° 246. (Fol. 149 r°.)

De Guilelma Dohonessa.

In nomine Domini : ego, Guilelma Dohonessa, dono Deo, et Beate M., et fratribus Templi Salomonis, quicquid juris habebam, vel habere debebam, in vineis de Camelo quas Pontius Viaers eis dederat, ut ipsi perhenniter habeant et possideant; pro qua donatione habui de caritate domus XVIII. solidos. Cujus donationis fidejussores sunt ipse Pontius Viaers et Ugo de Montesecuro. Testes sunt : frater Nicolaus, claviger; frater Adalardus; frater Arbertus Lobet; Guilelmus Arnaldi, filius Raimundi de la Mota; Guilelmus Chapus. Factum fuit in anno Incarnati Verbi M°.C°.LXXXI°. (1).

(1) 1181.

N° 247. (Fol. 149 r° et v°.)

De Guiraldo de Monteforti.

Notum sit omnibus hominibus tam presentibus quam futuris : quod ego, Geraldus de Monteforti, et nepotes mei, scilicet Raimbaldus, et Guilelmus de Monteforti, et Raimundus, donamus Deo, et Beate M., et fratribus Templi Salomonis, medietatem illius tocius quod habemus in toto (1) de Albareto, aut homo vel femina pro nobis, videlicet in terris cultis et incultis, in nemoribus et pascuis, atque in cursibus aquarum. Et juravimus in manibus Guilelmi de Gradiniano et Bertrandi de Mirindol, tactis sacrosanctis Evangeliis, ut hec omnia supradicta a nobis et a successoribus nostris nunc et in eternum firmiter tenerentur. Hujus donationis fidejussores sunt : Guilelmus de Gradinano, et Bertrandus Berengarii, et Rostagnus de Teiseriis. || Factum fuit anno ab Incarnato Domino M°.C°.LXXXI°., mense aprili (2), in presentia fratris Ugoleni, qui preceptor erat domus de Ricarenchis ; et Petri de Caorz ; et fratris Nicolai, capellani ; fratris Ugonis de Montesecuro ; et fratris Nicolai de Ricarenchis ; fratris Lamberti ; fratris Bartolomei ; fratris Martini ; fratris Bernardi. Hujus rei testes sunt : Guilelmus de Gradinano ; Bertrandus Berengarii ; Rostagnus de Teiseriis ; Archimbaudus de Valleaurea ; Bertrandus de Mirindol ; Bermundus Amalrici ; Arnaldus Iterii ; Iohannes Taulinanus ; Guilelmus Clibarii ; Bertrandus de Sancto Restituto ; Bertrandus Chais ; Laugerius de Sancto Saturnino ; Grillonus, sutor ; Garinus, sutor ; Guilelmus, sutor ; Petrus, sutor ; Guilelmus de Valriaco ; Stephanus, diaconus ; Raimundus Geraldi, filius Geraldi Barnoini ; Ricaudus Nigranox ; Raimundus de Solorivo ; Arbertus Malagait.

(1) Suppléer probablement « territorio ».
(2) Avril 1181.

N° **248.** (Fol. 149 v° et 150 r°.)

De Draconeto.

Ut totius perversorum calumnie removeatur ocasio, presentibus et posteris hujus pagine mittimus testimonium. Ego siquidem, Draconetus, et uxor mea Gasca, filia Raimundi de Montealbano, cum consilio et permissione Draconeti patris mei, recognovimus in domo nostra de Mirabello et recognoscendo dedimus et affirmavimus Deo, et Beate Marie, et fratribus Templi Salomonis, et domui de Richarenchis donationes omnes quas ipse prefatus Raimundus || de Montealbano eis olim fecerat, scilicet pascua per totam terram suam, et per totam terram hominum feminarumque suarum, a fluvio d'Eger in ultra ; et quicquid ipsi fratres predicti adquisierant in opido de Grillo. Affirmavimus quoque et concessimus eis tenementum Odonis Pinol et matris sue; et juravimus, ego Draconetus, et uxor mea prenominata, super textum Euvangeliorum in manibus Helisiardi d'Albuzo, ut hec omnia suprascripta firmiter teneremus. Pro qua laudatione habuimus de caritate domus equm unum, precii CC. solidorum melgoriensium. Facta sunt hec in presentia istorum : fratris Ugoleni, preceptoris domus de Richarenchis; Desiderii de Pisanza; fratris Nicolai, clavigeri; Bertrandi Rotgerii ; Helisiardi de Podio ; Guilelmi Coste; Petri Bermundi; Pontii Cervelli; Petri de Manso. Factum fuit in anno Incarnati Domini M°.C°.LXXX°I°., luna xv²., feria v²., in vigilia Natalis Domini, in mense decembrio (1).

(1) Jeudi 24 décembre 1181.

N° **249**. (Fol. 150 r° et v°.)

DE ELISIARO DE ALBUZON.

Ego, Helisiardus d'Albuzo, in opido de Mirabello, laudavi et concessi Deo, et Beate Marie, et fratribus Templi, et domui de Richarenchis, quicquid ipsi fratres olim adquisierant in toto teritorio de Balmis, et in toto teritorio Sancti Quinizii ; et juravi super textum Evangeliorum, in manibus Draconeti junioris, ut hanc laudationem firmiter tenerem ; et hoc feci in presentia omnium subscriptorum, videlicet || fratris Ugoleni, preceptoris domus de Richarenchis; Desiderii de Pisanza; fratris Nicolai, clavigeri; Bertrandi Rotgerii ; Helisiardi de Podio; Guilelmi Coste; Petri Bermundi ; Pontii Cervelli; Petri de Manso. Factum fuit in anno Incarnationis Dominice M°.C°.LXXX°I°., luna xv²., feria v²., in vigilia Natalis Domini, in mense decembrio (2).

(1) Jeudi 24 décembre 1181.

N° **250**. (Fol. 150 v°.)

DE AMALRICO DE CHAMARETO.

[P]resentibus et posteris volumus notificare : quod ego, Amalricus de Camareto, cum extremum diem vite mee apropinquare presenti, donationes quas ego et antecessores mei olim Deo, et Beate Marie, et fratribus Templi Salomonis, et domui de Ricarenchis feceramus, consilio et voluntate domini Bertrandi, Tricastrini episcopi, augmentare disposui. Et dedi predictis fratribus, pro aucmento donationum, quicquid habebam, vel habere debebam in Campo Lasso, et quicquid in eodem Campo pro me tenebat homo vel femina, aut habebat ; et pascua per terram meam. Hujus rei testes sunt : dominus Bertrandus, Tricastrinus episcopus; Petrus de Garda, sacrista Sancti Pauli ; Guilelmus de Gradinano ; frater Lambertus; frater Nicolaus Tatinus ; Guilelmus Coqus; frater Nicolaus, capellanus ; Bertrandus de Sancto Restituto, clericus : frater Vincentius Bosquet ; Raimundus Rigaudus (1).

(1) Les synchronismes placent cette pièce vers 1179 ou 1180.

N° **251.** (Fol. 150 v°.)

De Rostagno de Gradignano (1).

Notum sit omnibus hominibus, presentibus et futuris : quod ego, Rostagnus de Gradinano, pro redemtione anime mee et animarum parentum. . . . .
. . . .

(1) En marge de ce fragment est écrit d'une main moderne : « V. fol. 74. » Ce renvoi désigne la pièce n° 111, dont les premiers mots, sauf la forme « Granano » au lieu de « Gradinano », toutes deux équivalentes et servant à désigner indifféremment Grignan, sont absolument identiques aux lignes qui précèdent. Nous avons indiqué, en note à la pièce n° 111, qu'elles devaient être le début d'une répétition, mais que nous pensions devoir les conserver dans le doute que laisse subsister cette conjecture.

Lacune de deux feuillets.

N° **252**. (Fol. 153 r° et v°.)

CARTA PETRI OALRICI, DE CLARENCZAIAS.

In nomine Sancte et Individue Trinitatis; presentibus innotescat ac futuris : quod ego, P. Oalricus, donationes quas antea Deo, et fratribus Templi feceram, recognosco, et iterum bona fide concedo et affirmo; et aduc quicquid habeo a fluvio de Lez in ultra, sicut tamen iste fluvius ascendit usque ad territorium Colonzellarum, et inde clauditur a Rivo Sico usque ad territorium Valriacz et usque ad fluvium Elsonis, et sic descendit usque ad predictum fluvium de Lez, hoc totum dono et in perpetuum trado Deo, et Beate Marie, ac fratribus Templi presentibus et futuris, ac domui Richarencharum. Aduc tamen huic dono adjungimus, ego jamdictus Petrus nomine, et ego, W. Terrendos, quicquid in bosco Pancer habemus, quocumque modo ibi aliquid juris habeamus, tam in terris quam in nemoribus; et in manibus Bertrandi de Nionis, clerici, super sancta Euvangelia teneri juravimus. Factum fuit in presentia Ugoleni, prefate domus preceptoris; et Nicolai, bajuli. Testes sunt isti : frater Poncius de Bion, capellanus; frater N., capellanus ; frater Fulco de Braz ; frater Raimundus Amblart ; frater Ripertus Folradi ; frater Lanbertus ; frater Bartolomeus ; frater Arbertus Bovers ; frater Ioannes Novelli ; frater Ismido Pelliparius ; frater Aemarus ; frater Bernardus de Furno ; Bertrandus de Sancto Restituto, clericus ; Petrulus Danielis, clericus ; W. Bermundus Correntilla ; Petrus de Rodes. Anno ab Incarnato Domino M°.C°.LXXX°.III°., in mense augusto, feria I., || luna VII. (1). Et aduc manifestetur omnibus quod ego, W. Terrendos supradictus, pro donatione ista, de bonis domus XV. solidos viennensium a Petro Oalrico accepi..

(1) Dimanche 28 août 1183.

N° **253**. (Fol. 153 v°.)

[In] nomine Domini, notum fieri volumus : quod ego, Maria de Rac, pro salute anime mee et parentum meorum, dono ac trasfundo, et in perpetuum trado Deo, ac Beate Marie, et fratribus

Templi, et domui Richarencharum, quartam partem in pascuis tocius territorii de Balmis, ac me, omnesque coeredes meos, inde devestio, et jamdictos fratres vestio, videntibus istis : Nicolao, prefate domus clavigero, in cujus manibus hoc feci ; fratre Poncio de Bion, capellano ; fratre Rai. Amblardo ; fratre Pe. Danieli ; W. de Sancto Raphaeli, capellano ; B. de Nions, clerico ; Ar. Artaldi ; Raistagno Rai. Rigaldi, et Wilelmo filio ejus ; Ge. de Grillo, et Pontio, ac Ri., fratribus ejus ; Rai. Fabro ; Pon. Malros ; Beren. Tornafort, et Rai. fratre ejus ; et pluribus aliis. Anno ab Incarnato Domino M°.C°.LXXX°.III°., in mense julio, feria II., luna XX.IIII. (1). Et est sciendum quod ego, jamdicta Maria, pro hac donatione accepi de bonis domus caritative XX.V. solidos (2) Valentia.

(1) Lundi 18 juillet 1183, avec erreur d'un jour sur la lune.
(2) Suppléer « de ».

N° **254**. (Fol. 153 v° et 154 r°.)

[I]n Ihesu Christi nomine, manifestetur omnibus futuris ac presentibus : quod ego, Vilelma, Wilelmi Nielli uxor, et filii mei Pon. et Bertrandus, supra sancta Euvangelia affirmavimus, in manibus Laugerii de Balmis, donum illud quod ego et maritus meus W. Nielz, et Poncius filius ejus, feceramus in manibus Deodati de Stagno, videlicet quicquid habebamus in territorio Bor || botonis, vel habere credebamus, et quicquid in manso Martel habebamus. Hoc totum et ab integro recognovimus ac concessimus, et quemadmodum predictum est, teneri affirmavimus, Deo, et Beate Marie, et fratribus Templi, et domui Richarencharum. Unde testes sunt : Ugolenus, ejusdem domus preceptor ; et Nicolaus, claviger ; frater Lambertus ; frater Raimundus Amblardi ; frater Bernardus, capel[lanus] ; frater Nico., capel[lanus] ; frater Ugo de Montesecu[ro] ; frater Aemarus ; frater Vincentius ; Stephanus, diaconus ; Bertrandus de Sancto Restituto, cleri[cus] ; Pon., cleri[cus] ; Petrulus Danieli, cle[ricus] ; et plures alii. Facta carta in mense decembris, feria III., luna XXII., anno ab Incarnato Domino M°.C°.LXXX°.III°. (1).

(1) Mardi 21 décembre 1182.

N° **255**. (Fol. 154 r° et v°.)

[I]n nomine Domini, presentes ac posteros non ingnorare volumus : quod ego, W. de Claromonte, et ego Aiols, maritus uxoris Ugonis de Claromonte (1), quicquid juris, aud pro bajulacione, aut quolibet modo, in pascuis Altareti habebamus, que videlicet domnus comes Dalphini fratribus Templi dederat, ipsique jamdudum etiam in pace possederant, totum jus nostrum, et ab integro, damus ac relinquimus, et in perpetuum concedimus Deo, et Beate Marie, et jamdicti Templi fratribus futuris ac presentibus. Hec donatio facta fuit in presentia fratris Nicolai, domus Richarencharum bajuli ; et fratris Guigonis Lautardi, domus Bonaisaci preceptoris ; et aduc in manibus Poncii de Follas super sancta Euvangelia teneri juravimus. Unde sunt testes : Monis de Clot ; W. de Avinione ; Ugo de Manso ; Pe. de Chalabosc ; Imbertus Pato ; Petrus de Trafort ; Tomas, domne duchesse || bajulus ; Petrus Andreæ Unipes ; W. Grals ; et quamplures alii. Anno ab Incarnato Domino M°.C°.LXXX°.III°., x. kalendas septembris, luna II., feria III. (2). — Et est sciendum quod nos jamdicti datores, pro donatione ista, de elemosinis domorum Richarencharum videlicet et Bonaisaci, L. solidos viennensium a fratribus accepimus, quorum tamen. . . . . . (3), filius Ugonis de Claromonte, partem suam habuit ; ac pro ipso etiam nos prefati duo fidejussores sumus, et etiam fratribus Templi juramento tenemur ut, juxta providentiam Petri Pineti, suam partem pascui prescriptis fratribus in perpetuum quiete faciamus possidere.

(1) Ici, et plus loin, le scribe a écrit : « de Monteclaro », en mettant après coup un signe d'invertissement des deux parties du nom. La première mention écrite correctement sans hésitation, et l'objet de l'acte prouvent que c'est bien de la maison de Clermont qu'il émane.
(2) Mardi 23 août 1183.
(3) Le nom du fils d'Hugues de Clermont a été laissé en blanc.

N° **256**. (Fol. 154 v° et 155 r°.)

Répétition du n° 153. Voir page 138.

N° **257**. (Fol. 155 r°.)

[I]n nomine Ihesu Christi, presentes ac posteros volo certificari : quod ego, Ricardus Cabaz, cum filiis meis, Wilelmo, et Ricardo, dono Deo, et Beate Marie de Richarenchis, et fratribus Templi, terras illas quas habemus juxta Prata Novella ex parte orientis et meridiei ; et ex parte occidentis, clauduntur terre iste cum manso quod vocatur Calcamairoz ; ex parte septentrionis, cum terris quas dedit Raimundus Geraldi fratribus Templi. Hanc donationem ab omni sororum mearum inquietatione jamdictis fratribus servare debeo, et ab omnium amicorum meorum calumniatione, ut ita in pace habeant et eterne possideant. Hoc donum facio in presentia Deodati de Stagno, prefate domus preceptoris ; et Nicolai, bajuli ; et in manibus Alberici, abbatis Aquebelle, firmiter juro teneri. T[estes] sunt : Bertrandus de Falco, monacus Aquebelle ; frater Petrus Plavia, capellanus ; frater W. de Serro ; frater Aemarus ; frater Lambertus ; frater W. Bees ; frater Nicolaus Tatis ; frater Ugo Tatis ; frater W. Calvis ; frater W. Cocs ; frater Arbertz Bovers ; frater Iohanz Novelz ; Poncius Picmaur, et nepos ejus Ugo ; W., diaconus ; Bertrandus de Nionis, clericus ; Stephanus de Avisano, clericus ; Petrus Do de Valria ; W. Arnauz, et Doo, filius ejus ; Stephanus de Montilio ; Pe. Danielis, et filius ejus Geraldus. Et ego R. Cabaz, et filii mei, de caritate domus accepimus L. solidos melgoriensium. Anno ab Incarnato Domino M°.C°.LXX°.V°. (1)

---

(1) 1175. Cf. le n° 205 et les notes qui l'accompagnent.

N° **258**. (Fol. 155 v°.)

Notum sit omnibus presentibus et futuris : quod ego, Maria de Valriaco, dono pro feuo et alodio, pro salute anime mee et filie mee Pelestorte, pascua que habeo apud Taullinnanum (1), scilicet VI^{tam}. partem pascue, nunc et in perpetuum ad abendum et possidendum, Deo, et Beate Marie, et domui Richarencarum, et fratribus tam presentibus quam futuris ibidem Deo servientibus ; et dono similiter II. solidos vianensium apud Mirabel, super homines illos qui vocantur Azalbertz, annuatim. Hoc donum facio cum consilio et voluntate et assensu fratris mei Ugo de Valriasz, et consilio filie mee Guilelme, et filii ejus Raimundi Guilelmi, videntibus et audientibus et consencientibus Matfre d'Arbres cum istis supradictis. Testes sunt : frater Bermundus, preceptor predicte domus; frater Pons Guilelm, capellanus; R. de Clarenzac; frater Imbert; frater Chamaret; frater Daude Chambrier; frater Guilelm Cosme; frater Ponz del Forn; frater Paulet; Ugo de Balmas; G. dou Nelziar; Bertran Chalveria; Peire Giraut; Pons Giraut; Ripert de Grillo; P. Vaihon; Guilelm Picmaut; P. Berteut; Raimon de Grillo; Bertran d'Auzello; P. de Taisseiras; Bertran Bellon. Hoc fuit factum feria III²., mense apprillis, anno ab Incarnacioni Domini M°.CC°. (2).

(1) Marie de Valréas était veuve de Guillaume Pelestort, de la maison de Taulignan.
(2) Avril 1200.

N° **259** (Fol. 155 v° et 156 r° et v°.)

In nomine Domini nostri Ihesu Christi : anno Dominice Incarnationis M°.CC°.VII°., v°. nonas febroarii (1), ego, Maria de || Valriaco, quondam uxor Vilelmi Pelestorti, senciens diem mei obitus appropinquasse, recognovi omnia que maritus meus et fratres mei dederant Deo, et Beate Marie, et fratribus domus militie Templi Richarencarum. Dedit enim maritus meus seipsum Deo, et Beate Marie, et fratribus predicte domus. Dedit etiam medietatem omnium que habebat vel possidebat in territorio Sancti Marcellini. Et ego, jamdicta Maria, similiter meipsam donavi, et alteram medietatem prefati territorii Sancti Marcellini, cum omnibus appenditiis suis, scilicet cum pascuis, terris cultis et incultis, jure perpetuo possidendam. Donavi similiter quendam hominem, Beroard nomine, et totam ejus projeniem, qui debet dare annuatim XII^{cim}. denarios viennenses pro servitio. Donavi similiter VI. denarios viennenses super Benedictum et super ejus tenementum apud Taulinnanum, quos debet mihi annuatim ad festum Pentecostes pro servitio. Hoc donum facio sicut supra dictum est, Deo, et Beate Marie, et fratribus presen-

tibus et futuris predicte domus Richarencarum, pro salute anime
mee, et omnium predecessorum et successorum meorum. Hanc
autem donationem supradictam laudavit et donavit filia mea
Vilelma et filii ejus. Facta fuit hec donatio in castro de Valriaco,
in presentia fratris Poncii Vilelmi, prefate domus capellani ; et
fratris Guichardi de Bordelz ; et fratris Petri de Camareto ; et
Ugonis de Valriaco, qui hanc donationem | laudavit et concessit ;
et in presentia Alsiardi, capellani de Valriacco ; et Garentonis ;
et Bertranz de Valriaco ; et Bertrandi Calveira ; et multorum
aliorum. -- Postea vero, ego Maria, et filia mea pariter Vilelma,
et filii ejus, reconfirmavimus hanc predictam donationem in
domo de Richarenchis, in presentia fratris Deodatis de Brusiaco,
preceptore ejusdem domus ; et fratris Raimundi de Clarensac ;
et fratris Ymberti ; et fratris Petri Rotlandi ; et fratris Ugonis
Escofer ; et plurimorum aliorum.

(1) 1207 ou 1208, probablement le 2 février. Il n'y a point de 5 des nones en février
mais le scribe a peut-être oublié le 1 du chiffre IV.

N° **260**. (Fol. 156 v° et 157 r°.

Odo Dalmaz.

Anno M°.CC°.XII°. Dominice Incarnationis (1) : ego, Odo
Dalmaz, dono et concedo, et juramento confirmo donum quod
fecit pater meus Ugo Dalmaz, scilicet condaminam de Coronna,
que clauditur a camino quod tendit apud Valrriacum, usque in
fluvium Elzonis (2). Et ego, Feraldus, ripam illam quam tenebam
ab Odone Dalmaz, predicto domino meo, si quid juris ibi
habebam, dono et relinquo, et juramento confirmo Deo, et Beate
Marie, et domui Templi Richarencharum, nunc et imperpetuum,
et fratribus predicte domus presentibus et futuris. Hoc donum
facimus Deo, et Beate Marie, coram eclesia in claustro, sicut
melius dici vel intelligi potest, videntibus et audientibus : Poncio
Vi lelmo, capellano predicte domus, qui sacramentum ambo-
rum recepit ; Gaufredus de Claustra ; Lauger de Balmis ; Petrus
Rollandi, bajulus ; W. de Valrriacho ; isti sunt fratres ; W.
Chatbaudus, miles. Tercia vero die, venerunt filii Feraldi, W.
Feraldus, et Petrus, frater ejus, et donum supradictum, quod

pater eorum fecerat, laudaverunt ; et tactis sacrosanctis Evangeliis confirmaverunt, videntibus supradictis testibus et etiam amplius : W. Berteudi, capellanus ; Ugo Fidelz, capellanus ; W. Cosme ; Umbertus Bergondinus ; Ponz de Merllet ; isti sunt fratres ; Beroart ; et W. Alticampi, donatus, qui hanc cartam scripsit.

(1) 1212.
(2) Cette donation de Hugues Dalmas, un des gendres de Pierre Hugues de Visan, n'a pas été enregistrée au Cartulaire. La condamine de la Coronne, riveraine de l'Elson, ainsi que la présente pièce en témoigne, a fini par imposer son nom à cette petite rivière postérieurement à 1212, puisque la substitution du nom de « la Coronne », inscrit déjà sur les cartes les plus anciennes qui avaient été publiées, à celui d'« Elson », constamment employé dans notre Cartulaire, n'est point encore effectué dans cette charte, la plus moderne de celles qui mentionnent ce cours d'eau.

N° 261. (Fol. 157 r° et v°.)

NICOLAUS AGULOS.

Anno M°.CC°.XII°. Dominice Incarnationis, mense maii, feria v^a. (1) : ego, Nicolaus Acculeus, et ego mater ejus, Blacoza, bona voluntate et sine omni retinemento, damus et in perpetuum concedimus quandam faciam terre Deo, et Beate Marie, et domui milicie Templi Richarencharum, et tibi, Deodato de Brusiaco, preceptori predicte domus, et fratribus presentibus et futuris. Et terra illa est juxta fluvium Olerie, a la Rocheta, et juxta terra predictorum fratrum. Hoc donum facimus pro salute anime nostre et parentum nostrorum, sicut || melius dici vel intelligi potest. Et ut firmiter teneatur supradictum donum, super sancta Evangelia custodire, salvare, defendere ab omni inquietacione de jure promitimus. Hujus rei testes sunt : Poncius Vilelmi, capellanus et frater ; Ioannes de Grillo, capellanus ; Ugo de Chastel ; Petrus Vilelmi ; Raimundus de Susa ; Boisetz ; fraire Ugo de Bordels ; Laugers de Balmis ; Ugo Escofers ; W. Cosme ; Ugo Poles ; Gaufredus de la Claustra ; Arnolfus de Petralapta, donatus ; Ponz de Guzanz, donatus ; Arnaudos, scutifer ; et Vilelmus Alticampi, qui hanc cartam scripsit.

(1) Jeudi.... mai 1212.

N° **262.** (Fol. 157 v° et 158 r°.)

Quod humana nequid fragilitas retinere, huic scripto memori commendamus, ut presentes sciant et posteri : quod anno ab Incarnatione Domini ·M°.CC°.XIIII°. mense aprilis, luna III., feria IIII. (1, domina W^{ma} Pelestorta dedit pro salute anime sue Deo, et Beate Marie, et domui Templi Richarencharum, unam modiatam terre que est apud Bleno, juxta condaminam Ugonis de Valrriacho, et XII. denarios sensuales in domibus Stephani Chambarel, bona fide et spontanea voluntate, moreretur sive viveret. Post hobitum vero, dedit et concessit dicte domui propter animam patris et matris sue, unum gregis ducem sensualem, et II. sextarios annone, et unam asinatam vini. Hoc debet persolvi annuatim ad festum Pentecostes. Et quiquid de hoc contigisset per calumpniam, sive per oblivionem, ut successores domine predicte donum istud domui dicte noluissent reddere, Petrus ¡| Berteudi, et frater ejus Arnaudus, concesserunt et promiserunt se per omnia reddituros. Hujus donationis testes sunt plurimi : W. Do; Petrus Geraldi ; Geraldus Elziardi ; Geraldus Chauvini ; Geraldus Trela ; Petrus Vels ; Poncius Gontardi ; Bertrandus Lautaudi ; et Poncius Vilelmi, frater et capellanus, qui hoc donum recepit ; et Petrus Ugo, frater et miles.

---

(1) Mercredi 16 avril 1214.

FIN DU TEXTE DU CARTULAIRE.

APPENDICES.

I.

DEUX CHARTES INÉDITES DE LA COMMANDERIE DE ROAIX.

Nous avons dit, en décrivant le manuscrit du Cartulaire de Richerenches (*Introduction,* ch. I), que les feuillets 49 à 55 inclusivement étaient occupés par l'enregistrement de dix pièces relatives à la commanderie de Roaix, fondée par Arnaud de Bedos, le 20 février 1137, c'est-à-dire peu de mois après celle de Richerenches. Le plan du premier scribe chargé de reporter au Cartulaire les titres de propriété de la commanderie avait été d'ouvrir pour chaque possession une section distincte du manuscrit, et le fait qu'il en ait consacré une à Roaix montre que les premières donations faites à l'ordre auprès de Vaison furent tout d'abord considérées comme une simple dépendance de Richerenches. De même que les pièces figurant dans les autres sections transcrites par ce premier scribe, celles qui concernent Roaix ne vont pas au-delà de l'année 1148. On doit en conclure que l'érection de Roaix en commanderie distincte est postérieure à cette date. Dès 1141, nous voyons un chevalier, Geoffroi de Saint-Saturnin, qualifié *frater et minister de domo de Roais*; mais il semble n'avoir pas eu tous les pouvoirs du précepteur ou maître, car jusqu'en 1148, dans toutes les autres pièces, le commandeur de Richerenches, ou un dignitaire de l'ordre de rang plus élevé encore, joue le rôle principal.

Plus tard, les commandeurs de Roaix prennent les titres de précepteur, maître, commandeur, et si parfois le commandeur de Richerenches est présent à l'acte, il ne figure plus que parmi les témoins. C'est sans doute dans cette période que le commandeur de Roaix fit tenir à son tour un Cartulaire spécial aujourd'hui conservé parmi les manuscrits de la Bibliothèque nationale à Paris, et dont M. le chanoine C.-U.-J. Chevalier avait commencé la publication en 1875 (1). Il l'a malheureusement abandonnée après l'apparition du premier fascicule contenant quatre-vingt-quatre chartes et le début de la quatre-vingt-cinquième. Huit de nos pièces y figurent; deux restent inédites et nous les donnons ci-après. Le savant historien avait adopté pour cette publication un ordre différent de celui qu'avait observé l'original, et qui n'est cependant point l'ordre chronologique. Si le travail eût été conduit jusqu'au bout, la pensée qui avait présidé à cette disposition eût apparu et facilité sans doute les recherches. En l'état actuel de ce fragment, nous ne pouvons lui demander d'indications pour appuyer l'hypothèse que nous suggère la disposition des pièces de Roaix dans le Cartulaire de Richerenches. Constatons seulement que les huit chartes figurant à la fois dans ce dernier et dans la partie déjà publiée du premier sont

---

(1) *Collection de Cartulaires Dauphinois,* t. III, 1re livraison (Vienne, Savigné, in-8°).

les plus anciennes de celles qui ont paru. Des deux pièces inédites, l'une est de août 1143 ou 1144, et l'autre n'est pas datée ; mais nous pouvons inférer des observations qui précèdent qu'elle doit être regardée comme antérieure à 1148, ou au plus tard de cette année-là même.

Nous donnons ici la disposition des chartes de Roaix dans notre Cartulaire, en nous bornant à renvoyer au n° et à la page de la publication de M. Chevalier (1) pour celles qu'il a reproduites, et en présentant *in extenso* les deux qui sont restées inédites.

(1) Cet auteur ayant donné une numération continue à toutes les pièces originales éditées dans le volume qu'il projetait, celles qui proviennent de Roaix commencent avec le n° 103.

Incipit liber cartarum de domo de Roais, de omnibus honoribus et de omnibus possessionibus suis.

N° **1**. (Fol. 49 r° et v° et 50 r°.)

N° 104, pages 62 à 64.

N° **2**. (Fol. 50 v° et 51 r°.)

N° 108, p. 66.

N° **3**. (Fol. 51 r°.)

N° 107, p. 65 et 66.

N° **4**. (Fol. 51 v° et 52 r° et v°.)

N° 115, p. 71 à 73.

N° **5**. (Fol. 52 v° et 53 r°.)

N° 116, p. 73.

N° **6**. (Fol. 53 r° et v°.)

VI. — Poncius Chalveria dedit omnes molas in sua moleria ad molendinum de Roais.

Notum sit cunctis tam presentibus quam futuris : quod ego, Poncius Chalveria, cupiens pergere Iherosolimam, ob visitandum sepulcrum Domini, ut Deus Omnipotens dimittat mihi omnia peccata mea, et concedat me prospere redire ad propria, dono et in perpetuum trado Domino Deo, et milicie Templi Salomonis Iherosolimitani, et fratribus ibidem Deo servientibus presentibus et futuris, et hoc facio cum consilio et voluntate matris meę Marię, et uxoris Ermeniardis, in mea moleria de Barre molas ad opus molendini de Roaiso, quem milites Templi jam edificaverunt in fluvio de Oveza; tot videlicet molas quotquot ad ipsum molendinum perpetuis temporibus fuerint necessarie, ita scilicet ut absque omni precio et sine omni contradiccione, predictas molas fratres Templi semper habeant, et jure perpetuo possideant. ¶ De hoc sunt testes et videntes : Wilelmus Calveria ; Elias : Wilelmus Radulfi, diachonus ; atque Wilelmus Gonterius ; in quorum presentia fecit hanc donacionem Poncius Calveria predictus, ad portum de Bozh, in manu fratris Ugonis de Beciano ; videntibus fratribus ; Rostagno, [capellano de Richarenchas ; Gaufrido de Avinione ; Berengario de Roveria ; Ademaro de Montibus ; atque Bernardo de Boazono. Scripta fuit hec carta anno Dominice Incarnacionis M°.C°.XL°.III°., tercio nonas augusti, feria III[a]., Conrado imperatore regnante (1). Mandato Poncii Chalveriæ jam supradicti, Petrus de Magalaz scripsit. Hanc itaque donacionem cum aliis predictis fratribus suscepit frater Ugo de Bulbutone, et presentem cartam laudare et firmare fecit.

---

(1) Le scribe a fait une erreur dans le comput du calendrier. En effet, le 3 des nones d'août tombe le lundi 3 août en 1143, et le mercredi 3 août en 1144. Il y a donc une différence d'un jour dans les deux cas; elle serait de deux jours en 1142, ce qui doit faire écarter ce millésime.

N° (Fol. 53 v°.)

VII. — Gaufridus de Gigundaz dedit unum hominem et unam terram.

In nomine Domini : ego, Gaufridus de Gigundaz, Domino Deo, et Beate Marie genitrici ejus, et fratribus Templi Salomonis presentibus et futuris, pro remissione omnium peccatorum meorum et omnium parentum meorum, dono quendam hominem ad Gigundacium qui vocatur Ioannes de Borbo, qui annuatim de censu numos XII. reddit ; et ad Visole (1) unam terram in qua seminari possunt duo asini honerati de frumento ; et in duobus quartairatis de vinea, terciam partem in fine mea (2).

---

(1) Le scribe avait tout d'abord écrit « Violê », avec l'accent tonique sur la dernière syllabe, ce qui ne pouvait désigner que la petite ville de Violès. Il a ensuite intercalé un s comme ci-dessus, et par suite cette attribution devient douteuse.
(2) Entre 1137 et 1149.

N° **8**. (Fol. 53 v° et 54 r° et v°.)

N° 103, p. 61 et 62.

N° **9**. (Fol. 54 v° et 55 r°.)

N° 112, p. 69 et 70.

N° **10**. (Fol. 55 r° et v°.)

N° 110, p. 68.

II.

UNE SENTENCE ARBITRALE ENTRE LA COMMANDERIE DE RICHERENCHES ET LE DOYENNÉ DE COLONZELLE.

Les manuscrits de Peiresc conservés à la Bibliothèque d'Inguimbert, à Carpentras, nous ont conservé la copie d'une pièce intéressante pour la commanderie de Richerenches peu d'années après la date à laquelle se termine notre Cartulaire ; elle se trouve dans le volume coté « Nouveau Catalogue, n° 1882, » intitulé « Preuves des généalogies de Provence, » et figure, fol. 20 et suivants, dans les preuves de la maison d'Adhémar. La copie est assez défectueuse ; l'acte en lui-même est long, diffus, d'une latinité tourmentée ; aussi pensons-nous devoir en donner tout d'abord une analyse, rendue facile par notre étude antérieure des chartes de Richerenches, en signalant les points qui relient à celles-ci les faits et les personnages mentionnés.

Le 15 août 1244, à la requête de Raimond Segnis, précepteur de Richerenches, Adhémar de Grignan (second fils de Giraud III Adhémar de Monteil et de Mabille de Marseille, V. *Introduction*), délivre un vidimé portant confirmation des jugements arbitraux rendus entre le Temple et le prieuré de Saint-Saturnin-du-Port (Pont-Saint-Esprit), duquel dépend le doyenné de Colonzelle, déterminant leurs droits respectifs sur certaines terres situées entre les cultures de la commanderie, l'Olière et le Rieussec. L'objet du litige est donc localisé au nord-ouest de la commanderie, vers le confluent de l'Olière et du Rieussec, c'est-à-dire à moitié chemin environ, en ligne droite, entre Richerenches et Colonzelle.

Deux jugements étaient intervenus ; le premier à une date oubliée, attendu la perte du titre, avait été rendu par Hugues Florent, évêque d'Orange (probablement après sa renonciation à son siège épiscopal), entre Pons Armand, prieur de Saint-Saturnin, et un commandeur de Richerenches dont le nom n'est malheureusement pas donné, à la suite duquel le territoire visé avait été délimité par des bornes de pierre marquées d'une croix. Cette sentence est rappelée sommairement dans le second jugement arbitral rendu, le 24 décembre 1229, par Amic, évêque d'Orange, entre le même prieur Pons, et un commandeur de nouveau non nommé dans l'acte, en présence de nombreux témoins parmi lesquels, outre l'évêque A. de Nimes, auquel est donné aussi le titre de sacristain du prieuré de Saint-Saturnin, figurent Pons Pellissier, précepteur de Roaix, frère Robert, précepteur d'Orange, Guillaume d'Autichamp que nous avons vu qualifié de donat en 1212, dans la charte n° 260 du Cartulaire de Richerenches. Ce second jugement reproduit la disposition principale du premier, sans y rien innover, et y ajoute diverses dispositions ou innovations, destinées à régler avec plus de précision l'exercice des droits respectifs des parties ; c'est ainsi du moins que nous interprétons les mots : « dicimus sine innovando » de la première disposition, par opposition à la formule « dicimus innovando », qui commence chacune des clauses suivantes,

A la suite viennent les acquiescements de G. du Port, prieur de Saint-Saturnin, successeur de Pons Armand, et de ses religieux, en date du 5 décembre 1232; et de frère Rostaing de Conis, précepteur de Richerenches, et de ses chevaliers, donné trois jours plus tard, le 8 du même mois.

En dernier lieu vient la formule de vidimé et confirmation d'Adhémar de Grignan, donnée à Saint-Paul-Trois-Châteaux dans le palais épiscopal, avec apposition du sceau de ce seigneur et de la bulle de l'évêque Laurent.

Les confronts du territoire en litige permettront de retrouver dans notre Cartulaire les actes par lesquels ils avaient été donnés au Temple; l'acquiescement du commandeur Rostaing de Cônis nous offre une liste précieuse de chevaliers présents à Richerenches en 1232, et la formule de transcription des actes précédents nous livre le nom du commandeur en fonction en 1244; le jugement arbitral cite ceux des commandeurs de Roaix et d'Orange en 1229. D'autre part, les mentions de plusieurs évêques et de deux prieurs du Pont-Saint-Esprit avec date certaine, étendent l'intérêt que cette pièce présente pour l'ordre du Temple en Provence, à plusieurs points de notre histoire ecclésiastique locale.

Elle soulève également une question d'histoire féodale assez curieuse. Nous avons mentionné dans les paragraphes de notre Introduction consacrés à la maison des Adhémar de Monteil, et à l'ancienne maison féodale de Grignan, qui tient pendant tout le XIIe siècle une place considérable et apparaît absolument distincte des souverains de Montélimar, la transmission de la ville de Grignan à un cadet de ceux-ci vers le premier tiers du XIIIe siècle. Adhémar de Grignan n'a pas été rencontré en qualité de seigneur de Grignan par M. Lacroix, le savant archiviste de la Drôme, avant 1239, et notre pièce date donc des débuts de l'extension des possessions de la famille des Adhémar vers le midi; il est très vraisemblable que si la confirmation de la transaction fut demandée en 1244 seulement à Adhémar de Grignan, c'est qu'il venait d'acquérir récemment quelque titre de supériorité sur le territoire qui avait été en litige bien des années auparavant. Or, si Grignan et Aleyrac, plus tard acquis par les Adhémar, étaient au XIIe siècle possessions de la première maison de Grignan, nous ne l'avons vue nulle part exercer des droits sur celui-ci, qu'elle eût pu transmettre en même temps que Grignan aux Adhémar. D'autre part, Colonzelle n'a été acquis par ceux-ci qu'au XVIe siècle,

Lorsque Géraud Adhémar III fut forcé de vendre à la république marseillaise la part de la vicomté de Marseille qu'il tenait de sa femme, il se trouva dans la nécessité de faire le remploi de la somme considérable qu'il reçut pour elle. L'achat de Grignan pour son second fils, destiné à être l'héritier de sa mère, correspond évidemment à cette opération, encore fort mal connue, mais n'atteint certainement pas la valeur du chiffre exigé. La confirmation d'Adhémar de Grignan doit, il nous semble, mettre sur la voie d'acquisitions complémentaires et voisines remontant à la même cause.

Du Xe au XIIe siècle la coutume du partage entre tous les fils de la famille avait amené la déchéance de toute la féodalité du royaume d'Arles constituée par les dynasties des Bosonides et plus tard des rois de Bourgogne jurane, ou au profit des vainqueurs des Sarrazins. Le Cartulaire de Richerenches nous a permis d'en étudier le résultat de près pour certaines familles, au nombre

desquelles la première maison de Grignan ; mais déjà aussi nous pouvons
pressentir dans les chartes les plus modernes les indices de la réaction qui s'est
affirmée et généralisée au XIII° siècle dans le sens de la reconstitution des
grands domaines seigneuriaux, par l'institution d'un héritier, en prenant
modèle sur certaines races que le petit nombre de leurs rejetons mâles ou
l'usage du testament avaient préservées de la décadence, parmi lesquelles les
Adhémar. Cette révolution sociale, toute pacifique qu'elle ait été, ce qui l'a fait
passer inaperçue de beaucoup d'historiens, n'en a pas moins été profonde, en
rejetant dans les rangs les plus modestes, parfois même à celui de simples
paysans, les représentants de races naguère prépondérantes, ou tout au moins
très importantes, comme les Visan, les Grillon, les d'Allan, les Montségur, les
Bérenger que nous avons pu étudier de près dans la présente publication. Le
relèvement des seigneurs de fief, par le rachat des parts souvent infinitésimales
constituées au cours des dernières générations, et leur concentration à nouveau
dans la même main pour créer l'ordre de choses qui a subsisté jusqu'à la
Révolution française, en forme la contre-partie. L'achat de la seigneurie de
Grignan, et de quelques autres voisines, Montségur, Chantemerle, Salles,
Clansayes, dès le XIII° siècle également, Chamaret au XIV° (1), etc., pour
former l'immense domaine qui fut plus tard le comté de Grignan, est un des
exemples les plus faciles à étudier pour nous, si nous désirons nous rendre un
compte exact de la portée de ce revirement à la fois politique et économique.

---

(1) V. Brun-Durand, *Dictionnaire topographique de la Drôme*, aux noms cités.

1244. — Ademarius de Grainhano.

Innotescat presentibus et futuris in posterum : quod anno
Domini millesimo ducentesimo quadragesimo quarto, octavo de-
cimo kalendas septembris (1), domino Laurentio existente episcopo Tricastrino, nos, Ademarius de Grainiano, mea et spontanea
liberalitate nostra et pietatis intuitu, confirmamus et corrobora-
mus vobis, Raimundo Segnis, preceptori domus de Richarenchas, et per vos praedicte domui in perpetuum, compositionem
et innovationem fratrum, ut infra sequitur, inter Po., quondam
priorem Sancti Saturnini, et decanum de Colonzelle, et predictorum locorum monachos ex una parte, et preceptorem Richarencharum ex altera; cujus compositionis et innovationis tenor
talis est : In nomine Domini nostri Ihesu Christi, anno Incarnationis ejusdem millesimo ducentesimo XXVIIII, VIII kalendas
januarii (2). Cum controversia que olim inter Pontium, priorem
Sancti Saturnini, et decanum de Colonzellis, et predictorum

locorum monachos, ex una parte; et preceptorem Richarencharum, et fratres milicie, ex altera parte, super territorio quod est inter terras cultas de Richarenchis et Rivum Siccum, sicut determinant lapides magni et crucis singulariter signati ab oriente, ab occidente, a circio, et a meridie, fuisse dignoscitur agitata, per bone memorie Hugonem Florencium, quondam Aurasicensem episcopum, de voluntate partium in modum infrascriptum fuerit terminata; et instrumenta inde confecta per alphabetum divisa et partibus tradita, amissa fuisse dicantur, ne occasione amissionis instrumentorum predictorum possit in posterum predictis partibus prejudicium generari, et inter eas nova contentio exhoriri, ne lites in infinitum ex prioris litis materia emergere possent, nos A., Dei gratia Aurasicensis episcopus, de consensu supradictorum prioris Sancti Saturnini et preceptoris Richarencharum, predictam compositionem seu diffinitionem, provisionem vel determinationem sic duximus innovandam : dicimus sine innovando, secundum quod predictus dixit episcopus componendo, quod totam terram que infra prenominatos terminos continetur, habeant perpetuo et possideant fratres milicie Templi de Richarenchis, pro ecclesia et domo de Collonzellis; et pro ipsa totali terra, serviat preceptor de Richarenchis omni anno quinque solidos viennensium in festo medii augusti. Dicimus etiam innovando, quod terra que est inter Oleriam veterem et Oleriam novam, sicut currit a Grillone usque ad molendinum de Richarenchis, et a vento confrontatur terris cultis de Richarenchis, et tendit usque ad Rivum Siccum, quod est a circio, que terra est ex omni parte terminata magnis lapidibus et crucesignatis, bona fide colant fratres de Richarenchis qui pro tempore ibi extant, et in unum locum fructus et gausidas prenominate terre choadunent; et cum ad granum segetes pervenerint, nullis deductis expensis, exceptis illis que in messionibus fient, bona fide, et sine omni fraude, et absque omni malo ingenio, vicesimam quintam partem omnium fructuum dent decano de Colunzellis, vel ejus certo ac fideli nuntio, in ipsa area ubi predicti fructus triturabuntur. Dicimus etiam innovando, quod si aliqui antiqui possessores aliquam terram vel aliquas terras infra terminos antedictos antiquo tempore possederunt, decanus de Colonzellis domum de Richarenchis ab impetitione eorum, et ne aliquod dampnum ipsi domui hac occasione inferrant ipsi antiqui possessores, vel eorum heredes, indempnem conservet, custodiat et deffendat. Item dicimus innovando, quod de terra que est ab Oleria nova que currit ad molendinum de Richarenchis usque ad nemus Bertrandi Bellonis, nichil prestet domus de Richarenchis sicut nunquam prestitit, preter servitium prenominatum. Hec totalis terra habet hujusmodi consortes : ab oriente, confrontatur nemori Bertrandi Bellonis, quod nemus est juxta Richarenchas veteres; ab occidente, confrontatur a luco Olerie veteris; a circio, confrontatur alveo quod dicitur Rivus Siccus; a vento, confrontatur terris cultis de Richarenchis, sicut magnos lapides et crucesignatos quos prenominatus Hugo Florencius ad majorem memoriam et firmitatem, et certitudinem in predictis quator (3) partibus et competentibus locis fecit apponi, prout proinde fuerunt appositi et discrete innovamus. Acta sunt hec apud Aurasicam in domo episcopali, in crota inferiori. Testes interfuerunt : dominus A. Nemausensis episcopus, sacrista Sancti Saturnini; Raymundus de Grainiano, monachus; Pontius Pelliparius, preceptor de Roais; frater Rotbertus, preceptor domus militie Aurasice; Garnerius, monachus et prior de Rogerie; frater Wilelmus de Autichampo; Wilelmus Rocha; Franquetus; clerici. — Post hec, anno Domini millesimo ducentisimo tricesimo secundo, nonis decembris (4), nos, G. de Portu, prior Sancti Saturnini, successor venerabilis predecessoris nostri, Pontii Arimanni, bone memorie, quondam prioris ejusdem monasterii, innovationem compositionis supradicte olim inter priorem supradictum et domum milicie Templi per venerabilem priorem nostrum A., Aurasicensem, episcopum factam, scientes in rei veritate et cognoscentes et (5) utile dicto monasterio nostro, et dicte domui de Collunzellis, predictam compositionem et ejus innovationem, de consensu et voluntate fratrum nostrorum, monachorum infra scriptorum monasterii nostri de Sancto Saturnino, videlicet : Bertrandi de Boriano, camerarii; Fredolis, prioris claustralis; Donadei, decani; Bertrandi de Merviels; P. Bernardi; Dalmacii; Guidonis de Mota; monachorum, laudamus, approbamus, et confirmamus, et ratam et firmam esse volumus in perpetuum, promittentes bona fide quod contra predictam compositionem et ejus innovationem non veniamus ullo unquam tempore, per nos vel per alias interpositas personas, nec aliquem contravenire patiamur ex parte dicti monasterii nostri. Et hoc promittimus vobis, A., Aurasicensi episcopo, et fratri Rostagno, preceptori de Richarenchis, et per ipsum ipsi domui de Richarenchis, et omnibus fratribus in ea presentibus et futuris. Et nos omnes monachi supradicti eandem compositionem et ejus innovationem laudamus, approbamus, et confirmamus, et ratam, firmam tenere promittimus ex parte dicti monasterii sub eadem forma qua promisit dominus prior noster supradictus. Acta fuerunt hec apud Sanctum Saturninum, in chamera prioris, presente domino A., Aurasicensi episcopo ; R. de Vaqueria, canonico Aurasicenci. — His ita pactis, eodem anno et mense quo supra, sexto idus decembris (6), apud Richarenchas, nos, frater Rostagnus de Conis, preceptor domus militie Templi de Richarenchis, de consensu et voluntate fratrum nostrorum infrascriptorum dicte domus nostre de Richarenchis, innovationem compositionis supradicte, olim inter domum nostram de Richarenchis et priorem Sancti Saturnini nomine domus de Collunzellis, per venerabilem priorem nostrum dominum A., Aurasicensem episcopum, factam, scientes in rei veritate et cognoscentes esse (7) dicte domui nostre de Richarenchis, predictam compositionem et ejus innovationem, de consensu et voluntate fratrum nostrorum dicte domus de Richarenchis, videlicet Berengarii de Bordello; fratris Pontii Bellon; fratris Hugonis Sabaterii; fratris Wilelmi Oliverii (?)|| fratris Vinaris (?); fratris Borgonio; fratris P. Nigri; fratris Villelmi Dalmatii; fratris P. Rostagni; fratris Andree; fratris R. de Roca; fratris Wilelmi de Bobris (?); fratris P. Brun; fratris P., cappellani de Richarenchis; fratris Wilelmi Solunibris (?); fratris P. Bruni; fratris Wilelmi Chalveti; laudamus, approbamus et confirmamus, et ratam esse volumus in perpetuum, promittentes bona fide quod contra predictam compositionem et ejus innovationem non veniamus ullo unquam tempore, per nos vel per aliquas interpositas personas, nec aliquem contravenire patiamur ex parte domus nostre de Richarenchis ; et hoc promittimus tibi, Wilelmo Barbe, notario domini A., Aurasicensis episcopi, hoc recipienti et stipulanti nomine prioris et monasterii Sancti Saturnini et domus de Collomzellis, et specialiter ad hoc misso, et, per te, ipsi priori de monasterio supradicto, et domui de Colunzellis, et omnibus monachis in eis (8) domibus presentibus et futuris. Et nos, omnes fratres supradicti, eandem compositionem et ejus innovationem laudamus, approbamus et confirmamus, et ratam et firmam tenere promittimus ex parte dicte domus nostre de Richarenchis, sub eadem forma qua promisit dominus preceptor noster supradictus. — Et ad majorem firmitatem, nos, Amicus, episcopus Aurasicensis, de voluntate et rogatu utriusque partis, presentem paginam bulla nostra fecimus confirmare. Et nos, G. de Portu, prior supradictus, et nos, Rostagnus de Conis, preceptor supradictus, eandem paginam sigillis nostris volumus roborari. Et ego, Wilelmus Barba, notarius domini A., Aurasicensis episcopi, ad hec omnia interfui, et mandato utriusque partis hanc cartam scripsi, et bulla ipsius domini episcopi sigillavi, et hoc signum apposui (+). — Et nos, Ademarius de Grainiano, dictam compositionem et innovationem de verbo ad verbum transcribi fecimus, et eam confirmamus, et auctoritatem prestamus, et eam illibatam atque inviolatam in perpetuum, per nos et successores |¡ nostros, volumus observari. Actum fuit hoc apud Sanctum Paulum, in stari supradicti episcopi. Testes interfuerunt : Giraudus de Rupe ; Wilelmus de Sancto Restituto ; Wilelmus de Sancto Paulo ; Bertrandus de Carsano ; Po. de Abolena ; milites ; Po. Petiti, canonicus ; Bertrandus Audeberti, ebdomadarius Tricastinensis (?) ; Wilelmus Stephani, de Burgo Sancti Andeoli ; Iohannes Deuslogare, diaconus ; Wilelmus Restitutus, diaconus ; Wilelmus Stephani ; Pe. Iohannes, presbiter ; Guido de Mota, domicellus ; Pontius Ugolini, subdiaconus ; et ego, Poncius Anno, publicus predicti domini Laurentii episcopi notarius, qui utriusque partis mandato hanc cartam scripsi ; et ad majorem firmitatem et robur in perpetuum valiturum, presentem cartam sigillo predicti domini Ademarii Grainiani, et bulla supradicti domini episcopi, mandato ipsorum, munimine roboravi, et hoc signo meo signavi, et ecce signum meum (+).

---

(1) 15 août 1244.
(2) 24 décembre 1229.
(3) Quatuor.
(4) 5 décembre 1232.
(5) Lire « esse ».
(6) 8 décembre 1232.
(7) Suppléer « utilem ».
(8) Illis.

TABLE ANALYTIQUE
AVEC ESSAI DE CLASSEMENT CHRONOLOGIQUE
DES PIÈCES DU CARTULAIRE DE RICHERENCHES

Nos

1136, 19 mars. — Pons (de Grillon), évêque de Saint-Paul-Trois-Châteaux et les familles Viader, de Saint-Paul et de Donzère, ayant part à la coseigneurie de la ville, donnent au Temple l'église de Saint-Jean, le palais du même nom qui y est attenant, et le quartier de la ville qui entoure ces édifices, avec l'assentiment du chapitre.
Anne (de Saint-Paul) confirme cette donation et fonde un obit sur les redevances des fours, moulins et censes qu'elle abandonne pour l'entretien de l'église... **128**

1136, 19 mars. — Les familles de Pierrelatte, de Saint-Pasteur, Veteris et Carbonel, donnent au Temple diverses pièces de terre, en présence et avec l'assentiment de l'évêque Pons et du chapitre de Saint-Paul. **27**

1136, entre mars et novembre. — Donation à l'ordre du Temple par les familles de Bourbouton, Folras, et dix autres, d'une contenance située au nord de la rivière d'Elson (la Coronne), et à l'est de l'étang de Granouillet, sur lequel a été construit le monastère de Richerenches. La donation est reçue par les frères Arnaud de Bedoz, Hugues de Panaz et Guiscard, en présence de Pons de Grillon, évêque de Saint-Paul-Trois-Châteaux.. **1**

1136, 7 novembre. — Tiburge, dame d'Orange, donne à l'ordre du Temple divers revenus et possessions dans la ville d'Orange, un serf nommé Tibaut de Toulouse, avec toute sa famille et ses tènements, et promet, après sa mort, un legs de mille sous melgoriens............. **10**

1136, 10 novembre. — Gontard Lautier, et son frère Pierre, donnent au Temple le tiers de leurs possessions et s'engagent à lui remettre leur droit de rière-dîme, déclarant, en outre, laisser tous leurs biens aux chevaliers s'ils meurent sans héritiers............................ **38**

1136 ou 1137. — Guillaume Malamanus, et sa mère Orfrise donnent au Temple diverses prairies sur l'Elson, avec l'assentiment des seigneurs de Bourbouton, et en présence de l'évêque Pons................... **14**

1138, mars. — Guillaume, prévôt de Valence, se désiste en faveur du Temple de tout ce qu'il prétendait sur Ripert de Charols, sa famille et les terres qu'il tenait, du consentement de son frère le comte Eustache de Valence **23**

1138, mars. — Hugues d'Allan, sa femme et ses fils Pierre Ripert, Guillaume et Raimond, donnent au Temple leur serf, ce même Ripert de Charols, sa femme, ses enfants, ses biens et tènements, sans aucune réserve **24**

Vers 1138. — Ripert de Charols et sa femme Lucie consacrent au Temple leurs fils Eustache et Ripert, et lui donnent une vigne qu'ils tenaient à Châteauneuf et la dîme de leurs agneaux **25**

1138, 15 juin. — Hugues de Bourbouton, sa femme Marchise, son neveu Bertrand et un grand nombre d'autres coseigneurs ou propriétaires à Bourbouton, donnent au Temple un tènement considérable au nord de l'Elson **2**

1138, 16 juin. — Hugues de Bourbouton, Bertrand, son neveu, et Ripert Folraz, donnent à l'ordre ce qu'ils possèdent à Bourbouton, sous certaines restrictions, notamment du premier en faveur de sa femme et de ses enfants. Hugues se fait chevalier du Temple **3**

1138, 16 juin. — Ensuite de sa donation et de sa profession de chevalier du Temple, Hugues de Bourbouton décrit la seigneurie de Bourbouton, en spécifiant les droits du Temple et ceux des autres coseigneurs ou ayant-droit... **89**

1138, peu après le 16 juin. — Bertrand des Baumes entre dans la milice du Temple et lui donne deux serfs, à Baumes (de Transit), et à Venterol, et divers autres biens. L'acte est reçu par Robert, maître de la milice du Temple (Robert de Craon, 2ᵉ grand-maître.) **33**

1138, peu après le 16 juin. — Hugues de Montségur et divers autres donnent au Temple ce qu'ils possèdent auprès de l'écoulement de l'étang de Granouillet... **47**

1138, 26 septembre. — Guillaume Richavi et les autres seigneurs de « l'antique édifice » dit « les Arènes », à Orange, en font donation à l'ordre du Temple... **41**

1138, 12 octobre. — Divers seigneurs de la Garde (Paréol) donnent au Temple le territoire d'Arcison (Alcion) sur les bords de l'Eygues. **34**

1138, 13 octobre. — Hugues de Bourbouton, Nicolas, son fils, et Bertrand, son neveu, donnent au Temple les territoires qu'ils possé-

DES PIÈCES DU CARTULAIRE

Nos

daient au nord de Richerenches et qui entouraient les possessions précédemment acquises au Temple.................................. **4**

1138, 13 octobre. — Les mêmes, et plusieurs autres bienfaiteurs de l'ordre, complètent la donation précédente par l'abandon de divers droits et l'adjonction d'un bois dans la direction de Valréas......... **5**

1138. Adalaïs, veuve de Guillaume de Sabran, et ses fils, donnent au Temple une condamine importante dans le territoire de Brente..... **28**

1138. Don d'un serf au Temple par Arnaud de Crest, et de cens par la famille Renco et par Geoffroi de Barry........................... **45**

Après 1138. — Pierre du Bois ayant attaqué devant la cour épiscopale de Saint-Paul-Trois-Châteaux la donation n° 47, et refusé d'admettre les témoins de l'acte, ceux-ci et plusieurs autres notables s'engagent envers l'évêque Géraud et les juges à témoigner de la vérité toutes les fois où le Temple serait mis en cause sur ce point.. **48**

1138 ou 1139. — Géraud de Montségur et sa femme donnent au Temple tout ce qu'ils possèdent à Bourbouton........................... **55**

1140, 19 juin. — Peregrina et ses fils, Pierre et Raoul Ripert, donnent au Temple leur serf Pontius Novelli, au village de Saint-Martin, avec ses quatre fils et tout ce qu'il possède, en alleu-franc............ **39**

1141, 17 mars. — Les frères Guitbert, avec l'assentiment de leur seigneur Géraud de Montségur, donnent au Temple la rière-dîme de leur labour, et une petite terre à l'issue de l'étang de Granouillet.. **13**

1141, 18 mai. — Gautier, du lieu de Montségur, sa femme et ses fils, donnent au Temple la rière-dîme de leur blé et de leur vin....... **37**

1141, 15 octobre. — Silvion de Glérieu, Mateline, sa femme, et Silvion, leur fils, donnent au Temple une portion des terres qu'ils possèdent dans le territoire de Brente.. **30**

1142, 26 novembre. — Gaucelme Pigmaus, du lieu de Valréas, donne au Temple sa portion des tasque et dîme de Brente **29**

1142, 26 novembre. — Giraud Pigmaus, et sa femme Marchesa, donnent également au Temple leur portion des tasque et dîme de Brente...**185**

1142? 13 septembre. — Guillaume Malamanus, Orfrise, sa mère, et Galiana, sa femme, abandonnent au Temple les parts de dîmes qu'ils ont sur les possessions données à l'ordre, ou sur celles qu'il pourra acquérir à l'avenir.. **15**

1142?	Guillaume d'Allan, sa femme, et leurs fils, Pierre et Guillaume Artaud, donnent au Temple leur serf Gautier, du lieu de Montségur, avec ses possessions et ses tènements..................................	44
1143, 15 mars.	— Hugues de Bérenger, et ses frères Guillaume et Pons, donnent au Temple leurs terres de la blache Bodic et des Prés Nouveaux, attenantes à Brente...	18
1143, 15 mars.	— Les mêmes donnent pour la continuation des travaux d'érection du monastère de Richerenches, une part de leurs possessions de la Male-Garrigue, et ce qu'ils avaient dans le territoire de Brente, contigu à la donation d'Adalaïs de Sabran..................	19
1143, novembre.	— Guillaume Malamanus, sa mère Orfrise, et Galiana sa femme, donnent à l'ordre la dîme qu'ils ont sur un territoire contigu à l'Olière, et une contenance de pré au nord des Prés Nouveaux.....	8
1143 (au plus tard).	— Géraud Bertrand, et sa femme (Burgundia), confirment la donation que leur vassal, Pierre Alacri, avait fait de sa personne et de ses terres au Temple..	21
1143 ou 1144.	— Nouvelle rédaction de la charte n° 8, de novembre 1143, avec quelques modifications...	16
1143 ou 1144.	— Guillaume Eldebert, et son frère Laugier, donnent au Temple leur serf Pons Cavaller, aux Baumes, avec son tènement; ce qu'ils possèdent dans le territoire de Martinas; et leur part du château et territoire de Bourbouton.....................................	40
1144, 18 janvier.	— Pierre de Saint-Michel, fils de Ripert de Caderousse, et Burgundia, sa femme, se désistent en faveur du Temple du procès qu'ils soutenaient contre lui au sujet des legs de Géraud Bertrand, 1ᵉʳ époux de Burgundia..	22
1144, 7 février.	— Pierre Hugues de Visan, sa femme Brunissende, et leur fils, donnent au Temple les terres limitées par la blache Bodic, Saint-Auban et le territoire de Colonzelle, comprenant, entre autres, une moitié de l'étang de Granouillet; plus une « fasce » de terre riveraine de l'Elson; la dîme qu'ils ont sur le territoire de Bourbouton; enfin le haut domaine sur les terres leur appartenant que le Temple aurait fait défricher...	9
1144, 7 février.	— Géraud de Tournefort, Agnès, sa femme, et Bérenger, leur fils, donnent au Temple la moitié de la condamine de Saint-Auban, au territoire de Bourbouton; une « fasce » de terre située entre celles que l'ordre possède déjà et celles de Pierre Hugues (de Visan); enfin le haut domaine et la directe qu'ils ont sur les	

DES PIÈCES DU CARTULAIRE

N°⁸

terres de Calcameroz et sur celles de leurs terres que l'ordre
défrichera ou acquerra à l'avenir.................................... **12**

1144. — Bertrand de Bourbouton donne au Temple la dîme et tout ce qu'il
possède ou peut prétendre dans le territoire compris entre l'« Urtidez »,
l'Elson, l'Olière et le Rieussec, excepté, sa vie durant, le mas Lautier ;
plus deux pièces de terre dans le territoire de Bourbouton.......... **11**

1145, 6 juin. — Les coseigneurs de la dernière partie de la seigneurie de
Bourbouton vendent leur part au Temple avec la confirmation et
sous la garantie de Tiburge d'Orange............................. **58**

1145, 12 juin. — Bertrand de Solérieux, Lucie, sa femme, et leurs fils,
cèdent au Temple leur part (1/4) de la seigneurie de Bourbouton,
et toutes leurs autres terres et possessions. Le Temple leur remet en
fief ces dernières terres, deux autres propriétés, et leur donne 40 sous,
un cheval et une balle de laine.................................... **56**

1145, 3 décembre. — Nicolas de Bourbouton, fils d'Hugues, obéissant
au vœu de ses parents et à sa vocation, donne au Temple la totalité
de ses biens paternels et maternels, et entre dans l'ordre........... **7**

Après 1145. — Bertrand Ermembert, du lieu des Baumes, donne au
Temple la terre qu'il possède au plan de Bourbouton.............. **157**

Après 1145. — Jeanne Barnoin, sa fille Jourdaine, et son gendre
Raimond de Roussas, donnent au Temple le droit de pacage sur
leurs territoires de « Cauzonaz »................................. **176**

Entre 1145 et 1149. — Odon de Grignan donne au Temple son serf
Pierre Bonet, avec ses fils, et tout son tènement................... **181**

1146, 10 septembre. — Pierre d'Aubagnan, sa femme Géraude, et leurs
fils, donnent au Temple tout ce qu'ils possèdent au territoire de
Lazignan, et tout le bois de Rouergue, tel qu'il est circonscrit par
les routes qui l'entourent.. **36**

1146, 11 septembre. — Bertrand de Bourbouton s'affilie à l'ordre du
Temple, s'engageant, s'il meurt sans héritiers légaux, à lui laisser
tous ses biens. Il lui désampare immédiatement ce qui avait appartenu
à son cousin Nicolas, ou au père de celui-ci, Hugues, lorsqu'ils étaient
dans le siècle, et lui donne, à titre d'investiture, une moitié de l'étang
de Bourbouton, et deux terres contigües, l'une à la condamine dudit
Nicolas de Bourbouton, et l'autre à la condamine de Saint-Auban... **59**

1146, 19 novembre. — Isarn et son frère Guillaume Isarni, cèdent au
Temple leur part de la coseigneurie de Bourbouton et reçoivent un
don de 70 sous.. **53**

Nos

1147, mai. — Raimond de Gigondas et son fils, à l'exemple des précédents, cèdent au Temple leur part de la coseigneurie de Bourbouton. **54**

1147, 11 septembre. — Pagan, fils de Raimond de Bellon, et ses deux sœurs, cèdent au Temple leur part de la coseigneurie de Bourbouton, et se portent garants pour leur frère que l'on suppose être outremer. Ils reçoivent de l'ordre trois cents sous valentinois, remis à une commission de liquidateurs composée de Hugues de Bourbouton et des deux beaux-frères de Pagan, Bertrand de Falcon et Guillaume de Roussas, laquelle les emploie à dégager l'héritage de Raimond de Bellon, et donne le détail de ses opérations. L'exécution de cette convention est garantie par un grand nombre de fidéjusseurs appartenant à la plus haute qualité.. **60**

1147, 17 septembre. — Wilelma, veuve de Bertrand de Taulignan, et ses fils, Pons Gontard et Pelestort, donnent au Temple le quart de la dîme de la condamine donnée par Adalaïs de Sabran et ses fils, qu'ils possédaient partie en propriété et partie en gage............. **31**

1147, 26 septembre. — Pierre Lautier, du lieu de Colonzelle, remet au Temple les terres qu'il possédait près de l'étang de Granouillet, pour une période de quinze ans, avec faculté pour lui ou son fils de les reprendre après ce terme ; et dans le cas où tous deux seraient alors décédés, elles resteraient la propriété de l'ordre.................... **17**

Vers 1147. — Géraud et Guillaume de Montfort, et Pierre Loup, donnent au Temple, pour l'âme de Pons de Montfort, leur serf Aicard et ses fils, et lui constituent un cens de deux sous sur leurs maisons ; avec la ratification de Dieudonné de Chamaret, de qui ils les tenaient en fief.. **46**

1148, 2 janvier. — Mémoire des dons de Pons Giraud dans le château de Barry et à Visan.. **42**

1148, 19 avril. — Confirmation par Bertrand de Solérieux, sa femme et ses fils, de la convention du 12 juin 1145 (n° 56), sur laquelle ils avaient tenté de revenir.. **57**

1148, août. — Armand de Bourdeaux, et son frère Gérard de Viviers, donnent au Temple de considérables prairies au territoire de Brente, avec l'assentiment de Willelma de Taulignan, leur tante, et de ses fils... **32**

1148, septembre. — Gérard des Baumes et ses frères Raimond et Guillaume, à l'occasion du départ de ces deux derniers pour le pèlerinage de Jérusalem, se désistent du procès qu'ils faisaient à Hugues de Bourbouton et au Temple au sujet d'un mas et de diverses maisons qu'ils tenaient d'eux....................................... **43**

Avant 1149. — Note brève des dons suivants : Ratborcs, avec Barastz et Dodo (Deodat), ses fils, donne pour le repos de l'âme de son père qui était chevalier du Temple, divers cens, le bois de Champlas, et ce qu'ils ont en dîme, tasque et cens entre les termes indiqués, auprès du Lez. Ses fils donnent aussi divers cens et promettent, après leur mort, leurs chevaux et leurs armes ; à défaut desquels, cent sous à prendre sur la condamine de la Fontaine.
Raimond Arnaud et Jean Gastaud donnent chacun un cens, et après leur mort, leurs chevaux s'ils en ont un, et leurs arcs......... **20**

Avant 1149. — Ripert de Charols, sa femme, et leurs fils, donnent au Temple la dîme du bois du Moulin et celle de leurs paroirs........ **26**

Avant 1149. — Guillaume de Grillon remet en gage à la maison du Temple ses biens meubles et immeubles, ceux-ci jusqu'à ce que l'ordre soit remboursé. Il promet sa vie durant la dîme de certains revenus, la moitié de certains autres, et s'en remet au commandeur pour lui abandonner l'administration du tout ou la conserver.... **35**

1149, 21 janvier. — Guillaume Balast donne au Temple son serf Guillaume Berger, avec ses enfants et leur tènement............... **62**

1149, 19 mai. — Guillaume Arnoux de Mirabel, sa femme Aibellina, leur fils Pierre de la Palud, et leurs autres fils, donnent au Temple ce qu'ils ont ou peuvent prétendre à Bourbouton................... **49**

1149, 10 novembre. — Nicolas de Visan, neveu de Hugues de Bourbouton, cède au Temple les terres qu'il avait à Bourbouton du chef de sa mère, et que celles du Temple entouraient de tous côtés........... **50**

Avant le 4 juin 1150. — Pierre Hugues de Visan se désiste, moyennant une indemnité, des difficultés qu'il opposait à l'exécution de sa donation du 7 février 1144... **83**

1150, 4 juin. — Brunissende, veuve de Pierre Hugues (de Visan), ses fils Hugues, Pierre Hugues, Bertrand, Guillaume Giraud, Raimond et Giraud, et ses gendres Hugues Dalmaz et Hugues Adémar, cèdent définitivement au Temple les terres qu'ils avaient dans le territoire de Bourbouton, le long de la rivière du Lez, jusqu'à la limite de celui de Visan ; et celles qu'ils avaient dans le territoire de Richerenches, le long de l'Olière, jusqu'à la limite de celui de Colonzelle ; enfin ils renoncent à toute demande intentée aux frères (cf. 9 et 83), moyennant une assez forte indemnité................. **61**

1150, 23 octobre. — Rainaud Francesc, sa femme Guigona, et Francesc leur fils, se désistent de toutes leurs prétentions sur la seigneurie de Bourbouton.. **51**

1150, 5 novembre. — Géraud de Montségur, et sa femme Galiana, donnent au Temple tout ce qu'ils possèdent au territoire de Bourbouton, y compris la part qu'avait de son vivant Pierre de Mirabel, frère de Géraud. Guillaume Cornabroc, qui tenait d'eux un fief dans ces possessions, reconnaît ce fief aux Templiers..................	66
Entre 1150 et 1155. — Laugier de Suze est condamné par l'évêque de Saint-Paul-Trois-Châteaux, Guillaume Hugues, à respecter la donation faite au Temple par son frère (cf. n° 40)............	156
1151, 2 janvier. — Guillaume d'Allan s'affilie à l'ordre du Temple. Il lui donne son héritage maternel, s'il meurt sans héritiers légaux ; dans le cas contraire, il promet ce qu'il possède entre l'Elson et le Lez ; et dès maintenant lui désempare, à titre d'investiture, ce qu'il possède entre le béal du Moulin-Vieux de Bourbouton et l'Elson......	67
1151, 9 janvier. — Pierre Enguerrand s'affilie à l'ordre du Temple, et lui donne la part d'héritage qu'il a eue dans le territoire de Granouillet.	69
1151, 18 janvier. — Guigues Granet de Grignan donne au Temple ses deux serfs Pierre et Pons Vital, servant 18 deniers à Noël. S'il meurt auprès de Richerenches, il y élit sa sépulture, en promettant ses armes et son cheval ; et à défaut de cheval, cent sous à prendre sur Champrond de Berre..................	195
1151, entre le 18 janvier et le 18 juin. — Avant de mourir, Hugues de Bourbouton donne une nouvelle description de la seigneurie de Bourbouton, en relatant les diverses acquisitions de l'ordre, et les droits qui en résultent..................	187
1151, 18 juin. — Dalmas des Baumes, clerc, s'affilie à l'ordre du Temple, et à cette occasion, lui, son frère Guillaume Cornabroc, et les fils de celui-ci, donnent à l'ordre ce qu'ils ont à Bourbouton, un cens de quatre sous sur leurs paroirs, et le droit d'y faire tisser deux pièces gratuitement chaque année ; enfin quelques parcelles de terre aux Baumes..................	64
1151, 19 juin. — Les frères Marin et Rostang Malcanetz vendent au Temple, au prix de 14 sous, la terre qu'ils avaient reçue de Bérenger Boïc et de ses fils, en présence d'Hugues Adémar et de sa mère Aibeline, leurs seigneurs, et autres..................	63
1151, 19 juin. — Transaction entre le Temple, d'une part, et Pierre Chais et Guigues Mauroux, sur le procès que ces derniers soutenaient à l'occasion du moulin situé contre Bourbouton. Ils s'engagent à moudre cinquante salmées, à tisser deux pièces dans les paroirs, et payer un cens de douze deniers chaque année..................	65

		Nos
1151, 19 juin. — Pons Guichard vend au Temple, au prix de cinq sous, une terre qu'il avait dans le territoire de Granouillet..............		**70**
1151, 28 octobre. — Bermond de Brunenc, et sa fille Herminie, donnent au Temple ce qu'ils ont dans le territoire de Bourbouton..........		**71**
Entre 1151 et 1164. — Grégoire et sa femme donnent au Temple une terre située au Plan de Bourbouton, qu'ils tenaient en partie de l'ordre et en partie de Bertrand de Bourbouton...................		**140**
1152, 18 août. — Bertrand de Bourbouton s'affilie à l'ordre du Temple, lui donnant tous ses biens, mais s'en réservant toutefois les revenus aussi longtemps qu'il vivra dans le siècle, sous condition de verser le superflu à la maison de Richerenches et de garder le célibat.....		**72**
1152, ou 1153. — Guillaume de Châteauneuf, ses frères Saramand et Pierre Trabuc, et leur mère, donnent au Temple ce qu'ils possèdent dans la forêt et auprès de la forêt de Bourbouton................		**73**
1155, 25 mai. — Géraud de Tournefort, sa femme, Bérenger et Raimond, leurs fils, et Guillaume de Tournefort, neveu de Géraud, donnent au Temple tout ce qu'ils ont au territoire ou mandement de Bourbouton, sous réserve du champ du Périer, et de la tasque du champ de Paul de Montségur...		**74**
1155, 28 mai. — Ratification de la donation précédente par Bérenger de Tournefort...		**75**
1156, juin. — Aldebert, Bermond et Saramand (de Vallaurie), et leur famille, donnent au Temple ce qu'ils possèdent à l'étang de Granouillet, excepté les terres cultivées par les Engelrand.........		**76**
1156, juin. — Aldebert de Vallaurie s'affilie à l'ordre du Temple, et s'il meurt sans héritiers légaux, lui donne après lui tout ce qu'il possède à l'étang de Granouillet et à Champrond.........................		**77**
1156, 24 août. — Guillaume Hugues de Monteil Adhémar confirme au Temple toutes les possessions que l'ordre tient de lui ou de tout autre, qui soient de son domaine ; il lui donne diverses terres et vignes à la Garde (Adhémar), à Saint-Paul, la condamine de Sardaz, la moitié du Pré des Fontaines, et son serf Guillaume Chatfre, avec le tènement qu'il tient de lui ; enfin il s'affilie à l'ordre du Temple, auquel il promet après lui son cheval et ses armes, et dans le cas où il n'aurait pas alors de cheval, cinq cents sous à prendre sur celle des portes de Montélimar que les chevaliers désigneront.........		**129**
1156, 1er novembre. — Aimeline, ses fils, et la famille Richers, donnent au Temple leur terre de la Salette, au territoire de Bourbouton....		**151**

Nos

1156. — Guillaume Guintran, avec l'assentiment de ses filles, Agnès et Ursa, donne au Temple un pré à l'orient de l'Elson **136**

1156. — Pierre du Bois, Adalaïs, sa femme, et Rosellon, son beau-frère, donnent au Temple leur part d'une terre contiguë à l'étang de Granouillet **158**

1156. — Rosellon, avec l'assentiment de Pierre du Bois, donne au Temple ce qu'il possédait dans le territoire de Richerenches, et confirme la donation de ses cohéritiers (probablement la précédente).......... **154**

Vers 1156. — Pierre Oalric donne au Temple sa part d'une terre contiguë à l'étang de Granouillet... **152**

Vers 1156. — Giraud Richer donne au Temple la terre qu'il avait à Saint-Auban sur le bord de l'Elson................................. **159**

Vers 1156 (?). — Benaias et Salva, sœurs, et leurs maris Arlabaud et Pierre d'Estienne, donnent au Temple une terre sur la rive de l'Elson. **153**

Entre 1156 et 1158. — Anne, mère de feu Guillaume Barast, donne au Temple, pour le repos de l'âme de celui-ci, ses serfs, les Alfarati, avec leurs tènements et possessions ; la donation est autorisée par Géraud Adhémar et sa mère Lecerina, seigneurs de cette famille.. **131**

Entre 1156 et 1158. — Guillaume Richer se désiste de la plainte qu'il avait portée contre les dons faits au Temple par son frère et ses sœurs (cf. nos 151, 159, etc.)................................... **150**

1157, mai. — Acte de dernière volonté de Guillaume Cornabroc, confirmant au Temple la donation qu'il lui avait faite précédemment avec son frère Dalmas des Baumes (n° 64), et y ajoutant de nouvelles libéralités **78**

1157, 19 juillet. — Guillaume Hugues de Visan donne au Temple ce qu'il possédait au territoire de Bourbouton et à la blache Audenca ; il confirme les donations de ses cohéritiers, et concède aux frères le pacage dans ses terres.. **80**

1157, 8 août. — Nicolas de Visan exécute la donation au Temple antérieurement promise à son oncle le commandeur Hugues de Bourbouton, de tout ce qu'il possédait au territoire de Bourbouton, et ratifie les donations faites par ses cohéritiers à l'ordre............. **79**

1157, 28 août. — Ursa et Agnès, filles de Guillaume Guintran, donnent au Temple ce qu'elles possédaient au territoire de Bourbouton. A la suite a été ajouté leur désistement de la réclamation qu'elles avaient portée devant la cour épiscopale contre la donation de leur père (n° 136.)... **145**

DES PIÈCES DU CARTULAIRE 253

Nos

1157, 5 septembre. — Géraud Adhémar (de Monteil) affranchit le Temple de la leyde et du péage dans ses domaines. Il confirme, en outre, à l'ordre, les donations que son frère Guillaume Hugues lui avait faites antérieurement, et le don d'un fief relevant de lui par Raoul de Falcon.. **130**

1157, 15 septembre. — Armand de Bourdeaux se rendant à Saint-Jacques (de Compostelle), donne au Temple le droit de pacage dans ses terres... **92**

1157. — Guillaume Gaucelme s'affilie à l'ordre du Temple en lui donnant une grande partie de ses biens.. **146**

1158, 4 mars. — Pierre Oalric donne au Temple ce qu'il possédait au territoire de Richerenches... **155**

1158, avril. — Pierre Guillaume des Baumes ayant contesté au Temple les limites de la donation d'Hugues (de Bourbouton), Guillaume Hugues, évêque de Saint-Paul-Trois-Châteaux, et le chapitre prescrivent une enquête sur les limites des territoires de Bourbouton et des Baumes, à la suite de laquelle le demandeur se désiste...... **188**

1158, 13 novembre. — Pièce mutilée par laquelle des personnages dont les noms ont disparu, donnent au Temple ce qu'ils possédaient dans les territoires de Bourbouton, Richerenches et Granouillet... **132**

1158, 29 décembre. — Bertrand de Bourbouton donne au Temple la moitié de l'étang qu'il possède au territoire de Bourbouton, et qu'il avait engagée à Odilon des Baumes, engagement sur lequel le commandeur transige avec la femme et le fils de ce dernier.......... **134**

1158. — Rainaud de Cercois, et sa femme Eudia, donnent au Temple une terre qu'ils possèdent près de l'étang de Granouillet............. **139**

1158. — Pierre Goirand donne au Temple ce qu'il possède sur le bord de l'étang de Granouillet.. **141**

1158. — Martin Malaura donne au Temple ce qu'il possède sur l'étang de Granouillet... **142**

1158. — Michel et Pierre Segelos donnent au Temple ce qu'ils possèdent sur l'étang de Granouillet.. **143**

1158. — Pierre et Raoul Treguinas donnent au Temple une terre contiguë à l'étang de Granouillet et au chemin de Valréas à Saint-Paul..... **144**

1158. — Giraud Barnoyn, du lieu de Visan, donne au Temple le droit de pacage sur sa terre... **149**

1159, 20 avril. — Marie, épouse de Raimond Léotard, du lieu de Solérieux, et ses filles, Suriane et Alaïs, donnent au Temple ce qu'elles possèdent au territoire de Bourbouton........................... 160

1159, 21 août. — Guillaume de Sabran confesse avoir retenu les dons que sa mère Adalaïs, ses frères et lui avaient autrefois faits au Temple (n° 28). Se repentant de sa faute, il les restitue et s'affilie à l'ordre, promettant après sa mort son cheval et toutes ses armes. Et dans le cas où il n'aurait alors point de cheval, il assigne au Temple deux cents sous à prendre sur sa condamine auprès de Visan........... 133

1159, 15 octobre. — Rostaing de Solérieux et Pierre Raimond, son frère, donnent au Temple ce qu'ils possèdent dans le territoire de Bourbouton.. 137

1159. — Guillaume Giraud (de Visan, fils de Pierre-Hugues de Visan et de Brunissende) partant pour la Terre sainte, réunit à Richerenches sa mère, ses frères et quelques amis. Et pour assurer la paix pendant son absence, leur fait confirmer les donations que son père et eux ont faites au Temple dès le principe, dans les territoires de Bourbouton, Richerenches et Granouillet............................... 84

1159. — Roger de Clérieu et Raimonde sa femme, concèdent au Temple le droit de pacage dans tous leurs territoires de Visan............ 95

1160, 10 mai. — Bertrand de Visan et ses frères, avec l'assentiment de leur mère et de leurs beaux-frères, confirment les donations de leurs père et mère, et les leurs propres, antérieurement faites au Temple dans les territoires de Bourbouton, Richerenches et Granouillet.... 85

1160, 10 mai. — Le même confirme au Temple les donations antérieurement faites par son père, Pierre Hugues de Visan, sa mère Brunissende, et ses frères, à Bourbouton et Richerenches. Il s'engage à être fidèle ami et défenseur en paroles et en actes, de la maison de Richerenches et des frères. Le même jour, sa mère, ses frères et ses beaux-frères, ceux-mêmes ayant figuré dans la pièce précédente, confirment le contenu de l'acte 161

1160, 20 mai. — La famille Richau donne au Temple tout ce qu'elle possédait dans le village et le territoire de Bourbouton.............. 162

1160, juin. — Pons Lautier, du lieu de Colonzelle, partant pour la Terre Sainte avec l'aide de l'ordre du Temple, lui remet ses terres en gage pour une période de quinze ans ; après laquelle, s'il est mort ou ne revient pas de Jérusalem, l'ordre en acquerra de droit la propriété.. 163

1160, 24 novembre. — Guillaume d'Allan confirme sa donation précédente au Temple (n° 67), et y ajoute ce qu'il possède au territoire de Chausans, pour le cas où il viendrait à mourir sans héritiers légaux.... 68

DES PIÈCES DU CARTULAIRE

Nos

Vers 1160. — Jean Bernard, et Bernard son fils, donnent au Temple ce qu'ils avaient dans les limites du territoire donné au Temple par Armand de Bourdeaux **172**

1160 ou 1161. — Pétronille de Grignan restitue au Temple le serf que lui avait donné Odon de Grignan (n° 181), et qu'elle avait retenu en son pouvoir par la force **174**

1161, 10 janvier. — Pierre André, et sa femme Pétronille, donnent au Temple ce qu'ils possèdent au Champ-Lautier (contigu à l'étang de Granouillet) **177**

1161, 14 avril. — Rostaing et Bertrand de Visan concèdent au Temple le droit de pacage dans leurs domaines, s'affilient à l'ordre et lui promettent après eux leurs chevaux, leurs armes, et leurs corps en sépulture. (Ce titre a été annulé et ne doit pas être pris en considération dans les annales de la Commanderie.) **175**

1161, 14 avril. — Rostaing et Bertrand Carrella concèdent au Temple le droit de pacage dans leurs domaines, s'affilient à l'ordre, et lui promettent après eux leurs armes et leurs chevaux **209**

1161, avril. — Transaction entre Guillaume de Bérenger et le commandeur de Richerenches, en présence et par l'entremise de Bérenger, évêque de Vaison, et de ses chanoines, sur les terroirs de la blache Bozic et des Prés Nouveaux, mettant fin à la contestation qui divisait Guillaume de Bérenger d'une part, et de l'autre Hugues et Bertrand de Bourbouton et le Temple ensuite à titre de donataire des droits de ces derniers **190**

1162, avril ou septembre. — Hugues de Montségur, sa femme et ses fils, donnent au Temple ce qu'ils possèdent dans le territoire de Richerenches **168**

1162, 30 novembre. — Hugues de Vallaurie et les siens donnent au Temple tout ce qui leur revient dans le territoire de Bourbouton d'un des fils dudit Hugues (sans doute récemment décédé) **171**

1162. — Guillaume Rolland, sa sœur et son beau-frère, Guillaume Fournier, donnent au Temple leurs droits sur une terre contiguë à l'étang de Granouillet **166**

1162 ou 1163. — Pétronille, et son mari Pons Roi, donnent au Temple ce qu'ils possèdent au Champ-Lautier (près l'étang de Granouillet)... **164**

1162 ou 1163. — Pierre Raimond et sa femme donnent au Temple ce qu'ils ont auprès de l'étang de Granouillet **165**

	Nos

1163, 7 avril. — Pierre Segel, et sa femme Nazarie, vendent au Temple la terre qu'ils ont au Puy-Garingaut.................................. **179**

1163, 8 avril. — Les frères Barthélemy vendent au Temple la terre qu'ils tiennent de lui au territoire de Granouillet....................... **182**

1163, 10 avril. — Les frères Giroard vendent au Temple la terre qu'ils tiennent de lui au territoire de Granouillet.......................... **184**

1163, 1er et 4 août. — Ripert et Giraud Folras, et leur sœur Blanche, donnent au Temple tout ce qu'ils possèdent au territoire de Bourbouton, sauf certaines réserves leur vie durant ; à Visan. Le dimanche suivant, ils confirment cette donation avec l'assentiment de Lucie, leur mère ; à Richerenches... **189**

1163, 28 septembre. — Guillaume Malamanus et ses fils donnent au Temple ce qu'ils possèdent sur le terroir riverain de l'Elson, entre la blache Bodic et le mas de Calcamairoz, sauf la tasque d'un pré antérieurement acquis par l'ordre................................... **170**

1163. — Nicolas Pilaloba donne au Temple une vigne qu'il tenait de Pierre de Rac ; avec la ratification de celui-ci et de son fils........ **180**

1163 ou 1164. — Hugues de Visan, et sa femme Suriane, donnent au Temple le droit de pacage sur leur territoire de « Chauconaz », aussi bien que sur leurs autres terres.. **167**

1163 ou 1164. — Raimond Géraud, et Lucie sa femme, donnent au Temple ce qu'ils possèdent aux Prés Nouveaux, et celui-ci leur rend la terre de la Font-Penchinat qu'il avait reçue de Pierre Géraud, frère de Raimond.. **173**

1164 (1er août?) — Bertrand de Montclar, et sa femme Peregrine, donnent au Temple ce qu'ils possèdent au territoire de Richerenches....... **183**

1164, 5 et 8 septembre. — Iseniarde de Montségur donne au Temple ce que son père Barthélemy avait à Bourbouton, et promet après sa mort ce qu'elle a à Champlas..................................... **191**

1164, 26 novembre. — Giraud des Baumes et les siens se désistent d'une plainte portée contre deux serfs du Temple aux Baumes.......... **178**

1164. — Bérenger et Raimond de Tournefort confirment les dons faits au Temple par leur père et eux-mêmes, dans tout le territoire de Bourbouton, sauf le champ du Périer (cf. nos 74 et 75)................. **100**

1164. — Pons de Rosans donne au Temple la part de la tasque et de la dîme qu'il a au territoire de Brente................................. **186**

DES PIÈCES DU CARTULAIRE

1164. — Rosillos, sa sœur et ses nièces, donnent au Temple ce qu'ils possèdent dans le territoire de Richerenches **193**

1164 ou 1165. — Rainoard Segoin donne au Temple une terre bornée par celle des Papardi et des Valaurie **194**

1164 ou 1165. — Marthe, et sa sœur Bélissende, donnent au Temple une terre auprès du château de Bourbouton, avec la ratification de Pons Gros, mari de Marthe, et de leurs fils **192**

1166, 17 juillet. — Pierre et Raoul Treguinas donnent au Temple ce qu'ils possèdent au territoire de Bourbouton **197**

1166. — Bermond de Rodulf donne au Temple une terre qu'il tenait de lui au terroir de la Maurelle **112**

1166. — Grégoire des Baumes donne au Temple une terre contiguë à l'étang de Bourbouton **196**

1167, 7 février. — Rostaing de Grignan donne au Temple la terre qu'il possède au terroir de Champlas, engagée à la famille Gautier pour quarante sous, que le commandeur se charge de dégager. Il ratifie (comme seigneur supérieur) le don au Temple du bois de Champlas et de diverses redevances que Ratborcs et ses fils, Barasts et Dodo, avaient antérieurement donnés dans ce quartier (n° 20) **111**

1167, 24 septembre. — Roger de Clérieu augmente (i. e. confirme) la donation faite au Temple par Silvion, son père, Mateline, sa mère, et Silvion, son frère (n° 30) **88**

1167, 15 octobre. — Douce, fille de Tiburge, et veuve de R. de Gironde, et son fils Pons de Bérenger, confirment au Temple des vignes que l'ordre tenait d'eux **86**

1167. — Pierre et Raoul Treguinas, frères, donnent au Temple une terre sur la rive droite de l'Ollière, contiguë au Pré Maurelle **198**

1168, 17 et 20 octobre. — Armand (de Bourdeaux, v. note à cette pièce), sa femme Pétronille, et leur fils G. de Bezaudun, ajoutent à leur donation précédente (n° 32) des terres et des prés qui lui sont contigus, sauf un pré compris dans les limites indiquées, que Hugues de Visan et W. de Cerria tiennent de lui au nom de leurs femmes et qu'il soumet à l'hommage au Temple, ainsi que celui de W. et B. de Visan, fils d'Elzéar **93**

1168 ou 1169. — Guillaume Malamanus et ses fils confirment toutes les donations antérieures faites au Temple par leurs prédécesseurs et par eux-mêmes et les rappellent en détail **119**

		N°⁸
1169, 5 mars.	— Aldebert et Saramand de Valaurie donnent au Temple ce qu'ils possèdent dans le territoire de Granouillet; ils jurent d'observer fidèlement ce don, et promettent à l'ordre tout leur héritage..	98
1169, 1ᵉʳ avril.	— Roger de Clérieu augmente les donations antérieures que ses parents, ses frères, et lui-même, avaient faites au Temple, d'une étendue importante et contiguë aux terres précédemment données..	96
1169, 1ᵉʳ avril.	— Aimeus, femme de Raimond du Bourg, et ses fils Étienne Truc et Marescot, confirment au Temple la donation que leur fils et frère, récemment décédé, lui avait faite de sa moitié de deux condamines situées à Jonquières, engagées pour 260 sous melgoriens, et s'astreignent, avant leur mort, à les libérer et à donner à l'ordre l'autre moitié qu'ils possèdent	207
1169, 28 juillet.	— Bermond (de Valaurie) s'affilie à l'ordre du Temple et lui donne son serf Pierre Arnoux et d'autres biens. Ensuite se sentant malade il met ordre à ses affaires, distribue ses biens à ses frères, à un oncle et à son filleul, d'après le conseil des Templiers.	102
1169, 6 août.	— Étienne Truc et Marescot, son frère, (fils de Raimond du Bourg et d'Aimeus), confirment la donation que leur frère R[aimond], décédé, avait faite au Temple des deux condamines de Jonquières, et y ajoutent le don de leur portion	97
1169, 6 août.	— Les mêmes répètent le don de leurs parts en une forme plus solennelle que dans la pièce précédente; et ces condamines ayant été engagées pour deux cent soixante sous que la commanderie avait payés, Étienne Truc s'engage à rembourser cette somme avant sa mort...	208
1169 ou 1170.	— Bélissende, veuve de Pierre Hugues de Visan, après la mort de son fils Hugues, confirme les dons qu'eux et d'autres de ses fils, également décédés, avaient faits au Temple, et règle quelques difficultés survenues à leur sujet..................................	81
1170, 1ᵉʳ novembre.	— Bernard Autard donne au Temple ce qu'il possède dans une terre riveraine de l'Elson, comprise entre deux donations antérieurement faites par Raimond Giraud et les Malamanus	116
1170.	— Pierre Seguin, sa femme, son fils, et son beau-frère Pierre de la Roche, donnent au Temple un pré qu'ils possèdent au terroir de la Maurelle; et Pierre confirme le don précédemment fait aux Prés Nouveaux, de ce qu'il tenait de Guillaume et d'Hugues de Bérenger.	99
1170.	— Pierre, sa sœur Rainoïs, leur mère Finas, leur frère Guillaume Bastardi, et Hugues Itier, mari de Rainoïs, donnent au Temple ce qu'ils possèdent à la Maurelle..................................	106

DES PIÈCES DU CARTULAIRE

Vers 1170. — Grana, et son fils Amalric, donnent au Temple ce qu'ils croient de leur propriété au territoire dit la Coronne, et se désistent de l'action qu'ils ont intentée à l'ordre pour les dîmes de ce terroir. **109**

1170 ou 1171. — Guillaume Richau remet au Temple tout ce qu'il possède dans le territoire de Granouillet, et reçoit en échange ce que Saramand et Aldebert de Valaurie avaient donné au Temple, sauf les parties comprises dans ce même territoire.................. **127**

1171, 6 avril. — Bélissende, et ses filles Benaias et Stéphanie, donnent au Temple ce qu'elles ont au territoire de Bourbouton, et s'engagent à procurer la ratification de Pétronille, autre fille de Bélissende **124**

1171, 28 avril. — Guillaume de Serrian, sa femme et son fils, donnent au Temple un pré de leur propriété enclavé dans les terres de la donation d'Armand de Bourdeaux **104**

1171, 5 mai. — Guillaume de Bérenger, Dalmaze, sa sœur, et ses neveux, confirment les donations qu'ils avaient faites au Temple, ainsi que l'augmentation concédée par eux après la mort de Pons de Bérenger. **103**

1171, 5 mai. — Dalmaze, son fils Bérenger Boïc, et sa fille Rixende, sur le conseil de son frère Guillaume de Bérenger, et de son gendre Hugues Turc, donnent au Temple ce qu'ils ont à la blache Boïc et aux Prés Nouveaux **105**

1171, 20 juin. — Bermond de Colonzelle et ses fils donnent au Temple ce qu'ils ont aux prés de la Maurelle........................... **114**

1171, 24 juin. — Falcon Petorts donne au Temple un cens d'une émine d'avoine et d'une poule, et laisse à sa femme ses autres biens **6**

1171, 11 novembre. — Guillaume Niel, sa femme et son fils, donnent au Temple ce qu'ils ont au territoire de Bourbouton et au mas Martel. **115**

1172, 8 février. — Géraud Engelrand et sa famille donnent au Temple ce qu'ils ont au territoire de Granouillet. La donation, faite à Chamaret, est ensuite confirmée à Richerenches même.......... **120**

1172, 11 mars. — Pierre Cocza, sa femme et son fils, donnent au Temple ce qu'ils ont dans le territoire de Bourbouton................. **126**

1172, 21 avril. — Pierre Artaud, Bertrand Viader et Pierre de Donzère, reconnaissent que les places (le quartier), entourant la maison de Saint-Jean (à Saint-Paul-Trois-Châteaux), dépendent de cette maison et sont comprises dans la donation faite au Temple par leurs auteurs. Pons Viader, fils de Bertrand, confirme cette reconnaissance (cf. 128)... **122**

N°°

1172, 21 avril. — Bertrand Viader et Pons, son fils, donnent au Temple une vigne auprès de Montchamp 123

1173, 24 et 25 novembre. — Guillaume Malamanus, ses fils et ses filles, après avoir récapitulé et confirmé leurs dons antérieurs au Temple, y ajoutent le bois et les garrigues qu'ils possèdent entre le Rieussec et l'Elson 199

1174, 15 février. — Giraud Adhémar de Monteil confirme toutes ses donations antérieures au Temple, et toutes celles qui lui ont été faites, aussi bien que ses autres acquisitions, dans l'étendue de son domaine 201

1174. — Guillaume Giraud et son fils se désistent devant Guillaume, évêque de Saint-Paul-Trois-Châteaux, du procès qu'ils avaient intenté à l'encontre de la donation faite au Temple par Pons Giraud, frère de Guillaume (n° 42) 206

Vers 1174. — Marie et Wilelma Richer donnent au Temple une terre dans le territoire de Bourbouton 202

Entre 1174 et 1176. — Barasta, fille de Guillaume Barasti et veuve d'Amalric de Falcon, donne au Temple une partie de ses terres sur la rive droite de l'Elson, et reprend de lui une terre à Grignan qu'elle avait donnée pour le repos de l'âme de son mari 203

1175, avant le 4 mai. — Bertrand de la Motte, doyen de Saint-Paul-Trois-Châteaux, cède au Temple une vigne sous réserve des droits de son église 113

1175, avant le 4 mai. — Pons et Jean Davis donnent au Temple ce qu'ils possèdent au terroir de « Martininaz » 204

1175, avant le 4 mai. — Richard Chabaz, ses fils et son neveu, donnent au Temple des terres au nord des Prés Nouveaux 205

1175, avant le 4 mai. — Richard Chabaz et ses fils seuls, donnent des terres contiguës à celles de la précédente donation, en y ajoutant toute garantie contre les tentatives éventuelles d'éviction des sœurs de Richard ou d'autres 257

1175, 4 mai. — Pons l'Autruche et sa femme donnent au Temple ce qu'ils possèdent entre l'Elson et le Rieussec, vers l'Ollière 225

1175, 4 mai. — Boniface, sa femme et son fils, donnent au Temple ce qu'ils possèdent dans les mêmes limites 226

1175, 10 juillet. — Hugues de Senones, Jourdaine, veuve de Pons Mauha, et la fille de celle-ci, Aimeruz, engagent aux frères Itier une terre

DES PIÈCES DU CARTULAIRE

de leur propriété auprès de la condamine de Richerenches pour la somme de quarante sous viennois, avec faculté de libération pendant quatre années, et donnent cette somme au Temple..... ...... **222**

1175, 5 août. — A la suite de la mort de Bertrand de Bourbouton, Ripert et Géraud Folras, et Blanche, leur sœur, confirment au Temple toutes les donations qui lui avaient été faites tant par le défunt que par leurs propres auteurs. Ils y ajoutent la confirmation ou le don de tout ce qu'ils avaient ou pouvaient encore avoir au territoire de Bourbouton, et le don de la maison que le défunt tenait de leur père à Visan... **215**

1175, 29 août. — Raimond de Montauban, Bertrand de Taulignan, son neveu, et Nicolas Agulhon, constituent en alleu franc tout ce que le Temple avait antérieurement reçu dans la ville, le territoire et le château de Grillon. Le même jour, Rixende, sœur de Raimond de Montauban, confirme à Grillon même la donation ci-dessus........ **210**

1175, 29 août. — Raimond de Montauban donne au Temple le droit de pacage dans toutes ses terres et dans celles tenues de lui, de la rivière d'Eygues en deça (c'est-à-dire au nord de l'Eygues) **211**

1175, 7 décembre. — Pierre Bernard et ses neveux donnent au Temple deux terres contiguës à l'Elson, et ce qu'ils possèdent dans le terroir borné par le Rieussec, l'Ollière, l'Elson et le chemin de Visan à Grillon **216**

1175. — Pierre Do (Dieudonné de Valréas) donne au Temple ce qu'il possède aux Prés Nouveaux. Son fils Bertrand de Valréas ratifie cette donation neuf jours plus tard................................... **213**

1175 ou 1176. — Pierre de Valréas donne au Temple la part de la tasque et de la dîme qui lui appartient sur une portion de la condamine donnée à l'ordre par Adalaïs de Sabran **221**

1175 ou 1176. — Bertrand de Montclar donne au Temple ce qu'il possède au terroir de Planlong... **212**

1175 ou 1176. — Guillaume de Bérenger, Rixende, sa nièce, et Hugues Turc, époux de celle-ci, donnent au Temple ce qu'ils possèdent au terroir des Chaselles, plus deux pièces de terre, dont l'une a déjà été acquise par l'ordre, et dans laquelle les donateurs avaient conservé deux parts de la tasque ; et l'autre située sur le bord de l'Elson. L'acte est suivi de la ratification de Rixende donnée à Vaison **214**

1176, 11 février. — Étienne Borno, et sa femme Emma, donnent au Temple diverses petites possessions dans le territoire de Bourbouton, au mas Martel, au mas Martininaz, etc............................. **218**

N⁰ˢ

1176, 5 avril. — Pierre Gion, ou Guion, donne au Temple ce qu'il possède sur la rive droite de l'Elson, entre les chemins de Grillon à Visan et de Saint-Auban à Colonzelle.................................... **219**

1176, mai. — Pierre et Raoul Treguinas donnent au Temple une terre au Plan des Moulins sur l'Elson **234**

1176, 20 juin. — Guillaume Do (de Valréas) donne au Temple ce qu'il a au territoire des Prés Nouveaux...................................... **224**

1176. —Guillaume Hengelrand, et Géraude, sa femme, donnent au Temple ce qu'ils ont entre l'Elson, le Rieussec, et les chemins de Grillon à Visan et de Saint-Auban à Colonzelle. A la suite, ils passent reconnaissance à l'ordre du pré dit le Vieux Pré, grevé d'un cens envers Notre-Dame de Richerenches **217**

1176 ou 1177. — Bélissende, ses fils Géraud-Arnaud et Odilon, et Marthe sa fille, donnent au Temple ce qu'ils ont dans la terre du Poet, devant le château de Bourbouton.................................. **223**

1177, 12 avril. — Hugues Dalmaz, son fils Odon, et sa fille, abandonnent au Temple la part qu'ils ont de la tasque et de la dîme dans la condamine donnée par Adalaïs de Sabran.............................. **220**

1179, 22 février. — Francesc, fils de Rainaud Francesc, reconnaît et confirme l'abandon fait au Temple par son père, sa mère et lui-même, de leurs droits sur Bourbouton (n° 51). Acte passé devant la ville de Romans, le jour où Francesc s'y est présenté pour déclarer la guerre. **52**

1179. — Dernières dispositions de Pierre Hugues de Valréas, par lesquelles après avoir déclaré s'affilier au Temple, il lui donne la part qu'il possède de Saint-Marcellin, et celle qui doit lui en revenir après sa mère ; ce qu'il a dans le fief de Saint-Étienne ; le droit de pacage dans ses terres ; plus une somme de cent sous. Il fait des legs à l'abbaye d'Aiguebelle, à l'église de Saint-Vincent, et prie ses amis de régler le différent qu'il a avec cette église ; enfin il laisse ses autres biens à sa femme, et à son enfant s'il en naît un, et la moitié à chacun d'eux si elle se remarie ensuite........................ **230**

1179. — Guillaume Pelestort (de Taulignan) et sa femme Marie (de Valréas), donnent au Temple la moitié de ce qu'ils ont à Saint-Marcellin.
Marie, veuve de Guillaume Pelestort, Wilelma sa fille, et Pierre de Caderousse son gendre, confirment la donation précédente.
Hugues de Valréas ratifie les donations de son frère, Pierre Hugues, de Guillaume Pelestort et de Marie (abrégé du n° 229, ci-après).. **231**

1179. — (Cette pièce se place entre les paragraphes 1ᵉʳ et 2ᵉ du n° 231.) Les témoins de la mort de Guillaume Pelestort relatent sa déclaration qu'à ce moment il devait au Temple cent vingt sous ; qu'ayant promis ses armes et son cheval après lui, et n'ayant pas ce dernier, il leur a laissé cent sous de plus ; et qu'il lui donne en gage tout ce qu'il possède encore à Saint-Marcellin jusqu'à ce que le Temple ait pu se rembourser de ces dettes sur les revenus **232**

1179. — Hugues de Valréas ayant acheté de la commanderie de Richerenches deux jeunes poulains d'une valeur de deux cents sous melgoriens, rappelle deux paiements de cinquante sous chaque déjà versés ; le commandeur, Pierre Itier, réduit le second poulain à cinquante sous contre la ratification par Hugues du don de Saint-Marcellin par Pierre-Hugues de Valréas et par Pelestort, (son frère et son beau-frère); et pour le paiement des cinquante sous restés dus, Hugues cède en gage ses pâturages situés entre l'Eygues et le Rhône **229**

1179. — Donation par Nicolas et Guillaume Agulhon. (Pièce incomplète de tout le dispositif.) **237**

1179. — Dalmas de Valréas s'affilie au Temple, s'engageant à ne pouvoir entrer dans une autre confraternité sans le consentement de l'ordre, à lui laisser après lui ses armes et son cheval, et, s'il n'avait pas de cheval, à lui léguer deux cents sous. Dès maintenant, il lui donne un champ au Bois-Raimond, et le droit de pacage sur ses terres **241**

1179 ou 1180. — Amalric de Chamaret, à son lit de mort, confirme les donations faites au Temple par ses prédécesseurs et par lui-même ; et à la prière de Bertrand, évêque de Saint-Paul, y ajoute ce qu'il a ou ce que d'autres tiennent de lui à Champlas, et le pacage dans ses terres... **250**

1180. — Pons Viader, et sa femme Raimonde, renouvellent le don de vignes situées au territoire de Montchamp (cf. n° 123) et y ajoutent la donation d'une terre à la Croze dans laquelle ils avaient la moitié de la tasque. Géraud Adhémar de Monteil, duquel relèvent ces vignes, ratifie l'acte... **227**

1180. — Wilelma, femme de Bertrand du Portail, donne au Temple ce qu'elle possède à Montchamp, au territoire de Montjoyer.......... **228**

1180. — Guillaume Hugues de Valaurie s'affilie à l'ordre du Temple, lui donne le droit de pacage dans le quart des pâturages de Chantemerle qui lui appartient, et après lui ses armes et son cheval, ou une ouche de terre auprès de Valaurie........................ **242**

1180. — Hugues Turc, Rixende sa femme, et leur fils Guillaume, donnent au Temple ce qu'ils possèdent dans le terroir de la rive gauche du Rieussec, contigu aux terres données par leurs antécesseurs (v. les donations des Bérenger) **243**

	N°ˢ
1180. — Les mêmes, le même jour, donnent aussi les terres qu'ils ont au lieu dit Urtize sur la rive droite de l'Elson........................ **244**

Vers 1180. — Guillaume Granet (de Grignan), chanoine de Saint-Paul, donne au Temple une petite maison dans la ville, entre les vieux et les nouveaux remparts et contiguë à des maisons déjà possédées par l'ordre. (Charte incomplète de la fin.) **236**

1181, 11 mars. — Stéphanie et son fils Pierre Rainoard, donnent au Temple ce qu'ils possèdent à l'étang de Bourboutón..................... **235**

1181, avril. — Guillaume et Pierre Calvière frères donnent au Temple leurs droits sur une pièce de terre située dans le territoire de Bourbouton. **233**

1181, avril. — Géraud de Montfort (de Rochefort?) et ses neveux donnent au Temple ce qu'ils possèdent au territoire de Lautaret (du diocèse de Vaison).. **247**

1181, 14 mai. — Guillaume Mauroux, sa femme, ses enfants et son gendre donnent au Temple une terre au territoire de Bourbouton, sur la rive gauche de l'Elson **238**

1181, 24 décembre. — Dragonet, autorisé par son père Dragonet, et sa femme Gasca, fille de Raimond de Montauban, confirment au Temple, représenté par Hugolen, précepteur de Richerenches, venu auprès d'eux à Mirabel, tous les dons de Raimond de Montauban, et entre autres le droit de pacage dans toutes celles de ses terres, ou celles tenues de lui, qui sont au-delà (au nord) de l'Eygues et la ratification de toutes les acquisitions du Temple à Grillon. Ils y ajoutent le don des tènements d'Odon Pinol et de sa mère......... **248**

1181, 24 décembre. — Elzéar d'Aubusson confirme les acquisitions du Temple dans les territoires des Baumes et de Saint-Quinise....... **249**

1181. — Guillaume Ripert donne au Temple ses droits sur le château de Tourrettes et son mandement ; et ce qu'il possède à Pansier (Châteauneuf-du-Rhône) et à Montchamp. Il s'affilie à l'ordre du Temple, et lui donne en outre une maison qu'il a à Saint-Paul-Trois-Châteaux dans la partie haute de la ville **245**

1181. — Guilelma Dohonessa donne au Temple ce qu'elle a à prétendre sur les vignes de Montchamp données par Pons Viader.............. **246**

1182, 5 décembre. — Dalmas de Valréas donne au Temple ce que Odon Pinol tenait de lui au Plan Long et au Plan des Moulins......... **240**

1182, 21 décembre. — Wilelma, femme de Guillaume Niel, et ses fils, confirment le don de ce qu'ils avaient à Bourbouton et au mas Martel anciennement fait par eux au Temple (n° 115).............. **254**

	Nos
1183, 18 juillet. — Marie de Rac donne au Temple le quart des pacages de tout le territoire des Baumes qu'elle possède	**253**
1183, 23 août. — Guillaume de Clermont, et Aiol, époux de la veuve d'Hugues de Clermont, donnent au Temple les droits qu'ils ont ou peuvent avoir dans les pâturages du Lautaret, depuis longtemps donnés à l'ordre par le dauphin. Ils se portent garants de la ratification du fils d'Hugues	**255**
1183, 28 août. — Pierre Oalric confirme les dons qu'il avait antérieurement faits au Temple et y ajoute ce qu'il possède entre le Lez, l'Elson, le Rieussec et le territoire de Valréas. Enfin, avec G. Terrendos, il donne également ce qu'ils possèdent au bois de Pansier (commune de Clansayes)	**252**
1200, avril. — Marie de Valréas (veuve de Guillaume Pelestort de Taulignan), donne au Temple sa part (soit un sixième) des pâturages de Taulignan et un cens à Mirabel sur les hommes nommés Azalbert, avec le consentement de son frère Hugues de Valréas, de sa fille Wilelma, de son petit-fils et de Matfre d'Aubres	**258**
1207 ou 1208, février. — La même, se sentant proche de sa fin, récapitule et confirme les dons qu'elle et son mari avaient faits au Temple	**259**
1212, mai. — Nicolas Agulhon et sa mère, Blacoza, donnent au Temple une pièce de terre à la Roquette, sur le bord de l'Ollière, contiguë aux terres déjà acquises à l'ordre	**261**
1212. — Odon Dalmaz, fils d'Hugues, confirme le don de la condamine de la Coronne, entre la route de Valréas et l'Elson, que son père avait antérieurement fait au Temple	**260**
1214, 16 avril. — Wilelma Pelestorta donne au Temple une pièce de terre à Bleno, proche la condamine d'Hugues de Valréas (son oncle), et après sa mort divers cens	**262**
Sans attribution de date possible. — État de situation de la fortune de Raimond Gras	**90**

Omise à sa date : 1171, 5 mai. — Dalmaze, son fils Bérenger Boïc, Rixende sa fille et Hugues Turc son gendre, sur le conseil de Guillaume de Bérenger, son frère, confirment au Temple ce que les autres frères de Dalmaze avaient donné aux Prés Nouveaux **118**

TABLE

DES

NOMS DE LIEUX

ET DE

PERSONNES

MENTIONNÉS DANS LE CARTULAIRE DE RICHÉRENCHES
ET SES APPENDICES.

ABRÉVIATIONS :

Les chiffres de la table renvoient aux pièces par leur numéro d'ordre, et non aux pages. Les signes A. I et A. II désignent les appendices.

Les noms de lieux, les noms patronymiques, et le nom unique des personnages ne s'étant point encore conformés à l'usage des patronymes, sont en petites capitales romaines.

Les noms de baptême renvoyant à des noms patronymiques figurant dans la table, sont en italiques.

Les patronymes empruntés à un nom de filiation étant mis au génitif ou accordés avec le prénom, indifféremment, il y aura lieu de les vérifier éventuellement sous les deux formes.

F. (frère) désigne un membre de l'ordre du Temple.

Les frères dont le nom est suivi de l'indication d'une dignité dans l'ordre, sans désignation de commanderie, appartiennent à celle de Richerenches.

Les noms des femmes sont accompagnés de l'indication du lien qui les rattache à la famille sous la rubrique de laquelle elles sont classées. Celles dont nos documents ont révélé les deux noms de naissance et de mariage sont portées sous les deux rubriques.

Les signes » et — représentent le nom rubrique là où il y a lieu de le répéter.

Anc. = ancien.
Auj. = aujourd'hui.
Cf. = confer, est employé après un article, pour renvoyer à des personnages appartenant à la même souche, quoique ayant adopté un patronyme différent, ou portant les mêmes noms quoique d'une souche différente.
C^{ne} = commune. Les noms de lieux suivis d'un nom de département sont ceux qui ont titre de commune dans l'organisation actuelle.
L. d. = lieu-dit.
V. = Voir.

A

A., Nemausensis episcopus, A. II.
» (femina). V. Balmis.
Aaimars. V. Ademarus.
Aalais. V. Adalaïs.
AALBERTUS. V. Adalbertus.
Aalardus. V. Adalardus.
Adliarda. V. Simon.
Aaviarda. V. Raimundi.
ABROIL'S, castrum, 102.
ABOLENA (Bollène, Vaucluse), 163, 205, 214.
» Prior de —, 163.
» Berengarius de —, 81, 84, 85, 96, 145, 161, 167.
» Rixens de Avisano, uxor ejus, 81, 84.
» Po., miles, A. II.
ABREI. V. Ebreus.
ACER. Petrus, 93, 104.
ACULEI. Blacoza, mater Nicolai, 261.
» Nicolaus, 119, 210, 237, 261.
» Petrus, 84, 86, 152, 161.
» R., 86.
» Radulfus, 42, 60, 86, 152, 190.
» Raimundus, 42, 60, 152, 161, 177.
» Ripertus, 61.
» Wilelmus, 51, 119, 237.
*Adalaïs.*V. Bosco, Leotardus, Sabran.
ADALARDUS. F., 228, 246.
» Custos domus Sancti Johannis in Sancto Paulo, 122.
» 111, 112, 123.
Adalardus. V. Sutor.
ADALBERTI. Bertrannus, 57.
» Johannes, 96.
» Johannes — Lovell, 96.
ADALGARIUS. Geraldus, 28.
ADEMARI. Aibelina, mater Ugonis, 63.
» Anna de Avisano, uxor Ugonis, 81, 84.
» Ugo, 61, 63, 81, 85, 161, 199, 225, 226.
ADEMARI DE MONTILIO. Garsenz, uxor Geraldi, 227.
» Geraldus, 51, 130, 131, 201, 227.
» Guiraldus, 227.
» Lecerina, mater Geraldi, 131.
» Wilelmus Ugo Montellis —, 51, 129, 130.
» Ademarius de Grainiano, A. II.

ADEMARUS. F., 88, 93, 97, 102, 103, 105, 118, 127, 205, 208, 209, 210, 211, 213, 215, 216, 218, 225, 226, 233, 234, 242, 245, 252, 254, 257.
Ademarus, Azaimarus, Aemars. V. Ademari, Audefre, Autavila, Arnaldus, Brunus, Coiraters, Iterius, Montibus, Picmaur, Savaza, Valenza, Valriaz.
ADMIRATUS. V. Amiratus.
Aemarus. V. Ademarus.
Aestachis. V. Eustachius.
Agiarda. V. Aguiarda.
Agnes. V. Guintrandi, Maiavet, Montesecuro, Richauz, Tornafort.
AGUIARDA. Wilelmus, 229, 234.
AGULO, ACULLO, AGULONS. V. Aculei.
Ahelmus. V. Jebelinus.
AIAON. Peire de —, 230.
Aibelina. V. Ademari, Arnulfi de Mirabello.
AICARDUS, 46.
Aicelina. V. Malasmanus.
AIGLAUT. Petrus, 217, 219.
AIGUES. R. d'—, 96.
AIGU (faubourg de Montélimar, Drôme), AIGUNUS. F. Johannes d'—, 68, 84, 85, 95, 132, 137, 162, 163, 164, 168, 175, 177.
» Laurentius, 129.
» Maurinus, 129.
» Rainaldus, 129.
» Vialus, 129.
AILLAUTZ. Ugo, 74.
AIMARS, AIMARUS. V. Ademarus.
AIMELINA, 151.
» Petrus, filius ejus, 151.
Aimeruz. V. Gigundaz, Mauha.
AIMES, 171.
» Petrus, 218.
» Wilelmus, 231.
AIMEUS. V. Burgo.
AIMONIS. Wilelmus, 199.
Ainardus. V. Cabreliano.
AINART. Peiron, 90.
AIOLS, 255.
AIRAUDI, AIRALDI. Poncius, 51, 131.
AIS. Esmido d'—, 129.
ALACRI. Petrus, 21.
ALAIRAC (Aleyrac, Drôme), 174.
ALAMANZ, ALAMANDI. Geraldus, 96, 193.
» Wilelmus, 165, 167, 170.
ALANZON (Alençon, c^{ne} de la Roche-Saint-Secret, Drôme), 201.

TABLE DES NOMS DE LIEUX ET DE PERSONNES

ALAUDUS. V. Allaut.
ALBAGNANUM (Les Aubagnans, c^{ne} de Rochegude, Drôme), 36.
» Bernardus de —, 36.
» Bertrandus, 36.
» Geralda, uxor Petri, 36.
» Petrus, 36.
ALBARETUM (Lautaret, c^{ne} de Mirabel et Piégon), 247.
ALBERICUS, abbas Aquaebellae, 205, 257.
ALBINUS, ALBIS. Johannes, 96, 207.
ALBUS. V. Blanc.
ALBUZON (Aubusson, le Besson, c^{ne} de Séguret, Vaucluse).
» Elisiardus d'—, 248, 249.
ALDEBERTI, ELDEBERTI. Leodegarius, 40.
» Poncius, miles, 130, 131.
» F. Wilelmus, 54.
» Wilelmus, 40, 195.
Aldebertus. V. Vallauria.
ALER. Guilelmus de —, 230.
ALEXANO, ALEISSA (Alixan, Drôme).
» Pontius de —, 158, 193.
» Ugo, 47, 48.
ALFARATI, 131.
ALLAUT, ALLAUNT. F. Ugo, sacerdos, capellanus, 68, 84, 133, 160, 161, 162, 163, 164, 168, 174, 175, 177, 209.
ALMARICUS. F., 180.
» Petrus, 183.
ALON (Allan, Drôme).
» Petronilla, uxor Ugonis, 24.
» Petrus de —, 44.
» Petrus Ripertus, 24, 129.
» F. Pontius, 61, 74, 100, 129, 154, 179.
» Raimundus, 24.
» Ugo, 24, 129.
» Wilelmus, 24, 31, 44, 51, 62, 67, 68, 102, 182, 217, 224.
» Wilelmus Artaldi de —, 44, 51. Cf. Ripertus, Artaldus.
ALSIARDUS, capellanus de Valriaco, 259.
ALTARETUM (Lautaret, c^{ne} de Treschenu, Drôme), 255.
ALTICAMPUM. V. Autichamp.
Alvernacius. V. Balmis.
ALVERNE. F. Petrus d'—, 224.
AMALRICUS. F., 160, 194, 242.
» 106, 109, 139, 143, 153.
» Fina, uxor ejus, 106.
» Grana, mater ejus, 109.
» Petrus, filius ejus, 106.
AMALRICUS. Bermundus, 240, 247.
» Petrus. V. Falco.
Amalricus. V. Aucello, Balmis, Bovet, Chamaret, Clarenczaias, Falco.

AMAUGER, guadum (gué sur le Lez à la limite de La Baume-de-Transit et de Bourbouton), 89, 187, 188.
AMBLART, AMBLARDI. F. Raimundus, 252, 253, 254.
» Raimons, 6.
AMELII. Ugo, Arelatensis canonicus, 41.
AMICUS, Aurasicencis episcopus, A. II.
AMIRATUS, AMIRAZ, 231, 232, 241.
ANDREAS. F., A. II.
ANDREAS, ANDREE. Petrus, 33, 163, 177.
» Petronilla, uxor Petri, 170.
» Petrus — Unipes, 255.
» Poncius, 33.
» Wilelmus, 66.
Andreas. V. Palude.
Anna. V. Ademari, Avisano, Barasti, Montesecuro, Sancto Paulo.
ANNO. F., 32, 37.
» Poncius —, notarius Tricastinensis episcopi, A. II.
ANNONAVETULA (l. d., c^{ne} des Pennes, Bouches-du-Rhône).
» F. Martinus —, 227, 240.
ANTELME, 90.
Antevena. V. Bellon, Falco.
AQUABELLA (abbaye, Aiguebelle, Drôme), 7, 42, 203, 205, 230, 257.
ARALATUM (Arles, Bouches-du-Rhône?), 56.
ARASICENSIS, ARAUSICENSIS. V. Aurasicensis.
Arbertulus. V. Sauze.
ARBERTUS. F., 86, 178, 183, 196, 197, 231.
» Capellanus, 70.
» 167, 170, 171, 238.
» F. Pontius —, 114.
Arbertus. V. Autvilar, Bovers, Bubulcus, Chalmaset, Fillinas, Lupus, Malagach, Pelliparius, Raigarda, Ripis, Roaiz, Rufus.
ARBRES (Aubres, Drôme).
» Ripertus d'—, 85, 132.
» Matfre, 258.
ARCHER. Ponz, 230.
ARCHIMBAUDUS. Filius Wilelmi, 127.
» Wilelmus —, 96, 127, 207.
Archimbaudus. V. Vallauria.
ARCHIMBERTUS. Poncius, 30, 88.
ARCISONUM (Alcyon, c^{ne} de Sainte-Cécile, Vaucluse), 34.
ARELATE, ARELATENSIS (Arles, Bouches-du-Rhône), 4, 5, 34, 41, 89.
ARENAE (les Arènes d'Orange, Vaucluse), 41.
ARGENTAN (l. d., c^{ne} de Saint-Paul-Trois-Châteaux ?), 90.

ARIMANNI. Pontius —, prior Sancti Saturnini et decanus Colonzellae, A. II.
ARLABAUZ, 153.
» Benaias, uxor ejus, 153.
ARLENCS. Rostagnus, 28.
ARMANDUS, ARMANNUS, ARIMANNUS, ARTMANNUS, 93, 219.
» F. Petrus —, 93, 126, 174, 175, 199, 201, 202, 209.
» R., 86.
». Stephanus, 1, 47, 48, 60.
» Wilelmus, 93, (205 titre falsifié).
Armandus. V. Artaldi, Bordels, Bover, Lautoardi, Pellicos, Pouzi, Ranconis, Riperti, Taulignanum.
ARNALDUS. Aurasicensis sacrista, 17, 22, 31, 32, 36, 41, 43, 49, 50, 54, 59, 60, 61, 67, 69, 195.
» Capellanus, 7.
» Sacerdos, 42.
» Scutifer, 261.
» 56, 187.
» Ademarus—, 32.
» Belisent, mater Geraldi, Ozils et Martae, 223.
» Geraldus, 223.
» Ozils, 223.
» Marta, 223.
» en Peire, 6.
» Petrus, pelliparius, 119, 201, 202, 208.
» Raimundus, 20, 227.
» Wilelmus, 33, 71, 96, 199, 243. Cf. Fauchet, Mota.
Arnaldus, Arnaudus, Arnaut. V. Auriol, Bedoz, Berteudi, Bles, Bover, Breteurz, Cabriliano, Calveira, Chais, Contrast, Crest, Escufers, Faber, Fauchet, Grillon, Iterius, Malcenglat, Niger, Pelliparius, Valriaz.
Arnoldus. V. Petralapta.
ARNULFUS. Prior Aquaebellae, 42.
» Capellanus, sacerdos, 164, 177.
» F. , 103, 104, 105, 114, 115, 116, 118.
» 41, 106.
» Bertrandus—, 5.
» Geraldus, clericus, 234.
» Michael, 99.
» Petrus, 9, 11, 12, 102.
» Poncius, 61, 85, 132.
» De Mirabello. Petrus Wilelmus, 2, 5.
»   »   Petrus de Palude, 41, 49.
»   »   Wilelmus, 2, 5, 49, 89.
Arnulfus. V. Barret, Cedro, Chatbauz, Clairolas, Maledoctus, Sutor, Veene.

ARTALDUS, ARTAUNT, ARTAUZ, 213.
» Armandus, 85, 132, 175, 188, 194, 209, 238, 243, 253.
» Petrus. V. Sancto Paulo.
» Wilelmus. V. Alon.
ARTMANNUS. V. Armandus.
ARVEU. Renaldus, monachus Aquaebellae, 42.
ATGERII. W., 88.
ATISENSIS (Aptensis ?, Apt, Vaucluse), 233.
AUCELLO, AUZELLO, AUZELS (Aucelon; Drôme).
» Amalricus d'—, 93.
» Bertrandus, 102, 258.
» Stephanus, 102.
» Wilelmus, 102, 163.
» F. W., 6.
AUDEBERTI. Bertrandus, ebdomadarius Tricastinensis, A. II.
AUDEFRE. F. Adimarus d'—, 201, 202.
» B., 100.
» Pontius, 100, 106.
AUDEGRI. Pontius, 112.
AUDEIERS. Peire, 145.
Audeiers. V. Grillon, Raestan.
AUDENCA. Blacha —, 80.
» Fratres —, 80.
AUDESENNA. Lambertus, 60.
AUGER. Giraut, capellanus, 212.
Auglina. V. Ricavus.
AURAN. Benedictus, 60.
AURASICA (Orange, Vaucluse), AURASICENSIS, 10, 17, 21, 22, 31, 32, 36, 41, 43, 49, 50, 53, 54, 59, 60, 61, 67, 69, 71, 177, 195, 199, 201, A. II.
» Geraldus de—, 10.
» Petrus, 41.
» F. Stephanus, 31, 43, 44, 56, 58, 60, 72, 73.
» Titburgis, 10, 53, 54, 58, 86, 187.
» Wilelmus, 53, 187.
AURIOL (Loriol, Drôme ou Vaucluse).
» F. Arnaldus, 7.
» Gi. d'—, 103, 105, 118.
AUSTACHIUS, prepositus Valentinus. V. Pictaviensis.
AUSTEU (Hostun, Drôme).
» Wilelmus d'—, 52.
AUTARDI. Bernardus, 116.
AUTAVILA (Hauteville, c^{ne} de Veaunes, Drôme).
» Azemars d'—, 93.
AUTICHAMP, ALTICAMPUS (Autichamp, Drôme).
» Ugo d'—, 80, 84, 137, 142, 172, 191, 192, 194, 220.
» Wilelmus, 79, 111, 144, 154, 168, 172, 177, 191, 192, 194, 196.
» Wilelmus donatus, 260, 261.

» F. Wilelmus, A.II.
AUTRUZ (L'—). Poncius, 225.
AUTVILAR. F. Arbertus d'—, 205, 210, 211, 213, 215, 219, 220, 221, 222, 223, 225, 226, 234, 240, 245.
AVINIONE (Avignon, Vaucluse).
» Berengarius de—, 241.
» F. Gaufridus, A.I., n° 6.
» W., 255.
AVISANUM, DE AVISANO (Visan, Vaucluse), 2, 28, 32, 42, 61, 67, 73, 78, 89, 93, 95, 96, 133, 149, 161, 182, 186, 187, 188, 201, 206, 215, 216, 217, 218, 219, 225, 226, 234, 243, 244.
» Anna de—, uxor Ugonis Ademari, 81, 84.
» Bertrandulus, 218.
Bertrandus, 9, 61, 63, 73, 81, 84, 93, 145, 161, 175, 209.
» Brunissendis, uxor Petri Ugonis, 9, 61, 81, 161.
» Elisiarius Upecus (al. Upetus), 32, 93.
» Geraldus, 32, 61, 78, 81, 84, 85, 96, 98, 102, 119, 161.
» Gaucerandus, 32.
» Isoardus, 32.
» Nicola, uxor Ugonis Dalmacii, 84.
» Nicolaus, 11, 50, 61, 76, 77, 79, 80, 144, 145, 151, 152, 155, 159, 176.
» Novaisanus, 201.
» Petrus, 137.
» Petrus Ugo, 1, 2, 3, 5, 9, 11, 12, 28, 30, 47, 48, 56, 60, 61, 66, 69, 81, 83, 89, 93, 96, 119, 161, 187.
» Raimundus, 61, 68, 81, 84, 85, 93, 96, 98, 102, 111, 119, 137, 161, 162, 163, 164, 168, 171, 179, 183, 189, 190, 192, 194.
» Rixens, uxor Berengarii de Abolena, 81, 84.
» Rostagnus (?), 175.
» Stephanus, clericus, 205, 257.
» Suriana, uxor Ugonis, 167.
» Terrabuc, 30.
» Ugo, 9, 11, 12, 61, 73, 76, 77, 81, 84, 85, 93, 95, 96, 97, 130, 151, 161, 164, 167, 188, 208.
» Ugo Bast(ardus), 32, 93.
» Wilelmus, 38.
» Wilelmus Geraldus, 61, 64, 66, 81, 84, 93, 95, 195.
» Wilelmus Ugo, 1, 2, 30, 80, 89, 95, 164, 176, 183, 189.
AZAIMARUS. V. Ademarus.
AZALARDUS. V. Adalardus.
Azalaus (Adalaus). V. Bosco, Rosilloz.
AUZELLO, AUZELS. V. Aucello.
AZALBERTZ, 258.
AZEMARUS. V. Ademarus.

B

B. Clericus, 85.
» 96.
B. V. Audefre.
BAHALUC, BALAUC. F. Petrus, 7, 164.
BAILES. Guilelmus, clericus, 212.
» Pontius, clericus, 213.
BAIS. F. W. de—, magister militum Templi, 190.
BALASTA. Ugo de la—, prior de Sancto Marcello, 51.
BALASTI. W., 62.
BALAUC. V. Bahaluc.
BALCHIANUS. Wilelmus Dodo, 60.
BALMAE, DE BALMIS (La Baume-de-Transit, Drôme), 28, 33, 40, 64, 78, 89, 102, 111, 115, 140, 187, 188, 191, 197, 201, 202, 218, 223, 233, 235, 243, 249, 253.
» A., uxor Giraldi de—, 178.
» Alvernacius, 210, 211, 223.
» Amalricus, 210, 211.
» Benedictus, presbiter, 78, 128.
» Bertrandus, 2, 3, 33, 64, 78, 178, 188.
» Dalmacius, 64, 73, 74, 76, 77, 78, 151, 152, 154, 157, 202.
» Garinus, 111.
» Gaufridus, 210, 211, 212, 218.
» Geraldus, 3, 28, 31, 33, 43, 51, 57, 60, 64, 65, 71, 78, 89, 133, 134, 150, 178, 188.
» Gregorius, 196.
» Leodegarius, Laugerius, Latgerius, 3, 36, 43, 56, 60, 62, 64, 65, 78, 89, 96, 114, 150, 153 (2° texte), 188, 207, 210, 211, 233, 235, 254, 260, 261.
» Odulo, Odils, 3, 89, 134.
» Petrus, 114.
» Petrus Wilelmus, 3, 11, 36, 43, 51, 60, 78, 81, 85, 89, 96, 99, 100, 102, 111, 115, 122, 123, 126, 134, 150, 153, 161, 187, 188, 207, 210, 211, 212, 218, 220, 223.
» Poncius, 53.
» Radulfus, 188.
» Radulfus Cornabroc, 64, 78, 142, 149, 188.
» Radulfus Laugerii, 187.
» Raimundus, 33, 43, 134, 150, 210.
» Raimundus Geraldus, 229.
» Ugo, 178, 258.
» Ugoles, 210.
» Wilelmus, 33, 36, 43, 81, 99, 122, 123, 134, 188.
» Wilelmus Cornabroc, 3, 9, 11, 12, 36, 40, 43, 56, 64, 65, 71, 78, 89, 151, 156, 195.

BALMA POZON (l. d., c^{ne} de Vallaurie, Drôme ?), 102.
BANASTA. Stephanus, 227.
BANOLS (Bagnols-sur-Cèze, Gard).
» Raimundus de—, 133.
» Petrus Bernardus, 133.
Barasta. V. Barasti, Falco.
BARASTI. Anna, mater Wilelmi, 131.
» Barasta, filia Wilelmi, uxor Amalrici de Falcone, 203.
» Wilelmus, 13, 131, 203.
BARASTZ. 20, 111.
BARBA. Wilelmus, notarius Aurasicensis episcopi, A. II.
BARBAIRA. F. Raimundus de—, 76, 77, 129, 146, 151, 152, 154, 158.
BARBARAS (Barbairas, c^{ne} de Bouchet, Drôme). 189.
BARBARINI. Petrus, 1.
» Wilelmus, 1, 124.
BARBARINUS, clericus, 47.
BARCELLONA (Barcelonne, Drôme).
» F. Ugo de —, magister, 79, 84, 85, 92, 100, 115, 116, 120, 126, 132, 133, 146, 149, 150, 153, 155, 158, 164, 179, 180, 188, 190.
BARCHINONENSIS. Geraldus, 11, 12.
BARNARDUS. V. Bernardus.
BARNAUT. W., 90.
BARNOINUS, BARNOINA. Giraldus, 134, 149, 153, 247.
» Johanna, 176.
» Jordana, 176.
» Raimundus Geraldi, 247.
BARRE (Barry, ancienne seigneurie, c^{nes} de Saint-Paul-Trois-Châteaux, Drôme, et de Bollène, Vaucluse), 42, 86, 90, 188, 206.
» Dragonetus, dictus Episcopus, de—, 206.
» Gaufredus, 45.
» F. Guiscardus, 1, 8, 14, 30, 38, 51, 58, 61, 129.
» Petrus, 115, 191.
» Petrus Ugo, presbiter. V. Ugo.
» Poncius, 65, 86.
» Rostagnus, 206.
» Wilelmus, 42, 65, 206.
» Wilelmus Bertrannus, 42.
» Moleria de— (dans la vallée de l'Ouvèze, Vaucluse), A. I n° 6.
BARREIRA. Petrus, 183.
» Wilelmus, canonicus et sacrista Sancti Pauli, 156, 188.
BARRET (Barret..., Drôme ou Hautes-Alpes).
» F. Arnulfus, 225, 226, 227.
» Poncius, 156, 206.
BARREZ, 186.
BARTOLOMEI, 184.

» Lambertus, 182.
» Petrus, 182, 208.
» Pontius, 182.
» Radulfus, 182.
BARTOLOMEUS. F., presbiter, 111, 112, 178, 179, 183, 184, 186, 189, 227, 235, 238, 240, 242, 247, 252.
Bartolomeus. V. Montesecuro, Valencia.
BASTARDI. Wilelmus, 106, 230.
Bastardus. V. Avisano, Rac.
BAUCHAUS. V. Bolboton.
BAUDOINI. Poncius, 115, 116.
BAUDRAN. Wilelmus, 102.
BAUDRIC, 88, 96.
BECERIA. Villa — (près d'Orange, Vaucluse), 21.
BECIANO. F. Ugo de— A. I n° 6.
BECS, Boc. F. Wilelmus, 205, 210, 211, 212, 214, 215, 216, 217, 218, 219, 220, 221, 223, 224, 225, 225, 234, 257.
BEDOS, BEDOCIO. F. Arnaldus de—, 1, 2, 4, 5, 14, 23, 24, 25, 27, 28, 33, 34, 38, 41, 45, 47, 55, 128.
BEDOZA. Peiron de -, 90.
BELISSENZ, 124, 192.
Belissenz. V. Arnaldus.
BELLAROTS. Petrus, 21.
BELMUNT, BELMONZ, DE BELLOMONTE, MONTISPULCHRI (Beaumont..., Drôme).
» Durant de—, 230.
» F. Petrus, 8, 9, 11, 12, 32, 37, 49, 50, 64, 66, 67, 195.
BELLON, BELLONIS. Antevena, uxor Bertranni Falconis, 60, 187.
» Bertrandus, 258, A.II.
» Nicola, uxor Wilelmi de Rossatio, 60, 187.
» Paganus, 60, 187.
» Petrus, 73, 237.
» F. Pontius, A.II.
» Raimundus, 60, 89, 187.
BELVEDER (Beauvoir-en-Royans, Isère), 51.
BENAIAS, 124. Cf. Arlabauz.
BENEDICTUS, 77, 259.
Benedictus. V. Auran, Balmis.
BER. Vasionensis sacrista, 190.
» Presbiter, 96, 102.
BERALDI, BERAUDI. Pontius, 46, 199, 218.
» Wilelmus, 60.
BERBEGERIUS, BERBIGERA, BERBIARIUS, 99.
» Giraudus, 99, 106.
» Nicolaus, 63.
» Wilelmus, 56, 62.
BERENGARIUS. Vasionensis episcopus, 60, 92, 96, 190, 201, 207.
» Clericus, 133, 154, 158, 159.

» Bertrandus, 213, 247.
» Dalmaza, uxor... Bodic, 103, 105, 118, 190, 214, (230 ?).
» F. Petrus, magister, 6, 103, 104, 105, 118.
» Petrus, 228.
» Pontius, 18, 19, 29, 103, 185.
» Pontius— de Girunda, 86.
» R(adulfus) de Girunda, 86.
» Ugo, 8, 16, 18, 19, 46, 60, 89, 99, 195.
» Wilelmus, canonicus Vasionensis, 18, 19, 51, 60, 63, 81, 86, 89, 96, 97, 99, 103, 105, 118, 129, 130, 131, 159, 190, 195, 207, 208, 214, 215, 217, 222.
Berengarius. V. Abolena, Avinione, Bolboton, Bordels, Çegunolis, Estoltz, Gaucelmus, Petralapta, Roveria, Sancto Paulo, Tornafort, Villanova.
BERENGIEIRA. Na—, 90.
BERERGERII. V. Berengarius.
BERGONDINUS. F. Umbertus, 260.
BERGONNO. Poncius, 51.
BEIRIVO. Petrus de—, 155.
Bermonetz. V. Colonzellis.
BERMUNDUS. Preceptor, 258.
» Castellanus, 17.
» 102, 103, 105, 118. Cf. Vallauria.
» Johannes, 199, 213, 230.
» Petrus, 174, 234, 248, 249.
» Rostagnus, 174.
» Wilelmus, 42, 174, 206.
» Wilelmus — Correntilla, 252.
Bermundus. V. Amalrici, Brunenc, Castel, Colonzellis, Correntilla, Grillon, Rodulfi, Rigaldus, Vallauria, Valriaz.
BERNARDUS. F., capellanus, 235, 247, 254.
» F., claviger, 13, 36, 37, 53, 59.
» Decanus de Colonzellis, 17.
» Clericus, 73.
» Sacerdos, 6, 39, 81.
» Armiger, 73, 115.
» 178.
» Bernardus, filius Johannis, 172.
» Johannes, 172.
» P., monachus Sancti Saturnini, A. II.
» Petrus, clericus, 192, 194.
» Petrus, 37, 42, 133, 173, 206, 216.
» Pontius, 216.
» R., 58.
» Stephanus, 68, 161.
» Vera, 216.
» Wilelmus, 216.
Bernardus. V. Albagnano, Autardi, Banols, Boazo, Charreira, Escofer, Furno, Gelafredi, Goirandi, Guitardi, Misone, Pelardiz, Picaudus, Ricardi, Richerius, Rocafort, Rocart, Rollandi, Rotart, Rovoira.
BERNIONNUS, 99.
BEROARD, 259, 260.
BERRA (la Berre, rivière), 195.
BERTELAI. Petrus, 131.
BERTEUDI. Arnaudus, 262.
» Petrus, 258, 262.
» F. W., capellanus, 260.
BERTOLMEU. V. Bartolomei.
BERTOLMEUS, 102.
» Pe., 97.
BERTRANDUS. Tricastinensis episcopus. V. Petralapta.
» F., 11, 12.
» F., clericus, capellanus, 79, 80, 171.
» Decanus Sancti Pauli, 166, 188.
» Sacerdos, 81, 167, 170, 186, 207.
» Clericus, 132, 136, 139, 142, 143, 144, 151, 152, 155, 165, 227, 229, 235, 238.
» Frater Ismidonis. V. Pelliparius.
» 56, 159, 201, 202.
» Burgundia, relicta Geraldi—, 22.
» Geraldus, 21, 22, 41.
» Petrus, prior de Sanct-Pantali, 174.
» Petrus, 42, 124, 144, 206.
» Wilelmus, 34.
Bertrandus, Bertrannus. V. Adalberti, Albagnano, Arnulfi, Aucello, Audeberti, Avisano, Balmis, Barre, Bellon, Berengarius, Bistorres, Bolboton, Bollegas, Boriano, Bovet, Calveira, Carella, Carsano, Cavaller, Chais, Chambaireu, Chantamerle, Cocza, Dalmacius, Dodo, Dosera, Ermembertus, Escofers, Falco, Ferrenz, Gaiaut, Gigundaz, Grossus, Laugerius, Lautaudi, Legetus, Meian, Merviels, Mirindol, Montarei, Monteclaro, Montegaudio, Montesecuro, Mornaz, Mota, Nielli, Nionis, Pelliparii, Penna, Picmaur, Portal, Raimundi, Ramati, Rascaz, Rostagni, Rotgerii, Rovoira, Sancte Marie, Sancto Mauricio, Sancto Paulo, Sancto Restituto, Seguret, Serinano, Solorivo, Stannol, Taloz, Taulignanum, Vachairaz, Val, Valriaz, Ventoirol, Viaders, W.
BERTRAU. Lambertus, 127.
BESTORRES. V. Bistorres.
BEZAUDUNO. De—. V. Bordels.
BIDONO. Poncius de—, 34.
BION. Poncius de—, capellanus, 252, 253.
BISTORRES, BESTORRES, BISTERRIS. Ber-

trandus Raimundi de—, 58, 89, 187.
» Galburgis, uxor Raimundi, 58, 89, 187.
» Isnardus, 58, 89, 187.
» Raimundus, 53, 58, 89, 187.
» Wilelmus Raimundi, 58, 89, 187. (Cf. Gigundaz.)
BLACHA BODIC, BOIC (l. d. de Bourbouton, cne de Richerenches, Drôme), 9, 18, 89, 105, 170, 187, 190.
BLACHA. Wilelmus de la—, 96.
BLACOS (l. d., cne de Mirabel ou de La Roche-Saint-Secret, Drôme), 173.
» Pontius de—, 201, 230, 231.
» Ugo, clericus, 205.
Blacoza. V. Aculei.
BLANC, ALBUS. Giraut, 90.
» F. Petrus, 171.
» Petrus, diaconus, 93, 104, 105, 114, 118, 127, 165, 167, 170, 178, 183, 189, 199, 201, 210, 211, 212, 214, 216, 217, 219, 220, 224, 225, 226.
Blanca. V. Folrat.
BLENO (l. d.....), 262.
BLES. F. Arnaldus de—, 7.
Blismoda, Blimos. V. Ricavus.
BOAZO, BOADONE, BOAZONE, BOVEDONE, BULZEDONE. F. Bernardus de—, 8, 15, 18, 29, 31, 42, 43, 44, 54, 56, 57, 58, 60, 62, 64, 65, 70, 71, 181, 185, A.I n° 6 (¹).
» Elisiarius, 4, 89.
(Cf. Dalmacius, Lupus, Monteforti, Montegaudio, Rocafort.)
BOBRIS. F. Wilelmus de—, A.II.
Boc. V. Becs.
BOCHART, BOCHARDI, 214.
» Martinus, 216, 225, 226.
BODICUS, BOIC, 199.
» Berengarius, 14, 63, 103, 105, 118,
» 190.
» Dalmaza Berengarii, relicta... Boic, 103, 105, 116, 190, 214, (230?).

» Poncius, 14.
» Rixens, uxor Ugonis Turcs. 103, 105, 118, 190.
» Ugo, 1, 3, 5, 14.
» W., 14.
BOIS (Del). V. Bosc.
BOISETZ, 261.
BOISSOLANUM (l. d., cne de la Baume-de-Transit, Drôme), 96.
BOLBOTON, BORBOTON (Bourbouton, anc. seigneurie, auj. l. d., cne de Richerenches, Vaucluse), 9, 11, 14, 30, 40, 49, 50, 51, 52, 53, 54, 55, 56, 58, 60, 61, 64, 65, 66, 67, 71, 73, 74, 75, 79, 80, 83, 84, 85, 89, 96, 100, 115, 124, 126, 132, 134, 137, 140, 145, 150, 151, 157, 160, 161, 162, 171, 187, 188, 189, 190, 191, 192, 197, 202, 215, 218, 221, 223, 233, 238, 254 (²).
» Stagnum de—, 59, 134, 196, 235.
» Berengarius Bauchaus de—, 51, 89, 187.
» Bertrandus, 1, 2, 3, 4, 5, 9, 11, 12, 14, 31, 32, 38, 43, 47, 48, 50, 57, 59, 60, 61, 63, 67, 71, 72, 73, 75, 76, 77, 79, 80, 81, 84, 85, 86, 88, 89, 92, 93, 95, 96, 100, 102, 103, 105, 118, 129, 132, 133, 134, 136, 137, 140, 144, 150, 151, 152, 159, 161, 164, 167, 168, 172, 175, 176, 177, 183, 187, 188, 189, 190, 191, 209, 215.
» Geraldus, 79, 84, 89, 164, 187.
» Marchisia, uxor Ugonis, 2, 3.
» F. Nicolaus, 2, 4, 5, 7, 9, 12, 19, 37, 43, 59.
» F. Ugo, magister, 1, 2, 3, 4, 5, 7, 9, 11, 12, 14, 15, 19, 28, 31, 32, 33, 36, 37, 38, 39, 40, 43, 47, 48, 49, 50, 51, 53, 54, 56, 57, 58, 59, 60, 61, 62, 65, 66, 67, 68, 69, 79, 83, 89, 150, 151, 152, 158, 187, 188, 190, 195. A.I n° 6.
» Martinus, 96 (³).
» Ugo, 3 (⁴).
BOLLANA. Petrus, 93.

(¹) Un moment titré clavaire. Deux pièces le nomment Bertrand, sans doute par erreur du scribe.

(²) Les nos ici cotés, quel qu'en soit le grand nombre, sont loin de renvoyer à toutes les pièces relatives au territoire de l'ancien Bourbouton. Il faut y joindre, outre celles relatives à l'étang, toutes les chartes qui disposent de biens situés dans les territoires de Richerenches et de Granouillet, démembrés de celui de Bourbouton, et les mutations de terres indiquées simplement par le nom d'un lieu dit ou par des confronts comprises dans le périmètre actuel de la commune de Richerenches.

(³ et ⁴) Ces deux personnages semblent être des paysans du lieu de Bourbouton et n'appartiennent certainement pas à la famille des fondateurs de la commanderie.

» Stephanus, 93.
» Wilelmus, 93.
BOLLEGAS. Bertrandus, 81.
BOLOZAN, 90.
BONAFEMINA. V. Valriaz.
BONAISACUM, commanderie du Temple (Boynezac, cne de la Touche, Drôme), 255.
BONAPHACII. Wilelmus, 196, 197.
BONEFACIUS, 226.
» Martina, uxor ejus, 226.
» Pontius, 226.
BONEL, BONELLI. Raimundus, 115, 116.
Bonel, Bonelus. V. Colomp, Pinnols.
BONETI. Petrus, 131, 174, 177, 181.
BONIDON, 90.
BONOT. F. Petrus, 204, 210, 211, 217, 219, 221, 222, 237.
BONUSFILIUS, 195.
BONUSHOMO. F. Petrus, presbiter, capellanus, 49, 56, 58, 72, 151, 153.
BONUSPAR, 18.
BORBO. Johannes de—, A.I n° 7.
BORBOTO. V. Bolboto.
BORDELS, BORDEUS, DE BORDELLIS. (Bourdeaux, Drôme), 32, 93.
» Armandus de—, 32, 92, 93, 104, 172, 218.
» F. Berengarius, A.II.
» G. de Bezauduno, 93.
» Geraldus de Vivariis, 32.
» F. Guichardus, 218, 259.
» Petronilla, uxor Armandi, 93.
» Petrus, 191.
» F. Ugo, 261.
BORGONENSIS. Petrus, 194.
BORGONIO. F., A.II.
BORIANO. Bertrandus de—, camerarius Sancti Saturnini, A.II.
BORNO. Stephanus, 218.
» Hema, uxor ejus, 218.
BORRELLI. Pontius, subdiaconus, 190.
» Wilelmus, 131.
Bos. V. Iurt.
BOSC, Bosco. Petrus del—, 48, 152, 154, 158, 163.
» Adalais, soror Rosilloni, uxor Petri, 158, 193.
» Doiza, 193.
» Raimunt, 241.
» Vianna, 193.
» Wilelmus, 202.
BOSCHEZ, BOSCHET, BOSQET, BOSQUET. F. Vincentius, 79, 162, 192, 194, 199, 204, 215, 219, 220, 223, 224, 234, 237, 242, 250.

BOSJORNZ, 68.
BOSO, BOSOM. F. Petrus, 45, 79.
BOSQET, BOSQUEZ. V. Boschez.
BOTELLA. Johannes, 220.
BOTI, 86, 88.
BOVANTEIA. Guillelmus de—, scutarius, 51.
BOVEDONE. V. Boazo.
BOVER. F. Arbertus, 241, 252, 257.
» Armandus, 225.
» Arnaldus, 217, 226.
» W., 78.
BOVET. Amalricus, 46.
» Bertrandus, 199, 213, 224.
» Orfresia Malamanus, uxor Bertrandi, 199.
» Petrus, 36.
BOZH (port sur l'Ouvèze, près Roaix, Vaucluse), A. I n° 6.
BRAIMANT. Odo, 88, 96.
BRANTOL (Brantes, Vaucluse).
» W. Petrus de—, 190.
BRAZ. F. Fulco de—, magister, 97, 199, 201, 208, 212, 213, 214, 216, 217, 218, 219, 220, 221, 223, 224, 225, 226, 252.
BRENTE, BREMTO (l. d. entre Richerenches, Visan et la Baume-de-Transit) (1), 18, 19, 28, 29, 30, 31, 32, 185, 186, 220.
BRETEURZ. Arnaudus, 173.
BRIANZ. V. Montesecuro.
BRICII. Petrus, 217, 233.
Bricius. V. Fabri.
BROTINEL. Gi., 106.
» Petrus, 199, 223.
» Poncius, 223.
BRUN. F. P., A. II.
BRUNCS. V. Brunet.
BRUNENC. Bermundus de—, 71.
» Erminia, filia Bermundi, 71.
» Narbona, uxor Bermundi, 71.
» Poncius, 71.
Brunescendis, Brunissens. V. Avisano.
BRUNET, BRUNETUS, BRUNCS. F. Wilelmus—, 31, 32, 43, 44, 49, 50, 56, 58, 59, 60, 61, 64, 66, 67, 69, 72, 73, 74, 76, 77, 79, 80, 136, 141, 144, 152, 153, 156, 159, 195.
BRUNI. F. P., A. II.
BRUNICARDI. Petrus, 123.
BRUNUS, 115.
» Azaimarus, 93.
» Petrus, 45, 127.
» Ripertus, 127.
Brunus. V. Fabri.

---

(1) Peut-être aujourd'hui la Bastide d'Aquin, où se voient de beaux restes d'une vaste construction attribuée au Temple par la tradition locale.

Brus. Pe., 96.
» Raimundus, 230.
Brusiaco. Deodatus de—, preceptor, 259, 261.
Bubulcus. F. Arbertus, Albertus, 227, 235, 237, 238, 242, 243.
Bulbuton. V. Bolboton.
Bulzedone. V. Boazo.
Burgo. Aimeus, uxor Raimundi de—, 207.
» Lucia, filia Raimundi, uxor Raimundi Maltenc, 207.
» Marescot, 97, 207, 208.
» Poncius, armiger, 32.
» Poncius Truc, 49, 50, 61, 64, 67.
» Raimundus, 97, 207.
» Raimundus Truc, canonicus Sancti Rufi, 96, 207.
» Stephanus Truc, 96, 97, 207, 208.
Burgundia. V. Bertrandi, Sancto Michaele.
Burgus Sancti Andeoli (Le Bourg-Saint-Andéol, Ardèche), A. II.
Burlaran. Petrus, 10, 41.
Buxo. Wilelmus de—, 122, 123, 184.

C

Cabannas. Petrus de—, 188.
Cabaz, Chabas. Li—, 119, 199.
» Ricardus, 205, 257.
» Ugo, 205.
» Wilelmus, 205, 257.
Cabreliano, Cabriano (Chabrillan, Drôme).
» Ainardus de—, 23.
» Arnaldus, 45.
Cabreriis. Petrus de—, 36.
Cachola. Petrus, 45.
Cadarossa (Caderousse, Vaucluse).
» Petrus de—, 5, 89, 174, 201, 231.
» R., 88.
» Raimundus Wilelmus, 258.
» Resplendina, uxor Wilelmi, 34.
» Ripertus, 22 (cf. Sancto Michaele).
» U., canonicus, 190.
» Wilelma Pelestorta (de Taulignano), uxor Petri, 231, 258, 259, 262.
» Wilelmus, 5, 34, 58, 89.
Cais. V. Chais.
Calcamairoz, Chauchamairoz, mansus (sur le bord de l'Elson, c^{ne} de Richerenches, Vaucluse), 12, 18, 103, 170, 205, 257.
Calmo, la Chalm (Lachau, Drôme).
» Johannes de—, 179.
» Raembaldus, 179.
» Ugo, 93.

Calveira, Calveria, Chalveira. Arelatensis, 4, 5, 34, 64, 89.
» Arnaldus, 122, 123.
» Bertrandus, 258, 259.
» Ermeniardis, uxor Poncii, A.I n° 6.
» Maria, mater Poncii, A. I n° 6.
» Petrus, 46, 90, 113, 122, 123, 233.
» Pontius, 113, 123, 206, 236, A.I n° 6.
» Wilelmus, 111, 122, 233, A.I n° 6.
Calvetus. V. Letericus.
Calvi. F. W., 97, 257.
Calvinus, Chalvinus. F. Wilelmus, 103, 105, 106, 112, 114, 118, 126, 127, 205, 208, 219, 225, 226, 234.
Camaretum. V. Chamaretum.
Cambiator, Cambitor. Radulfus, 10, 41.
Camelus, Mons Cameli, Chalmai (Montchamp, l. d. et chapelle, c^{ne} de Malataverne, Drôme), 123, 227, 228, 245, 246.
Campus Lassus, Champlas (anc. l. d., c^{ne} de Montségur, Drôme), 20, 111, 191, 250.
Campus Lauterius (anc. l. d., c^{ne} de Richerenches, Vaucluse), 89, 164, 177, 187.
Campus Pauli (anc. l. d., c^{ne} de Richerenches, Vaucluse), 74, 75, 189.
Campus Rotundus (anc. l. d., c^{ne} de Richerenches, Vaucluse), 77.
» de Berra (anc. l. d., c^{ne} de Grignan, Drôme), 195.
Caors. F. Petrus de—, claviger, 227, 228, 229, 235, 237, 238, 241, 242, 247.
Capitislongi. Stephanus, 15.
Carboneiras. Bertrandus de—. V. Gigundaz.
Carbonelli. Laugerius, 27.
Carona. U. de—, diaconus et canonicus regularis, 190.
Carpentraz (Carpentras, Vaucluse), Carpentoratensis. Fulcherius de—, Vasionensis canonicus, 51, 190.
Carrella, Karella, 223.
» Bertrandus, 86, 137, 209.
» Rostagnus, 209.
Carrovols. V. Charrovols.
Carsano. Bertrandus de—, miles, A.II.
Cassignana. V. Chaisilana.
Castaneus, 124.
Castel, Chastel. Bermundus de—, 166.
» Raimundus, 166.
» Ugo, 261.
Castellanus. Wilelmus, 36.
Castellone. Stephanus de—, 60.
Castellumnovum, Castrumnovum, Chastelnou (Châteauneuf-du-Rhône, Drôme), 25.
» Gerardus de—, 154.

21

» Imbertus, 45.
» F. Petrus, 133.
» Petrus Trabucs, 73.
» Saramannus, 73.
» Wilelmus, 73, 81, 93, 95, 96, 102.
CASTELLUMDUPLUM, CASTRUMDUPLUM (Châteaudouble, Drôme), 50.
» Lambertus de—, 216.
» Petrus, 66.
CATBERTUS, CHATBERTUS. F. 76, 77, 84, 85, 93, 97, 98, 100, 103, 104, 105, 106, 112, 114, 115, 116, 118, 119, 124, 126, 132, 136, 142, 144, 151, 154, 161, 163, 164, 168, 175, 177, 189, 191, 192, 194, 196, 197, 208, 209.
CAUZONAZ, 176.
CAVALLER, MILES, CHAVALLERS. Bertrandus, 79, 188.
» Petrus, 204, 238.
» Poncius, 37, 40, 78, 188.
» Wilelmus, 204, 222.
CAVALLONE (Cavaillon, Vaucluse ?). Raimundus de—, 74.
CEAL. Pontius, 230.
CEDRO. Arnulfus de—, 54.
» Giraldus, 41.
» Poncius, 21.
CEGUNOLIS. F. Berengarius de—, 7.
CELLARES AUREI (anc. l. d., c^{ne} de Richerenches, Vaucluse), 2, 89, 187, 221.
CENTANERS. Raimont de—, 205.
CEPARTUS, CEPARDI. Gi., 103, 105, 118.
CERCOIS. Endia, uxor Rainaudi de—, 139.
» Rainaudus, 139.
CERLIS. Guilelmus, 96.
CERRIA. Wilelmus de -, 93.
CERVELLI. Pontius, 248, 249.
CERZAZ (Cersat, l. d., c^{ne} d'Aiguebelle, Drôme).
» Ripertus de—, 40.
CERZUS, 174.
CHAAFALC (le Chaffaut...). Johannes del—, 93, 99.
CHABAZ. V. Cabaz.
CHABRAZ, CHABRERIUS, 222, 231, 244.
CHADAROSSA. V. Cadarossa.
CHAFRENS. Li - . V. Valriaz.
CHAIRON. El— (anc. l. d., c^{ne} de Richerenches, Vaucluse), 103.
CHAIS. CAIS. Arnaudus, 173.
» Bertrandus, clericus, 238.
» Bertrandus, 78, 212, 218, 233, 235, 247.
» Ismio, 124.
» Petrus, 43, 65, 78, 93, 134, 188.
» Radulfus, 170.
» Ugo, 84, 142, 191, 201, 202, 212, 233, 238.
» Wilelmus, 34, 93, 212, 218.

CHAISILANA, CASSIGNANA, CHAISIGNANA (Chichilianne, Drôme, ou Sechilienne, Isère).
» Petrus de—, 103, 104, 105, 115, 118, 124, 126, 199.
CHALABOSC. Pe. de—, 255.
CHALANCONE, CHALANCHO (Chalencon, Drôme).
» Petrus de —, 38.
» Raimundus, 38, 120.
CHALCHAMAIROZ. V. Calcamairoz.
CHALM. V. Calma.
CHALMAZET. Arbertus de—, 233.
» Petrus, 233, 238, 243.
CHALMAI. Radulfus, 228.
CHALMAIZ. V. Camelus.
CHALVEIRA. V. Calveira.
CHALVETI. F. Wilelmus, A. II.
CHALVINET. Pontius, 97, 208.
CHALVINUS. V. Calvinus.
CHAMARETUS, CAMARETUS (Chamaret, Drôme), 63, 79, 80, 92, 120, 191, 213, 215, 250.
» Amalricus de—, 92, 104, 119, 250.
» Dodo, 46, 63, 92.
» Petrus, 74, 76, 77, 144.
» F. Petrus, 258, 259.
CHAMBAIREU. Bertrand, 157.
CHAMBAREL. Stephanus, 262.
CHAMBO. F., 217.
CHAMBRIER. F. Daude, 258.
CHAM BATTALIER (anc. l. d., c^{ne} de Saint-Paul-Trois-Châteaux, Drôme), 90.
CHAMIN REIAL (voie Romaine), 90.
CHAMMEIER (Chamier, c^{ne} de Saint-Paul-Trois-Châteaux, Drôme), 90.
CHAMPLAS. V. Campus Lassus.
CHANTAMERLE (Chantemerle, Drôme), 242.
» Bertrannus de—, 116.
» Imbertus, 218.
CHANABAZE (Chanabasset, c^{ne} de Saint-Paul-Trois-Châteaux, Drôme), 90.
CHAORS. V. Caorz.
CHAPUS. Wilelmus, 246.
CHARREIRA. Bernardus, 106.
CHARROVOLS, CHARROULIS, CHARROFOLIS, CORROFOLI, CARROVOLIS (Charols, Drôme).
» Eustachius de—, 25, 26.
» Johannes, 26.
» Lucia, uxor Riperti, 25, 26.
» Petrus, 26.
» Poncius, 26, 171, 191, 195, 220.
» Raimundus, 26.
» Ripertus, 3, 19, 23, 24, 25, 26, 39, 89.
» Wilelmus, 26.
CHASELLAE (anc. l. d...), 214.
CHASLUZ. Rollandus de—, 96.

CHASTEL. V. Castel.
CHASTELNOU. V. Castellumnovum.
CHATBAUDUS, CHATBAUZ. Arnolfus, 194.
» W., miles, 260.
CHATBERTUS. V. Catbertus.
CHATFRES, CHATFREDUS. Wilelmus, 129, 130.
CHAUCHAZ, 130.
» Petrus, 230.
CHAUCONAZ, 167.
CHAUSANZ (Chausan, c^{nes} de Mirabel et de Nyons, Drôme), 68.
CHAUVINI, CHAUVIS. Geraldus, 262.
» Petrus, presbiter, 93, 96, 98, 102, 207.
CHAVALERS. V. Cavaller.
CHRISTOPHORUS, 234.
CIGUER. F. Milo de—, 162, 163, 164, 167, 173, 177, 179, 182, 184.
CLAIREU, CLEIREU (Clérieux, Drôme).
» Matelina, uxor Silvii de—, 30, 88, 96.
» Raimunda, uxor Rotgerii, 95.
» Rotgerius, 81, 88, 93, 95, 96.
» Silvius, 30, 51, 88, 96.
» Wilelmus, abbas Sancti Felicis, 96.
CLAIROLAS. Arnulfus, 81.
CLARENSAC (Clarensac, Gard). F. Raimundus de—, 258, 259.
CLARENCZAYAS, CLARENZAIS (Clansayes, Drôme), 183, 193, 252.
» Amalricus de—, 213.
» Petrus, 86.
Claris. V. Sancto Gervasio.
CLAROMONTE (Clermont. c^{ne} de Chirens, Isère).
» Ugo de— 255.
» Wilelmus, 255.
CLAUSTRA. F. Gaufredus de—, 260, 261.
CLAUSTRO. Wilelmus de —, 10.
CLAUSTRUM (anc. l. d. d'Orange, Vaucluse ?), 21, 22.
CLAUSUS COMITALIS (anc. quartier d'Orange, Vaucluse), 10.
CLEMENT, CLEMENTIS. Imbertus, 96.
» Poncius, 70, 114, 166.
» Petrus, presbiter, 3, 17, 70, 89.
CLEU (Cleon d'Andran, Drôme).
» Poncius de-- 131.
» Ugo, 111.
CLIBARII. Guilelmus, 247.
CLOP. Giraldus, 142.
CLOT. Monis de—, 255.
CLUGNIACENSIS, 201.
COCS, COQUS. F. Wilelmus, 76, 77,
99, 100, 103, 104, 105, 114, 115, 116, 118, 120, 124, 126, 127, 153 (2° texte), 171, 177, 179, 183, 189, 192, 199, 202, 205, 210, 211, 214, 216, 220, 221, 224, 225, 226, 227, 233, 234, 235, 237, 238, 242, 250, 257.
» Stephanus, 216.
COCZA. Bertrandus, 126.
» Petronilla, uxor Petri, 126.
» Petrus, 126.
COEIRAS (anc. l. d., c^{ne} de Saint-Paul-Trois-Châteaux, Vaucluse), 90.
COIRATERS, CORIATARIUS. F.Ademarus, 229, 238, 243.
COIRO. Garnier, 90.
COL. El — (anc. l. d., quartier de Barry, c^{ne} de Bollène, Vaucluse), 42, 206.
COLOMBERS, 92.
COLOMP, COLUMBI. Bonet, 217, 220.
» Petrus, 124.
COLONZELLAE, DE COLONZELLIS (Colonzelle, Drôme), 3, 4, 9, 16, 17, 20, 38, 61, 69, 76, 89, 100, 111, 114, 119, 127, 145, 155, 163, 168, 179, 183, 184, 187, 193, 199, 201, 212, 217, 219, 240, 252, A.II.
» Decanus de—, 114.
» Bermonets de—, 120.
» Bermundus, 106, 114, 199.
» Giraldus, 156, 158, 160.
» Michael, 3, 89.
» Pontius, 76, 77.
» Wilelmus, 217.
COMBA (anc. l. d. de Barry, c^{ne} de Bollène, Vaucluse), 206.
COMBAS (anc. l. d., c^{ne} de Saint-Paul-Trois-Châteaux, Drôme), 90.
CONI (anc. l. d., c^{ne} de Saint-Paul-Trois-Châteaux, Drôme), 90.
CONIS. F. Rostagnus de—, preceptor, A. II.
CONRADUS, imperator, A. I n° 6.
CONSTANTINUS. F., 75, 78, 86, 146.
Constantinus. V. Sancto Paulo.
CONTRAST. F. Arnardus de—, 7.
COQUS. V. Cocs.
CORIATARIUS. V. Coiraters.
CORNABROC. V. Balmis.
CORONA. Condamina (La Coronne ([1]), quartier, c^{ne} de Valréas, Vaucluse), 109, 260.
CORNUTI. Wilelmus, 131.
CORRENTILLA. W. Bermundus —, 252.
CORT. Poncius de la—, 131.
COSME. F. Wilelmus, 258, 260, 261.

([1]) Ce quartier a imposé plus tard son nom à l'Elson, aujourd'hui « rivière de la Coronne », mais encore appelé Elson dans la charte n° 260 qui est de 1212.

Cost. Jorda de—, 92, 174.
» Raimbaldus, 63.
Costa. F. Pontius de—, 227, 238, 240, 242, 243, 245.
Coste. Wilelmus, 248, 249.
Cotarelz, 51.
Coza. V. Cocza.
Crassus, Gras, Grassi. Geraldus, 30.
» Peire, 79.
» en Raimun, 90.
» Wilelmus— de Sancto Paulo, 93, 96, 98, 99, 102, 119, 120, 196, 197, 207.
Crest. Villa (Crest, Drôme), 45.
» Arnaldus de—, 45.
» Petrus, 223.
» Pontius, 223.
» Raimundus, 76, 77, 154.
Crilone (Crillon, Vaucluse). R. de—, 78.
Crispinus, 164.
Croza. La— (anc. l. d...), 227.
Cruaz (Cruas, abbaye, Ardèche), 96, 207.
» Abbas de—, 96, 207.
Cruceolis, Crusol (Crussol, c^{ne} de Guilherand, Ardèche). F. Raimundus de —, 31, 51, 53, 56, 58, 60, 153.
Crux Pastorissa (anc. l. d. formant limite de Bourbouton et la Baume-de-Transit), 89, 187, 188.
Cumba (anc. l. d. de Barry, c^{ne} de Bollène, Vaucluse), 42.
Cuntes. Arbertus, 21.
Curtedon (Courthezon, Vaucluse), 54.

D

Dalmada. V. Dalmaza.
Dalmacius. F. V. Roča.
» Clericus, 79, 80, 136, 144.
» Monachus Sancti Saturnini, A.II.
» 199.
» Bertrannus, 74, 76, 77.
» Elisiarius, 60.
» F. Geraldus, 61, 66, 69, 73.
» Geraldus, 29, 67, 74, 156, 185, 195.
» Imbertus, 177.
» Nicola de Avisano, uxor Ugonis, 84.
» Odo, 220, 260.
» Petrus, filius Gontardi Lupi, 34, 119, 129.
» Poncius, 60, 63, 204.
» Raimundus, 235.
» Rostagnus, 4, 46, 60, 89.
» Ugo, 60, 61, 81, 84, 85, 161, 213, 220, 231, 232, 237, 260.
» F. Wilelmus, A.II.

(Cf. Boazo, Lupus, Monteforti, Montegaudio, Rocafort.)
Dalmacius. V. Balmis, Roca, Rocafort, Valriaz.
Dalmadius. V. Odanus.
Dalmals. V. Dalmacius.
Dalmaza, Dalmida. V. Berengarius, Bodic.
Dalphini. Dominus comes —, 255.
Damiani, 60.
Daniels, Danieli. Geraldus, 205, 214, 257.
» Petrulus, clericus, 252, 254.
» F. Petrus, 253.
» Petrus, beiles, 6.
» Petrus, 96, 205, 207, 216, 240, 241, 257.
Darbocio. Petrus de—, 34.
David. Petrus, 79, 143.
Davis. Presbiter, 109.
» Johannes, 204.
» Petrus, 139.
» Poncius, 204.
» Rigaldus, 204.
» Ripertus, 204.
» Wilelmus, 204.
Denc. W., 180.
Deodatus, Daude, Deude, Dodo, Doo, Do. V. Brusiaco, Chamareto, Chambrier, Fauchez, Stagno, Valriaz.
Deportus. V. Palude.
Desiderius, Disdier. Lambertus, 237.
» Poncius, 90, 237.
» Wilelmus, 237.
Desiderius, Disderius. V. Faber, Pisanza.
Deude. V. Deodatus.
Deudez. Raimundus, 191.
Deuslogart, 193.
» Johannes, diaconus, A.II.
» R., 93.
Dia, Diensis (Die, Drôme), 32, 174.
» Episcopus—, 174.
Disdier. V. Desiderius.
Do. V. Deodatus.
Dodo, 20, 111.
» Bertrandus, 28.
Dodo. V. Deodatus.
Dodon. Wilelmus – Balchianus, 60.
Dohonessa. Wilelma, 246.
Doiza. V. Rosilloz.
Dolonna. W. de—, canonicus, 190.
Domo. Guilelmus de—, 228.
Donadeus, decanus Sancti Saturnini, A.II.
Doo. V. Deodatus.
Dooi. Poncius, presbiter, 160.
Dozera (Donzère, Drôme). Bertrandus de— 90.
» Peregrina, mater Petri, 122, 128.
» Petrus, 48, 113, 122, 128.

Douza. V. Berengarius, Girunda.
Dozo. V. Taiseiras.
Draconetus, Dragonez. V. Barre, Montedracone.
DUCHESSA. Domna — (¹), 255.
DURANDI. Petrus, 216.
Durant. V. Belmunt, Genzana.

E

EBREUS, ABREUZ, HABREI. F. Stephanus, 183, 184, 186, 189, 193.
ECHER. F. Petrus, 81, 127.
ECHOR. Petrus, 106.
EGER, EGUER (l'Aygues, riv.), 34, 211, 229, 248.
EGIDERII. Raimundus, 61.
EGUEZER. Guilelmus, 127.
ELDEBERTI. V. Aldeberti.
ELIAS. F., 80, 149.
» A. I n° 6.
» Johannes, 164.
» en Peiron, 90.
Elisabet. V. Engelranz, Ermembertus, Pla.
Elisiarius, Elsiarius, Elsiarz. V. Albuzon, Avisanum, Boazo, Gigundaz, Laupie, Montesecuro, Podio, Ricavus, Valriaz.
ELSIAR. Fias, uxor Petri, 230.
» Geraldus, 262.
» Petrus, 75, 168, 230.
ELZIARZ, 199.
ELSON, ELZON, ALSON, HELSON (auj. riv. de la Coronne), 1, 2, 3, 4, 5, 8, 9, 11, 14, 16, 18, 47, 50, 66, 67, 89, 100, 116, 119, 127, 136, 152, 153, 155, 158, 159, 168, 170, 173, 183, 187, 193, 199, 203, 212, 214, 216, 217, 219, 225, 226, 234, 238, 240, 244, 252, 260.
Ema. V. Borno, Ricavus.
EMEMBERT, 89, 187.
Emeno. V. Garda, Sabran.
Endia. V. Cercois.
ENGELRANZ, ENGELRANNI, HENGELRANDI, ENIHELRANZ, ENGELINNI, 76.
» Geralda, uxor Willelmi, 217.
» Geraldus, 120.
» Helisabet, uxor Stephani, 120.
» Petrus, 61, 66, 69, 70, 84, 85, 132, 139, 142, 143.
» Pontius, 69, 139, 142, 143.
» Raimundus, 120.
» Wilelmus, 120, 217.
ENIHELBOZ. Prior de Abolena, 163.
» Girauz, 163.

EPISCOPUS. Aurasicensis. V. Amicus, Florencii, Wilelmus.
» Diensis. V. Dia.
» Podiensis. V. Humbertus.
» Tricastinensis. V. Geraldus, Grillon, Petralapta, Ugo.
» Valentinensis. V. Eustachius.
» Vasionensis. V. Berengarius.
» Draconetus dictus—. V. Barre.
EQUITARIUS. R., 74.
ERBOTGES. G., 102.
ERMEMBERTUS. Bertrandus, 157.
» Elisabet, filia Bertrandi, uxor Petri del Pla, 157.
» Lucia, filia Bertrandi, uxor Geraldi dell' Ort, 157.
ERMENGAU. Ugo, 15, 212.
Ermenia. V. Brunenc.
Ermeniardis. V. Calveira.
ERRICHARENSIS. V. Richarensis.
ESCAFREDUS. F., 36.
ESCOLA. Rostan de l'—, 90.
ESCOFER, ESCUFERS, L'ESCOFERS. Arnauz, 85, 132, 137.
» Bernart, 212.
» Bertrandus, 111.
» Martis (Martinus), 162, 177.
» Gi., 104.
» Petrus, 78, 212.
» Po., 100.
» F. Ugo, 259, 261.
» Vizias, 76, 77, 79.
« Wilelmus, 177, 192.
Esmido. V. Ismido.
ESPARRON, SPARRO, ESPEROT (Esparron....).
» Wilelmus de—, 111, 112, 179, 183, 199, 201, 204, 214, 220, 222, 225, 226, 234.
ESPELUCA, SPELUCHA (Espeluche, Drôme).
» Johannes de—, 166 (1ᵉʳ et 2ᵉ texte).
ESTAN (D'—). V. Stagno.
Estanconia. V. Malerufus.
ESTEL (D'—). V. Stella.
ESTEVES. Wilelmus, 95.
Esteves. V. Montilium, Vels.
ESTONILZ (L'Estagnol, cⁿᵉ de Suze-la-Rousse, Drôme ?), 186.
ESTOLTZ. Berengarius, 81.
EUSTACHIUS. Comes (Valentinensis, et episcopus, qui fuit, Valentiae civitatis), 23. (Cf. Wilelmus, prepositus Valentinus.)
» Prepositus (Valentinensis). V. Pictaviensis.
» F., 227.

(¹) Béatrix, Dauphine, duchesse de Bourgogne.

282   TABLE DES NOMS DE LIEUX ET DE PERSONNES

Eustachius. V. Charrovols, Pictaviensis, Poiet.
EUSTORGIUS, 42.

F

FABER, FABRES, FABRI, 90.
» Arnaut, 84, 177.
» Bricius, 61.
» Brunus, 45.
» Disderius, 201.
» Geraldus, 201.
» Luneus Malerufi, uxor Raimundi, 238.
» Petrus, 90, 170, 180.
» Poncius, 93.
» Raimundus, 238, 253.
» Ugo, 167, 170, 171.
» Wilelmus, 177, 192, 201.
FABRIGAS (anc. l. d....), 55.
FALCO, FAUC. Capellanus de Chamare, 215.
» Amalricus de—, 165, 175, 203, 209.
» Antevena Bellonis, uxor Bertrandi, 60, 187.
» Barasta, filia Wilelmi Barasti, uxor Amalrici, 203.
» Bertrandus, 31, 60, 85, 96, 111, 132, 165, 175, 187, 188, 191, 207, 209.
» Bertrandus, monachus Clugniacensis et decanus Colonzellarum, 201.
» Bertrandus, monachus Aquaebellae, 203, 205, 257.
» Petrus Amalricus, 111, 158, 175, 193, 202, 209.
» Radulfus, 86, 130, 199.
» Ugo, 199.
» Wilelmus, 95, 203.
Falco. V. Petorts, Sancto Gervasio, Tel, Torno.
FAUCHET, FAUCHEZ. Arnaudus, 199.
» Doo, 205, 257.
» Maria Malamanus, uxor Arnaudi, 199.
» Wilelmus Arnaudus, Guillemarnaudus, 199, 205, 212, 213, 218, 257.
FAURE. Peire, 6.
FERALDUS. 260.
» Petrus, 260.
» W., 260.
FEROZ, FEROTS. Wilelmus le—, 81, 96.
FERRENZ. Bertranz, 137.
Fias. V. Elsiar.
FIDELZ. F. Ugo, capellanus, 260.

FIGAIROLAE (anc. l. d....), 3.
FILLINAS (Félines, Drôme). Arbertus de—162.
Fina. V. Amalricus.
FLAMMA. Poncius, 93, 96, 152, 155, 188, 189.
» Wilelmus. 215.
FLEISA (La), (l. d. de Barry, c^{ne} de Bollène, Vaucluse), 42, 206.
FLOAUT. Po., capellanus, 98.
FLORENCII. Raimundus, 2.
» Ugo, episcopus Aurasicensis, A. II.
FLOTA. Raimbaldus, Tricastinensis et Vasionensis canonicus, 240.
Folco. V. Braz.
FOLLAS. Poncius de—, 255.
FOLRAZ, FOLRADI, FULRA. Blanca, 189, 215
» Geraldus, 80, 84, 93, 96, 102, 188, 189, 215.
» Lucia, uxor Riperti, 189.
» Ripertus, 1, 2, 3, 5, 14, 47, 49, 50, 61, 73, 76, 77, 84, 85, 86, 88, 89, 93, 96, 102, 103, 105. 118, 129, 132, 136, 141, 151, 161, 164, 168, 172, 175, 176, 177, 183, 187, 188, 189, 191, 207, 209, 215.
» F. Ripertus, 252.
FON (La), (anc. l. d., c^{ne} de Saint-Paul-Trois-Châteaux, Drôme), 90.
FONS, condamina, 20.
FONTES (anc. l. d., c^{ne} de La Garde-Adhémar, Drôme?), 129.
FONT PENCHENAA, 173.
FORN. F. Ponz del—, 258.
FORN DE CORONA (anc. l. d., c^{ne} de Valréas, Vaucluse), 60.
FORNARIUS, FORNER. Laugerius, 36.
» Michael, 219, 224.
» Wilelma Rollandi, uxor Wilelmi, 166.
» Wilelmus, 166.
FOUZIERI, 90.
FRAMBERTI. Gilelmus, 43.
FRANCESC. Filius Rainaldi, 51, 52.
» Guigona, uxor Rainaldi, 51.
» Joanz, 191, 194.
» Rainaldus, 51, 52.
FRANCIGENA. F. Wilelmus—, 29, 185.
FRANQUETUS, clericus, A.II.
FRATER. Thomas, 189.
FREDELES. Rainoardus, 21.
FREDERICUS REX, 190.
FREDOL, prior claustralis Sancti Saturnini, A.II.
FRENARIUS. Wilelmus, 74, 139, 143, 155.
FROGERIUS. Poncius, 24.
FULCHERII. Poncius, 45.

Fulchertus. V. Carpentraz.
FULCO, sacerdos et canonicus regularis, 190.
FUMEL. Raimundus de—, sacerdos, 99, 106.
FURNO. F. Bernardus de—, 252.

G

G. V. Bordels, Grillon, Nelziar, Portu, Rapina, Sancto P., Tuis.
GACEIA. Martinus, 129.
GADUM AMAUGER. V. Amauger.
GAIAUT. Bertrandus, 234.
GAITBERZ. Pontius, 137.
Galburs, Galburgis. V. Bistorres.
Galdemarius. V. Salis.
Galiana. V. Malasmanus, Montesecuro, Ricavus.
GALTERII, 111.
GALTERIUS, GAUTERIUS. Presbiter, 129.
» 44.
» Geraldus, 85, 132, 198.
» Petrus, 116, 230.
» Pontius, 124, 182, 194, 198, 234.
» Wilelmus, 61, 85, 132.
Galterius, Gauterius. V. Montesecuro, Petralapta, Senis, Vetulus, Vetus.
GARCI, GARCINI. Geraldus, 171, 179, 183, 184, 189.
GARDA (La), (La-Garde-Paréol, Vaucluse), 34.
» (La-Garde-Adhémar, Drôme), 129.
» Emeno de—, 34.
» Lucia, uxor Wilelmi Petri, 34.
» Petrus, Tricastinensis sacrista, 227, 250.
» F. Petrus, 227.
» Petrus, 113, 127, 186.
» Poncius, 93, 112.
» Poncius Umbertus, 1, 47, 48.
» Tritmundus, 34.
» Wilelmus, 34, 74, 93.
» Wilelmus Petri, 34.
GARDENI. Petrus de—, 72.
GARENIAUS. W., 78.
GARENTON, 259.
GARINUS. Infans, 52.
» Sutor, 227, 229, 233, 235, 243, 247.
Garinus. V. Balmis.
GARNERIUS, monachus et prior de Rogerie, A. II.
GARRIGA, 102.
» MALA (anc. l. d., c^{ne} de Richerenches, Vaucluse), 3, 14, 19, 103.
GARRIGAS. Petrus de—, 103, 104, 105, 114, 118.
Garsenz. V. Ademari de Montilio.
Gasca. V. Montealbano, Montedracone.

GASTAUZ. Johannes, 20.
GATBERT DE TREVAS. Ponz, 162.
GAUCELMUS, GAUCELINI. Berengarius, 137, 146.
» F. Wilelmus, 76, 77, 79, 80, 86, 129, 139, 141, 142, 143, 144, 146, 149, 151, 153, 154, 155.
Gaucelmus. V. Picmaur.
Gaucerandus. V. Avisano.
GAUCERANNUS, 73.
» Poncius, 93.
GAUDESENNA, 90.
» Johan, 90.
GAUFRE. F., 80.
GAUFRIDI. F. Ugo, 100.
Gaufridus, Gaufre. V. Avinione, Balmis, Barre, Claustra, Gigundaz, Montedracone, Poncii, Valriaz.
GAUTERIUS. V. Galterius.
GELAFREDI. Bernardus, 39.
GENZANA. Durant, 90.
Geralda. V. Albagnano, Engelranz.
GERALDUS, GIRARDUS, GUIRALDUS, GIRAUZ. Tricastinensis episcopus, 3, 48, 60, 89, 187.
» F., 167, 168, 171, 178, 179, 192, 194.
» Presbiter de Sancto Valerio, 201, 202.
» Clericus de Avisano, 186.
» Clericus de Grilione, 64, 67, 186.
» Clericus, 81.
» Pelliparius, 199, 201.
» 12, 20, 151, 183, 189, 230.
» Lucia, uxor Raïmundi, 173.
» Petrus, 40, 124, 199, 210, 211, 222, 262, 258. Cf. Moidas, Valriaz.
» Petrus, pelliparius, 234.
» Poncius, 42, 206, 229, 231, 258.
» Raimundus, 112, 116, 119, 124, 145, 170, 173, 199, 205, 214, 238, 257. Cf. Balmis, Barnoinus, Valriaz.
» W., clericus, 178, 183.
» W.— de Margaritis, 61.
» Wilelmus, 42, 57, 64, 73, 81, 119, 136, 141, 170, 189, 199, 206. Cf. Avisano, Goirandi.
Geraldus. V. Adalgarius, Alamanz, Arnaldi, Arnulfus, Auger, Aurasica, Avisano, Balmis, Barchinonensis, Barnoini, Berbigera, Bertrandi, Blanc, Bolboton, Bordels, Castellonovo, Cedro, Chauvini, Clop, Colonzellis, Crassus, Dalmacius, Danielz, Elziardi, Engelranz, Enihelboz, Faber, Foiras, Garci, Gauterius, Giroardus, Grillon, Grua, Iorget, Iterius, Maineta, Malcenglas, Malicanis, Mirabello, Moioler, Monaudi, Monteforti, Montese-

curo, Monfepetroso, Ort, Pastor, Pelliparius, Picmaur, Podioacuto, Podio Sancti Martini, Richerius, Ricolfus, Roca, Rostagnus, Sancto Paulo, Sancto Restituto, Sant Pastor, Sutor, Taulignano, Tornafort, Trela, Valriaz.

GERINI. R^{us}, 58.

Gi. V. Auriol, Brotinels, Cepartus, Escofer, Tardiu.

GICARDI. Cf. Guichardi, Guiscardi.
» Petrus, canonicus Sancti Pauli, 60.

GIGO, GIGONA. V. Guigo, Guigona.

GIGUNDAZ, IOCUNDAZ (Gigondas, Vaucluse), 53, A. I n° 7.
» Illi de—, 89, 187.
» Aimeruz, uxor Bertrandi Willelmi de – 58, 89, 187.
» Bertrandus, 54, 89, 187.
» Bertrandus de Carboneiras, 2.
» Bertrandus Wilelmus, 58, 89, 187.
» Elisiarius, 74, 154, 159, 163, 164.
» Gaufridus, A. I n° 7.
» Isarnus, 2, 53, 54, 89, 187.
» Raimundus, 54, 89, 187.
» Raimundus Isarni, 2.
» Richardus, 201.
» Rostagnus, 53.
» Wilelmus, 53.
» Wilelmus Isarnus, 2, 53, 54, 89, 187.
» Wilelmus de Podiocalvo, 58, 89, 187.
» Wilelmus Raimondi, 53. (Cf. Bistorres).

GILELMUS. V. Wilelmus.

GILIS. Petrus, 68, 162, 163, 164.

GILONIO. Rodbertus de—, 24.

GIRALDUS, GIRARDUS, GIRAUDUS. V. Geraldus.

GIROARDI, 182.
» Giraldus, 184.
» Iohannes, 184.
» Lambertus, 124, 184.

GIRUNDA. V. Berengarius.

Giscardus. V. Guiscardus.

Giusdus. V. Sancto P.

GLANDUZ. Wilelmus, 24.

GOIRANDI. Bernardus, 41.
» Petrus, 141.
» Raimundus, 41.
» Wilelmus Geraldus, 41.

GONDOI. Petrus, 216, 225, 226.

Gontardus, Gontaris. V. Lauterius, Lupus, Roians, Taulignanum.

GONTIER. Giraut, 90.
» Lambert, 90.
» Peiron, 90.
» Wifelmus, 90, 228, A.I n° 6.

GOTOLEN, 60.

GRAIGNANUM, GRADINA, GRAIGNA (Grignan, Drôme), 111, 174, 203, 217, 229, 243.
» Ademarius de—. V. Ademari de Montilio.
» Guigo Graneti, 60, 174, 181, 195.
» Laugerius, 78, 227, 235.
» Maljox, 181.
» Odo (Odo Maljox), 102, 120, 174, 181.
» F. Odo Graneti, 181, 195.
» Petrellus, Petrus, 73, 174.
» Petrus Granetus, 227, 236.
» Petronilla, 174.
» Raimundus, 96.
» Raimundus, monachus, A.II.
» Ripertus, 49, 61, 64, 156.
» Rostagnus, 111, 210, 211, 251.
» Stephanus, 217, 234.
» Wilelmus, presbiter, 96.
» Wilelmus, 96, 97, 120, 174, 207, 208, 213, 247, 250.
» W. Graneti, 62, 86.
» Wilelmus Granetus, canonicus Sancti Pauli, 227, 236.

GRALS. W., 255.

Grana. V. Amalricus.

GRANA (Grâne, Drôme). F. Wilelmus de— 2, 56, 58.

GRANET, GRANETI. V. Graignanum.

GRANOLETUM, territorium, stagnum, (anc. l. d., c^{ne} de Richerenches, Vaucluse), 1, 9, 13, 17, 47, 69, 70, 76, 77, 83, 84, 85, 98, 103, 120, 127, 132, 139, 141, 142, 143, 144, 152, 158, 165, 166, 182, 184, 187.

GRAS, GRASSI. V. Crassus.

GREGORIUS, 140, 170.

Gregorius. V. Balmis.

GRILLO, GRILLONUS. Sutor, 238, 243, 247.
» Guilelmus, sutor, 233.
» Raimundus, Valentinus, 230.

GRILLON, GRILIO, GRILLUM (Grillon, Vaucluse), 4, 56, 64, 67, 89, 109, 186, 187, 191, 210, 216, 217, 219, 225, 226, 237, 244, 248, A. II.
» Arnaldus de—, 99.
» Audeiers, 115.
» Bermundus, 106, 115, 126, 201.
» G., 78, 89.
» Geraldus, 3, 13, 195, 253.
» Iohannes, capellanus, 261.
» Latgerius, 13, 61.
» Nicolaus, 210, 211.
» Petrus Wilelmus, 191, 210, 211, 241.
» Pontius, episcopus Tricastinensis, 1, 7, 14, 27, 33, 47, 78, 89, 128.
» Pontius, 234, 253.

» R., 89, 120.
» Raimundus, 109, 258.
» Raimundus, capellanus, 134.
» Ripertus, 4, 13, 43, 134, 171, 175, 201, 203, 209, 253, 258.
» Rostainz, 213.
» Rotbertus, 3.
» Wilelmus, 3, 19, 35 (?), 89, 109.
GRIMONA. Petrus de—, 104.
» Pontius, 217, 234, 238.
GROS, GROSSUS. Bertrandus, 36.
» Marta, uxor Pontii, 192.
» Pontius, 192.
GRUA. Giraut, 90.
Gualburgis. V. Galburgis.
GUARDA. V. Garda.
GUERS. Petrus, 41.
GUICHARDI. Poncius, 70.
GUIDO, GUIO, GIO. F., 80.
» Petrus, 199, 219.
» Wilelmus, 96.
Guido. V. Vallauria.
GUIGO, GIGO, 177.
» Petrus, 237.
» Wilelmus, 234.
Guigo. V. Graignanum, Lautardi, Malerufus, Mouner, Terrazas, Valencia, Vescoms.
Guigona. V. Francesc.
Guilla. V. Roca, Seguini.
GUILLAFREDUS. Ricardus, 42.
» Stephanus, 42.
Guinanrdus (Guirandus). V. Simiana.
GUINTRANDI, GUINTRANNI. Agnes, filia Wilelmi, 136, 145.
» Rostagnus, 199.
» Ursa, filia Wilelmi, 136, 145.
» Wilelmus, 136, 145.
GUIO. V. Guido.
GUIONET, 219.
GUIRALDUS. V. Geraldus.
GUISCARDUS. F. V. Barre.
» gener Petri Amalrici, 158.
» Petrus, 156, 158.
» Raimundus, Aurasicensis canonicus, 21.
GUITARDUS. F., 7.
» (famille), 89, 150, 187.
» Bernardus, 202.
» Wilelmus, 76, 77.
» F. Wilelmus, 154, 159.
GUITBERTI. Nicolaus, sacerdos, 13.
» Petrus, 20.
» Petrus Rodulfi, 13.
» Rodulfus, 13.
GUNTARDUS. V. Gontardus.

Gusanz (Guisans, c^{ne} de Bouvières, Drôme).
» Nicolaus de—, 32.
» Poncius, 131.
» Poncius, donatus, 261.

H

HABREI. V. Ebreus.
HARBERTUS, 189.
Helisabet. V. Elisabet.
HELSON. V. Elson.
HELYAS. Mauricius, 216.
HELYE. Magister Johannes, 240.
Hema. V. Ema.
HENGELRANDI. V. Engelrandi.
HIMBERTUS. V. Imbertus.
HISNARDUS. V. Isnardus.
HOLERIA. V. Oleria.
HUGO. V. Ugo.
HUMBERTUS. Poncius, presbiter, 42.

I

Iacma. V. Maiavet.
Iarente, Iarento. V. Mesenc, Sancto Romano.
IARENTES. Wilelmus, subdiaconus, 115, 116.
IAUCERANNUS. F. Poncius, 97, 98, 99, 102, 103, 104, 105, 118, 127, 208.
» Wilelmus, 103, 104, 105, 118.
IEBELINUS, 34, 90, 236.
» Ahelmus, uxor ejus, 34.
IEROSOLYMA (^{1}), 60, 163, A. I n° 6.
IHATBERTZ. V. Catbertus.
IHOANNES. V. Iohannes.
ILLAS. Ugo dellas—, 181.
IMBERTUS. F., 258, 259.
» medicus de Sancto Paulo, 215.
» Petrus, 39.
» Poncius, sacerdos, 42, 57.
» W., 86, 181.
Imbertus. V. Castellumnovum, Chantamerle, Clement, Dalmacius, Manso, Morer, Pato, Salavarc, Sancti Egidii, Sauze, Taverna, Treugis.
INSULA (L'Isle-de-Venise, Vaucluse ?). Bermundus de—, 34.
IOCELMI. W., 180.
IOCUNDAZ. V. Gigundaz.
Iohanna. V. Barnoina.
IOHANNACIO, JOHANNAZ. F. Stephanus de—, 61, 164, 180.

(^{1}) Nous n'indiquons ici que les pièces mentionnant Jérusalem comme nom géographique, en omettant de renvoyer à celles très nombreuses où il est répété comme faisant partie du titre de « l'ordre du Temple de Jérusalem ».

IOHANNES. F., diaconus, presbiter, capellanus, 2, 50, 61, 64, 66, 67, 69, 124, 195.
» medicus, 81, 130.
» Petrus, presbiter, A.II.
» Petrus, 131, 199.
» Poncius, 39.
» Stephanus, clericus, 215.
» W., presbiter et canonicus regularis, 190.
Iohannes. V. Adalberti, Aigu, Albinus, Bermundus, Bernardus, Borbo, Botella, Galmo, Chaafalc, Charrovols, Davis, Deuslogare, Espelluca, Frances, Gastauz, Gaudesenna, Girroardi, Grillon, Montilium, Novellus, Pelliparius, Persona, Podio, Rufus, Sol, Taulignanum, Turretes.
IOIAUT. Stephanus, 182.
IOIAS. Wilelmus, 96.
IONCHERIIS. W. de —, 58.
Iorda, Iordanis. V. Cost, Petralapta.
Iordana. V. Barnoina, Mauha, Rossas.
IORDANUS, 131.
IORGET, IORQUET. F. Geraldus, 210, 211, 216, 217, 218, 219, 220, 221, 223, 225, 226.
Isarnus. V. Gigundaz.
ISENIARDA. V. Montesecuro.
Ismido. V. Ais, Chais, Pelliparius.
ISNARDUS, 182.
» Raimundus, 54.
Isnardus. V. Bistorres, Rascaz.
Isoardus. V. Avisano, Tueleta.
ITERIUS. F. Aimarus, 126, 199, 201, 237.
» Arnaldus, 197, 213, 222, 242, 247.
» Geraldus, 116, 222.
» F. Petrus, preceptor, 229, 231, 237, 241.
» Poncius, sacerdos, 42.
» R., 205.
» Raimundus, 201, 212, 220, 223, 225, 226.
» Rainois, uxor Ugonis, 106.
» Ugo, 106.
» Wilelmus, 116, 199, 202, 204, 210, 211, 212, 214, 216, 217, 219, 223, 225, 226.
Iuliana. V. Valriaz.
IUNCHERIIS. Condamina de —, 97, 207, 208.
IURT. Bos, 162.

K

KARELLA. V. Carella.

L

LAA. Testa, 93.
LAIA. Petrus de —, 51.
LAMBERTUS. F., 29, 81, 86, 93, 97, 98, 99, 100, 102, 111, 112, 119, 153 (2° texte), 164, 165, 167, 168, 170, 178, 179, 183, 184, 185, 189, 191, 194, 196, 197, 199, 204, 205, 208, 210, 211, 213, 214, 215, 216, 217, 218, 219, 220, 221, 222, 223, 224, 225, 226, 227, 229, 231, 234, 235, 238, 240, 241, 242, 243, 244, 245, 247, 250, 252, 254, 257.
» medicus Sancti Pauli, 201.
Lambertus. V. Audesenna, Bartolomei, Bertrau, Castellumduplum, Desiderius, Giroardi, Mounier, Roca, Rollandi, Sauze.
LAMBESC (Lambesc, Bouches-du-Rhône). Petrus, 199.
LANBERTI. Pontius, 170.
» Wilelmus, 170.
LANTELMUS, 114.
LANTERIUS. Michael, 119, 197, 201.
» Petrus, 201.
Latro. V. Longus.
LAUGERIUS, LATGERIUS, LEODEGARIUS.
» Bertrandus, 150.
» Petrus, 58, 89, 90, 187.
» Pontius, 137.
» Radulfus, 134, 188.
» Rixens, uxor Petri, 58, 89, 187.
» Rostagnus, 71.
» W., 71.
Laugerius, Latgerius, Leodegarius. V. Eldeberti, Balmis, Carbonelli, Fornerius, Graignanum, Grillon, Lombarts, Sancto Saturnino, Solorivo, Suza.
LAUPIE. Elsiardus, 39.
LAUPRANDI, 60.
LAURENCII. Wilelmus, de Sancto Saturnino, 199.
LAURENCIUS, Tricastinensis episcopus, A.II.
Laurencius. V. Aigu, Pelliparius.
Laureta. V. Serriano.
LAUSA (La) (anc. l. d. de Barry, cne de Bollène, Vaucluse), 42, 206.
Lautaldus. V. Montilium.
LAUTARDI. F. Guigo, preceptor domus Bonaisaci, 243, 244, 255.
LAUTAUZ. Raimunz, 57.
LAUTER. Mansus, 11.
» Campus. V. Campus Lauterius.
LAUTERIUS. Gontardus, 38.
» Michels, 111.

» Petrus, 17, 38, 163.
» Pontius, 163.
LAUTGERII. Radulfus. V. Balmis.
LAUTOARDI. Armandus, 39.
LAVAL. F. Pontius de—, 84, 85, 95, 132.
LAVORIU. Ugo, clericus, 215.
LAZERT. Nicolaus, 227.
LAZIGNANA (Lignane, c^{ne} de Suze-la-Rousse, Drôme), 36.
Lecerina. V. Ademari.
LECIUS. V. Lez.
LEGETUS. Bertrandus, 49.
LENTERIUS. F. Michael, 126.
LEODEGARIUS. V. Laugerius.
LEOTARDUS. Adalais, filia Raimundi, 160.
» Maria, uxor Raimundi, 160.
» Raimundus, 160.
» Suriana, filia Raimundi, 160.
LESCOFERS. V. Escofers.
LESDUIZ. Rahembaldus, 10.
LETERICUS. Calvetus, 7.
LEUZO, abbas Aquaebellae, 7.
LEZ (Le Lez, rivière), 20, 61, 66, 67, 89, 100, 111, 161, 187, 212, 240, 252.
LIMOTGES. F. Guilelmus de—, 227.
LINARII (anc. l. d....), 60.
LIRON. Petrus de -, prior de Sancto Amantio, 174.
LOBET. V. Lupus.
LODOICUS, rex Francorum, 10, 17, 31, 42, 57, 60.
LOMBARTS. Laugerius, 78.
LONGUS. Latro, 23.
LOVELL. Johannes Adalbert—. V. Adalberti.
LUCAS. Poncius de—, 131.
Lucia. V. Burgo, Charrovols, Ermembertus, Folradi, Garda, Geraldi, Maltenc, Ort, Solorivo.
LUDOVICUS. V. Lodoicus.
Luneus. V. Faber, Malerufus.
LUPUS, LUBET, LOBET. F. Arbertus, 93, 97, 98, 99, 100, 102, 104, 119, 124, 126, 192, 194, 208, 210, 211, 215, 218, 220, 221, 222, 223, 224, 228, 246.
» Gontardus, 119.
» Petrus, 46.
» Ugo, 51.
» Wilelmus, 61, 220.
(Cf. Boazo, Dalmatius, Monteforti, Montegaudio, Rocafort).
LUZERANNO. F. Poncius de—, 119.

M

MAENFREDI. Wilelmus, 37.
MAGALAZ (De), MAGALATENSIS. Petrus, 4, 5, 9, 34, A.I n° 6.

MAIHERZ. Pons, 162 (cf. Marchers).
MAINETA. Geraldus, 96.
MAIAVET, 216, 219.
» Agnes, uxor ejus, 216.
» Jacma, filia ejus, 216.
MALA. Raimundus Ugolens —, 199. (Cf. Ugolens.)
MALAC. F. W. de—, 6.
MALAGACH, MALAGAIT. Arbertus, 102, 217, 224, 247.
MALAMANUS, 116, 219.
» Aicelina, filia Wilelmi, 199.
» Galiana, uxor Wilelmi, 8, 15, 16.
» Maria, filia Wilelmi, uxor Arnaudi Fauchet, 199.
» Orfrisa, mater Wilelmi, 8, 14, 15, 16.
» Orfrisa, filia Wilelmi, uxor Bertrandi Bovet, 199.
» Raimundus, 119, 170, 199, 216, 224, 225, 226.
» Wilelma, filia Wilelmi, 199.
» Wilelmus, 1, 8, 14, 15, 16, 46, 60, 76, 77, 79, 89, 119, 145, 170, 179, 184, 199, 216, 217, 218, 220, 222, 224, 225, 226.
MALAUCENA (Malaucène, Vaucluse). Ra. de —, presbiter et canonicus regularis, 190.
MALAURA. Martinus, 142.
MALBECH. Poncius, 53.
MALBOSCHET (anc. l. d., c^{ne} de Richerenches, Vaucluse), 14.
MALCANETZ, MALSCHANETZ, 199, 214.
» Marinus, 63.
» Rostagnus, 63.
MALCENGLAS. Arnaudus, 174, 201.
» Girautz, 174.
MALCOR. Poncius, 86.
MALCUIDOS. Poncius, 88.
MALEDOCTUS. Arnulfus, 57.
» Petrus, 57.
MALERUFUS, MALROS. Estanconia, uxor Wilelmi, 238.
» Guigo, 65, 188.
» Luneus, filia Wilelmi, uxor Raimundi Fabri, 238.
» Pontius, 238, 253.
» Radulfus, 238.
» Wilelmus, 89, 124, 153, 188, 238.
MALIANI. Guilelmus, 48, 60.
MALICANIS. Geraldus, 14.
Maljox. V. Graignanum.
Malle. V. Mota.
MALORUFO. Molendinus de — (Moulin, c^{ne} de Richerenches, Vaucluse), 189.
MALPERTUS (anc. l. d., c^{ne} de Saint-Paul-Trois-Châteaux, Drôme), 90.
MALROS. V. Malerufus.
MALSCHANETZ. V. Malcanetz.

MALTENC, MALTENZ, MAUTENCH. Lucia de Burgo, uxor Raimundi, 207.
» Milo, 208.
» Raimundus, 96, 97, 207, 208.
Manescot. V. Petralapta.
MANESCOZ, canonicus de Sancto Rufo, 96.
MANNAZ. Petrus de -, 120.
» Wilelmus, 116, 120.
MANSO (De), MAS (del). Imbertus, diaconus, athleta, 88, 93, 97, 103, 105, 115, 116, 118, 179, 191, 194, 196, 197, 198, 208.
» Odu, 162.
» Petrus, subdiaconus, 96, 97, 102, 103, 105, 116, 118, 122, 123, 207, 208, 230, 248, 249.
» Ponciolus, clericulus, 217, 219.
» Pontius, 68, 80, 84, 234.
» Ugo, 255.
MARCELLUS, 202.
» Maria Richeria, uxor ejus, 202.
» Ugo, 225, 226.
MARCERS. V. Marchers.
MARCEUS. Ugo, 93.
MARCHA. F. Ugo de la —, 37.
Marchesia, Marchisia. V. Bolboton, Picmaurs.
MARCHERS, MARCERS, MARGERS. Poncius, diaconus, 68, 139, 161, 163, 164, 168.
Marescot. V. Burgo.
MARGARITIS. W. Geraldi de—, 61.
Maria. V. Calveira, Fauchet, Leotardus, Malasmanus, Marcellus, Rac, Richer, Taulignanum, Valriaz.
Marinus. V. Malcanetz.
MAROANUS, 114.
MAROAS. Petrus, 230.
Marta. V. Arnaldus, Gros.
MARTEL, mansus (c^{ne} de la Baume-de-Transit, Drôme), 115, 218, 254.
Martina. V. Bonefacius.
MARTININAS (ànc. l. d. entre la Baume-de-Transit et Visan), 40, 204, 218.
MARTINUS. F., 235, 247.
» Petrus, capellanus, 42, 74, 76, 77, 129, 131, 136, 144, 151, 152, 154.
» Pontius, 122, 123.
Martinus. V. Annonavetula, Bochart, Bolboton, Escufers, Gaceia, Malaura, Menz, Poiet, Sutor.
MAS (Del). V. Manso.
MATAMAUROS. Stephanus, 36.
Matelina. V. Claireu.
Matfre. V. Arbres.
MAUHA. Aimeruz, filia Poncii, 222.
» Jordana, uxor Poncii, 222.
» Poncius, 222.

MAURACII. Petrus, 63.
MAURELLA (l. d., c^{ne} de Montségur, entre l'Olière et le Lez), 99, 106, 112, 114, 198.
MAURELLUS. Guilelmus, 124.
Mauricius. V. Helyas.
Maurinus. V. Aigu.
MAUTENCH. V. Maltenc.
MEIAN. Bertrandus de , 56.
MEIRLES. V. Merles.
MELLURAZ, 238.
MENZ (Mens-en-Trièves, Isère). Guilelmus de -, 229.
» Martinus, sutor, 201.
MERLEIRAS. Petrus de—, 73.
MERLES. Stephanus, 76, 77.
MERLET. Petrus de—, sacerdos, 191, 192, 194.
» F. Pons, 260.
MESENC. F. Jarente de—, 97, 208.
MERVIELS. Bertrandus de—, monachus Sancti Saturnini, A. II.
MEZENAS. F. Poncius de—, 72.
MICHAEL. F., 81, 98, 103, 104, 105, 106, 114, 115, 116, 118, 127.
» Petrus, 122, 123.
» Wilelmus, 104.
Michael. V. Arnulfus, Colonzellis, Fornarius, Lanterius, Lauterius, Lenterius, Segelos.
MILES. Pontius. V. Cavallers.
MILFAU, 205.
» Wilelmus, 223.
Milo. V. Ciguer, Maltenz.
MILO. Rostagnus, 41.
Minarda. V. Titbaudus.
MIRABELLUM, castellum (Mirabel-aux-Baronnies, Drôme), 49, 248, 249, 258.
» Geraldus de -, 1.
» Petrus, 1, 2, 3, 5, 52, 66, 187. (Cf. Montesecuro, Arnulfi de Mirabello.)
MIRAPEZ. Poncius, 63, 116, 216.
MIRINDOL (Mérindol, Drôme). Bertrandus de—, 93, 96, 199, 213, 216, 218, 229, 230, 231, 232, 241, 247.
MIRMANDA (Mirmande, Drôme). Petrus de -, 51.
MISONE (Mison, Basses-Alpes). Bernardus de—, 54.
MISTRAL. Petrus, 124, 182, 220.
» Pontius, 124, 220.
MOIDAS. Petrus Geraldi de—, 173.
MOIOLER. Geraldus, textor, 122, 123.
MOLARES (anc. l. d., sur les c^{nes} de la Baume-de-Transit et Richerenches), 32, 89, 93, 96, 187.
MONAUDI, MONAUT. Geraldus, clericus, 216, 225, 226.

Monbochers, 95, 137.
Monester (El), 111.
Monis. V. Clot.
Monmaira (Montmeyran, Drôme). W. de—, 51.
Mons Cameli. V. Camelus.
Montanegues (Montanègues, c^{ne} de Saint-Nazaire-le-Désert, Drôme), 120, 126.
» Wilelmus de —, 103, 104, 105, 114, 118.
Montarei. Bertrandus de—, 210, 211.
Montealbano (Montauban, une des deux Baronnies souveraines du marquisat de Provence). Gasca, filia Raimundi de—, uxor Draconeti junioris [de Montedracone], 248.
» Raimundus, 60, 210, 211, 248.
» Ricsentz, soror Raimundi, 210.
Montebaseno. W. de—, 7.
Monteclaro (Montclar, Drôme). Bertandus de—, 183, 212.
» Peregrina, uxor Bertrandi, 183.
Montedracone (Montdragon, Vaucluse). Draconetus de—, 248.
» Draconetus junior, 96, 248, 249.
» Gasca de Montealbano, uxor Draconeti junioris, 248.
» Gaufres, 115.
» Poncius, 96, 207.
» Ugo, 115, 119.
» Wilelmus Ugo, 96, 119, 207.
Monteforti (Rochefort, canton de Montélimar, Drôme). Geraldus de—, 46, 247.
» Petrus Lupus, 46.
» Poncius, 46.
» Raimbaldus, 247.
» Raimundus, 247.
» Wilelmus, 46, 247.
(Cf. Boazo, Dalmatius, Lupus, Montegaudio, Rocafort.)
Montegaudio. Territorium de—(Montjoyer, Drôme), 228.
» Bertrandus de—, 18.
(Cf. Boazo, Dalmatius, Lupus, Monteforti, Rocafort.)
Montellet (Montelit ou Montely, c^{ne} de Saint-Paul-Trois-Châteaux, Drôme), 90.
Montels, Montelles. V. Montilium.
Montemirato (Montmirail, c^{ne} de Vacqueyras, Vaucluse). Rostagnus de—, 58.
Montepetroso (Montpeyroux....). F. Geraldus de—, 2, 3, 4, 5, 19, 28, 36, 55, 89.

Monterufo. Arnolfus de—, 93 (nom falsifié).
Montesecuro. Castellum de— (Montségur, Drôme), 9, 11, 12, 20, 37, 42, 44, 47, 89, 97, 111, 124, 159, 187, 188, 203, 208, 215, 217, 238.
» Agnes, uxor Gauterii de—, 37.
» Anna, uxor Ugonis, 168, 193.
» Bartolomeus, 191.
» Bertrandus, 119, 158, 168, 193.
» Elsiars, 168, 193.
» Galiana, uxor Geraldi, 66.
» Gauterius, 37, 124, 144, 160.
» Geraldus, 5, 9, 11, 13, 18, 29, 37, 44, 55, 66, 74, 85, 89, 95, 132, 136, 137, 145, 152, 153, 158, 164, 175, 177, 187, 188, 189.
» F. Geraldus, 185, 209.
» Iseniarda, 191.
» Nicolaus, presbiter, capellanus de Montesecuro, 9, 11, 12, 37, 42, 44, 59, 153, 155, 188, 213, 215, 217.
» Odoinus, Audoinus, 89, 136, 187.
» Oto, 89, 187.
» Paulus, 74.
» Petrus, 89 (Cf. de Mirabello).
» Petrus Bertrandus, 144.
» Poncius, 37.
» Radulfus Brianz, 168.
» Stephanus, 89.
» F. Ugo, 227, 237, 238, 242, 245, 247, 254.
» Ugo, 47, 48, 75, 152, 155, 158, 160, 163, 168, 183, 193, 228, 246.
» Wilelmus, 37, 183, 193.
Montibus. F. Ademarus de —, A. I n° 6.
Montilium, Montelz, Montelles (Montélimar, Drôme) (¹), 51, 129, 227.
» Esteves del—, 205.
» Johannes, 173.
» Lautaldus, 53.
» Petrus, 119.
» Raimundus, 53.
» Rotbertus, 2.
» F. Rotbertus junior, 2, 3, 4, 5, 15, 34, 37, 89, 185.
» Stephanus, 257.
» Wilelmus, 53.
Montispulcri. V. Bellomonte.
Monttaiser. Petrus de—, 201.
Morazas (l. d. voisin de l'ancien village de Venterol, auj. disparu. V. ce nom), 33.
Morer. Imbertus del—, 39.

(¹) Quelques-uns des personnages portant ce nom semblent se rattacher à d'autres localités, notamment Monteux (Vaucluse).

290 TABLE DES NOMS DE LIEUX ET DE PERSONNES

MORNAZ (Mornas, Vaucluse). Bertrandus de—, prior Sancti Amantii, *et postea* de Podioleno et de Sancto Pantalio, 4, 60, 89.
» Wilelmus, 100.
(Cf. Berengarius, Vasionensis episcopus).
MORS, villa (Mours, Drôme), 51.
MOTA (Lamotte, Vaucluse). Bertrandus de—, decanus Sancti Pauli, 113.
» Guido, domicellus, A, II.
» Guido, monachus Sancti Saturnini, A. II.
» F. Malle, 106.
» Petrus, 34.
» Poncius, 66.
» Raimundus, 246.
» Wilelmus, 21, 34.
» Wilelmus Arnaldi, 246.
MOUNER. Guigo, 216, 224, 225, 226.
MOUNIER. Lambert lo —, 90.
MUNNERS. V. Mouner.
MUNTCLAR. V. Monteclaro.
MUNTMAJOR (Montmajour, c^ne d'Arles, Bouches-du-Rhône). Lambertus de —, canonicus Sancti Pauli, 215.

N

N. V. Vinsobres.
NARBONA. Raimundus de—, 36.
Narbona. V. Brunenc.
Narmans, pour « en » Armanz. V. Armanz.
Nasaria. V. Segelos.
NEIELS. V. Nielli.
NELZIAR. G. dou—, 258.
NEMAUSENSIS, A. II.
NERS. V. Niger.
Nicola. V. Avisano, Bellon, Dalmacius, Rossas.
NICOLAUS. F., capellanus (primus), 9, 11, 12, 29, 51, 53, 58, 63, 64, 67, 69, 70, 71, 72, 73, 74, 75, 84, 85, 132, 133, 136, 137, 140, 161, 162, 163, 164, 165, 167, 168, 170, 171, 172, 175, 177, 178, 179, 183, 184, 185, 189, 195, 209.
» F., capellanus (secundus), 227, 229, 233, 235, 237, 238, 240, 241, 242, 247, 250, 252, 254.
» F., claviger, 49, 50, 52, 59, 60, 61, 63, 64, 65, 66, 67, 68, 69, 70, 72, 73, 74, 76, 77, 79, 80, 81, 84, 85, 86, 88, 92, 93, 97, 98, 99, 100, 102, 103, 104, 105, 106, 111, 112, 113, 114, 115, 116, 118, 119, 120, 122, 124, 126, 129, 132, 133, 134, 136, 137, 139, 140, 141, 142, 143, 144, 145, 146, 149, 150, 151, 152, 153, 154, 155, 156, 157, 158, 159, 160, 161, 162, 163, 164, 165, 166, 167, 168, 170, 171, 172, 173, 174, 175, 176, 177, 179, 180, 182, 183, 184, 186, 188, 189, 190, 191, 192, 193, 194, 195, 196, 197, 198, 199, 201, 202, 203, 204, 205, 206, 208, 209, 210, 211, 212, 213, 214, 215, 216, 217, 218, 220, 221, 222, 223, 224, 225, 226, 234, 240, 246, 248, 249, 252, 253, 254, 255, 257.
» F. ([1]), 18, 43, 78, 127, 207, 231, 235, 238.
» capellanus ([2]), 89.
» sacerdos, 8, 95, 234.
» clericus, 81.
Nicolaus. V. Aculei, Avisanum, Berbiarius, Bolboton, Grillon, Guitberti, Gusanz, Lazert, Montesecuro, Penart, Pilaloba, Porret, Portels, Tatinus, Tornafort, Vetus.
NIELLI, NEIELZ. Bertrandus, 254.
» Poncius, 115, 254.
» Wilelma, uxor Wilelmi, 115, 254.
» Wilelmus, 96, 115, 254.
NIGER, NIGRI, NERS. Arnaldus, 96, 99, 112, 116, 170, 173, 199, 207.
» F. P., A. II.
» Petrus, 212, 216, 218, 231, 232.
NIGRANOX. Ricaudus, 234, 247.
NIONIS (Nyons, Drôme). Bertrandus de—, clericus, 205, 210, 211, 212, 213, 216, 217, 219, 220, 222, 225, 226, 252, 253, 257.
NORIAU. Petrus, 142.
» Rostagnus, 142.
NOVAISA, NOVAISON (Noveysan, c^ne de Venterol, Drôme). Wilelmus de—, 86, 186.
NOVAISANUS, 104, 202.
» Bertrandus, 202.
Novaisanus. V. Avisanum.
NOVELLA. V. Prata Novella.
NOVELLUS. F. Johannes, 205, 213, 219, 220, 221, 222, 223, 224, 225, 226, 235, 238, 240, 242, 243, 245, 252, 257.
» Poncius, 39.

([1]) Les mentions ici indiquées concernent évidemment un des trois frères Templiers qui précèdent; mais, en l'absence de leur titre, il est impossible de les identifier.

([2]) **Chapelain** ou curé séculier n'appartenant pas à l'ordre du Temple.

O

OALRICS. Petrus, 68, 152, 155, 252.
ODANUS. Dalmadius, 25.
Odilo, Odulo. V. Balmis.
ODILONUS, 45.
ODO. F., preceptor domus Valentinae civitatis, 52, 114, 179.
» 183, 184, 189,
Odo. V. Braimant, Dalmacius, Graignanum, Manso, Picmaurs, Pinnols, Valriaz.
Odoinus. V. Montesecuro.
OLEIRA, OLERIA (L'Olière, riv.), 3, 4, 8, 11, 16, 61, 66, 89, 100, 119, 127, 145, 155, 161, 168, 183, 187, 193, 198, 199, 212, 216, 225, 226, 240, 261.
» vetus, — nova, A. II.
OLIVERIUS. F., capellanus, 231, 237, 241.
» F. Wilelmus, A. II.
» exorcista, 7.
OLON. W. d'—, 93.
ONGRIA. Guilelmus, capellanus, 212.
Orfresia. V. Bovet, Malamanus.
ORGAUT. Petrus, 182, 220.
» Rostagnus, 182, 220.
ORLAC. W. d'—, 79.
ORSET. F. Ugo, 218, 237.
ORT. Giraut dell'—, 157.
» Lucia Ermemberti, uxor ejus, 157.
ORTOLA. W., 88.
ORTOLANUS. Wilelmus, 96.
Oto. V. Montesecuro, Sancto Alexandro.
OVEZA (L'Ouvèze, riv.), A. I n° 6.
Ozils. V. Arnaldus.

P

P. F., capellanus, A. II.
P. V. Bernardus, Brun, Bruni, Niger, Rocafort, Rostagnus, Vaihon, Wilelmus.
PAERNIS (Pernes, Vaucluse). W. de—, 186.
Paganus. V. Bellon.
PAIES. W., 20.
Pairoleira. V. Richaus.
PALAI. Pontius, 96.
PALUDE. F. Andreas de—, 210, 211, 213, 217, 219, 220, 222, 224, 225, 226.
» Deportus, 44.
» Petrus. V. Arnulfi de Mirabello.
» Wilelmus, 234.

PALUS. Wilelmus, sutor, 210, 211, 214, 219, 220, 223, 224, 225, 226.
PANAZ, PANATIO. F. Ugo de—, gubernator, 1, 8, 9, 11, 12, 14, 16, 18, 19, 29, 30, 33, 38, 40, 47, 128, 185.
PANCER (Boscum) (Pansier, quartier, c^{nes} de Saint-Paul-Trois-Châteaux et Clansayes, Drôme), 252.
PANCERIUM (Montpensier, c^{ne} de Châteauneuf-du-Rhône, Drôme), 245.
PAPARDUS. F., 199.
» 89, 102, 194, 203.
» Paparda, mater Petri, 1.
» Petrus, 1, 8, 9, 11, 12, 18, 30, 201.
PARMENTARIUS. F. Stephanus, 72, 74, 141, 143, 159.
» Wilelmus, de Sancto Paulo, 141.
» Wilelmus, de Valenza, 141.
PASCHALIS, baptizatus, 195.
PASSUM OLERIE, 89.
PASTOR. Giraldus, 42.
PATO. Imbertus, 255.
PAULET. F., 258.
PAULI (Ager) (anc. l. d., c^{ne} de Richerenches, Vaucluse), 74, 75.
Paulus. V. Montesecuro.
PAUTONER, legista, 224.
Pe. V. Bertelmeus, Brus, Chalabosc, Pelliparius, Quaranta, Reis.
PEDEBOC. Richart, 88.
PEIRACHA, 30.
» Wilelmus, 88, 96.
PEIRE. V. Petrus.
PEIRELAPTE. V. Petralapta.
PELARDIS, 202.
» Bernardus, 204, 225, 226.
Pelestors, Pelestoria. V. Taulignanum.
PELLEGRINUS. Ripertus, 60.
PELLICER. V. Pelliparius.
PELLICOS. Armandus, 96.
PELLIPARIUS, PELLICERS, 93.
» Arbertus, 227.
» Arnaldus, 119, 199.
» Bertrandus, 60, 210, 211, 214, 216, 217, 218, 220, 225, 226, 227, 233, 238, 243.
» Giraldus, 93, 98, 100, 103, 105, 111, 112, 116, 118, 119, 120, 124, 126, 216, 233, 235.
» F. Giraudus, 199.
» Iohannes, 85, 100, 119, 132, 137, 171, 177.
» F. Ismido, 240, 245, 258.
» Ismido, 210, 211, 214, 216, 217, 220, 225, 226, 227, 233, 235, 238, 243.
» Laurenz, 174.
» Pe. Arnaudi, 97, 119.

» Petrus, 74, 98, 227.
» F. Pontius, preceptor de Roais, A. II.
» Pontius, 81, 106, 177.
» F. Radulfus, 237.
» Raimundus, 225, 228.
» F. Stephanus, 31, 32, 43, 49, 50, 59, 60, 61, 64, 66 (1ᵉʳ et 2ᵉ textes), 67, 73, 76, 77, 84, 136, 139, 142, 144, 151, 152, 153, 154, 155, 188, 195.
» Ugo, 74.
» W., 79.
PENART. Nicolaus, 237.
PENNA (La Penne, Drôme). Bertrandus de—, 56.
PENNART. Pontius, 181.
Peregrina. V. Dosera, Monteclaro, Ripertus.
PERER. V. Pirarius.
PERSONA, PRESSONA. Johannes, 104, 111, 115, 119, 120, 124, 126, 183, 191, 192, 194, 204, 213, 214, 217.
PETGERII. Petrus, 61.
PETITI. Po., canonicus, A. II.
PETORTS. Falco, 6.
PETRA BRUNA (l. d. sur la limite de Bourbouton et de la Baume-de-Transit), 28, 32, 89, 93, 187, 188.
PETRALAPTA, PEIRELAPTE (Pierrelatte, Drôme), 90.
» Arnoldus de—, donatus, 261.
» Berengarius, 230.
» Bertrandus, 296 ; archidiaconus Sancti Pauli, 215 ; episcopus Tricastinensis, 227, 240, 245, 250.
» Gauterius, 152.
» Jordanus, 27, 51.
» Manescot, 96, 207.
» Wilelmus, 27.
PETRI DE GARDA. V. Garda.
Petronilla. V. Alon, Andreas, Bordels, Cocza, Reis.
PETRONILLUS, mimus de Aralato, 56.
Petrulus, Petrunculus. V. Danieli, Valriaz.
PETRUS. F., capellanus, 32, 36, 49, 50, 61.
» F., capellanus de Roais, 32.
» F., capellanus de Valencia, 72.
» capellanus, 86, 158.
» clericus, 70, 84, 132, 186, 196.
» diaconus, 7.
» subdiaconus, 7.
» sutor, 247.
» 10, 23, 24, 28, 38.
Petrus. V. Aculei, Aiaon, Aiglaut, Aimes, Ainart, Alacri, Albagnanum, Almarici, Alon, Alverne, Andreas, Armandus, Arnaldus, Arnulfus, Audeiers, Aurasica, Bahaluc, Balmis, Banols, Barbarini, Barre, Barreira, Bartolomeus, Bedoza, Belmunt, Bellon, Berengarius, Bermundus, Bernardus, Bertelai, Berteudi, Bertrandus, Blanc, Bollana, Boneti, Bonot, Bonushomo, Bordels, Borgonensis, Bosc, Bovet, Brantol, Bricii, Brotinel, Brunicardi, Brunus, Burlaran, Cabannas, Cabreriis, Cachola, Cadarossa, Calveira, Caorz, Castellumnovum, Castellumduplum, Cavaller, Chais, Chaisilana, Chalancon, Chalmazet, Chamaretus, Charrovolz, Chauchaz, Chauvini, Clarenczayas, Clement, Cocza, Colomp, Crassus, Crest, Dalmacius, Daniels, Darbocio, Davis, Dozera, Durandi, Echer, Echor, Elsiar, Engelranz, Escofer, Faber, Falco, Faure, Feraldus, Galterius, Garda, Gardeni, Garrigas, Geraldus, Gicardi, Gilis, Goirandi, Gondoi, Graignanum, Grillon, Grimona, Guers, Guido, Guigo, Guiscardus, Guitberti, Imbertus, Iohannes, Iterius, Laia, Lambesc, Lanterius, Laugerius, Lauterius, Liron, Lupus, Magalaz, Maledoctus, Mannaz, Manso, Maroas, Martinus, Mauracii, Merleiras, Merlet, Michael, Mirabellum, Mirmanda, Mistral, Moidas, Montesecuro, Montilium, Monttaiser, Mota, Niger, Noriau, Oalrics, Orgaut, Palude, Papardus, Pelliparius, Petgerii, Pinez, Pla, Plane, Plauga, Plavia, Poncii, Pont, Ponteves, Ponto, Port, Porto, Provincialis, Rac, Radulfus, Raimundus, Rainaldus, Rainoardus, Rascaz, Remusatus, Ribera, Ricardi, Richers, Ripertus, Roca, Rocafort, Rollandus, Rossaz, Rostagni, Roveria, Sabran, Salvestre, Sancta Maria, Sancto Iohanne, Sancto Laurentio, Sancto Martino, Sancto Michaele, Sancto Paulo, Sauze, Savini, Segelos, Seguini, Senivers, Senonis, Serinna, Sicardi, Solorivo, Stannol, Stella, Stephani, Taiseiras, Tapia, Taulignanum, Terraza, Tornez, Tornon, Trafort, Treguinas, Trevas, Trobas, Trufels, Ugo, Umbertus, Urgau, Valleaurea, Valriaz, Vels, Ventoirol, Vertus, Vitalis, Vitrola, Wilelmus, Ylaris.
PICAUDUS, 178.
» Bernardus, 178.
PICMAURS, PICMAUT, 209.
» Aemars, 175.

» Bertrandus, 212, 218, 231.
» Gaucelmus, 29.
» Giraudus, 185.
» Marchesa, uxor Giraudi, 185.
» Odo, 109.
» Pontius, 205, 241, 257.
» Wilelmus, 212, 258.
PICTAVIENSIS. Eustachius, prepositus (Valentinus), frater Wilelmi, 52.
» Wilelmus (comes Valentinensis), 52.
Pilestort. V. Taulignanum.
PILALOBA. Nicolaus, 180.
PINEZ, PINETI. Petrus, 174, 255.
PINNOLS. Bonetus, 131.
» Odo, 120, 240, 248.
PIRARIUM (anc. l. d., c^{ne} de Richerenches, Drôme), 74, 75, 100.
PISANZA (Pisançon, c^{ne} de Chatuzange, Drôme). Desiderius de—, 248, 249.
PLA. Elisabet Ermemberti, uxor Petri del—, 157.
» Peire, 157.
PLACES. V. Plazen.
PLANA MOLENDINORUM (anc. l. d., c^{ne} de Richerenches, Drôme), 234.
PLANE. Petrus Raimundus de—, 114.
PLANUM LONGUM (l. d. entre l'Olière et le Lez, c^{ne} de Montségur, Drôme), 212, 240.
PLANNIS, F. R. de—, 119.
PLANZER. V. Plazen.
PLAUGA. Petrus, 179.
PLAVIA, PLAYA. F. Petrus, capellanus, 81, 86, 93, 97, 98, 99, 100, 102, 103, 104, 105, 106, 111, 114, 115, 116, 118, 119, 120, 124, 126, 127, 184, 191, 192, 194, 196, 197, 198, 201, 202, 203, 204, 205, 208, 210, 211, 212, 213, 214, 216, 217, 218, 219, 220, 221, 222, 223, 224, 225, 226, 234, 257.
PLAZEN, PLANZER. Wilelmus, 61, 84, 85, 132, 142, 151, 182, 184.
Po, prior Sancti Saturnini, A. II.
Po. V. Abolena, Audefre, Escofers, Floaut, Petiti.
PODIO. Iohannes de—, 124.
» Helisiardus, 248, 249.
PODIOACUTO (village anciennement détruit, c^{ne} de Saint-Ferréol ou du Pègue, Drôme). F. Giraudus de—, 201.
PODIOCAVO. Wilelmus de—. V. Gigundaz.
PODIOLENUM (Piolenc, Vaucluse), 60.
PODIO SANCTI MARTINI (Le Puy-Saint-Martin, Drôme), Geraldus de—, clericus, 205, 210, 211, 222, 224.
PODIUM (Le Puy-en-Velay, Haute-Loire), 23.

PODIUM ADOART (anc. l. d...), 102.
PODIUM GARINGAUT (anc. l. d...), 179.
PODIUM GIGONIS (Piégon, Drôme), 233.
PODIUM VALLERRIACUM (anc. l. d...), 60.
POIET (anc. l. d., terroir de Bourbouton, c^{ne} de Richerenches, Vaucluse), 223.
» (Le Poët, Drôme). Aestachis del —, 214.
» F. Martinus, 238.
POIGOAUT (anc. l. d., c^{ne} de la Baume-de-Transit, Drôme), 33.
POLES. F. Ugo, 261.
POLLA. Rotbertus de—, 131.
POLOMNAC. F. Ugo de—, 72.
PON., capellanus de nostro archidiacono, 98.
» clericus, 254.
Pon. V. Vilans.
Ponciolus. V. Manso.
PONCIUS, episcopus Tricastinensis. V. de Grillone.
» F., 88.
» capellanus, 59.
» presbiter, 204.
» clericus, 93, 142, 143, 155.
» medicus et diaconus, 113.
» frater Bermundi, castellani, 17.
» de... negano, taurocius, 36.
» Gaufredus, 41.
» Petrus, 199, 213.
» Wilelmus, 10, 41.
Poncius. V. Airaldi, Aldeberti, Aleissa, Alon, Andreas, Archer, Archimbertus, Arimanni, Arnulfus, Audegri, Bailes, Balmis, Barre, Barret, Bartolomei, Baudoini, Bellon, Beraldi, Berengarius, Bergonno, Bion, Bidono, Blacos, Bonefacius, Borrelli, Brotinel, Brunenc, Burgo, Calveira, Cavaller, Cedro, Cervelli, Chalvinet, Charrovols, Clement, Cleu, Colonzellis, Cort, Costa, Crest, Dalmacius, Davis, Desiderius, Dooi, Faber, Flamma, Follas, Forn, Gaitberz, Garda, Gatbert, Gaucerans, Gauterius, Geraldus, Grillon, Grimona, Gros, Guichardi, Gusanz, Humbertus, Iaucerannus, Imbertus, Iohannes, Iterius, Lanbert, Laugerius, Lauterius, Laval, Lucas, Luzeranno, Malbech, Malcor, Malcuidos, Malerufus, Manso, Marchers, Martinus, Mauha, Merlet, Mezenas, Mirapez, Mistral, Montedracone, Monteforti, Montesecuro, Mota, Nielli, Novellus, Palai, Pelliparius, Pennart, Picmaurs, Porret, Prato, Pugnadoreza, Rainaldus, Reis, Remusatus, Rocafort, Rosanis, Rossaz, Rufus,

22

Runel, Sancta Ehuphemia, Sancto Boneto, Sancto Egidio, Sancto Laurencio, Sancto Marcello, Sancto Martino, Saon, Saunerius, Sauze, Sealz, Sehe, Solorivo, Stephanus, Sutor, Taufer, Taulignanum, Turres, Uchau, Ugolenus, Ulmo, Viaders, Vitalis, Wilelmi, Zabatarius.

Pons Pignatus, Pignanus (pont sur le Lez), 20, 211.

Pont. Petrus del—, conversus Prati Baioni, 42.

Ponte. Ugo de—, capellanus Guilelmi Ugonis, episcopi Sancti Pauli, 215.

Pontevez (Ponteves, Var). Petrus de—, 79, 139, 143.
» F. Raimundus, 139, 141, 142, 143, 155, 188.

Pontius. V. Poncius.

Ponto. Petrus de—, 39.
» Ugo, 204.

Porcelleti. Raimundus, 131.

Porret. Nicolaus, 179.
» Ponz, 79.

Port. Petrus de—, 66.

Portafais. F., 224.

Portal. Bertrandus del—, 228.
» Guilelma, uxor Bertrandi, 228.
» W., 90.

Portets. Nicolaus, 164.

Porto. Petrus de—, 59.

Portu. G. de—, prior Sancti Saturnini, A. II.

Pouzi (Le Pouzin, Ardèche), Armannus del—, 96.

Prata Novella (quartier au confluent de l'Elson, de l'Olière et du Lez, c^{nes} de Richerenches, Vaucluse, et Montségur, Drôme)(¹), 8, 16, 18, 99, 105, 118, 119, 173, 190, 199, 205, 213, 224, 257.

Prato. Pontius de—, 234.

Pratum Baioni (Prebayon, abbaye détruite, c^{ne} de Séguret, Vaucluse), 42.

Pratum Monachi (anc. l. d., c^{ne} de Richerenches, Vaucluse), 217.

Pratum Vetus (idem), 217.

Pressona. V. Persona.

Provincialis. Armiger, 50, 59.
» Petrus —, 50, 61, 66, 67, 195.

Pugnadoreza (Pougnadoresse, Gard). Poncius de—, 28.

Pufencs. Wilelmus, 106, 127.

P^{us}. V. San Pastor.

Q

Quaranta. Pe. de—, 102.
Quintinus. Wilelmus, 60.

R

R. V. Aculei, Aigues, Armandus, Bernardus, Cadarossa, Deuslogart, Equitarius, Grillon, Iterius, Plannis, Roca, Rostagnus, Sancto Paulo, Sancto Saturnino, Turres, Vallauria, Vaqueria, Vinsobres.

Ra. V. Malaucena.

Rac, de Racho (Rac, c^{ne}, récemment dénommée Malataverne, Drôme), Bastardus de—, 131.
» Maria, 253.
» Petrus, 180.
» Wilelmus, 96.
(Cf. Ranconis, Renco.)

Radulfus, Rodulfus. F.—, 11, 12, 29, 185, 194, 231.
» armiger Nicolai de Bolbotone, 7, 8, 182.
» Bermundus, 112.
» Petrus (Peiron), 90.
» Petrus. V. Guitberti.
» Wilelmus, 3, 39, 89, 158.
» Wilelmus, diaconus, A. I n° 6.

Radulfus, Rodulfus, Raols. V. Aculei, Balmis, Bartolomei, Berengarius, Cambiator, Chais, Chalmai, Falco, Guitberti, Laugerius, Lautgerii, Malerufus, Montesecuro, Pelliparius, Ripertus, Rossaz, Sancto Gervasio, Stephanus, Treguinas, Troseu.

Raestan. Audeier, 86.

Raigarda. Arbertus, 21.

Raimbaldus. F.—, 100, 119, 191, 192, 194, 197.
» capellanus de Balmis, 233, 235, 238, 242, 243.
» 162, 183, 189.

Raimbaldus. V. Calmo, Cost, Flota, Lesduiz, Monteforti, Richer, Roais, Rocafort, Ugolenus, Vaiso, Vincenz.

Raimunda. V. Claireu, Viader.

Raimundus, prior de Turretis, 181.
» capellanus, 127.
» sacerdos, 109.

(¹) La création de ce quartier semble due à une considérable opération d'asséchement, entreprise en commun par plusieurs familles notables de la région, sur les terrains que la jonction des trois rivières devait maintenir antérieurement inondés sur une vaste étendue.

» clericus, 81, 99, 120, 124, 126, 199, 204.
» armiger Nicolai de Gusanz, 32.
» 20, 167.
» Aaviarda, uxor Petri –, 165.
» Bertrandus, 233.
» Bertrandus. V. Bistorres.
» Petrus, 165, 166.
» Petrus. V. Plane, Solorivo.
» frater Wilelmi, 120, 166.
» Rostagnus, V. Rigaldus.
» Wilelmus, 39, 120, 166, 179.
» Wilelmus. V. Bistorres, Gigundaz.

Raimundus. V. Aculei, Alon, Amblart, Arnaldus, Avisanum, Balmis, Banols, Barbaira, Barnoinus, Bellon, Bistorres, Bonel, Brus, Burgo, Cadarossa, Castel, Cavallone, Centaners, Chalancone, Charrovols, Clarensac, Crassus, Crest, Cruceolis, Dalmacius, Deudez, Egiderii, Engelranz, Faber, Florencii, Fumel, Geraldus, Gigundaz, Goirandi, Grillo, Grillon, Guiscardus, Isnardus, Iterius, Lautauz, Leotardus, Mala, Malamanus, Maltenc, Montealbano, Monteforti, Montilium, Mota, Narbona, Pelliparius, Pontevez, Porcelleti, Raimundus, Rigaldus, Rollandi, Rossaz, Rostagnus, Roza, Rufus, Sabra, Sancto Martino, Sancto Paulo, Sancto Verano, Segnis, Solorivo, Suza, Tolosa, Tornafort, Tueleta, Torres, Ugolenus, Valriaz, Wilelmus.

RAINALDUS, 36.
» Petrus, 116.
» Ponz, 174.

Rainaldus, Renaldus. V. Aigu, Arveu, Cercois, Francesc, Sutor.

RAINERIUS. W., subdiaconus et canonicus, 190.

RAMATI. F. Bertrandus de –, 9.

Rainois. V. Iterius.

RAINOARDUS, RENOARDUS. Petrus, 235.
» Stephania, mater Petri, 235.
» Wilelmus – de Sancto Paulo, canonicus, 48, 128, 134.

Rainoardus. V. Fredeles, Segoini.

RANCONIS. V. Renco.

RAOLS. V. Radulfus.

RAPAUDI. Wilelmus, 88.

RAPINA. F. G., 93.

RASCAZ. Bertrandus, 41.
» Isnardus, 41.
» Petrus, 115.

» Stephanus, 41.

RATBORCS, 20, 111.

RATERIUS. Miles de Savazca, 51. V. Savaza.
» Wilelmus, 60.

REIS, REX. Pe., presbiter, 96.
» Petronilla, uxor Pontii, 164.
» Pontius, 163, 164, 177.

REMUSATUS, REMUSAZ, 214.
» Petrus, 42, 206.
» Poncius, 24, 96, 97, 207, 208.
» Wilelmus, 74, 96, 97, 129, 207, 208.

RENCO, RANCONIS. Armannus, 45.
» Guilelmus, 45.
(Cf. Rac.)

Resplendina. V. Cadarossa.

RESTITUTUS. Wilelmus, diaconus, A.II.

REVELLUM (anc. l. d...), 230.

REVELLUS, 158.

REX. V. Reis.

R. G. R., 96.

RIALLACO, RIELLACHO. F. Wilelmus de –, 9, 11, 12, 24.

RIBERA. Petrus, 230.

RIBIS. V. Ripis.

RICARDI, RICHARDI. Bernardus, 89, 187.
» Petrus, 76, 77, 136.

Ricardus. V. Cabaz, Guillafredus, Pedeboc.

RICARENCHIS (¹) (Richerenches, Vaucluse), 47, 61, 83, 84, 89, 100, 132, 145, 154, 155, 161, 168, 183, 187, 193, 215, 222.
» F. Nicolaus de – (²), 227, 230, 238, 247.

Ricaudus. V. Nigranox.

RICAVUS, RICHAVUS, RICAUS. Filius Wilelmi –, 58, 162, 187.
» Auglina, filia Wilelmi, 162.
» Blimos, Blismoda, uxor Wilelmi, 58, 89, 162, 187.
» Elsiarius, 162.
» Ema, filia Wilelmi, 162.
» Galiana, filia Wilelmi, 162.
» Sibilia, filia Wilelmi, 162.
» Wilelmus, 2, 41, 58, 89, 162, 187.

RICHAUZ. Agnes, uxor Wilelmi, 127.
» Pairoleira, mater Wilelmi, 127.
» Wilelmus, 127.

RICHER, RICHERIUS. Bernardus, 56, 89, 187, 188, 233.
» Geraldus, 89, 159, 188, 202.
» Maria, filia Geraldi, uxor Marcelli, 202,
» Petrus, 134, 151.

(¹) Nous n'indiquons ici que les pièces relatives au territoire de la commune, à l'exclusion de celles, très nombreuses, où son nom ne figure que comme titre de la commanderie.

(²) Probablement l'un des trois dignitaires nommés Nicolas.

» Raimbaldus, 134.
» Wilelma, filia Geraldi, 202.
» Wilelmus, 89, 126, 134, 150, 151, 188, 202.
RICOLFUS. Geraldus, 233.
Ricsenz, Rixens. V. Abolena, Avisanum, Boic, Laugerius, Montealbano, Turcs.
RIELLACHO. V. Riallaco.
RIGALDUS. Bermundus, 127.
» F. Raimundus, 227.
» Raimundus, 120, 238, 240, 242, 250.
» Rostagnus Raimondus, 253.
» Wilelmus, 253.
Rigaldus. V. Davis.
RIPERTUS, 34, 86.
» Armannus, 116.
» Peregrina, mater Petri et Rodulfi, 39.
» Petrus, filius Peregrinae, 39; capellanus, 98, 119.
» Petrus— de Alon, 24, 129, 131.
» Rodulfus, 39.
» Ugo— de Alon, 129.
» Wilelmus, 24, 58, 245.
Ripertus. V. Aculei, Arbres, Brunus, Cadarossa, Cerzaz, Charrovols, Davis, Folraz, Graignanum, Grillon, Pellegrinus, Rollandi, Solorivo, Valriaz.
RIPIS, RIBIS. F. Arbertus de—, 179, 191, 192, 194.
RIVUS SICCUS, RIU SECH (Rieussec, riv.), 11, 89, 102, 103, 155, 168, 183, 187, 193, 199, 216, 217, 225, 226, 243, 252, A. II.
Rixens. V. Ricsenz.
ROAIS (Roaix, Vaucluse), 32, A.I.
» Arberz de—, 79.
» F. Raimbaudus (¹), 32.
» F. Hugoles (²), 214.
ROBERTUS. V. Rotbertus.
ROBIO. Raimundus de—, 130.
ROBUR GROSSA (anc. l. d., cⁿᵉ de Richerenches, Vaucluse), 187.
ROCA, ROCHA, RUPE. F. Dalmatius de —, 64, 66, 67, 69, 73, 76, 77, 79, 80, 81, 85, 95, 133, 136, 139, 141, 142, 143, 144, 150, 151, 152, 153, 154, 155, 159, 161, 162, 163, 164, 165, 168, 170, 172, 175, 177, 183, 189, 191, 195, 209.
» Geraldus, 113, 122, 123, 201.
» Geraldus, miles, A. II.
» Guilla, uxor Petri Seguini, 99.
» F. Lambertus, 74, 76, 77, 79, 80,
84, 85, 95, 120, 124, 132, 137, 141, 142, 144, 162, 177, 126, 201, 202, 237.
» Petrus, 99, 131, 201.
» F. R., A. II.
» Wilelmus, clericus, A. II.
ROCAFORT, ROCHAFORT (Rochefort, canton de Montélimar, Drôme). F. Bernardus de—, 84, 95, 133.
» Dalmatius, 78.
» P., 243.
» Petrus, 78.
» Poncius, 81, 119.
» Raimbaldus, 78, 81.
» Wilelmus, 114, 177.
(Cf. Boazo, Dalmatius, Lupus, Monteforti, Montegaudio.)
ROCART. Bernardus de—, 88.
ROCATALLADA (Rochetaillée, Ardèche?). Willelmus de—, 66, 73.
ROCHETA (La) (l. d. sur l'Olière), 261.
ROCHA PEDOLLOSA (anc. l. d., cⁿᵉ de Saint-Paul-Trois-Châteaux, Drôme), 90.
RODANUS (le Rhône), 229.
RODES. Petrus de—, 252.
RODULFUS. V. Radulfus.
ROGERIA, A. II.
ROIANS, ROIS (Royans, mandement partagé entre la Drôme et l'Isère). F. Guntardus de—, 100, 179.
ROLLANDI. F. Bernardus, 2, 3, 4, 5, 19, 89.
» Lambertus, clericus, 90, 237.
» F. Petrus, 259, 260.
» Petrus, 3, 89, 90.
» Raimundus, 71.
» Ripertus, 3, 89.
» Willelma, Wina, uxor Wilelmi Fornarii, 166.
» Wilelmus, 166.
ROMEUS, ROMIEU. Petrus, 42, 90, 103, 105, 118, 206.
Ros. V. Rufus.
ROSANIS (Rosans, Hautes-Alpes). Pontius de—, 186.
ROSSAS (Roussas, Drôme), 70, 137.
» Iordana Barnoina, uxor Raimundi de—, 176.
» Nicola Bellonis, uxor Wilelmi, 187.
» Petrus, 127.
» Pontius Latgerius, 137.
» Raimundus, 176.
» Rodulfus, 127.
» Wilelmus, 60, 81, 187.
ROSSELLONE. Ugo de—, 1.

(¹) Gardien du Temple de Roais, avant son érection en commanderie distincte : « qui ejusdem domus curam habebat de Roais. » (Cartul. du Temple de Roaix, n° 110.)
(²) Commandeur de Roaix et plus tard de Richerenches.

» Wilelmus, 1, 47, 48.
ROSSELLUS, 20.
ROSSILLONUS, ROSILLOZ, 152, 154, 158, 193.
» Adalaïs, soror ejus, uxor Petri de Bosco, 158, 193.
ROSTAGNUS. F., capellanus, 2, 3, 8, 13, 14, 15, 18, 19, 28, 29, 30, 31, 33, 37, 39, 43, 55, 57, 60, 89, 181, 185, A.I n° 6.
» prior de Cerzus, 174.
» sacerdos, 106.
» armiger, 73 (2ᵉ texte).
» Bertrandus, 119, 201.
» Geraldus, 188.
» F. P., A. II.
» Petrus, 39, 61, 237.
» R., 93.
» Raimundus, clericus, 96, 97, 98, 102, 115, 116, 119, 196, 197, 201, 207, 208.
» Wilelmus, 73, 111, 112, 238.
Rostagnus. V. Arlencs, Avisanum, Barre, Bermundus, Carrella, Conis, Dalmacius, Escola, Gigundaz, Graignanum, Grillon, Guintrandi, Laugerius, Milo, Montemirato, Noriau, Orgaut, Rigaldus, S., Sabra, Sancto Marcello, Serriano, Solorivo, Taiseriis, Torno, Tronnel, Urgau, Vacarius, Vallauria.
ROTART. Bernardus de—, 97, 208.
ROTBERTUS. F., milicie magister (2ᵉ grand-maître), 7, 33.
» F., preceptor domus milicie Aurasice, A. II.
» F., 114.
» sacerdos, 7.
Rotbertus, Robertus. V. Gilonio, Grillon, Montilium, Polla, Senissimi.
ROTERIUM MOLENDINUM (moulin, cⁿᵉ de La Baume-de-Transit, Drôme), 78.
ROTGERII. Bertrandus, 248, 249.
Rotgerius. V. Claireu, Valriaz.
ROTMANIENSIS VILLA (Romans, Drôme), 52.
ROVEIRA (La) (La Rouvière, cⁿᵉ de Saint-Paul-Trois-Châteaux, Drôme), 42, 206.
ROVERIA, ROVEIRA. F. Petrus de—, magister, minister Provinciae, 7, 8, 9, 11, 12, 40, 72, 129, 130, 150.
» F. Berengarius, A.I n° 6.
ROVIRUGONE. Boscum de— (Rouvergue, quartier, cⁿᵉˢ de Chantemerle et Grignan, Drôme), 36.
ROVORIA, ROVOIRA. F. Bernardus de—, 216, 233, 238, 242, 243.
» Bertrandus, 224.

ROZA. Raimundus, 103, 105, 118.
RUFUS. Ros. Arbertus, 103, 105, 118.
» Iohannes, 88.
» Peire— de Senonis. V. Senonis.
» Poncius, 103, 105, 118, 219.
» Raimundus, 61.
» F. Stephanus, 103, 104, 105, 111, 115, 118, 119, 124, 126, 191.
RUNEL. Poncius de—, 34.
Rᵘˢ. V. Gerini, Sant Pastor.

S

S. Rostagnus, 57.
SABATERII. F. Hugo, A. II.
SABRA, SABRAN (Sabran, Gard). Adalais de—, 18, 19, 28, 31, 133, 220, 221.
» Emeno, 19, 28, 31.
» Petrus, archidiaconus, 28.
» Raimundus, 28.
» Rostagnus, 19, 28, 30, 31, 32.
» Wilelmus, 19, 28, 31, 93, 103, 133.
SALAVARC. Imbertus de—, 96.
SALETAS (anc. l. d., terroir de Bourbouton), 150, 151.
SALIS. F. Galdemarius de—, 128.
SALOMON. F. Wilelmus, 28.
Salva, uxor Petri Stephani, 153. (Cf. Stephanus.)
SALVESTRE. En Peiron, 90.
SANCTA EHUPHEMIA (Sainte-Euphémie, Drôme). Pontius de—, 220.
SANCTA MARIA (titre de l'église de la commanderie de Richerenches), *passim.*
» Aurasicensis ecclesia matrix (Notre-Dame, cathédrale d'Orange, Vaucluse), 22.
SANCTA MARIA A LA CROTZ (porte de la ville et quartier, cⁿᵉ de Saint-Paul-Trois-Châteaux, Drôme), 90.
SANCTE MARIE. Bertrandus, diaconus, 215.
» Petrus, 158.
SANCTUS ALBANUS, ecclesia (Saint-Auban, chapelle rurale et quartier, cⁿᵉ de Richerenches, Vaucluse), 2, 9, 58, 89, 124, 150, 159, 217, 219, 238.
» condamina, 12.
SANCTO ALBANO. Stephanus de—, 30, 96.
SANCTO ALEXANDRO. Villa de—, 21.
» Oto de—, 21.
SANCTUS AMANCIUS (Saint-Amand, anc. prieuré, cⁿᵉ de Montségur, Drôme), 4, 5, 14, 89, 103, 174, 187.

TABLE DES NOMS DE LIEUX ET DE PERSONNES

SANCTUS BAUDILIUS (Saint-Basile, c^{ne} de Montjoyer, Drôme?), 116.
SANCTO BONETO. Poncius de—, 44.
SANCTO DESIDERIO. Wilelmus de—, 39.
SANCTO EGIDIO. Imbertus de—, 177.
 » Pontius, subdiaconus, 97, 208.
SANCTUS FELIX, abbatia (anc. abbaye dans la ville de Valence, Drôme), 96.
SANCTO GERVASIO (Saint-Gervais, Drôme). Claris de—, 130.
 » Falco, 28.
 » F. Radulfus, 9, 37.
SANCTUS IACOBUS (Saint-Jacques-de-Compostelle), 92, 204.
SANCTUS IOHANNES, DE SANCTO IOHANNE. Ecclesia et palacium (église et palais, anc. commanderie du Temple, auj. en ruines dans le quartier du même nom, Saint-Paul-Trois-Châteaux, Drôme), 122, 128.
 » F. Petrus de—, 3, 89.
SANCTO LAURENCIO. Petrus de—, 31, 73.
 » Poncius, 73, 93.
 » Ugo, 73.
SANCTUS MARCELLINUS (Saint-Marcellin-lez-Vaison, Vaucluse), 229, 230, 231, 232, 259.
SANCTUS MARCELLUS, DE SANCTO MARCELLO (Saint-Marcel, anc. prieuré et quartier de la ville de Die, Drôme), 174.
 » (Saint-Marcel-de-Sauzet, Drôme, anc. prieuré), 51, 96.
 » Pontius de—, 96.
 » Rostagnus, 96.
SANCTUS MARTINUS, DE SANCTO MARTINO. Opidum (Saint-Martin-des-Ormeaux, anc. prieuré et village disparus, c^{ne} de Taulignan, Drôme), 39.
 » Petrus de—, 41.
 » Poncius, 41.
 » Raimundus, 41.
 » Wilelmus, 41.
SANCTO MAURITIO (Saint-Maurice, Drôme). Bertrandus de—, 5, 89.
SANCTO MICHAELE (Saint-Michel d'Euzet, Gard). Burgundia, relicta Geraldi Bertrandi, uxor Petri de—, 22.
 « Petrus, 22.
 (Cf. Cadarossa.)
SANCTO P. Giusdus, G. de—, 58, 59.
SANCTUS PANTALIUS, SANT PANTALI (Saint-Pantaléon, Drôme), 60, 174.
SANT PASTOR. Giraut de—, 230.
 » P^{us}, 27.
 » R^{us}, 27.
 » W^{us}, 27.
SANCTUS PAULUS TRICASTINENSIS (Saint-Paul-Trois-Châteaux, Drôme), 1, 3, 14, 27, 33, 47, 48, 51, 60, 75, 96, 98, 113, 127, 128, 129, 141, 142, 144, 151, 155, 156, 158, 160, 161, 162, 186, 188, 194, 199, 201, 204, 206, 207, 215, 227, 228, 236, 237, 240, 243, 244, 245, 250, A. II.
SANCTO PAULO. Justizia de—, 90.
 » Anna, mater Wilelmi et Petri Artaldi, 128.
 » Berengarius, 51, 86.
 » Bertrannus, 183.
 » F. Constantinus, 42, 51. (Cf. F. Constantinus.)
 » F. Geraldus, 56.
 » F. Petrus, 103, 104, 105, 106, 114, 115, 116, 118, 126.
 » Petrus Artaldi, 48, 122, 128.
 » R., 98.
 » Raimundus, 191.
 » F. Wilelmus, 217.
 » Wilelmus, 48, 60, 111, 122, 128, 241.
 » Wilelmus, miles, A. II.
 » Wilelmus Crassus, 119 (Cf. Crassus).
SANCTUS QUINIZIUS (Saint-Quinise ou Saint-Quinide, c^{ne} de Bouchet ou de Suze-la-Rousse, Drôme), 249.
SANCTO RAPHAELI (Saint-Raphaël, c^{ne} de Solérieux, Drôme). W. de—, capellanus, 253.
SANCTUS RESTITUTUS, DE SANCTO RESTITUTO (Saint-Restitut, Drôme), 29, 96, 185, 207, 212, 227, 229, 233, 238.
 » Bertrandus de—, capellanus, 212, 243, 247, 250, 252, 254.
 » Geraldus, 167.
 » Wilelmus, 243.
 » Wilelmus, miles, A. II.
SANCTO ROMANO. Iarento de—, 23.
SANCTUS RUFUS (abbaye chef d'ordre, près Valence, Drôme), 96, 207.
SANCTUS SATURNINUS (Pont-Saint-Esprit, Gard), A. II.
SANCTO SATURNINO ATISENSI (Aptensi? Saint-Saturnin-lez-Apt, Vaucluse), 199 (¹).
 » Laugerius de—, 233, 243, 247.

(¹) Dans cette pièce le nom de cette localité est accouplé à celui de Wilelmus Laurencii, d'une famille féodale aptésienne bien connue ; et l'épithète « Atisensi », évidemment mauvaise lecture du mot « Aptensi » dans le n° 233, établit qu'il s'agit ici de la famille de Saint-Saturnin, branche des seigneurs d'Apt.

» R., 96.
» Teobaldus, 199.
SANCTUS STEPHANUS (Saint-Étienne, anc. c^{ne} de Rac, auj. Malataverne, Drôme), 204.
» feudum, 230.
SANCTUS VALERIUS (Saint-Vallier, Drôme), 201, 202.
SANCTO VERANO. Raimundus de—, 210, 211, 214, 216, 225, 226.
» Wilelmus, 46.
SANCTUS VINCENTIUS (Saint-Vincent, anc. église, c^{ne} de Saint-Paul-Trois-Châteaux, Drôme), 90, 230.
SAON (Saoû, Drôme). Pontius de—, 112.
Saramannus. V. Castellumnovum, Vallauria.
SARDAZ, condamina (quartier, c^{ne} de Montélimar, Drôme), 129.
SAUNERIUS. Pontius, 237.
SAUZE, SAUZET, de SALLETO, SALICETO, SALDETO (Sauzet, Drôme). Arbertulus, 243.
» F. Imbertus, 2, 5, 18, 28, 29, 30, 32, 33, 37, 38, 49, 50, 61, 64, 66, 67, 69, 70, 74, 136, 156, 185, 195.
» Petrus, prior de Turretas, 174.
» Lambertus, 216.
» Pontius, 243.
» Wilelmus, 66, 76, 77, 79, 80, 93, 97, 102, 115, 137, 154, 156, 162, 177, 179, 183, 201, 208, 219.
SAVAZA, SAVAZCA (Savasse, Drôme), 51, 96, 207.
» Aimars de—, 201.
» Raterius, 51.
» Wilelmus, 201.
SAVINI. Petrus, 92.
SEALZ. Poncius, 130.
SEBIONDA, 223.
SEGELOS. Michels, 143.
» Nasaria, uxor Petri—, 179.
» Petrus, 143, 179.
SEGNIS. F. Raimundus, preceptor, A. II.
SEGOINI. Rainoardus, 194.
SEGUINI. Petrus, 99.
» Wilelma de la Roca, uxor Petri, 99.
SÉGURET (Séguret, Vaucluse). Bertrandus Guigo de—, 201.
SENE, SENIS. Gauterius, 11, 89.
» Pontius, 89.
(Cf. Vetulus, Vetus.)
SENISSIMI. Robertus, 2.
SENIVERS. Petrus, 177.
SENONIS, SENOINS (anc. l. d. de Barry, c^{nes} de Saint-Paul-Trois-Châteaux et Bollène), 42, 206.

» Peire Ros de—, 145.
» Ugo, 222.
SERRE. F. Wilelmus del—, 81, 86, 88, 97, 99, 100, 102, 103, 104, 105, 112, 118, 119, 124, 126, 191, 192, 194, 196, 197, 198, 199, 202, 205, 208, 212, 215, 218, 220, 221, 224, 225, 226, 227, 234, 237, 238, 241, 242, 245, 257.
SERRIANO. Laureta, uxor Wilelmi de —, 104.
» Rostagnus, 104.
» Wilelmus, 104.
SERINANO (Sérignan, Vaucluse). Bertrandus de—, 34.
SERINNA. Petrus de—, 51.
SEUDIA, SEUZA. V. Suza.
Sibilia. V. Ricavus.
SICARDI. Petrus, 182.
SIMIANA (Simiane, Basses-Alpes). Guinanrdus de—, 53.
SIMON, 113.
» Aaliarda, mater ejus, 113.
SOL, SOLIO (Del). F. Iohannes, 79, 80, 141.
SORBERIO. Osca de— (l. d. de Bourbouton), 189.
SOLORIVO, SOLORIU, SOLORIC. Castrum (Solérieux, Drôme), 57, 78, 160.
» Bertrandus de—, 2, 49, 56, 57, 61, 65, 89, 187, 233.
» Laugerius, 49, 56, 57.
» Lucia, uxor Bertrandi, 56, 57.
» Petrus, 57.
» Petrus Raimundi, 137.
» Pontius, 124.
» Raimundus, 57, 227, 238, 247.
» Ripertus, 49, 56, 57, 122, 123, 160, 238.
» Rostagnus, 137, 186, 228.
» Wilelmus, 122, 123, 144.
SOLUNIBRIS. F. Wilelmus—, A. II.
SPARRO. V. Esparron.
SPELUCHA. V. Espeluca.
STAGNO. F. Deodatus de—, magister, 64, 65, 68, 70, 71, 72, 73, 74, 76, 77, 79, 80, 81, 85, 88, 92, 93, 96, 97, 98, 99, 100, 102, 103, 104, 105, 106, 111, 112, 113, 114, 115, 116, 118, 119, 120, 122, 124, 126, 127, 129, 130, 132, 133, 134, 137, 139, 140, 141, 142, 143, 144, 145, 146, 149, 150, 151, 152, 153, 154, 155, 156, 158, 159, 161, 162, 163, 164, 167, 168, 170, 171, 172, 175, 177, 178, 183, 184, 186, 188, 189, 190, 191, 194, 196, 197, 199, 201, 202, 204, 205, 207, 208, 209, 254, 257.
STANNOL (L'Estagnol, c^{ne} de Suze-la-Rousse, Drôme). Bertrandus de—, 57.
» Petrus, 57.
STE., levita, 118.

Ste. V. Aucellon, Stella.
STELLA (Étoile, Drôme), 18.
» Petrus de—, 199.
» Ste., levita, athleta, diaconus, 103, 104, 105, 114.
» Wilelmus, 23, 199.
STEPHANA, 124.
Stephania. V. Rainoardus.
STEPHANUS. F.—, 196, 197.
» caputscole Sancti Pauli, 60, 156.
» diaconus, 233, 235, 247, 254.
» 120, 151.
» Petrus, 3, 89, 153.
» Pontius, 3, 89.
» Rodulfus, 18.
» Salva, uxor Petri, 153.
» Wilelmus, A. II.
Stephanus. V. Armandus, Aurasica, Avisanum, Banasta, Bernardus, Bollana, Borno, Burgo, Capitislongi, Castellone, Chambarel, Cocs, Ebreus, Graignanum, Guillafredus, Iohannacio, Iohannes, Ioiaut, Matamauros, Merles, Montesecuro, Montilium, Parmentarius, Pelliparius, Rascaz, Rufus, Sancto Albano.
Suriana. V. Avisanum, Leotardus.
SUTOR. Aalardus, 191.
» F. Arnulfus, 81, 97, 120, 124, 126, 208.
» Geraldus, 126.
» F. Martinus, 233, 237, 240, 243, 245.
» F. Poncius, 119, 217, 220, 234, 237.
» Rainaudus, 68.
» Wilelmus, 238.
SUZA, SEUDIA, SEUZA (Suze-la-Rousse, Drôme), 116.
» Latgerius de—, 156.
» Raimundus, 261.
» Wilelmus, 49, 156, 213.

T

TAISEIRAS, TEISERIIS (Teyssières, Drôme). Dozo de—, 137.
» Petrus, 63, 258.
» Rostagnus, 231, 247.
» Ugo, 63.
TALOBRES (ruisseau, c^{ne} de la Baume-de-Transit, Drôme), 89, 187, 188.
TALOZ. Bertrandus, 214.
TÁPIA. F. Petrus, capellanus, 240.
TARASCO (nom d'homme ?), 230.
TARDIU. Gi., 112.
TATINUS, TATIS. F. Nicolaus—, 202, 204, 205, 210, 211, 215, 216, 217, 218, 219, 220, 221, 222, 223, 224, 225, 226, 227, 229, 231, 234, 237, 241, 242, 243, 250, 257.
» F. Ugo, 103, 104, 105, 118, 124, 199, 201, 202, 204, 205, 257.
TAUFER. F. Pontius, 104, 243.
TAULIGNANUM, TAULINA, TAULINNANUM (Taulignan, Drôme), 9, 11, 12, 18, 99, 120, 124, 126, 201, 258, 259.
» Armannus de—, 112.
» Bertrandus, 30, 31, 32, 60, 210.
» Giraudus, 88, 106, 194.
» Iohannes, 247.
» Maria de Valriaz, uxor Wilelmi Pelestorti, 231, 258, 259.
» Pelestorta, 258.
» Petrus, 231.
» Poncius Gontardus, 31, 32, 51, 60, 93, 96, 102, 262.
» Wilelma, relicta Bertrandi, 31, 32, 60.
» Wilelma Pelestorta, filia Wilelmi Pelestorti, uxor Petri de Cadarossa, 231, 258, 259, 262.
» Wilelmus, 88, 196.
» Wilelmus Pelestorz, 31, 32, 60, 93, 96, 213, 214, 218, 229, 230, 231, 232, 259.
TAVERNA. Imbertus, 30, 96.
TEISERIIS. V. Taiseiras.
TEL (Le Teil, Ardèche). Falco del -, 92.
Teobaldus. V. Sancto Saturnino.
TEOTBERTUS. F.—, 74, 159, 165, 167, 170, 171, 179.
Terrabuc. V. Avisanum.
TERRAZA. Petrus de—, 104.
TERRAZAS. F. Guigo de—, 243.
TERRENDOS. W., 252.
TESTA LAA, 93.
TESTALADA. Wilelmus, 102.
Thomas. V. Frater.
TIRAVESCA, 189.
TITBAUDUS, 230.
» na Minarda, uxor ejus, 230.
Titbaudus. V. Tolosa.
Titburgis. V. Aurasica.
TOLAU, 114.
TOLOSA (Toulouse, Haute-Garonne). Raimundus, filius comitis de —, 30.
» Titbaudus, 10.
» F. Wilelmus, 93, 97, 99, 201, 202, 208.
TOMAS, domne duchesse bajulus, 255.
» lo capella, 84.
TORAS (anc. l. d....), 102.
TORNAFORT. Agnes, uxor Geraldi de -, 12.
» Berengarius, 12, 74, 75, 100, 213, 238, 243, 253.

» Geraldus, 1, 2, 3, 5, 9, 11, 12, 13, 61, 74, 75, 89, 153, 187.
» Nicolaus, 9, 153.
» Raimundus, 74, 100, 238, 243, 253.
» Ugo, 1, 9, 89.
» Wilelmus, 74, 100, 182.
TORNEZ. Petrus, 57.
TORNO, TORNON (Tournon, Ardèche). Petrus de—, 201.
» Falco, 119.
» Rostagnus, 130.
» Wilelmus, 131.
TORRES, TORRETES. V. Turres, Turretes.
TRABAUDUS. Wilelmus, 177.
Trabucs. V. Castellumnovum.
TRAFORT. Petrus de—, 255.
TREVIS, TREVAS (Trièves, region, Isère), 50, 162.
» F. Petrus de—, 86, 142.
» Petrus, 76, 77, 136, 151, 152, 153, 159, 188, 217.
TREGUINAS, TRIGUIGNANS, TRIGUINNANUS. Petrus, 144, 153, 182, 188, 194, 197, 198, 234.
» Rodulfus, 144, 194, 197, 198, 234.
TRELA. Geraldus, 262.
TREUGIS. Imbertus de—, 170.
TRICASTINENSIS. V. Sanctus Paulus.
Tritmundus. V. Garda.
TRIVIS. V. Trevis.
TROBAS. Petrus, 238.
TROSEU. F. Radulfus de—, 72.
TRONNEL. Rostan, 88.
TRUC, TRUCUS. V. Burgo.
TRUFELS. Petrus, 99.
TUELETA, TUDELETA (Tulette, Drôme), 93, 189.
» Isoardus de—, 189.
» Raimundus, 36.
» Wilelmus, 34.
TUELLA (anc. l. d., c^ne de Saint-Paul-Trois-Châteaux, Drôme), 90.
TUIS (vallée du pays de Quint, Drôme, auj. vallée de la Sûre). G. de , 78.
TURC, TURCS. Rixens Boics, uxor Ugonis—, 103, 105, 118, 190, 214, 243, 244.
» Ugo, 103, 105, 111, 118, 190, 214, 243, 244.
» Wilelmus, 165, 167, 214, 243, 244.
TURRES, TURRETES. Castrum, mandamentum, prioratus (Tourrettes, auj. détruit, dont le territoire a formé la c^ne de Salles et partie de celle de Grignan, Drôme), 174, 181, 245.
» Ioanz de—, 191.
» R., 75 (2e texte).
» Raimundus, 60, 180.
» Pontius, 171, 179, 195.

U

U. V. Cadarossa, Carona.
UCHAU (Uchaux, Vaucluse). Pontius d'—, 88, 96.
UGO. F., capellanus, 95, 137.
» F., 114.
» prior de Valle, 160.
» capellanus de Ventoirol, 71.
» sacerdos, 193.
» 12, 257.
» F. Petrus, miles, 262.
» Petrus, presbiter, 188.
» Petrus, 42, 206. V. Avisanum, Barre, Valriaz.
» Wilelmus, Tricastinensis episcopus, 96, 98, 156, 158, 160, 186, 188, 201, 206, 207, 215.
» Wilelmus, 85, 132. V. Ademari de Montilio, Avisanum, Montedracone, Vallauria.
Ugo. V. Ademari, Aillautz, Alexano, Allaut, Alon, Amelii, Autichamp, Avisanum, Balasta, Balmae, Barcellona, Beciano, Berengarius, Blacos, Bolboton, Bordels, Cabaz, Calmo, Castel, Chais, Claromonte, Cleu, Dalmacius, Ermengau, Escofer, Faber, Falco, Florencii, Gaufridi, Iterius, Lavoriu, Lupus, Manso, Marcellus, Marceus, Marcha, Montedracone, Montesecuro, Orset, Panaz, Pelliparius, Poles, Polomnac, Ponte, Ponto, Ripertus, Rossellone, Sabaterii, Sancto Laurencio, Senonis, Taiseiras, Tatinus, Tornafort, Turc, Vaesch, Valriaz.
UGOLENUS. F., preceptor, 210, 211, 214, 227, 233, 235, 238, 240, 242, 243, 244, 245, 247, 248, 249, 252, 254.
» clericus, 190.
» 61.
» Pontius, subdiaconus, A. II.
» Raiembaudus, 190.
» Raimundus, 201, 202, 205, 211.
» Raimundus — Mala. V. Mala.
Ugolenus. V. Vasio, Vetus.
Ugoles. V. Balmae, Roais.
ULMO. Molendinus de— (moulin dans la ville d'Orange, Vaucluse), 10.
» Poncius de—, 32, 93.
UMBERTUS, episcopus de Podio, 23.
» canonicus, 68.
» clericus, 151.
» 184.
» Petrus, 42, 174.
» Pontius — de Garda. V. Garda.
Umbertus. V. Bergondinus.

302 TABLE DES NOMS DE LIEUX ET DE PERSONNES

Unipes, surnom de Petrus Andreas. V. ce nom.
Upetus, Upecus, surnom d'Elzéar de Visan. V. Avisanum.
Urgau. Petrus, 124.
» Rostagnus, 124.
» Wilelmus, 124.
Ursa. V. Guintrandi.
Urtidez, Urtize (ruisseau et l. d., cⁿᵉ de Richerenches, Vaucluse), 11; 244.
Utbouts, 115.

V

Vaccarius, Vaccerus. Rostagnus, 73, 179.
Vachairaz (Vacqueyras, Vaucluse), 58.
» Bertrandus de -, 58.
» Willelmus, armiger, 115.
Vaesch, Vaiesch (Vesc, Drôme), 201, 202.
» Ugo de—, 201.
Vaihon. P., 258.
Val. Bertrandus de—, 111.
Valencia. Valentinus (Valence, Drôme), 23, 52, 72, 79, 137, 141, 143, 155, 230.
» Ademarus, Aaimars de—, 68, 84, 137, 162, 163, 164, 177.
» Bartolomeus, 51.
» Gigo, 61, 67.
Vallauria, Vallisaurea (Vallaurie, Drôme), 102, 106, 170, 242.
» illi de -, 61, 69, 83, 187, 194.
» Archimbaudus, 247.
» Aldebertus, 76, 77, 98, 127, 152.
» Bermundus, 76, 77, 102.
» Guido, 76, 77.
» Petrus, 60, 90.
» Petrus Wilelmus, 127.
» R., 74.
» Rostagnus, 141, 159, 164, 179, 180.
» F. Saramannus, 76, 81, 93, 98, 99, 102, 106, 127.
» Ugo, 171.
» Wilelmus, 76, 171.
» Wilelmus Guido, 98, 102.
» Wilelmus Ugo, 242.
Vallaurieta (l. d. contigu à Valaurie), 102.
Valleta (La) (anc. l. d., cⁿᵉ de Saint-Paul-Trois-Châteaux, Drôme), 90.
Vallis, prioratus, 160.

Valriaz, Valriacum (Valréas, Vaucluse), 4, 5, 18, 28, 29, 31, 61, 64, 89, 103, 140, 144, 145, 155, 161, 168, 174, 183, 187, 190, 193, 198, 199, 205, 207, 219, 221, 243, 244, 252, 259, 260.
» illi de—, 89, 187.
» Ademarus, Haemarus, 234.
» Arnaudus Bonafemina, 199.
» Bertrandus, 199, 213, 237, 259.
» Bermundus, 231.
» Dalmatius, 96, 240, 241.
» Elsiardus, 133, 240.
» Iuliana, uxor Elsiardi, 241.
» Gaufredus, 85, 132.
» Geraldus, 3, 8, 15, 16, 19, 89, 120, 126, 199.
» Maria, uxor Wilelmi Pelestorti de Taulignano, 231, 258, 259.
» Odo, 109.
» Pelestort. V. Taulignanum (¹).
» Petrunculus, 218, 225, 226.
» Petrus, 120, 199, 214, 217, 220, 221.
» Petrus Dodo, 60, 61, 63, 205, 213, 257.
» Petrus Geraldi, 126, 201.
» Petrus Hugo, 56, 60, 93, 96, 181, 213, 229, 230, 231.
» Ripertus, 120.
» Rotgerius, 231.
» Raimundus Geraldus, 120, 199, 201, 217, 218.
» Ugo, 93, 96, 120, 199, 213, 214, 218, 229, 231, 258, 259, 262.
» F. Wilelmus, 247, 260.
» Wilelmus Dodo, 60, 218, 224, 262.
Vaqueria (Vachères, Drôme). R. de—, canonicus Aurasicensis, A. II.
Vasio, Vaiso, Vasensis, Vasionensis civitas (Vaison, Vaucluse), 60, 63, 96, 97, 187, 190, 195, 201, 207, 208, 214, 217, 240.
» Raimbaldus de—, 214.
» Ugolenus, miles, 31, 190.
» Wilelmus, 214.
Veene (Veynes, Hautes-Alpes). Arnulf de -, 162, 163.
Veiaers. V. Viaders.
Vels. Petrus, 262.
» Esteves, 95 (2ᵉ texte).
Ventoirol. Oppidum, castellum (château et paroisse disparus, auj. quartier des cⁿᵉˢ de Saint-Paul-Trois-Châteaux et de Clansayes, Drôme), 33, 71, 90.

(¹) Pelestort habitait Valréas par suite de son mariage, et a été une fois nommé « de Valréas » dans la charte n° 218, sans doute par ignorance du scribe.

» (Venterol, Drôme). F. Bertrandus
de—, 84, 85, 95, 132, 133, 137.
» Petrus, 41.
Vera. V. Bernardi.
VERLUS, canonicus, 112.
VERTE (l. d. du terroir de Barry, c^nes de
Saint-Paul-Trois-Châteaux, Drôme,
et de Bollène, Vaucluse), 42, 206.
VERTUS, DE VIRTUTIBUS, 103 (1er et 2^e
textes), 105, 118.
» Petrus, 103 (3e texte), 199.
VESCOMS. F. Guigo—, 164.
VETERIS. W., 27.
VETULUS. Galterius, 61.
(Cf. Senis, Vetus.)
VETUS. Gauterius, 75.
» F. Nicolaus, 242, 243, 244.
» Ugolenus, 103, 105, 118.
(Cf. Senis, Vetulus.)
VIADERS, VEIAERS. Bertrandus, 122, 123, 128.
» F. Pontius, 57, 228.
» Pontius, 122, 123, 227, 246.
» Raimunda, uxor Pontii, 227.
Vialus. V. Aigu.
Vianna. V. Bosc.
VILANS. Pon., diaconus, 96.
VILELMUS. V. Wilelmus.
VILLANOVA. F. Berengarius de—, 29, 185.
VINARIS. F., A. II.
VINCENTIUS. F., 86, 98, 100, 103, 104, 105, 111, 114, 115, 116, 118, 119, 168, 191, 196, 197, 221, 225, 226, 235, 240, 245, 254.
Vincentius. V. Boschez.
VINCENZ. Rainbalt, 99.
VINSOBRES (Vinsobres, Drôme), 86.
» N. de—, 86.
» R., 86.
VIRTUTIBUS. V. Vertus.
VISOLE (Violès, Vaucluse ?), A. I n° 7.
VITALIS, VIDALS, VIALS. F., 68, 85, 95 (2e texte), 111, 112, 132, 133, 137, 161, 162, 163, 164, 165, 167, 168, 170, 171, 175, 177, 178, 179, 183, 184, 189, 191, 192, 194, 196, 197, 209.
» Petrus, 195.
» Poncius, 195.
VITROLA (Vitrolles, Hautes-Alpes ?).
Petrus de -, 158.
VITULUS. Guilelmus, 18.
VIVARIIS (Viviers, Ardèche). V. Bordels.
VIVIANUS, 155.
VIZIAS. V. Escofers.
VOLPIS, 145.

W

W., monachus Aquaebellae, 7.
» diaconus, 257.
» Bertrandus, 2 (Cf. Gigundaz).
W. V. Avinione, Barnaut, Berteudi, Bover, Brantol, Calvi, Chatbaudus, Claromonte, Dolonna, Feraldus, Gareniaus, Imbertus, Iocelmi, Iohannes, Ioncheriis, Laugerius, Malac, Margaritis, Monmaira, Montebaseno, Olon, Orlac, Ortola, Paernis, Paies, Pelliparius, Portal, Rainerius, Sancto Raphaeli, Terrendos, Veteris.
Willelma. V. Cadarossa, Dohonessa, Fornarius, Malasmanus, Nielli, Portal, Richerius, Rollandi, Taulignanum.
WILLELMUS. F., 119.
» episcopus Tricastinensis. V. Ugo.
» episcopus Aurasicensis, 41.
» prepositus Valentinus, frater Eustachii comitis, 23 (Cf. Eustachius).
» monachus et cellararius Aquaebellae, 42.
» presbiter Diensis et capellanus, 32.
» diaconus, 205, 229, 243.
» clericus, 120, 126.
» sutor, 247.
» frater Aimelinae, 151.
» Bertrandus. V. Gigundaz.
» P. G., 78.
» Petrus, sacerdos, 57.
» Petrus, clericus, 96, 98.
» Petrus, 41, 102, 261. V. Arnulfi, Balmae, Grillon.
» F. Poncius, capellanus, 258, 259, 260, 261, 262.
» Raimundus, 41. V. Cadarossa.
Wilelmus. V. Aculei, Aguiarda, Aimes, Aimonis, Alamanz, Aldeberti, Aler, Alon, Andreas, Archimbaudus, Armandus, Arnaldus, Arnulfus, Aucello, Aurasica, Austeu, Autichamp, Avisanum, Bailes, Balchianus, Balmae, Barasti, Barba, Barbarini, Barre, Barreira, Bastardi, Baudran, Becs, Beraldi, Berbegerius, Berengarius, Bermundus, Bernardus, Bertrandus. Bistorres, Blacha, Bobris, Bollana, Bonaphacii, Borrelli, Bosc, Bovanteia, Brunet, Buxo, Cabaz, Cadarossa, Calvcira, Calvinus, Castellanus, Castellumnovum, Cavaller, Cerlis, Cerria, Chais, Chalveti, Chapus, Charrovols, Chatfres,

DES NOMS DE LIEUX ET DE PERSONNES

Claireu, Clibarii, Cocs, Colonzellae, Cornuti, Cosme, Coste, Crassus, Dalmacius, Davis, Desiderius, Dodon, Domo, Eguezer, Engelranz, Escofer, Esparron, Esteves, Faber, Falco, Fauchet, Feroz, Flamma, Fornarius, Framberti, Francigena, Frenarius, Galterius, Garda, Gaucelmus, Geraldus, Gigundaz, Glanduz, Goirandi, Gontier, Graignanum, Grana, Grillo, Grillon, Guido, Guigo, Guintrandi, Guitardus, Iarentes, Iaucerannus, Ioias, Iterius, Lanberti, Laurencii, Limotges, Lupus, Maenfredi, Malamanus, Malerufus, Maliani, Mannaz, Menz, Michael, Milfau, Montanegues, Montedracone, Monteforti, Montesecuro, Montilium, Mornaz, Mota, Nielli, Novaisa, Oliverius, Ongria, Ortolanus, Palude, Palus, Parmentarius, Peiracha, Petralapta, Picmaurs, Pictaviensis, Plazen, Poncius, Pufencs, Quintinus, Rac, Radulfus, Raimundus, Rainoardus, Raterius, Remusatus, Renco, Restitutus, Riallaco, Ricavus, Richauz, Richer, Rigaldus, Riperius, Roca, Rocafort, Rocatallada, Rollandi, Rossas, Rossellone, Rostagnus, Sabra, Salomon, Sancto Desiderio, Sancto Martino, Sancto Paulo, Sancto Restituto, Sancto Verano, Sauze, Savaza, Serre, Serriano, Solorivo, Solunibris, Stella, Stephanus, Sutor, Suza, Taulignanum, Testalada, Tolosa, Tornafort, Torno, Tueleta, Turc, Ugo, Urgau, Vachairaz, Vallauria, Valriaz, Vasionensis, Vitulus.

Wina. V. Fornarius, Rollandi.
W^{us}. V. Sant Pastor.

Y

YLARIS. Petrus, 27.
YMBERT. V. Imbert.
YMBERTUS, 76, 77.
YMBERTI de Garda. V. Garda (Umberti de Garda).
YSARNUS. V. ISARNUS.
YTERII. V. Iterius.

Z

ZABATARIUS. Poncius, 39.

La pièce formant l'objet du second Appendice au Cartulaire de Richerenches a été reproduite d'après une copie conservée dans les recueils de Peyresc. La table onomastique ci-dessus était imprimée déjà lorsque la découverte du document original aux archives départementales des Bouches-du-Rhône a permis d'apporter au texte occupant les pages 237 à 241 un assez grand nombre de corrections, indiquées aux *addenda et errata* figurant en tête du volume.

Nous rappelons ici des rectifications à faire aux noms propres inscrits dans la table avec la référence A. II, sous une forme défectueuse ou dénaturée.

Au lieu de :	*lire :*
ANNO	AIMO.
AUDEBERTI	AUDEBRANDI.
BOBRIS	BOBUS.
BRUN	BRUNI.
CONIS	COMS.
MERVIELS. Bertrandus de—	VERMELS. Bernardus de—.
OLIVERIUS	OLERIUS.
ROGERIA	ROZERIIS.
SEGNIS	SEGUIER.
SOLUNIBRIS	SOLUMBRIER.
VAQUERIA. R. de—	VAQUERIIS. P. de—.
VINARIS	VIVARES.

TABLE DES MATIÈRES.

	Pages.
ADDENDA ET ERRATA	III.
INTRODUCTION	IX.
Chapitre I. Description du manuscrit. Intérêt qu'il présente	IX.
Chapitre II. Dignitaires ecclésiastiques	XIV.
Évêques de Saint-Paul-Trois-Châteaux	XIV.
Évêché d'Orange	XVII.
Évêché de Vaison	XVIII.
Abbaye d'Aiguebelle	XIX.
Chapitre III. Les Suzerains	XX.
Empereurs d'Allemagne en qualité de Rois d'Arles. — Maison de Toulouse	XX.
Chapitre IV. Comté de Valentinois	XXII.
Extinction de la première dynastie des comtes. — Origine et avènement de la maison de Poitiers	XXII.
La maison de Mirabel-Mison	XXIV.
Branche de la maison de Nice, dite de Poitiers	XXVIII.
Conclusion	XLV.
Chapitre V. Comtes d'Orange de la maison de Nice	XLVI.
Chapitre VI. Le Pays des Baronnies. — La seigneurie de Valréas : Maisons de Mévouillon-Montauban et de Montdragon. — Autres coseigneurs de Valréas : maisons d'Allan, — de Valréas, — de Taulignan, — de Chamaret, — Guintranni	LIII.
I. Maisons de Mevouillon-Montauban et de Montdragon	LV.
Mévouillon-Montauban	LVII.
Montdragon	LXXII.
II. Maison d'Allan	LXXIV.
III. Maison de Valréas	LXXIX.
IV. Maison de Taulignan	LXXX.
V. Maison de Chamaret	LXXXII.
VI. Maison Guintranni	LXXXIII.
Chapitre VII. Seigneurs indépendants de Montélimar	LXXXIV.
Chapitre VIII. Coseigneurs de Saint-Paul-Trois-Châteaux. Maisons de Saint-Paul, — Viader, — de Donzère	XCII.

TABLE DES MATIERES

	Pages.
Maison de Saint-Paul	XCIII.
Maison Viader	XCV.
Maison de Donzère	XCVI.

CHAPITRE IX. — I. Notes diverses sur la région. — II. Les Armanni et Pithon-Curt .... XCVI.

I. Notes diverses sur la région	XCVI.
Ademar	XCVII.
Agulhon	XCVIII.
Aubusson	C
La Baume-de-Transit	C
Bérenger	CII.
Bollène	CIV.
Bourdeaux	CV.
Caderousse	CVII.
Clérieux	CIX.
Dalmas, — Loup, — Rochefort	CX.
Gigondas	CXI.
Grignan	CXII.
Grillon	CXV.
Monteil	CXVI.
Sabran	CXVII.
Visan	CXIX.
II. Les Armanni et Pithon-Curt	CXXI.

CHAPITRE X. Renseignements sociaux. — I. État des personnes. — II. Notes économiques. — III. État des terres et monographie d'une seigneurie sous le régime des partages successoraux .... CXXV.

I. État des personnes	CXXVI.
II. Notes économiques	CXXXV.
III. État des terres. Monographie d'une seigneurie sous le régime des partages successoraux.	CXXXVIII.

CHAPITRE XI. Notes historiques sur l'ordre du Temple et la commanderie de Richerenches .... CXLIV.

Commandeurs	CXLVIII.
Frères ecclésiastiques	CXLIX.
Chevaliers	CXLIX.
Écuyers	CL.
Sergents	CLI.
Affiliés laïques	CLI.
Chronologie des commandeurs de Richerenches	CLIV.
Liste chronologique des membres de l'ordre du Temple figurant dans le Cartulaire de Richerenches et ses appendices	CLVII.
Confrères et donats du Temple	CLXIV.

TEXTE DU CARTULAIRE .... I.

	Pages.
APPENDICES...	229.

    I. Deux chartes inédites de la commanderie de Roaix .... 229.

    II. Une sentence arbitrale entre la commanderie de Richerenches et le doyenné de Colonzelle... 235.

TABLE ANALYTIQUE, AVEC ESSAI DE CLASSEMENT CHRONOLOGIQUE, DES PIÈCES DU CARTULAIRE DE RICHERENCHES.. 243.

TABLE DES NOMS DE LIEUX ET DE PERSONNES MENTIONNÉES DANS LE CARTULAIRE DE RICHERENCHES ET SES APPENDICES................................. 267.

SOUS PRESSE ET EN SOUSCRIPTION

A LA LIBRAIRIE CHAMPION, 5, QUAI MALAQUAIS, PARIS.

DOCUMENTS INÉDITS POUR SERVIR A L'HISTOIRE DU DÉPARTEMENT DE VAUCLUSE (publication de l'Académie de Vaucluse). — II. *Les Chartes du pays d'Avignon*, publiées par M. Georges DE MANTEYER, archiviste paléographe, ancien membre de l'École française de Rome.

www.ingramcontent.com/pod-product-compliance
Lightning Source LLC
Chambersburg PA
CBHW051620230426
43669CB00013B/2123